ファイナンスへの数学

金融デリバティブの基礎

An Introduction to the
Mathematics of Financial Derivatives

第2版

S.N.ネフツィ ❖著
Salih N. Neftci

投資工学研究会 ❖訳

朝倉書店

An Introduction to the Mathematics of Financial Derivatives

♦

Second Edition

Salih N. Neftci

Graduate School, CUNY
New York, New York
and
ISMA Centre, University of Reading
Reading, United Kingdom

Copyright © 2000 by Academic Press.
Translation Copyright © 2001 by Asakura Publishing Co., Ltd.
All rights reserved.

訳者まえがき

　本書はウォール街でベストセラーであった "An Introduction to the Mathematics of Financial Derivatives" の第2版である．初版はこの種の本としては画期的であり，派生資産評価における数学を直感的に学ぶことができるという目的を果たしていたため，高い評価を得ていた．米国のビジネススクールで教鞭をとる知り合いにこの本の邦訳を行うことを話したところ，「それはいいですね．自分でも学生にこの本を推薦しているんですよ」と言われ，会社で働いているデリバティブデスクの米国人もこの本で勉強していたことを考えると，大学だけではなく実務でも広く読まれていることがわかる．また初版の邦訳が出てから約2年が経過したが，入社してくる新入社員から「この本で勉強してきました」という言葉を聞くとうれしく感じるとともに責任も感じる．

　著者「第2版への序」でも書かれているが，初版との主要な違いは金利商品についての記述，停止時間に関する記述および演習問題を付け加えたことである．また初版にみられた記述の誤りの修正や，初版発行後に出た参考文献なども付け加えている．初版は画期的な本ではあったが金利に関する記述がほとんどなかった．実務に携わる人ならよく知っていることであるが，金利派生資産の市場規模は想定元本ベースで株式派生資産のそれを上回っており，多くのデリバティブが開発され，金利関係のデリバティブ研究は非常に活発である．ただし金利デリバティブは一般に株式デリバティブよりも評価が難しく，入門書もそれほど多くはない．その意味で，金利派生資産の評価を直感的に理解できる本が出るのは歓迎されるべきであり，第2版が出版されるのは当然といえよう．しかし，実は個人的には第2版で最も読まれるべき章は新規に追加された21章，22章ではないかと考えている．21章はリスク中立確率測度を用いて計算する方法と偏微分方程式により計算する方法が基本的に同一であることをわ

かりやすく述べている．また22章は停止時間の考えを目で見える形で表現していて，最適停止がいつ発生するかを包絡線の考えを用いて説明している．このような記述はほかの書籍ではあまり説明されていないため価値が高いといえるだろう．

　第2版の翻訳作業は，初版参加者のほとんどが行った．初版翻訳時には参加者はすべて日興證券に所属していたが，今回の作業では3つの会社に所属が変更になったこともあり，翻訳に時間がかかってしまった．朝倉書店編集部の方々にはご迷惑をかけたことをお詫びして，最後の言葉としたい．

2001年6月　赤坂にて

投資工学研究会　鈴木茂央

〔訳者一覧〕（五十音順）

阿竹敬之（あたけ たかゆき）	日興ソロモン・スミス・バーニー証券	6, 14, 18章
大塚彰久（おおつか あきひさ）	日興ソロモン・スミス・バーニー証券	3, 17章
小泉博嗣（こいずみ ひろし）	バーラ社	1, 2章
鈴木茂央（すずき しげお）	日興ソロモン・スミス・バーニー証券	8, 9, 22章
鈴木博之（すずき ひろゆき）	東京三菱証券	10, 15, 20章
中島純也（なかじま じゅんや）	日興リサーチセンター	4章
藤原　哉（ふじわら はじめ）	東京三菱証券	12, 21章
本山　真（もとやま しん）	日興リサーチセンター	7, 11, 16章
力武克己（りきたけ かつみ）	日興ソロモン・スミス・バーニー証券	5, 13, 19章

第2版への序

　本書は2つの部分からなっている．最初の部分は基本的には初版の改訂・拡張版であり，15章からなっている．2番目の部分は完全に新しく，7つの章からなり，最近の内容あるいは複雑な内容が書かれている．

　追加された内容は，ほぼ初版の2倍となっている．最初の15章は誤字・脱字の訂正やいくつかの節を追加しているが，初版との主な違いは第2部として新規に追加した7章である．これらの章は第1部で採用したのと同じアプローチを用い，債券や金利商品の数学的ツールを取り扱っている．最後の章は停止時間の簡単な説明とアメリカ型証券の紹介である．

　本書には新しく演習問題が追加された．解答は別冊解答集として出版される予定である．

　第1部の改訂や第2部の追加において，何人かの人からコメントをいただいた．Don Chance, Xiangrong Jin, Christina Yunzal および4名の匿名レフリーの方には感謝したい．初版の出版から3年経過したが，この間にいただいた多くの読者からのコメントにも感謝したい．

Salih N. Neftci

序

　本書は，ジュネーブ(スイス)での国際金融・バンキング研究所におけるファイナンス講座のレクチャーノートに加筆したものである．

　本書は金融市場に携わる大学院初年度者や実務に携わる方々を対象にしている．資産評価理論で用いられる有用な主だった数学的ツールを直感的に取り扱うことを目的とする．数学の本ではないので，証明は必要最小限にとどめ，簡単に記述する．確率微積分やマーチンゲールについて勉強される方々は，専門的な本を読むことが必要であるが，本書を読むことがその助けとなるであろう．また，連続時間における資産評価モデルを学ぼうとするファイナンスの学生にも本書は適している．

　たくさんの同僚，学生に原稿の推敲をしていただいたが，とくに Hans Genberg, Li Li, Michael Chen, Graham Davis そのほかの方々に貴重なコメントを頂いた．もし，文中に誤りなどがあればそれはもちろん私の責任である．

1996年2月ジュネーブにて
Salih N. Neftci

はじめに

本書は，Jarrow (1996), Hull (1999), Duffie (1996), Ingersoll (1987), Musiela & Rutkowski (1997) およびそのほかのすぐれた文献などによって構築された現代資産評価理論を理解するための基礎知識をつけることを目的としている．

派生資産の価格評価モデルを理解するためには連続時間における確率過程の理解が不可欠であり，実務においても確率微積分の取り扱いや確率過程の十分な知識が必要であろう．数学的な理論を取り扱った文献としては，Karatzas & Shreve (1991), Karatzaz & Shreve (1999), Revuz & Yor (1994) がまず挙げられる．巻末にもいくつか参考になる文献を挙げた．しかし，これらの文献は数学の素養がある読者でも難解であり，またファイナンスとは関係ない解説や前提条件が難しい場合があり，必ずしもファイナンスに携わる方々に適したものではない．

本書は，派生資産の評価に用いる数学的ツールを，すなわち連続時間におけるファイナンスに用いられる数学を平易に解説することを目的としている．例題はファイナンスに関係のあるものを選んだ．

このようなアプローチは数学者にとっては不満かもしれないが，理解の困難な概念を直感的に取り扱うことは欠点を補ってあまりあると思う．残念ながら数学的な概念で記述するには技術的な困難さを伴う．また本書の目的を超えることになる．この点を補うすぐれた文献は数多く存在するが，数学的ツールの取り扱いに必要な仮定や概念を説明して動的資産評価理論に結びつける本はない．

1. 本書の対象読者

本書の読者は若干のファイナンスの知識を持つ人々を想定する．微積分や確率過程などの知識は必ずしも必要としないが，もちろんこのような知識は歓迎する．本書では1つの章を割いて微積分についての最小限の解説を行っているが，基本的な概念を履修しているのであればそれに越したことはない．つまり，本書はファイナンスを学ぼうとする大学院生だけでなく，すでに実務に携わっている方々にも利用していただ

くことを期待する.

2. 新しい革命

　この 20 年で，評価や価格変動に対する理論的な理解についていくつかの大きな発見があった．それとともに，以下に述べる制度的な変化が近年発生した．

　その1つは，為替の自由化・資本の自由化であろう．この動きは為替レートの変動をより大きなものにし，一方で貿易の増大に伴い為替リスクのコントロールが重要な課題になった．また，金利の自由化も進み，それと同時に先進国の財政赤字も膨み，国債の大量発行によって，金利変動リスクのコントロールも重要な問題となり，金利を原資産とする派生資産が数多く考案されるようになった．

　為替リスクや金利変動リスクをヘッジするのが派生資産のもともとのニーズであるが，このようなニーズは金融市場にも応用できる．新しい派生商品が次々と考案され商品化されたが，これらのしくみや機能の概念的理解，役割，評価が重要となってきた．理論評価モデルは，新商品に直接適用可能であるため「正確」に評価できる金融機関は市場で成功することになる．このような派生商品評価理論がなければ，派生資産市場がどの程度拡がったかは疑問だろう．

　このような，派生資産に対するニーズから市場が整備され，取り引きコストも次第に安くなり，さらに 1980 年代の規制緩和により派生資産の取り引きが増加した．

　本書で取り上げる，3つの理論的革命は次の通りである．

- 「裁定理論」[*1)]は裁定機会が存在する（あるいはしない）理論的な条件を与え，単純な仮定のもとで裁定機会が存在しないことを示す．裁定理論は，裁定機会が存在しない前提で任意の「新しい」派生資産を評価することができる．これに対して「均衡価格理論」は一般的な均衡状態のもとで課される，裁定以外の条件を考える．
- 「ブラック–ショールズモデル」(Black & Scholes (1973)) は，無裁定理論を用いてオプションを評価するモデルであるが，オプション価格の解析解を提示するときの手順が画期的であった．伊藤微積分などの抽象的な概念によるアプローチは，市場参加者の注意を十分に引きつける成功をおさめた．
- 「同値マーチンゲール測度」の利用は後に出てきた．この方法は，もともとのブラック–ショールズの手法を劇的に単純化・一般化した．この方法を用いることで任意の派生資産を評価する一般的手法が利用可能となった．また，より現実的な条件でも裁定機会のない価格を評価することができる．

[*1)] 裁定理論は「ファイナンスの基本定理」と呼ばれることもある．

最後に，派生資産評価は数学的アプローチに適した問題であるといえる．派生資産は一見複雑にみえるが，実は数学的には単純なものである．それは原資産や金利，それにいくつかのパラメーターのみによって評価することができる．たとえば株価は企業の収益に影響を及ぼす何百もの要因，あるいは過去の株価の動きなどに影響されるが，派生資産はそれとは比較にならないほど簡単に数学的に評価することができるのである[*2]．

3. 本書の目的

本書では，派生資産の数理を学ぶために次のことを学ぶ．
a. 裁定理論
まず裁定理論の意味と重要性について解説する．裁定理論はファイナンスの理論でもっとも重要な理論であり，正確に理解しないかぎり，以後議論する数学の理解が困難となる．
b. リスク中立確率
裁定理論だけでものちに議論する重要な数学的概念を紹介するのに十分である．とくに，裁定理論により「数学的なフレームワーク」やリスク中立確率の存在および利用法を考えることができる．リスク中立確率は「擬似確率」としてリスクプレミアムを考慮することなく，派生資産の評価に利用することができる．
c. ウィーナー過程およびポアソン過程
実務的観点からウィーナー過程の議論を行う．ウィーナー過程に加えて，確率微積分や微分方程式の概念と「経済上の仮定」を学ぶ．
d. 新しい微積分
資産評価を行うためには，新しい確率微積分の知識が必要となる．本書では簡単な例を交えて，確率微積分の基本的な結果と例を紹介する．
e. マーチンゲール
マーチンゲールの概念と資産評価における利用方法を紹介する．さらに，「マーチンゲール測度」とその利用法についても例を交えて紹介する．
f. 偏微分方程式
派生資産評価では，裁定の概念を用いて，派生資産が満たす「偏微分方程式」を用いる．偏微分方程式とその数値解の推定方法を紹介する．
g. ギルサノフの定理
ギルサノフの定理を用いると確率分布を変えることで，確率過程の平均を変えることができる．この原理は，価格評価方法でもっとも重要なうちの1つである．

[*2] とくに裁定理論を使えば簡単に評価することができる．

h. ファインマン–カッツの方程式

ファインマン–カッツの方程式やその単純化した方程式は，偏微分方程式や条件付き期待値に対応する．この期待値は，金利が「確率変数」であるときの将来の資産価格の割引価格である．この関係は，金利派生資産の評価に有用である．

i. 例

本書ではなるべく多くの例を紹介する．金融市場の理解に重要な例もあれば，数学的概念の理解に有用な例も存在する．

目　　次

1. 金融派生資産——簡単な紹介 1
   1.1 はじめに 1
   1.2 定　　義 1
   1.3 派生資産の種類 2
      1.3.1 キャッシュ・アンド・キャリー市場 3
      1.3.2 価格探索市場 4
      1.3.3 満　期　日 4
   1.4 先渡しと先物 4
      先　　物 6
   1.5 オプション 6
      いくつかの記法 7
   1.6 スワップ 9
      基本的な金利スワップ 9
   1.7 おわりに 10
   1.8 参考文献 10
   1.9 演習問題 11

2. 裁定定理の基礎 13
   2.1 はじめに 13
   2.2 記　　法 14
      2.2.1 資産価格 14
      2.2.2 市場の状態 15
      2.2.3 収益とペイオフ 15
      2.2.4 ポートフォリオ 16
   2.3 資産評価の簡単な例 17
      2.3.1 裁定定理の第一歩 18
      2.3.2 裁定定理の重要性 20

2.3.3 リスク調整済合成確率の利用	20
2.3.4 マーチンゲールと劣マーチンゲール	23
2.3.5 正規化	24
2.3.6 収益率の等価性	24
2.3.7 無裁定条件	25
2.4 数値例	26
2.4.1 裁定機会	26
2.4.2 無裁定価格	27
2.4.3 不定形	27
2.5 応用——格子モデル	28
2.6 配当と外貨	31
2.6.1 配当がある場合	31
2.6.2 外貨の場合	33
2.7 いくつかの一般化	34
2.7.1 連続時間	34
2.7.2 市場の状態	34
2.7.3 割引	35
2.8 おわりに——資産評価のための方法論	35
2.9 参考文献	36
2.10 補論——裁定定理の一般化	36
2.11 演習問題	38
3. 決定論的および確率論的環境下における微積分	**42**
3.1 はじめに	42
3.1.1 情報の伝達	42
3.1.2 ランダムな振る舞いのモデル化	43
3.2 標準的な微積分で用いるいくつかのツール	44
3.3 関数	44
3.3.1 確率関数	44
3.3.2 関数の例	46
3.4 収束と極限	49
3.4.1 微分	49
3.4.2 連鎖定理	54
3.4.3 積分	56
3.4.4 部分積分	62

3.5　偏微分 ……………………………………………………… 63
　　3.5.1　例 ……………………………………………………… 64
　　3.5.2　全微分 ………………………………………………… 64
　　3.5.3　テーラー級数展開 …………………………………… 64
　　3.5.4　常微分方程式 ………………………………………… 69
　3.6　おわりに …………………………………………………… 70
　3.7　参考文献 …………………………………………………… 70
　3.8　演習問題 …………………………………………………… 70

4. 派生資産の価格評価――モデルと記法 ……………………… 74
　4.1　はじめに …………………………………………………… 74
　4.2　価格評価関数 ……………………………………………… 75
　　4.2.1　先渡し …………………………………………………… 75
　　4.2.2　オプション ……………………………………………… 77
　4.3　応用――他の価格評価手法 ……………………………… 81
　　　　例 ………………………………………………………… 82
　4.4　問題点 ……………………………………………………… 83
　　4.4.1　伊藤の補題の第1歩 …………………………………… 83
　　4.4.2　おわりに ………………………………………………… 85
　4.5　参考文献 …………………………………………………… 85
　4.6　演習問題 …………………………………………………… 85

5. 確率論のツール ……………………………………………… 87
　5.1　はじめに …………………………………………………… 87
　5.2　確率 ………………………………………………………… 87
　　5.2.1　例 ……………………………………………………… 88
　　5.2.2　確率変数 ………………………………………………… 89
　5.3　モーメント ………………………………………………… 90
　　5.3.1　最初の2つのモーメント ……………………………… 90
　　5.3.2　高次のモーメント ……………………………………… 91
　5.4　条件付き期待値 …………………………………………… 92
　　5.4.1　条件付き確率 …………………………………………… 93
　　5.4.2　条件付き期待値の性質 ………………………………… 94
　5.5　いくつかの重要なモデル ………………………………… 95
　　5.5.1　金融市場における2項分布 …………………………… 95

5.5.2 極限での性質 ………………………………………… 97
5.5.3 モーメント …………………………………………… 98
5.5.4 正規分布 ……………………………………………… 99
5.5.5 ポアソン分布 ………………………………………… 102
5.6 マルコフ過程とその重要性 ……………………………… 103
5.6.1 重要性 ………………………………………………… 104
5.6.2 多変量の場合 ………………………………………… 105
5.7 確率変数の収束 …………………………………………… 107
5.7.1 収束の種類とその利用 ……………………………… 107
5.7.2 弱収束 ………………………………………………… 109
5.8 おわりに …………………………………………………… 111
5.9 参考文献 …………………………………………………… 112
5.10 演習問題 …………………………………………………… 112

6. マーチンゲールとマーチンゲール表現 …………………… 114
6.1 はじめに …………………………………………………… 114
6.2 定義 ………………………………………………………… 114
6.2.1 記法 …………………………………………………… 115
6.2.2 連続時間マーチンゲール …………………………… 115
6.3 資産評価におけるマーチンゲールの利用 ……………… 117
6.4 確率論的モデルにおけるマーチンゲールの重要性 …… 118
例 …………………………………………………………… 121
6.5 マーチンゲール軌跡の性質 ……………………………… 122
6.6 マーチンゲールの例 ……………………………………… 125
6.6.1 例1——ブラウン運動 ……………………………… 125
6.6.2 例2——2乗過程 …………………………………… 127
6.6.3 例3——指数過程 …………………………………… 128
6.6.4 例4——右連続マーチンゲール …………………… 129
6.7 最も単純なマーチンゲール ……………………………… 129
6.7.1 適用 …………………………………………………… 130
6.7.2 注意 …………………………………………………… 131
6.8 マーチンゲール表現 ……………………………………… 132
6.8.1 例 ……………………………………………………… 132
6.8.2 ドゥーブ–メイヤー分解 …………………………… 135
6.9 確率積分の導入 …………………………………………… 138

ファイナンスへの適用：トレーディングの収益 ････････････････････････ 139
　6.10　マーチンゲール手法と価格評価 ･････････････････････････････････ 140
　6.11　価格評価の方法論 ･･･ 141
　　　6.11.1　ヘ　ッ　ジ ･･ 141
　　　6.11.2　時 間 力 学 ･･･ 142
　　　6.11.3　正規化とリスク中立確率 ･････････････････････････････････ 144
　　　6.11.4　要　　約 ･･ 146
　6.12　お わ り に ･･･ 147
　6.13　参 考 文 献 ･･･ 148
　6.14　演 習 問 題 ･･･ 148

7. 確率環境下における微分 ･･ 150
　7.1　は じ め に ･･･ 150
　7.2　動 機 づ け ･･･ 151
　7.3　微分を論じるための枠組み ･････････････････････････････････････ 154
　7.4　増分誤差の「大きさ」 ･･･ 157
　7.5　1つの意味 ･･･ 160
　7.6　結果の導出 ･･ 162
　　　確率微分 ･･ 163
　7.7　お わ り に ･･･ 164
　7.8　参 考 文 献 ･･･ 164
　7.9　演 習 問 題 ･･･ 164

8. ウィーナー過程と金融市場における偶発事象 ････････････････････････････ 166
　8.1　は じ め に ･･･ 166
　　　議論の重要性 ･･ 167
　8.2　2つの一般的なモデル ･･･ 168
　　　8.2.1　ウィーナー過程 ･･ 168
　　　8.2.2　ポアソン過程 ･･ 171
　　　8.2.3　例　　　　 ･･ 172
　　　8.2.4　偶発事象に戻って ･･････････････････････････････････････ 174
　8.3　離散区間における確率微分方程式 ･･･････････････････････････････ 175
　8.4　偶発・通常事象の特徴づけ ･････････････････････････････････････ 176
　　　8.4.1　通 常 事 象 ･･ 179
　　　8.4.2　偶 発 事 象 ･･ 181

- 8.5 偶発事象のモデル ····· 182
- 8.6 関係するモーメント ····· 184
- 8.7 おわりに ····· 187
- 8.8 実務における偶発および通常事象 ····· 187
  - 8.8.1 2項モデル ····· 188
  - 8.8.2 通常事象 ····· 188
  - 8.8.3 偶発事象 ····· 189
  - 8.8.4 蓄積した変化の挙動 ····· 190
- 8.9 参考文献 ····· 193
- 8.10 演習問題 ····· 193

9. 確率環境下における積分――伊藤積分 ····· 195
- 9.1 はじめに ····· 195
  - 9.1.1 伊藤積分と確率微分方程式 ····· 197
  - 9.1.2 伊藤積分の実務上の重要性 ····· 198
- 9.2 伊藤積分 ····· 199
  - 9.2.1 リーマン–スティルチェス積分 ····· 200
  - 9.2.2 確率積分とリーマン和 ····· 202
  - 9.2.3 伊藤積分の定義 ····· 203
  - 9.2.4 具体例 ····· 204
- 9.3 伊藤積分の性質 ····· 210
  - 9.3.1 伊藤積分はマーチンゲールである ····· 211
  - 9.3.2 区分経路積分 ····· 215
- 9.4 伊藤積分のほかの性質 ····· 216
  - 9.4.1 存在 ····· 216
  - 9.4.2 相関の性質 ····· 217
  - 9.4.3 加法性 ····· 217
- 9.5 ジャンプ過程に関する積分 ····· 217
- 9.6 おわりに ····· 218
- 9.7 参考文献 ····· 218
- 9.8 演習問題 ····· 218

10. 伊藤の補題 ····· 220
- 10.1 はじめに ····· 220
- 10.2 微分の種類 ····· 220

例 ・・ 221
10.3 伊藤の補題 ・・ 222
　10.3.1 確率微積分における「大きさ」の概念 ・・・・・・・・・・・・・・・・・・ 225
　10.3.2 1 次 項 ・・・ 227
　10.3.3 2 次 項 ・・・ 228
　10.3.4 2 変数の積を含む項 ・・・・・・・・・・・・・・・・・・・・・・・・・・・・・・・・・・・ 229
　10.3.5 残 差 項 ・・・ 229
10.4 伊藤の公式 ・・・ 229
10.5 伊藤の補題の利用 ・・・ 230
　10.5.1 連鎖定理としての伊藤公式 ・・・・・・・・・・・・・・・・・・・・・・・・・・・・・・ 231
　10.5.2 積分ツールとしての伊藤公式 ・・・・・・・・・・・・・・・・・・・・・・・・・・・・ 232
10.6 伊藤の補題の積分形 ・・・ 234
10.7 より複雑な設定における伊藤公式 ・・・・・・・・・・・・・・・・・・・・・・・・・・・・ 234
　10.7.1 多変数の場合 ・・・ 235
　10.7.2 伊藤公式とジャンプ ・・・・・・・・・・・・・・・・・・・・・・・・・・・・・・・・・・・・・ 238
10.8 おわりに ・・・ 239
10.9 参 考 文 献 ・・・ 240
10.10 演 習 問 題 ・・ 240

11. 派生資産価格の動的挙動——確率微分方程式 ・・・・・・・・・・・・・・・・・・・ 242
11.1 は じ め に ・・・ 242
　　a_t と σ_t の条件 ・・ 243
11.2 確率微分方程式によって示される経路の幾何学的な記述 ・・・・・・・・ 244
11.3 確率微分方程式の解 ・・・ 244
　11.3.1 解は何を意味するのか ・・・・・・・・・・・・・・・・・・・・・・・・・・・・・・・・・・ 245
　11.3.2 解 の 種 類 ・・・ 245
　11.3.3 どちらの解が好まれるのか ・・・・・・・・・・・・・・・・・・・・・・・・・・・・・・ 247
　11.3.4 強い解の議論 ・・・ 248
　11.3.5 確率微分方程式に対する解の証明 ・・・・・・・・・・・・・・・・・・・・・・・・ 250
　11.3.6 重 要 な 例 ・・・ 251
11.4 確率微分方程式の主要なモデル ・・・・・・・・・・・・・・・・・・・・・・・・・・・・・・・・ 254
　11.4.1 線形な定数係数の確率微分方程式 ・・・・・・・・・・・・・・・・・・・・・・・・ 255
　11.4.2 幾何学的な確率微分方程式 ・・・・・・・・・・・・・・・・・・・・・・・・・・・・・・ 256
　11.4.3 平方根過程 ・・・ 258
　11.4.4 平均回帰過程 ・・・ 259

11.4.5　オルンスタイン–ウーレンベック過程 ………………… 260
11.5　確率的ボラティリティ ……………………………………… 260
11.6　おわりに ……………………………………………………… 261
11.7　参考文献 ……………………………………………………… 261
11.8　演習問題 ……………………………………………………… 262

12. 派生資産商品の評価──偏微分方程式 ……………………… 264
12.1　はじめに ……………………………………………………… 264
12.2　無リスクポートフォリオの構築 …………………………… 264
12.3　精度について ………………………………………………… 268
　12.3.1　解　　釈 ………………………………………………… 270
12.4　偏微分方程式 ………………………………………………… 270
　12.4.1　偏微分方程式はなぜ「方程式」か …………………… 271
　12.4.2　境界条件について ……………………………………… 271
12.5　偏微分方程式の分類 ………………………………………… 272
　12.5.1　例1──線形1階偏微分方程式 ……………………… 272
　12.5.2　例2──線形2階偏微分方程式 ……………………… 275
12.6　2変数，2次方程式の復習 ………………………………… 277
　12.6.1　円 ………………………………………………………… 277
　12.6.2　楕　　円 ………………………………………………… 278
　12.6.3　放　物　線 ……………………………………………… 279
　12.6.4　双　曲　線 ……………………………………………… 279
12.7　偏微分方程式の種類 ………………………………………… 279
　　例──放物線型偏微分方程式 ………………………………… 280
12.8　おわりに ……………………………………………………… 281
12.9　参考文献 ……………………………………………………… 281
12.10　演習問題 ……………………………………………………… 281

13. ブラック–ショールズ偏微分方程式──応用例 …………… 284
13.1　はじめに ……………………………………………………… 284
13.2　ブラック–ショールズ偏微分方程式 ……………………… 284
　　ブラック–ショールズ式の幾何学的概観 …………………… 285
13.3　資産評価における偏微分方程式 …………………………… 287
　　一定の配当 ……………………………………………………… 288
13.4　エキゾチックオプション …………………………………… 289

13.4.1　ルックバックオプション ･････････････････････････ 289
　　13.4.2　ラダーオプション ･･････････････････････････････ 289
　　13.4.3　トリガー/ノックインオプション ･･････････････････ 289
　　13.4.4　ノックアウトオプション ････････････････････････ 290
　　13.4.5　そのほかのエキゾチックオプション ･･････････････ 290
　　13.4.6　対応する偏微分方程式 ････････････････････････････ 291
　13.5　偏微分方程式の実際の解法 ･･････････････････････････ 292
　　13.5.1　解　析　解 ･･････････････････････････････････････ 292
　　13.5.2　数　値　解 ･･････････････････････････････････････ 294
　13.6　お わ り に ･･･ 297
　13.7　参 考 文 献 ･･･ 297
　13.8　演 習 問 題 ･･･ 298

14. 派生商品の評価――同値マーチンゲール測度 ･･････････････ 301
　14.1　確率の変換 ･･･ 301
　　「測度」としての確率 ･････････････････････････････････ 301
　14.2　平均の変換 ･･･ 305
　　14.2.1　方法1――確率変数のとりうる値の操作 ････････････ 305
　　14.2.2　方法2――確率の操作 ････････････････････････････ 309
　14.3　ギルサノフの定理 ･･･････････････････････････････････ 310
　　14.3.1　正規分布に従う確率変数 ････････････････････････ 311
　　14.3.2　正規分布に従う変数のベクトル ･･････････････････ 313
　　14.3.3　ラドン–ニコディム微分 ････････････････････････ 315
　　14.3.4　同　値　測　度 ･･････････････････････････････････ 316
　14.4　ギルサノフの定理の記述 ･････････････････････････････ 317
　14.5　ギルサノフの定理の議論 ･････････････････････････････ 319
　　確率微分方程式への適用 ･･････････････････････････････ 321
　14.6　どの確率か ･･･ 323
　14.7　同値確率生成のための手法 ･･････････････････････････ 325
　　14.7.1　例 ･･ 328
　14.8　お わ り に ･･･ 330
　14.9　参 考 文 献 ･･･ 331
　14.10　演 習 問 題 ･･ 331

15. 同値マーチンゲール測度の適用 333
- 15.1 はじめに 333
- 15.2 マーチンゲール測度 334
  - 15.2.1 積率母関数 334
  - 15.2.2 幾何過程の条件付き期待値 336
- 15.3 資産価格のマーチンゲールへの変換 337
  - 15.3.1 $\tilde{P}$ の決定 338
  - 15.3.2 同値マーチンゲール確率測度が意味する確率微分方程式 340
- 15.4 適用——ブラック–ショールズ式 342
  - 計算 344
- 15.5 マーチンゲール・アプローチと偏微分方程式アプローチの比較 346
  - 15.5.1 2つのアプローチの同値性 347
  - 15.5.2 導出の重要な段階 351
  - 15.5.3 伊藤公式の積分形 353
- 15.6 おわりに 354
- 15.7 参考文献 354
- 15.8 演習問題 354

16. 金利に依存する証券の新しい成果と道具 357
- 16.1 はじめに 357
- 16.2 概要 358
- 16.3 金利派生資産 360
- 16.4 複雑な事柄 363
  - 16.4.1 ドリフト項の調整 364
  - 16.4.2 期間構造 365
- 16.5 おわりに 366
- 16.6 参考文献 366
- 16.7 演習問題 366

17. 新しい設定における裁定理論——正規化と確率的変動をする金利 367
- 17.1 はじめに 367
- 17.2 新しい派生商品のためのモデル 369
  - 17.2.1 新しい環境 371
  - 17.2.2 正規化 376
  - 17.2.3 いくつかの魅力的でない特性 380

17.2.4　新しい正規化 ································· 382
　　　17.2.5　いくつかの適用事例 ··························· 386
　17.3　お わ り に ··· 391
　17.4　参 考 文 献 ··· 391
　17.5　演 習 問 題 ··· 392

18.　期間構造モデルと関連する概念 ···························· 394
　18.1　は じ め に ··· 394
　18.2　おもな概念 ··· 395
　　　18.2.1　3つのカーブ ································· 396
　　　18.2.2　イールドカーブの動き ························· 398
　18.3　債券価格評価式 ····································· 400
　　　18.3.1　スポットレートが一定の場合 ··················· 400
　　　18.3.2　確率的スポットレート ························· 402
　　　18.3.3　連続時間への適用 ····························· 403
　　　18.3.4　利回りとスポットレート ······················· 404
　18.4　フォワードレートと債券価格 ························· 405
　　　18.4.1　離 散 時 間 ································· 405
　　　18.4.2　連 続 時 間 ································· 407
　18.5　おわりに：関連の意味 ······························· 409
　18.6　参 考 文 献 ··· 410
　18.7　演 習 問 題 ··· 410

19.　金利商品に対する古典的アプローチとHJMアプローチ ········ 412
　19.1　は じ め に ··· 412
　19.2　古典的アプローチ ··································· 413
　　　19.2.1　例　　　1 ··································· 413
　　　19.2.2　例　　　2 ··································· 414
　　　19.2.3　一般の場合 ··································· 415
　　　19.2.4　スポットレートモデルの利用 ··················· 418
　　　19.2.5　ブラック–ショールズとの比較 ·················· 420
　19.3　タームストラクチャーに対するHJMアプローチ ········· 420
　　　19.3.1　フォワードレートの選択 ······················· 422
　　　19.3.2　HJMにおける無裁定条件下の動的特性 ··········· 423
　　　19.3.3　解　　　釈 ··································· 425

- 19.3.4 HJM アプローチにおける r_t ………………… 426
- 19.3.5 HJM アプローチのさらなる優位性 ………………… 428
- 19.3.6 市場の慣習 ………………… 429
- 19.4 タームストラクチャーへの r_t のフィット ………………… 429
  - 19.4.1 モンテカルロ法 ………………… 430
  - 19.4.2 ツリーモデル ………………… 431
  - 19.4.3 解析解 ………………… 431
- 19.5 おわりに ………………… 432
- 19.6 参考文献 ………………… 432
- 19.7 演習問題 ………………… 432

20. 金利デリバティブに対する従来の PDE 分析 ………………… 436
- 20.1 はじめに ………………… 436
- 20.2 フレームワーク ………………… 438
- 20.3 金利リスクの市場価格 ………………… 439
- 20.4 PDE の導出 ………………… 441
  - 20.4.1 比 較 ………………… 443
- 20.5 PDE の解析解 ………………… 445
  - 20.5.1 ケース 1: 決定論的な r_t ………………… 445
  - 20.5.2 ケース 2: 平均回帰的 r_t ………………… 446
  - 20.5.3 ケース 3: より複雑な形式 ………………… 449
- 20.6 おわりに ………………… 449
- 20.7 参考文献 ………………… 450
- 20.8 演習問題 ………………… 450

21. 条件付き期待値と偏微分方程式との関係 ………………… 452
- 21.1 はじめに ………………… 452
- 21.2 条件付き期待値から偏微分方程式へ ………………… 454
  - 21.2.1 ケース 1: 一定の割引関数 ………………… 454
  - 21.2.2 ケース 2: 債券価格評価 ………………… 457
  - 21.2.3 ケース 3: 一般化 ………………… 459
  - 21.2.4 初学者向け解説 ………………… 460
  - 21.2.5 ドリフト項について ………………… 460
  - 21.2.6 債券価格のその他の公式 ………………… 461
  - 21.2.7 どちらの公式を用いるか ………………… 463

21.3　偏微分方程式から条件付き期待値へ ………………………… 463
21.4　ジェネレーター,ファインマン–カッツ の公式,その他の手法 ……… 465
　　21.4.1　伊藤拡散 …………………………………………… 466
　　21.4.2　マルコフ性 ………………………………………… 466
　　21.4.3　伊藤拡散のジェネレーター ………………………… 466
　　21.4.4　A の表現 …………………………………………… 467
　　21.4.5　コロモゴロフの後退方程式 ………………………… 468
21.5　おわりに ……………………………………………………… 470
21.6　参考文献 ……………………………………………………… 470
21.7　演習問題 ……………………………………………………… 471

22. 停止時間とアメリカ型証券 ……………………………………… 472
22.1　はじめに ……………………………………………………… 472
22.2　なぜ停止時間を学ぶのか …………………………………… 474
　　22.2.1　アメリカ型証券 ……………………………………… 474
22.3　停止時間 ……………………………………………………… 475
22.4　停止時間の利用 ……………………………………………… 476
22.5　簡単な場合 …………………………………………………… 477
　　22.5.1　モデル ………………………………………………… 477
22.6　簡単な例 ……………………………………………………… 482
22.7　停止時間とマーチンゲール ………………………………… 486
　　22.7.1　マーチンゲール ……………………………………… 486
　　22.7.2　ディンキンの公式 …………………………………… 487
22.8　おわりに ……………………………………………………… 487
22.9　参考文献 ……………………………………………………… 487
22.10　演習問題 …………………………………………………… 488

文　献 ……………………………………………………………… 491

索　引 ……………………………………………………………… 494

1
金融派生資産――簡単な紹介

1.1 は じ め に

　本書は，金融派生資産を評価するために用いる計量的な入門書である．したがって，本書のほとんどは数学的な解説である．実務で金融市場で用いる数学的な概念を簡潔に直感的に紹介している．

　この導入のためには資産評価に隠された論理を議論する必要がある．加えて正式な資産評価の方法を理解するために必要な例をさまざまな点から紹介する．これらはすべて考えている証券を簡潔に議論するために必要である．派生資産を深く理解するためには次の文献を読むとよいだろう．Hull (2000) は派生資産のすぐれた文献である．Jarrow & Turnbull (1996) は別の方法で書かれている．Ingersoll (1987) や Duffie (1996) はかなり専門的な解説書であり，基礎となる理論と強い関係にある．Das (1994) による本は派生商品の契約に関する実務的な問題のまとめである．新しい本としては Wilmott (1998) がある．

　本章ではまず，もっとも基本的な2つの金融派生資産であるオプションと先渡し契約（先物）について解説する．次にもう少し複雑な派生資産であるスワップについて解説する．最後に，複雑なスワップがいくつかの先渡しとオプションに分解できることを示す．この分解は非常に実用的である．先渡しとオプションを評価することができれば任意のスワップを構築することが可能となり，その価格を得ることができる．また本章では，本書全般にわたって用いられている，いくつかの正式な表記方法について解説する．

1.2 定　　　　義

　実務家の言葉では，「派生資産とは株式・債券・商品などの「現物市場」の商品価格から導出される金融契約である」とされている[1]．

---

[1]　Klien & Lederman (1994) の pp.2–3 を参照のこと．

学術的には，派生商品はもう少し厳密に次のように定義されている．

定義 1. 満期時点 T において，時点 T における原資産の価格によって「正確」に決定される金融契約を「派生商品」あるいは条件付き請求権と定義する [Ingersoll (1987)]．

したがって，金融契約の満了時点 T において，派生資産の価格 $F(T)$ は「原資産」の価格 S_T によって完全に決定される．満期を過ぎると派生資産は消滅する．この簡単な性質が派生資産の評価にとても重要な役割をする．

本書において，$F(t)$ や $F(S_t, t)$ の記号は，時点 t の原資産の価格が S_t である派生資産の価格を表すのに用いられる．金融派生資産はときには支払 d_t の収益をもたらすと仮定される．それ以外の収益は 0 である．T は常に満期時点を示す．

1.3 派生資産の種類

派生資産は下記の種類に分類できる．
1) 先物と先渡し
2) オプション
3) スワップ

先渡しとオプションは「基本的な構成要素」であると考えられる．スワップやほかの複雑な仕組物は基本的な先渡しとオプションに分解できる組合せ証券と考えられる．S_t を関連する現物商品の価格とし，「原資産」と呼ぶ．

原資産は主要な 5 つのグループにまとめることができる．
1) 株式：これらは商品やサービスの生産に対する「実際」の収益に対する請求権である．
2) 通貨：これらは政府あるいは，ときとして銀行の債務である．実物資産に対する直接請求権ではない．
3) 金利：金利は資産ではない．したがって「名目」上の資産は将来の金利の方向に対するポジションと考えられる．ユーロドル先物はその一例である．

　　このグループには政府の負債である，長期国債，中期国債，短期国債に対する派生商品も含めることができる．これらは政府によって，決められた日に支払が約束されている．長期国債，中期国債，短期国債に対する派生資産を取り扱うことは，さまざまな金利の方向についてのポジションをとることである．ほとんどの場合，これらの派生商品は「名目上」ではなく，原資産の実際の受け渡しを伴う[*2)]

[*2)] パリにおける「名目上」のフランス国債の取引量は非常に多い．

4) 指数: S&P500やFT-SE100は株価指数の例である．CRB商品指数は商品価格の指数である．これら自身は「資産」ではない．しかしながら，派生資産の契約はこれらの名目上の値に対して行われていて，ポジションは原指数の方向に対して取られる．
5) 商品: おもな種類として次のようなものがある．
   - 穀物以外の農産物：ココア，コーヒー，砂糖
   - 穀物および種子：大麦，コーン，綿花，カラス麦，ヤシ油，ジャガイモ，大豆，冬小麦，春小麦，その他
   - 卑金属：銅，ニッケル，スズ，その他
   - 貴金属：金，プラチナ，銀
   - 家畜：牛，豚，豚脇腹肉，その他
   - 燃料：原油，燃料油，その他

これらの原商品は「金融」資産ではない．何らかの商品である．したがって多くの場合物理的に購入・貯蔵が可能である．

われわれの目的に重要な原資産による分類方法にはもう1つある．

1.3.1 キャッシュ・アンド・キャリー市場

ある種の派生資産は「キャッシュ・アンド・キャリー」市場の商品を原資産とする．金，銀，通貨や米国債は「キャッシュ・アンド・キャリー」商品の例である．

これらの市場では，(物理的な資産を担保にすることで) 無リスク金利で調達した資金で商品を「購入」・「保管」し，派生資産の契約の満期日まで保険をかけることが可能である．したがって，これら商品の先渡し・先物契約を保有することで同様の効果を得ることができる．

たとえば無リスク金利で借入れた資金で米国債を購入し，米国債先物の受け渡し期日まで保管することが可能である．これは先物契約を買い建てて満期日に原資産の受け渡しを認めるのと同等である．同様な例は，金，銀，原油などでも構築することができる[*3)]．

純粋なキャッシュ・アンド・キャリー市場にはもう1つ性質がある．原商品の将来の需給に関する情報は，現物と先物（先渡し）の「スプレッド」に影響を及ぼさない．結局このスプレッドはほとんど，無リスク金利水準・保管コスト・保険料によって決定される．原商品の将来の需給に関する情報は，現物と先物価格を同じ値だけ上下に変化させることが期待される．

[*3)] しかしながら，原油の場合には保管の過程は大変コストがかかることになる．環境やその他の影響のため原油の保管は非常に高くつく．

1.3.2 価格探索市場

原資産の2番目のタイプは「価格探索」市場である．ここでは原商品を現金で物理的に購入し先物の満期日まで保管するのが不可能である．このような商品は「消耗がはげしいため」現物の保管が困難であるか，現物が取り引きされているときには派生資産の取り引きが行われていない．1つの例は春小麦に関する契約である．この商品の先物が取り引きされる時点では，対応する現物市場は存在しない．

価格探索市場には，資金調達，購入，決済期日まで資産を保管といった戦略は適用できない．この条件では原商品の「将来」の需給に関するいかなる情報も現物市場には影響を与えない．このような情報は先物市場で「探索」され，すなわち価格探索市場となる．

1.3.3 満期日

先物の満期日 T において，派生資産の価格 $F(t)$ と現物の価格 S_t は正確に（決定論的に）記述することができる．先渡しや先物の場合にはおのずから

$$F(T) = S_T \qquad (1.1)$$

となる．つまり，満期日において先物契約の価格は同等な現物の価格と等しくなる．

たとえば，(取引所に上場されている) 金 100 トロイオンスを受け渡すことを約束する先物契約は，満期日において現物の価格とまったく同じ契約であるので，異なる価格とはなり得ない．これらは時間 T で同じ物を表現する．したがって金の先物では等式 (1.1) は満期で成立するということができる．

しかしながらそれ以前の時点 $t < T$ では，$F(t)$ は S_t と等しくならないかもしれない．$F(t)$ と S_t を結び付ける関数を決定することができる．

1.4 先渡しと先物

先物と先渡しは線形の派生商品である．本節では先渡し契約について議論し，最後に先物と先渡し契約の差異について簡単に論ずる．

定義 2. 先渡し契約は既知の期日に決められた「先渡し価格」で原資産を購入 (売却) する契約である．

契約の満期日と先物価格は先渡し契約の締結時に決定される．先渡しが購入された場合，契約の購入者は原資産をロングしていると呼ばれる．満期日に現物価格が先渡し価格よりも高ければ利益が発生し，そうでなければ損失が発生する．

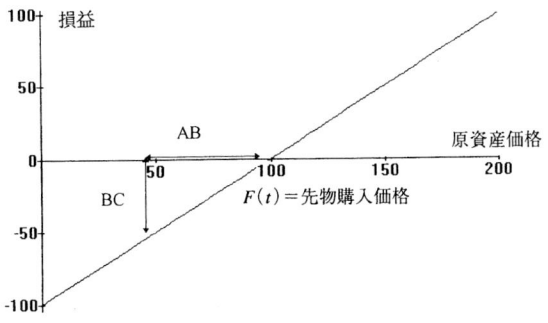

図 1.1

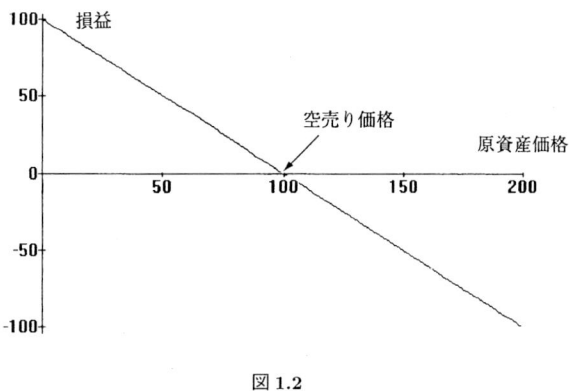

図 1.2

単純なロングポジションの損益図を図 1.1 に示す．時間 t，価格 $F(t)$ で契約が成立する．契約は時間 $t+1$ で満期となると仮定される．右上がりの線は満期における購入者の損益を示す．傾きは 1 である．

S_{t+1} が $F(t)$ を上回れば，ロングポジションは収益を上げる[*4]．線の傾きは 1 であるので，線分 AB は垂線 BC と等しい．時間 $t+1$ では損益は支払いを示す線と水平線の垂直の距離として直接読むことができる．

図 1.2 は同じ状況における，「ショートポジション」の損益を図解したものである．

このような図解は派生商品しくみの理解を助ける．本書では簡潔に取り扱うが，さらにくわしい議論は Hull (2000) を参照されたい．

[*4] 決済期日 $t+1$ において $S_{t+1} = F(t+1)$ となることに注意．

先　　物

先物と先渡し契約は類似した商品である．主要な相違点を以下簡潔に述べる．

先物は「取引所」で正式に取引されている．取引所は標準的な契約を構築し，ある特定の満期を定める．先渡し契約は「カスタムメイド」であり，「相対」で取り引きされる．

先物取引は，取引所の清算機関で清算が行われ，デフォルトリスクを減少する仕組みが取り入れられている．

最後に先物契約は「値洗い」される．これは毎日契約が清算され，同時に新しい契約が行われる．その日のすべての損益は先物契約者の口座に記録される．

1.5 オプション

オプションは資産評価の2番目の基本的な資産である．後の章で確率微積分の概念を紹介する主要な例として標準的なコールオプションの評価モデルをしばしば用いる．

先渡しや先物は満期日において契約者に原資産の受け渡しが「強制される」．一方オプションで保有者は資産売買の義務ではなく，「権利」が与えられる．オプションには，2つのタイプが存在する．

定義 3. 原資産 S_t に対するヨーロッパ型コールオプションは，あらかじめ決められた行使価格 K で証券 S_t を購入する「権利」である．この権利はオプションの「満期日」T において行使することができる．時間 $t<T$ におけるコールオプションの価格 C_t はプレミアムと呼ばれる．

同様にヨーロッパ型の「プットオプション」は，保有者に満期日にある特定の価格で原資産を「売る」権利を与える．

ヨーロッパ型のオプションに対し，「アメリカ型」のオプションは，契約時からオプションの満期日までであれば「いつでも」権利を行使することができる．

トレーダーや投資家がコールオプションの無裁定価格 C_t を計算したい理由はさまざまである．オプションが最初に時間 t で取り引きされる前には C_t はわからない．オプションが契約されるならば価格はいくらであるか，トレーダーは何らかの推定値を得たいと考えるであろう．オプションが取引所で取り引きされている証券であれば，取り引きが開始され市場価格は収束するであろう．オプション取り引きが店頭取引ならば，活発な取り引きになり価格を観察することができるかもしれない．

しかしながらまた，オプションはあまり頻繁に取り引きされない．このため，リスクを評価するために日々の価格 C_t を知りたいかもしれない．ほかのトレーダーは，市

場はコールオプションをミスプライスしていると考え，このミスプライスの値に興味をもつかもしれない．ここでもふたたび C_t の無裁定価格を決定する必要がある．

いくつかの記法

コールオプションの評価のもっとも望ましい方法は，C_t が原資産の価格そのほかのパラメーターによる「解析解」を見つけることである．

時点 t において C_t に関して唯一わかっている「式」は，T で示される満期日の価値で決定される式である．実際，
- 取り引き手数料等が 0
- S_t, C_t のビッド・アスク・スプレッドが 0

であれば，満期日では C_T は 2 通りの値しかとらない．

もし，オプションが「アウト・オブ・マネー」，つまり満期日において

$$S_T < K \tag{1.2}$$

であれば，オプションの価値はない．原資産の市場価格は S_T であり，これは権利行使価格 K よりも低い．オプション保有者は原資産を K で購入する権利を行使しない．したがって，

$$S_T < K \Rightarrow C_T = 0 \tag{1.3}$$

となる．しかし，オプションが「イン・ザ・マネー」，つまり時間 T において

$$S_T > K \tag{1.4}$$

であれば，オプションは何らかの価値をもつ．オプションはあきらかに権利行使されるべきである．原資産を価格 K で購入し，より高い価格 S_T で売却することができる．取引コストやビッド・アスク・スプレッドは存在しないため，ネットの損益は $S_T - K$ となる．このことに注意すると，市場参加者はオプションの価値を $S_T - K$ とすることになり，

$$S_T > K \Rightarrow C_T = S_T - K \tag{1.5}$$

となる．この 2 つの可能性を短い記法で次のように記述することができる．

$$C_T = \max[S_T - K, 0] \tag{1.6}$$

これは C_T が括弧内の 2 つのうちの「大きい方」であることを意味する．後の章でこの記法はしばしば用いられる．

S_T と C_T の関係を与える式 (1.6) は，図を用いて容易に理解される．図 1.3 はこの関係を示す．$S_T \leq K$ では C_T は 0 である．$K < S_T$ なる S_T の値では C_T は S_T

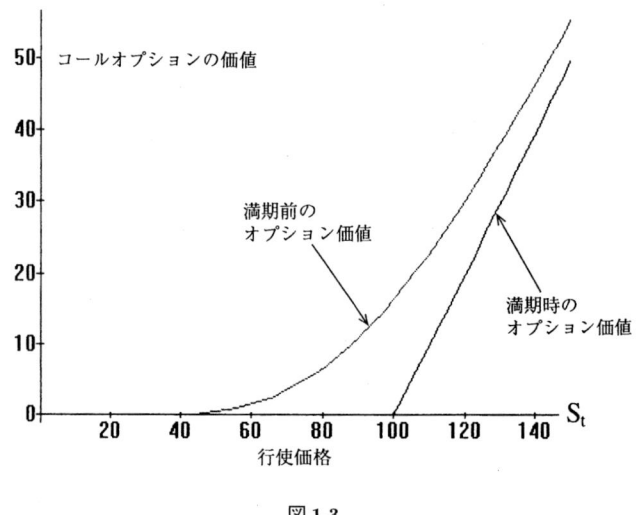

図 1.3

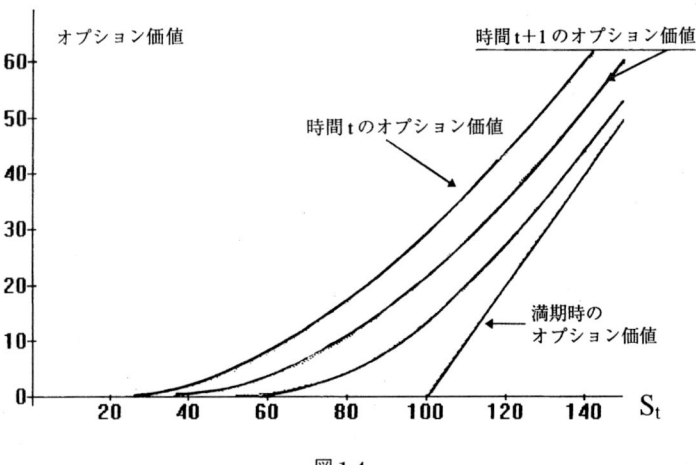

図 1.4

と同じ割合で増加する．したがって値がこの範囲では (1.6) 式のグラフは傾き 1 の直線となる．オプションは「非線形」の商品である．

図 1.4 は満期前のさまざまな時間のコールオプションの値を図示する．$t < T$ では，関数の値はなめらかな曲線で表現される．満期時点においてのみオプションは権利行使価格で折れ曲がる区分線形関数になる．

1.6 スワップ

スワップとスワップションは，もっとも普通の派生資産の1つである．しかしこのことがこの商品に興味をもつ理由ではない．スワップとスワップションを評価する1つの方法は，スワップを先渡しとオプション契約に「分解」することである．これは先渡しとオプションは2つの基本的な資産であり，後の章でこれらをとくに強調する理由となっている．

定義 4. スワップとは，さまざまな通貨，金利やそのほかのいくつかの金融資産を含むキャッシュフローを同時に売買することである．

簡単なスワップの紹介だけでも本書の範囲を越えることになる．前述したように本書の的は派生資産評価の背景にある数学の直感的な紹介であり，派生資産それ自身を議論することではない．主要な点を示すための典型的な例を議論するにとどめる．

基本的な金利スワップ

スワップ契約を構成要素に分解することは，金融工学や派生資産評価での重要な例である．また，この分解は単純な先渡しやオプションの特別な役割を理解するのにも役立つ．本書では金利スワップについてくわしく議論する．さらにくわしい解説はDas(1994)を参照されたい[*5]．

もっとも単純な形では2つの「カウンターパーティー」A, B 間の金利スワップは，次の手順で行われる．

1) カウンターパーティ A は変動金利で1億円の借り入れを計画している．B は固定金利で1億円の借り入れを計画している．しかし市場の状況や，いくつかの銀行との関係から B は変動金利での借り入れが比較優位である[*6]．
2) A, B はこの比較優位を利用することにする．それぞれのカウンターパーティーは比較優位をもつ市場で借り入れを行い，金利の交換を行う．
3) A は固定金利で1億円の借り入れを行う．支払金利は B に渡され，借り入れを行っている銀行に支払われる．
4) カウンターパーティー B は変動金利で1億円の借り入れを行う．金利は A に

[*5] スワップの実務への応用に関するそのほかのすぐれた文献には Dattatreya *et al.* (1994) や Kapner & Marshall (1992) がある．
[*6] これは A が固定金利での借入が比較優位であることを意味する．

渡され，借り入れを行っている銀行に支払われる．
5) 当初の借り入れは両社とも1億円と同じであることに注意されたい．したがってこれは交換する必要がない．これは「名目元本」と呼ばれる．金利は同一通貨で支払われる．したがってカウンターパーティーは，金利の差額のみを支払えばよい．これが金利スワップである．

このもっとも基本的な金利スワップは，金利交換から成立する．カウンターパーティーは彼らが比較優位をたもつ市場で借入を行い，金利を交換する．最後には両カウンターパーティーは低い金利を享受し，「スワップディーラー」は手数料を得る．

単純なスワップ取り引きは常に，先渡しのバスケットに分解することができる．このとき，バスケットはもとのスワップと同様の経済効果をもつ．先渡しやオプションは独立に評価され，対応するスワップの価値がこれらから決定される．基本的な先渡しへの分解はスワップ契約の評価を非常に簡単にする．

1.7 おわりに

本章ではいくつかの基本的な派生資産について概観した．目的は2つある．まず基本的な派生証券を簡単に紹介し，例として取り扱えるようにすることである．2番目は派生資産評価の簡単な記法をいくつか議論することである．まずオプションや先渡しのような簡単で基本的な派生資産の評価式を導出し，次により複雑な構造をもつ派生資産を先渡しやオプションのバスケットに分解する．この方法で，より複雑な構造をもつ商品の評価に簡単な構造の評価式を用いることができる．

1.8 参考文献

Hull (2000) はいくつかの点で特色のある，派生資産のすぐれた文献である．実務家はマニュアルとして利用し，大学院初学年者は教科書として利用できる．したがって実務的であると同時に細かい点まで書かれている．Jarrow & Turnbull (1996) も派生資産のすぐれた文献である．Duffie (1996) は，動的資産評価理論としてすぐれた文献であるが，市場で取り引きされる実際の商品についてくわしく述べてはいない．しかしながら数学に非常に明るい実務者は便利であると感じるかもしれない．Das (1995) は派生資産の実務的な面でよい文献である．

1.9 演 習 問 題

1. 次の投資を考えよ．
   - 投資家が株式を価格 S で空売りし，原資産が同一のアット・ザ・マネーのコールオプションを，権利行使価格 K で購入する．
   - 投資家が権利行使価格 K_1 のプットオプションを購入すると同時に権利行使価格 $K_2 (K_1 \leq K_2)$ なるコールを購入する．
   - 投資家が権利行使価格 K_1 のコールオプションおよびプットオプションを購入し，また権利行使価格 $K_2 (K_1 \leq K_2)$ なるコールオプションおよびプットオプションを購入する．
   (a) それぞれの場合における損益図を図示せよ．
   (b) 満期日「前」にはこれらの図はどのようになるであろうか．

2. 次のプレーンバニラの金利スワップで固定金利を支払うことを考える．
   - 開始は 12ヵ月後で満期は 24ヵ月．
   - 変動金利は 6ヵ月 USD LIBOR．
   - 固定スワップ金利は $\kappa = 5\%$．
   (a) スワップ取引によるキャッシュフローを図示せよ．
   (b) 2つの先渡し金利契約（FRA）を用いて同等なキャッシュフローを作成せよ．選択した FRA のパラメーターについて述べよ．
   (c) 適当な金利オプションを用いて同等なスワップ取引を合成することはできるであろうか．

3. 小麦 3ヵ月先物の無裁定価格を F_t で示す．1トンの小麦を 12ヵ月保管するときのコストは c ドルであり，1年間の品質保険料は s ドルであるとする．直物小麦にトレーダーが適用する（単純な）金利は $r\%$ である．最後に小麦にはコンビニエンスイールド（訳注：金利や保管料・保険料などから説明できない要因）は考えない．
   (a) F_t の式を求めよ．
   (b) $F_t = 1500, r = 5\%, s = 100$ ドル, $c = 150$ ドルであり直物小麦価格が $S_t = 1470$ とする．このときには F_t は無裁定であるか．裁定ポートフォリオはどうやって構築すればよいか．
   (c) すべてのパラメーターが同一であるとせよ．満期における裁定ポートフォリオの損益はどのようになるか．

4. 株価が $S_t = 100$ のときのアット・ザ・マネーのコールオプションが 3 で取引されている．対応するアット・ザ・マネーのプットオプションの取引価格は 3.5 であ

る．取引コストはかからず，株式は配当を支払わない．トレーダーは 1 年あたり 5% で資金を調達・運用し，市場は十分に流動的である．

(a) トレーダーはこの株式の先渡し契約を行う．受け渡しは 12 ヵ月以内であり，価格は F_t である．F_t の価格はどうなるか．

(b) この契約の価格が $F_t = 101$ で取引されている．裁定ポートフォリオを「2 つ」作成せよ．

2

裁定定理の基礎

2.1 はじめに

　現代の派生資産評価はすべて「裁定」の概念を利用している．「裁定価格評価法」ではその利用は直接的である．資産価格は裁定機会が存在しないという仮定から導出することができる．「均衡価格評価法」において裁定機会が存在しないという仮定は，一般的な均衡条件の一部となっている．

　裁定とは簡単に説明すると，異なる資産に同時に投資し，無リスクの国債から得られる以上の収益を無リスクで得ることが保証されることである．そのような収益が存在する場合，「裁定機会」が存在するという．

　裁定機会には2つの種類がある．まずネットの投資金額を0にするような投資を行い，正の収益が見込める場合である．たとえば株式を空売りし，その株式に対して契約されたコールオプションを買い建てることができる．ここでコールオプションを買い建てるために必要な資金は株式の空売りによってまかなうとする．これらのポジションを適切に調節することにより，株価の予測できない変動が2つのポジションで相殺され，全体では無リスクとすることができる．手数料などを控除すると，このような投資機会は超過収益を上げることは一切ない．もしそうでなければ，第1種の「裁定機会」が存在するという．

　「第2種」の裁定機会は，はじめに負の資金を投下する必要があるが，将来において0または正の収益が保証される場合である．

　本書ではこれらの概念を用いて，金融資産の「公正価格」を実務的に定義する．第1種あるいは第2種の種類の裁定機会も存在しない場合，証券価格は「公正」な水準である，もしくは「正しく評価されている」という．そして「無裁定」価格をベンチマークとして利用することができる．両者が乖離していることは，超過収益の機会を表している．

　現実には裁定機会は存在するだろうが，だからといって「無裁定価格」に対する興味が半減するわけではない．無裁定価格は派生資産評価の中心であり，少なくとも以下の4つの用途に利用することができる．

最初の例としては、派生資産業者が「新しい」金融商品を考案することがある。新種の商品であるため、その価格を金融市場の実際の取り引きから観測することができない。このような状況において、無裁定価格は市場価格を推定するために非常に有効である。

第2の例は「リスク管理」である。リスク管理者は、しばしば「最悪の」シナリオを想定してポートフォリオのリスクを推定することがある。このようなシミュレーションは定期的にくりかえされる。そのたびに何らかのベンチマーク価格が必要となるが、扱っているのはこれまでに観測されたことのない仮想的な状況なのである[*1]。

3番目の例は所有するポートフォリオの資産の「値洗い」である。経理部門では、最近取り引きがない流動性が低い資産の現在価値を知りたいと思うことがあるかもしれない。対応する無裁定価格を計算することが、その解決となるかもしれない。

最後に無裁定価格と実際に取り引きされている価格を「比較」することができる。もしその乖離が大きければ超過収益の機会の存在を示唆する。つまり無裁定価格は短い時間の間発生しているミスプライスを検出するために利用することができる。もし無裁定価格が観測される価格を「上回って」いれば派生資産は「割安」であり、「買建て」のポジションをとることになろう。反対の場合には派生資産は「割高」である。

無裁定定理による数学的環境はこのようなベンチマーク価格を計算するための主要なツールである。

2.2 記法

まず定式化からはじめ、すべての数学的アプローチで不可欠な要素である記法の定義を行っていく。記法の正確な理解はしばしば数学的論理の理解と同じ位重要である。

2.2.1 資産価格

添え字 t は時点を表す。オプション、先物、先渡し、株式などの証券は資産価格の「ベクトル」S_t で表現する。この配列は金融市場に存在するすべての証券の価格を1つのシンボル

$$S_t = \begin{pmatrix} S_1(t) \\ \vdots \\ S_N(t) \end{pmatrix} \quad (2.1)$$

[*1] そのようなシナリオを考案するのは決して簡単なことでない点に注意。たとえば市場が大きなショックに襲われたときに、無裁定条件を保証するために必要とされる流動性が存在するかどうかはあきらかではない。

で表現することができる．ここで $S_1(t)$ は無リスクの貸借であり，$S_2(t)$ はある銘柄の株価，$S_3(t)$ はその株式を原資産とするコールオプションの価格，$S_4(t)$ はプットオプションの価格と考えることができるかもしれない．S_t の下添え字 t はこれらの価格が時点 t に属することを示す．「離散」時間のもとでは価格は $S_0, S_1, \ldots, S_t, S_{t+1}, \ldots$ と表現することができる．一方，連続時間の場合には，時間の添え字 t は 0 から無限大までの任意の実数をとる．厳密に記せば次のようになる．

$$t \in [0, \infty) \tag{2.2}$$

一般的には $t = 0$ は「初期時点」を表し，t は「現在」を表す．

$$t < s \tag{2.3}$$

と表記すると，s は「将来」のある時点を表す．

2.2.2 市場の状態

以下，本章を進めていくために，一見非常に抽象的に思えるような概念が必要となる．しかしそれは実用上多大な重要性をもっている．

W をすべての起こりうる「市場の状態」のベクトルとする．

$$W = \begin{pmatrix} w_1 \\ \vdots \\ w_K \end{pmatrix} \tag{2.4}$$

ここで w_i は起こり得る状態の 1 つである．これらの状態は「互いに排他的」であり，少なくとも 1 つが発生することが保証されている．

一般的に金融資産は異なる状態 w_i に対し，価値や収益が変化する．このような状態の数は有限な K 個であると仮定する．

この概念を思い浮かべることはそれほど難しくはない．トレーダーの視点からは興味の対象は「次の」瞬間だけであると仮定しよう．証券価格が変化することはあきらかであるが，それがどのように変化するのかは必ずしもわからない．しかし短い時間間隔の中では証券価格は「1 単位の上昇」，「1 単位の下落」または変化しない，のいずれかをとると考えられる．したがって合計で 3 つの状態が存在すると考えることになる．

2.2.3 収益とペイオフ

市場の状態 w_i が異なれば，資産から発生する収益も異なるため，その状態は重要となる．状態 j において資産 i の 1 単位から発生する収益を d_{ij} とする．ペイオフは

2つの要素からなる．

1つは資産価値が上下することによるキャピタルゲイン（ロス）である．資産を「買建て」ている投資家は資産価格が上昇することによりキャピタルゲインが発生し，下落することによりキャピタルロスが発生する．売建てている場合はこの逆である[*2]．

2番目は配当や利払いなどの「支払金」である．ある種の資産はこのような支払金は発生しない．コール，プットオプションや割引債がそうである．その他の資産は支払金を伴う[*3]．

市場の状態が多数存在するという仮定のもとで，資産が複数存在するということは，それぞれの資産に対しいくつもの d_{ij} が対応することを意味する．このような配列は「行列」を用いて表現される．

N 個の資産を考えると，ペイオフ d_{ij} は次の行列 D でまとめられる．

$$D = \begin{pmatrix} d_{11} & \ldots & d_{1K} \\ \vdots & \vdots & \vdots \\ d_{N1} & \ldots & d_{NK} \end{pmatrix} \quad (2.5)$$

この行列は2通りの異なる方法で眺めることができる．D のそれぞれの行に着目すると，ある資産の異なる市場の状態における収益を表している．逆に D の列に注目することもできる．D のそれぞれの列は，ある市場の状態における異なる資産のペイオフを示す．

すべての資産価格が0でなければ，D の i 番目の行を対応する $S_i(t)$ で割ることにより，異なる状態における元本込みの「リターン」を計算することができる．収益が時点により変化する場合には一般に D に下添え字 t をつける．

2.2.4 ポートフォリオ

ポートフォリオは資産の特定の組合せである．ポートフォリオを作成するためには，構成する資産のすべてのポジションを与える必要がある．θ_i は i 番目の資産のポジションの大きさを示し，すべての $\{\theta_i, i = 1 \ldots N\}$ を与えることによりポートフォリオを特定することができる．

θ_i が正であればその資産を買建てて，負であれば売り建てていることを表す．もしある資産がポートフォリオに含まれていなければ対応する θ_i は 0 である．

またあるポートフォリオがすべての市場の状態に対して同じペイオフをもつならば，

[*2] キャピタルゲインはポジションを解消するまでは実現しない．

[*3] 配当のある株式と利付債以外の例として先物への投資が挙げられる．「値洗い」により契約者に支払金が発生するが，この場合の支払金は正にも負にもなる．

その価格は正確に知ることができ，そのポートフォリオは「無リスク」であるという．

2.3　資産評価の簡単な例

簡単なモデルを用いて資産評価の重要なポイントを紹介する．この例ではまず派生資産評価の「ロジック」を紹介し，次にそれを実務へ応用するために必要な「数学的ツール」を紹介する．モデルはあえて簡単にしてあるが，複雑なケースは本章の最後で議論する．

まず時点は「現在」と「次の時点」しか存在しないと仮定し，これらの時間間隔を Δ とする．本書では Δ は「微小」ではあるが，無限小ではない時間間隔を表すことにする．

市場参加者は次の3つの資産にしか興味がない場合を考える．

1) 短期国債のような無リスク資産で，次の時点までの元本込み収益率は $(1+r\Delta)$[*4)]．この収益率は市場の状態が何であれ，一定という意味で「無リスク」である．
2) たとえば株式 $S(t)$ といった「原資産」．短い時間 Δ において $S(t)$ は「2通り」の値しかとらないと仮定する．このことは市場の状態が少なくとも「2つ」存在することを意味する．$S(t)$ は2つの市場の状態によって異なるペイオフをとるので，リスク資産である．
3) 派生資産で，プレミアム $C(t)$，行使価格 C_0，「次の時点」で満期となるコールオプション．原資産が2つの値しかとらないと仮定しているため，このコールオプションも2通りの値しかとらないことになる．

このモデルは非常にシンプルであり，3つの資産 ($N=3$) と2つの状態 ($K=2$) しか存在しない．原資産とオプション，そして無リスクによる借り入れ／貸し付けである．

このモデルはまったく非現実的であるというわけではない．実際に（連続）時間のなかではたらいているトレーダーがある特定の（ヘッジされた）オプションのポジションに注目しているとしよう．時間間隔が「短か」ければ，これらの資産価格は1単位を超えて上昇，下落することはないだろう．したがって市場の状態が2つしか存在しないというのは合理的な仮定であろう[*5)]．

以上の情報を前に示した記法でまとめよう．S_t は3つだけの要素をもつベクトルと

[*4)] 適当なリターンを得るためには r に経過時間 Δ を乗じなければならない．
[*5)] 実際，後の章で連続ウィーナー過程，あるいはブラウン運動が Δ を 0 に近付けることにより，このような2状態の過程でいくらでもよい精度で近似可能であることを示す．

なる.

$$S_t = \begin{bmatrix} B(t) \\ S(t) \\ C(t) \end{bmatrix} \quad (2.6)$$

ここで $B(t)$ は無リスクの借り入れ／貸し出し，$S(t)$ は株式，$C(t)$ はコールオプションの価格である．t はこれらの価格が評価される時点である．

ペイオフは行列 D_t を用いてまとめることができる．資産は3つであり，D_t の行数は3である．また市場の状態は2つなので D_t の列数は2である．$B(t)$ は「次の瞬間」がいずれの状態でもペイオフは同じ無リスク資産である．$S(t)$ はリスク資産であり，上昇して $S_1(t+\Delta)$ となるか，下落して $S_2(t+\Delta)$ になる．最後にコールオプションの市場価格 $C(t)$ も原資産価格 $S(t)$ の変化に伴って変動する．以上からこの場合では D_t は次のように表現される．

$$D_t = \begin{bmatrix} (1+r\Delta)B(t) & (1+r\Delta)B(t) \\ S_1(t+\Delta) & S_2(t+\Delta) \\ C_1(t+\Delta) & C_2(t+\Delta) \end{bmatrix} \quad (2.7)$$

ここで r は年率の無リスク金利である．

2.3.1 裁定定理の第一歩

ここまでの議論で派生資産の公正価格の計算に使われる金融理論の基礎的結果を紹介する準備が整った．ここで記法をさらに簡略化する．無リスク金利での借り入れ，貸し付けの量は投資家が決めることができる．したがって常に

$$B(t) = 1 \quad (2.8)$$

と定めることにする．また，これまで経過時間を Δ と表してきたが，この例のなかでは

$$\Delta = 1 \quad (2.9)$$

とする．裁定定理は次のように記すことができる．

定理 1. (2.6), (2.7) 式で与えられる S_t, D_t およびそれぞれ正の生起確率をもつ2つの状態について,

1) 次の式を満たす2つの「正の」定数 ψ_1, ψ_2 が存在するならば、裁定機会は存在しない[*6].

$$\begin{bmatrix} 1 \\ S(t) \\ C(t) \end{bmatrix} = \begin{bmatrix} (1+r) & (1+r) \\ S_1(t+1) & S_2(t+1) \\ C_1(t+1) & C_2(t+1) \end{bmatrix} \begin{bmatrix} \psi_1 \\ \psi_2 \end{bmatrix} \qquad (2.10)$$

2) もし裁定機会が存在しないならば、(2.10)式を満たす正の定数 ψ_1, ψ_2 が存在する.

(2.10)式の関係は「表現」と呼ばれる. 現実にはこの関係が観測されるわけではない. 実際 $S_1(t+1)$ や $S_2(t+1)$ は原資産の将来の価格として実現する「可能性がある」値である. そのどちらか一方, すなわち実現する状態に対応する価格だけが観測されることになる.

この2つの定数 ψ_1, ψ_2 は何を意味するのだろうか. 裁定定理2行目の表現に従うと, もし原資産 S が状態1において1を支払い, 状態2において何も支払わないならば

$$S(t) = (1)\psi_1 \qquad (2.11)$$

である. したがって投資家はそのような証券に対し,「保険料」として (現在の価格で) ψ_1 を支払うだろう. 同様に ψ_2 は状態2で1が支払われ, 状態1で何も支払われない場合の保険料として, 投資家がどれだけ支払うかを示している. $\psi_1 + \psi_2$ を保険料として払い込むことにより, いずれの状態が実現したとしても将来1を確実に受け取ることができるのはあきらかであろう. これはまさに表現 (2.10) の第1行が示していることである. このような解釈から, ψ_1, ψ_2 を「状態価格」[*7]と呼ぶ.

ここまでにおいて, まだいくつかの点があきらかになっていない. おそらく次のような疑問が残るだろう.

- この定理がどのようにして導出されるのか?
- ψ_1, ψ_2 の存在が無裁定とどう関係しているのか?
- この結果がなぜ資産評価で重要となるのか?

ここでは最初の2つの疑問は先送りし, 最後の疑問について考察する. ψ_1, ψ_2 の存在によって, いかなる実用的な結果が (もしあるならば) 得られるのだろうか. 実際には裁定定理から得られる表現は資産評価の実務において非常に重要であり, 以下でその重要性を示していく.

[*6] 行列の最初の行の等式より, $1+r > 1$ であれば, $\psi_1 + \psi_2 < 1$ であることに注意.
[*7] 一般に状態価格は時間依存であり, 添え字 t をもつ. ここでは単純化のため無視している.

2.3.2 裁定定理の重要性

裁定定理は非常にエレガントで一般性のある実用的な資産評価方法を提供する. 再び次の表現を考えてみよう.

$$\begin{bmatrix} 1 \\ S(t) \\ C(t) \end{bmatrix} = \begin{bmatrix} (1+r) & (1+r) \\ S_1(t+1) & S_2(t+1) \\ C_1(t+1) & C_2(t+1) \end{bmatrix} \begin{bmatrix} \psi_1 \\ \psi_2 \end{bmatrix} \quad (2.12)$$

配当行列 D_t の最初の行と ψ_1, ψ_2 を要素とするベクトルの内積をとることにより (2.13) 式を得る.

$$1 = (1+r)\psi_1 + (1+r)\psi_2 \quad (2.13)$$

また $\tilde{P}_1, \tilde{P}_2$ を次のように定義する.

$$\begin{aligned} \tilde{P}_1 &= (1+r)\psi_1 \\ \tilde{P}_2 &= (1+r)\psi_2 \end{aligned} \quad (2.14)$$

状態価格が正であることと (2.13) 式から次の式が成立する.

$$\begin{aligned} 0 &< \tilde{P}_i \leq 1 \\ \tilde{P}_1 + \tilde{P}_2 &= 1 \end{aligned}$$

$\tilde{P}_i$ は正であり, 和は 1 となっているため, これらは 2 つの状態に関連づけられた「確率」と解釈することができる. ここで「解釈」というのは, それぞれの市場の状態が実現する真の確率は一般に ψ_1, ψ_2 とは異なるからである. これらは (2.14) 式で「定義」されるものであり, 2 つの市場の状態に関連する真の確率と直接の関係はない. このため $\{\tilde{P}_1, \tilde{P}_2\}$ は「リスク調整済」合成確率と呼ばれる.

2.3.3 リスク調整済合成確率の利用

裁定機会が存在しなければリスク調整済合成確率が存在する. 言い換えれば, 市場に「ミスプライスされた資産」が存在しなければ, 正の定数 $\{\psi_1, \psi_2\}$ の存在が保証される. これらの値に元本込みの無リスクリターン $(1+r)$ をかけることにより, $\{\tilde{P}_1, \tilde{P}_2\}$ の存在が保証される[*8].

資産評価においてリスク調整済確率が重要であるのは, この確率を用いて計算した期待値を無リスクリターン r を用いて割り引くと, 資産の現在価値に等しくなるという理由からである.

裁定定理から導かれる等式に再び注目しよう. 表現 (2.10) は次の 3 つの等式を表している.

[*8] これは状態数が「有限」のときの話である. 状態数が「数えられないほど」無数に存在する場合には, リスク調整済確率が存在するためにはさらなる条件が必要となる.

2.3 資産評価の簡単な例

$$1 = (1+r)\psi_1 + (1+r)\psi_2 \tag{2.15}$$

$$S(t) = \psi_1 S_1(t+1) + \psi_2 S_2(t+1) \tag{2.16}$$

$$C(t) = \psi_1 C_1(t+1) + \psi_2 C_2(t+1) \tag{2.17}$$

ここで (2.16), (2.17) の 2 つの等式の右側に

$$\frac{1+r}{1+r} \tag{2.18}$$

をかけて次式を得る[*9].

$$S(t) = \frac{1}{(1+r)} \left[(1+r)\psi_1 S_1(t+1) + (1+r)\psi_2 S_2(t+1)\right] \tag{2.19}$$

$$C(t) = \frac{1}{(1+r)} \left[(1+r)\psi_1 C_1(t+1) + (1+r)\psi_2 C_2(t+1)\right] \tag{2.20}$$

ただし $(1+r)\psi_i, i = 1, 2$ は対応する $\tilde{P}_i, i = 1, 2$ で置き換えることができ,次式のように表せる.

$$S(t) = \frac{1}{(1+r)} \left[\tilde{P}_1 S_1(t+1) + \tilde{P}_2 S_2(t+1)\right] \tag{2.21}$$

$$C(t) = \frac{1}{(1+r)} \left[\tilde{P}_1 C_1(t+1) + \tilde{P}_2 C_2(t+1)\right] \tag{2.22}$$

ここでこれらの式の解釈を考察する.等式の右辺は全体に $1/(1+r)$ がかけられているが,これは 1 期間の無リスク割引率である.一方,[ ] の中身はある種の「期待値」と考えることができる.これらは $S(t)$ もしくは $C(t)$ それぞれの実現し得る将来の値を「確率」$\tilde{P}_1, \tilde{P}_2$ で加重した合計となっている.したがって [ ] の中はリスク調整済確率によって計算した期待値といえる.

ただし (2.21),(2.22) 式は「真の」期待値を表現してはいない.それでも裁定機会が存在しないかぎりこれらの式は成立し,実務計算に利用することができる.その確率が明示的に与えられれば,資産評価に用いることも可能となる.

$\tilde{P}_1, \tilde{P}_2$ をこのように解釈することにより,「すべての資産の現在価値はそれぞれのペイオフの期待値を割り引いた値に等しくなる」.さらにここでの割り引きは資産がリスクをもっていても無リスク金利によって行われる.

リスク調整済確率の重要性を強調するために,「真の」確率を用いると何が起こるかを考えよう.

まず真の確率 $\tilde{P}_1, \tilde{P}_2$ を用いて「真の」期待値を求める.

$$E^{true}[S(t+1)] = [P_1 S_1(t+1) + P_2 S_2(t+1)] \tag{2.23}$$

$$E^{true}[C(t+1)] = [P_1 C_1(t+1) + P_2 C_2(t+1)] \tag{2.24}$$

[*9] r が -1 でないかぎり,この操作は常に可能である.

一般に，リスク資産を無リスク金利を用いて現在価値に割り引いた場合[*10)]，次式が成立する．

$$S(t) < \frac{1}{(1+r)} E^{true}[S(t+1)] \qquad (2.25)$$

$$C(t) < \frac{1}{(1+r)} E^{true}[C(t+1)] \qquad (2.26)$$

これらがなぜ成立するかを考えるために，次式を仮定しよう．

$$S(t) = \frac{1}{(1+r)} E^{true}[S(t+1)] \qquad (2.27)$$

$$C(t) = \frac{1}{(1+r)} E^{true}[C(t+1)] \qquad (2.28)$$

資産価格が 0 でないことを仮定して上式を整理すると，(2.29),(2.30) 式となる．

$$(1+r) = \frac{E^{true}[S(t+1)]}{S(t)} \qquad (2.29)$$

$$(1+r) = \frac{E^{true}[C(t+1)]}{C(t)} \qquad (2.30)$$

ところが，上式はリスク資産の (真の) 期待リターンが無リスク金利に等しいことを表している．これは一般にリスク資産に対して正のリスクプレミアムが期待されるということと矛盾する．もしリスクを冒すことによる対価が得られないのであれば，誰もリスク資産に投資することはないだろう．したがってリスク資産に対して一般に次式が成立する．

$$(1+r+S(t)\text{ のリスクプレミアム}) = \frac{E^{true}[S(t+1)]}{S(t)} \qquad (2.31)$$

$$(1+r+C(t)\text{ のリスクプレミアム}) = \frac{E^{true}[C(t+1)]}{C(t)} \qquad (2.32)$$

これらは次の不等式が成立することを意味する[*11)]．

$$S(t) < \frac{1}{(1+r)} E^{true}[S(t+1)] \qquad (2.33)$$

$$C(t) < \frac{1}{(1+r)} E^{true}[C(t+1)] \qquad (2.34)$$

ここで資産評価における無裁定の仮定の重要性があきらかになってくる．裁定機会が存在しなければ正の定数 ψ_1, ψ_2 が存在し，それらを用いていつでもリスク調整済確

[*10)] 「一般」にと断るのは，「市場」と負の相関をもつリスク資産が存在し得るためである．このような資産は「負のベータ」をもつ資産と呼ばれ，負のリスクプレミアムをもつ可能性がある．

[*11)] 負のベータをもつ資産に対しては，不等号の向きが逆になる．

率 $\tilde{P}_1, \tilde{P}_2$ が計算可能であり，次式を満たす「合成」期待値を利用することができる．

$$\frac{1}{(1+r)} E^{\tilde{P}}[S(t+1)] = S(t) \tag{2.35}$$

$$\frac{1}{(1+r)} E^{\tilde{P}}[C(t+1)] = C(t) \tag{2.36}$$

この等式は便利であり，リスクプレミアムを隠すことができる．実際この合成確率を用いるならば，リスクプレミアムの計算は不必要となる．また対応する割り引きは容易に観測される無リスク金利によって行われる．

2.3.4 マーチンゲールと劣マーチンゲール

ここで金融資産評価の基礎となる概念であるマーチンゲールを紹介する．まず簡単な定義を示し，詳細は後の章に譲る．

ある時点 t において情報 I_t をもっているとする．確率変数 X_t が次の等式を満たすならば「確率 P に関してマーチンゲールである」という[*12)]．

$$\text{任意の } s > 0 \text{ について} \qquad E^P[X_{t+s}|I_t] = X_t \tag{2.37}$$

また次のように等式のかわりに不等式が成り立つならば，確率 Q に関して「劣マーチンゲール」と呼ぶ．

$$\text{任意の } s > 0 \text{ について} \qquad E^Q[X_{t+s}|I_t] \geq X_t \tag{2.38}$$

前節の議論に従えば，真の確率による期待値を無リスク金利で割り引いた値は劣マーチンゲールであるが，リスク調整済確率のもとではマーチンゲールとなる．したがってリスク調整済確率を用いるかぎり，マーチンゲールを前提とする数学的な道具を利用することができ，「公正な資産価格」は次のマーチンゲール等式を用いて求めることが可能となる．

$$X_t = E^{\tilde{P}}[X_{t+s}|I_t] \tag{2.39}$$

ここで $s > 0$ であり，X_{t+s} は次のように定義する．

$$X_{t+s} = \frac{1}{(1+r)^s} S_{t+s} \tag{2.40}$$

ここで S_{t+s} と r は証券価格と無リスク金利であり，$\tilde{P}$ はリスク調整済確率である．したがってリスク調整済確率を利用することにより「すべての」（割り引かれた）資産価格をマーチンゲールに変換することができる．

[*12)] マーチンゲールであるためにはさらに条件が必要であるが，それは後の章で議論する．しばらくの間，条件付き期待値が存在し，その値が暗黙のうちに有限であると仮定する．

2.3.5 正　規　化

ファイナンスでは，マーチンゲールの考えは常に2つの概念と関係することを認識することが重要である．まずマーチンゲールは常にある確率の上で定義される．したがって，2.3.4項では割り引かれた株価，

$$X_{t+s} = \frac{1}{(1+r)^s} S_{t+s} \tag{2.41}$$

は，リスク調整済み確率$\tilde{P}$に関してマーチンゲールである．2番目に，S_t自身はマーチンゲールではなく，S_tを$(1+r)^s$で除した，あるいは「正規化」した値がマーチンゲールである．後者は，無リスク投資における期間sにわたる1\$の収益であり，その比率がマーチンゲールになる．

本書の後半で解説を行う興味深い問題点は次の内容である．S_tを「ほかの」資産価格，たとえばC_tで割るとしよう．このときの新しい比率

$$X^*_{t+s} = \frac{S_{t+s}}{C_{t+s}} \tag{2.42}$$

は，「なんらかの」ほかの確率に，たとえばP^*に関してマーチンゲールになるだろうか．この問題に対する答えはイエスであり，金利派生商品の評価に非常に便利である．自分で選んだ資産で正規化することにより，より便利な確率を選択することができる．しかしこの問題を議論するためには第17章まで待たなければならない．

2.3.6 収益率の等価性

リスク調整済確率を用いて，資産評価において有用なもう1つの結果を導くことができる．

無裁定の表現(2.21)および(2.22)の両辺を資産の現在価値で割り，元本込みの無リスク収益率$(1+r)$をかける．資産価格が0でないと仮定して，次式を得る．

$$\tilde{P}_1 \frac{S_1(t+1)}{S(t)} + \tilde{P}_2 \frac{S_2(t+1)}{S(t)} = (1+r) \tag{2.43}$$

$$\tilde{P}_1 \frac{C_1(t+1)}{C(t)} + \tilde{P}_2 \frac{C_2(t+1)}{C(t)} = (1+r) \tag{2.44}$$

まず次の2つの比率

$$\frac{S_1(t+1)}{S(t)}, \quad \frac{S_2(t+1)}{S(t)} \tag{2.45}$$

は状態1,2における$S(t)$の収益率である．(2.43), (2.44)式は期待値計算に確率$\tilde{P}_1, \tilde{P}_2$を用いれば，すべての資産は等しい期待収益率をもつことを表している．この結果に従えば，「確率$\tilde{P}_1, \tilde{P}_2$のもとでは」，「すべての」期待収益率は無リスク金利に等しくなる[13]．

---

[13] 確率論において「$\tilde{P}_1, \tilde{P}_2$のもとで」とは「$\tilde{P}_1, \tilde{P}_2$を用いれば」という意味である．

これは金融資産評価においてよく利用されるもう1つの結果である．

2.3.7 無裁定条件

この単純な枠組みの中で，無裁定条件と ψ_1, ψ_2 の存在について明示的な関係をみることができる．状態1および2における収益率をそれぞれ $R_1(t+1), R_2(t+1)$ としよう．

$$R_1(t+1) = \frac{S_1(t+1)}{S(t)} \tag{2.46}$$

$$R_2(t+1) = \frac{S_2(t+1)}{S(t)} \tag{2.47}$$

ここで (2.12) 式の最初の式を，新しい記号を用いて書くと

$$1 = (1+r)\psi_1 + (1+r)\psi_2$$
$$1 = R_1\psi_1 + R_2\psi_2$$

となる．最初の式を2番目の式から引くと次の式を得る．

$$0 = ((1+r) - R_1)\psi_1 + ((1+r) - R_2)\psi_2 \tag{2.48}$$

ここで，ψ_1, ψ_2 は「正」にならなければならない．これが満たされるのは次の条件が満たされるときに限る．

$$R_1 < (1+r) < R_2$$

たとえば，次の関係が成立するとしよう．

$$(1+r) < R_1 < R_2$$

これは，資金を金利 r で無限大に借り入れ，$S(t)$ を購入することで，正の収益が得られることが保証されることを意味する．すなわち裁定機会が存在する．しかし (2.48) 式の右辺は負であり，ψ_1, ψ_2 が「正」のときには等式は成立しない．したがって，$0 < \psi_1, 0 < \psi_2$ は成立しない．

$$R_1 < R_2 < (1+r)$$

のときも同様の議論となる．この場合には，$S(t)$ を「空売り」し，無リスク金利で投資することにより無限大の収益が得られる．この条件では (2.48) 式の右辺は常に正となるため，ここでも正の ψ_1, ψ_2 では満たされない．

したがって，正の ψ_1, ψ_2 は条件

$$R_1 < (1+r) < R_2$$

と密接な関係にあり，この単純な設定では裁定機会は存在しないのである．

2.4 数　値　例

簡単な例題を取り上げる．ある株の現在の価格を

$$S_t = 100 \tag{2.49}$$

とする．この株は次の時点において 2 つの値しかとらないと仮定する．

$$S_1(t+1) = 100 \tag{2.50}$$

または

$$S_2(t+1) = 150 \tag{2.51}$$

である．つまり状態の数は「2」である．

次に，権利行使価格 100，プレミアム C のコールオプションを考える．このオプションは次の時点で満期を迎えるとする．

最後に無リスク資産 1 単位への投資は次の時点において 10% の収益を与えるとする．以上の設定により，裁定機会が存在しない場合，次の表現が得られる．

$$\begin{pmatrix} 1 \\ 100 \\ C \end{pmatrix} = \begin{pmatrix} 1.1 & 1.1 \\ 100 & 150 \\ 0 & 50 \end{pmatrix} \begin{pmatrix} \psi_1 \\ \psi_2 \end{pmatrix} \tag{2.52}$$

ここでコールオプションの価格はまだ未知であることに注意されたい．これを変数として扱うことにより，裁定定理における ψ_i の役割を考察する．

2.4.1　裁　定　機　会

配当行列に ψ_i のベクトルを乗じて次の 3 つの方程式を得る．

$$1 = (1.1)\psi_1 + (1.1)\psi_2 \tag{2.53}$$

$$100 = 100\psi_1 + 150\psi_2 \tag{2.54}$$

$$C = 0\psi_1 + 50\psi_2 \tag{2.55}$$

コールの市場価格が $C = 25$ である場合，方程式 (2.55) は次のようになる．

$$50\psi_2 = 25 \tag{2.56}$$

すなわち

$$\psi_2 = \frac{1}{2} \tag{2.57}$$

である．さらにこれを (2.54) 式に代入すると

$$\psi_1 = 0.25 \tag{2.58}$$

ところが，この ψ_1, ψ_2 は最初の等式を満たさない．

$$1.1(0.25) + 1.1(1.5) \neq 1 \tag{2.59}$$

観察されるコールの市場価格 $C = 25$ に対して，「無裁定の表現」で与えられる 3 つの方程式すべてを満たす ψ_1, ψ_2 はあきらかに存在しない．したがって裁定機会が存在する．

2.4.2 無裁定価格

先の例と同じ連立方程式を考える．

$$\begin{pmatrix} 1 \\ 100 \\ C \end{pmatrix} = \begin{pmatrix} 1.1 & 1.1 \\ 100 & 150 \\ 0 & 50 \end{pmatrix} \begin{pmatrix} \psi_1 \\ \psi_2 \end{pmatrix} \tag{2.60}$$

今度は C を外から与えるかわりに，まず最初の 2 つの式から ψ_1, ψ_2 を求める．これらは未知数が 2 つの 2 本の連立方程式であり，その解は一意に定まる．

$$\psi_1 = 0.7273, \quad \psi_2 = 0.1818 \tag{2.61}$$

次に最後の等式から C を求める．

$$C = 9.09 \tag{2.62}$$

この価格のもとで裁定機会は存在しない．

　裁定機会が存在しないという条件から得られる 2 つの定数 ψ_1, ψ_2 を用いて，われわれは無裁定価格を「導いた」ということに注意されたい．この意味で資産評価に裁定定理が用いられたといえよう．

　この特定の例では，裁定定理から導かれる表現を満たす正の定数 ψ_1, ψ_2 が一意に存在したが，これはいつも成り立つわけではない．

2.4.3 不定形

もし市場の状態数が 3 以上の場合，同じ方法によりコールオプションの無裁定価格を一意に求めることはできなくなる．たとえば次の連立方程式を考えよう．

$$\begin{pmatrix} 1 \\ 100 \\ C \end{pmatrix} = \begin{pmatrix} 1.1 & 1.1 & 1.1 \\ 100 & 50 & 150 \\ 0 & 0 & 50 \end{pmatrix} \begin{pmatrix} \psi_1 \\ \psi_2 \\ \psi_3 \end{pmatrix} \tag{2.63}$$

この表現においてはじめの2つの等式からは正の ψ_i を「一意」に定めることができず，3番目の式から C を求めることができない．これを満足するような ψ_i の組は無数に存在する．

コール C の無裁定価格を求めるためには「適切な」ψ_i を選ぶ必要がある．原則としてこれは経済的均衡条件を用いることで可能である．

2.5 応用——格子モデル

前節で扱った例題は簡単ではあるものの，もっとも一般的な資産評価手法の1つである「格子モデル[*14)]」の背景にある理論を示していた．2項モデルはそのもっとも簡単な例である．

この価格評価手法のなかで，裁定定理の結果がどのように用いられているかを簡単にみていく．

S_t を原資産とするコールオプション C_t について考察する．このコールオプションの行使価格は C_0，満期は T で，$t < T$ である．満期時点においてこのコールオプション価格は次の通りである．

$$C_T = \max[S_T - C_0, 0] \tag{2.64}$$

ここで時間 $(T-t)$ を n 個の小さな区間に分割し，それぞれの時間間隔を Δ とする．Δ はその間の S_t の変動が「上昇」と「下落」の2つだけで十分に近似できるような短い間隔とする．つまり Δ が十分小さければ，原資産価格 S_t は現在観測される値からあまり乖離しないことを想定しているのである．

したがって，時間 Δ における S_t の動きは $\sigma\sqrt{\Delta}$ の「上昇」と $-\sigma\sqrt{\Delta}$ の「下落」だけであると仮定する．

$$S_{t+\Delta} = \begin{cases} S_t + \sigma\sqrt{\Delta} \\ S_t - \sigma\sqrt{\Delta} \end{cases} \tag{2.65}$$

σ は原資産が時間 Δ にどのくらい動くかを表すパラメーターであることはあきらかであろう．このため，σ は「ボラティリティ」パラメーターと呼ばれる．ここでは σ は既知とする．σ の大きさにかかわらず，Δ が小さいほど原資産 S_t の動きも小さくなることに注意しよう．

(2.65)式で記述される動きは「格子」もしくは「2項ツリー」を表現する．この動きの「多期間」の上下変動を図解したものが図2.1である．

ここで期間 Δ における (一定の) 無リスク金利 r を既知としよう．このときリスク

[*14)] 「ツリーモデル」とも呼ばれる．

2.5 応用——格子モデル

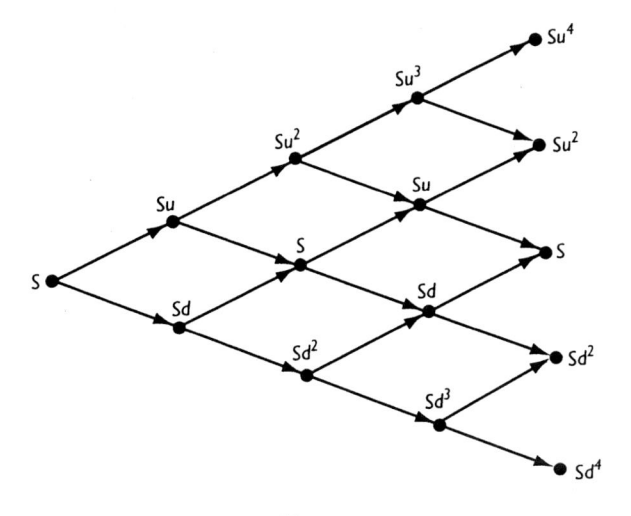

図 2.1

調整済確率を求めることが可能だろうか[*15)].

裁定定理より, リスク調整済確率 $\tilde{P}_{\text{up}}, \tilde{P}_{\text{down}}$ が (2.66) 式を満たさねばならないことがわかっている.

$$S_t = \frac{1}{1+r} \left[\tilde{P}_{\text{up}}(S_t + \sigma\sqrt{\Delta}) + \tilde{P}_{\text{down}}(S_t - \sigma\sqrt{\Delta}) \right] \quad (2.66)$$

上式で r, S_t, σ, Δ は既知である. 最初の3つの変数は市場で観測され, Δ はわれわれが適当に選択する. したがって未知の変数は $\tilde{P}_{\text{up}}$ のみであり, 簡単に求めることができる[*16)].

ひとたび $\tilde{P}_{\text{up}}$ が求められたら, それを用いて現在のコールオプションの無裁定価格を計算することができる. 実際, (2.67) 式は任意の時点 $(t + \Delta)$ における2つのコールオプションの (無裁定) 価格と, 時点 t のオプションの (無裁定) 価格とを「結び付ける」.

$$C_t = \frac{1}{(1+r)} \left[\tilde{P}_{\text{up}} C_{t+\Delta}^{\text{up}} + \tilde{P}_{\text{down}} C_{t+\Delta}^{\text{down}} \right] \quad (2.67)$$

$\tilde{P}_{\text{up}}$ はこの時点で既知である. 上式を利用するためには2つのコールプレミアム $C_{t+\Delta}^{\text{up}}, C_{t+\Delta}^{\text{down}}$ が必要であり, これらがあきらかであれば時点 t におけるコールプレミアム C_t を求めることができる.

図 2.2 はオプション価格 C_t に対する多時点の格子である. 満期における「ノード」を除いて C_t の無裁定価格は未知である. 実際 C_T は原資産 S_t の格子から次の「境

[*15)] 本書の後半で r が一定の仮定を緩和するが, ここでは一定として取り扱う.
[*16)] $\tilde{P}_{\text{up}} + \tilde{P}_{\text{down}} = 1$ であることを思い出されたい.

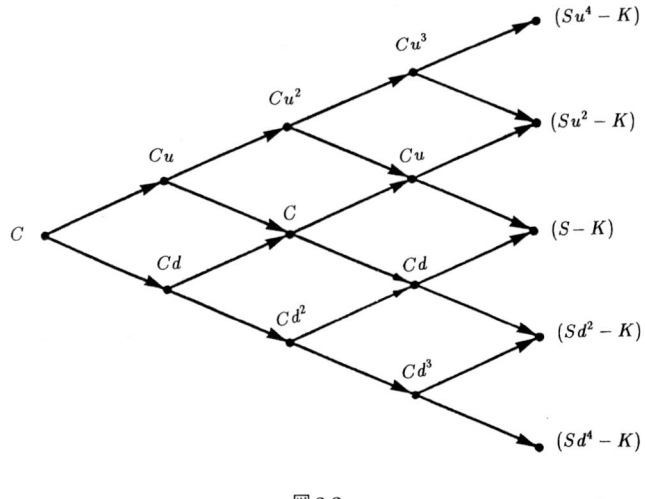

図 2.2

界条件」を用いて求めることができる．

$$C_T = \max[S_T - C_0, 0] \tag{2.68}$$

以下，(2.69) 式を用いて格子を「後ろ向き」にたどることができる．

$$C_t = \frac{1}{(1+r)} \left[\tilde{P}_{\mathrm{up}} C_{t+\Delta}^{\mathrm{up}} + \tilde{P}_{\mathrm{down}} C_{t+\Delta}^{\mathrm{down}} \right] \tag{2.69}$$

これを何回かくり返すことにより，最初のノードに到達し，オプションの現在価格を求めることができる．

したがって手続きは原資産の動きを「前向き」にたどり，満期におけるコールオプションの価格を計算することである．その後，リスク調整済確率および境界条件を用いてコールオプションの格子を「後ろ向き」にたどり，現時点における価格 C_t を求めることができる．

リスク調整済確率 $\tilde{P}_{\mathrm{up}}, \tilde{P}_{\mathrm{down}}$ の計算を可能としているのは，裁定定理とそこから導かれるマーチンゲールの方程式なのである．

この計算過程の中で，図 2.1 は S_t が期間 $(T-t)$ の間にとりうるすべての経路の近似である．図 2.2 は S_t に対して契約されたコールオプションのとりうるすべての経路の近似である．Δ が小さければ図 2.1 や図 2.2 は S_t や C_t がとる真の経路のより正確な近似となる．

2.6 配当と外貨

本節では,本章で紹介した2状態モデルを修正することにより,実務に対応させることを考えるが,この修正はよく用いられる.最初の修正はクーポンや配当がある場合の修正である.多くの証券ではデリバティブの満期「前」にこのような支払いがある.これらの支払いは価格式を簡単に変更するが,最初は直感的でない方法で考える.2番目の修正は外貨に関する資産の場合である.ここでも価格式は変更される.

2.6.1 配当がある場合

2.3節では $S_{t+\Delta}$ に対して d_t の割合だけ配当が支払われた.ここで2つの点に注意しよう.まず配当は一定の値ではなく,時間 $t+\Delta$ において価格の一定割合だけ支払われる.2番目に配当支払い率の添え字は $t+\Delta$ ではなく t である.これによると d_t は時間 t 時点で既知である.したがって配当は情報 I_t が与えられると確率変数ではない.

(2.10) 式におけるモデルは次のようになる.

$$\begin{bmatrix} B_t \\ S_t \\ C_t \end{bmatrix} = \begin{bmatrix} B_{t+\Delta}^u & B_{t+\Delta}^d \\ S_{t+\Delta}^u + d_t S_{t+\Delta}^u & S_{t+\Delta}^d + d_t S_{t+\Delta}^d \\ C_{t+\Delta}^u & C_{t+\Delta}^d \end{bmatrix} \begin{bmatrix} \psi_t^u \\ \psi_t^d \end{bmatrix}$$

ここで B, S, C は以前と同様,それぞれ預金,株式およびコールである.ここで記法は 2.5 節を反映して若干変わっていることに注意せよ.

ここでは 2.3 節と同様に議論を進めてよいであろうか.答えはイエスである.少し修正することで,同じ手順を踏むことにより2つの式を得る.

$$S = \frac{(1+d)}{(1+r)} \left[S^u \tilde{P}^u + S^d \tilde{P}^d \right] \tag{2.70}$$

$$C = \frac{1}{(1+r)} \left[C^u \tilde{P}^u + C^d \tilde{P}^d \right] \tag{2.71}$$

ここで $\tilde{P}$ はリスク中立確率であり,時間に関する添え字は略している.ここで最初の式が配当がない場合と比べて異なり,2番目の式は同じであることに注意せよ.これによると,資産の配当支払い割合は期間 Δ では既知の d であり,「支払いを行う資産」を割り引くのは $1/(1+r)$ ではなく,$(1+d)/(1+r)$ を用いる.またデリバティブ自身を割り引くのには変化がないことを強調しておく.

ここで次の変換を考える.

$$\frac{(1+r)}{(1+d)} = \left[\frac{S^u \tilde{P}^u + S^d \tilde{P}^d}{S} \right]$$

これはリスク中立確率測度における期待収益率が次の式で与えられることを示している.

$$E^{\tilde{P}}\left[\frac{S_{t+\Delta}}{S_t}\right] = \frac{(1+r\Delta)}{(1+d\Delta)}$$

もしも d, r が1年あたりで与えられ,「小さい」ならば1次近似として次の式が与えられる.

$$\frac{1+r\Delta}{1+d\Delta} \cong 1 + (r-d)\Delta$$

前の式にこれを適用すると.

$$E^{\tilde{P}}\left[\frac{S_{t+\Delta}}{S_t}\right] \cong 1 + (r-d)\Delta$$

あるいは

$$E^{\tilde{P}}[S_{t+\Delta}] \cong S_t + (r-d)S_t\Delta$$

となる.あるいは予測できない成分 $\sigma S_t \Delta W_{t+\Delta}$ を加えると

$$S_{t+\Delta} \cong S_t + (r-d)S_t\Delta + \sigma S_t \Delta W_{t+\Delta}$$

となる.この最後の式を用いると次のことを述べることができる.

Δ をゼロにし連続時間で考えると,原資産の期待変化率を示す dS_t の「ドリフト」項は $(r-d)S_t dt$ で与えられ,対応する挙動は次の式で与えられる[*17)].

$$dS_t = (r-d)S_t dt + \sigma S_t dW_t$$

ここで dt は無限小の時間である.

配当を導入したときの2番目の興味点は次の通りである.

同様な手順を続けると,(2.71) 式の C_t は,

$$C = \frac{1}{(1+r)}\left[C^u \tilde{P}^u + C^d \tilde{P}^d\right]$$

となるので,次の式を得る.

$$E_{\tilde{P}}\left[\frac{C_{t+\Delta}}{C_t}\right] = 1 + r\Delta$$

したがって,原資産に配当支払いがあっても,この株式のコールオプションに対するリスク中立期待収益率と無リスク割引率は同一である.したがってリスク中立下では C_t の将来の収益率を割り引く場合には配当がない場合と同じ割引率を用いなければならない.

言い換えると

[*17)] この確率微分方程式は後の章でより詳細に学ぶ.

- 期間 Δ の S_t と C_t の期待収益率は，リスク中立確率 $\tilde{P}$ のもとでは「異なり」，次の通りとなる．

$$E^{\tilde{P}}\left[\frac{S_{t+\Delta}}{S_t}\right] = \frac{(1+r\Delta)}{(1+d\Delta)} \cong 1 + (r-d)\Delta$$

$$E^{\tilde{P}}\left[\frac{C_{t+\Delta}}{C_t}\right] \cong 1 + r\Delta$$

数式の違いはわずかであるが，実務上計算される価格はかなり異なるかもしれない．以下で述べる外貨の場合も同様の結果をもたらす．

2.6.2 外貨の場合

最初に外貨預金に投資を行うための標準的な設定を行う．

e_t 単位の「国内」通貨を用いて，1 単位の「外貨」を購入する．したがって，時間 t における為替レートは e_t である．米国ドル（USD）が国内通貨であると仮定しよう．また外貨預金の金利は既知であり r^f であるとしよう．

期間 Δ にわたるこれらの投資は次の式で記述することができる．

$$\begin{bmatrix} 1 \\ 1 \\ C_t \end{bmatrix} = \begin{bmatrix} (1+r) & (1+r) \\ \frac{e_{t+\Delta}^u}{e_t}(1+r^f) & \frac{e_{t+\Delta}^d}{e_t}(1+r^f) \\ C_{t+\Delta}^u & C_{t+\Delta}^d \end{bmatrix} \begin{bmatrix} \psi_t^u \\ \psi_t^d \end{bmatrix}$$

ここで C_t は外貨 1 単位が価格 e_t であるコールオプションである．行使価格は K である[*18]．

配当がある場合と同様の手続きを行うことで，次の式を得る[*19]．

$$e = \frac{(1+r^f)}{(1+r)}\left[e^u \tilde{P}^u + e^d \tilde{P}^d\right]$$

$$C = \frac{1}{(1+r)}\left[C^u \tilde{P}^u + C^d \tilde{P}^d\right]$$

ここでも最初の式は異なるが，2 番目の式は同一であることに注意せよ．したがって，期間 Δ で外貨は金利 r^f を支払うが外貨を割り引くリスク中立割引率は $(1+r)/(1+r^f)$ を用いる．

もしも r^f が小さいならば 1 次近似として次の式を得ることに注意せよ．

$$\frac{(1+r\Delta)}{(1+r^f\Delta)} \cong 1 + (r-r^f)\Delta$$

再び異なる結果を得る．

[*18] ここで K は為替レート e_t の権利行使価格である．もしも為替レートが時間 $t+\Delta$ で K を超えると，コールオプションの購入者は名目元本 N に対して $e_{t+\Delta} - K$ を乗じた金額を受け取る．

[*19] 前と同様に，簡便化のため時間の添え字を省略する．

- 確率 $\tilde{P}$ のもとでは e_t と C の期待収益率は「異なり」，次の式を得る．

$$E^{\tilde{P}}\left[\frac{e_{t+\Delta}}{e_t}\right] \cong 1 + (r - r^f)\Delta$$

$$E^{\tilde{P}}\left[\frac{C_{t+\Delta}}{C_t}\right] \cong 1 + r\Delta$$

最後に注意する．Δ をゼロに近づけ確率微分方程式に変更すると dC_t のドリフト項は $rC_t dt$ となる．しかし外貨資産 de_t のドリフト項は $(r - r^f)e_t dt$ となる．

2.7 いくつかの一般化

ここまでは非常に簡単な条件を設定してきたが，このような簡単な例は一般に実際の資産評価に用いることができない．ここでは必要とされる一般化について若干の考察を行う．

2.7.1 連続時間

これまでは離散時間 $t = 1, 2, 3, \ldots$ を扱ってきた．連続時間の資産評価において，この扱いは変化し，t が連続であるという仮定が必要となる．

$$t \in [0, \infty) \tag{2.72}$$

これにより，本章で扱ってきた「短い」時間間隔 Δ に加え，dt で表される「無限小」の時間間隔を考えることができる．

2.7.2 市場の状態

連続時間において資産がとりうる値は2つだけではない．可能性は「不加算なほど多数」であるかもしれないし，市場の状態は連続的となろう．

このような一般化をとらえるために「確率微分方程式」を導入する．たとえば前述の通り，証券価格 S_t の増分は次のように定式化される．

$$dS_t = \mu_t S_t\, dt + \sigma_t S_t\, dW_t \tag{2.73}$$

ここで dS_t は証券価格の無限小の変化を表し，$\mu_t S_t\, dt$ はその予測可能な部分，$\sigma_t S_t\, dW_t$ は予測できない確率的な変動部分である．

確率微分方程式を構成する概念は，これから1つずつ消化していかなければならないのはあきらかである．

2.7.3 割引

連続時間モデルを用いることは,「割り引き」の方法にも変化をもたらす. 実際 t が連続的であれば, 長さ Δ の時間に対応する割引係数は次の指数関数で表される.

$$e^{-r\Delta} \tag{2.74}$$

ここで r は連続複利の金利となる. もし配当あるいは外貨の場合は, r には 2.6 節で説明した調整が必要となる.

2.8 おわりに――資産評価のための方法論

裁定定理は, 実際の金融資産の公正な価格を決定するための強力な手法を提供する. その手法を金融派生商品に適用する際のおもな手順は次のようにまとめられる.
1) 原資産価格の動きをとらえる（近似的な）モデルを構築する.
2) 「満期」またはそのほかの「境界」における派生資産価格と原資産価格の関係を計算する.
3) リスク調整済確率を求める.
4) リスク調整済確率から「満期」における派生資産のペイオフの期待値を求める.
5) この期待値を無リスク金利で割り引く.

この手法の利用を可能とするためには, 次のような数学の知識が必要となる.

第1に時間の概念を注意深く定義する必要がある.「無限小」の時間間隔における資産価格変動を扱うツールを定める必要があり, そのためには「連続時間の解析」が要求される.

第2にこのような無限小の時間間隔における「確率性」の概念を扱わねばならない. 無限小の時間間隔における確率, 期待値, 平均値, ボラティリティの概念を注意深く定義する必要があり, そのためにはいわゆる「確率微積分」を学ばねばならない. 本書では確率微積分の主要な帰結を導く仮定を直感的に議論するよう努める.

第3にどのようにリスク調整済確率を計算し, 正しい割引率を求めるかを理解する必要がある.「ギルサノフの定理」はこのリスク調整済確率が利用可能な条件を与え, さらにこれらの確率分布を定式化する.

さらに「マーチンゲール」の概念はギルサノフの定理や, したがって「リスク中立」の世界を理解するために不可欠となる.

最後にさまざまな数量の時間経過に伴う変動を, どのように相互に関連付けるかという問題がある. 標準的な微積分では微分方程式が用いられるが, 確率変数を用いる場合には「確率微分方程式」を利用する.

いうまでもなくこれらのテーマを学ぶためには,「標準的な」微積分の概念や結果を理

解しておく必要がある．それらは基本的には，(1) 微分の概念，(2) 積分の概念，(3) テーラー級数展開である．

2.9 参 考 文 献

本章では裁定定理を簡単に紹介した．Ingersoll (1987) はさらにくわしく，かつ初心者にもわかりやすいように解説している．数学に強い読者は Duffie (1996) を参考にするとよいだろう．Harrison & Kreps (1979) の最初の論文も参考となるだろう．また Harrison & Pliska (1981) にも関連する記載がある．Musiela & Rutkowski (1977) の第 1 章は非常によい．本章を読んだ読者であれば容易に読めるであろう．

2.10 補論――裁定定理の一般化

裁定定理によれば，裁定機会が存在しない場合に「サポート」状態価格 $\{\psi_i\}$ が存在し，現時点の資産価格は発生し得る将来の価格の線形結合で表すことができる．そしてこの逆も成り立つ．このような（サポート）状態価格が存在するならば，裁定機会は存在しない．

本節では裁定定理の一般形を紹介する．まず記法を定義しよう．
- ペイオフ行列 D を次のように定義する．

$$D_t = \begin{pmatrix} d_{11} & \ldots & d_{1K} \\ \vdots & \vdots & \vdots \\ d_{N1} & \ldots & d_{NK} \end{pmatrix} \tag{2.75}$$

N は証券の総数，K は市場の状態の総数である．
- 次に「ポートフォリオ」θ を各資産への投資量を要素とするベクトルとして定義する．

$$\theta = \begin{pmatrix} \theta_1 \\ \vdots \\ \theta_N \end{pmatrix} \tag{2.76}$$

ディーラーの言葉では，θ はある時点でとっている「ポジション」を表す．θ に S_t をかけることによりポートフォリオの評価額を求めることができる．

$$S'_t \theta = \sum_{i=1}^{N} S_i(t) \theta_i \tag{2.77}$$

これは時点 t におけるポートフォリオ θ への総投資金額を示している．

2.10 補論――裁定定理の一般化

- 状態 j が実現する場合のポートフォリオ θ のペイオフは $\sum_{i=1}^{N} d_{ij}\theta_i$[20] となる. これを行列で表現すると (2.78) 式となる.

$$D'\theta = \begin{pmatrix} d_{11} & \ldots & d_{N1} \\ \vdots & \vdots & \vdots \\ d_{1K} & \ldots & d_{NK} \end{pmatrix} \begin{pmatrix} \theta_1 \\ \vdots \\ \theta_N \end{pmatrix} \quad (2.78)$$

- ここで裁定ポートフォリオを定義する.

定義 5. 次の 2 つの条件のいずれかが成り立つ場合, θ を裁定ポートフォリオまたは単に裁定と定義する.
1) $S'\theta \leq 0$ かつ $D'\theta > 0$
2) $S'\theta < 0$ かつ $D'\theta \geq 0$

つまり裁定ポートフォリオ θ はどのような状態が実現しても, 資金を投下することなく正の収益が保証されている, または現在負のコストが発生するが, 将来0以上の収益が保証されている. 次の定理は前に紹介した裁定条件の一般化である.

定理 2.
1) 裁定機会が存在しないならば, 次を満たす $\psi > 0$ が存在する.

$$S = D\psi \quad (2.79)$$

2) 条件 (2.79) が成り立つならば, 裁定機会が存在しない.

これは裁定機会が存在しない場合, 次式を満たす ψ_i が存在することを表している.

$$\begin{pmatrix} S_1 \\ \vdots \\ S_N \end{pmatrix} = \begin{pmatrix} d_{11} & \ldots & d_{1K} \\ \vdots & \vdots & \vdots \\ d_{N1} & \ldots & d_{NK} \end{pmatrix} \begin{pmatrix} \psi_1 \\ \vdots \\ \psi_K \end{pmatrix} \quad (2.80)$$

ここでそれぞれの生起確率が正であれば, 定理より

$$\text{任意の } i \text{ について } \psi_i > 0$$

でなければならない点に注意されたい. 次に以下に示す特殊な行列を考える.

---

[20] i についての和と j についての和の違いに注意.

$$D = \begin{pmatrix} 1 & \ldots & 1 \\ d_{21} & \ldots & d_{2K} \\ \vdots & \vdots & \vdots \\ d_{N1} & \ldots & d_{NK} \end{pmatrix} \tag{2.81}$$

この行列 D の最初の行はすべて 1 であり，これはどの市場の状態が実現しても第 1 の資産の収益が同じであることを表している．したがって第 1 の証券は無リスクである．

裁定定理の式で D の最初の行とベクトル ψ との内積をとることにより次式を得る．

$$S_1 = \psi_1 + \ldots + \psi_K \tag{2.82}$$

また ψ_0 を

$$\sum_{i=1}^{K} \psi_i = \psi_0 \tag{2.83}$$

と定義する．

ψ_0 は「無リスク金利による割引率」と考えることができる．

2.11 演習問題

1. 2 つの状態のみをもつ世界で無配当株式 S_t とヨーロッパ型コールオプション C_t の価格が与えられているとしよう．

$$S_t = \begin{cases} 320 & u \text{ の場合} \\ 260 & d \text{ の場合} \end{cases}$$

2 つの状態の「真の」確率はそれぞれ，$\{P^u = 0.5, P^d = 0.5\}$ である．現在の株価は $S_t = 280$ である．年率の金利は一定で $r = 5\%$ である．時間は離散であり $\Delta = 3$ ヵ月である．オプションの権利行使価格は $K = 280$ であり，時間 $t + \Delta$ で失効する．

   (a) 無リスク金利で正規化することによりリスク中立マーチンゲール確率測度を求めよ．
   (b) 次の式を用いてリスク中立マーチンゲール確率測度のもとでのオプション価格を計算せよ．
   $$C_t = \frac{1}{1 + r\Delta} E^{P^*}[C_{t+\Delta}]$$
   (c) S_t で正規化することにより，その変数のもとでマーチンゲールになる新しい測度 $\tilde{P}$ を求めよ．
   (d) S_t による正規化に対応するマーチンゲールの同等性は何か．
   (e) $\tilde{P}$ を用いて，オプションの公正な市場価格を求めよ．

(f) オプションの公正な市場価格はマーチンゲール測度の選択に依存するか.
(g) 2つの異なる確率測度を用いているのにどうやって同じ無裁定価格を得ているか.
(h) 最後にオプション価格に取り込まれている「リスクプレミアム」は何か.この価格を実確率のもとで計算することはできるか.なぜできないか.

2. ある経済のもとでは4つの資産と2つの状態が存在する.2つの異なる状態の中でこれらの資産のうち3つの価格が与えられている.

	価格		配当	
	状態1	状態2	状態1	状態2
証券A	120	70	4	1
証券B	80	60	3	1
証券C	90	150	2	10

A, B, Cの「現在の」価格はそれぞれ100, 70, 180である.
(a) 「現在の」価格は無裁定であるか.
(b) もしそうでないとすると,どのような裁定ポートフォリオが構築されるか.
(c) 証券A, B, Cの無裁定価格を求めよ.
(d) 4番目の証券としてBの1期間の先物を導入したとする.この価格はいくらになるか.
(e) Cに関するプットオプションを考え,その権利行使価格を$K=125$とする.このオプションは期間2で失効する.無裁定価格はいくらになるか.

3. 株式S_tとこの株式に関するプレーンバニラでアット・ザ・マネーのプットオプションを考える.オプションは時間$t+\Delta$で失効し,ここでΔは小さいとする.tではS_tの動きは2通りしかないと考える.株価は,「上昇」し$S_{t+\Delta}^u$となるか,「下降」し$S_{t+\Delta}^d$となるかである.またトレーダーは年率rの無リスク金利で貸し借りできると考える.
(a) 裁定理論を用い,S_tとC_tの無裁定価格を与える3本の連立方程式を2状態を使って記述せよ.
(b) 次に,S_tの2項ツリーを図示せよ.ここでツリー上のすべての節では無裁定状態が成立しているとする.前述のツリー全体を記述するためには3本の連立方程式は何組必要となるか.
(c) 同じツリーの4つの状態を記述する3本の連立方程式はどのようになるか.
(d) 方程式から導出されるすべての価格に矛盾がないことはどのようにしてわかるか.

4. 株価S_tが4ステップの2項ツリーで記述されている.ここで上下は次の式で示さ

れる．

$$u = 1.15 \qquad d = \frac{1}{u}$$

これらの上下の動きは1ヵ月単位であり，$\Delta = 1$ とする．S_t の動きは次の式で示される．

$$S_{t+\Delta}^{up} = uS_t \qquad S_{t+\Delta}^{down} = dS_t,$$

ここで，各節で「上昇」，「下降」が発生すると考える．

期間は1ヵ月単位で計られ，S_t に関するヨーロッパ型コールオプション C_t の満期は $t = 4$ である．

株式は配当を支払わず，「市場参加者」から年率15%で成長すると考えられている．無リスク金利 r は一定であり，5%．

(a) 上記のデータが与えられた，株価の変化が対数正規過程に従う場合には，S_t 年率のボラティリティはいくらになるか．

(b) 2項ツリーを4ステップで構築し S_t および C_t を計算せよ．

(c) 時間 $t = 0$ のオプションの無裁定価格 C_o を求めよ．

5. S_t によって示される株式に関して次の情報が得られているとしよう．
- 現在の価格は102．
- 年率ボラティリティは30%．
- 次の3ヵ月までの金利は一定で $r = 5\%$．

S_t の値動きは1ヵ月単位の2項過程で十分近似可能である．

(a) S_t のヨーロッパ型コールオプションを考える．権利行使価格は $K = 120$ であり，満期は3ヵ月である．S_t と無リスク金利による貸借 B_t を用いて，オプションを複製するポートフォリオを構築せよ．

(b) 複製ポートフォリオを用いてコールオプションの価格を求めよ．

(c) 顧客に相対で上記のコールオプションを100単位売却したとしよう．どうやってこのポジションをヘッジするか詳細に述べよ．

(d) このコールオプションの価格が5であったとしよう．どうやって裁定ポートフォリオを構築するか．

6. 次のデータが与えられているとせよ．
- 無リスク金利が年率 $r = 6\%$ である．
- 株価の変化は次の式に従う．

$$S_t - S_{t-1} = \mu S_t + \sigma S_t \epsilon_t$$

ここで ϵ は次の値をとる無相関な2項過程である．

$$\epsilon = \begin{cases} +1 & \text{確率 } p \\ -1 & \text{確率 } 1-p \end{cases}$$

$0 < p < 1$ はパラメーターである.
- ボラティリティは年率 12% である.
- 株式は配当を支払わず,現在の株価は 100.

ここで次の問題を考える.

(a) μ が無リスク金利

$$\mu = r$$

と等しいと仮定し,S_t は無裁定だとする.このときの p はどうなるか.

(b) $p = 1/3$ のときには S_t は無裁定となるか.

(c) いま μ が次の式で得られたとする.

$$\mu = r + \text{リスクプレミアム}$$

これらの条件のもとで,p と ϵ はどうなるか.

(d) p の値を決定することは可能か.

7. 問 6 で株価が S_t のときのヨーロッパ型コールオプションの価格を求めることを考える.オプションの権利行使価格は 100 であり,満期までの日数は 200 日である.

(a) 2 項ツリーが 5 ステップとなる適当な時間間隔 Δ を決定せよ.

(b) 想定される u および d はどうなるか.

(c) 想定される「上昇」確率はどうなるか.

(d) 株価 S_t のツリーを決定せよ.

(e) コールオプションプレミアムのツリーを決定せよ.

3

決定論的および確率論的環境下における微積分

3.1 はじめに

派生資産の数学では時間が連続的に経過することを仮定している．その結果，新しい情報が連続的に到来し，投資家はランダムで瞬間的な価格変化に直面するかもしれない．したがって，派生商品の価格評価に用いられる技術的な道具は無限小時間間隔上における確率変数を扱えるものであることが必要である．こうした確率変数を扱う数学は「確率微積分」として知られている．

確率微積分とはその内部で一貫性のある演算規則の集合であって，いくつかの根本的な部分で「標準の」微積分における演算規則と異なるものである．

最初は，確率微積分というものがあまりにも抽象的なものであると，市場参加者が感じるかもしれない．この最初の印象は正しくない．連続時間を扱うファイナンスというものは，「単純」でかつ「奥行きのある」ものである．市場参加者はいくつかの練習を積めば，連続時間を扱う道具を，離散時間における等価な道具よりも簡単に使いこなすことが可能となる．

事実，いくつかの場合に離散時間の環境下では等価な結果が存在しないものもある．この意味で確率微積分はより広範囲に適用できる道具を証券アナリストに提供しているのである．たとえば，連続時間ではポートフォリオの投資比率に無限小の調整項を許してくれる．こうすることによって，「非線形」資産を「単純な」ポートフォリオによって複製することができるようになる．あるオプションを「複製」するためには，原証券と無リスクの借入れが用いられるはずである．こうした「正確な」複製というものは離散時間の環境下では不可能である[*1]．

3.1.1 情報の伝達

ファイナンス市場における情報の伝達のしかたについて「標準的な微積分」よりも確率微積分のほうが整合的であると議論されることがある．

[*1] もちろん，もとの状態空間が離散でない場合である．状態空間が離散であるということは原資産の価格が将来，ある有限の数の値しかとらないということである．

たとえば「時間間隔」が取引営業日によって異なるかもしれない．ある日にはアナリストはほかの日よりも価格変動のはげしい市場に直面するかもしれない．ボラティリティを変化させるには，前章で扱った Δ，つまり基本的な「観測期間」を変化させる必要があるはずである．

また，証券価格評価に用いられる数値計算手法は計算時間を使うという意味においてコストがかかる．だからアナリストは，ボラティリティの水準に応じて時間間隔を細かくしたり，粗くしたりしなければならないかもしれない．そうした近似計算は連続時間上で定義された確率変数を用いることで最もよく達成することができる．確率微積分の道具がこうしたモデルを定義するのに必要とされるだろう．

3.1.2 ランダムな振る舞いのモデル化

確率微積分のより技術的な有用性というのは，無限小の時間間隔に着目した場合，ある複雑な確率変数が連続時間では極めて単純な構造をもつことである．たとえば，もしいま考えている時間間隔が dt で記述され，これが「無限小時間間隔」であるならば，資産価格が上昇か下降の2つの動きをとるとしてもよいかもしれない．

こうした条件下では，この「バイノミアル」な構造が，Δ で記述したある大きな「不連続な」時間間隔ではなく，無限小時間間隔 dt では現実的なものとしてよい近似となっているだろう[*2]．

最後に，確率微積分において中心となる道具，すなわち伊藤積分は標準的な微積分で用いられているリーマン積分よりもファイナンス市場では適切であるかもしれない．

これらは新しい微積分をくわしく説明する理由である．しかしながら，説明をする前に，標準的な微積分の復習が助けになるだろう．結局，確率微積分の規則は異なるものであるけれども，そうした規則を詳説する理由というのは標準的な微積分においても同じである：

- われわれはある変数の（ランダムな）変化に対する別の変数の反応を計算したい．つまり，関心のあるさまざまな関数の「微分」ができるようになりたい．
- われわれは関心のある確率変数の増分の合計を計算したい．これは（確率）「積分」の概念に通じる．
- われわれはある任意の関数をより簡単な関数を用いて「近似」したい．これは（確率）テーラー級数近似に通じる．
- 最後に，われわれは連続時間上で定義されている確率変数の動的な振る舞いをモデル化したい．これは「確率微分方程式」に通じる．

[*2] バイノミアルな確率変数は2つのとり得る値のうちの一方をとることを仮定している．この仮定は確率変数が不加算な値をとると考えるよりはるかに簡単である．

3.2 標準的な微積分で用いるいくつかのツール

本節では，われわれは標準的な（決定論的な）微積分のおもな概念について復習を行う．読者がここで議論される標準的な微積分の基本的な概念についてくわしく知っているとしても，本節の例題を考えることは十分意味があるだろう．例題は，もとになる変数が確率的に変動する場合に標準的な微積分がよい近似を与えることができないということに焦点を当てたものになっている．

3.3 関　　数

A と B が2つの集合で，f を A に属する1つの要素 x と B に属する1つの要素 y との間の関係を示す規則であるとする[*3)]．このような規則は「関数」，または「写像」と呼ばれている．数学上の分析では関数は，

$$f : A \to B \tag{3.1}$$

または，

$$y = f(x), \qquad x \in A \tag{3.2}$$

のように記述される．もし集合 B が実数からなるなら，われわれは f を「実関数」と呼び，

$$f : A \to R \tag{3.3}$$

と記述する．もし集合 A と集合 B がそれぞれ関数を集めたものだとすると，f はある関数を別の関数に変換するものであって，これは「オペレーター」と呼ばれる．

ほとんどの読者は関数の標準的な概念についてくわしいだろうが，確率関数を知っている人はほとんどいないかもしれない．

3.3.1 確率関数

次の関数

$$y = f(x), \qquad x \in A \tag{3.4}$$

において，x の値が与えられると，われわれは y の値を得ることができる．しばしば y は実数であると仮定される．いまから次のような意味のある修正について考えることにする．ある集合 W があり，この要素 w が状態空間を示すものとする．関数 f は

[*3)] 集合 A は「定義域」，集合 B は「値域」と呼ばれる．

$x \in R$ および $w \in W$ に依存しているということは次のように表現される.

$$f : R \times W \to R \tag{3.5}$$

あるいは,

$$y = f(x, w), \qquad x \in R, w \in W \tag{3.6}$$

ここで $R \times W$ の表記は,関数 $f(\cdot)$ へ,集合 W から1つの変数と集合 R から1つの変数の合計2つを「代入」することを意味している.

関数 $f(x, w)$ は次のような特徴をもっている.ある $w \in W$ が与えられると,関数 $f(\cdot, w)$ は x だけの関数になる.したがって $w \in W$ が異なれば f は x の異なる関数となる.2つの例が図 3.1 に示されている.$f(x, w_1)$ および $f(x, w_2)$ はそれぞれ異なる2つの x の関数である.なぜなら2番目の要素 w が異なるからである.

x が時間を表すとすると,$f(x, w_1)$ および $f(x, w_2)$ を異なる状態空間に依存した2つの異なる軌跡であると解釈することが可能である.

だから,もし w がもとになるランダム性を示すとすれば,関数 $f(x, w)$ を「確率関数」と呼ぶことができるのである.確率関数の別の名前は「確率過程」である.確率過程では x は時間を示し,そして $x \geq 0$ の範囲に制限して考えることが多い.

この基本的な点に注意されたい.確率過程のランダム性は軌跡全体を示し,ある時点のある特定の値として表現されるのではない.別ないい方をすれば,無作為な抽出は軌跡全体から行われるのである.状態空間 w を選択することは,完全な軌跡を決定

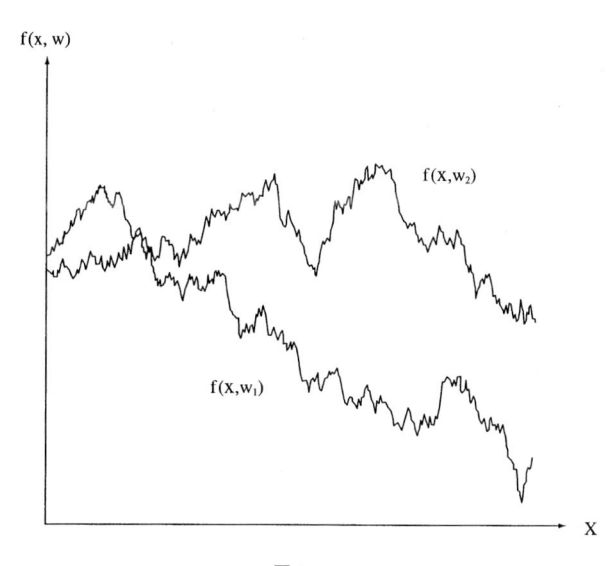

図 3.1

することになる．

3.3.2 関数の例

われわれの議論のなかで特別な役割をするいくつかの重要な関数がある．これらの関数についてこれから簡単に見ていこう．

a. 指数関数

次の無限項の合計
$$1 + 1 + \frac{1}{2!} + \frac{1}{3!} + \cdots + \frac{1}{n!} + \cdots \tag{3.7}$$
は $n \to \infty$ にすると，2と3の間にある無理数に収束する．この数字は文字 e を用いて表記される．「指数関数」とは e の x 乗

$$y = e^x, \qquad x \in R \tag{3.8}$$

として得られるものである．この関数は一般に連続時間における資産価格を割り引くときに用いられる．

指数関数はいくつもの重要な性質をもっている．その1つは無限に微分可能であるということである．つまり，$y = e^{f(x)}$ から始めて次の操作を無限に繰り返すことができるということである．

$$\frac{dy}{dx} = e^{f(x)} \frac{df(x)}{dx} \tag{3.9}$$

指数関数はまた興味深い乗法の性質をもっている．

$$e^x e^z = e^{x+z} \tag{3.10}$$

最後に，もし x が確率変数であるとすると，$y = e^x$ もまた確率変数になる．

b. 対数関数

対数関数は指数関数の逆関数として定義される．次の

$$y = e^x, \qquad x \in R \tag{3.11}$$

が与えられると，y の自然対数は

$$\ln(y) = x, \qquad y > 0 \tag{3.12}$$

によって与えられる．

実務家はしばしば資産価格の対数を取り扱うことがある．このとき，y が常に正であるという一方で，x にはそのような制約がないことに注意されたい．だから，ある資産価格の対数は負の無限大から正の無限大の値に拡張されているのである．

c. 有界変動関数

次のような設定は後の章で何回か用いることになる.

ある時間間隔が $[0,T]$ によって与えられているとする. この時間間隔を t_i, $i = 1,\ldots,n$, を選ぶことによって n 個の部分区間に「分割」する.

$$0 = t_0 \leq t_1 \leq t_2 \leq \cdots \leq t_n = T \tag{3.13}$$

ここで $[t_i - t_{i-1}]$ は i 番目の部分区間の時間間隔を表している. さて区間 $[0,T]$ で定義されている時間の関数 $f(t)$ を考える.

$$f:[0,T] \to R \tag{3.14}$$

その合計を次のようにする.

$$\sum_{i=1}^{n} |f(t_i) - f(t_{i-1})| \tag{3.15}$$

これは, t_i から次の時点までのすべての $f(\cdot)$ の変化の絶対値の合計である.

あきらかに区間 $[0,T]$ のそれぞれの部分に対して, このような合計をつくることができる. 無数の多くの部分区間が可能であるとすると, その合計というのは無数の多くの値をとることができるようになる. このような合計が上限をもつ場合, 関数 $f(\cdot)$ は「有界変動」であるといわれる. このように有界変動とは

$$V_0 = \max \sum_{i=1}^{n} |f(t_i) - f(t_{i-1})| < \infty \tag{3.16}$$

ということを意味する. ここで, 最大値は区間 $[0,T]$ のすべての可能な部分区間にわたってとられる. この意味で, V_0 は $f(\cdot)$ のすべての変動の最大値であって有限の値をとる. この V_0 は区間 $[0,T]$ 上の関数 f の「全変動」と呼ばれる.

直感的にいえば, V_0 は t が 0 から T になる間の $f(\cdot)$ が示す軌跡の長さ (の最大値) である. だから有界変動関数は過度に「特異的」ではない. 事実, 任意の「なめらかな」関数は有界変動をする[*4].

d. 例

次の関数を考えてみることにする.

$$f(t) = \begin{cases} t\sin(\frac{\pi}{t}) & \text{のとき} \quad 0 < t \leq 1 \\ 0 & \text{のとき} \quad t = 0 \end{cases} \tag{3.17}$$

[*4] もしある関数が区間 $[0,T]$ のすべての点で微分が存在するとすると, その関数は有界変動であることを示すことができる.

f(t)

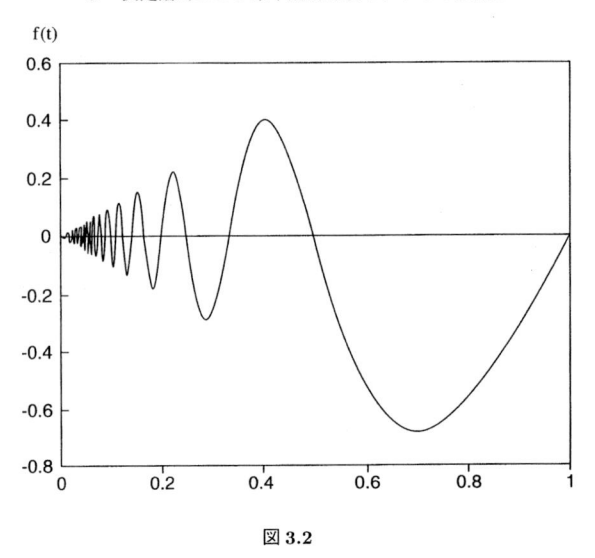

図 3.2

この関数 $f(t)$ は有界変動でないことが示せる[*5]．

この例が図 3.2 に示されている．ここで $t \to 0$ となると，f が過度に「特異的」になることに注意されたい．

有界変動の概念は後の議論で，重要な役割を果たす．1つの理由は次のようなものである．連続時間の資産価格には，ある予測不可能な部分をもっている．時間間隔をどんなに細かくとったとしても，こうした資産価格の変動は部分的に予測不可能になっている．これは資産価格の軌跡が非常に特異的なものでなければならないことを意味するものである．

後の章で見るように，資産価格を表す連続時間における確率過程は有界変動でない軌跡となる．

[*5] このことを正式に示すために，次の部分区間を選ぶ．

$$0 < \frac{2}{2n+1} < \frac{2}{2n-1} < \cdots < \frac{2}{5} < \frac{2}{3} < 1 \qquad (3.18)$$

すると変動は

$$\sum_{i=1}^{n} |f(t_i) - f(t_{i-1})| = 4\left[\frac{1}{3} + \frac{1}{5} + \frac{1}{7} + \cdots + \frac{1}{2n+1}\right] \qquad (3.19)$$

となる．この等式の右辺は $n \to \infty$ としたとき任意に大きくなることができる．

3.4 収束と極限

次の数列を考えてみることにする．

$$x_0, x_1, x_2, \ldots, x_n, \ldots \tag{3.20}$$

ここで，x_n は n が増加すると変化するオブジェクトを示している．この「オブジェクト」は数列や関数列，あるいはオペレーション列であるかもしれない．ここでの本質的な点は，われわれが x_n の連続的な値を観測するということである．

ある列の「収束」の概念は，$n \to \infty$ のときに「結果として生じる」x_n の値を取り扱うものである．x_n が実数である場合に，このことをより正式にいうと以下のようになる．

定義 6. 実数列 x_n が $x^* < \infty$ に収束するとは，任意の $\epsilon > 0$ に対して，次のような

$$\text{任意の } n > N \text{ に対して} \quad |x_n - x^*| < \epsilon \tag{3.21}$$

が成立する，ある $N < \infty$ が存在することをいう．x^* を x_n の「極限」という．

言い換えれば，x_n が有限回の後に x^* の点に任意に近くとどまっているならば，x_n が x^* に収束する．ここで 2 つの重要な問題が尋ねられるかもしれない．

x_n が決定論的変数のかわりに「確率」変数だとしても，われわれは x_n の収束を扱うことができるのだろうか？ この問題は重要である．なぜなら，確率変数 x_n はある極端な値をとることが十分に考えられ，$n > N$ であっても x^* から離れた値を急にとることがあるからである．

次に，われわれは「近さ」を測る異なった方法を採用することによって，原理的には異なった方法で収束を定義できるかもしれない．こうした定義はまったく等価なものなのだろうか？

これらの解答は後でみることにしよう．しかしながら，直接計算することが難しい量を近似する際に，収束の概念はあきらかに極めて重要なものとなっている．たとえば，列の極限として積分の概念を定義する場合である．

3.4.1 微分

微分の概念[*6)] は（少なくとも）2 つの用いられ方をしている．最初に，微分係数は関数の「なめらかさ」を扱う手法である．それはいま考えている変数の変化「率」と

[*6)] 読者は微分をとる（デリバティブ）という数学的なオペレーションとファイナンスにおいて用いられている「デリバティブ証券」の意味のデリバティブを混同すべきではない．

して定義されるものである.とくに資産価格の軌跡が「非常に特異的」であるならば,これらの時間に関する微分は存在しないかもしれない.

次に,微分はある変数が別の変数の変化に対してどれくらい「反応」するかを計算する方法である.たとえば原資産の価格が1単位変化したときに,そのオプションの市場価格がどのくらい変動するのかを知りたい場合である.「連鎖定理」を用いるときにこうした種類の微分が通常用いられる.

微分は変化「率」である.しかしそれは無限小の変動に対する変化率である.最初に正式な定義を与えよう.

定義 7. 次式は,

$$y = f(x) \tag{3.22}$$

$x \in R$ の関数である.すると $f(x)$ の x に対する微分係数は,存在するならば形式的に f_x と表記し,

$$f_x = \lim_{\Delta \to 0} \frac{f(x+\Delta) - f(x)}{\Delta} \tag{3.23}$$

として与えられる.ここで Δ は x のある増加分である.

変数 x は任意の実生活の現象を表現する.たとえば x を「時間」と考えてみる[*7].すると Δ はある有限の時間間隔である.$f(x)$ は時刻 x における y の値であり,$f(x+\Delta)$ は時刻 $x+\Delta$ における y の値である.だから (3.23) 式の分子は時間間隔 Δ における y の変化である.その比は同じ時間間隔における y の「変化率」になっている.たとえば,もし y が時刻 x における,ある資産価格だとしたら,(3.23) 式の比はある時間間隔 Δ の間の価格の変化率を示すことになる.

なぜ (3.23) 式では極限がとられているのだろうか? 微分を定義するときに,その極限は実務的な有用性がある.(3.23) 式では,経過する時間間隔 Δ の大きさとは独立に比率がとられている.

その比を Δ の大きさと関係のないように計算しているために代償が払われている.微分は「無限小」間隔に対して定義されている.より大きな間隔に対して,微分は Δ を大きくするほど精度が低くなる「近似」になっているのである.

a. 例——指数関数

微分の一例として次の指数関数を考える.

$$f(x) = Ae^{rx}, \qquad x \in R \tag{3.24}$$

[*7] 時間というのは,人が想像できるいくつかの決定論的変数のうちの1つである.

3.4 収束と極限

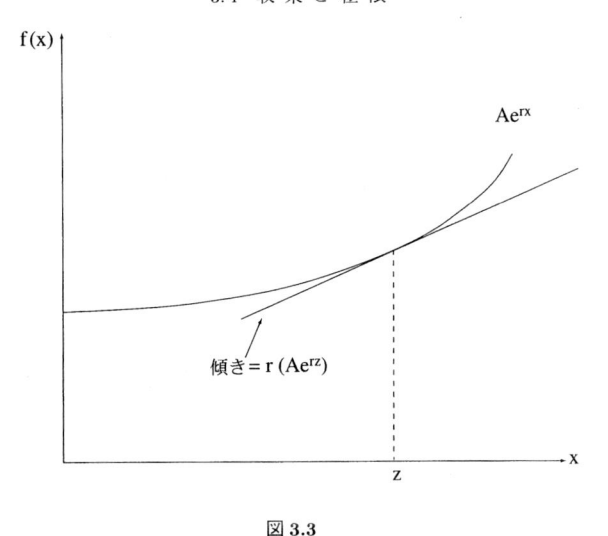

図 3.3 (傾き = r (Ae^{rz}), 曲線 Ae^{rx})

$r > 0$ の場合のこの関数のグラフが図 3.3 に示されている. x に関して微分をとると形式的に,

$$\begin{aligned} f_x &= \frac{df(x)}{dx} = r\,[e^{rx}] \\ &= rf(x) \end{aligned} \qquad (3.25)$$

となる. f_x は時点 x における $f(x)$ 変化の割合である. x が大きくなると e^{rx} の項も大きくなることに注意. このことを図 3.3 でみることができる. 次の比

$$\frac{f_x}{f(x)} = r \qquad (3.26)$$

は変化率の「割合」である. とくに指数関数の場合, x に関して変化率の割合が一定であることがわかる.

b. 例——近似としての微分

微分が近似計算にどのように用いられているかをみるために, 次の議論を考えてみよう.

Δ をある有限の間隔であるとする. すると (3.23) 式の微分の定義を用いて, もし Δ が「小さい」ならば, 近似的に次のように記述することができる.

$$f(x + \Delta) \cong f(x) + f_x \cdot \Delta \qquad (3.27)$$

この等式は点 $x + \Delta$ における $f(\cdot)$ の値が, 点 x における $f(\cdot)$ の値に微分係数 f_x に Δ を乗じた値を「加えた」もので近似できることを意味する. ここで「正確」な

図 3.4

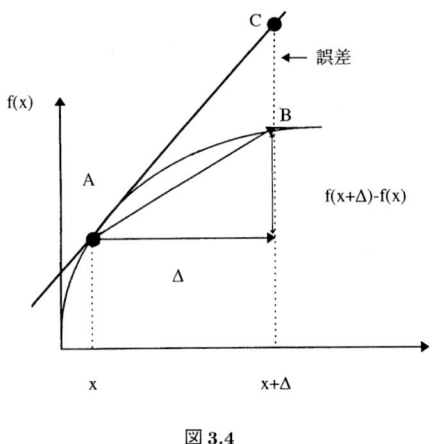

$f(x+\Delta)$ の値がわからない場合には，$f(x)$ と f_x と Δ さえ知ることができれば，その近似値を得るのに十分であるということに注意されたい[*8]．

この結果が図 3.4 に示されている．ここで次の比

$$\frac{f(x+\Delta) - f(x)}{\Delta} \tag{3.28}$$

は AB で表記される線分の傾きを示している．Δ が徐々に小さくなると，A が固定されていれば，線分 AB は時点 A の接線に収束する．だから微分係数 f_x はこの接線の傾きなのである．

積 $f_x \Delta$ に $f(x)$ を加えると点 C を得ることができる．この点は B の近似点としてみることができる．これが「よい」近似か「悪い」近似かというのは，Δ の大きさと同時に関数 $f(\cdot)$ の形に依存している．

2 つの簡単な例でこれらの点があきらかになるだろう．最初に図 3.5 を考えてみる．ここで Δ は大きいとする．予想通り，その近似 $f(x) + f_x \cdot \Delta$ はあまり $f(x+\Delta)$ に近くない．

図 3.6 はより適切な例を示している．ここで考えている関数 $f(\cdot)$ はあまりスムーズではない．次式から得られる

$$\hat{f}(x+\Delta) \cong f(x) + f_x \cdot \Delta \tag{3.29}$$

[*8)] もし x が時間を表し，x が「現在」ならば，$f(x+\Delta)$ は「将来」の値になる．しかしながら $f(x)$ と f_x と Δ はすべて「現在」に関連した量である．この意味でこれらは現在の時間で $f(x+\Delta)$ の粗い「予測」を得ることができる．この予測には，点 x における微分 f_x の数値が必要になっている．

3.4 収束と極限

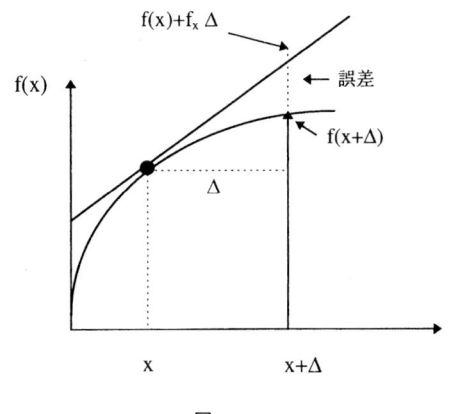

図 3.5

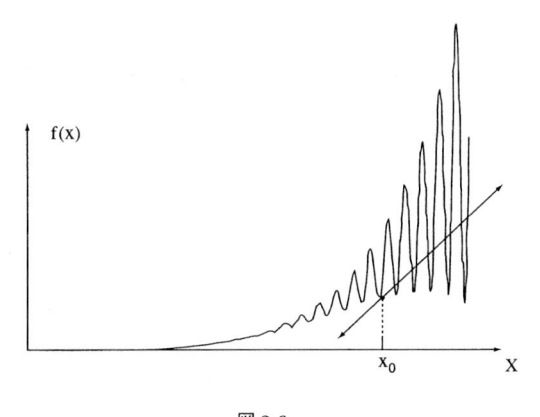

図 3.6

近似 $\hat{f}(x+\Delta)$ は真の $f(x+\Delta)$ の値の近似としては満足いくものになっていない．あきらかに関数 $f(\cdot)$ が「特異的」であればあるほど，こうした近似は失敗する．

次の例で極端な場合を考えてみることにする．

c. 例——高変動

図 3.7 を考えてみる．ここで関数 $f(x)$ は連続的であるが，小さい間隔 Δ であっても極端な変動をしている．

$$f(x+\Delta) \cong f(x) + f_x \cdot \Delta \tag{3.30}$$

この例では，その予測が失敗しやすいというだけでなく，満足な f_x の定義も得られない．たとえば点 x_0 をとってみる．点 x_0 における関数 $f(x)$ の変化率は何か？ 答えは難しい．実際，その点において $f(x)$ の接線をたくさん引くことができてしまう．

図 3.7

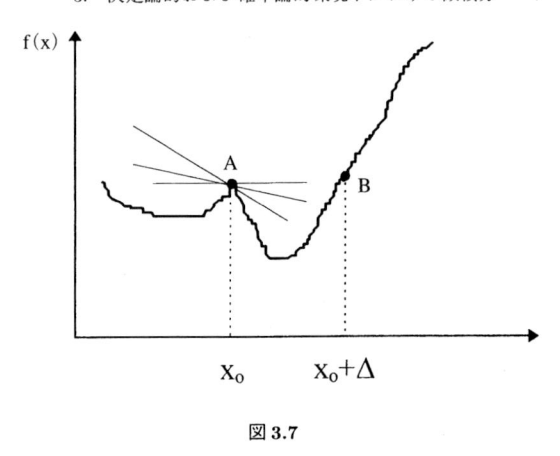

すなわち関数 $f(x)$ は微分可能ではないことがわかる．

3.4.2 連鎖定理

微分の第2の使用方法は連鎖定理である．前に議論した例では，$f(x)$ は x の関数で，x は時間を表していた．時間の変化に対する，ある変数の反応の度合いとして微分が紹介された．

派生証券の価格評価では，われわれはいくぶん異なった問題に直面する．ある派生証券の価格，たとえばコールオプションは原資産の価格に依存し，しかも原資産の価格は時間に依存している[*9]．

だから連鎖効果が存在するのである．時間が経過すると，新しい（小さな）出来事が起き，原資産の価格が変化し，これが派生証券の価格に影響を与えるのである．標準的な微積分では，こうした種類の連鎖効果を分析するツールは「連鎖定理」として知られている．

x 自身が時間でなく，$t \geq 0$ で表記される時間の決定論的関数であった例を考えてみることにする．

$$x_t = g(t) \tag{3.31}$$

すると関数 $f(\cdot)$ は「合成関数」と呼ばれ，次のように表現される．

$$y_t = f(g(t)) \tag{3.32}$$

このとき t の変化の最終的な影響が y_t にどのように及ぶのかを示す公式はどのようになるだろうか？

[*9] 時間が経過すると，派生証券契約の満期日が近づくので，原資産の価格が一定だとしてもコールオプションの価格は減少していく．

標準的な微積分における連鎖定理は次のように定義される.

定義 8. 上記のように定義された f および g に対して

$$\frac{dy}{dt} = \frac{df(g(t))}{dg(t)}\frac{dg(t)}{dt} \tag{3.33}$$

が得られる.

これに従うと，連鎖定理とは 2 つの微分の積になっている．最初の部分は $f(g(t))$ が $g(t)$ に関して微分がとられたものである．次の部分は $g(t)$ が t に関して微分がとられたものである．したがって y_t に与える t の最終的な影響は，こうした 2 つの項の積に等しくなっている．

連鎖定理は，ある変数が変化したときの別の変数の反応具合を近似するときに便利なツールである．

派生証券価格の場合について考えてみる．あるトレーダーが連続的に原資産の価格を観測していて，この原資産の複雑な派生商品の価格がどのように変化するのか知りたいとする．もしこの派生商品が証券取引所で取り引きされているのであれば，その価格は市場から直接観測することができるはずである[*10]．しかしながら，もしその派生商品がある「しくみ」商品であるならば，その価格評価を理論的な価格評価モデルを用いて社内で計算する必要がある．こうした価格評価モデルでは (3.33) 式で示したような「連鎖定理」が用いられているはずである．

ここで扱った例では，$f(x)$ が x_t の関数で，x_t がある決定論的変数であった．つまり x_t に関してランダム性はまったくなかった．それでは，もし x_t が確率変数であるとしたら，あるいは関数 $f(\cdot)$ がある確率変数 z_t にも依存しているとしたら，どのようなことが起きるだろうか？ 言い換えれば，

1) 「同じ」連鎖定理の公式を使うことができるのか？
2) 確率論的環境下ではどのように連鎖定理を変更すればよいのか？

最初の問いに対する答えはノーである．(3.33) 式で示された連鎖定理の公式は連続時間の確率論的環境においては使うことができない．事実,「確率微積分」を用いるということは，連鎖定理と等しい公式を導出し，連続時間上の確率変数の変動法則を近似するということを意味するのである．

確率微積分の「目的」は標準的な微積分と同じものである．しかしその規則は異なる

[*10] もちろん，市場がその瞬間に正しくその証券の価格付けをしているかどうか，ということはいつも問題になる．

のである．

3.4.3　積　　　　分

積分は合計を計算するために用いられる数学的なツールである．対象物が可算個の合計を計算するときに用いられる $\sum$ オペレーターと異なり，積分は無限個の対象物の合計を計算するときに用いられる．数えることさえ不可能な対象物をどのように合計するのかというのがあきらかではないので，積分の正式な定義を導かなければならない．

積分の定義の一般的なアプローチの方法は，ある意味であきらかである．最初に対象物が可算個含まれる近似から始めて，次に極限をとって無限個の対象物とするのである．極限のとり方が異なれば，積分も異なった形で定義されるはずである．標準的な微積分ではもっとも共通の形式はリーマン積分である．同じように定義され，いくぶん一般化されたものがリーマン–スティルチェス積分である．本項ではこれらの定義についてくわしくみることにする．

a. リーマン積分

時間 $t \in [0, T]$ 上の決定論的関数 $f(t)$ が与えられている．この関数の区間 $[0, T]$ についての積分を計算してみる．

$$\int_0^T f(s)\,ds \tag{3.34}$$

これは図 3.8 に示された面積に等しくなっている．

リーマン積分を計算するために，区間 $[0, T]$ を n 個の重ならない部分区間に分割する

$$t_0 = 0 < t_1 < \cdots < t_n = T \tag{3.35}$$

そして，次の近似合計を考えることにする．

$$\sum_{i=1}^n f\left(\frac{t_i + t_{i-1}}{2}\right)(t_i - t_{i-1}) \tag{3.36}$$

定義 9. 次の

$$\max_i |t_i - t_{i-1}| \to 0$$

が与えられると，リーマン積分は次の極限として定義される．

$$\sum_{i=1}^n f\left(\frac{t_i + t_{i-1}}{2}\right)(t_i - t_{i-1}) \to \int_0^T f(s)\,ds \tag{3.37}$$

ここで極限は通常の方法で行われる．

3.4 収束と極限

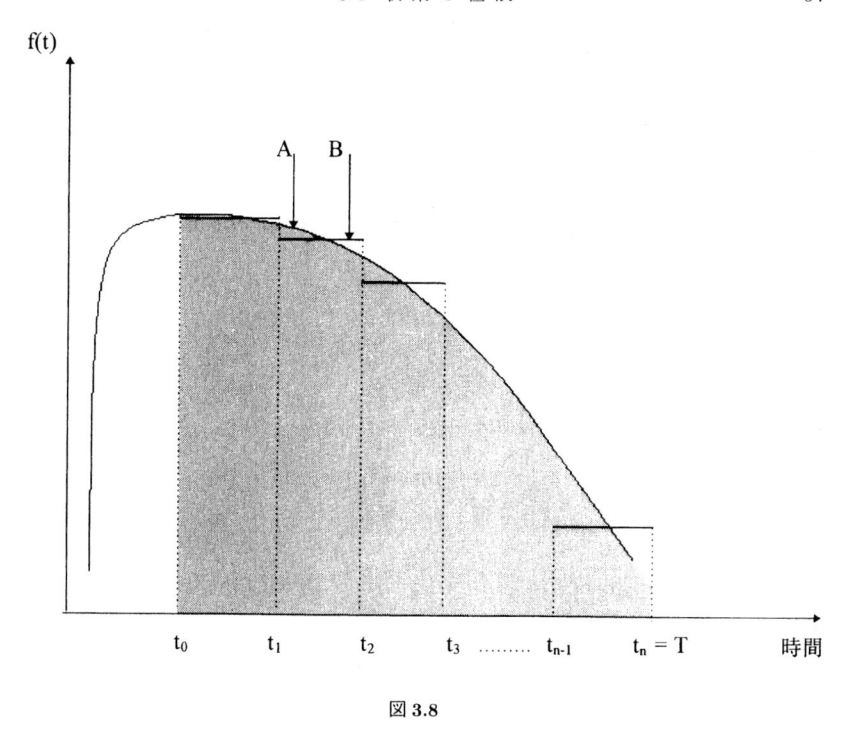

図 3.8

(3.37) 式の左辺の項は，$(t_i - t_{i-1})$ を底辺にして $f((t_i + t_{i-1})/2)$ を高さにした n 個の長方形の面積を加えたものである．ここで図3.8の小さい面積 A は近似的に面積 B に等しくなっていることに注意されたい．これは，長方形の底辺が小さく，「しかも」関数 $f(t)$ がなめらかである，つまり小さい区間で大きな変化をしない場合にはとくに真である．

長方形の合計によっていま考えている曲線の面積を近似できない場合には，より細かな区分を使ってこれを修正することができるかもしれない．$|t_i - t_{i-1}|$ が小さくなると，長方形の底辺が小さくなる．より多くの長方形が利用可能であるなら，面積はよりよく近似できるはずである．

$f(t)$ がなめらかでなければならないという条件はこの過程で重要な役割を果たしているのはあきらかである．事実，$f(t)$ が非常に「特異的な」軌跡である場合には，この方法による近似がはるかに難しいものになるかもしれない．前に議論した言葉を用いると，この方法を用いるためには，$f(t)$ は「リーマン可積分」でなければならない．

反例を図3.9に示す．ここでは関数 $f(t)$ は急激な変動を示している．もし長方形の底辺を小さくしてもこうした変動のなめらかさがなくならないと，長方形による近似

図 3.9

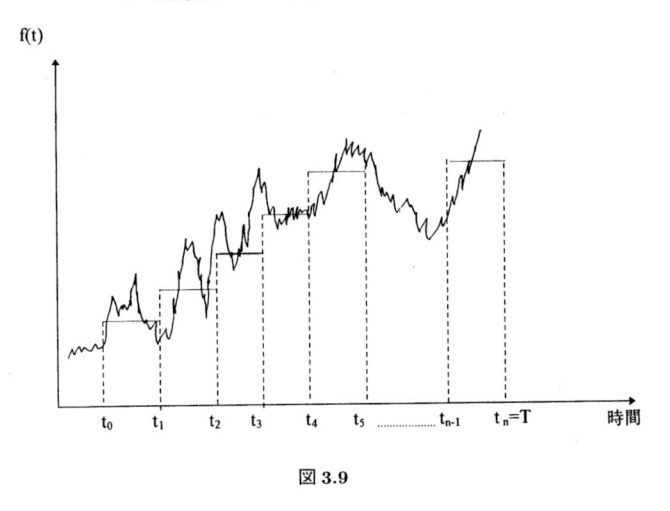

はうまくいかないはずである.

ここで,本書の後の章で扱われる伊藤積分の取り扱いにおいて重要となるコメントをしておく.考えている曲線の面積を近似する際に使われた長方形はある特定の方法によって作成された.近似的には,区間 $t_i - t_{i-1}$ の中点で $f(t)$ を評価した.もし,長方形が別の形で定義されたとしたら,同じ近似方法が有効になるのだろうか? たとえば,もし長方形を

$$f(t_i)(t_i - t_{i-1}) \tag{3.38}$$

あるいは

$$f(t_{i-1})(t_i - t_{i-1}) \tag{3.39}$$

のように定義したら,その結果得られる積分は異なるのだろうか? この質問に答えるために,図 3.10 を考えてみることにする.ここで区間が細かくなるほど,それぞれの方法で定義された長方形は最後には同じ面積を近似することになる.だから,極限では,長方形の高さを異なった方法で定義しても,長方形による近似計算が異なった積分となることはない.

しかし,確率論的環境においてはこれと同じ結果が得られないことがわかる. $f(W_t)$ を確率変数 W_t の関数として,次の

$$\int_{t_0}^{T} f(W_s) dW_s \tag{3.40}$$

を計算することを考えよう.決定論的関数の場合と異なって,

$$f(W_{t_i})(W_{t_i} - W_{t_{i-1}}) \tag{3.41}$$

3.4 収束と極限

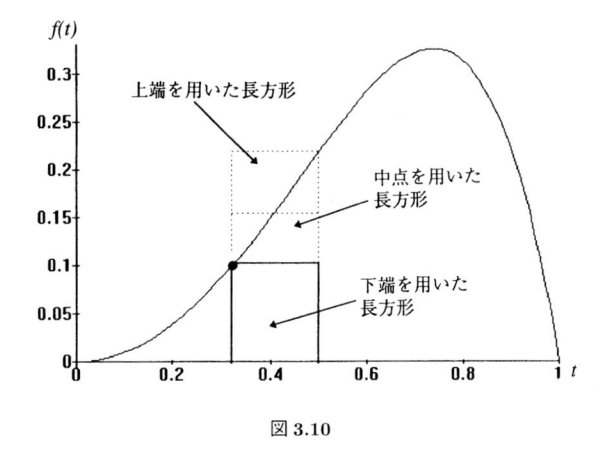

図 3.10

で定義される長方形の選択は，次の長方形の表現とは異なった結果をもたらす．

$$f(W_{t_{i-1}})(W_{t_i} - W_{t_{i-1}}) \tag{3.42}$$

この基本的な点を理解するために，W_t が「マーチンゲール」である場合について考えてみる．すると，時刻 t_{i-1} における情報の条件のもとで (3.42) 式の条件付き期待値は 0 になる．これはマーチンゲールの定義によって，将来の増分は現在の情報集合と無関係であるという場合になっているからである．

逆に，同じ条件のもとでの (3.41) 式の条件付き期待値は一般に 0 ではない[11]．あきらかに，確率微積分では近似計算で用いる長方形の定義によって異なった結論が導かれるのである．

最後に 1 つの重要な結果を強調しておく．$f(\cdot)$ が確率変数に依存しているとき，その積分も確率変数になっている．この意味で，これから「確率積分」を取り扱う．

b. スティルチェス積分

スティルチェス積分は積分の別の定義である．「微分」df を x が無限小変化した場合の関数 $f(x)$ のある小さな変動として定義する．

$$df(x) = f(x+dx) - f(x) \tag{3.43}$$

われわれはこの式が次のようなものであることを議論した．

$$df(x) = f_x(x)dx \tag{3.44}$$

（ここで用いられている記法によると，微分 $f_x(x)$ もまた x の関数になっていることに注意されたい．）さてこれから関数 $h(x)$ を x に関して積分する．

---

[11] ここで $(W_{t_i} - W_{t_{i-1}})$ と W_{t_i} には相関があることに注意．

$$\int_{x_0}^{x_n} h(x)dx \tag{3.45}$$

ここで関数 $h(x)$ は

$$h(x) = g(x)f_x(x) \tag{3.46}$$

として与えられる．するとスティルチェス積分は

$$\int_{x_0}^{x_n} g(x)\,df(x) \tag{3.47}$$

$$df(x) = f_x(x)dx \tag{3.48}$$

として定義される．

この定義はリーマン積分のものとそれほど大きく異なるものではない．事実，両方の場合で同じ近似合計が用いられるのである．

もし x が時間 t を表すとしたら，ある区間 $[0,T]$ におけるスティルチェス積分は，

$$\int_0^T g(s)\,df(s) \cong \sum_{i=1}^n g\left(\frac{t_i + t_{i-1}}{2}\right)(f(t_i) - f(t_{i-1})) \tag{3.49}$$

で与えられる．こうした類似性のため，「右辺の」$\max_i |t_i - t_{i-1}| \to 0$ とした極限は，リーマン–スティルチェス積分として知られている．

リーマン–スティルチェス積分は，x ではなく $f(x)$ の増分に関した積分を計算する際に有用である．あきらかに，ファイナンスにおける派生商品を扱う際には，しばしばこのケースが当てはまる．派生資産の価格は，時間に依存している原資産価格に依存しているので，派生資産価格を扱う場合にはリーマン–スティルチェス積分のほうがより適切なツールになっている．

しかしながら，1つの結論に達する前に，これまでのすべての議論では時間の決定論的関数を含んでいたことに注意せよ．同じ定義が確率環境下でも有効なのだろうか？確率変数の環境下でも積分を近似するのに同じ長方形を用いることができるのだろうか？ 長方形の選択によって違いが生じないのだろうか？

こうした質問に対する答えは一般にノーである．確率環境下ではリーマン積分の素直な拡張を行うと被積分関数は大きく変動する．したがって積分の新しい定義が必要となるのである．

c. 例

本節では，リーマン–スティルチェス積分の例について議論する．ここでは次の単純な関数を用いることにする．

3.4 収束と極限

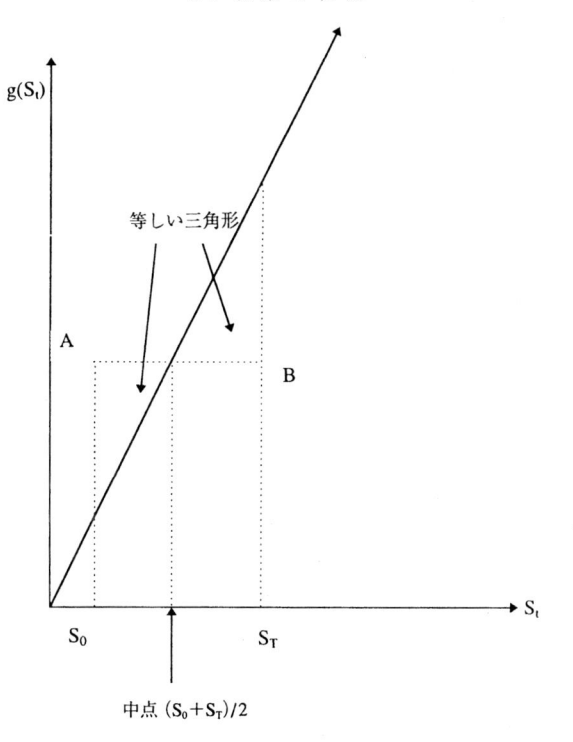

[図: g(S_t) 対 S_t の線形関数のグラフ。A, B は等しい三角形、S_0 と S_T、中点 (S_0+S_T)/2 が示されている]

図 3.11

$$g(S_t) = aS_t \tag{3.50}$$

ここで a は定数である．したがって $g(\cdot)$ は S_t の「線形」関数になっている[*12]．もしリーマン–スティルチェス積分の定義が用いられるとすると，次の積分

$$\int_0^T aS_t\, dS(t) \tag{3.51}$$

の値はいくつになるだろうか？

「直接」積分を計算すると，

$$\int_0^T aS_t\, dS(t) = a\left[\frac{1}{2}S_t^2\right]_0^T \tag{3.52}$$

あるいは

$$\int_0^T aS_t\, dS(t) = a\left[\frac{1}{2}S_T^2 - \frac{1}{2}S_0^2\right] \tag{3.53}$$

[*12] S_t は時間の関数である．

となる.

いまから,長方形による近似によって同じ結果が得られるかどうかをみることにする.

$g(\cdot)$ が線形なので,この例では,長方形による近似がたいへんうまくいく.もし底辺の中央の点で長方形の高さを評価した場合にはとくに正しい.図 3.11 に $a = 4$ の場合についてこのことが示されている.

$g(\cdot)$ の線形性のため,高さが $S_0 - S_T$ の中央の点で測られた高さの 1 つの長方形は,影の面積を複製するのに十分である.事実,長方形 S_0ABS_T は

$$a\left[\frac{S_T + S_0}{2}\right][S_T - S_0] = a\left[\frac{1}{2}S_T^2 - \frac{1}{2}S_0^2\right] \tag{3.54}$$

となっている.

リーマン–スティルチェス積分による近似合計は近似で用いる長方形の数を考えることなしに,長方形の面積を正しく測定している.

3.4.4 部 分 積 分

標準的な微積分では部分積分の有用性が知られている.それは,ある積分をより取り扱いやすい形へ変換することができるものである.確率積分においては公式が異なる形になっているが,部分積分は非常に実用的である.

微分可能な 2 つの関数 $f(t)$ と $h(t)$ を考えてみる.ここで $t \in [0, T]$ は時間を表しているとする.すると次の式

$$\int_0^T f_t(t)h(t)\,dt = [f(T)h(T) - f(0)h(0)] - \int_0^T h_t(t)f(t)\,dt \tag{3.55}$$

が成り立つ.ここで $h_t(t)$ および $f_t(t)$ はそれぞれの関数の時間に関する微分係数である.これらは時間の関数になっている.

スティルチェス積分の記法では,この変換は次の積分

$$\int_0^T h(t)\,df(t) \tag{3.56}$$

が,結局次の積分

$$\int_0^T f(t)\,dh(t) \tag{3.57}$$

を含んだ式に変換できるということを意味している.

確率積分の場合,この変換は伊藤積分を評価するときに非常に有用になる.事実,$f(\cdot)$ が「確率変数」で,$h(\cdot)$ が(条件付きの)時間の決定論的関数である場合を考えてみる.このとき,部分積分を用いることで,「確率積分」を決定論的変数に関する積分の関数へ変換できるのである.確率微積分においては,これは「伊藤の公式」とし

て重要な役割を果たしている．

3.5 偏微分

コールオプションを考えてみる．満期までの期間は，コールオプションの価格（プレミアム）に2つの影響を与えている．最初に時間が経過すると満期日が近づき，そしてオプションの残存期間が短くなる．このことがプレミアムを減価させる．しかし同時に時間が経過すると，原証券の価格が変化する．このこともまたプレミアムに影響を与える．だからコールオプションの価格は2つの変数の関数になっている．次のような式を用いるとより適切に表現できるだろう．

$$C_t = F(S_t, t) \tag{3.58}$$

ここで C_t はコールオプションのプレミアムで，S_t は原証券の価格，そして t は時間を表している．

これから時間変数 t を「固定」して S_t に関して $F(S_t, t)$ を微分してみる．すると次の「偏」微分

$$\frac{\partial F(S_t, t)}{\partial S_t} = F_s \tag{3.59}$$

は，時間を固定した状態における原証券価格の変化が与える（理論的な）効果を示している．実務的には S_t が変化するためには「ある」時間の経過が必要なので，この効果は抽象的なものである．

時間変数に対する偏微分は次式のように同様に定義できる．

$$\frac{\partial F(S_t, t)}{\partial t} = F_t \tag{3.60}$$

S_t が時間の関数であるにも関わらず，S_t が変化していないように取り扱っていることに注意されたい．これもまた偏微分の抽象的な性質を示している．t が変化すると，S_t もまた変化する．しかし偏微分をとる際には，S_t が定数であるかのように取り扱うのである．

この偏微分の抽象的な性質のために，この種の微分はファイナンス市場における資産価値の実際の変化を表すためには直接的には用いられない．しかしながら，偏微分は間接的なツールとして非常に有用なものである．「すべての」変化を異なった源泉に分解するという，「全微分」を計算する際に有用になるものである．

全微分を扱う前に，偏微分について最後のコメントをする．偏微分は「観測される」変化を表すものではないので，確率論的環境と決定論的環境とにおいて，その使用方法に違いはない．偏微分を取り扱う場合には確率論的環境における新たな理論を構築

する必要がない．このことを，よりあきらかにするために次の例を考えてみる．

3.5.1 例

2変数からなる次の関数を考えてみる．

$$F(S_t, t) = 0.3S_t + t^2 \tag{3.61}$$

ここで S_t は金融資産の価格（確率変数）で t は時間を表している．

S_t に関して偏微分をとるとは，S_t に関して単純に $F(\cdot)$ を微分すればよく，

$$\frac{\partial F(S_t, t)}{\partial S_t} = 0.3 \tag{3.62}$$

となる．ここで ∂S_t は S_t の抽象的な増分で，実世界における実際の増分ではない．事実 F_s の偏微分は単に「S_t が 1 単位変化したら $F(\cdot)$ がどのくらい変化するのか」ということである．F_s は単なる乗数である．

3.5.2 全　微　分

時刻 t においてあるコールオプションの小さな価格変化を観測したとする．このすべての変化を微分係数 dC_t と表記する．この総変化のうちどの程度が，原資産価格の変化によるものだろうか？　また時間経過とともに満期日が近づいたことによる影響はどの程度なのだろうか？　全微分がこうした質問に答えるのに用いられる．

2変数からなる関数 $f(s_t, t)$ を考える．すると全微分係数は次のように定義できる．

$$df = \left[\frac{\partial f(S_t, t)}{\partial S_t}\right] dS_t + \left[\frac{\partial f(S_t, t)}{\partial t}\right] dt \tag{3.63}$$

別のいい方をすれば，S_t のすべての変化をとって，これに偏微分係数 f_s をかける．また時間 t の総変化をとって，これに偏微分 f_t をかける．$f(\cdot)$ の総変化はこれら 2 つの積の和になっている．したがって，全微分は観測される変化を異なった抽象的な成分へ分解することによって計算される．

3.5.3 テーラー級数展開

$f(x)$ をある無限微分可能な $x \in R$ の関数とする．そして x のある任意の値をとり，これを x_0 とする．

定義 10. $x_0 \in R$ の周りの $f(x)$ のテーラー級数展開は次のように定義される．

3.5 偏微分

$$\begin{aligned} f(x) &= f(x_0) + f_x(x_0)(x-x_0) + \frac{1}{2} f_{xx}(x_0)(x-x_0)^2 \\ &\quad + \frac{1}{3!} f_{xxx}(x_0)(x-x_0)^3 + \cdots \\ &= \sum_{i=0}^{\infty} \frac{1}{i!} f^i(x_0)(x-x_0)^i \end{aligned} \qquad (3.64)$$

ここで $f^i(x_0)$ は x に関する $f(x)$ の i 次微分係数を x_0 で評価したものである[*13]。

われわれは $f(x)$ が連続でかつ十分になめらかであるときに (3.64) 式の展開が有効であるということについて、今後くわしく説明することはない。テーラー級数展開は当然なものとして考える。しかしながら、これからテーラー級数展開のいくつかの適用例について考えてみる。

最初に (3.64) 式の展開が近似式では「ない」ということに注意されたい。それぞれの項には x の「単純な」べき乗の項が含まれている。そしてそうした項が無限個存在している。これによって、テーラー級数「展開」は実務的にはあまり有用ではない。

しかしながら (3.64) 式の展開は有用な近似値を得るのに用いることができる。(3.64) 式を考え、x_0 の近傍の x にだけ着目してみる。つまり、

$$(x-x_0) \cong \text{“微小”} \qquad (3.65)$$

となっているとする。

すると、たしかに次式

$$|x_1-x_0| > |x_1-x_0|^2 > |x_1-x_0|^3 > \cdots \qquad (3.66)$$

が成立している ($|(x_1-x_0)|$ のべき乗をとるごとに、「小さい」数字のかけ合わせになるので、結果は「より小さく」なる)。

こうした条件のもとでは、(3.64) 式の右辺で無視できると考えられる項を落としたいと思うかもしれない。これをするために、われわれは微小という「ルール」を採用し、この基準によって「無視」できるすべての項を消去する。では、どのような場合に無視できるほど「小さい」のだろうか？

微積分におけるルールは、一般に x が「決定論的」変数である場合には $(dx)^2$ の項かそれ以上の項は無視できるとみなされている[*14]。したがって、x を決定論的変数であると仮定し、$(x-x_0)$ を小さいとすれば、次式のような第1次テーラー近似を用いることができる。

[*13] この最後の部分は、x_0 が $f^i(\cdot)$ に組み入れられると、この値が x とは独立な定数になるということを意味している。

[*14] もしそうであるなら $(dx)^3, (dx)^4, \ldots$ は $(dx)^2$ より小さくなるだろう。

$$f(x) \cong f(x_0) + f_x(x_0)(x - x_0) \tag{3.67}$$

これは，もし $f(x)$ の x_0 における微分が存在して，

$$(x - x_0) \to 0 \tag{3.68}$$

とした場合に等式になる．この条件下では，無限小変化 $(x - x_0)$ は次のように記述され，

$$dx \cong (x - x_0) \tag{3.69}$$

そして $f(\cdot)$ の無限小変化は，

$$df(x) \cong f(x) - f(x_0) \tag{3.70}$$

と記述される．結局，微分 dx と df のよく知られた次の記法を得る．

$$df(x) = f_x(x)\, dx \tag{3.71}$$

ここで，$f_x(x)$ は通常の $f_x(x_0)$ の代わりに x の関数として記述されている．なぜなら x が x_0 に近づいた極限を考えているからである．

a. 第2次近似

次式は

$$f(x) \cong f(x_0) + f_x(x - x_0) \tag{3.72}$$

第1次テーラー級数展開近似であった．しばしばよりよい近似として第2次近似まで用いることがある．

$$f(x) \cong f(x_0) + f_x(x_0)(x - x_0) + \frac{1}{2} f_{xx}(x_0)(x - x_0)^2 \tag{3.73}$$

この点は，後の確率微積分における議論で非常に重要なものである．実際，伊藤の補題を理解する前準備として，ある特別な例について考えてみる．

b. 例——デュレーションとコンベクシティ

次の指数関数を考えてみる．

$$B_t = 100 e^{-r(T-t)} \tag{3.74}$$

ここで，t は時間を表し，$r > 0$ で $t \in [0, T]$ であるとする．この関数は $t = 0$ で $B_0 = 100 e^{-rT}$ の値をとる．その後，一定の変化率 r で増加していく．$t \to T$ となると B_t の値は 100 に近づいていく．だから，B_t は時刻 t の，時刻 T で 100 支払われる現在の値として認識できるはずである．つまりこれは時刻 T で満期を迎えるゼロクーポン債の現在価値を表していて，r は対応する連続「複利」となっている．

3.5 偏微分

ここで、r と T が一定であるときの、t に関する B_t のテーラー級数展開近似を求めることを考える。すると $t = t_0$ の周りにおける第 1 次テーラー級数展開近似は次式のようになる.

$$B_t \cong 100e^{-r(T-t_0)} + (r)100e^{-r(T-t_0)}(t - t_0), \quad t \in [0, T] \tag{3.75}$$

ここで右辺の最初の項は $t = t_0$ で評価された B_t の値である。右辺の第 2 項は t に関する B_t の第 1 次微分係数を $t = t_0$ で評価したものに時間の増分 $t - t_0$ を乗じたものである.

この近似の様子が図 3.12 に示されている。等式は $t \to T$ の場合に大きくなる下に凸の曲線として表示されている。第 1 次テーラー級数展開近似は点 A におけるその曲線の接線として示されている。ここで t_0 からどちらの方向へも遠ざかる場合に、この直線が指数曲線の近似として誤差が大きくなることに注意されたい。逆に t_0 の近傍では、その近似値は十分近い値になっている.

図 3.13 には、その指数曲線と第 2 次テーラー級数展開近似による線が示されている.

$$\begin{aligned} B_t \cong\ & 100e^{-r(T-t_0)} + (r)100e^{-r(T-t_0)}(t - t_0) \\ & + \frac{1}{2}(r^2)100e^{-r(T-t_0)}(t - t_0)^2, \quad t \in [0, T] \end{aligned} \tag{3.76}$$

この等式の右辺は点 A でその曲線と接する「放物線」である。t_0 近辺でのこの放物線は曲率をもつため、この曲線が指数曲線により近いと期待される.

ここで、第 1 次テーラー級数展開近似と第 2 次テーラー級数展開近似の差が $(t-t_0)^2$ の項の大きさによって決まっていることに注意されたい。t が t_0 に近づくと、この項はより小さくなっている。もっと重要なことは $(t - t_0)$ の項よりも早く小さくなっていくということである.

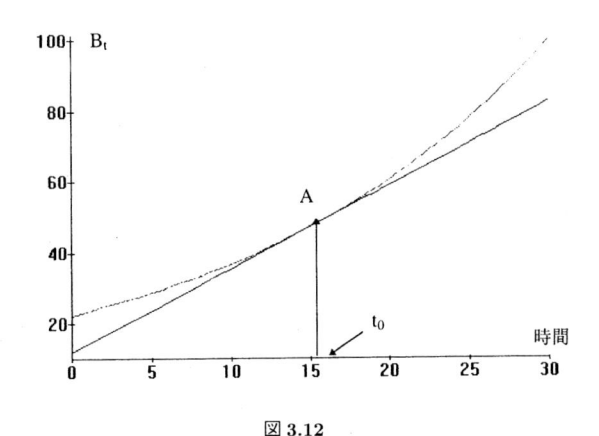

図 3.12

図 3.13

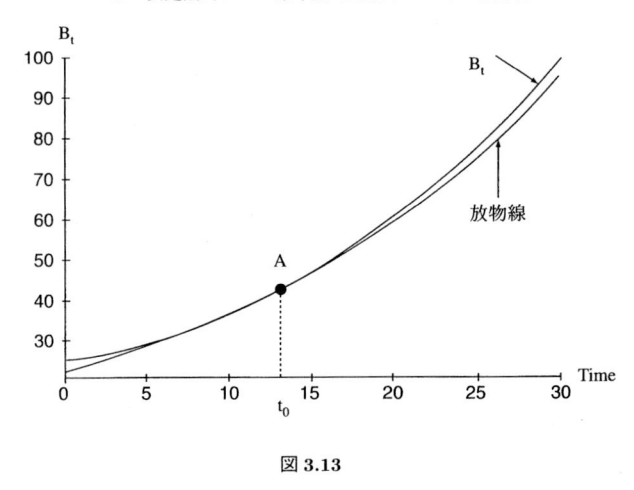

こうしたテーラー級数展開近似は「満期日」が近づくにつれて，どのように割引債の価格が変化していくのかを示している．

テーラー級数展開近似の 2 番目の適用例は，t と T を固定しておいて r に関して B_t を展開することによって得ることができる場合である．r_0 の周りにおける次の第 2 次テーラー級数展開近似を考えてみる．

$$B_t \cong [100 e^{-r_0(T-t)}]\left[1 - (T-t)(r-r_0) + \frac{1}{2}(T-t)^2(r-r_0)^2\right], \quad t \in [0,T], r > 0$$

これを $(100 e^{-r_0(T-t)})$ で両辺を割ることによって次式が得られる．

$$\frac{dB_t}{B_t} \cong -(T-t)(r-r_0) + \frac{1}{2}(T-t)^2(r-r_0)^2, \quad t \in [0,T], r > 0$$

この表現式は，r が無限小変化した場合の割引債の価格変化率の割合を示す第 2 次テーラー級数展開である．右辺は r_0 を現在の金利と解釈して，r が $r - r_0$ だけ変化したときの割引債の価格変化率の割合を示している．ここで右辺には $r - r_0$ を含んだ項が 2 つある．金融市場においては最初の項の係数を修正「デュレーション」と呼んでいる．第 2 の項は正で $1/2(T-t)^2$ の係数がある．これがいわゆる債券の「コンベクシティ」を示している．結局，r に関する B_t の第 2 次テーラー級数展開は，金利が増加（減少）すると，債券の価値が減少（増加）することを示している．この債券の「コンベクシティ」は，こうした金利変動が大きいほど，価格変化に対する「相対的な」影響が小さくなることを示している．

3.5.4 常微分方程式

標準的な微積分からここで復習しておきたい3番目の概念は常微分方程式である．例として次の表現を考えてみる．

$$dB_t = -r_t B_t\, dt \quad \text{および既知の} \quad B_0, r_t > 0 \tag{3.77}$$

この表現は B_t は t とともに変化する量であることを述べている．つまり B_t の変化は t と B_t の関数であるということである．この等式が「常微分方程式」と呼ばれているものである．ここで B_t の変化率は次式のように，ある要因 r_t と dt の積に比例している．

$$\frac{dB_t}{B_t} = -r_t\, dt \tag{3.78}$$

次に，以下のように定義された B_t は

$$B_t = e^{-\int_0^t r_u\, du} \tag{3.79}$$

これが (3.77) 式を満たすという意味で，常微分方程式の「解」であるということがいえる．

このように，ある常微分方程式というのはある「方程式」である．つまり，それは決定する必要がある1つかそれ以上の「未知のもの」が存在する等式なのである．

次の非常に簡単な類推が役に立つかもしれない．ある「単純な方程式」，

$$3x + 1 = x \tag{3.80}$$

では，未知のものは x で，決定されるべき数値である．この解は $-1/2$ である．

次の「行列方程式」

$$Ax - b = 0 \tag{3.81}$$

では，未知のものはベクトルである．適当な条件のもとで，その解は $A^{-1}b$，つまり A の逆行列にベクトル b を乗じたものになるはずである．

次の「常微分方程式」

$$\frac{dx_t}{dt} = ax_t + b \tag{3.82}$$

では，未知のものはある関数 x_t である．より厳密にいうと，それは t の関数である．

$$x_t = f(t)$$

常微分方程式で用いた例

$$dB_t = -r_t B_t\, dt \tag{3.83}$$

では，$B_T = 1$ という条件を用いると，その解は

$$B_t = e^{-\int_t^T r_u\, du} \tag{3.84}$$

であった．読者はこれが割引債の価格評価関数であることに気がつくはずである．これは固定利付債券の価格評価関数がある適切な微分方程式の解として特徴づけされることを示すための例になっている．確率環境下では，この結果がより複雑な形態で得られることになる．

最後に，われわれは次の「積分方程式」を定義する必要がある．

$$\int_0^t (ax_s + b)ds = x_t \qquad (3.85)$$

ここで未知の x_t は再び t の関数である．

3.6 おわりに

本章では，微積分における基本的な概念についての復習を行った．こうした概念のほとんどは初歩的なものであった．微分，積分，そしてテーラー級数展開の概念はすべてよく知られたものであるかもしれない．しかしながら後の目的のためにここでこれらを復習しておくことは重要である．

確率微積分はもとになる現象が連続時間の確率過程に従う場合に同じようなオペレーションを行うためのものである．そうした環境下では，通常の微分，積分，そしてテーラー級数展開近似が適用できないことがあきらかになる．確率環境下におけるそうした概念を理解するためには，読者は決定論的環境下におけるものを最初に理解する必要があるのである．

本章のもう1つの重要な概念として「微小」の概念があった．とくに，ある増分が無視できるほど小さいとすることを決定するにはルールが必要になる．

3.7 参考文献

読者はここで微積分学の入門書を熟読したいと思うかもしれない．基本的な微分や積分の公式の復習はとくに有用になるだろう．いくつかの練習問題を解くことも役に立つかもしれない．

3.8 演習問題

1. $n = 1, 2, 3$ に対する以下の数列 $\{X_n\}$ を書け．
    (a) $X_n = a^n$
    (b) $X_n = (1 + 1/n)^n$

(c) $X_n = (-1)^{n-1}/n!$

(d) 上記の数列 $\{X_n\}$ は収束するか.

2. 金利を年率 5% とする. 1 年間である一定の時間間隔 Δ が n 回繰り返されるとする. つまり,
$$n\Delta = 1$$
とする.

(a) Δ 期間に 1 ドル投資した場合の総収益率はいくつか.

(b) Δ で満期を迎える T-bill の年利が 5% とすると, 1 年間の複利はいくつか.

3. $n = 1, 2, 3 \ldots$ に対する次の数列の極限が, もし存在するならばいくつか.

(a) $x_n = (-1)^n$

(b) $x_n = \sin\left(\frac{n\pi}{3}\right)$

(c) $x_n = n(-1)^n$

(d) $x_n = \sin\left(\frac{n\pi}{3}\right) + (-1)^n/n$

この数列は有界変動か.

4. 次の極限を決定せよ.
$$\lim_{n \to \infty} (3 + \sqrt{n})/\sqrt{n}$$
$$\lim_{n \to \infty} n^{1/n}$$

5. 次の部分合計が収束することを示せ.
$$S_n = \sum_{k=1}^{n} 1/k!$$

6. 次の漸化式で定義される部分合計 S_n が $S_1 = 1$ のときに 3 に収束することを数学的帰納法を用いて示せ.
$$S_{n+1} = \sqrt{3S_n}$$

7. 次の数列は $N \to \infty$ のときに収束するか.
$$\sum_{n=1}^{N} 1/n$$

8. 次の式および X_0 が与えられているものとする.
$$X_n = aX_{n-1} + 1$$
X_n を部分合計として書け. またその部分合計が収束するのはいつか.

9. 次の関数を考える．
$$f(x) = x^3$$

(a) 次の積分を計算せよ．
$$\int_0^1 f(x)dx$$

(b) 区間 $[0,1]$ を 4 つの部分に分ける．
$$x_0 = 0 < x_1 < x_2 < x_3 < x_4 = 1,$$

ここで x_i は読者が選択するものとする．それらは等区間であってもなくてもよい．次の合計を数値的に計算せよ．

$$\sum_{i=1}^{4} f(x_i)(x_i - x_{i-1})$$

$$\sum_{i=1}^{4} f(x_{i-1})(x_i - x_{i-1})$$

(c) これら 2 つの合計の差が何であって，その積分した値の近似値としてどの程度の精度か．

10. 本章で議論した次の関数 $f(x)$ を考える．

$$f(x) = \begin{cases} x(\sin(\frac{\pi}{x})) & 0 < x \leq 1 \\ 0 & x = 0 \end{cases}$$

(a) 次の積分を計算せよ．
$$\int_0^1 f(x)dx$$

(b) 再び，x_i の数値を選ぶことによって区間 $[0,1]$ を 4 つの部分に分ける．
$$x_0 = 0 < x_1 < x_2 < x_3 < x_4 = 1$$

次の合計を計算せよ．

$$\sum_{i=1}^{4} f(x_i)(x_i - x_{i-1})$$

$$\sum_{i=1}^{4} f(x_{i-1})(x_i - x_{i-1})$$

(c) これらの合計はどのように真の積分値を近似しているか．

(d) それはなぜか.
11. 次の関数を考える.
$$f(x,z,y) = \frac{x+y+z}{(1+x)(1+z)(1+y)}$$
x, y, z に関するそれぞれの部分積分を計算せよ.

4

派生資産の価格評価——モデルと記法

4.1 はじめに

　派生資産の価格評価には資産評価の一般的な理論とは別の面がある．単純化した仮定のもとでの派生資産の無裁定価格はいくつかの「基本的な」証券の関数として表現できる．そして，ほかの金融市場または実体経済との関わりを考慮することのない資産評価の公式を得ることができる．

　このような公式を得るためのいくつかの特別な方法がある．第1の方法は，第2章で論じられた．「裁定」の概念は確率測度の決定に使うことができる．この確率のもとでは金融資産は適切に割り引かれることで「マーチンゲール」として振る舞う．マーチンゲールの計算手法が使えるようになると，想定される期待値を求めることによって無裁定価格を簡単に計算することができる．この手法は，「同値マーチンゲール測度法」と呼ばれている．

　裁定を用いた第2の価格評価方法は，いくらかより直接的なアプローチである．まず無リスクポートフォリオを構築し，裁定機会がない条件より偏微分方程式を得る．この偏微分方程式は解析的に解くか，あるいは数値的に解を求めることができる．

　どちらの場合でも，派生資産の価格評価の問題は関数 $F(S_t, t)$ をみつけることである．この $F(S_t, t)$ は派生資産の価格を原証券価格 S_t や，おそらくいくつかの他のマーケットリスクファクターに関係づけるものである．「解析解」で定式化できないときは，数値解析の手法を用いて $F(S_t, t)$ の動的変化を表すことができる．

　本章では，線形や非線形の派生資産のためのこのような価格評価関数 $F(S_t, t)$ の決定のしかたの例を挙げる．これらの概念を明確にしたうえで，偏微分方程式による方法の例を与える．ここでの議論では，後で導入する確率微積分の基本的な手法のためのいくつかの動機づけが示される．

4.2 価格評価関数

派生資産の価格評価問題で未知であるのは関数 $F(S_t, t)$ である．ここで，S_t は原資産の価格で t は時間である．理想的には金融アナリストは $F(S_t, t)$ の解析解を求めようとするだろう．ブラック–ショールズ式がおそらくもっともよく知られたケースである．この式は原資産といくつかのほかの関連したパラメーターの項からなるコールオプションの価格を与える．しかしながら，ほかに多くの，もっと簡単な例がいくつかある．

解析解が存在しない場合には，アナリストは $F(S_t, t)$ のダイナミクス (動き) を決定する方程式を得ようとする[*1)]．

本節では，このような $F(S_t, t)$ の決定の方法の例を示す．ここでの議論では新しい数学的手法と派生資産商品の価格評価でよく用いられる概念を紹介する予定である．

4.2.1 先渡し

キャッシュ・アンド・キャリー商品のクラスを考える[*2)]．「先渡し」契約の価格評価関数 $F(S_t, t)$ がどのように決められるかを示したい．ここで S_t は原資産である．次のような仮定を行って先渡し契約を考える．

- ある将来時点 T

$$t < T \tag{4.1}$$

において，F ドルを支払って金 1 単位を受け取る．
- 契約は t 時点で行われるが，時点 T まで支払いは行われない．

したがって，この契約は両契約者に「義務」を負わせるものである．すなわち一方は金を受け渡し，もう一方は金を受け取る．原パラメーターに関する時点 t でのこのような契約の適正な市場価値を与える関数 $F(S_t, t)$ は，どのように決められるのだろうか[*3)]．「裁定」の議論を用いる．

[*1)] 「解析解」が存在しないということは，必ずしも価格評価関数が存在しないことを意味しない．これは単に簡単な式で価格評価関数を表現することができないということを意味しているにすぎない．たとえば，すべての連続で「なめらかな」関数は無限テーラー級数展開によって展開することができる．同時に，解析解を得るためにテーラー級数を打ち切ることは一般的には近似誤差を導くかもしれない．

[*2)] 定義は第 1 章参照．

[*3)] ある意味で，これは「派生資産」契約であることに注意されたい．一度，契約が結ばれるとこの契約は独立した証券となり，それ自身が取り引きされるようになる．先渡し契約を取り引きするために，金の現物を保有する必要はない．事実，このような方法は具体的に存在さえしない「名目上の」原資産からも導出されうる．株価指数を原資産とする派生資産がこれにあたる．

時点 t において連続複利の無リスク金利 r_t で借り入れた資金 S_t ドルで、金の現物1単位を購入すると仮定する。r_t は契約期間で一定と仮定する。単位時間あたりの保険料と保管料を c ドルとし、その支払いはすべて時点 T で行われるとする。$T-t$ の期間中にかかる金「保有」の総コストは次式で与えられる。

$$e^{r_t(T-t)}S_t + (T-t)c \tag{4.2}$$

ここで、第1項は時点 T で銀行に返済される元本と金利、第2項は時点 T で支払われる「総」保管料・保険料である。

これは時点 T において金の現物1単位を確保する1つの方法である。必要な資金を借り入れ、原商品を買い、これを時点 T まで保管する。

先渡し契約は、時点 T において金の現物1単位を確保するもう1つの方法である。すべての支払いを満期時点で行うという合意のもとで、時点 T で金を1単位受け取る契約を現時点で結ぶ。

したがって、2通りの取り引きの結果は一致する[*4)]。このため、両者は同じ価格でなければならない。もしそうでなければ、裁定機会が存在することになる。抜け目のないプレーヤーは2つのそれぞれの取り引きに入り込んで、割安な金を買い、割高な金を同時に売るだろう。数学的には、これは次の等式を与える。

$$F(S_t,t) = e^{r_t(T-t)}S_t + (T-t)c \tag{4.3}$$

このように、裁定機会の利用の可能性を用いて S_t, t とその他のパラメーターの関数として先渡し契約の価格 $F(S_t,t)$ を表現する等式を得た。実際に任意の時点 t での先渡し契約の価値を与える「関数」$F(S_t,t)$ を決定した。$F(S_t,t)$ に関する議論で、S_t と t は「変数」である。これらは契約期間中に変化してもよい。一方、c, r_t, T は「パラメーター」である。これらは期間 $T-t$ の間で一定であると仮定されている。

(4.3) 式の関数 $F(S_t,t)$ は S_t に関して「線形」であることに注意されたい。それで、先渡し契約は「線形商品」と呼ばれている。後でコールオプションの価格評価関数 $F(S_t,t)$ を与えるブラック–ショールズ式を導く。この式は S_t に関して「非線形」となる。オプションと似た特性をもつ商品は「非線形」商品と呼ばれている。

境界条件

ここでは「境界条件」とは何かについて簡単にふれなければならない。「満期日が近づいている」という概念を形式的に表現したいとしよう。このために極限の概念を用いる。

$$t \to T \tag{4.4}$$

[*4)] この言葉の裏には、先渡し契約にデフォルトリスクが存在しない仮定があることに注意。

とする.このとき,
$$\lim_{t \to T} e^{r_t(T-t)} = 1 \tag{4.5}$$
となることに注意しよう.ここで1つの問題は r_t の存在である.実際,これは S_t 同様「確率」変数である.したがって,標準的な「極限」の概念を用いることが正しいかどうか疑問があるかもしれない.このことを無視して (4.3) 式の左辺の極限をとると,
$$S_T = F(S_T, T) \tag{4.6}$$
を得る.これによると,満期では原資産の時価と先渡し契約の価格が等しくなる.

これは境界条件の一例である.満期日では,すなわち,時間変数 t の境界では,価格評価関数 $F(S_t, t)$ は特別な値 S_T をとると仮定している.時点 t において S_T の値は未知であるが,境界条件は既知である.

4.2.2 オプション

非線形資産の価格評価関数 $F(S_t, t)$ の同定は先渡し契約のケースのように簡単ではない.これは後の章で扱うことになる.ここでは,非線形商品の場合に $F(S_t, t)$ が満たすべき重要な性質を紹介するにとどめる.これは,より進んだ数学的手法のための下地づくりとなるだろう.

C_t は株式 S_t を原資産とするコールオプションであるとする.r を一定の無リスク金利とする.K は行使価格,T,$t < T$ は満期日である.このとき,コールの価格は
$$C_t = F(S_t, t) \tag{4.7}$$
と表すことができる[*5].オプションの価格評価関数 F は基本的な性質をもつ.単純化した条件のもとでは,S_t がオプションの価格に影響する唯一の不確定性の源泉となる.したがって,S_t の中の予測できない変動は,同時に C_t で反対のポジションを組むことによって相殺することができる.この特性は S_t の時間経路が与えられたときの $F(S_t, t)$ の動き方にいくつかの条件を付加するものである.

どの程度この特性が明白にされうるかを見るために,図 4.1 を考えよう.この図の下の部分は S_t のショートポジションの損益図を示している.原資産の1単位を価格 S で空売りしている.

図 4.1 の上の部分は,S_t を原資産とするコールオプションの価格 $F(S_t, t)$ を示している.ここでは,どのようにして $F(S_t, t)$ の式が得られてグラフが描かれているかは,ひとまず横へ置いておこう[*6].

[*5] 金利 r は定数であるから $F(\cdot)$ の(引数)としては落としてある.
[*6] これは,後で証明するブラック–ショールズ式から来ている.

4. 派生資産の価格評価——モデルと記法

オプション価値

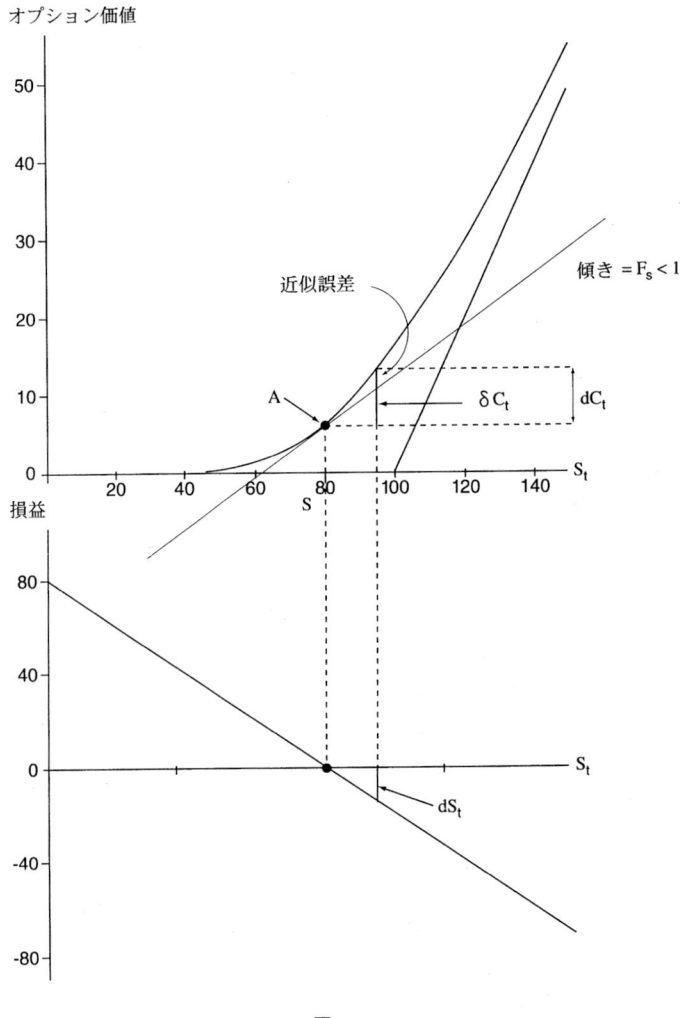

（グラフ：縦軸「オプション価値」0〜50、横軸 S_t 20〜140。曲線上の点 A、近似誤差、δC_t、dC_t、傾き $= F_s < 1$ の直線）

損益

（グラフ：縦軸「損益」-80〜80、横軸 S_t、dS_t）

図 4.1

はじめは原資産の価格が S_t であると仮定する．すなわち，最初，$F(S_t, t)$ 曲線の上の点 A にいる．もし株価が dS_t だけ上昇したら，ショートポジションはちょうど dS_t だけ損をすることになる．しかし，オプションポジションは利益が出る．

しかし，重大な点に気がつく．図 4.1 によると，S_t が dS_t だけ上昇したとき，コールの価格はたった dC_t だけしか上昇しない．つまり，曲線の傾きが 1 より小さいために後者の変化はより小さい．すなわち，

$$dC_t < dS_t \tag{4.8}$$

したがって，もし1単位のコールオプションをもち1単位の株式を空売りしたら，dS_t に等しい価格上昇はネットの損失をもたらす．

しかしこの推論は，注意深いポジションの調整を行えば，このような損失を消しうるということを示唆している．点 A における $F(S_t, t)$ の接線の傾きを考える．この傾きは，

$$\frac{\partial F(S_t, t)}{\partial S_t} = F_s \tag{4.9}$$

で与えられる．

いま，「1単位」ではなく，原株の F_s 単位ショートであると仮定する．そうすると，S_t が dS_t 上昇すると，ショートポジションのトータルの損失は $F_s dS_t$ となる．しかし，図4.1によるとこの大きさは dC_t に非常に近い．これは ∂C_t で表される．

あきらかに，もし dS_t が微小な変動であるとすれば，∂C_t は実際の変動 dC_t の非常によい近似となるだろう．結局，オプションポジションの利得は（近似的に）空売りポジションの損失を相殺することになる．このようなポートフォリオは予測不能な動きをしない．

このように $F(S_t, t)$，S_t の増分は，次の等号関係をもつはずである．

$$d[F_S S_t] + d[F(S_t, t)] = g(t)$$

ここで $g(t)$ は完全に予測可能な時間 t の関数である[*7)]．

もし，このような微分の計算方法を知れば，上の等式は $F(S_t, t)$ の解析解を見つけるのに用いることができる．そのような解析解が存在しないとき，$F(S_t, t)$ の軌跡を追尾する「数値的手法」が使われる．

次の定義は，本節で議論された概念のいくつかを定式化したものである．

定義 11． F_s 単位の原資産の反対ポジションをもつことによって，C_t の変動を相殺することを「デルタヘッジ」と呼ぶ．このようなポートフォリオを「デルタニュートラル」，パラメーター F_s を「デルタ」と呼ぶ．

dS_t が「大きい」とき，近似

$$\partial C_t \cong dC_t \tag{4.10}$$

が上手くいかないことを認識することは重要である．極端な動きについては「ヘッジ」は上手くいかない．これは図4.2でみることができる．もし S_t の変動が dS_t であるとき，対応する dC_t は損失 $-F_s dS_t$ を大きく超える．

[*7)] そして，この問題に関するほかのありうるパラメーターの関数でもある．

あきらかに「連続時間」の仮定は資産価格評価において基本的な役割を暗黙のうちに演じている。実際に，原資産の空売りポジションを微小に調整することで，オプションの動きを複製することができた。このようなポートフォリオの微小調整ができるのは，あきらかに連続時間の仮定および取引コストが存在しないという仮定によるものからである。前にみたように「大きな」増分はこのような近似を急速に悪化させるだろう。

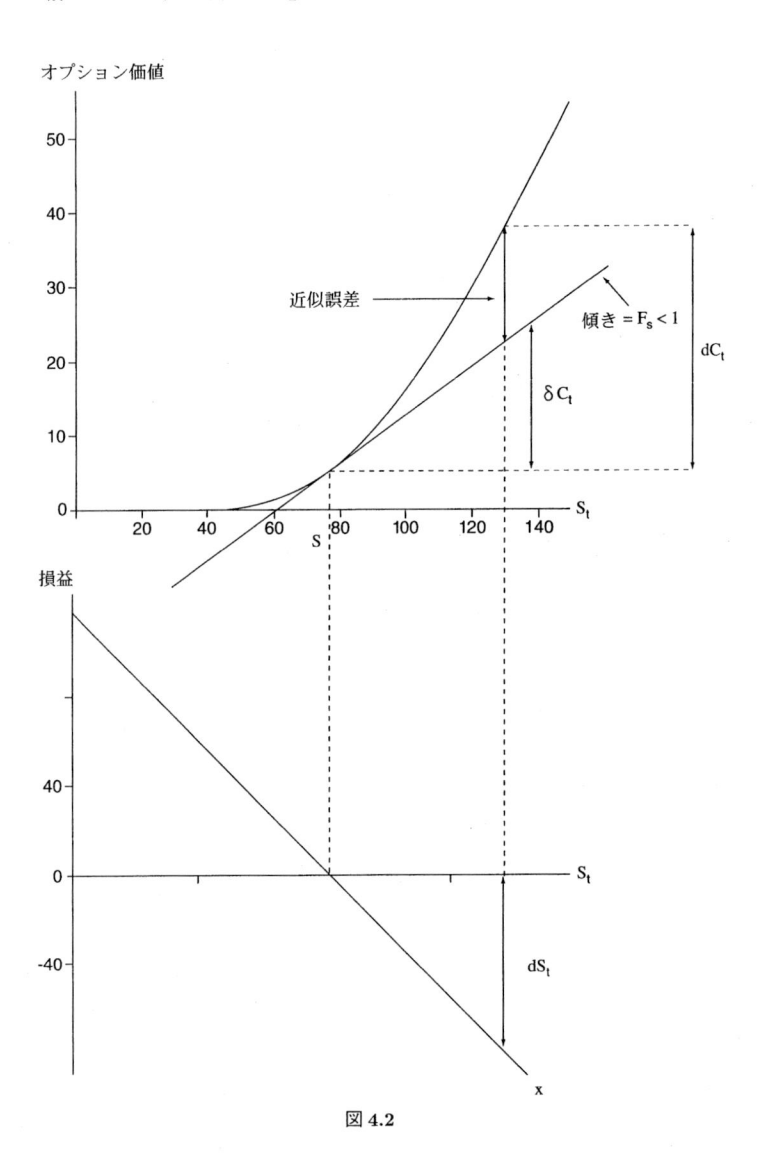

図 4.2

4.3 応用——他の価格評価手法

本書は派生資産価格評価の「数学」を扱っている．資産価格評価それ自体のテキストではない．しかしながら，派生資産の価格評価の一般的な手法についての議論は避けて通れない．これはこれから議論しようとしている数学の種類を説明するため，また，例を挙げるためにも必要とされる．

前節の議論を用いて，偏微分方程式を用いた価格評価方法の要約を行う．

1) アナリストが派生資産商品の時価 $F(S_t, t)$ と原資産価格 S_t をリアルタイムで観測すると仮定する．彼が原資産価格の変動 dS_t が与えられたとき，派生資産資産の価格変動 $dF(S_t, t)$ を計算したいとしよう．

2) ここで，第3章で紹介した概念が役に立つ．微分の概念はある関数の微小「変化」を近似するのに用いることのできる道具であることを思い出そう．この特別なケースでは，実際に関数は S_t, t に依存する $F(\cdot)$ である．したがって，もし，普通の微分が使えるならば

$$dF(S_t, t) = F_s \, dS_t + F_t \, dt \tag{4.11}$$

と書くことができる．ここで F_i は偏微分

$$F_s = \frac{\partial F}{\partial S_t}, \qquad F_t = \frac{\partial F}{\partial t} \tag{4.12}$$

であり，$dF(S_t, t)$ は全変動を表している[*8)．

3) $F(\cdot)$ の全微分と呼ばれる (4.11) 式はその決定要素の変動に伴う派生資産商品の価格変動を与えている．したがって，アナリストは $dF(S_t, t)$ を計算するために，dS_t の推定値を得て全微分の式を用いればよいと考えるかもしれない．(4.11) 式は一度偏微分 F_s, F_t が数値的にも計算されれば，利用することができる．これには，一方で，$F(S_t, t)$ の関数の形状が決まっている必要がある．

しかしながら，これはすべて (4.11) 式のような形で全微分がとれるということにかかっている．原変数は連続時間の「確率過程」である場合でも，簡単なやり方でこれが通用できるだろうか．

この問に対する答えはノーである．しかし「確率」微積分の新しい手法を用いることで可能となる．

4) 一度，(4.11) 式の確率変動が決められると，次のような方法で派生資産の評価のための「プログラム」を完成させることができる．

[*8) 時点 t における派生資産の価格を表す $F(S_t, t)$ と t に関する $F(S_t, t)$ の偏微分を表す F_t との重大な違いに注意．

デルタヘッジと無リスクポートフォリオを用いて，$dF(S_t,t)$, dS_t, dt の間の追加的な関係を得ることができる．これらの追加的な関係は (4.11) 式からすべての微分を取り除くのに用いることができる．

5) このようにして，$F(\cdot)$ の偏微分どうしをお互いに結びつけるだけの関係を得る．この式は偏微分方程式と呼ばれ，十分な境界条件や解析解が存在すれば $F(S_t,t)$ を解くことができる．

このようにして，「未知なものが関数」である問題に至った．ここでの議論は偏微分方程式とその解が学ぶべきトピックスであることを示している．1つの例が，ここでは助けになるだろう．

例

$x \in [0,X]$ に関する $F(x)$ の偏微分が既知の定数 b であると知っていると仮定しよう．すなわち，

$$F_x = b \tag{4.13}$$

これは，簡単な偏微分方程式である．それは，未知の関数形をもった項である $F(x)$ の偏微分に関する表現である．この偏微分方程式を使って，$F(x)$ の「形」を特定することができるか？ 答えはイエスである．線形関係だけが (4.13) 式のような性質をもっている．したがって，$F(x)$ は

$$F(x) = a + bx \tag{4.14}$$

で与えられなくてはならない．したがって，$F(x)$ の形が確定された．しかし，パラメータ a はまだ未知である．それはいわゆる「境界条件」によってみつけられる．

たとえば，もし，境界 $x = X$ で，

$$F(X) = 10 \tag{4.15}$$

であることを知っているとすると，a は

$$a = 10 - bX \tag{4.16}$$

によって決定することができる．

派生商品の場合，一般的に，満期日における $F(\cdot)$ の形状に関するいくつかの情報があるということを思い出して欲しい．このような情報は，ある偏微分方程式が与えられると明示的に関数 $F(\cdot)$ の決定にしばしば利用することができる．

4.4 問題点

先に議論したプログラムは，最初からずいぶん技術的にみえたかもしれない．しかし，実際，これは理解するための直接的な方法である．しかしながら，基本的な問題がある[*9)]．

金融市場データは「決定論的」ではない．実際，時間変数 t は例外として，対象となるすべての変数は「確率的」であるように見える．時間は連続的であるため，時間経過とともに，数え切れないほど多くの確率変数を観測する．したがって，$F(S_t,t)$，S_t とおそらく無リスク金利 r_t もすべて「連続時間確率過程」である．

このとき標準的な微積分と同じ理論と同じ手法を用いて，

$$dF(t) = F_s\,dS_t + F_r\,dr_t + F_t\,dt \tag{4.18}$$

と書くことができるだろうか？

この問いに対する答えはノーである．対象となる変数が確率過程であるとき，新しい微積分と，異なった公式が必要になることがわかる．次では，これらの難しさを少しだけ見てみよう．

4.4.1 伊藤の補題の第1歩

標準的な微積分では，対象となる変数は決定論的である．したがって，

$$dF(t) = F_s\,dS_t + F_r\,dr_t + F_t\,dt \tag{4.19}$$

のような関係を得るために，全微分を用いる．$F(\cdot)$ の変動は (4.19) 式の右辺で与えられている．しかし，微積分の規則によって，この等式は微小区間でのみ厳密に成り立つ．「有限」時間では，(4.19) 式は近似でしかないだろう．

再び，1変数のテーラー級数展開を考える．

$f(x)$ を無限回微分可能な $x \in R$ の関数であるとする．すると，$x_0 \in R$ の周りの $f(x)$ のテーラー級数展開は

$$f(x) = f(x_0) + f_x(x_0)(x - x_0) + \frac{1}{2}f_{xx}(x_0)(x - x_0)^2$$

[*9)] 実際，この点で，2つ問題がある．1つは，方程式，

$$dF(t) = F_s\,dS_t + F_r\,dr_t + F_t\,dt \tag{4.17}$$

が与えられたとき，dt，$dF(t)$，dS_t，dr_t のような項をどのようにして裁定が消し去りうるのかということを，まだ知らない．そのときが来るまで，このことは脇に置いておこう．

$$+ \frac{1}{3!} f_{xxx}(x_0)(x-x_0)^3 + \cdots \quad (4.20)$$

$$= \sum_{i=0}^{\infty} \frac{1}{i!} f^i(x_0)(x-x_0)^i$$

のように書ける．ここで，$f^i(x_0)$ は x に関する $f(x)$ の第 i 回偏微分の x_0 での値である．

近似
$$df(x) \cong f(x) - f(x_0) \quad (4.21)$$

と，dx を
$$dx \cong (x - x_0) \quad (4.22)$$

とすることで，$df(x)$ を再解釈できる．

したがって，
$$dF(t) = F_s\, dS_t + F_r\, dr_t + F_t\, dt \quad (4.23)$$

のような式は，項 $(dt)^2$, $(dS_t)^2$, $(dr_t)^2$ とこれらの高次の項が，多変量テーラー級数展開から落としてもよいほど「十分」小さいという仮定に依存している[*10)]．このような近似によって，dS_t, dt, dr_t の高次の微分項は (4.23) 式の右辺には現われてこない．

いま，dt は t の小さな決定論的変動である．よって，$(dt)^2$, $(dt)^3$, ... が dt に関して「小さい」ということは，内的に整合的な表現である．しかしながら，$(dS_t)^2$ やおそらく $(dr_t)^2$ について同じ議論は使えない[*11)]．

まずはじめに，小さい区間では，$(dS_t)^2$, $(dr_t)^2$ は確率変数のままである[*12)]．したがって，dt の間で「非0」の分散をもつ．

これは問題がある．一方で，dt の間で非0の分散をもった連続時間の確率過程を使いたい．そこで，$(dS_t)^2$, $(dr_t)^2$ の平均値として正の値を使う．しかし，これらの条件のもとで，dt に関して $(dS_t)^2$, $(dr_t)^2$ が「小さい」からこれらを0とする，つまり問題になっている変数が標準的な微積分のケースのように決定論的である場合にのみ適用可能なステップを，ここでもとることは整合的ではないだろう．

したがって，確率変数が存在する確率環境下においては，関連した全微分は次のように書かなくてはならない．

$$dF(t) = F_s\, dS_t + F_r\, dr_t + F_t\, dt + \frac{1}{2} F_{ss}\, dS_t^2 + \frac{1}{2} F_{rr}\, dr_t^2 + F_{sr}\, dS_t\, dr_t \quad (4.24)$$

[*10)] このため式はテーラー級数「近似」となる．
[*11)] それについては，クロス積項 $(dS_t dr_t)$ でもいえない．
[*12)] 微小区間では，これらの項の平均2乗極限が決定論的であり，dt に比例することがわかる．

これが，確率微積分を学ばなければならない理由を説明する例である．どのようにして確率環境下で連鎖定理を利用するのか，このような条件のもと，「微分」はどんな意味があるのかを知りたい．上の例は結果の式が決定論的な微積分で得られる式と異なることを示している．

微分の概念を変える必要がある場合，積分の概念も変えなければならないことに注意せよ．実際，このような確率のもとでは，新しい積分の定義を用いて「微分」を定義する．もしそうでなければ，連続時間の確率環境下で，形式的な微分の定義は存在しない．

4.4.2 おわりに

派生証券の「適正な市場価格」を見つけるために用いられる 1 つの方法は，ここでは，非公式に次のように要約される．

裁定を用いて，(未知の) 関数 $F(S_t, t)$ のいくつかの偏微分を互いに結び付ける 1 つの方程式を決定せよ．次に，$F(\cdot)$ の形を求めるために，この (偏微分) 方程式を解け．境界条件を使って，この関数のパラメーターを決定せよ．

本章は連続時間のファイナンスで直面する数学的問題も紹介している．対象となる変数が連続時間の確率過程に従う場合，微積分の標準的な公式は適用できない．これらの増分は非 0 の分散をもっている．このため，dS_t^2 のような 2 次の項の平均的な「大きさ」を無視できないものとしている．

4.5 参考文献

Duffie (1996) は動的資産評価のすぐれた文献である．Ingersoll (1987) も大変すぐれている．しかし，簡単な資産評価公式を理解するためにはいくつかの比較的やさしい本がある．Cox & Rubinstein (1985) は非常によい．資産評価理論を幅広く網羅した最近の文献では Björk (1999), Nielsen (1999), Kwok (1998) があげられる．資産評価に関するすぐれた論文をほとんど集めたものに，Merton (1990) がある．

4.6 演習問題

1. アメリカ大統領選挙に際して，賭を行える場合を考える．候補者のうちの 1 人が現職であるとする．マーケットでは次のような配当 R を提示している．

$$R = \begin{cases} 1000 \text{ドル} & \text{現職候補が勝利} \\ -1500 \text{ドル} & \text{現職候補が敗北} \end{cases}$$

賭はどちらのサイドに対しても行える．現職候補が勝つ確率を $p, 0 < p < 1$ とする．
  (a) $p = 0.6$ のときの期待収益はいくらか．
  (b) p の値は賭の判断に対して重要であるか．
  (c) この賭けで反対のポジションをとる2人がいるとして，彼らの間で p に対する評価は一致しているか，またどちらが正しいと考えられるか，その理由はなぜか．
  (d) 統計や計量経済の理論は p を決定する助けとなるか．
  (e) 賭の判断において，統計学者の言葉にどの程度ウェイトを置くか．
  (f) この賭にいくら払うか．

2. 先ほどとまったく同じ状況で，マーケットで R の提示が行われているとする．それに加えて，あなたの親しい友人が次の R^* で与えられる賭を提示しているとする．

$$R^* = \begin{cases} 1500\text{ドル} & \text{現職候補が勝利} \\ -1000\text{ドル} & \text{現職候補が敗北} \end{cases}$$

賭の対象となる確率事象は R と同じである．このとき，以下の問題を考えよ．
  (a) R と R^* を用いて，無リスクの収益が確保される賭のポートフォリオを構築せよ（ただしマーケットにもあなたの友人にもデフォルトはないと仮定する）．
  (b) 確率 p の値は，そのポートフォリオ構築に対して重要であるか．現職が勝利するかどうかが決定すべき未知数である場合に，R は与えられているが，R^* は与えられていないとする．このポートフォリオは，その未知数を決定する助けとなるか．
  (c) これらすべての意思決定に対して，統計学者や計量経済学者の果たす役割はどのようなものとなるか．またそれはなぜか．

5

確率論のツール

5.1 はじめに

　本章では確率論におけるいくつかの基本的概念を復習する．本章の第1の目的は，マーチンゲールとそれに関係するツールについて議論を行っていくための基礎を固めることである．その目的のためにわれわれは確率変数と確率過程の性質について議論を行う．確率論についての十分な知識がある読者は本章をスキップしてもよいだろう．

　本章の第2の目的は，派生資産の価格評価において重要な役割を果たす2項過程を紹介することである．派生資産の価格評価モデルは連続時間で定式化されるが，離散的な「短い」時間間隔に対して適用されることになる．「有限差分法」や格子法を用いた実用的な資産評価モデルはこのカテゴリーに分類される．原資産の価格は有限の短い時間間隔 Δ で区分された時間ごとに観測されるという仮定が置かれる．さらにこのように短い間隔では，価格の可能な変動はいくつかに限られると仮定される[*1)]．これらの手法はすべて，原資産価格を表現する連続時間の確率過程が2項過程により任意の精度で近似できるという考えに基づいている．本章ではこのような近似を正当化するメカニズムについて解説していく．

5.2 確　　率

　派生商品はランダムに価格が変動する原資産の上に書かれた契約である．このためランダム性の数学的なモデルが必要となってくる．確率論のいくつかの基本的なモデルは派生資産の価格評価を行うために非常に適している．

　多くの投資家が公理的，形式的な確率モデルというよりは「直感的」な確率の概念に基づいて行動しているように見受けられることからすると，このことは意外に感じられるかもしれない．しかし第2章で議論したように，裁定機会が存在しないならば「真の」確率がどのようであれ，金融資産の公正な価格は「人工的に」つくられた「確

[*1)] たとえば，価格はある特定の量だけ上下に変動できると仮定される．

率測度」によって「計算する」ことができる．したがって市場参加者が認識するいかなる主観的な裁定機会が存在しようとも，数学的な確率モデルは派生商品の価格評価において自然な使い道をもっている．

確率変数を取り扱っていくためには，まず「確率空間」の定義 が行われる．すなわち，偶然の概念とそれに伴う確率が矛盾なく定義されるようなフレームワークを明示的に示すことである．

確率モデルを正式に定義するためには状態空間の集合が必要となる．ある特定の状態空間は文字 ω で表される．Ω はすべての可能な状態空間を表す．実験の結果は1つの ω を選択することで得られる．

「事象」の概念は直感的には要素 ω の集合に対応する．発生し得るすべての事象の集合は文字 $\Im$ で表される．$A \in \Im$ なるすべての事象 A に対して確率 $P(A)$ が定義される．

これらの確率は整合的に定義される必要がある．整合性の2つの条件を次に示す．

$$\text{任意の } A \in \Im \text{ に対し } P(A) \geq 0 \tag{5.1}$$

$$\int_{A \in \Im} dP(A) = 1 \tag{5.2}$$

最初の条件は事象の確率が0または正の値であることを表している．第2の条件は確率の合計が1にならなければいけないことを示している．ここで $dP(A)$ という表記に注意しよう．これは測度論の表記法であり，事象 A に対応する確率の増分とみることができる．

$\{\Omega, \Im, P\}$ の3つ組は確率空間と呼ばれる．これに従うと，Ω のなかから一点 ω が無作為に抽出される．$A \in \Im$ のもとで $P(A)$ は選択した点が集合 A に属する確率を表している．

5.2.1 例

取引所で取り引きされている商品先物の価格のある日の価格変動が，米国農務省(USDA)がその日に公表する収穫に関するレポートのみに依存していると仮定しよう．

USDAのレポートに書かれた詳細は ω に相当する．

レポートの内容に応じてわれわれはそれを好ましい，または好ましくないと呼ぶことができる．これは「事象」の例となっている．われわれが収穫に関するレポートを「好ましい」と呼ぶ結果を導くような ω は「複数」存在しうることに注意しよう．この点において事象は ω の集合体であるといえる．

ここでわれわれはレポートが「好ましい」確率を知りたいと思うかもしれない．こ

の確率は次式で与えられる．

$$P(収穫レポート = 好ましい) \tag{5.3}$$

最後にこの例においては，Ω は USDA が公表する「すべて」の可能なレポートの集合となる．

5.2.2 確 率 変 数

一般には確率が「単純な」数式によって表されるという根拠はない．しかしながら取り扱いやすく，単純な数学モデルのいくつかは，金融データに関連する確率を表すための十分な近似となることが知られている[*2]．

「確率変数」X は集合 $\mathfrak{S}$ のうえで定義される関数や写像である．$A \in \mathfrak{S}$ なる事象 A が与えられたならば，確率変数にはある特定の数値が与えられる．したがって次のように表すことができる．

$$X : \mathfrak{S} \to B \tag{5.4}$$

ここで B は実数 R のすべての可能な部分集合からなる集合である．

先ほどの例でいえば，「好ましい収穫についてのレポート」にはいくらかの数値を伴った判断的な文章も含まれているかもしれないという点に注意されたい．X が USDA の推定する数値であり，望ましい収穫の最小値が 100 であると仮定しよう．すると

$$好ましいレポート \Rightarrow 100 < X \tag{5.5}$$

のような写像は確率変数 X を定義する．あきらかに X は実数である．

確率変数 X に関する確率に対する数学モデルは分布関数 $G(x)$ によって与えられる．

$$G(x) = P(X \leq x) \tag{5.6}$$

ここで $G(\cdot)$ は x の関数であることに注意しよう[*3]．

関数 $G(x)$ がなめらかで，微分可能である場合に X の「密度関数」を定義することができる．密度関数は $g(x)$ と表記され，次式で与えられる．

$$g(x) = \frac{dG(x)}{dx} \tag{5.7}$$

いくつかの技術的な条件のもとでは分布関数 $G(x)$ が必ず存在することが示される．しかしこの $G(x)$ を取り扱いやすい数式で書き表せるかというのは別の問題である．

[*2] ある数式がある確率のよい近似になるという意味は重要であり，のちほど議論を行っていく．
[*3] ここで X は確率変数を表しているが，一方で小文字の x はある「しきい値」を表している．

これが可能ないくつかのよく知られたモデルは存在する．われわれは派生商品の価格評価によく用いられる3つの基本的な確率モデルを復習していく．

これらの例は後ほど議論を行う，より複雑な資産評価モデルの理解を容易にする目的で構成されている．しかし，われわれはまず期待値と条件付き期待値の概念を復習することからはじめる．

5.3 モーメント

分布関数のモデルを分類する方法には何種類かある．そのうちの1つが「モーメント」の概念である．いくつかの確率変数は「最初の2つのモーメント」により，完全に特徴づけられる．そのほかのものを完全に特徴づけるためには，「より高次」のモーメントが必要となる．

5.3.1 最初の2つのモーメント

密度関数 $f(x)$ をもつ確率変数 X の期待値 $E[X]$ は1次のモーメントと呼ばれ，

$$E[X] = \int_{-\infty}^{\infty} x f(x) \, dx$$

で定義される．ここで $f(x)$ は対応する確率密度関数である[*4]．分散である $E[X - E[X]]^2$ は平均の周りの「2次の」モーメントである．確率変数の1次のモーメントは分布の「重心」であり，2次のモーメントは分布がどのような広がりをもつかの情報を与えるものである．2次のモーメントの平方根をとったものが標準偏差である．これは「観測値の平均からの平均的な偏差」を表す測度である．金融市場においては，価格変動の標準偏差はボラティリティと呼ばれる．

たとえば確率変数 X が正規分布に従っている場合，密度関数はよく知られた

$$f(x) = \frac{1}{\sqrt{2\pi\sigma^2}} e^{-\frac{1}{2\sigma^2}(x-\mu)^2} \tag{5.8}$$

で表される．ここで分散を表すパラメーター σ^2 は平均の周りの2次のモーメントで，μ は1次のモーメントである．図5.1は正規分布の例を示している．

この式を積分することにより，確率変数 x がとりうるさまざまな値に応じた確率を計算することができる．ここで $f(x)$ が2つのパラメーター σ^2 と μ にしか依存していない点に注意されたい．このため，正規分布に従う確率変数の確率はこれら2つのモーメントの標本推定値から推測することが可能なのである．

[*4] もし密度関数が存在しない場合には $f(x)\,dx$ を $dF(x)$ に置き換える．

5.3 モーメント

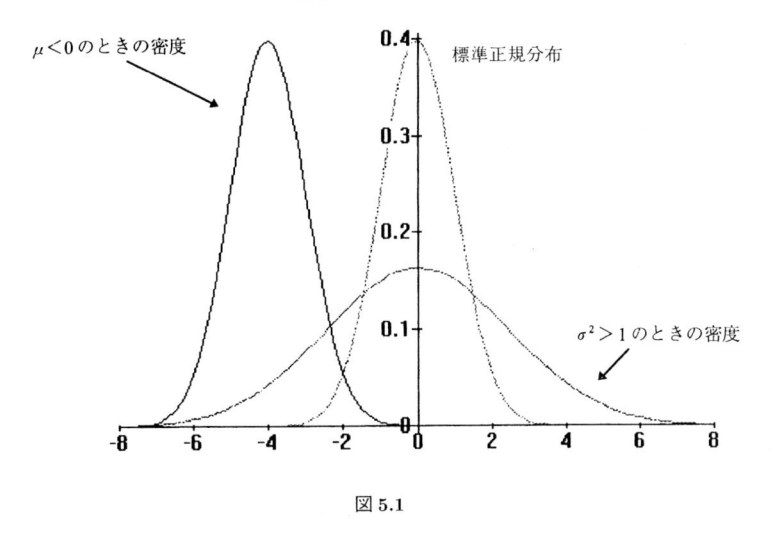

μ<0のときの密度　　標準正規分布

σ²>1のときの密度

図 5.1

正規分布に従う確率変数 X は，より高次のモーメントももっている．たとえば任意の正規分布に従う確率変数 X の平均周りの 3 次のモーメントは

$$E[X - E[X]]^3 = 0$$

となる．実際には，正規分布に従う確率変数の高次のモーメントはすべて μ と σ^2 の関数として書き表すことができる．言い換えると，1 次と 2 次のモーメントが与えられたならば，正規分布に従う変数の高次のモーメントはなんの追加的な情報ももたらさないのである．

5.3.2 高次のモーメント

図 5.2 に示された非対称の密度関数を考えよう．平均が重心で，標準偏差が分布の幅を表すとしたら，分布の歪みを表す新たなパラメーターが必要となるかもしれない．「3 次のモーメント」はまさにこの非対称性の情報をもっている．

金融市場において，さらに重要な概念は「分布のすそが厚い」という現象である．図 5.2 には正規分布と異なる特性をもつ，もう 1 つの対称な分布が示してある．この分布のすそは，すその中央部分と「比較して」厚くなっている．このような密度関数は「すそが厚い」と呼ばれ，金融データではとても一般的に見られる．ここでもまた平均と分散に加えて，分布の厚いすそを特徴づけるパラメーターが必要となるかもしれない．「4 次のモーメント」はこの目的のために用いられる．

すそが厚い分布

すそが厚いということが意味するものは何であろうか？

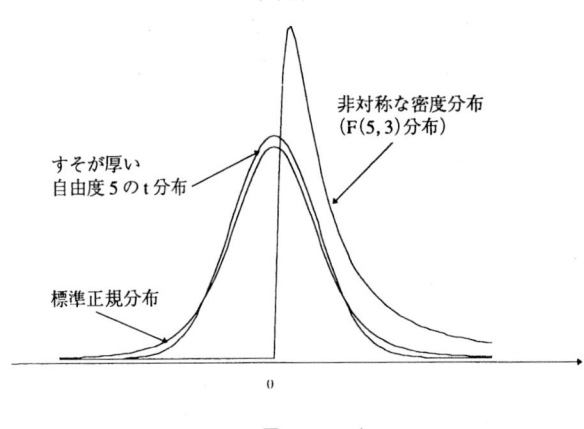

図 5.2 の中で示されている分布:
- 非対称な密度分布（F(5,3)分布）
- すそが厚い 自由度5のt分布
- 標準正規分布

図 5.2

正規分布と比較して厚いすそをもつということは，極端な観測値の発生確率が高いことを意味している．しかしこの点は慎重に議論しなければならない．正規分布のすそもまた±無限大まで広がっていることに注意しよう．したがって正規分布に従う確率変数もときどき極端な値をとる可能性がある．しかしすその厚い分布においては，これらの極端な観測値の発生の頻度は相対的に高くなっている．

すその厚い分布についてはさらなる特徴がある．正規分布においてはほとんどの観測値は平均の周りで自然に発生している．さらに重要なことに通常の値，大きい値，そして極端な値の発生と移っていくという意味において，極端な値の発生は緩やかである．一方すその厚い分布の場合，「通常」から極端な観測値への移り変わりは急激である．分布のすその中央あたりの領域は正規分布と比較して，相対的にウェイトが低くなっている．正規分布と比較すると「非常に多くの極端な観測値」を得る可能性が高くなるのである．

別のいい方をすると，すその厚い分布の確率変数のケースでは，のんきな観測者は極端な観測値によって「驚かされ」やすいということである．

5.4 条件付き期待値

確率変数の期待値をとるということは，直感的な「予測」の概念を形式的に表したものである．ある確率変数を予測するためには変数 I_t で示される情報が利用される．このような情報を利用した期待値計算は「条件付き」期待値と呼ばれる．対応する数

学上のオペレーターは「条件付き期待値オペレーター」である[*5]．利用される情報は一般に時々刻々異なるため，条件付き期待値オペレーター自身にも時間の添え字がついている．

一般に意思決定者が用いる情報は時間とともに増加する．さらに意思決定者が過去のデータを決して忘れないと仮定すれば，情報集合は時間とともに大きくなっていく．

$$I_{t_0} \subseteq I_{t_1} \subseteq \ldots \subseteq I_{t_k} \subseteq I_{t_{k+1}} \subseteq \ldots \tag{5.9}$$

ここで $t_i, i = 0, 1, \ldots$ は情報集合が利用可能となる時点を表している．

数学上の分析では，このような情報集合は「シグマ族」の増加系列と呼ばれている．このような情報集合が連続的に利用可能となるならば，(5.9) 式を満たす I_t の族は別の言葉を用いて「フィルトレーション」と呼ばれる．

条件付き期待値オペレーターは，いくつかのステップを経て定義される．

5.4.1 条件付き確率

まず確率密度関数について，より深い議論を進めなければならない．

確率変数 X の密度関数を $f(x)$，x_0 をこの確率変数のとりうる値の1つとすると，微小量 dx について次式が成立する．

$$P\left(|x - x_0| \leq \frac{dx}{2}\right) \cong f(x_0)\,dx \tag{5.10}$$

これは x が x_0 の微小な近傍にある確率を表している．その近傍は「距離」dx によって特徴づけられている．

この確率を図 5.3 に表す．この図では $f(x)$ が曲線であるが，dx が小さい場合には直線によって十分によい近似となっている点に注意されたい．このとき図 5.3 の長方形は dx で表される x_0 の微小な近傍に x が入る確率に近い値となっているであろう．もしこの確率がある情報集合 I_t に基づいている場合，$f(x)$ は「条件付き密度」と呼ばれる．情報集合 I_t に依存しているということは形式的には $f(x|I_t)$ と記される．もし $f(x)$ がいかなる特定の情報にも基づいていない場合，I_t の項は消えて $f(x)$ と記される．

簡単な例を考えよう．株式市場のクラッシュに対するオッズは無条件確率の例となろう．厳しい不況に突入したときのクラッシュに対するオッズは条件付き確率で表されよう．この特定の例では，情報は厳しい不況がはじまったという知識である．この

[*5] オペレーターは関数を別の関数に写像する関数である．すなわちそれは関数を入力とし，関数を出力する．

図 5.3

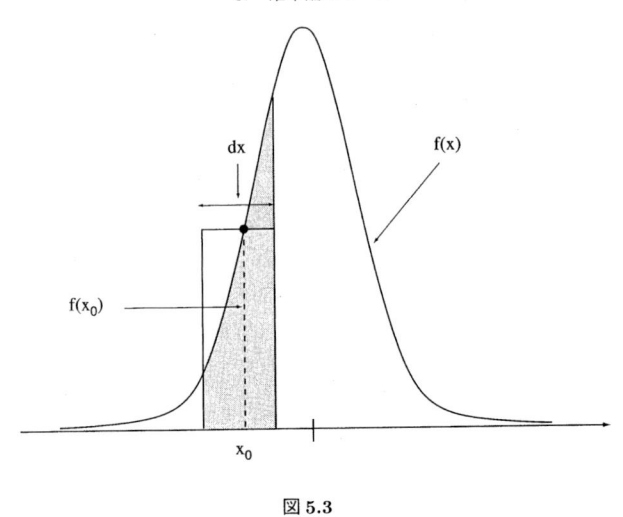

情報を活用することによりクラッシュの（無条件の）確率を修正することにつながるであろう．

条件付き期待値オペレーター

条件付き期待値を定義するための次のステップは，「平均」をとるオペレーターである．実際すべての予測値は将来の可能な値の平均である．確率変数が将来とりうる値はその値に対応する確率によって重みづけられ，平均が計算される．

このように条件付き期待値計算は，重みつきの合計を計算することである．可能な結果は有限でないだけでなく，おそらく可算でないほど多いため，この合計は積分によって表される．

時点 u で利用可能な情報が与えられたときの，ある確率変数 S_t の条件付き期待値（予測）は (5.11) 式で与えられる．

$$E[S_t|I_u] = \int_{-\infty}^{\infty} S_t f(S_t|I_u)\, dS_t, \qquad u < t. \tag{5.11}$$

この式の右辺は次のように解釈される．ある t について，S_t がとりうるすべての値を対応する確率 $[f(S_t|I_u)\, dS_t]$ で重みをつけて合計する．平均は I_u の条件付き確率を用いて計算される．このようにあらゆる情報が予測に生かされることになる．

5.4.2 条件付き期待値の性質

はじめに便利な記法を導入しておく．情報集合 I_t で条件づけられる期待値はしばしば (5.12) 式のように簡略的に記される．

$$E[\cdot|I_t] = E_t[\cdot] \tag{5.12}$$

E_t の下添え字 t は平均の計算が時点 t で利用可能なすべての情報を用いて行われることを表している.

条件付き期待値オペレーター E_t は次に示す性質をもっている.

1) 2つの確率変数の和の条件付き期待値は条件付き期待値の和に等しい

$$E_u[S_t + F(t)] = E_u[S_t] + E_u[F(t)], \qquad u < t \tag{5.13}$$

これに従うと,確率変数それぞれ個別に予測値を計算し,それらを加えることで「合計の」予測値を得ることが可能となる.

2) もっとも新しい情報の集合が I_t であるが,期待値 $E_{t+T}[S_{t+T+u}], T>0, u>0$ を予測することに関心があるような場合を考えてみよう.すなわち可能な予測値の予測について言及しようとしているようなケースである.情報集合 I_{t+T} は時点 t においては入手不可能なため,条件付き期待値 $E_{t+T}[S_{t+T+u}]$ は未知である.言い換えると $E_{t+T}[S_{t+T+u}]$ 自体が確率変数となっている.将来の期待値の期待値は現時点における S_{t+T+u} の予測値に等しいというのが条件付き期待値の1つの性質である.

$$E_t[E_{t+T}(S_{t+T+u})] = E_t[S_{t+T+u}] \tag{5.14}$$

これを用いると,条件付き期待値オペレーターを再帰的に適用することは,より小さい情報集合による条件付き期待値をとることに常に等しくなる.

$$E[E[\cdot|I_t]|I_o] = E[\cdot|I_0] \tag{5.15}$$

ここで I_0 は I_t に含まれる情報集合である.

最後に,条件を与える情報集合 I_t が空集合である場合,「無条件」の期待値オペレーター E が得られる.このことは E もまた条件付期待値オペレーターと同様の性質をもっていることを表す.

5.5 いくつかの重要なモデル

本節ではいくつかの重要な確率変数のモデルについて議論を行う.これらのモデルは理論的に重要なだけでなく,資産価格評価の実務においても重要である.本節ではさらに確率変数の概念を確率過程へ拡張することも行っていく.

5.5.1 金融市場における2項分布

ロイター,テレレート,ブルンバーグなどのサービスで提供されている,取引所で

取り引きされている派生資産 $F(t)$ の価格をリアルタイムにモニターしているトレーダーを考えてみよう．

価格 $F(t)$ は時間の経過とともに連続的に変化するが，トレーダーの注目している視野が限定的で，Δ 秒おきにしか市場価格をチェックしないと仮定する．ここで Δ は短い時間間隔である．さらに，どの時点 t においても次の2つの可能性しか存在しないという重要な仮定をおく．

1) 1単位の「上昇」があり，価格が次の量だけ上昇する

$$\Delta F(t) = F(t+\Delta) - F(t) = +a\sqrt{\Delta}, \qquad a > 0 \tag{5.16}$$

2) または1単位の「下降」があり，価格が次の量だけ下降する

$$\Delta F(t) = F(t+\Delta) - F(t) = -a\sqrt{\Delta} \tag{5.17}$$

ここで $\Delta F(t)$ は「短い」時間間隔 Δ の間で観測される「変化」を表している．「しばらくの間」このほかの実際に起こりうる結果は，ここでは無視できる確率しかもたないものと仮定する．

すると t および Δ を固定した状況で，$\Delta F(t)$ は「2項確率変数」となる．とくに $\Delta F(t)$ は次の確率で，2つの値のみをとることが可能である．

$$P(\Delta F(t) = +a\sqrt{\Delta}) = p \tag{5.18}$$

$$P(\Delta F(t) = -a\sqrt{\Delta}) = (1-p) \tag{5.19}$$

時間を表す添え字 t は t_0 からはじまり，Δ の倍数だけ増加する．

$$t = t_0, t_0 + \Delta, \ldots, t_0 + n\Delta, \ldots \tag{5.20}$$

それぞれの時点において，新しい $F(t)$ の値が観測される．それぞれの増分 $\Delta F(t)$ は $+a\sqrt{\Delta}$ か $-a\sqrt{\Delta}$ のいずれかに等しい．もしそれぞれの $\Delta F(t)$ が互いに「独立」であれば，増分 $\Delta F(t)$ の「系列」は「2項確率過程」または簡単に「2項過程」と呼ばれる[*6]．

これらの仮定は実際のマーケットと比較して，いささか人工的である点に注意が必要である．ある取引日において，非常に回転の高いマーケットにおいてさえも，$\Delta F(t)$ が変化しないような時間はたくさん存在する．また特別な状況では1単位以上の上昇や下降が起こるかもしれない．このような状況については後の章で取り扱っていく．しばらくの間，われわれは単純な2項過程のケースを考えていく．

[*6] 確率過程は時間の添え字がついた確率変数の系列であったことを思い出されたい．

5.5.2 極限での性質

それぞれの $\Delta F(t)$ がとりうる2つの値がパラメーター Δ に依存しているという点は，2項過程 $\Delta F(t)$ に関連する重要な要素である．この依存性により，2項過程の「極限での振る舞い」について議論を行うことが可能となる．ここで最終的に派生商品の価格評価につながるいくつもの問題を考えることができる．

1つの重要な疑問は次の通りである．$\Delta F(t)$ が従う典型的な経路はどのようなものであろうか？ そのような軌跡が $+a\sqrt{\Delta}$ と $-a\sqrt{\Delta}$ で構成されることはあきらかであろう．もし，これらの結果の確率が正確に $1/2$ であるならば，実現値 $\{\Delta F(t), t = t_0, t_0 + \Delta, \ldots\}$ は Δ が小さくなるに従って，$+a\sqrt{\Delta}$ と $-a\sqrt{\Delta}$ の間を上下する極端に不規則な軌跡に収束する．

実際に Δ が小さくなるに従って，2つのことが起こる．第1は観測ポイントが近づくことで，第2は $|a\sqrt{\Delta}|$ が小さくなることである．

$\Delta F(t)$ は価格の過程の「増分」であった．$F(t)$ 自体の従うパスはどのようなものであろうか？ はじめに $F(t)$ が時点 t における派生商品の価格を表しているならば，それは t_0 以降の価格の上下変動の合計となるであろう．$\Delta \to 0$ となるに従って，$F(t)$ は次式で与えられるようになる．

$$F(t) = F(t_0) + \int_{t_0}^{t} dF(s) \tag{5.21}$$

すなわち「初期価格」$F(t_0)$ からスタートし，その後の「無限小」の変化をすべて合計することにより時点 t の価格を得ることができるのである．連続時間においては，このような無限小の変化が不可算な数だけ存在することはあきらかである．このため積分による表記法が用いられる．また極限においては「小さな」増分を表す表記 $\Delta F(t)$ は無限小の変化を表す $dF(t)$ へ置き換えられる．

最後に次の疑問について考えてみよう．無限小の変化 $dF(t)$ は極限においてもまだ非常に不規則である．$F(t)$ の軌跡は「有界変動」であるだろうか[7]？ この疑問は重要である．なぜなら，もしそうでなければリーマン-スティルチェス流の積分計算を利用することができず，新しい積分の定義が必要となるからである．

また次の点も重要である．(5.21) 式の積分は標準的な微積分とは異なり，決定論的変数でなく，確率変数に対して行われている．あきらかにこの積分「自身」も確率変数となる．このような積分をうまく定義することが可能なのだろうか？ 適当な長方形を用いることによって近似を行うリーマン-スティルチェスの方式を，確率変数に関する積分に用いることができるだろうか？ これらの疑問は伊藤積分につながるものであり，その解答は第9章で与えられる．

---

[7] 第3章を参照のこと．

5.5.3 モーメント

ここでは2項過程のモーメントに関連する問題について考えてみよう. t を固定して考える. $\Delta F(t)$ の期待値と分散は次のように定義される.

$$E[\Delta F(t)] = p(a\sqrt{\Delta}) + (1-p)(-a\sqrt{\Delta}) \tag{5.22}$$

$$\text{Var}(\Delta F(t)) = p(a\sqrt{\Delta})^2 + (1-p)(-a\sqrt{\Delta})^2 - [E\Delta[F(t)]]^2 \tag{5.23}$$

どの時点 t についても,価格の1単位の上昇確率が50%であるならば

$$p = \frac{1}{2} \tag{5.24}$$

であり,期待値は 0,分散は $a^2\Delta$ で与えられる.

2項過程の分散が Δ に比例しているという点は重要である. Δ が0に近づいて行くに従い, Δ に比例している分散も「同じスピードで」0に近づいていく. つまり Δ が小さいけれども無視できない量であると考えるならば,この分散もまた無視できない量であることを意味している.

一方 $\Delta F(t)$ がたとえば $+a\Delta$ と $-a\Delta$ の間で変動するような場合には,分散は Δ^2 に比例することになる. 「小さな」Δ に対して, Δ^2 はさらに小さな値となる. $\Delta \to 0$ となるとき,その分散はより速く0に近づいていく. このような条件のもとでは Δ 自身が無視できない量であるにも関わらず, $\Delta F(t)$ の分散が無視できるという状態が矛盾なく成立することが可能となる.

直感的には分散が Δ^2 に比例するような確率変数は,無限小の時間間隔においては「近似的に定数になる」のである.

図5.4は Δ に比例する分散(45°線)と, Δ^2 に比例する分散の違いを示している. 後者は Δ が小さいときに無視できる量となっている.

この最後の点は2項過程の,より高次のモーメントについても関連している. ここでも単純のため $p = 0.5$ と仮定する. 期待値は 0 であり,3次のモーメントは次式で与えられる.

$$E[\Delta F(t)]^3 = p(+a\sqrt{\Delta})^3 + (1-p)(-a\sqrt{\Delta})^3 \tag{5.25}$$

$p = 0.5$ のとき,3次のモーメントは0となる. 4次のモーメントは次式で与えられる.

$$E[\Delta F(t)]^4 = (+a\sqrt{\Delta})^4 = a^4\Delta^2. \tag{5.26}$$

$\Delta \to 0$ となるに従い,4次のモーメントは無視できる量となっていく. すなわち時間間隔それ自身よりも速く0に近づいていく Δ のべき乗に比例している.

これらの考察から,変化量が $\sqrt{\Delta}$ に比例する2項確率変数の高次のモーメントは短い時間間隔 Δ では無視できる量となることがわかる.

5.5 いくつかの重要なモデル

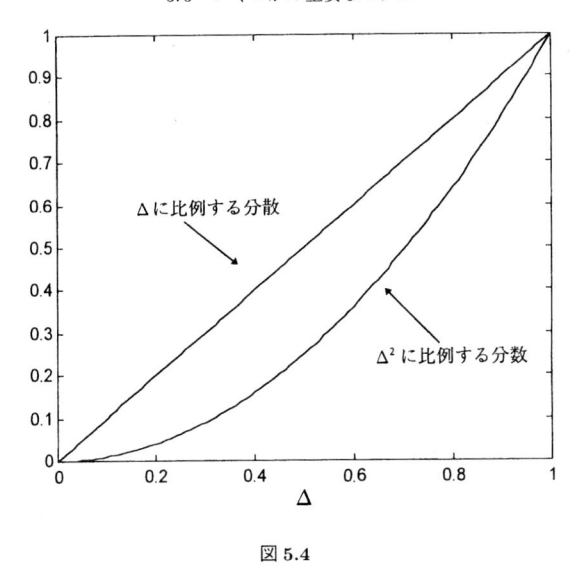

図中ラベル: Δに比例する分散, Δ^2に比例する分数

図 5.4

5.5.4 正規分布

前節で取り上げた確率変数 $F(t)$ について,次のような実験を考えてみよう.計算機で $F(t)$ の実現値を数多く生成させる.そして同じ初期値 $F(0)$ からスタートして,それらの軌跡を表示する.

$t_0 = 0$ からスタートして,その「直後」の $F(t)$ のとりうる値は次の 2 つだけである.

$$F(0+\Delta) = \begin{cases} F(0) + a\sqrt{\Delta} & \text{確率 } p \\ F(0) - a\sqrt{\Delta} & \text{確率 } 1-p \end{cases} \quad (5.27)$$

したがって $t = 0 + \Delta$ 時点において $F(t)$ 「自身」はバイノミアルである.

しかしもう少し時間を進めて $F(t)$ をみると,たとえば $t = 2\Delta$ では $F(t)$ は「3 つ」の値をとることが可能となる.正確にいうならば,可能性は次の通りである.

$$F(2\Delta) = \begin{cases} F(0) + a\sqrt{\Delta} + a\sqrt{\Delta} & \text{確率 } p^2 \\ F(0) - a\sqrt{\Delta} + a\sqrt{\Delta} & \text{確率 } 2p(1-p) \\ F(0) - a\sqrt{\Delta} - a\sqrt{\Delta} & \text{確率 } (1-p)^2 \end{cases} \quad (5.28)$$

すなわち $F(2\Delta)$ は $F(0) + 2a\sqrt{\Delta}$, $F(0) - 2a\sqrt{\Delta}$, $F(0)$ のいずれかに等しくなる.最後の変化 $F(0)$ は価格上昇の確率が 50% であれば,この 3 つの結果のうち,最後のものがもっとも確率が高くなる.

さらに時間を経過させたときの $F(t)$ のとりうる値について考えてみよう.価格の

上昇と下降の可能な組み合わせが，もう少し多くなる．たとえば $t = 5\Delta$ では可能な，そして極端な結果は

$$F(5\Delta) = F(0) + a\sqrt{\Delta} + a\sqrt{\Delta} + a\sqrt{\Delta} + a\sqrt{\Delta} + a\sqrt{\Delta} \quad (5.29)$$
$$= F(0) + 5a\sqrt{\Delta}. \quad (5.30)$$

となる．5回連続で下落するという，もう1つの極端な結果は

$$F(5\Delta) = F(0) - a\sqrt{\Delta} - a\sqrt{\Delta} - a\sqrt{\Delta} - a\sqrt{\Delta} - a\sqrt{\Delta}. \quad (5.31)$$

である．もっと起こりそうなのは上昇と下降の「組合せ」である．たとえば

$$F(5\Delta) = F(0) - a\sqrt{\Delta} + a\sqrt{\Delta} - a\sqrt{\Delta} + a\sqrt{\Delta} + a\sqrt{\Delta} \quad (5.32)$$

や

$$F(5\Delta) = F(0) - a\sqrt{\Delta} + a\sqrt{\Delta} + a\sqrt{\Delta} - a\sqrt{\Delta} + a\sqrt{\Delta} \quad (5.33)$$

は2つの異なる価格変化の系列であるが，どちらも $t = 5\Delta$ においては同じ価格となっている．

このほかにも多くの可能性が存在する．実際には一般的な場合について考えて，$F(n\Delta)$ のとりうる値の数を計算することも可能である．$n \to \infty$ となるにつれ，$F(n\Delta)$ のとりうる値の数が無限に多くなることはあきらかであろう．積 $n\Delta$ を一定に保ちつつ，$\Delta \to 0$，$n \to \infty$ とした場合にも同様の結論が得られる．このケースはある固定された時間間隔を，より細かく分割し続けることを考えていることになる[*8]．Δ が一定で，$n \to \infty$ の場合には，考えている時間間隔は無限に増大し，「遠い」将来に向けての $F(t)$ の極限を考えることになる．

ここで1つの問題は，$n \to \infty$ で，Δ が一定の場合に確率変数 $F(n\Delta)$ の「分布」はどうなるのかという点である．もう1つの少々異なる問題は，$\Delta \to 0$ で $n\Delta$ が一定の場合には確率変数 $F(n\Delta)$ の「分布」はどうなるのかという点である[*9]．

ここで $F(t)$ は「はじめ」は2つの値をとりえたが，そこから少し進むと可能な結果の数は増加し，「多数」となったことを思い出そう．それに伴って確率分布もまた変わってくる．$n \to \infty$ となるに従い，分布の式はどのように変化するのであろうか．極限においてはどのような形となるだろうか．

このような問題は「確率変数の収束」の領域の問題である．この問題を考察するた

[*8]　実際のところ，この後者の収束のほうがわれわれの興味の対象となる．この種の実験は弱収束の領域にかかわるもので，ある時間間隔のなかで観測される確率変数の「すべて」の系列の分布の近似を与えるものである．

[*9]　このとき，$n \to \infty$ でもある．

めには，異なる 2 通りの方法がある．1 つ目のアプローチは中心極限定理である．もう 1 つは「弱収束」と呼ばれるものである．

中心極限定理によれば，$n\Delta \to \infty$ となるに従い $F(n\Delta)$ の分布は正規分布に近付いて行く．

$p = 0.5$ および
$$F(0) = 0 \tag{5.34}$$
を仮定しよう．このとき一定の Δ,「大きな」n に対し，$F(n\Delta)$ の分布は平均 0 で分散が $a^2 n\Delta$ の正規分布で近似できる．近似的な「密度」関数は次式で与えられる．
$$g(F(n\Delta) = x) = \frac{1}{\sqrt{2\pi a^2 n\Delta}} e^{-\frac{1}{2a^2 n\Delta}(x)^2} \tag{5.35}$$
対応する「分布」関数の「解析式」は存在せず，積分として表すことのみが可能である．

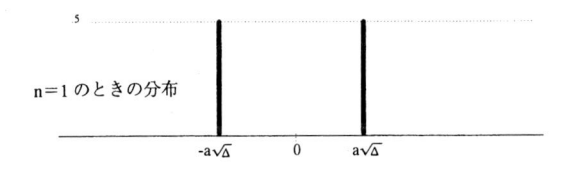

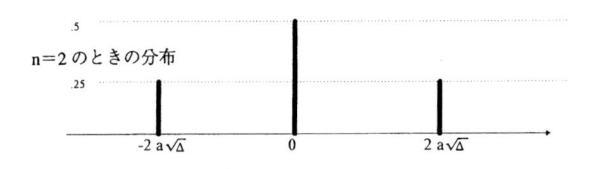

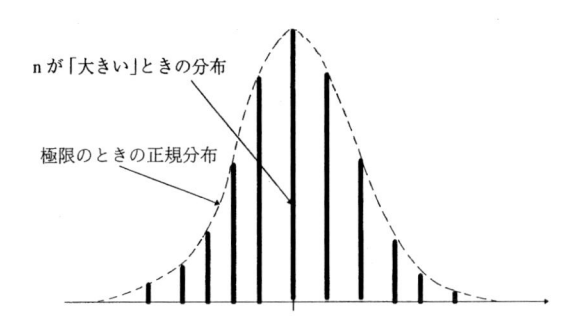

図 5.5

図 5.5 は分布の収束を表している．この分布の収束の意味を考えることは，資産価格評価の実務においても重要である．われわれは n の添え字がついた確率変数の系列を観測する[10]．n が増加するに従い，n 番目の確率変数の分布は正規分布に似たものとなっていくのである[11]．

確率変数の系列全体の分布が収束する様子を記述するのが弱収束の概念である．

5.5.5 ポアソン分布

連続時間の確率過程を扱うにあたり，「2つ」の基本的な概念が必要とされる．1つは連続時間において正規分布に相当するブラウン運動，またはウィーナー過程と呼ばれるものである．前節での議論が示すように，その過程の軌跡は連続的となる傾向がある．

このことは無限小の時間に到着する新しい情報自身も無限小であるような場合に，ガウシアンモデルが有効であることを表している．2項近似の例で示したように，$\Delta \to 0$ となるに従い，$\Delta F(t)$ で表される値も小さくなり，

$$\mathrm{Var}(\Delta F(t)) = a^2 \Delta \tag{5.36}$$

で与えられる新しい情報の分散も 0 へ近づいていく．

つまり無限小の時間間隔において，$F(t)$ が「ジャンプする」ことはないのである．その増分である変化量は極限では 0 に収束する．

資産価格評価において，正規分布の連続時間への適用は非常に有用である．しかしながら，それはある条件下においては金融市場で観測される資産価格の軌跡を近似するには不十分であるかもしれない．「ジャンプ」もするような価格のためのモデルが必要とされることもあるだろう．1987 年 10 月に起きた世界中の株式市場のクラッシュは，そのような「ジャンプ」の例である．

このような現象をどのように表現することができるだろうか．

ポアソン分布は 2 番目の基本的概念である．ポアソン分布に従う確率過程は，予測不可能な「時点」$t_i, i = 1, 2, \ldots$ で発生するジャンプによって構成されている．ジャンプが発生する時点は互いに独立であり，各々のジャンプの大きさはみな等しいと仮定される[12]．さらに短い時間 Δ の中で，「2つ以上」のジャンプが観測される確率は無視できると仮定する．時点 t までに観測されるすべてのジャンプの回数は「ポアソン計数過程」と呼ばれ，N_t で表される．

---

[10] すなわち確率過程である．

[11] われわれが扱っているのは $F(n\Delta)$ の分布であり，$\{F(0), F(\Delta), F(2\Delta), \ldots F(n\Delta) \ldots\}$ という「系列」全体ではないことを強調しておく．

[12] どちらの仮定も変更することが可能である．しかしポアソンの性質を保つためには，ジャンプの発生時点は独立であることが必要とされる．

ポアソン過程に対して,「短い」時間 Δ の中でジャンプが発生する確率は次のように近似される.

$$P(\Delta N_t = 1) \cong \lambda \Delta \tag{5.37}$$

ここで λ は強度と呼ばれる正の定数である.

正規分布と対比させてみよう.正規分布に従う変数について,その値が正確に 0 となる確率は 0 であった.しかしポアソン分布では,この確率は Δ が「小さい」場合

$$P(\Delta N_t = 0) \cong 1 - \lambda \Delta \tag{5.38}$$

で近似される.したがって短い時間間隔においては,ジャンプが起こらない確率が「高い」.このようにポアソン過程の軌跡は,連続的なパスがときどき起こるジャンプによって断続的となる.

ある有限の時間間隔 Δ の中で,n 回のジャンプが発生する確率は

$$P(\Delta N_t = n) = \frac{e^{-\lambda \Delta}(\lambda \Delta)^n}{n!} \tag{5.39}$$

で与えられ,これが対応する(ポアソン)分布である.

5.6 マルコフ過程とその重要性

これまでの議論では主に確率変数を取り扱ってきた.しかしその概念はより複雑なモデルの基礎をなすとはいえ,シンプルすぎてファイナンスに用いるには不十分である.ファイナンスにおいて望まれるのは確率変数の「系列」であり,またそれらはしばしば連続時間で観測されるものである.

t の添え字をもつ確率変数の系列 $\{X_t\}$ を確率過程と呼ぶ.ここで t は,離散時間では $t = 0, 1, \ldots$,であり,連続時間では $t[0, \infty)$ である.確率過程は $t \to \infty$ において,よく定義された同時分布関数

$$F(x_1, \ldots, x_t) = Prob(X_1 \le x_1, \ldots, X_t \le x_t)$$

をもつと仮定される.添え字 t が連続である場合には不加算なほど多数の確率変数を取り扱うことになり,後にウィーナー過程のところで説明するように,それらの同時分布関数は注意深く選択しなければならないことはあきらかである.

本節では派生商品評価において重要な役割を果たす確率過程のクラスであるマルコフ過程の詳細について議論していく.この場の議論は離散時間について行っていくが,確率過程のある重要な側面に注意を与えるとともに,後に金利派生商品のための連続

時間のモデルを取り扱う際に用いられる概念をあきらかにすることに努める[*13]．

定義 12. 同時確率分布関数 $F(x_1, \ldots, x_t)$ をもつ離散時間の過程 $\{X_1, \ldots, X_t, \ldots\}$ が，その条件付き分布関数が次式を満たすとき「マルコフ過程」と呼ぶ．

$$P(X_{t+s} \leq x_{t+s} \mid x_t, \ldots, x_1) = P(X_{t+s} \leq x_{t+s} \mid x_t) \tag{5.40}$$

ここで $0 < s$ で，$P(\cdot \mid I_t)$ は情報集合 I_t に関しての条件付き確率である．

資産評価におけるマルコフ性の仮定は理論的な重要性以上の意味をもっている．離散時間のマルコフ過程 $\{X_t\}$ は直感的にいえば，最も直前の観測値 x_t が与えられたならば，それよりも過去の情報は $X_{t+s}(0 < s)$ についてまったく無関係であるような過程である．言い換えるならば将来の $X_{t+s}(0 < s)$ に関するいかなる予測も直前の観測値 x_t のみに依存し，それ以前の観測値には依存しないのである[*14]．

5.6.1 重　要　性

これらの概念が市場の実務家にとってどのように役立つだろうか．

X_t が瞬間の短期金利 r_t のような変量を表していると仮定しよう．r_t がマルコフであると仮定することは r_{t+s} の将来の動向 (の期待値) が最新の観測値のみに依存し，(5.40) 式が成り立つことを意味する．さらに以下の議論を進めることができる．

金利の変化を，予測される部分と予期できない部分とに分けよう．

$$r_{t+\Delta} - r_t = E[(r_{t+\Delta} - r_t) \mid I_t] + \sigma(I_t, t)\Delta W_t \tag{5.41}$$

ここで ΔW_t は分散が Δ である予測不可能な変数である．このとき $\sigma(I_t, t)\sqrt{\Delta}$ は金利の増分の標準偏差である．右辺の第 1 項は情報 I_t が与えられたときの金利変化の予測できる部分，第 2 項は予測不可能な部分を表している．

r_t がマルコフ過程であり，I_t が r_t の現在および過去の情報のみを含んでいるとすれば，その条件付き平均と期待値は r_t「のみ」の関数となる．すなわち

$$E[(r_{t+\Delta} - r_t) \mid I_t] = \mu(r_t, t) \tag{5.42}$$

$$\Delta\sigma(I_t, t) = \sigma(r_t, t) \tag{5.43}$$

[*13] ファイナンスにおいてモデル化する過程がマルコフであるかということは極めて重要である．後の章で取り上げるファインマン-カッツの定理はマルコフ過程についてのみ成立する．しかし短期金利過程は一般に「非」マルコフであることを示すことができる．そのために短期金利過程に適用可能な数値計算手法は制限されることになる．

[*14] ここで述べているのは X_{t+s} の平均や分散についてのみではない．より以前の過去はマルコフ過程の「すべての」確率的振舞いに関わるいかなる予測にも影響を与えない．

これらのステップについては 11 章で確率微分方程式を導入する際にくわしく述べる.そこでは $\Delta \to 0$ の極限をとり, r_t について次の標準的な確率微分方程式を得る.

$$dr_t = \mu(r_t, t)dt + \sigma(r_t, t)dW_t \tag{5.44}$$

このようなモデルに対し $\mu(r_t, t)$ や $\sigma(r_t, t)$ を定式化することにより,金利の動的特性をとらえるモデルを得ることができる.

ところが金利がマルコフでなければ,短期金利の条件付き期待値と分散は潜在的に最新の観測値以外に依存する関数となり,これまでの議論を展開することができない[*15].

以上のようにマルコフ性の仮定は派生商品の価格評価にとって,少なくとも金利派生商品の場合においては,非常に重要であることがわかる.

5.6.2 多変量の場合

多変量マルコフ過程について重要な議論を行っておこう.ここでも離散時間 $t, t+\Delta, \ldots$ を考え,対象の変数が金利であるとする.

以下では2つの過程が「結合的」にマルコフであったとしても,そのうちの1つを単変数でみた場合には一般的にマルコフではなくなることを示す.

金利について議論することで,この重要性が最も理解しやすいだろう.金利の世界の中央に位置する概念が「イールドカーブ」である.いわゆる古典的アプローチでは先ほど述べた r_t のような単一の金利過程を用いたモデル化が試みられる.一方もっと新しい,ブラック–ショールズの考え方と整合的なヒース–ジャロー–モートン (HJM) アプローチでは「結合的」にマルコフであると仮定した k 個のフォワードレートによるモデル化が行われる.しかしこれからみるように,k 次元マルコフ過程の中の1つの要素の過程は一般にマルコフとはならない.したがって HJM ではマルコフ性が保たれていても,短期金利ベースのアプローチでは非マルコフとなることもありうる.

r_t を「短期」金利,R_t を「長期」金利とする2変量の過程 $[r_t, R_t]$ があるとしよう.さらにこれらは結合的にマルコフであるとする.

$$\begin{bmatrix} r_{t+\Delta} \\ R_{t+\Delta} \end{bmatrix} = \begin{bmatrix} \alpha_1 r_t + \beta_1 R_t \\ \alpha_2 r_t + \beta_2 R_t \end{bmatrix} + \begin{bmatrix} \sigma_1 W^1_{t+\Delta} \\ \sigma_2 W^2_{t+\Delta} \end{bmatrix} \tag{5.45}$$

ここで $W^1_{t+\Delta}, W^2_{t+\Delta}$ は過去の $W^1_s, W^2_s, s \leq t$ およびそれぞれに独立な誤差項であり,$\{\beta_i, \alpha_i, \sigma_i\}$ は定数の係数である.(5.45) 式によれば,現在の短期金利および長期金利

[*15] 金利がマルコフでなければさらに,ある種の偏微分方程式 (PDE) とある種の条件付き期待値との間に成立している非常に重要な関係が崩れてしまう.モンテカルロ法は金利派生商品の分野で一般的に用いられる PDE と整合的でなくなってしまう.

は r_t と R_t の最新の観測値のみに依存している[*16]．

この設定はあきらかに特別な場合であるが，要点を述べるには十分である．マルコフである (5.45) の連立式から，r_t の 1 変量モデルを導いてみる．ここで用いられる再帰的手法は，ほかの分野においても微分方程式を解くための標準的な道具であるため，この導出それ自体が興味深いものである．

1 変量モデルを得るために，1 行目の式を考える．

$$r_{t+\Delta} = \alpha_1 r_t + \beta_1 R_t + \sigma_1 W^1_{t+\Delta} \tag{5.46}$$

これに 2 行目の式から得られる

$$R_t = \alpha_2 r_{t-\Delta} + \beta_2 R_{t-\Delta} + \sigma_2 W^2_t \tag{5.47}$$

を代入し，次式を得る．

$$r_{t+\Delta} = \alpha_1 r_t + \beta_1 \left[\alpha_2 r_{t-\Delta} + \beta_2 R_{t-\Delta} + \sigma_2 W^2_t \right] + \sigma_1 W^1_{t+\Delta} \tag{5.48}$$

これを整理すると

$$r_{t+\Delta} = \alpha_1 r_t + \beta_1 \alpha_2 r_{t-\Delta} + \beta_1 \beta_2 R_{t-\Delta} + \left[\beta_1 \sigma_2 W^2_t + \sigma_1 W^1_{t+\Delta} \right] \tag{5.49}$$

さて右辺には $R_{t-\Delta}$ の項が現れているが，これは 2 行目の式を時点 $t-\Delta$ について書き直すことで消去することができる．

$$R_{t-\Delta} = \alpha_2 r_{t-2\Delta} + \beta_2 R_{t-2\Delta} + \sigma_2 W^2_{t-\Delta} \tag{5.50}$$

k が増加するに伴い $R_{t-k\Delta}$ の係数が無視できるようになると「仮定」し，同様の操作を進めていくと，r_t の式を次のように書くことができる．

$$\begin{aligned}r_{t+\Delta} - r_t = & a_0 r_t + a_1 r_{t-\Delta} + a_2 r_{t-2\Delta} \\ & + \ldots + \left[b_0 W^1_{t+\Delta} + b_1 W^2_t + b_2 W^2_{t-\Delta} + \ldots \right]\end{aligned} \tag{5.51}$$

このような r_t の過程がマルコフでないのはあきらかである．$r_{t+\Delta} - r_t$ の予測値は最新の観測値 r_t のみならず r_s, s_t にも依存するからである．したがって短期金利と長期金利の挙動が結合的にマルコフであると仮定しても，「1 変量」の r_t の挙動を表す過程にマルコフ性を仮定することは現実の金利の特性を正しく表現しないことになる．

つまり 2 変量の世界で r_t がマルコフであったとしても，それを単独でモデル化した場合にはマルコフ性の仮定を満たすには不十分なのである．

[*16] W^i_t はウィーナー過程である必要はない．これらは過去の値に依存しない，独立，同一の分布をもつ任意の確率変数である．

また逆の見方をすることもできる．1変量ではマルコフでないいかなる過程も，次元を拡張することによってマルコフに変換することができる．このことはフォワードレートがマルコフであると仮定できたとしても，同時にスポットレートのマルコフ性を仮定することは一般に正しくないことを意味している．この点は金利派生証券のモデル化をする上で重要な役割を果たすことになる．それはイールドカーブの挙動についての議論の中で，1変量の非マルコフ過程ではなく，k次元のマルコフを取り扱っていくことにつながっていく．

5.7 確率変数の収束

「収束」の概念は資産価格評価において，いくつかの利用価値をもっている．そのなかには理論的なものもあれば，実用的なものもある．前節での2項過程の例では，複雑な確率変数を単純なモデルで近似する手法として収束の概念を導入した．$\Delta \to 0$ となるに従い，近似の精度は向上する．本節では，これらの問題についてのより系統的な取り扱いについて議論する．ここでの議論もまた簡単で，直感的な導入部と考えてほしい．

5.7.1 収束の種類とその利用

金融資産の価格評価において，少なくとも3種類の収束条件が用いられる．

その第1は「平均2乗収束」である．この条件は伊藤積分の定義に用いられる．ここで伊藤積分は確率微分方程式を特徴づけるために用いられる．その結果平均2乗収束は，確率微分方程式にかかわる数値計算を行ううえで基本的な役割を果たすことになる．

定義 13. $X_0, X_1, \ldots, X_n, \ldots$ を確率変数の数列とする．もし

$$\lim_{n \to \infty} E[X_n - X]^2 = 0 \tag{5.52}$$

が満たされるならば X_n は「平均2乗」の意味で X に収束するという．

この定義に従えば，

$$X_n = X + \epsilon_n \tag{5.53}$$

で定義されるランダムな近似誤差 ϵ_n の分散は n が無限大に近づくにつれ，より小さくなってゆく．

n が有限の場合には，ϵ_n の分散は小さいが，必ずしも0ではないという点に注意が必要である．このことは重要な意味をもっている．数値計算を行う際，場合によって

はこのような近似誤差を考慮しておく必要があるかもしれない．ϵ_n の標準偏差を推定値として用いることは，そのための1つの方法であろう．

a. 平均2乗収束の重要性

伊藤積分はある合計値の平均2乗での極限で定義されるため，平均2乗収束は重要となってくる．異なる収束の定義を用いるならば，この極限は存在しないかもしれない．

この重要な点についてもう少し議論を進めよう．標準的な微積分で用いられる極限の概念の，より「自然な」拡張を考えてみよう．

定義 14. 任意の $\delta > 0$ に対し，

$$P\left(\left|\lim_{n \to \infty} X_n - X\right| > \delta\right) = 0 \tag{5.54}$$

が成り立つとき，確率変数 X_n は「ほとんど確実」に X に収束するという．

この定義は標準的な微積分で用いられる極限操作の自然な拡張となっている．この式は n が無限大に近づくにつれ，2つの確率変数の差が無視できるほど小さくなることを意味している．平均2乗収束の場合には，0に収束するのはその分散であった．ここでは X_n と X の差が0に収束する．極限においては2つの確率変数はほとんど同じになる．

b. 例

$$t_0 < t_0 + \Delta < t_0 + 2\Delta < \cdots < t_0 + n\Delta = T \tag{5.55}$$

で表される等間隔の時点で観測される資産価格を S_t とする．

n を添え字とする確率変数 X_n を (5.56) 式で定義する．

$$X_n = \sum_{i=0}^{n} S_{t_0+i\Delta}[S_{t_0+(i+1)\Delta} - S_{t_0+i\Delta}] \tag{5.56}$$

ここで，$[S_{t_0+(i+1)\Delta} - S_{t_0+i\Delta}]$ は時点 $t_0 + i\Delta$ における資産価格の増分を表している．観測値は t_0 からはじまり，Δ 分ごとに記録される．

X_n はリーマン-スティルチェス和に類似している点に注意しよう．ここでは区間 $[t_0, T]$ が n 個に分割され，X_n が

$$\int_{t_0}^{T} S_t \, dS_t \tag{5.57}$$

の近似として定義されているかのようである．

しかし両者には基本的な相違が存在している．ここでは和 X_n は確率過程を含んでいる．したがって，(5.56) 式の極限をとるためには新たな種類の収束条件を用いる必要がある．微積分で用いる標準的な極限を用いることはできないのである．
どの（確率）収束条件を用いるべきであろうか．
S_t がウィーナー過程である場合には，X_n がほとんど確実には収束「しない」が[*17]，平均 2 乗での極限は存在することがわかっている．したがって用いる近似の種類によって結果が「変わって」くる．この重要な点は後の伊藤積分の章の議論のなかで取り上げる．

5.7.2 弱 収 束
平均 2 乗収束の概念は確率変数がとる「値の」近似を見出す手段として用いられる．あるパラメーター n が無限大に近づくときに，ある確率変数 X_n がとる値を，ある極限の確率変数 X のとる値で近似することが可能となる．

「弱収束」の場合には，近似される対象は確率変数 X_n のとる値ではなく，系列 $X_0, \ldots, X_n$ に関連する「確率」となる．弱収束は確率変数の属の分布関数を近似するために用いられる．

定義 15. X_n が n の添え字をもち，確率分布が P_n の確率変数であると仮定する．(5.59) 式の条件を満たすとき，X_n は X に弱収束するといい，

$$\lim_{n \to \infty} P_n = P \tag{5.58}$$

が成立する．ここで P は X の確率分布である．

$$E^{P_n}[f(X_n)] \to E^P[f(X)] \tag{5.59}$$

ただし $f(\cdot)$ は任意の有界で，連続な実関数である．$E^{P_n}[f(X_n)]$ は確率分布 P_n のもとでの X_n の関数の期待値，$E^P[f(X)]$ は確率分布 P のもとでの X の関数の期待値である．

この定義に従うと，2 つの確率変数 X_n と X の関数が十分に近い「期待値」をもつ場合に，X_n は X に弱収束する．すなわち X_n と X は必ずしも非常に近い値をとる必要はないが，$n \to \infty$ となると，両者は任意に近い確率に従うことになる．

a. 弱収束の重要性
あるパラメーター n が無限大に近づくときの確率「変数」X_n のとる値は，しばしば興味の対象となる．たとえば伊藤積分を定義するためには，はじめに単純な構造を

[*17] S_t がさらにときどきジャンプするような場合にも，同じ結果が成立する．

もった確率変数が構成される．この確率変数はパラメーター n に依存している．次のステップでは $n \to \infty$ となるに従って，この単純な変数が平均2乗の意味で伊藤積分に収束することを示すことになる．

したがって伊藤積分を定義するにあたっては，確率変数のとる「値」が興味の中心であり，平均2乗収束を用いることが必要となる．

異なる状況においては，このような特定の値が重要でない場合もある．その代わりに確率「過程」の「期待値」(すなわちある種の平均)のみに関心が払われるかもしれない．

たとえば $F(S_T, T)$ が，ある派生資産の満期 T におけるランダムな価格を表すとする．この派生資産の原資産は S_T である．われわれは裁定機会が存在しない場合には，「リスク中立確率」$\tilde{P}$ が存在し，いくつかの単純化された仮定のもとでは時点 t における派生資産の価格が

$$F(t) = e^{-r(T-t)} E_t^{\tilde{P}} [F(S_T, T)] \qquad (5.60)$$

で表されることを知っている．この場合将来の S_T の正確な値に興味があるのではなく，ある S_T の関数である $F(\cdot)$ の「期待値」を計算することが必要となってくる．「弱収束」の概念を用いて，S_T^n による S_T の近似が利用可能となるかもしれない．実際の確率変数 S_T よりも S_T^n の方が取り扱いやすいような場合には，これは望ましいであろう．たとえば S_T は連続時間の確率過程であるが，S_T^n はあるパラメーター n に依存する微小区間で定義された，ランダムな数列であるかもしれない．もし計算機を利用するならば，S_T よりも S_T^n の方が取り扱いやすいだろう．この考え方は前に連続的な正規分布に従う過程の2項近似を得るために用いられている．

b. 例

時間の区間 $[0,1]$ を考え，$t \in [0,1]$ が特定の「時間」を表すと仮定しよう[*18]．$\epsilon_i, i = 1, 2, \ldots, n$ が，一様分布 $U(0,1)$ から独立に抽出した n 個の観測値であるとする[*19]．

次に，確率変数 $X_i(t), i = 1, \ldots, n$ を以下のように定義する．

$$X_i(t) = \begin{cases} 1 & \epsilon_i \leq t \text{ の場合} \\ 0 & \text{その他の場合} \end{cases} \qquad (5.62)$$

[*18] たとえばある派生資産の契約の満期時点が 1 であり，0 が現在を表すと考えることもできる．
[*19] これは任意の $0 \leq t \leq 1$ に対して，

$$Prob(\epsilon_i \leq t) = t \qquad (5.61)$$

であることを意味している．

図 5.6

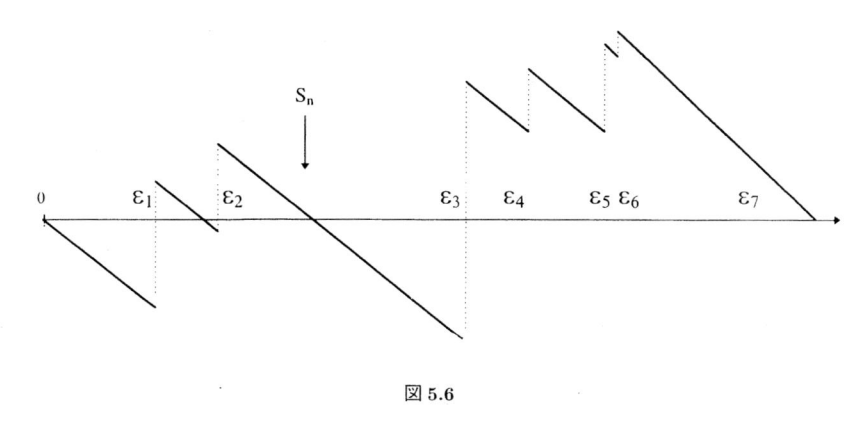

これに従うと，$X_i(t)$ は t と ϵ_i のとる値によって 0 または 1 いずれかの値をとる．$X_i(t), i = 1, \ldots, n$ を用いて，確率変数 $S_n(t)$ を次のように定義する．

$$S_n(t) = \frac{1}{\sqrt{n}} \sum_{i=1}^{n} (X_i(t) - t) \tag{5.63}$$

図 5.6 は $n = 7$ の場合の例である．$S_n(t)$ は ϵ_i でジャンプする，「区分的に連続な関数」となっている点に注意されたい．

$n \to \infty$ となるに従い，ジャンプポイントは多数となり，$S_n(t)$ の「振動」はより頻繁になる．一方ジャンプの大きさは減衰していく．$n \to \infty$ の極限ではそれぞれの t に対して，正規分布に従う確率変数に非常に近くなる．興味深いことに，この過程は極限において連続であるが，はじめとおわりのポイントは完全に 0 に等しくなっている[20]．

あきらかに，ここで起こっていることは，$n \to \infty$ となるに従い $S_n(t)$ は正規分布に従う過程のように振る舞うようになっていくということである．大きな n では，$S_n(t)$ よりも極限のガウシアン過程の方が取り扱いやすいかもしれない．

この例においては n が増大するにつれて $S_n(t)$ が変化するポイントの数も増加することを強調しておく必要があろう．われわれが小さな離散区間から連続時間の分析へ移行していく場合において，これはしばしば起こることである．

5.8 お わ り に

本章では，いくつかの確率論の基本的な概念を簡単に復習した．

われわれは確率の基本的な定義のために最小限の時間しか費やしていない．しかし

---

[20] このような過程はブラウン橋と呼ばれる．

ながらいくつもの重要な点を紹介した．第1に正規分布に従う確率変数と，ポアソン過程を2つの基本的な考え方として特徴づけした．

第2に重要な2項過程についての議論を行った．この例は重要な確率過程の収束の概念を紹介するために用いられた．

この2項過程の例は金融資産の価格評価に定例的に用いられる「2項ツリーモデル」に非常に似ているため，実用的な意味をもっている．

5.9 参 考 文 献

本書の以後の章では，本章で復習した以上の確率に関する結果は必要とされない．しかし金融市場の参加者や，ファイナンスの学生には確率過程の理論をよく理解することは常に有益であろう．Ross (1993) は最高の入門書である．Liptser & Shiryayev (1977) はすぐれた上級の入門書である．Cinlar (1978) はもう1つの中級レベルの文献である．Brzezniak & Zastawniak (1999) も確率過程の入門にはよい本である．Ross (1999) も参考にされたい．

5.10 演 習 問 題

1. 0, 1 の値をとり，次に示す「同時」密度分布に従う離散的確率変数 X, Y が与えられているとする．

	$P(Y=1)$	$P(Y=0)$
$P(X=1)$	0.2	0.4
$P(X=0)$	0.15	0.25

   (a) X および Y の周辺分布を求めよ．
   (b) X と Y は独立であるか．
   (c) $E[X]$ および $E[Y]$ を計算せよ．
   (d) 条件付き確率 $P[X|Y=1]$ を計算せよ．
   (e) 条件付き期待値 $E[X|Y=1]$ および条件付き分散 $Var[X|Y=1]$ を求めよ．

2. 確率変数 X_n が次の二項過程に従っているとする．

$$X_n = \sum_{i=1}^{n} B_i$$

ここで B_i はそれぞれ独立に次のように分布している．

$$B_i = \begin{cases} 1 & \text{確率 } p \\ 0 & \text{確率 } 1-p \end{cases}$$

  (a) $k = 0, 1, 2, 3$ について確率 $P(X_4 > k)$ を計算し，分布関数を図示せよ．
  (b) $n = 3$ のときの X_n の期待値および分散を計算せよ．

3. Z の分布関数が正のパラメーター λ を用いて

$$P(Z < z) = 1 - e^{-\lambda z}$$

で表されるときに，Z は指数分布に従っているという．
  (a) Z の密度関数を計算し，図示せよ．
  (b) $E[Z]$ を計算せよ．
  (c) Z の分散を求めよ．
  (d) Z_1 と Z_2 がともに独立に指数分布に従っていると仮定する．このときそれらの合計

$$S = Z_1 + Z_2$$

  の密度関数を計算せよ．
  (e) S の期待値および分散を計算せよ．

4. 確率変数 Z が次式を満たすとき，ポアソン分布に従っているという．

$$\begin{aligned} p(k) &= P(Z < k) \\ &= \frac{\lambda^k e^{-k}}{k!}, \quad k = 0, 1, 2, \ldots \end{aligned}$$

  (a) 次の級数展開

$$e^\lambda = 1 + \lambda + \frac{\lambda^2}{2!} + \frac{\lambda^3}{3!} + \cdots$$

  を用いて，次式を証明せよ．

$$\sum_{k=0}^{\infty} p(k) = 1$$

  (b) 期待値 $E[Z]$ および分数 $Var(Z)$ を計算せよ．

6

マーチンゲールとマーチンゲール表現

6.1 はじめに

マーチンゲールは現代のファイナンス理論における主要なツールの1つである．本章ではマーチンゲール理論の基本を紹介する．しかしながら，この理論の範囲は広いので，金融派生商品の評価に直接かかわる部分だけを強調する．

まず記法についての解説からはじめる．本章では ΔW_t, ΔS_t は W_t, S_t の「微小な」変化を表す．また，無限小間隔における確率的な変化を表す場合はときおり dW_t, dS_t を使用する．さしあたり読者はこれらの微分を連続時間軸で観測された「無限小の」確率的変化として解釈できる．これらの概念については第9章で正式に定義する．

微小区間を表すのに，本書では h または Δ という記号を使用する．一方，無限小間隔は dt で表される．後の章でこれらの表記は同値でないことを示す．Δ が「微小」区間を示すとき

$$E[S_{t+\Delta} - S_t] = 0$$

というような演算は厳密に定義されている．しかし，

$$E[dS_t] = 0$$

という表記は正式のものではない，dS_t は伊藤積分の定義でみるように単に記号を用いた表現でしかない．

6.2 定義

マーチンゲール理論は観測された時系列データを「トレンド」の種類によって分類する．確率過程は，もしその軌跡のトレンドや周期性が認められないのであれば，「マーチンゲール」と呼ばれる．もしその過程が平均して増加していれば「劣マーチンゲール」と呼ばれる．「優マーチンゲール」とは平均して減少していく過程を表す．本節では，これらの概念の形式的な定義を行う．まず，いくつかの記法を示す．

6.2.1 記法

時間指標 t にもとづく確率変数の族を観察したとする.時間は連続とし,連続時間の確率過程を取り扱うことにする.観測された過程を $\{S_t, t \in [0, \infty]\}$ と書き表し,$\{I_t, t \in [0, \infty]\}$ を時間経過とともに意思決定者が連続的に観測する情報集合の族を表すとしよう[*1].$s < t < T$ とすると,この情報の族は

$$I_s \subseteq I_t \subseteq I_T \ldots \qquad (6.1)$$

を満たすであろう.集合 $\{I_t, t \in [0, T]\}$ は「増大情報系」と呼ばれる.

マーチンゲール理論を議論するにあたって(そして,本書の残りを通して),ときおりある特定の時点においてある確率過程により仮定される値を考える必要がある.これは,しばしば連続時間区間 $[0, T]$ において,さまざまな時間間隔を表す

$$0 = t_0 < t_1 < \ldots < t_{k-1} < t_k = T \qquad (6.2)$$

なる数列 $\{t_i\}$ を選ぶことによって達成される.この表記において間隔の始点と終点を取り扱う方法に注意が必要である.シンボル t_0 は初期時点を表し,一方 t_k は T を表す別の表現である.この表記において,$k \to \infty$ とすると $(t_i - t_{i-1}) \to 0$ となり,区間 $[0, T]$ はより細かい間隔に区切られる.

ここで,有限区間 $[0, T]$ における確率的な価格過程 S_t を考えてみよう.ある特定の時間 t_i における価格過程の値は S_{t_i} である.もし S_t の値がすべての $t \geq 0$ における情報集合 I_t に含まれているとすると,$\{S_t, t \in [0, T]\}$ は $\{I_t, t \in [0, T]\}$ に「適合」しているという.すなわち情報集合 I_t が与えられると,S_t がわかるということである.

これで連続時間マーチンゲールを定義できる.

6.2.2 連続時間マーチンゲール

異なる情報集合を用いることによって,おそらく過程 $\{S_t\}$ の異なる「予測」を生成することができるであろう.これらの予測は,条件付き期待値を用いることによって表される.とくに,

$$E_t[S_T] = E[S_T | I_t], \qquad t < T \qquad (6.3)$$

は時点 t で利用可能な情報を用いることによる S_t の将来の値 S_T の予測の正式な記法である.$E_u[S_T], u < t$ は,より少ない情報集合すなわち,より前の時点 u で利用可能な情報集合を用いた同じ変数の予測である.

マーチンゲールの性質を定義することは,条件付き期待値と関連している.

[*1] 取り扱う問題によって,I_t は異なった種類の情報となるであろう.I_t の最も一般的なものは,時間 t までにおける金融市場において実現された価格から得る情報である.

定義 16. $\{S_t, t \in [0, \infty]\}$ の過程は情報集合 I_t, 確率 P に関する以下の条件を満たすとき,「マーチンゲール」と呼ぶ. もし, すべての $t > 0$ において,

1) I_t が与えられたもとでの S_t が既知 (S_t は I_t 適合である).
2) 無条件「期待値」が有限である.

$$E[|S_t|] < \infty \tag{6.4}$$

3) すべての $t < T$ について以下の式が確率 1 で成立するならば,

$$E_t[S_T] = S_t \tag{6.5}$$

未観測の将来値の最良の予測値は最後の観測値 S_t である.
ここで, すべての期待値 $E[\cdot], E_t[\cdot]$ は確率 P に関して計算される.

この定義によると, マーチンゲールは現在の情報集合を用いてもまったく予測不可能な将来の「変動」をもつ確率変数である. たとえば, S_t をマーチンゲールとして長さ $u > 0$ の間隔における S_t の「変化」の予測を考えてみよう.

$$E_t[S_{t+u} - S_t] = E_t[S_{t+u}] - E_t[S_t] \tag{6.6}$$

しかし, $E_t[S_t]$ はすでに顕在化している値をもつ確率変数の予測値である（なぜなら $S(t)$ は定義より I_t に適合している）. よって, $E_t[S_t]$ は S_t と同値である. もし, S_t がマーチンゲールであるなら $E_t[S_{t+u}]$ もまた S_t と同値であろう. このことより,

$$E_t[S_{t+u} - S_t] = 0 \tag{6.7}$$

が導かれる. すなわち, $u > 0$ であるような任意の区間における S_t の変化の最良の予測は 0 である. 言い換えればマーチンゲールにおける将来の動きの方向は予測不可能である. これはマーチンゲールとして振る舞う過程の基本的性質である. もし, 過程の軌跡があきらかに長期または短期のトレンドが認められるなら, この過程はマーチンゲールではない[*2].

本節を終わる前に, マーチンゲールの定義の「大変重要」な性質を再度強調する. マーチンゲールは常に「ある情報集合」と「ある確率測度」に関して定義される. もし, 情報の内容や過程に結びつく確率を変更した場合, 現在考慮している過程はマーチンゲールでなくなるかもしれない.

逆もまた真である. マーチンゲールのように振る舞わない過程 X_t を与えて, 確率測度 P を修正して, X_t をマーチンゲールに変換することができるかもしれない.

[*2] マーチンゲールのサンプル経路に短期間のトレンドが存在するようにみえるパターンが含まれているかもしれない. しかしながら, これらの上昇, 下降のトレンドは完全にランダムで系統的な性質は決してもたない.

6.3 資産評価におけるマーチンゲールの利用

前述の定義によると,情報集合の族が与えられても将来の動きが完全に予測できないとき,過程 S_t はマーチンゲールである.いま,われわれは株価,債券価格が完全に予測不可能ではないことを知っている.割引債の価格は時間とともに「上昇する」と期待される.一般的に,株式についても同様のことがいえる.それらは,平均的に上昇すると期待される.そこで,もし時点 $T, t < T$ で満期を迎える割引債の価格が B_t であるとすると

$$B_t < E_t[B_u], \quad t < u < T \tag{6.8}$$

である.あきらかに割引債の価格はマーチンゲールのように動かない.

同様に,一般的にリスクのある株式 S_t は正の期待収益率をもち,また,マーチンゲールではない.微小区間 Δ において,

$$E_t[S_{t+\Delta} - S_t] \cong \mu\Delta \tag{6.9}$$

のように書ける.ここで,μ は正の期待収益率を表す[*3].

同様のことが先物やオプションについてもいえる.たとえばオプションは「時間価値」があり,時間がたつとヨーロッパ型オプションの価格は他の条件が同じであれば下落する.このような過程は「優マーチンゲール」である[*4].

もし資産価格がマーチンゲールよりも劣または優マーチンゲールのようでありそうなら,それではなぜマーチンゲールを取り上げるのであろうか.

それはたとえほとんどの金融資産がマーチンゲールでなくても,それはマーチンゲールに「変換」できるからである.たとえば,無リスク金利で割り引かれた債券または株式の価格がマーチンゲールになる確率分布 $\tilde{P}$ をみつけることができるだろう.もしこのような変換が行われれば,債券の

$$E_t^{\tilde{P}}\left[e^{-ru}B_{t+u}\right] = B_t, \quad 0 < u < T - t \tag{6.10}$$

株式の

$$E_t^{\tilde{P}}\left[e^{-ru}S_{t+u}\right] = S_t, \quad 0 < u \tag{6.11}$$

[*3] ここでの近似は $E_t\left[S_{t+\Delta} - S_t\right]$ のテーラー級数展開

$$E_t\left[S_{t+\Delta} - S_t\right] = \mu\Delta + o(\Delta)$$

の高次の項を無視したものである.ここで $o(\Delta)$ はテーラー級数展開のすべての高次の項を表す.

[*4] ディープ・イン・ザ・マネーのアメリカ型プットオプションは「負」の時間価値をもつ.

といった等式は，派生証券の評価に非常に有用なものになるであろう．

後の章で学ぶ1つの重要な疑問は，この変換をどのようにして行うかである．実際，劣マーチンゲールをマーチンゲールに変換するのに「2つ」の方法がある．

最初の方法はあきらかであろう．$e^{-rt}S_t$ や $e^{-rt}B_t$ といった「期待トレンド」を減ずる方法である．これによってトレンド周りの「変化」が完全に予測不能となる．よって，その「変換された」変数はマーチンゲールとなるであろう．

この方法はいわゆるマーチンゲールの表現結果と呼ばれるものを使うのと同値である．事実，「ドゥーブ−メイヤー分解」はある一般的な条件において任意の連続時間過程をマーチンゲールと増加（または減少）過程に分解できることを意味する．後者を除去したものが，取り扱うマーチンゲールである．ドゥーブ−メイヤー分解は，本章で取り扱う．

2つ目の方法はさらに複雑で，驚くことにもっと有益なものである．劣マーチンゲールを直接的に変換せずに，その「確率分布」を変換することができる．すなわち，$E_t^P[\cdot]$ を確率分布 P を用いて計算された条件付き期待値であるとすると，もし，

$$E_t^P\left[e^{-ru}S_{t+u}\right] > S_t, \qquad 0 < u \tag{6.12}$$

であるならば，新しい期待値が

$$E_t^{\tilde{P}}\left[e^{-ru}S_{t+u}\right] = S_t, \qquad 0 < u \tag{6.13}$$

を満たし，$e^{-rt}S_t$ がマーチンゲールとなる「同値」確率 $\tilde{P}$ をみつけることである．

(6.12) 式を (6.13) 式に変換する確率分布は「同値マーチンゲール測度」と呼ばれる．これは第14章で取り扱う．

もし任意の過程をマーチンゲールに変換するのに，この2番目の方法が採用されるとき，この変換には「ギルサノフの定理」が使われる．金融資産の評価において，この方法はドゥーブ−メイヤー分解より有望なものである．

6.4 確率論的モデルにおけるマーチンゲールの重要性

裁定機会がない場合，市場均衡では適切に割引かれたすべての資産価格 S_t がマーチンゲールとなる合成確率分布 $\tilde{P}$ をみつけることができる．

$$E^{\tilde{P}}\left[e^{-ru}S_{t+u}|I_t\right] = S_t, \qquad u > 0 \tag{6.14}$$

このことによって，マーチンゲールは実務的な資産価格評価において重要な役割を果たしている．

しかし，これだけがマーチンゲールが有益なツールである理由ではない．マーチンゲールは非常に有益であり，連続時間において確率変数を議論するのに豊かな環境を与える．本節ではマーチンゲール理論のこれらの有益な技術的側面について議論する．

X_t を $\{I_t\}$ の増大情報系と確率 $\tilde{P}$ のもとでマーチンゲールの性質をもつ資産価格を表すとしよう．

$$E^{\tilde{P}}[X_{t+\Delta}|I_t] = X_t \qquad (6.15)$$

ここで $\Delta > 0$ は微小時間を表す．連続時間において X_t はどのような軌跡を示すであろうか．

この質問に答えるために，まず「マーチンゲール差分」ΔX_t を定義する．

$$\Delta X_t = X_{t+\Delta} - X_t \qquad (6.16)$$

すると，X_t がマーチンゲールであるから

$$E^{\tilde{P}}[\Delta X_t|I_t] = 0 \qquad (6.17)$$

であることに注意されたい．前述したように，この等式は Δ がどんなに微小な間隔であってもマーチンゲールはまったく予測不可能であることを意味する．しかし，われわれは連続時間を取り扱っているので，本当に「非常」に微小な Δ を考えることは可能である．マーチンゲールはそうすると非常に特異な軌跡を示すであろう．事実 X_t は極限の微小区間 Δ でさえ，目でいかなるトレンドも認識できないであろう．もしそれができたらそれは予測可能となるであろう．

そのような特異な軌跡は2つの異なる方法で起こりうる．それは「連続的」である場合か，「ジャンプ」する場合である．前者は「連続マーチンゲール」(continuous martingales) と呼ばれ，一方後者は「右連続マーチンゲール」(right continuous martingales) と呼ばれる．図6.1は連続マーチンゲールの例を示している．$\Delta \to 0$ のとき，次式の意味において，その軌跡が連続であることに注目されたい．

すべてのに $\epsilon > 0$ 対して

$$P(|\Delta X_t| > \epsilon) \to 0 \qquad (6.18)$$

図6.2は右連続マーチンゲールの例を示す．ここで，軌跡はときどきのジャンプによって分断される[*5]．その軌跡が「右」連続的となるようにジャンプをモデル化した．ジャンプする時点 t_0, t_1, t_2 においてマーチンゲールは（左方向ではなく）右方向に連続的である．

[*5] その過程はまだトレンドをもっていないことに注意されたい．

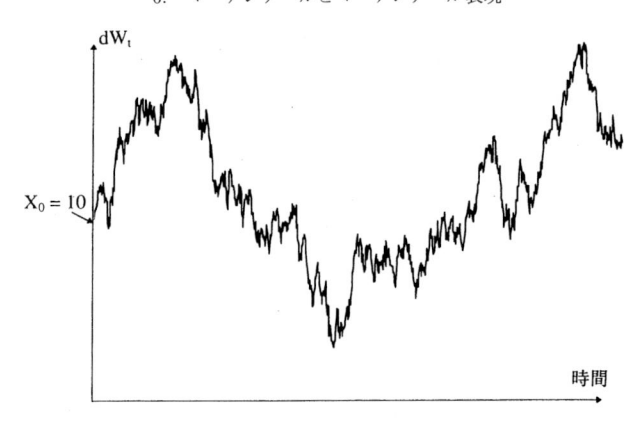

図 6.1

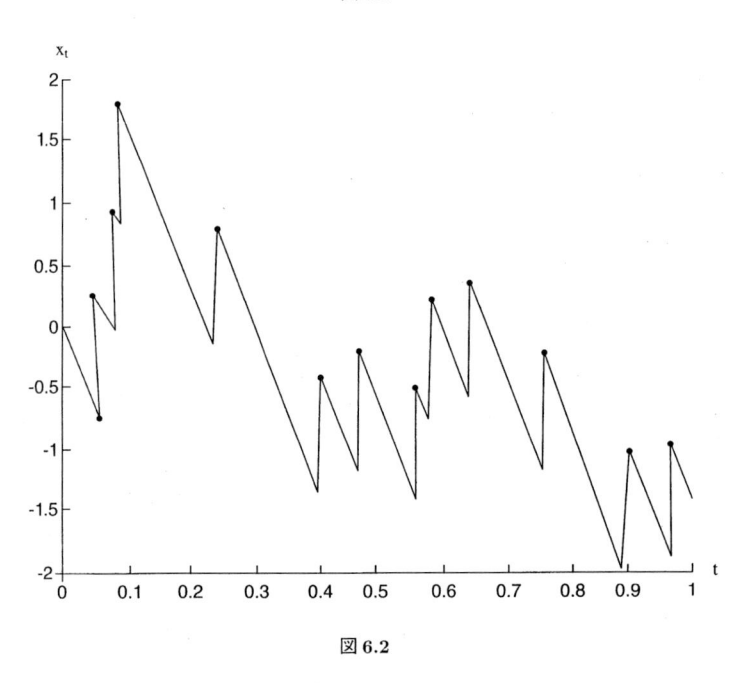

図 6.2

この特異な振る舞いと軌跡にジャンプを組み込むことができることは、とくに裁定理論とともに用いる場合には、資産価格を表す理論的ツールとして確かに魅力のあるものである.

しかし、マーチンゲールはそれ以上の重要性をもつ.

事実、すべての $t > 0$ において

6.4 確率論的モデルにおけるマーチンゲールの重要性

$$E\left[X_t^2\right] < \infty \tag{6.19}$$

というように，有限の2次のモーメントを持つ連続マーチンゲール X_t を取り扱ったとしよう．

そのような過程は有限の分散をもち，「連続2乗可積分マーチンゲール」と呼ばれる．時間修正したブラウン運動によって，そのようなすべてのマーチンゲールを表せることは重要である (Kartzas & Shreve (1991) 参照). 言い換えれば連続2乗可積分マーチンゲールのクラスはブラウン運動に極めて似ている．このことによって変化の予測不可能性とジャンプが存在しないことは，連続時間におけるブラウン運動の2つの性質であることがわかる．

これが本質的に何を意味するか注意されたい．もし，連続2乗可積分マーチンゲールが資産価格のモデルとして適切であれば，価格過程の微小な増分の正規性を仮定してもよい．

例

「微小区間」Δ において観測された2つの独立したポアソン分布を使ってマーチンゲールを構築してみよう．

金融市場は「よい」ニュースまたは「悪い」ニュースに影響を受けているとしてみよう．ニュースの内容は無視して，そのニュースが「よい」ものなのか「悪い」ものなのかといった情報だけを残すことにする．

N_t^G は時点 t までの「よい」ニュースの場合のトータル「回数」を表す．N_t^B は「悪い」ニュースの場合のトータル「回数」を表す．さらに金融市場においてそのようなニュースの到着は完全に過去データとは無関係で，「よい」ニュースと「悪い」ニュースは独立であるとする．

最後に，微小区間 Δ の間には多くても「1つ」の「よい」ニュースまたは1つの「悪い」ニュースしか起こりえないとし，この事象の確率は，両方のニュースタイプで「同じ」だとする．よって，Δ における増分 $\Delta N^G, \Delta N^B$ の確率は次の近似式で与えられるであろう．

$$P(\Delta N_t^G = 1) = P(\Delta N_t^B = 1) \cong \lambda \Delta \tag{6.20}$$

そこで

$$M_t = N_t^G - N_t^B \tag{6.21}$$

で与えられる変数 M_t はマーチンゲールとなるであろう．

これを証明するために，微小区間 Δ における M_t の増加は次式で与えられることに注意されたい．

$$\Delta M_t = \Delta N_t^G - \Delta N_t^B \tag{6.22}$$

条件付き期待値の式を適用すると

$$E_t\left[\Delta M_t\right] = E_t\left[\Delta N_t^G\right] - E_t\left[\Delta N_t^B\right] \tag{6.23}$$

となる.しかし,近似的には

$$E_t\left[\Delta N_t^G\right] \cong 0 \cdot (1 - \lambda \Delta) + 1 \cdot \lambda \Delta \tag{6.24}$$

$$\cong \lambda \Delta \tag{6.25}$$

となり,そして $E_t\left[\Delta N_t^B\right]$ も同様となる.これは

$$E_t\left[\Delta M_t\right] \cong \lambda \Delta - \lambda \Delta = 0 \tag{6.26}$$

を意味する.よって,M_t の増分は I_t 族を与えられても予測不可能である.M_t はマーチンゲールのほかの(技術的な)要件を満たすことを示せる.たとえば時点 t においてすでに起こっている「よい」または「悪い」ニュースをわれわれは知っている.よって,M_t は I_t 適合である.

このように,Δ における「よい」ニュースや「悪い」ニュースの確率が,N_t^G,N_t^B の両方に対して,$\lambda \Delta$ という同じ表現で表せるかぎり過程 M_t は I_t とこれらの確率に関してマーチンゲールとなる.

しかしながら,もし次式のように「よい」ニュースが「悪い」ニュースよりも少しでも多く起こる確率が高いとするなら,

$$P(\Delta N_t^G = 1) \cong \lambda^G \Delta > P(\Delta N_t^B = 1) \cong \lambda^B \Delta \tag{6.27}$$

であり,そのとき M_t は I_t に関してマーチンゲールでなくなる.それは

$$E_t\left[\Delta M_t\right] \cong \lambda^G \Delta - \lambda^B \Delta > 0 \tag{6.28}$$

であるからである(事実 M_t は劣マーチンゲールとなる).それゆえ,もとの確率の変化や情報集合を変化させることは,過程のマーチンゲールの性質をも変えるかもしれない.

6.5　マーチンゲール軌跡の性質

連続2乗可積分マーチンゲールの軌跡の性質についてさらにくわしく議論を進めよう.

連続2乗可積分マーチンゲールの軌跡を $\{X_t\}$ で表すことにする.時間区間 $[0, T]$ を取り上げて,時刻 $\{t_i\}$ を次のように考えてみる.

6.5 マーチンゲール軌跡の性質

$$t_0 = 0 < t_1 < t_2 < \ldots < t_{n-1} < t_n = T \tag{6.29}$$

軌跡の「変量」を

$$V^1 = \sum_{i=1}^{n} |X_{t_i} - X_{t_{i-1}}| \tag{6.30}$$

と定義する．V^1 は区間 $[0, T]$ における X_t の軌跡の長さを表すことがわかる．「2次」の変量は

$$V^2 = \sum_{i=1}^{n} |X_{t_i} - X_{t_{i-1}}|^2 \tag{6.31}$$

で与えられる．同様にさらに「高次」の変量を定義できる．たとえば4次の変量は

$$V^4 = \sum_{i=1}^{n} |X_{t_i} - X_{t_{i-1}}|^4 \tag{6.32}$$

と定義される．

あきらかに V^1 や V^2 は X_t が時間とともにどれだけ変化したかを表す異なった尺度である．V^1 は区間 $t_i - t_{i-1}$ の間に観測された X_t の絶対値の合計を表し，V^2 は変化の2乗の合計を表す．

X_t がマーチンゲールのとき，V^1, V^2, V^3, V^4 はいくつかの重要な性質を示す．

まずいくつかの重要な特徴を思い出してみよう．X_t は連続でかつ 0 でない分散をもつことを必要とする．前述のように，これは2つのことを意味する．1つ目は区間 $[0, T]$ を細かく区切れば区切るほど，「隣り合った」X_t は近くなっていく．すべての i において $t_i \to t_{i-1}$ なら，任意の $\epsilon > 0$ について

$$P(|X_{t_i} - X_{t_{i-1}}| > \epsilon) \to 0 \tag{6.33}$$

となる．2つ目は間隔がどんなに小さくなっても

$$P\left(\sum_{i=1}^{n} |X_{t_i} - X_{t_{i-1}}|^2 > 0\right) = 1 \tag{6.34}$$

となることを要求する．X_t は結局分散が 0 でない確率過程であることから，このことは真である．

いま，V^1 と V^2 のいくつかの性質を考えてみよう．

まず，X_t が連続マーチンゲールで間隔 $[t_i, t_{i-1}]$ が小さくなればなるほど，X_{t_i} は $X_{t_{i-1}}$ に近づくけれども，これが V^1 が 0 に近づくことを意味しないことに注意されたい．読者の方はこれが驚くべきことだと思うかもしれない．結局 V^1 は次式のよう

な増分の変化の合計である．

$$V^1 = \sum_{i=1}^n |X_{t_i} - X_{t_{i-1}}| \tag{6.35}$$

X_{t_i} が $X_{t_{i-1}}$ に近づいても，V^1 は同様に 0 に近づかないのであろうか．

驚くべきことに事実はその逆なのである．$[0,T]$ を小さい区間に区切れば区切るほど X_t の変量は小さくなっていく．しかし，同時に V^1 で定義している合計における区間の「数」は増加する．連続時間マーチンゲールの場合，その 2 番目の効果が支配して V^1 は無限大になることがわかる．マーチンゲールが一定である場合を除いて，連続マーチンゲールの軌跡は「無限大」の変量をもつ．

このことは直感的には次のように表される．

$$\sum_{i=1}^n |X_{t_i} - X_{t_{i-1}}|^2 < \left[\max_i |X_{t_i} - X_{t_{i-1}}|\right] \sum_{i=1}^n |X_{t_i} - X_{t_{i-1}}| \tag{6.36}$$

右辺は $X_{t_i} - X_{t_{i-1}}$ の「最大値」をみつけることによって得られる[*6]．このことは

$$V^2 < \max_i |X_{t_i} - X_{t_{i-1}}| V^1 \tag{6.37}$$

を意味する．

すべての i で $t_i \to t_{i-1}$ であると，マーチンゲールの連続性は「隣り合った」X_{t_i} が互いに非常に近くなることを意味する．極限において

$$\max_i |X_{t_i} - X_{t_{i-1}}| \to 0 \tag{6.38}$$

となる．(6.37) 式によると，このことは V^1 が非常に大きくならないかぎり，V^2 は，確率的意味において 0 になることを意味する．しかし，このことは許されない．なぜなら，X_t は分散が 0 でない確率過程であるので，$[0,T]$ の区間を非常に細かくしても結果的に $V^2 > 0$ だからである．このことは $V^1 \to \infty$ でなければならないことを意味する．

いま，高次の変量について同様の性質を考えてみよう．たとえば，V^4 を考えて (6.37) 式と同様の「トリック」を適用してみよう．

$$V^4 < \left[\max_i |X_{t_i} - X_{t_{i-1}}|^2\right] V^2 \tag{6.39}$$

V^2 が厳密に定義された確率変数に収束する[*7]かぎり，(6.39) 式の右辺は 0 となる．その理由は前述の通りである．X_t は連続マーチンゲールで区間 $[0,T]$ の区分が小さ

[*6] $\max_i |X_{t_i} - X_{t_{i-1}}|$ という表記は X_{t_i} のすべての増分変化のなかから観測された最大の増分を選ぶということを意味する．

[*7] かつ無限大とならない．

くなると,その変化も小さくなる.よって,すべての i に対して $t_i \to t_{i-1}$ のとき

$$\max_i |X_{t_i} - X_{t_{i-1}}|^2 \to 0 \tag{6.40}$$

となる.このことは V^4 が 0 に向かうことを意味する.同じ議論を 2 次以上のすべての変量に当てはめることができる.

これらの議論の正式な証明は Karatzas & Shreve (1991) で調べることができる.ここで,軌跡の 3 つの性質をまとめることにする.

- 変量 V^1 は,ある確率的意味において発散する.そして連続マーチンゲールは非常に特異なものとなる.
- 2 次の変量 V^2 はある厳密に定義された確率変数に収束する.このことは,軌跡がどんなものであろうとも,マーチンゲールは 2 乗可積分で小さな区間の増分の「2 乗」の合計が収束することを意味する.このことは小さい数の 2 乗はさらに小さいことによって成り立つ.よって,変化の合計が確率的意味において「大きすぎても」,変化の「2 乗」の合計は大きくない.
- すべての高次の変量は確率的意味において 0 となる.このことを直感的にいうと,高次の変化は V^1 や V^2 の変化より多くの情報を含まない.

これらの性質は重要な意味が含まれている.まず,V^1 は連続 2 乗可積分マーチンゲールの微積分に利用するのにあまり有用でなく,一方 V^2 は有意義であることがわかる.またもとの過程が「連続」マーチンゲールであることが確かであっても,高次の変量は無視できるということである.

これらのテーマは確率環境下における微分や積分を取り扱うとき,再度取り上げる.リーマン–スティルチェス積分の定義を覚えている読者は連続 2 乗可積分マーチンゲールの積分を行う場合,同じ方法がとれないことはすでにわかっているであろう.これはリーマン–スティルチェス積分が決定論的微積分によって V^1 を同値と扱い,積分区間を細かくしていくからである.確率環境下においては,そのような極限は収束しない.

そのかわり,確率微積分においては V^2 を用いることが強いられる.この詳細については後述する.

6.6 マーチンゲールの例

本節では連続時間マーチンゲールのいくつかの例について考える.

6.6.1 例 1——ブラウン運動

増分が正規分布を示す連続過程を X_t と表そう.そのような過程は (一般化) ブラウ

ン運動と呼ばれる．われわれはすべての t に対する X_t の値を観測する．おのおのの瞬間における X_t の微小の「変化」を dX_t と表す．X_t の増分は時間に対して独立であるとみなす．

この状態において Δ が微小間隔であるなら，Δ における増分 ΔX_t は平均 $\mu\Delta$，分散 $\sigma^2 \Delta$ [*8)]の正規分布となるであろう．このことは

$$\Delta X_t \sim N(\mu\Delta, \sigma^2 \Delta) \tag{6.42}$$

を意味する．増分に相関がないことは

$$E\bigl[(\Delta X_u - \mu\Delta)(\Delta X_t - \mu\Delta)\bigr] = 0, \qquad \mu \neq t \tag{6.43}$$

と表される．

そのような過程 X_t を定義することの正式な方法は後回しにして，ここで簡単な質問をする．X_t はマーチンゲールであろうか．

過程 X_t は時間を通しての微小増分の「累積」である．これは

$$X_{t+T} = X_0 + \int_0^{t+T} dX_u \tag{6.44}$$

と表せる．その積分は厳密に定義されていると考えて，適切な期待値を計算することができる[*9)]．

(6.42) で与えられる確率分布と，時点 t までに観測された X_t の条件付き期待値を考えてみよう．

$$E_t[X_{t+T}] = E_t\left[X_t + \int_t^{t+T} dX_u\right] \tag{6.45}$$

しかし，時点 t において ΔX_{t+T} の将来の値は予測可能である．なぜなら，微小区間 Δ におけるすべての変化の期待値は $\mu\Delta$ であるからである．このことは

$$E_t\left[\int_t^{t+T} dX_u\right] = \mu T \tag{6.46}$$

を意味する．よって

$$E_t[X_{t+T}] = X_t + \mu T \tag{6.47}$$

[*8)] どうして ΔX_t の分散が Δ に比例するかはあきらかでない．たとえば

$$\mathrm{Var}(\Delta X_t) = \sigma^2 (\Delta)^2 \tag{6.41}$$

ということは成り立つであろうか．この質問は見た目以上に答えるのが難しい．それは次章の核心である．

[*9)] 確率増分の変化の積分はまだ定義していない．

である.あきらかに $\{X_t\}$ は (6.42) 式の確率分布と現在および過去の X_t の情報に関してマーチンゲールではない.

しかし,この最後の結果は $\{X_t\}$ をどうやってマーチンゲールにするかについて手がかりを与えてくれる.新しい過程

$$Z_t = X_t - \mu t \tag{6.48}$$

を考えてみよう.Z_t がマーチンゲールであることを示すのは容易である.

$$E_t[Z_{t+T}] = E[X_{t+T} - \mu(t+T)] \tag{6.49}$$
$$= E[X_t + (X_{t+T} - X_t)] - \mu(t+T) \tag{6.50}$$

これは

$$E_t[Z_{t+T}] = X_t + E[X_{t+T} - X_t] - \mu(t+T) \tag{6.51}$$

を意味する.しかし,(6.47) 式に示した通り右辺の期待値は μT である.これより

$$E_t[Z_{t+T}] = X_t - \mu t \tag{6.52}$$
$$= Z_t \tag{6.53}$$

となり,すなわち,Z_t はマーチンゲールとなる.

したがって,決定論的関数を減ずることによって X_t をマーチンゲールに変換することができた.また,決定論的関数は時間とともに「増加」することに注意されたい.この結果は,より一般的な条件のもとでも同様に成立する.

6.6.2 例2——2乗過程

いま,微小間隔 Δ での増分が無相関な過程 S_t を考えてみよう.

$$\Delta S_t \sim N(0, \sigma^2 \Delta) \tag{6.54}$$

ここで初期値は

$$S_0 = 0 \tag{6.55}$$

で与えられる.新しい確率変数を

$$Z_t = S_t^2 \tag{6.56}$$

で定義する.

これによると Z_t は S_t の2乗と等しい非負の確率変数である.Z_t はマーチンゲールであろうか.答えはノーである.なぜなら S_t の増分の2乗は予測可能である.「微小」区間 Δ を使って,Z_t の増分の期待値を考えてみよう.

$$E_t\left[S_{t+\Delta}^2 - S_t^2\right] = E_t\left[\left[S_t - (S_t - S_{t+\Delta})\right]^2 - S_t^2\right]$$
$$= E_t\left[S_{t+\Delta} - S_t\right]^2$$

最後の等式は S_t の増分は現在および過去の S_t の増分が無相関であることによって導かれる.その結果,かけ合わされた項は消去される.しかしこれは

$$E\left[\Delta Z_t\right] = \sigma^2 \Delta \tag{6.57}$$

を意味し,この Z_t の増分が予測可能であることになる.その Z_t はマーチンゲールではありえない.

しかし,例1と同様の方法で,平均的な変化を用いて Z_t を「変換」し,マーチンゲールを得ることができる.事実,次式は簡単に説明できる.

$$E_t\left[Z_{t+T} - \sigma^2(T+t)\right] = Z_t - \sigma^2 t \tag{6.58}$$

Z_t から $\sigma^2 t$ を減ずることによってマーチンゲールを得る.

この例はふたたび同様の法則を説明する.もし,何らかの確率過程がマーチンゲールでないとすると,適切な「平均」で減ずることによって[*10),それはマーチンゲールに変換できる.

このことによって,前述した要点を思い出すであろう.金融市場においてリスクのある証券の観測された市場価値が無リスク金利で割り引かれた期待値と同じであることを誰も期待しない.それはリスクプレミアムがあるからである.したがって無リスク金利で割り引かれたいかなるリスクのある資産の価格もマーチンゲールとならないであろう.しかし,前述の議論によってそのような証券の価格はおそらくマーチンゲールに変換できる.そのような変換は金融資産の評価に非常に便利なものとなるであろう.

6.6.3 例3——指数過程

3番目の例はさらに複雑であるので,ここでは部分的にしか取り扱わない.

もう一度 X_t を例1で定義したようにして変換を考えてみよう.

$$S_t = e^{\left(\alpha X_t - \frac{\alpha^2}{2}t\right)} \tag{6.59}$$

ここで α は任意の実数である.X_t の平均を0とする.

この変換結果はマーチンゲールだろうか.

この問いに対する答えはイエスである.後の章でそれを証明する[*11).しかしなが

[*10) それは,確率過程から $g(t)$ のような時間の関数で減ずることによって得る.
[*11) その前に伊藤の補題について学ぶことにする.

ら，変なことに気がつかないだろうか．X_t そのものはマーチンゲールである．それなのにどうして S_t を確実にマーチンゲールにするために次式のような時間関数 $g(t)$ でさらに減ずるのであろうか．

$$g(t) = \frac{\alpha^2}{2}t \tag{6.60}$$

X_t の増分はどのようにしても予測不能なのだろうか．

これらの疑問に答えるため，確率環境下における微分をとる方法を使わなければならない．これは後の章で取り扱う．

6.6.4　例4——右連続マーチンゲール

本章で論じたポアソン計数過程 N_t をもう一度考えてみよう．あきらかに N_t は時間とともに増加する．なぜなら，それは計数過程であり，ジャンプの数は時間経過とともに増えるからである．よって，N_t はマーチンゲールとなりえない．それはあきらかに上昇トレンドをもっている．

しかし，次式 N_t^* で表された「消費補償ポアソン過程」はマーチンゲールとなるであろう．

$$N_t^* = N_t - \lambda t \tag{6.61}$$

あきらかに N_t^* はまた予測不能な増分をもつ．それは右連続マーチンゲールである．その分散は有限でそれは2乗可積分である．

6.7　最も単純なマーチンゲール

複雑な金利派生商品の価格評価で頻繁に使われる生成可能で，単純なマーチンゲールが存在する．まず離散時間を取り扱う．

確率分布が P の確率変数 Y_T について考えてみる．Y_T はある将来の日付 T において現れる．次式のように，時が $t, t+1, \ldots, T-1, T$ と過ぎるにつれ，Y_T に関する新しい情報 I_t を取得して貯えられるとする．

$$I_t \subseteq I_{t+1} \subseteq \ldots \subseteq I_{T-1} \subseteq I_T \tag{6.62}$$

次に，異なる時点における同じ Y_T の，ある確率 P に関する M_t で表される連続的な予測を考えてみよう．

$$M_t = E^P[Y_T \mid I_t] \tag{6.63}$$

一連の予測 $\{M_t\}$ がマーチンゲールであることがわかる．つまり，$0 < s$ において，

$$E^P[M_{t+s} \mid I_t] = M_t \qquad (6.64)$$

となる.

この結果は条件付き期待値の再帰的性質による.そのことについては,後の章で何度か触れる.どのような確率変数 Z に対しても,以下のように記述できる.

$$E^P\left[E^P[Z \mid I_{t+s}] \mid I_t\right] = E^P[Z \mid I_t], \qquad s > 0 \qquad (6.65)$$

上式は,将来予測の最適な予測は,根本的に現時点を予測することであるということを意味する.これを $Z = [M_{t+s}]$ に適用すると,

$$E^P[M_{t+s} \mid I_t] = E^P\left[E^P[Y_T \mid I_{t+s}] \mid I_t\right] \qquad (6.66)$$

を得る.これは当たり前のことである.しかし M_{t+s} はそれ自身が予測である.(6.65)式を (6.66) 式の右辺に代入すると,

$$E^P\left[E^P[Y_T \mid I_{t+s}] \mid I_t\right] = E^P[Y_T \mid I_t] = M_t \qquad (6.68)*$$

となる.このように M_t はマーチンゲールである[*12].

6.7.1 適　　用

金融において,前節で用いた論理の適用事例が数多くある.ある一般的な場合を紹介する.

ほとんどの派生商品は,有限な満期日 T において,ランダムなペイオフをもつ.満期までは,途中の支払がまったく行われないものが多い.原資産価格 S_T に依存する満期におけるペイオフが以下のように表される場合について考えてみよう.

$$G_T = f(S_T) \qquad (6.69)$$

次に,1 ドルの投資が時点 T まで連続複利 r_s で一定の収益があるとする.

$$B_T = e^{\int_t^T r_s ds} \qquad (6.70)$$

上式は時点 T で受け取る合計を表し,もし r_s が確率的であれば確率変数であるかもしれない.ここで,B_T は既知であるとみなせる.

最後に,相対価格を示す G_T/B_T の比率について考えてみよう.この比率において,一定時点 T においてあきらかとなる確率変数がある.原資産 S_t に関するさらなる情報を知っているので,時点 T において G_T/B_T の確定値がわかるまで,この比率の連続的な期待値を計算することができる.異なる情報集合を用いて,この比率の連続条件付き期待値を計算すると,M_t は次式で表される.

[*12] 証明において (6.67) 式を削除したが,すべての他の式番号は変えていない.

6.7 最も単純なマーチンゲール

$$M_t = E^P \left[\frac{G_T}{B_T} \mid I_t \right] \tag{6.71}$$

ここで，I_t は通常，時点 t で利用可能な情報集合を表し，P は適切な確率を表す．
前述の結果によると，これらの連続条件付き期待値はマーチンゲールを形作る．

$$M_t = E^P [M_{t+s} \mid I_t], \quad s > 0 \tag{6.72}$$

6.7.2 注　意

r_t は確率的であり，G_T が債務不履行のない純粋な割引債の T 時点における価値を示すとしよう．もし T が満期日とすると，次式のように G_T は額面となる．

$$G_T = 100 \tag{6.73}$$

次に，M_t は，確率 P のもとでの満期における支払の割引価値の条件付き期待値である．前節で議論したように，それはまた P に関してマーチンゲールである．

M_t は，時点 t における割引債の無裁定価格とみなせるかどうかという疑問がある．別のいい方をすると，満期が T である債務不履行のない割引債の価格は $B(t,T)$ と表され，$B(t,T)$ は無裁定とみなせるということは，

$$B(t,T) = M_t \tag{6.74}$$

ということである．

もし期待値が確率 P のもとで計算され，そして，もしこの確率が実世界の確率であるなら，そのとき M_t は一般的に適正価格 $B(t,T)$ とはならないであろう．これについては，本書の後半部分で触れる．

しかし，もし M_t を計算するにあたっての確率が，賢明に無裁定同値確率 $\tilde{P}$ が選ばれれば，そのとき

$$B(t,T) = M_t \tag{6.75}$$
$$= E^{\tilde{P}} \left[\frac{100}{B_T} \mid I_t \right] \tag{6.76}$$

となる．そして，M_t は割引債を正しく価格評価するであろう．

いかに $\tilde{P}$ を選びうるかというメカニズムは，後の章で議論することにする．しかし，動的資産価格評価において，マーチンゲールが重要なツールであるという概念はあきらかである．また，異なる確率を用いたいくつかの M_t を定義づけることができ，それらはすべてその特定の確率に関してマーチンゲールとなるであろうということも，あきらかである．さらに，これらのマーチンゲールのうちの 1 つだけが，$B(t,T)$ の

無裁定価格と等価となるであろう.

6.8 マーチンゲール表現

前述の例で,さまざまな連続時間過程が適当な平均を減ずることによってマーチンゲールに変換できることがわかった.

本節ではこれらの特別な場合を定式化し,いわゆるドゥーブ–メイヤー分解を議論する.

まず基本的な例を紹介する.この例は(少なくとも)3つの理由から重要である.

最初の理由は実用的ということである.連続時間間隔の区間で考えることで,金融市場における証券の評価に用いられる実用的な方法を説明できる.

2番目に,そのようなフレームワークではじめる方が,伊藤積分を理解するより簡単だということである.

そして最後に,その例を用いることで,具体的な確率空間の議論や,資産価格に関するさまざまな軌跡の確率をどのように割り当てるかがわかりやすくなる.

6.8.1 例

トレーダーが金融資産 S_t の価格を次式のような時点 t_i で観測したとしよう.

$$t_0 < t_1 < \ldots < t_{k-1} < t_k = T \tag{6.77}$$

もし t_{i-1} と t_i との間隔が非常に短く,そして市場に「流動性がある」とすると,資産の価格は典型的な $t_i - t_{i-1}$ の間にせいぜい1ティックの上昇または下落を示すであろう.これを整理していうと各瞬間 t_i に S_{t_i} の変化は次式のようなたった2つの可能性しかない.

$$\Delta S_{t_i} = \begin{cases} 1 & \text{確率 } p \\ -1 & \text{確率 } (1-p) \end{cases} \tag{6.78}$$

これらの変化は互いに独立であると仮定しよう.さらに,もし $p = 1/2$ であれば,ΔS_{t_i} の期待値は0となる.さもないと価格変化の平均は0でなくなる.

このような状態が与えられたもとで,まず原「確率空間」をどのように構築するかを示す.

われわれは異なる k 個の時点[*13]で ΔS_t を観測する.まず確率の概念からはじめる.$\{p, (1-p)\}$ は S_{t_i} の変化の確率に対応する.そして,それは(周辺)確率分布にすぎない.われわれの関心は価格変化「列」の確率である.別のいい方をすると,さ

[*13] 重要な仮定は k が有限であることに注意していただきたい.

まざまな「軌跡」*14)に関する確率を議論したいのである．この議論をするためには，確率空間を構築することが必要である．

興味の典型的な対象である価格変化のサンプル経路すなわち軌跡であることが与えられたとすると，まずすべての可能性のある経路でつくられた「集合」を構築する必要がある．この空間は「標本空間」と呼ばれる．その要素は $+1$ と -1 の数列で構成される．たとえば典型的なサンプル経路は次式のようになる．

$$\{\Delta S_{t_1} = -1, \ldots, \Delta S_{t_k} = +1\} \tag{6.79}$$

k は有限であるから，初期値 S_{t_0} が与えられれば，増分の変化を足し合わせることによって，資産価格の軌跡を容易に決定できる．このようにして，すべての可能な軌跡の集合，すなわち「標本空間」を構築することができる．

次にこれらの軌跡に関連した「確率」を決定する．価格変化が独立で (そして k が有限) のとき，確率を決定することは容易である．ある数列の確率は，各価格変化の確率を単に乗ずることによって求められる．たとえば時点 t_0 で $+1$ ではじまり，時点 t_k まで反転し続ける数列 ΔS^*

$$\Delta S^* = \{\Delta S_{t_1} = +1, \Delta S_{t_2} = -1, \ldots, \Delta S_{t_k} = -1\} \tag{6.80}$$

は次式の確率をもつ (k は偶数であるとする)．

$$P(\Delta S^*) = p^{k/2}(1-p)^{k/2} \tag{6.81}$$

最初の $k/2$ 期間は連続的に下落し，その後，時点 t_k まで連続的に増加する軌跡の確率は同じである．

k は有限であるから，同じ標本空間の可能な軌跡数は有限であり，これらの軌跡の各々に対する確率を「割り当てる」ことができる．

どうしてこのようなことが可能なのか考えることは有意義である．k の有限性がここで意味をもつ．なぜなら，可能な軌跡が有限数なので確率の対応は1対1で行われるからである．金融市場における派生商品評価では，しばしば k が有限であるという仮定を行い，その性質を利用して確率を生成する．

この作業を単純化するもう1つの仮定は連続する価格変化の「独立性」である．この方法で軌跡全体の確率は各増分変化の確率を単純に乗ずることによって得られる．

ここまでは資産価格の「変化」の数列を取り扱ってきた．派生証券では (一般的に) 価格に対して契約される．たとえば S&P500 のオプションの場合，われわれの興味はインデックスの「変化」ではなく，インデックスの「水準」である．

始値 S_{t_0} が与えられれば，一連の変化から資産価格の水準は容易に求められる．

---

*14) たとえば，トレーダーは資産価格の現在の上昇，下降の長さに興味があるかもしれない．

$$S_{t_k} = S_{t_0} + \sum_{i=1}^{k}(S_{t_i} - S_{t_{i-1}}) \tag{6.82}$$

典型的な S_{t_k} は ΔS_{t_i} の「合計」でつくられるので，(6.81) 式のような確率も同様に S_{t_k} の確率分布により用いられることに注意されたい．このようにして，同じ S_{t_k} に達する異なる軌跡の確率を単純に加算できる[*15]．

より厳密にいうと，S_{t_k} の最も大きな可能な値は $S_{t_0} + k$ である．もし $\Delta S_{t_i}, i = 1, \ldots, k$ のすべての増分変化が $+1$ であれば，この値が実現する．この値の確率は

$$P(S_{t_k} = S_{t_0} + k) = p^k \tag{6.83}$$

となる．同様に S_{t_k} の最も小さい可能な値は $S_{t_0} - k$ である．この確率は

$$P(S_{t_k} = S_{t_0} - k) = (1-p)^k \tag{6.84}$$

で与えられる．これらの極端なケースにおいて，$S_{t_k} = S_{t_0} + k$ または $S_{t_k} = S_{t_0} - k$ を与えられる軌跡は「1つ」しか存在しない．

一般的に価格はこれら両極端の間のどこかに存在する．k 個の増分変化が観測されたとき，$m \leq k$ とすると，$+1$ が m 回観測され，-1 が $k-m$ 回観測される．その S_{t_k} は

$$S_{t_k} = S_{t_0} + m - (k-m) \tag{6.85}$$

と推計される．S_{t_k} と同じ値をもたらす軌跡はいくつか存在することに注意されたい．すべてのこれらの組合せの確率を加えることで，

$$P(S_{t_k} = S_{t_0} + 2m - k) = C_k^{(k-m)} p^m (1-p)^{k-m} \tag{6.86}$$

を得る．ここで

$$C_k^{(k-m)} = \frac{k!}{m!(k-m)!}$$

である．

この確率は「2項分布」で与えられる．$k \to \infty$ とすると，この分布は正規分布に収束する[*16]．

S_{t_k} はマーチンゲールか？

(6.82) 式で定義される $\{S_{t_k}\}$ は「過去」の価格変化の増分 ΔS_{t_k} から構成される情報集合に関してマーチンゲールであろうか．

(6.86) 式で与えられる確率のもとでの期待値を考えてみよう．

[*15] 確率の加算はもとの事象が互いに排他的なら可能である．この特別な場合には，異なる軌跡は定義によってこの状態を満たす．

[*16] これは弱収束の例である．

6.8 マーチンゲール表現

$$E^p\left[S_{t_k}|S_{t_0}, \Delta S_{t_1}, \ldots, \Delta S_{t_{k-1}}\right] = S_{t_{k-1}} + [(+1)p + (-1)(1-p)] \quad (6.87)$$

ここで右辺の2番目の項は,その時点の情報 $I_{t_{k-1}}$ が与えられたもとでの未知の増分 ΔS_{t_k} の期待値である.あきらかに,もし $p = 1/2$ であれば,その項は 0 となる.そのため

$$E^p[S_{t_k}|S_{t_0}, \Delta S_{t_1}, \ldots, \Delta S_{t_{k-1}}] = S_{t_{k-1}} \quad (6.88)$$

となる.このことは $\{S_{t_k}\}$ は,過去の価格変化によって生成された情報集合と「同時に」,この特別な確率分布に関してマーチンゲールとなることを意味する.

もし $p \neq 1/2$ とすると $\{S_{t_k}\}$ は $\{I_{t_k}\}$ に関してマーチンゲールでなくなる.しかしながら,以下のように定義される中心化された過程 Z_{t_k} はふたたび I_{t_k} に関してマーチンゲールとなる[*17].

$$Z_{t_k} = [S_{t_0} + (1-2p)] + \sum_{i=1}^{k}[\Delta S_{t_i} + (1-2p)] \quad (6.89)$$

または

$$Z_{t_k} = S_{t_k} + (1-2p)(k+1) \quad (6.90)$$

である.

6.8.2 ドゥーブ–メイヤー分解

特定の資産の任意の時刻 t_i の上昇確率が下降確率より大きいときを考えてみよう.したがって,観測される軌跡は上昇トレンドが期待される.

$$1 > p > 1/2 \quad (6.91)$$

このとき,前に示したように

$$E^p[S_{t_k}|S_{t_0}, S_{t_1}, \ldots, S_{t_{k-1}}] = S_{t_{k-1}} - (1-2p) \quad (6.92)$$

であるが,上式は

$$E^p[S_{t_k}|S_{t_0}, S_{t_1}, \ldots, S_{t_{k-1}}] > S_{t_{k-1}} \quad (6.93)$$

を意味する.なぜなら (6.91) 式より $2p > 1$ であるからである.このことは $\{S_{t_k}\}$ が「劣マーチンゲール」であることを意味する.

ここで,先に示したように

$$S_{t_k} = -(1-2p)(k+1) + Z_{t_k} \quad (6.94)$$

[*17] 過去の $\{Z_{t_k}\}$ の条件下での期待値 $\{Z_{t_k}\}$ は $\{Z_{t_{k-1}}\}$ となることによって確認できる.

と記述することができる．ここで Z_{t_k} はマーチンゲールである．したがって，劣マーチンゲールを2つの部分に「分解」することができた．右辺の最初の項は増加する決定論的変数である．第2項は初期時点 t_0 で $S_{t_0} + (1 - 2p)$ の値をもつマーチンゲールである．(6.94) 式の表現はドゥーブ–メイヤー分解の簡単な場合である[*18]．

a. 一般の場合

上昇トレンドがある劣マーチンゲールが，連続区間の有限の時点で観察された過程に対して決定論的トレンドとマーチンゲール部分へ分解された．同様の分解は「連続的」に観測された過程でも行えるであろうか．

ドゥーブ–メイヤー定理はこの質問に対する答えを与えてくれる．証明なしにその定理を紹介しよう．

$\{I_t\}$ を前述の情報集合の族とする．

定理 3. $X_t, 0 \leq t \leq \infty$ が，属 $\{I_t\}$ に関して右連続「劣」マーチンゲールで，すべての t において $E[X_t] < \infty$ とすると，X_t は次の分解ができる．

$$X_t = M_t + A_t \tag{6.95}$$

ここで M_t は右連続マーチンゲールで A_t は I_t に関して可測な増加過程である．

この定理によると，連続的に観察される資産価格にたとえときどきのジャンプや上昇トレンドが含まれたとしても，それらを時点 t で観測された過程を減ずることによってマーチンゲールに変換できることがわかる．

もし，もとの連続過程がどんなジャンプも示さず，連続の場合には，結果としてのマーチンゲールはまた連続であろう．

b. ドゥーブ分解の使用法

マーチンゲールでない過程でも，それをマーチンゲールに変換できるという事実は，金融資産の評価に非常に有意義であるかもしれない．本節では単純な例を考えてみよう．

再び時間 $t \in [0, T]$ が連続だと仮定する．原資産を S_t とするコール・オプション C_t の価値は，満期日 T において次式で表されるであろう．

$$C_T = \max[S_T - K, 0] \tag{6.96}$$

これによると原資産価格が権利行使価格 K を上回っていると，オプションはこのスプレッド分だけの価値がある．もし原資産価格が K を下回っていればオプションの価値はない．

[*18)] この項は，連続時間におけるマーチンゲールでよく使われる．ここで連続時間間隔の離散区分を取り扱っている．

6.8 マーチンゲール表現

$t < T$ である早期の時点 t において，C_T の正確な価値はわからない．しかし時点 t であきらかとなっている情報 I_t を使うことによって，その予測を計算することができる．

$$E^P[C_T|I_t] = E^P[\max[S_T - K, 0] \mid I_t] \tag{6.97}$$

ここで，その期待値は，価格変化を支配する分布関数に関するものである．

この予測が与えられたとすると，公正な市場価値 C_t が $E^P[\max[S_T - K, 0]|I_t]$ の適正な割引価値と同値かどうか問いたくなるかもしれない．

たとえば，一定の無リスク金利 r を使って $E^P[\max[S_T - K, 0]|I_t]$ を割り引くとしよう．

$$C_t = e^{-r(T-t)} E^P[\max[S_T - K, 0] \mid I_t] \tag{6.98}$$

この式はコールオプションの公正な市場価値 C_t を本当に与えるだろうか．

この質問の答えは $e^{-r(t)} C_t$ が I_t, P の組に関してマーチンゲールかどうかによる．もしマーチンゲールなら，

$$E^P[e^{-rT} C_T | C_t] = e^{-rt} C_t, \quad t < T \tag{6.99}$$

または，その式の両辺に e^{rt} を乗じて

$$E^P\left[e^{-r(T-t)} C_T | C_t\right] = C_t, \quad t < T \tag{6.100}$$

を得る．そのとき $e^{-rt} C_t$ はマーチンゲールとなるであろう．

しかし，$e^{-rt} S_t$ が真の確率 P のもとでマーチンゲールであると期待できるだろうか．第2章で議論したように，投資家はリスク回避的であるという仮定のもとで，典型的なリスクのある証券は

$$E^P\left[e^{-r(T-t)} S_T | S_t\right] > S_t \tag{6.101}$$

となる．すなわち

$$e^{-rt} S_t \tag{6.102}$$

は劣マーチンゲールとなる．

しかしドゥーブ–メイヤー分解によると

$$e^{-rt} S_t \tag{6.103}$$

は

$$e^{-rt} S_t = A_t + Z_t \tag{6.104}$$

に分解できる．ここで A_t は増大する I_t 可測な確率変数であり，Z_t は情報 I_t に関してマーチンゲールである．

もし関数 A_t が明示的に得られるなら，時点 t のコールオプションの公正な価値を得るために (6.86) 式に (6.89) 式の分解を使うことができる．

しかしながら，この資産評価の方法は実務ではめったに使われない．資産価格をマーチンゲールに変換するのに，そのドリフト項を減ずるより，もとの確率分布 P を変化させるほうがもっと便利で，非常に簡単である．

6.9 確率積分の導入

これまでの結果を利用して，新しいマーチンゲール M_{t_i} を導入することができる．$H_{t_{i-1}}$ を $I_{t_{i-1}}$ に適合した任意の確率変数とする[*19]．Z_t を I_t とある確率測度 P に関する任意のマーチンゲールであるとしよう．そのとき

$$M_{t_k} = M_{t_0} + \sum_{i=1}^{k} H_{t_{i-1}}[Z_{t_i} - Z_{t_{i-1}}] \tag{6.105}$$

で与えられる過程は，また I_t に関してマーチンゲールとなる．

この表現の裏にある考え方は簡単に説明できる．Z_t はマーチンゲールであり，予測不能な増分をもつ．$H_{t_{i-1}}$ が $I_{t_{i-1}}$ に適合しているということは，$H_{t_{i-1}}$ が $I_{t_{i-1}}$ で与えられた場合に，定数であることを意味する．そのとき，Z_{t_i} の増分はまた $H_{t_{i-1}}$ と無相関となるだろう．以上より

$$E_{t_0}[M_{t_k}] = M_{t_0} + E_{t_0}\left[\sum_{i=1}^{k} E_{t_{i-1}}[H_{t_{i-1}}[Z_{t_i} - Z_{t_{i-1}}]]\right] \tag{6.106}$$

が計算できる．しかし，Z_{t_i} の増分は t_{i-1} 時点では予測不能である[*20]．また $H_{t_{i-1}}$ は I_t に適合している．このことは $E_{t_{i-1}}[\cdot]$ の演算を「中に」移して

$$H_{t_{i-1}} E_{t_{i-1}}\left[Z_{t_i} - Z_{t_{i-1}}\right] = 0$$

を得る．このことは

$$E_{t_0}\left[M_{t_k}\right] = M_{t_0} \tag{6.107}$$

であることを示し，M_t はマーチンゲールの性質をもつ．

このように定義した M_t は「確率積分」の最初の例であることがわかる．問題は $\sup_i [t_i - t_{i-1}]$ が 0 に近づくとき，同様の結果が得られるかどうかである．類推を用いて

[*19] これは $I_{t_{i-1}}$ の情報が与えられると，$H_{t_{i-1}}$ の値が確実にわかるということを意味することを思い出そう．

[*20] $E_{t_0}[E_{t_{i-1}}[\cdot]] = E_{t_0}[\cdot]$ であることを思い出されたい．

6.9 確率積分の導入   139

$$M_t = M_0 + \int_0^t H_u dZ_u \qquad (6.108)$$

のような表現を得ることができるだろうか．ここで dZ_u は t 時点の情報が与えられたもとでの，平均 0 の微小な確率増分を表す．

後のいくつかの章で考える問題はそのような積分を意味があるように定義できるかどうかである．たとえばリーマン−スティルチェス近似の考え方は (6.108) 式における確率積分を定義するのに利用できるだろうか．

ファイナンスへの適用：トレーディングの収益

金融理論において，確率積分は興味深い適用ができる．これらの適用のうちの 1 つを本節で論ずる．

「トレーディング時点」t_i:

$$0 = t_o < \ldots t_i < \ldots, t_n = T$$

において，無リスク証券とリスクのある証券に投資する意思決定者を考えてみよう．

$\alpha_{t_{i-1}}, \beta_{t_{i-1}}$ をトレーディング開始直前 t_i に投資家が保有している無リスク証券，リスクのある証券の保有「枚数」とする．あきらかにこれらの確率変数は I_{t_i} に適合している[21]．$\alpha_{t_0}, \beta_{t_0}$ は確率的でない初期の枚数である．B_{t_i} と S_{t_i} を時点 t_i における無リスク証券，リスクのある証券価格を表すとしよう．

いま，「自己金融」でのトレーディング戦略を考えることにしてみよう．これは t_{i-1} 時点の持ち分からの収入のみを元手にして自己で資金調達する時点 t_i の投資戦略である．すなわち

$$\alpha_{t_{i-1}} B_{t_i} + \beta_{t_{i-1}} S_{t_i} = \alpha_{t_i} B_{t_i} + \beta_{t_i} S_{t_i} \qquad (6.109)$$

を満たす．ここで $i = 1, 2, \ldots, n$ である．

この戦略によると投資家は (6.109) 式の左辺と同量の時点 t_i の持ち分を売ることができ，そしてこれらの収入のすべてで $\alpha_{t_i}, \beta_{t_i}$ 単位の無リスク証券，リスクのある証券を購入することができる．この意味において今日の投資は完全に，その前の時点における投資によって調達されたことになる．

(6.109) 式を $t_{i-1}, t_{i-2}, \ldots$ として左辺を再帰的に置き換え，さらに

$$\begin{aligned} B_{t_i} &= B_{t_{i-1}} + \left[B_{t_i} - B_{t_{i-1}} \right] \\ S_{t_i} &= S_{t_{i-1}} + \left[S_{t_i} - S_{t_{i-1}} \right] \end{aligned}$$

の定義を用いることで

---

[21] 時点 t_i において，投資家は無リスク証券，リスクのある証券の保有枚数を知っている．

$$\alpha_{t_0}B_{t_0} + \beta_{t_0}S_{t_0} + \sum_{j=0}^{i-1}[\alpha_{t_j}[B_{t_{j+1}} - B_{t_j}] + \beta_{t_j}[S_{t_{j+1}} - S_{t_j}]] \\ = \alpha_{t_i}B_{t_i} + \beta_{t_i}S_{t_i} \tag{6.110}$$

を得る．ここで右辺は時点 t_i のトレーディング終了後の意思決定者の富である．

(6.110) 式をよくみると，左辺は前節で議論した「確率積分」とまさしく同じ構成である．事実 α_{t_j} と β_{t_j} は $I_{t_{j+1}}$ に適合しており，それらは証券価格の増分がかけ合わされる．よって確率積分は投資家の期中の予算制約を定式化する自然なモデルである．

6.10 マーチンゲール手法と価格評価

ドゥーブ–メイヤー分解はマーチンゲール表現の理論である．これらの種類の結果は最初はまったく無害であるようにみえる．どんな劣マーチンゲール C_t が与えられても，それを2つの要素に分解できる．1つは t 時点の情報によって既知のトレンドで，もう1つは同じ情報集合と確率 P のもとでマーチンゲールである．このことはいくつかの技術的条件のもとで，以下の表現と等価である．

$$C_T = C_t + \int_t^T D_s ds + \int_t^T g(C_s) dM_s \tag{6.111}$$

ここで，情報集合 I_s が所与の場合，D_s は既知である．$g(\cdot)$ は C_s の予測不能な関数で，M_s は情報集合 $\{I_s\}$ と確率 P が所与の場合，マーチンゲールである[*22]．

この節において，この理論が市場のいくつかの大変重要な実際の抽象的な説明であり，それが金融モデルにおけるマーチンゲール手法のための一般的な方法論を示唆することを示す．

まず，いくつかの動機づけの理由を以下に示す．

価格が C_t で表される派生証券の価格評価を行いたいとする．第2章で示したように，正しく正規化された C_t はマーチンゲール測度 $\tilde{P}$ を用いて，価格評価式を与えることができる．

$$\frac{C_t}{B_t} = E_t^{\tilde{P}}\left[\frac{C_T}{B_T}\right] \tag{6.112}$$

この式は (6.111) 式から得られることがわかる．(6.112) 式において，あたかも条件付き期待値演算子 $E_t^{\tilde{P}}[\cdot]$ を C_t と B_t で正規化し，以下のように仮定した後，(6.111) 式の両辺にあてはめた．

$$E_t^{\tilde{P}}\left[\int_t^T \tilde{D}_s ds\right] = 0 \tag{6.113}$$

[*22] 後述するように，$g(\cdot)$ の予測不能な性質は，$g(C_s)$ と dM_s が無相関であることを示唆する．

$$E_t^{\tilde{P}}\left[\int_t^T g\left(\frac{C_s}{B_s}\right)dM_s\right]=0 \tag{6.114}$$

ここで，$\tilde{D}$ は正規化した C_t のトレンド，すなわち比率 C_t/B_t である．

このことは評価式 (6.112) を得る方法を示唆する．派生証券 C_t が与えられると，もしそれに対してマーチンゲール表現で書き表せるなら，次にリスク中立測度のもとで (6.113) 式と (6.114) 式の条件を満たすことができる正規化をみつけようとすることができる．派生証券の価格評価の一般的な方法として，この手続きを用いることができる．

次節においてまさしくそのことを行う．まず，派生証券価格 C_t のためのマーチンゲール表現がどのように得られるかを示す．次に，この表現の意味に目をむけ，自己金融ポートフォリオの概念を説明する．

6.11 価格評価の方法論

微小な有限の間隔 $h>0$ を仮定して離散時間から始める．そして，前節と同様に期間 $[t,T]$ を n に再分割する．C_t と S_t はそれぞれ派生証券と原資産の現在の価格を表す．C_t は以下のような問題については未知である．T は満期日である．満期において，派生証券はその支払いと等価の市場価値となる．

$$C_T = G(S_T) \tag{6.115}$$

ここで，$G(\cdot)$ は既知で S_T は時点 T の原資産の未知の価格である．

(6.111) 式のマーチンゲール表現と離散時間で等価なものは，次式で与えられる．

$$C_T = C_t + \sum_{i=1}^n D_{t_i}\Delta + \sum_{i=1}^n g(C_{t_i})\Delta M_{t_i} \tag{6.116}$$

ここで ΔM_{t_i} は，

$$\Delta M_{t_i} = M_{t_{i+1}} - M_{t_i}$$

を意味し，n は以下のようなものである．

$$t_o = t < \ldots < t_n = T \tag{6.117}$$

派生証券 C_t の無裁定価格を決定するにあたってこの表現をどのように使うことができるのであろうか．

6.11.1 ヘッジ

そのような努力の第一歩は証券 C_t の合成ヘッジを構築することである．
第2章で利用した標準的な方法を用いてこれを行う．B_t を無リスク借入とし一定と

みなすことができる短期利率 r で貸借できるとする。S_{t_i} を時点 t_i で観測された原証券の価格とする。このように、$\{B_{t_i}, S_{t_i}\}$ の両方が、時点 t_i において既知である。

ここで、複製ポートフォリオをつくるために、前節における $\alpha_{t_i}, \beta_{t_i}$ を選択するとしよう。

$$C_{t_i} = \alpha_{t_i} B_{t_i} + \beta_{t_i} S_{t_i} \qquad (6.118)$$

ここで、$\alpha_{t_i}, \beta_{t_i}$ は、その価値が C_{t_i} と一致するように決定した、複製ポートフォリオのウェイトである。時点 t_i における情報が与えられて初めて、右辺の価値がわかることにご注意いただきたい。よって、$\{\alpha_{t_i}, \beta_{t_i}\}$ は予測不能である。これで、このヘッジすなわち複製ポートフォリオを用いて、マーチンゲール表現を適用することができる。

6.11.2 時間力学

期間 $[t, T]$ の間の C_{t_i} の変化を考える。当たり前のように以下のように記述できる。

$$C_T = C_t + \sum_{i=0}^{n} \Delta C_{t_i} \qquad (6.119)$$

なぜなら、$\Delta C_{t_i} = C_{t_{i+1}} - C_{t_i}$ であるからである。または複製ポートフォリオを使って、

$$C_T = C_t + \sum_{i=1}^{n} \Delta [\alpha_{t_i} B_{t_i} + \beta_{t_i} S_{t_i}] \qquad (6.120)$$

$$= C_t + \sum_{i=1}^{n} \Delta [\alpha_{t_i} B_{t_i}] + \sum_{i=1}^{n} \Delta [\beta_{t_i} S_{t_i}] \qquad (6.121)$$

と記述できる。ここで Δ は最小の差異を示す演算子を表す。

いま、$u.v$ の積の変化は以下の積の法則を用いて計算できることを思い出していただきたい。

$$d(u.v) = du.v + u.dv \qquad (6.122)$$

上式を (6.121) 式の右辺の第 2 項、第 3 項に適用すると[*23)]

[*23)] 簡単な代数によって、以下のように式を得る別の方法がある。

$$\Delta\left[\alpha_{t_i} B_{t_i}\right] = \alpha_{t_{i+1}} B_{t_{i+1}} - \alpha_{t_i} B_{t_i}$$

が与えられると、右辺の $\alpha_{t_i} B_{t_{i+1}}$ を加算、減算して、同様の項を因数分解でき、次式を得る。

$$\alpha_{t_{i+1}} B_{t_{i+1}} - \alpha_{t_i} B_{t_i} = \left(\alpha_{t_{i+1}} - \alpha_{t_i}\right) B_{t_{i+1}} + \alpha_{t_i} \left(B_{t_{i+1}} - B_{t_i}\right)$$
$$= \left(\Delta \alpha_{t_i}\right) B_{t_{i+1}} + \alpha_{t_i} \left(\Delta B_{t_i}\right)$$

6.11 価格評価の方法論

$$\sum_{i=0}^{n} \Delta \left[\alpha_{t_i} B_{t_i} \right] = \sum_{i=0}^{n} \left(\Delta \alpha_{t_i} \right) B_{t_{i+1}} + \sum_{i=1}^{n} \alpha_{t_i} \left(B_{t_i} \right) \tag{6.123}$$

$$\sum_{i=0}^{n} \Delta \left[\alpha_{t_i} S_{t_i} \right] = \sum_{i=0}^{n} \left(\Delta \alpha_{t_i} \right) S_{t_{i+1}} + \sum_{i=1}^{n} \alpha_{t_i} \left(S_{t_i} \right) \tag{6.124}$$

ここで以下の表記法を用いている．

$$\Delta \left[\alpha_{t_i} B_{t_i} \right] = \left[\alpha_{t_{i+1}} B_{t_{i+1}} \right] - \left[\alpha_{t_i} B_{t_i} \right]$$

$$\Delta \alpha_{t_i} = \alpha_{t_{i+1}} - \alpha_{t_i} \qquad \Delta \beta_{t_i} = \beta_{t_{i+1}} - \beta_{t_i}$$

$$\Delta B_{t_i} = B_{t_{i+1}} - B_{t_i} \qquad \Delta S_{t_i} = S_{t_{i+1}} - S_{t_i}$$

このように，(6.121) 式は以下のように書き換えられる．

$$\begin{aligned} C_T = C_t &+ \sum_{i=0}^{n} \left(\Delta \alpha_{t_i} \right) B_{t_{i+1}} + \sum_{i=0}^{n} \alpha_{t_i} \left(\Delta B_{t_i} \right) \\ &+ \sum_{i=0}^{n} \left(\Delta \alpha_{t_i} \right) S_{t_{i+1}} + \sum_{i=0}^{n} \alpha_{t_i} \left(\Delta S_{t_i} \right) \end{aligned} \tag{6.125}$$

書き換えると，以下のようになる．

$$\begin{aligned} C_T = C_t &+ \sum_{i=0}^{n} \left[\left(\Delta \alpha_{t_i} \right) B_{t_{i+1}} + \left(\Delta \alpha_{t_i} \right) S_{t_{i+1}} \right] \\ &+ \sum_{i=0}^{n} \left[\alpha_{t_i} \left(\Delta B_{t_i} \right) + \alpha_{t_i} \left(\Delta S_{t_i} \right) \right] \end{aligned} \tag{6.126}$$

いま，この表現の右辺の項について考えてみよう．C_t は未知であることが問題である．われわれは実際，(6.112) 式を満たすこの項の無裁定価値を決定する方法を探しているのである．括弧内の他の2つの項は詳細に議論する必要がある．

最初の括弧の項について考えてみよう．時間 t_{i+1} において情報集合が与えられると，この括弧内のすべての要素は既知となる．$B_{t_{i+1}}, S_{t_{i+1}}$ は市場で観測され，$\Delta \alpha_{t_i}, \Delta \beta_{t_i}$ は，複製ポートフォリオのアナリストが示したようなリバランスを表す．よって，最初の括弧でくくった項は，マーチンゲール表現 (6.111) 式における D_t 項といくつかの類似がある．

2番目の括弧でくくった項は情報集合 I_{t_i} が与えられたもとでも未知であろう．なぜなら，t_i 以降に起こる価格変化 $\Delta S_{t_i}, \Delta B_{t_i}$ を含むからである．よって，新たな情報を含むかもしれないし，I_{t_i} の情報を含まないかもしれない．しかしながら，未知

であるにもかかわらず，これらの価格変化は一般的に予測可能である．このように第2項がマーチンゲール表現理論における dM_t の役割を果たすとは期待できない．2番目の括弧でくくった項は一般的にゼロでないドリフト項をもちマーチンゲールとは成りえない．

それゆえ，この点において期待値演算子 $E_t^P[\cdot]$ の適用を期待できない．ここで，P は実際の確率で (6.126) 式は次式のように書き表せられると期待する．

$$C_t = E_t^P[C_T]$$

一般的に，(6.126) 式における括弧の項は，そのような演算のもとで消去されない．しかし，この点について2つの手法が存在する．

第1に，(6.126) 式における $\{C_t, B_t, S_t\}$ は別の無裁定価格によって除することができ，実際の価格でなく，正規化された価格によってマーチンゲール表現で表されるのである．そのような正規化が，もし思慮深く行われれば，C_t 過程におけるどんなドリフト項も正規化変数の項によって補正されることを保証するかもしれない．これは C_T の将来のペイオフをとにかく現在価値に割り引きたい場合に本当に便利であろう．

第2に括弧でくくった第2番目の項が一般的に予測可能のとき，よってそれはマーチンゲールではない．われわれは実際の世界の確率に関していっているのである．「ギルサノフの定理」を用いて確率分布を変換することができる．別のいい方をすると，リスク中立確率を用いたい[*24)]．

いま，(6.126) 式にこれらのステップを適用するかについて示す．

6.11.3　正規化とリスク中立確率

上述のステップを実行するために，まず適正な選ばれた価格によってすべての資産を正規化する．この場合，便利な正規化は B_t の対応する価値で除することである．それは以下のように定義される．

$$\tilde{C}_t = \frac{C_t}{B_t} \qquad \tilde{S}_t = \frac{S_t}{B_t} \qquad \tilde{B}_t = \frac{B_t}{B_t} = 1 \qquad (6.127)$$

$\tilde{B}_t$ は一定で時間と共に増加しないことがすぐにわかる．よって，すべての t_i について，

$$\Delta \tilde{B}_{t_i} = 0 \qquad (6.128)$$

である．B_t による正規化は，この変数のトレンドをあきらかに除去する．しかしさらに手続きがある．次に，無限小の区間 dt における正規化された $\tilde{S}_t$ の予測される変化

[*24)] ギルサノフの定理については第12章，第13章で詳細について議論する．ここでの議論は動機づけについて行う．

6.11 価格評価の方法論

について考えてみよう.連続時間において次式のように記述できる.

$$dB_t = rB_t dt \tag{6.129}$$

なぜならば,瞬間的な投資 B_t の利回りは,無リスク金利 r である.この関係を用いると,

$$d\tilde{S}_t = d\frac{S_t}{B_t} = \frac{dS_t}{B_t} - \tilde{S}_t \frac{dB_t}{B_t} \tag{6.130}$$

$$= \frac{dS_t}{S_t}\tilde{S}_t - \tilde{S}_t r dt \tag{6.131}$$

ここで,dB_t/B_t を r に置き換えた[*25].第2章で学んだように,無裁定状態のもとで,金融市場が正規化されていれば,S_t の期待収益率は無リスク収益率 r となることを思い出していただきたい.

$$E_t^{\tilde{P}}\left[d\tilde{S}_t\right] = E_t^{\tilde{P}}\left[\frac{dS_t}{S_t}\tilde{S}_t\right] - \tilde{S}_t r dt \tag{6.132}$$

$$= \left(r\tilde{S}_t dt - \tilde{S}_t r dt\right) = 0 \tag{6.133}$$

ここで $\tilde{P}$ は第2章で議論した状態価格から得られるリスク中立確率である.よって,正規化された S_t はまた $\tilde{P}$ のもとで平均がゼロである.

(6.126)式における不要な括弧でくくった項を除去するために,この論理の離散時間に対応するものを用いることができる.まず,次式のように記述し,

$$\tilde{C}_T = \tilde{C}_t + \sum_{i=1}^{n}\left[(\Delta\alpha_{t_i})\tilde{B}_{t_{i+1}} + (\Delta\alpha_{t_i})\tilde{S}_{t_{i+1}}\right] + \sum_{i=1}^{n}\left[\alpha_{t_i}(\Delta\tilde{S}_{t_i})\right] \tag{6.134}$$

リスク中立確率 $\tilde{P}$ のもとでの新たな制約を加えると,

$$E_t^{\tilde{P}}\left[\Delta\tilde{S}_t\right] = 0 \tag{6.135}$$

となる.このように,演算子 $E^{\tilde{P}}[\cdot]$ を (6.134) 式に適用すると,

$$E_t^P\left[\tilde{C}_T\right] = \tilde{C}_t + E_t^{\tilde{P}}\left[\sum_{i=0}^{n}\left[(\Delta\alpha_{t_i})\tilde{B}_{t_{i+1}} + (\Delta\alpha_{t_i})\tilde{S}_{t_{i+1}}\right]\right]$$

$$+ E_t^{\tilde{P}}\left[\sum_{i=0}^{n}\alpha_{t_i}(\Delta\tilde{S}_{t_i})\right] \tag{6.136}$$

$$= \tilde{C}_t + E_t^{\tilde{P}}\left\{\sum_{i=0}^{n}\left[(\Delta\alpha_{t_i})\tilde{B}_{t_{i+1}} + (\Delta\alpha_{t_i})\tilde{S}_{t_{i+1}}\right]\right\} + 0 \tag{6.137}$$

[*25] なぜならば,B_t は決定論的であり,S_t は直接代入でき,ここでは伊藤の修正項は存在しない.

となる．あきらかに，もし括弧でくくった項を消去できると，未知の C_t の無裁定価値の求めたい結果を得ることができる．

$$C_t = B_t E_t^{\tilde{P}} \left[\frac{C_T}{B_T} \right] \tag{6.138}$$

それでは，(6.137) 式の最後の括弧でくくった項をどのように消去するのであろうか．$\{\alpha_{t_i}, \beta_{t_i}\}$ を選択することによって，消去を行うのである．したがって，

$$\sum_{i=0}^{n} \left[(\Delta \alpha_{t_i}) \tilde{B}_{t_{i+1}} + (\Delta \alpha_{t_i}) \tilde{S}_{t_{i+1}} \right] = 0 \tag{6.139}$$

となる．複製ポートフォリオは自己金融であることがわかる．事実，最後の等式は，もしすべての i に対して，

$$\alpha_{t_{i+1}} B_{t_{i+1}} + \beta_{t_{i+1}} S_{t_{i+1}} = \alpha_{t_i} B_{t_{i+1}} + \beta_{t_i} S_{t_{i+1}} \tag{6.140}$$

が成り立てば得られるであろう．それは，時点 t_i で選ばれたポートフォリオの時点 t_{i+1} の価値は，ポートフォリオのウェイトを再調整すればまさに充分であるということである．この最後の等式は正規化されていない価格に対して記述していることにご注意いただきたい．なぜならば，正規化を行おうとも，それは両辺から相殺されるので，このようにできるのである．

6.11.4　要　　約

資産価格の観点から計算について要約する．最初はツールについて．前節の計算は基本的に3つの重要なツールに依存している．1つ目のツールはマーチンゲール表現理論である．これは確率過程が与えられると，それを既知のトレンドとマーチンゲールに分解できることをいっている．この結果は，みかけは技術的であるが，実際は非常に直感的である．どんな時系列データが与えられても，それをトレンドとトレンド周りの偏差としてとらえることができる．実世界のデータを取り扱い，日常的にそのようなトレンド成分を推計している市場参加者は，実際マーチンゲール表現理論の原形を使っている．

われわれが使った2つ目のツールは正規化である．マーチンゲール表現は観測された価格ではなく，正規化された価格に適用された．これは，マーチンゲール表現理論のいくつかの不要な項を，都合よく消去する．

3つ目のツールは測度変換である．リスク中立確率を使って期待値を計算することによって，マーチンゲール表現における残った不要な項を消去できることがわかった．事実，リスク中立測度を利用することによって，S_t 過程の期待トレンドを変換する効果がある．そして，正規化は B_t の利回りによってこの新しいトレンドを消去できる

ことがわかった．これらすべての結果として，正規化された C_t はまったくトレンドがなく，マーチンゲールとなった．もし，自己金融複製ポートフォリオを用いるならば，これは (6.126) 式の価格を与えることになる．

6.12 おわりに

本章ではマーチンゲールの手法を取り扱った．マーチンゲールとは時系列トレンドが認識されない過程として導入された．後の章で役に立ついくつかの例について議論した．

本章ではまた正（または負）の時間トレンドを持つ過程からマーチンゲールを得る方法についても紹介した．

ここで紹介した理論的概念が，どうして実務家に重要であるかを説明して本章を結ぶことにする．

S_t を時点 t においてトレーダーに観測される資産の価格とする．微小区間において，トレーダーは S_t に関する新しい予測不能な情報を受け取る．これらは

$$dS_t = \sigma_t \, dW_t$$

と表される．ここで σ_t はボラティリティで dW_t はブラウン運動の増分である．ボラティリティは時間の添え字をもち，時間変化とともに変わることに注意する必要がある．また dS_t は予測可能なドリフト項をもたないことに注意せよ．

長い期間にわたって，そのような予測不能な情報は累積される．T 期間経過後，資産価格は

$$S_{t+T} = S_t + \int_t^{t+T} \sigma_u \, dW_u$$

となる．

この等式は (6.108) 式と同様の形である．もし，どの増分ニュースも予測不能とすると，その時追加的なニュースの合計も（時点 t において）予測不能となるべきである．しかし，これは S_t がマーチンゲールとなるべきであることを意味し，

$$E_t \left[\int_t^{t+T} \sigma_u dW_u \right] = 0$$

が成立せねばならない．

これは確率積分の重要な性質である．しかし，それはまた市場における情報の伝わり方によって，金融市場参加者に課される制約でもある．マーチンゲール手法はそのような方程式の中心であった．それらはまた実務家にも重要である．

6.13 参考文献

マーチンゲールの数学についてもっと学びたい読者は Williams (1991) の入門書を読むべきである．この本は非常に読みやすいし，簡単なモデルを使ってすべての主なマーチンゲールの結果のメカニズムの詳細を紹介してくれる．Revuz & Yor (1994) はマーチンゲールのすぐれた上級テキストである．Shiryayev (1984) のサーベイは，最近の結果のほとんどを含んだ中級レベルの論述である．トレーディング収益と確率積分については，Cox & Huang (1989) を調べるとよいかもしれない．Dellacherie & Meyer (1980) はマーチンゲールの包括的な書籍である．Musiela & Rutkowski (1997) は，資産評価における，マーチンゲール手法の包括的な書籍である．

6.14 演習問題

1. Y を以下を満たす確率変数とする．

$$E[Y] < \infty$$

 (a) 次式で定義される M_t がマーチンゲールであることを示せ．

$$M_t = E[Y \mid I_t]$$

 (b) このことは $\{I_0 \subseteq \ldots I_t \subseteq I_{t+1} \ldots\}$ のように増え続ける情報集合が与えられれば，すべての条件付き期待値はマーチンゲールであることを意味するのか．

2. 以下のような確率変数について考える．

$$X_n = \sum_{i=1}^{n} B_i$$

 ここで，各々の B_i は公正なコインを投げた結果から得られる．

$$B_i = \begin{cases} +1 & 表 \\ -1 & 裏 \end{cases}$$

 $n = 4$ として，X_4 について考えてみよう．

 (a) $E[X_4 \mid I_1], E[X_4 \mid I_2], E[X_4 \mid I_4]$ を計算せよ．
 (b)
$$Z_i = E[X_4 \mid I_i]$$

と仮定する．$Z_i, i = 1, \ldots, 4$ はマーチンゲールであるか．
(c) 以下のように定義する．
$$V_i = B_i + \sqrt{i}$$
$$\tilde{X}_n = \sum_{i=1}^{n} V_i$$
V_i はマーチンゲールであるか．
(d) 適切な変換を用いて，V_i をマーチンゲールに変換できるか．
(e) コイン投げに関する確率を変換して，V_i をマーチンゲールにできるか．

3. W_t をウィーナー過程，t をその時点とする．次の確率過程はマーチンゲールであるか．
   (a) $X_t = 2W_t + t$
   (b) $X_t = W_t^2$
   (c) $X_t = W_t t^2 - 2\int_0^t sW_s ds$

4. 次の表現が与えられている．
$$M_T(X_t) = M_o(X_o) + \int_o^T g(t, X_t) dW_t$$
ここで，上式は一連の情報集合 $\{I_t\}$ のもとで成り立つ．もとの過程 X_t が，確率微分方程式に従うかはわからない．
$$dX_t = \mu dt + \sigma dW_t$$
$M(\cdot)$ が次式で与えられる場合に対する，上記表現における $g(\cdot)$ を決定せよ．
   (a) $M_T(X_T) = W_T$
   (b) $M_T(X_T) = W_T^2$
   (c) $M_T(X_T) = e^{W_T}$

5. 次の表現が与えられたとき，
$$M_T(X_t) = M_o(X_o) + \int_o^T g(t, X_t) dW_t,$$
$M_T(X_T)$ が満期における単純なヨーロッパ型オプションのペイオフであるとすると，$g(\cdot)$ は決定できるか．
   すなわち，もし $M_T(X_T)$ が次式で与えられると，
$$M_T(X_T) = \max[X_T - K, 0]$$
ここで $0 < K < \infty$ は権利行使価格である．どこが困難であるのか．

7

確率環境下における微分

7.1 はじめに

　決定論的な環境での微分は第3章で復習した．x による関数 $f(x)$ の微分は $f(\cdot)$ が dx と表された x の微小な変化に反応する比率についての情報を与える．この応答は次式で計算された．

$$df = f_x \, dx \tag{7.1}$$

ここで，f_x は x による関数 $f(x)$ の微分である．

　確率環境下でも同様な概念が必要である．たとえば，原資産の価格 S_t の変動が与えられたとき，S_t を原資産とするコールオプションの価格はどのように反応するのだろうか．決定論的な環境ではそのような問題を調べるために微分の標準的な法則を用いるだろう．しかし，金融資産の価格評価では「確率論的な」変数を扱い，リスクの概念が中心的な役割を果たしている．原資産の変数が連続時間の確率過程であるとき，同様な定式化が用いられ得るのだろうか．

　微分の概念は「常微分方程式」のモデルに密接に関係づけられる．そこでは，ある変数に対する，他の変数の変化の影響が明示的に定式化される．実際,（ベクトル）微分方程式は決定論的な過程の動的変化を定式化する正式な方法であり，微分の存在はこの定式化のために必要である．

　微分方程式は同様に資産価格の振る舞いを定式化する際に用いられ得るのだろうか．この定式化の最初の難しさは資産価格の無作為な振る舞いである．熱が金属棒を伝わる方法は「決定論的」な定式化によって十分合理的に近似されるであろう．しかし，「派生資産」の価格評価の場合，原証券の無作為な振る舞いが本質的に重要である．結局，リスクを取り除いたり，取ったりできることが派生資産が存在する意義である．すべてのことが十分に予期される決定論的な環境ではリスクは存在しない．結果として，金融派生資産を必要とはしなくなるであろう．しかし，もし確率性が本質的なものであれば，どのように確率環境下で微分を定義すればよいのであろうか．

　通常の微分方程式に無作為な誤差項を単純に加えて，金融派生商品の価格評価に用

いることができるのであろうか．あるいは，「確率微分方程式」を定義すると同様に新たな困難があるのであろうか．

本章では，原資産の定式化として確率微分方程式を用いる確率環境下での微分を扱う．最初にはじめから確率微分方程式を構築し，その後，決定論的な微積分から直接微分形式を表すことの難しさを示す．

よりくわしく述べると，はじめにどのような条件のもとで連続時間の過程 S_t の振る舞いが以下の「確率微分方程式」によって記述される動きを用いて近似できるのかを示す．

$$dS_t = a(S_t, t)\, dt + b(S_t, t)\, dW_t \tag{7.2}$$

ここで，dW_t は，無限小の時間間隔 dt の間に起こる予測不能な出来事を表す「確率変動項」である．$a(S_t, t)$ と $b(S_t, t)$ はそれぞれ「ドリフト」と「拡散」を表す係数である．それらは I_t 適合である．

2番目に，系を制御し，確率変動の要因となる新たに入れた確率変動項 dW_t の性質を学ぶ．W_t は非常に特異なプロセスであり，その微分は決定論的な微積分法の意味で存在しないことを示す．それゆえ，dS_t や dW_t のような増分はあるほかの手段で正当化されなければならない．

最初から確率微分方程式を構築することにはよい副産物がある．これは連続時間の確率微積分で馴染むことができる方法で行う．それは離散時間と連続時間の計算の間の橋渡しを与え，いくつかの誤解がこの方法で取り除かれるかもしれない．

7.2 動機づけ

本節では，決定論的な環境と確率環境下での微分の直観的な比較を行う．

S_t が証券の価格であり，$F(S_t, t)$ は S_t を原資産とする派生資産の価格であるとしよう．株式ブローカーは証券価格の次の一瞬の増分 dS_t を知ることに興味がある．一方，派生資産部門は S_t を原資産とする派生資産の価格の増分 dF_t を必要としている．どのように dS_t の推定から出発して dF_t を計算できるのだろうか．

ここで興味があることはどのように原資産が変化するかではなく，そのかわり原資産の価格の変化に対して派生資産がどのように反応するかである．言い換えると，連鎖定理が用いられる必要がある．もし，標準的な微積分の法則が適用できるのならば市場参加者は以下の公式を用いることができる．

$$dF_t = \frac{\partial F}{\partial S}\, dS_t \tag{7.3}$$

または，偏微分の記法で，

$$dF_t = F_s\, dS_t \tag{7.4}$$

しかし，決定論的な微積分の法則が本当に適用できるのだろうか．この連鎖定理が同様に確率論的な状況で用いられ得るのだろうか．

以下で微分の法則が実際に確率環境下で異なることを示す．x の関数 $f(x)$ を用いて議論を進めていく．

第3章で議論したように，標準的な微分は以下で定義される極限の演算である．

$$\lim_{h \to 0} \frac{f(x+h) - f(x)}{h} = f_x \tag{7.5}$$

ここで，極限は以下を満たす．

$$f_x < \infty$$

また，$f(x+h) - f(x)$ は x が h だけ変化した関数の変化量を表している．さらに，もし，x が時間を表すならば，微分は無限小の時間の間に $f(x)$ が変化する「変化率」である[*1]．この場合，時間は決定論的な変数であり，「標準的な」微積分法を用いることができる．

しかし，もし，$f(x)$ における x が，連続的な時間軸に従って動く確率変数であったらどうなるであろうか．同様な方法で微分を定義でき，標準的な方法を用いることができるのであろうか．

この質問に対する答えは，一般的にはノーである．まず，この重要な問いに直観的な議論をはじめる．

$f(x)$ が「確率過程」x の関数であるとしよう[*2]．x の既知の値 x_0 の近傍に $f(x)$ を展開したいとしよう[*3]．テーラー級数展開は次式のようになる．

$$f(x) = f(x_0) + f_x(x_0)[x - x_0] + \frac{1}{2} f_{xx}(x_0)[x - x_0]^2 \tag{7.6}$$

$$+ \frac{1}{3!} f_{xxx}(x_0)[x - x_0]^3 + R(x, x_0) \tag{7.7}$$

ここで，$R(x, x_0)$ はテーラー級数展開の残差項を表す．これらの残差は3次より大きい $f(x)$ の偏微分，3より大きな階乗，$(x - x_0)$ の3次より大きなべき乗の項からなることに注意されたい．

ここで，テーラー級数近似の右辺の $R(x, x_0)$ 以外の項を考える．もし，以下のようにおけば，$f(x)$ は $f(x_0 + \Delta x)$ と書き直すことができる．

$$\Delta x = x - x_0 \tag{7.8}$$

[*1] $f(x+h) - f(x)$ を h で割ることによって，比率を得ることができる．この比率は h ごとにどの程度 $f(x)$ が変化するかを表している．それゆえ，それは「変化率」である．

[*2] 簡単に記述するために，x の時間の添え字を省略している．

[*3] 興味ある読者はテーラー級数展開の復習のために3章を参照されたい．

7.2 動機づけ

このとき，テーラー級数近似は次式のようになる[*4]．

$$f(x_0 + \Delta x) - f(x_0) \cong f_x(\Delta x) + \frac{1}{2} f_{xx}(\Delta x)^2 + \frac{1}{3!} f_{xxx}(\Delta x)^3 \qquad (7.9)$$

この式の右辺において，Δx は確率変数 x の「微小な変化」を表している．この変化は小さくなると考えられるが，無視し得るほど小さくなってほしくないということに注意されたい．結局，目的は $f(x)$ における x の変化の影響を評価することにあり，このことは x の「無視し得るほど小さな」変化を考慮せずには行えない．そこで，右辺の可能性のある近似として，$f_x \Delta x$ の項を残しておく．

第 2 項 $1/2\, f_{xx}(\Delta x)^2$ を考えよう．もし，変数 x が決定論的であれば，$(\Delta x)^2$ の項は小さいといってよい．このことは Δx の大きさを無視できない大きさにしながら，$(\Delta x)^2$ を十分小さくすることで正当化してきた．実際，もし Δx が小さいならば，その 2 乗はさらに小さく，「ある時点で」無視することができるだろう．しかし，いまの場合では x は確率変数である．そのため，x の変化もまた確率変数となる．これらの変化の平均は 0 であるとしよう．そのとき，確率変数は「確率」的である．なぜならそれは正の分散をもつからである．

$$E[\Delta x]^2 > 0 \qquad (7.10)$$

しかし，この式は文字通り読むと，$(\Delta x)^2$ の大きさが平均的に 0 ではないことを意味する．言い換えると確率変数 x に対して $(\Delta x)^2$ を 0 とすることは分散を 0 とすることと等価である．これは結局確率的でない量によって，確率変数を近似することになり，われわれの目的に反する．結局，$f(x)$ における x の「確率的」な変化の影響をみつけ出す試みを行っているのである．

それゆえ，x が確率変数である限り，テーラー級数近似の右辺は 2 次の項は残さなければならない．

一方，右辺の Δx の 1 次および 2 次の項を残すことを要求する限り，Δx の 3 次以上の項を無視する合理的な議論が可能である．もし高次のモーメントを無視してよいならば，このことは矛盾がない[*5]．

結果として，テーラー型の近似の候補は以下のようになる．

$$f(x_0 + \Delta x) - f(x_0) \sim f_x \Delta x + \frac{1}{2} f_{xx} E\left[(\Delta x)^2\right] \qquad (7.11)$$

[*4] 以下では，簡単に記述するために，$f_x(x_0), f_{xx}(x_0), f_{xxx}(x_0)$ の引数を省略している．

[*5] 読者のなかには，第 6 章の連続時間マーチンゲール「変動」の議論を思い出すかもしれない．そこでは連続 2 乗可積分マーチンゲールに対して 1 次の変動が無限大であり，2 次変動がある確率変数に収束し，より高次の項は消えていった．それゆえ，x が連続 2 乗可積分マーチンゲールであれば，近似的な意味で Δx の高次の項は 0 とおくことができる．

ここで，$(\Delta x)^2$ はその期待値でおき換えられる．これは $1/2\, f_{xx}(\Delta x)^2$ の項を近似の方法としてその「平均値」で置き換えることと等価である．あとの章では，この方法を正確に行うための道具を導き出す．

2つ目は $E[(\Delta x)^2]$ のかわりに，考えている時間間隔が 0 に近づくときの確率変数 $(\Delta x)^2$ のある適当な極限を用いることである．そのような近似は第4章で議論された．ある条件のもとで，これら2つの手続きは同じ表現を導き出すことがわかる．実際，もし，h が変化 Δx が観察されている間の時間間隔を表し，h が「小さい」ならば，ある条件のもとで，平均 2 乗の意味で $\sigma^2 h$ は $(\Delta x)^2$ に十分近い値となる．

したがって，x が確率変数か否かによって 2 つの可能な近似式を得る．

- もし，x が確率変数であるならば，以下のように表せる．

$$f(x_0 + \Delta x) - f(x_0) \sim f_x \Delta x + \frac{1}{2} f_{xx} E[(\Delta x)^2] \tag{7.12}$$

または，

$$f(x_0 + \Delta x) - f(x_0) \sim f_x \Delta x + \frac{1}{2} f_{xx} [x^*] \tag{7.13}$$

ここで，x^* は $(\Delta x)^2$ の 2 乗平均の極限である．

- 一度，x が決定論的になると，$(\Delta x)^2$ は微小な Δx に対して無視することができ，以下のようになる．

$$f(x_0 + \Delta x) - f(x_0) \cong f_x \Delta x \tag{7.14}$$

この結果は，決定論的および確率論的環境下での微分の取り扱い方を示す．

たとえば，(7.14) 式の場合，両辺を Δx で割ることで，以下の近似を得る．

$$\frac{f(x_0 + \Delta x) - f(x_0)}{\Delta x} \cong f_x \tag{7.15}$$

しかし，確率論的な Δx は (7.9) 式で $x \to 0$ として 3 次の項を無視できるのか，そして微分を定義できるかどうかはあきらかではない．

$$\lim_{\Delta x \to 0} \frac{f(x_0 + \Delta x) - f(x_0)}{\Delta x} \cong f_x + \frac{1}{2} f_{xx} \lim_{\Delta x \to 0} \frac{(\Delta x)^2}{\Delta x} \tag{7.16}$$

これは次に議論する．

7.3 微分を論じるための枠組み

微分の概念は無限小の間隔での増分を扱う．金融市場への応用では，興味があることは時間が経つなかでの資産価格の変化である．加えて，これらの変化は確率的であると仮定される．したがって確率微積分では，微分の概念はいくつかの確率論的な収

7.3 微分を論じるための枠組み

束を用いる必要がある[*6]．微分を議論するために利用する自然な枠組みは，以下の確率微分方程式である．

$$dS(t) = a(S(t), t)\,dt + b(S(t), t)\,dW_t \tag{7.17}$$

確率環境下で微分の方法を議論するためには，確率微分方程式で「定式化」することが必要である．この定式化は離散時間から連続時間へ進む．

時間間隔 $t \in [0, T]$ を考えよう．

図 7.1 を考える．x 軸，$[0, T]$ は n 個の等しい区間 h に分けられている．これまでの章で用いられた記法により，以下の分け方で区間を考える．

$$0 = t_0 < t_1 < ... < t_k < ... < t_n = T \tag{7.18}$$

本章での大きな違いはすべての k について以下が成り立つことである．

$$t_k - t_{k-1} = h \tag{7.19}$$

ここで，このことは以下を意味する．

$$t_k = kh \tag{7.20}$$

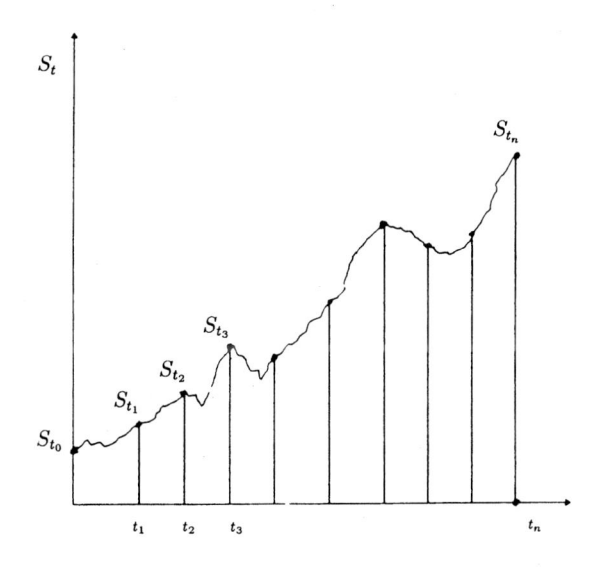

図 7.1

[*6] 確率論的な収束では，われわれの関心は確率変数 X_n の数列，または族が収束する確率変数 X^* を見つけることである．「大きな」n に対しては極限の確率変数 X^* はそのとき，X_n の近似として用いられる．これは，極限の変数は X_n それ自身を扱うより，容易なことが多いからである．

したがって，以下の関係を得る．

$$n = \frac{T}{h} \tag{7.21}$$

これらの有限の区間で観測される以下の量を定義する．

$$S_k = S(kh) \tag{7.22}$$

および

$$\Delta S_k = S(kh) - S((k-1)h) \tag{7.23}$$

後者は有限の区間 h での証券価格 $S(t)$ の変化を表している．

ここで，ある1つの区間 k を取り上げる．対応する期待値が存在する限り，以下の方法で確率変数 ΔW_k を「いつでも」定義可能である．

$$\Delta W_k = [S_k - S_{k-1}] - E_{k-1}[S_k - S_{k-1}] \tag{7.24}$$

ここで，記号 $E_{k-1}[.]$ は区間 $k-1$ の最後で利用可能な情報の条件のもとでの期待値を表す．ΔW_k は区間 $k-1$ の最後で利用可能な情報が与えた上でのまったく予測不能な $[S_k - S_{k-1}]$ の部分である．右辺の第1項は k 番目の区間の証券価格 $S(t)$ の実際の変化を表している．第2項は市場参加者が情報の集合 I_{k-1} を与えられた上で予想する変化である[*7]．新たな情報の予測不能な要素を「イノベーション」と呼ぶ．

イノベーション項は以下の性質をもつことに注意されたい．

- ΔW_k は区間 $(k-1)$ の最後では未知である．それは区間 k の最後で観測される．測度論の用語では，ΔW_k は「I_k に関して可測」であるといわれる．つまり，集合 I_k が与えられると，ΔW_k の正確な値がわかる．
- ΔW_k の値は時間 $k-1$ の情報集合が与えられたとき，予測不能である．

$$\text{すべての } k \text{ に対して} \quad E_{k-1}[\Delta W_k] = 0 \tag{7.25}$$

- ΔW_k はマーチンゲール過程の変化を表し，「マーチンゲール差分」と呼ばれる．累積誤差過程 W_k は以下で与えられる．

$$W_k = \Delta W_1 + \ldots + \Delta W_k \tag{7.26}$$

$$= \sum_{i=1}^{k} \Delta W_i \tag{7.27}$$

ここで初期値 W_0 は 0 であると仮定する．

[*7] もし，情報集合が $S(t)$ の将来の動きについてまったく情報を与えないならば，この予測値は 0 となるだろう．このような状況では，$[S_k - S_{k-1}]$ がそれ自体予測不能な成分になる．

W_k はマーチンゲールであることを示すことができる：

$$E_{k-1}W_k = E_{k-1}[\Delta W_1 + \ldots + \Delta W_k] \tag{7.28}$$

$$E_{k-1}W_k = [\Delta W_1 + \ldots + \Delta W_{k-1}] + E_{k-1}[\Delta W_k] = W_{k-1} \tag{7.29}$$

$E_{k-1}[\Delta W_k]$ は 0 であり，I_{k-1} が与えられると $\Delta W_i, i = 1, \ldots, k-1$ は既知であるため，後者は真である．

ΔW_k のような確率変数の重要性は何であろうか．

金融市場参加者を考えよう．この意思決定者に対して，資産価格に含まれる重要な情報は実は ΔW_k である．これらの予測不能な「ニュース」は連続的に起こり，ロイターやブルームバーグのようなすべての主要な通信網の「生の取引中継」で観測可能である．それゆえ，資産価格の「生の取引中継」の動きは ΔW_k によって支配される．このことは，確率環境下で微分を議論するために ΔW_k の性質を学ぶ必要があることを意味する．とくに，公平で合理的な仮定のもとで，ΔW_k^2 とその無限小での記法 dW_t^2 がテーラー式の近似で「無視」してよいものとして考えることができないことを示す予定である．

7.4　増分誤差の「大きさ」

イノベーション項 ΔW_k は予測不能な変化を表す．$(\Delta W_k)^2$ はその 2 乗である．決定論的な環境下では，微分の概念は ΔW_k のような項を扱い，2 乗の変化は無視し得るものと考えられる．実際，「決定論的」な微積分法では $(\Delta W_k)^2$ のような項は微分に表れることはない[*8)]．一方，確率微積分では，一般に「2 次」の項の変動を考慮しなければならない．本節ではこれらの項の形式的な近似を扱う．

これを成し遂げるには 2 つの方法がある．1 つは確率過程のやり方を用いる方法である．2 つ目は Merton (1990) で議論された方法である．ここでは Merton のアプローチを使う．なぜなら，この方法により仮定の背後にある経済をよりよく理解できるからである．Merton のアプローチは金融市場での情報の流れの性質を研究し，ある厳密な方法でこの情報の流れを定式化することを試みている．

はじめにいくつかの記法を定義する必要がある．

ΔW_k の（無条件な）分散を V_k によって記述する．

$$V_k = E_0[\Delta W_k^2] \tag{7.30}$$

[*8)]　それらはより高次の微分に限られる．

その累積的な誤差の分散は以下で定義される．

$$V = E_0\left[\sum_{k=1}^{n}\Delta W_k\right]^2 = \sum_{k=1}^{n}V_k \qquad (7.31)$$

ここで，ΔW_k が異なる k に対して無相関であるという性質が用いられ，共分散項の期待値が 0 となる．

ここで，Merton（1990）によるいくつかの仮定を導入する．

仮定 1.

$$V > A_1 > 0 \qquad (7.32)$$

ここで A_1 は n と独立である．

この仮定は証券価格のボラティリティの下限を与える．つまり，区間 $[0,T]$ がより細かく分けられるときに[*9)]，

$$n \to \infty \qquad (7.33)$$

累積誤差 V の分散は正であることを意味する．つまり，証券価格をより短い時間間隔で観測しても，すべての「リスク」を消去することにはならない．あきらかに，ほとんどの金融市場参加者がそのような仮定を受け入れる．資産価格の不確実さはより短い時間間隔で市場を観測しても，消えることはない．

仮定 2.

$$V < A_2 < \infty \qquad (7.34)$$

ここで A_2 は n と独立である．

この仮定は累積誤差の分散の上限を与え，上からの「ボラティリティ」の境界を与える．時間軸がより短く区切られるということは，より頻繁な取引が許されることを意味する．そのような取り引きはシステムに制限のない不安定性をもたらすことはない．市場参加者の大半は同様に，この仮定を認めるだろう．結局，より頻繁な取引を許可し，オンライン画面にアクセスすることは無限のボラティリティをもたらすわけではない．

3つ目の仮定に対して，以下を定義する．

$$V_{\max} = \max_{k}[V_k, k = 1, \ldots, n] \qquad (7.35)$$

つまり，$V_{\max}$ は最も変動性の大きい区間の資産価格の分散である．そして

[*9)] 区間は同じ幅 h であることを思い出そう．

7.4 増分誤差の「大きさ」

仮定 3.
$$\frac{V_k}{V_{\max}} > A_3, \quad 0 < A_3 < 1 \tag{7.36}$$
ここで A_3 は n と独立である．

この仮定に従うと，金融市場の不確実性はある特定の区間に「集約されない」．市場が開いているときはいつでも，少なくとも「何らかの」変動は存在する．この仮定は金融市場で宝くじのような不確実性を排除する．

これで，$(\Delta W_k)^2$ の大変重要な性質を論じる準備ができることになる．

次の命題は確率微積分の中心である．

命題 仮定 1, 2 と 3 のもとで，ΔW_k の分散は h に比例する．
$$E[\Delta W_k]^2 = \sigma_k^2 h \tag{7.37}$$
ここで σ_k は h によらない有限の定数である．それは時刻 $k-1$ の情報に依存する．この命題により，資産価格は h が小さくなるにつれてより変動性が小さくなる．これは重要な結論であるため，ここで証明の概略を与える．

証明 仮定 3 を用いると，
$$V_k > A_3 V_{\max} \tag{7.38}$$
である．両辺をすべての区間に対して和を取ると，
$$\sum_{k=1}^{n} V_k > n A_3 V_{\max} \tag{7.39}$$
となる．仮定 2 により，この左辺は上に有界である．
$$A_2 > \sum_{k=1}^{n} (V_k) > n A_3 V_{\max} \tag{7.40}$$
ここで，両辺を nA_3 で割ると，
$$\frac{1}{n} \frac{A_2}{A_3} > V_{\max} \tag{7.41}$$
であるが，$n = T/h$ であることに気をつけると，
$$\frac{1}{n} \frac{A_2}{A_3} > V_{\max} > V_k \tag{7.42}$$
$$\frac{h}{T} \frac{A_2}{A_3} > V_k \tag{7.43}$$
となる．これにより h のみに依存する V_k の上限を与える．次に，同様に h のみに依存する下限も得る．
$$\sum_{k=1}^{n} V_k > A_1 \tag{7.44}$$

は真である．したがって，

$$nV_{\max} > \sum_{k=1}^{n} V_k > A_1 \tag{7.45}$$

が成立する．(7.45)式を n で割ると，

$$V_{\max} > \frac{A_1}{n} \tag{7.46}$$

となる．このとき，

$$V_{\max} > \frac{A_1}{T}h \tag{7.47}$$

仮定 3 を用いると，

$$V_k > A_3 V_{\max} \tag{7.48}$$

$$V_k > A_3 V_{\max} > \frac{A_3 A_1}{T}h$$

であるが，これは以下の式を意味する．

$$V_k > \frac{A_1 A_3}{T}h \tag{7.49}$$

それゆえ，

$$\frac{h}{T}\frac{A_2}{A_3} > V_k > \frac{A_3 A_1}{T}h \tag{7.50}$$

となる．あきらかに分散項 V_k は n に依存しない h に比例する上限と下限をもつ．これは V_k が h に比例し，h の小さな高次の項を無視するような，k に「依存する」定数 σ_k をみつけられることを意味する．

$$V_k = E[\Delta W_k]^2 = \sigma_k^2 h \tag{7.51}$$

7.5 1 つ の 意 味

この命題はいくつかの意味がある．すぐに気づくことは以下のことである．第 1 に，対応する期待値が存在するならば，いつでも，以下のように書くことができる．

$$S_k - S_{k-1} = E_{k-1}[S_k - S_{k-1}] + \sigma_k \Delta W_k \tag{7.52}$$

ここで，ΔW_k は分散が h である[*10)]．両辺を h で割ることにより，以下を得る．

$$\frac{S_k - S_{k-1}}{h} = \frac{E_{k-1}[S_k - S_{k-1}]}{h} + \frac{\sigma_k \Delta W_k}{h} \tag{7.53}$$

[*10)] この方程式で，パラメーター σ_k は明示的に項 ΔW_k の係数となる．これは，重要ではない変換である．なぜなら，項 $\sigma_k \Delta W_k$ は $\sigma^2 h$ に等しい分散をもつからである．

7.5 1つの意味

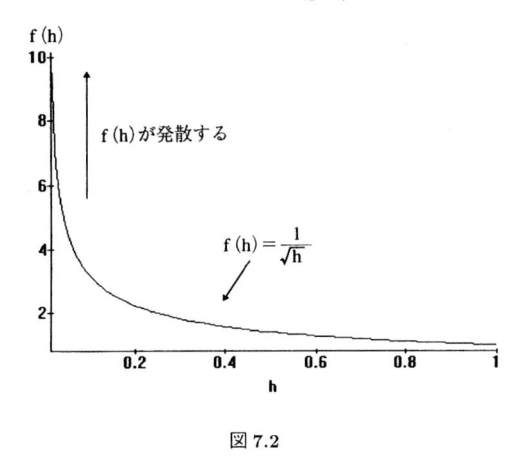

図 7.2

しかし，命題によると，

$$E\left[\Delta W_k^2\right] = h \tag{7.54}$$

近似を正当化するために，これを使うと仮定しよう（第 9 章では，平均 2 乗収束の意味でこの近似が有効であることを示している）．

$$\Delta W_k^2 \cong h \tag{7.55}$$

第 3 章では，微分の標準的な記法を定義したとき，h を 0 に近づけた．ここで同じようにして，確率変数の極限をとるとしてみよう．

$$\lim_{h \to 0} \frac{W_{(k-1)h+h} - W_{(k-1)h}}{h} \tag{7.56}$$

このとき，これは W_t の時間微分として解釈される．(7.55) 式の近似はこの微分がうまく定義され得ないことを示す．

$$\lim_{h \to 0} \frac{|W_{(k-1)h+h} - W_{(k-1)h}|}{h} \to \infty$$

図 7.2 はこのことを図に表している．図に関数 $f(h)$ を示す．

$$f(h) = \frac{h^{1/2}}{h}$$

あきらかに，h が小さくなるにつれて $f(h)$ は無限大になる．厳密に定義された極限は存在しない．

もちろん，ここで述べられた議論は直感的である．極限の演算は決定論的な関数でなく，むしろ確率変数に適用された．そして，これをどのように定式化するかについ

てあきらかでない．しかし，それでも議論することは非常に示唆に富んでいる．なぜなら，無限小の時間間隔での予期せぬ「ニュース」の基本的な性質，つまり，

$$E[\sigma_k \Delta W_k]^2 = \sigma_k^2 h$$

が確率論的な時間微分を定義することがほぼ困難であるかもしれないことを示しているからである．

7.6 結果の導出

ここまで，2つのことを行った．1つは，任意の確率過程 S_t をとり，有限の時間間隔 h 中の変化を以下のように表せることがわかった．

$$S_k - S_{k-1} = E_{k-1}[S_k - S_{k-1}] + \sigma_k \Delta W_k \tag{7.57}$$

ここで，ΔW_k は時間間隔のはじめに与えられた情報では予測不能な項である[*11]．

第2に，もし h が「小さい」ならば，予測不能なイノベーション項は時間間隔の長さ h に比例する分散をもつことを示した．

$$\mathrm{Var}(\Delta W_k) = h \tag{7.58}$$

有限の間隔で定義された確率微分方程式を得るために，第3の最後のステップが必要である．つまり，(7.57) 式の右辺の初項を近似する必要がある．

$$E_{k-1}[S_k - S_{k-1}] \tag{7.59}$$

この項は，条件付き期待値であり，すなわち，資産価格の変化の予想である．この変化の大きさは直近の情報集合と考えている時間間隔の長さに依存する．それゆえ，$E_{k-1}[S_k - S_{k-1}]$ は以下のように表すことができる．

$$E_{k-1}[S_k - S_{k-1}] = A(I_{k-1}, h) \tag{7.60}$$

ここで，$A(.)$ はある関数を表す．これらの方法をみると，もし $A(.)$ が h の「なめらかな」関数であるならば，$h = 0$ の周りでテーラー級数展開できることがわかる．

$$A(I_{k-1}, h) = A(I_{k-1}, 0) + a(I_{k-1})h + R(I_{k-1}, h) \tag{7.61}$$

ここで，$a(I_{k-1})$ は h に関する $A(I_{k-1}, h)$ の1次微分を $h = 0$ で評価した値である．$R(I_{k-1}, h)$ はテーラー級数展開の残差項である[*12]．

[*11] 対応する期待値が存在すると仮定する．
[*12] I_{k-1} が与えられると，確率的でない変数を扱うこととなり，テーラー級数展開の微分は「標準的」な方法をとることができる．

7.6 結果の導出

ここで, $h = 0$ ならば, 時間は経過せず, 資産価格の予測された変化は 0 になる. 言い換えると次式が成立する.

$$A(I_{k-1}, 0) = 0 \tag{7.62}$$

また, 通常の確率微分方程式を扱う研究の慣習では 1 より大きな h のべき乗をもつ任意の決定論的な項は無視し得るほど小さいとして取り扱う[*13].

したがって, 標準的な微積分では,

$$R(I_{k-1}, h) \cong 0 \tag{7.63}$$

として, 1次のテーラー級数近似を得る.

$$E_{k-1}[S_k - S_{k-1}] \cong a(I_{k-1}, kh)h \tag{7.64}$$

これらの結果を一緒に用いると, (7.57) 式を確率微分方程式として書き直すことができる[*14].

$$S_{kh} - S_{(k-1)h} \cong a(I_{k-1}, kh)h + \sigma_k[W_{kh} - W_{(k-1)h}] \tag{7.65}$$

後の章で, $h \to 0$ とし, 確率微分方程式 (SDE)(7.57) 式の連続形を得る.

$$dS(t) = a(I_t, t)\, dt + \sigma_t\, dW(t) \tag{7.66}$$

この確率微分方程式は「ドリフト」$a(I_t, t)$ と「拡散」σ_t の成分をもつと呼ばれる.

確率微分

本章のいくつかの論点で, 確率増分の極限を議論しなければならなかった. dS_t や dW_t のような増分変化に対する形式的な定義を得ることの必要性ははっきりしている.

これらの項はどのようにしてより明示的になるのだろうか.

このことを行うためには, 伊藤積分の基本的な概念を定義する必要があることがわかる. 伊藤積分をもってのみ, dS_t や dW_t のような「確率微分」の概念を定式化でき, それゆえ, 確率微分方程式の道具の信頼できる解釈を与えることができる. しかしこのことは第9章まで待たなければならない.

[*13] h^2 は決定論的な関数であるので, これは, 微分における 2 次以上の項すべてを無視する標準的な微積分と一致する.

[*14] ここで, S_k や W_k の記法のなかで h をふたたび導入する. これは, これらの項が h に依存することを明示的に示している.

7.7 おわりに

決定論的な微積分での微分は確率微分に直接的な方法では拡張し得ない。なぜなら、無限小の間隔では、確率過程の分散は 0 にならないからである。さらに、新しい情報の流れがある程度公平で緩やかな仮定に従うとき、連続時間の確率過程は非常に不安定になり、時間微分は存在しないかもしれない。短い間隔では、ΔW_k は h を左右する。後者がより小さくなると、h に対する ΔW_k の比は絶対値でより大きくなる。厳密に定義された極限はみつけられない。

一方、微分を定義するのは困難であるにも関わらず、確率微分方程式を構築するのに、ほとんど仮定を必要としない。この意味で、確率微分方程式は、確率過程の大きなクラスを記述するかなり一般的な表現である。それは確率過程を予測できる部分と予測できない部分に分解し、予測できる部分のなめらかさにある仮定をすることで構築される。

7.8 参考文献

3つの仮定のもとで予測できない誤差が h に比例する分散をもつということの証明は Merton (1990) による。Merton(1990) 中の連続時間のファイナンスの数学に関する章は、この点で読者に有用であろう。

7.9 演習問題

1. ブラック–ショールズ分析で基本的な役割をしているランダムな過程 S_t を考えよう。

$$S_t = S_o e^{[\mu t + \sigma W_t]}$$

ここで、W_t は $W_o = 0$ であるウィーナー過程で μ は「トレンド」項であり、

$$(W_t - W_s) \sim N(0, (t-s))$$

W_t の増分は平均 0 で分散は $t-s$ に等しい。したがって、時点 t で分散は W_s が観測されてから経過した時間に等しい。また、これらのウィーナー過程の増分は時間について独立であることがわかっている。

このことによって、S_t は対数正規分布に従う乱数とみなすことができる。この過程に従って実現可能な軌跡について調べることにしよう。

$\mu = 0.01, \sigma = 0.15$ そして $t = 1$ とする．区間 $[0, 1]$ を 4 つの間隔に再分割し，

$$x \sim N(0, 0.25)$$

からランダムに 4 つの数値を選ぶ．
(a) これらの乱数を用いて $[0, 1]$ 上の W_t と S_t を作図せよ．
  W_t と S_t をプロットせよ．(「真の」軌跡を近似する部分的に線形な軌跡を得るだろう．)
(b) 区間 $[0, 1]$ を 8 つの間隔に再分割して同じ演習を繰り返せ．
(c) $0 < \Delta$ で，Δ が「小さい」とき，

$$\log\left(\frac{S_t}{S_{t-\Delta}}\right)$$

はどんな分布になるか．
(d) $\Delta = 0.25$ とする．項

$$\frac{\log S_t - \log S_{t-0.25}}{0.25}$$

が示しているものは何か．何の単位で測定されるか．時間の経過によりこの乱数はどのように変化するか．
(e) $\Delta = 0.000001$ とする．時間の経過により乱数

$$\frac{\log S_t - \log S_{t-\Delta}}{\Delta}$$

はどのように変化するか．
(f) $\Delta \to 0$ とすると，「乱数」

$$\frac{\log S_t - \log S_{t-\Delta}}{\Delta}$$

の軌跡に何が起こるか．
(g) 前問の項は乱数であると思うか．

8

ウィーナー過程と金融市場における偶発事象

8.1 はじめに

「通常」の取引日におけるすべての瞬間時には3つの状態が存在する．すなわち価格が1ティック上昇するか，1ティック下落するか，まったく変化しないかである．実際，流動性の高い証券価格が最小ティックより大きく変化するのはまれである．したがって連続時間における金融資産の価格評価では，「偶発」事象を無視する限り，3つの状態のみで議論を進めることはまったく現実的である．残念ながらほとんどの市場の金融資産と派生商品は，ときには「極端」な挙動を示すことがある．このような期間ではまさに正確な価格評価手法が求められるのである．

なぜ「極端」あるいは「偶発」事象が発生するのであろうか．金融市場における混乱は「偶発」事象と同一であろうか．本章では偶発事象の確率構造をあきらかにし，ウィーナー過程の挙動との比較を試みる．とくにウィーナー過程で性格をとらえることのできる事象の種類について議論する．この議論を行うことで偶発事象の特徴づけが自然に導かれる．

ここでは「偶発事象」が観察される価格過程の不連続性と関係があることを示す．これは混乱とは異なる．それは分散あるいはボラティリティの増大は連続時間の確率過程により説明可能だからである．

偶発事象が異なってくるのは，変化（あるいは変化しないこと）の大きさおよび確率と観測期間との関係である．とくに観測期間 h が短くなるほど，通常事象の「大きさ」は小さくなる．結局これにより「通常」ということである．1ヶ月では大きな価格変化が何回か観測されるだろう．1週間ではその数は少なくなる．数分間のうちに価格の大きなジャンプが何度も観測されることはまずあり得ないだろう．「通常」の1分間に発生する事象には多くの場合，注意を払う必要はない．これが「普通」の事象の大きな性格である．$h \to 0$ になるに従い事象の大きさは小さくなる．

一方，通常の意味のとおり，区間 h が非常に小さくとも事象が発生する確率は0では「ない」．短期間では「重要でない」ニュースが到来する確率が常に0ではない．

「偶発事象」は違っている．その定義から，まれにしか発生しないと想定している．

8.1 はじめに

連続時間においては，これは $h \to 0$ になるに従い，発生確率は0になることを意味する．しかしながら「大きさ」が小さくなることはない．たとえば1987年に起こった市場の崩壊は「偶発」であった．ある日の，ある非常に短い期間ではそのような崩壊が観測される確率は無視される．しかしそのような崩壊が発生するときは，その大きさは10分間観測しても丸1日で観測しても大きさはそれほど違わないだろう．

前章では1つの重要な結果を導いた．いくつかのゆるやかな仮定のもとでは，資産価格の予測できない変化成分 $\sigma_t \Delta W_t$ は，短い期間では分散

$$E[\sigma_t \Delta W_t]^2 = \sigma_t^2 h \qquad (8.1)$$

をもつことを示した．

直観的には，これら予測不能な資産価格の変化の期待される大きさが $\sigma_t \sqrt{h}$ であることを示す[*1]．

しかし，どのようにして「標準偏差」を得たかを思い出してみると，「2つの」事象の「大きさ」と対応する確率をかけ合わせている．分散が h に比例するというのは，確率が h に依存し，大きさは h に依存しない，あるいは大きさが h に依存し，確率が h に依存しないかのどちらかで得られる[*2]．

最初の場合が偶発事象に対応し，2番目の場合が普通の事象に対応する．

議論の重要性

本章では，偶発事象と普通事象との違いに焦点をあてる．読者は技術的な点からこの違いが，とくに偶発事象が資産価格の経路に不連続性が含まれる場合に重要であることを認識するであろう．しかしこの不連続性は，「実用的」な応用性が存在するであろうか．もし偶発事象が存在する場合には金融資産の評価は異なるであろうか．

これらの質問に対する答えは一般的にはイエスである．もし資産価格に不連続なジャンプがある場合には，「異なる」式を用いなければならない．したがって実際に金融資産の評価に影響を及ぼす．

一例として，最近のリスク管理問題を考えてみよう．そのうちの1つの問題は必要とされる自己資本比率である．もし市場が意図する方向と反対に動いた場合の損失を補う際に，金融機関はどの程度自己資本を必要とするであろうか．

答えは，リスクにさらされている「量」がどの程度であるかに依存する．このような「VAR (Value at risk)」の計算にはいくつかの方法が存在するが，これらはすべて，ある原資産価格が「極端」に動いた場合のポートフォリオ価値の変化を測定する

[*1] 「期待される大きさ」とは変化の絶対値を述べている．なぜならば定義から予測できない変化は予測不能であり，変化の「方向」については知らないからである．

[*2] あるいは2つの組み合わせによる．

ことを試みる.

このような例では，不連続な価格のジャンプをもたらす偶発事象が存在するかどうかを考えることが非常に重要である．もしそのようなジャンプが存在しそうにない場合には，VAR計算では正規分布を用いることが可能である．価格変化は正規分布に従う確率過程の結果としてモデル化され，適当な条件のもとではVARも正規分布に従う．そして，ある極端な価格変化のもとで失う損失量を与える確率に直接結びつく．

一方で，まばらなジャンプが資産価格変化の系統的な一部である場合には，VAR計算はより複雑になる．極端な環境下で失いそうな量を与える確率を得るには「偶発事象」も同時にモデル化することが必要である．

8.2　2つの一般的なモデル

連続時間で資産価格をモデル化するためには2つの基本的な枠組みが存在する．1つはウィーナー過程あるいはブラウン運動である．これは「連続的」な確率過程であり，市場が「極端」なことがほとんど発生せず「通常」事象で支配されている場合に用いられる．このとき，すそ野部分の確率は正規分布に従う．2つめの枠組みはポアソン過程であり，偶発事象により発生する系統的なジャンプをモデル化するのに用いられる．ポアソン過程は不連続である．

これらの2つの枠組みを適当に結びつけることで，特定の応用に適合するモデルをつくることができる．

偶発および通常事象を議論する前に，本節では2つの枠組みの概観を行う．

8.2.1　ウィーナー過程

連続時間では，「通常」事象はウィーナー過程あるいはブラウン運動を用いてモデル化される．ウィーナー過程は原確率変数 W_t が連続的に変化し得る場合のみに適切である．ウィーナー過程では，微小区間 h で観察する W_t の変化は一般に「小さい」．この変化は通常事象と一致している．

ウィーナー過程を議論する場合にはいくつかの方法が存在する．

1つのアプローチはすでに紹介済みである．2つの可能な値 $\sqrt{h}, -\sqrt{h}$ を下記の時点でとる確率変数 ΔW_{t_i} を考える．

$$0 = t_0 < t_1 < \ldots < t_i < \ldots t_n = T \tag{8.2}$$

ここで任意の i に対して

$$t_i - t_{i-1} = h \tag{8.3}$$

である. $i \neq j$ に対して ΔW_{t_i} が ΔW_{t_j} と独立であると仮定する. そうすると合計

$$W_{t_n} = \sum_{i=1}^{n} \Delta W_{t_i} \tag{8.4}$$

は n が無限大になるに従いウィーナー過程に弱収束する. 直観的にはこれはウィーナー過程が右辺のよい近似であることを意味する[*3)].

この定義では, ウィーナー過程は個々に独立分布した確率変数の合計が確率的な意味においての極限として得られる. 注意すべき重要な点は, これらの増分は区間の長さ「h の関数」であることである. $h \to 0$ になると W_t の変化は小さくなる. このアプローチではウィーナー過程はガウス型（正規）分布になることがわかる.

ウィーナー過程を連続 2 乗可積分マーチンゲールとして考えることも可能である. 実際 W_t を連続で有限の分散をもつ過程であると考え, 増分が情報集合族 $\{I_t\}$ のもとでは予測不可能であると考える[*4)][*5)]. このとき Lévy の有名な定理に従うと, これらの性質は W_t の増分が平均 0, 分散 $\sigma^2 dt$ の正規分布に従うことを保証するのに十分である.

マーチンゲールを用いたウィーナー過程の正式な定義は次のとおりである.

定義 17. 情報集合族 $\{I_t\}$ に関するウィーナー過程 W_t は以下の確率過程である.
1) W_t は $W_0 = 0$ なる 2 乗可積分であり

$$E\left[(W_t - W_s)^2\right] = t - s, \qquad s \leq t \tag{8.5}$$

2) W_t の軌跡は t に関して連続である.

この定義は下のウィーナー過程の性質を示す.
- W_t はマーチンゲールであり, すべてのマーチンゲールは予測不可能な増分をもつため, 無相関な増分をもつ.
- W_t は 0 ではじまり, すべての増分の平均は 0 であるため平均は 0 である.
- W_t の分散は t である.
- 最後に, 微小区間で W_t の変化は微小であり, 過程は連続である.

この定義では増分が正規分布に従うということについては何も述べていないことに

[*3)] n が無限大にゆくと, 右辺の表現はお互いに独立な無限小の確率変数を非常に多く合計をとることになる. いくつかの条件のもとでは合計の分布は正規分布に近づく. これは中心極限定理の典型例であり, 連続時間では弱収束する.

[*4)] すなわち, これは 2 乗可積分である.

[*5)] これは同時に, 増分が時間に関して無相関であることを意味する.

注意されたい．マーチンゲール手法を用いた場合，正規性は定義で述べた仮定より導かれる[*6]．

ウィーナー過程は資産価格の変化が予測不可能な増分をもち，時間とともに連続的に変化する場合の自然なモデルである．しかしながらこの点を議論する前に，潜在的な混乱点をあきらかにする必要がある．

ウィーナー過程かブラウン運動か

読者は「ブラウン運動」の語句は W_t のような過程を述べる場合に用いていることに気づいているかもしれない．ブラウン運動とウィーナー過程は同じ概念について述べているのであろうか，それとも違いが存在するのであろうか．前に与えたウィーナー過程の定義は W_t が2乗可積分マーチンゲールであるという事実を用いる．しかし W_t の「分布」については何も述べていない．

ここでブラウン運動の定義を与える．

定義 18. 確率過程 $B_t, t \in [0,T]$ は，もし以下の条件が成立すれば（標準）ブラウン運動である．
1) 過程が0ではじまる．$B_0 = 0$ である．
2) B_t は定常な独立増分をもつ．
3) B_t は時間 t に関して連続である．
4) 増分 $B_t - B_s$ は平均0，分散 $|t-s|$ なる正規分布をもつ．

$$(B_t - B_s) \sim N(0, |t-s|) \tag{8.6}$$

この定義は多くの点においてウィーナー過程と同じである．しかし1つの重要な違いがある．W_t はマーチンゲールは想定されているが，B_t についてはその言及はない．そのかわりに B_t は正規分布をもつと仮定されている．

これらは重要な違いのように思える．事実，読者は分布に関して何も想定されていないため，W_t はブラウン運動よりさらに一般的であると考えるかもしれない．

この第一印象は正しくない．有名な Lévy の定理は2つの過程に違いがないことを述べている．

定理 4. I_t 族に関するウィーナー過程 W_t はブラウン運動過程である．

この定理は非常に明白である．ウィーナー過程とブラウン運動を相互に交換して用いることができる．したがって残りの章では2つの概念の間に違いをおかない．

[*6] これが有名な Lévy の定理である．

8.2.2 ポアソン過程

さて,まったく異なった種類の確率過程の環境を考える.N_t を金融市場で時間 t までに発生する極端なショックのすべての数とする.これらの大きな事象が予測できない手法で発生すると仮定する.

N_t の増大は 2 つのとり得る値のうちどちらか一方に限る.それらは 0,すなわち新しい大きな事象が発生しないか,1,すなわち何らかの大きな事象が発生するかのどちらかである.大きな事象が「偶発」事象となるためには,大きさ 1 の N_t 増分はまれに発生しなければならない.

「微小」期間 dt における N_t の増分の変化を記号 dN_t で示す.次式で特徴づけられる N_t の増分変化を考えよう[*7].

$$dN_t = \begin{cases} 1 & \text{確率 } \lambda dt \\ 0 & \text{確率 } 1 - \lambda dt \end{cases} \tag{8.7}$$

ここで微小時間 dt において N_t の増分は 2 つのとり得る値をもつことに注意する.現時点におけるブラウン運動の場合との重要な違いは,ポアソン過程の変化の大きさは dt には「依存しない」ことである.そのかわりに変化に関する「確率」が dt の「関数になる」.観測期間が 0 に近づくとブラウン運動の増分は小さくなるが[*8],N_t の変化の大きさはそのままである.

読者は N_t がポアソン計数過程であることに気づくであろう.期間 dt にこれらの事象が発生する割合を λ と仮定すると

$$M_t = N_t - \lambda t \tag{8.8}$$

で定義される過程は不連続 2 乗可積分マーチンゲールとなる[*9].

興味深いことに,

$$E[M_t] = 0 \tag{8.9}$$

$$E[M_t]^2 = \lambda t \tag{8.10}$$

である.

したがって M_t の軌跡は不連続であるが,M_t と W_t の 1 次,2 次モーメントは同一の性質をもつ.とくに短い期間 h では,2 つの過程の増分の分散は h に比例す

[*7] この時点では,$\Delta N_t, h$ のかわりに dN_t, dt を用いるのは記号以上のものではない.後の章で dN_t と dt の記法の意味があきらかになる.

[*8] $\sqrt{h}$ に比例する速度で.

[*9] M_t は「消費補償」ポアソン過程と呼ばれる.λ_t が「補償」項に相当する.N_t の正のトレンドを「補償」することで M_t はトレンドがない過程になる.

る[*10].

次の点を強調する．

2つの過程に従う軌跡はまったく異なる．一方は連続であり，もう一方は純粋な「ジャンプ」である．

2番目に，期間がゼロに近づくと M_t がジャンプする確率は0に近づく．直感的にはこのことは M_t の軌跡が W_t の軌跡よりも特異性が「少ない」ことを意味する．というのは，ポアソン計数過程は「ほとんどの時間」において一定だからである．M_t は不連続なジャンプを示すものの有界でない変化をもつわけではない．一方 W_t は無限小の変化を示すものの変化は非常に多い．その結果，変動は有界ではない．したがって，

$$\int_{t_0}^{T} f(W_t)\,dW_t$$

のような積分を定義するのは M_t に関する積分

$$\int_{t_0}^{T} f(M_t)\,dM_t$$

を定義するより困難である．実際，一般には後者の積分にリーマン–スティルチェス積分を適用することは可能である．

8.2.3 例

図8.1は計算機で発生させたポアソン過程を示す．まず $\lambda = 13.4$ を選択し，次に h の大きさを $h = 0.001$ にする．計算機で N_t, $t \in [0,1]$ でのポアソン計数過程を発生させ，その軌跡を図8.1に示す．以下のポアソン（過程）経路の性質がわかる．

- 軌跡は正の傾きをもつ（したがって N_t はマーチンゲールではない）．
- 変化は等しく大きさ1のジャンプとして発生する．
- ジャンプの間では軌跡は一定である．
- この例では14回のジャンプがあるが，これは平均と非常に近い．

図8.2にポアソン過程とウィーナー過程を混合した場合を示す．まず軌跡が（前述の）ポアソン過程から得られる．次に計算機で分散 $h = 0.001$ の標準ウィーナー過程を発

[*10] 直感的に dM_t の分散を計算する方法は次の通りである．

$$E[dM_t]^2 = [1]^2 \lambda\,dt + [0]^2[1 - \lambda\,dt] \tag{8.11}$$

を用いれば

$$E[dM_t]^2 = \lambda\,dt \tag{8.12}$$

を得る．dM_t のような増分を標準的な確率変数と同様に「対象」として取り扱ってよいかわからないため，これは直感的な説明である．議論を厳密にするためには期間を有限な区間に分解して考えた後，何らかの形で極限に関する議論をしなければならない．

8.2　2つの一般的なモデル

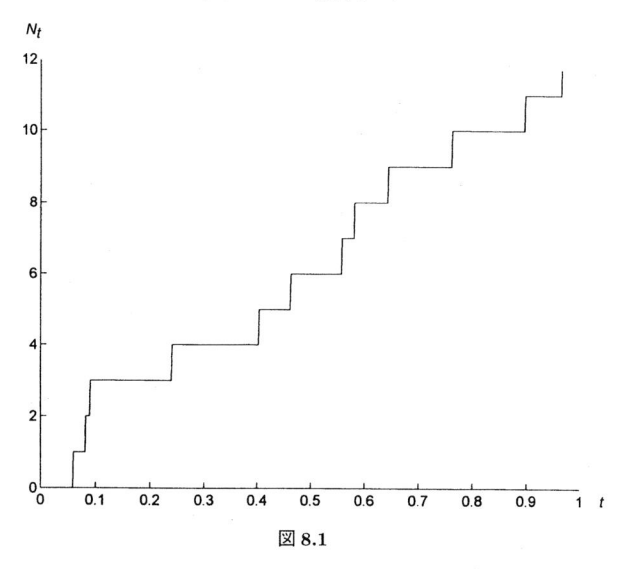

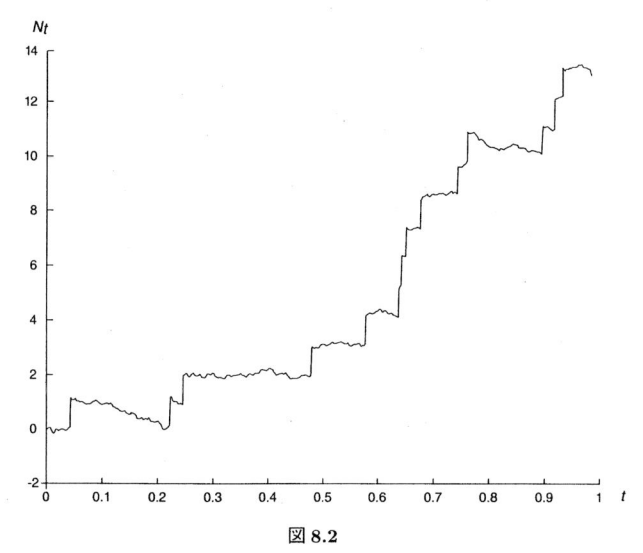

図 8.1

図 8.2

生する．2つの軌跡を合成する．

このサンプル経路の次の性質がわかる．
- 経路はときどきジャンプがあるが，これはポアソン成分によるものである．
- ジャンプの間では経路は一定ではなく，ランダムに変化する．これはウィーナー成分によるものである．

- ウィーナー過程によりもたらされるノイズはポアソン過程によるジャンプよりもずっと小さい．これはウィーナー過程の分散を大きくすることで変えることが可能である．その場合，ポアソン過程によるジャンプとウィーナー成分によるノイズの違いを述べるのは困難となるだろう．

8.2.4 偶発事象に戻って

一定の方法で発生する事象を比較すると，偶発事象は定義から変化の大きさは「大きい」．この分類はあきらかなようだが，よく考えてみると正当化するのは簡単ではない．ウィーナー過程を考える．ウィーナー過程により支配される確率微分方程式は短い期間 h では予測できない価格変化の分散が $\sigma^2 h$ であると仮定している．ここで σ は利用可能な情報に依存するかもしれない．さらにこれらの予測できない価格変化の分布は正規（分布）である．

さて正規分布はすそ野部分が無限に続く．h が「小さいが」0でない場合に，「正の」確率で予測できない非常に大きな価格変化が発生する．したがって h が0でない限りウィーナー過程は確率微分方程式で「大きな」事象を完全に導入することができるように思われる．それではなぜ「偶発」すなわち大きな事象について別に議論する必要があるのであろうか．

ウィーナー過程を用いて偶発事象を特徴づけるのには次の問題がある．h が0に近づくと正規分布の端は小さくなり，重みづけは小さくなる．極限 $h=0$ では端は完全に消える．実際全体の分布は0に収束する．これはウィーナー過程が確率1で連続であることから期待される．$h \to 0$ になるとウィーナー過程で示される価格変化の「大きさ」は「小さくならなければならない」．この意味において非常に短い期間で価格が極端に変化する情報を示すのにウィーナー過程は適当ではない．

必要であるのは非常に短い期間で大きな事象を発生させることのできる散逸項である．言い換えると必要なのはジャンプを示す過程である．このような過程は出力が h に依存せず，h が小さくなっても小さくならない．

したがって，「偶発」事象は過程のサンプル経路にときどき見られるジャンプに相当する．

派生資産のいくつかの市場にも価格のジャンプがみられる．商品市場の場合にはより多くみられるが，この市場では1つのニュースが原資産である商品について重要な情報をもつ．収穫高についての報告が一例であるが，同じ商品の先物にジャンプをもたらしがちである．金融派生資産の場合にはこのようなことは少ない．金利や通貨派生資産価格が決定する際に，1つのニュースの影響の割合は存在するものの非常に小さい．

次節では通常および偶発事象の性格づけを行い，ときどきジャンプがある場合の価

格列のモデル化について学ぶ.

8.3 離散区間における確率微分方程式

通常事象対偶発事象を深く分析するには,有限区間における確率微分方程式を考えるのがもっともよい[*11)].

第7章で考えた等間隔 h での離散区間で導入した確率微分方程式をふたたび考える.

$$S_k - S_{k-1} = a(S_{k-1},k)h + \sigma(S_{k-1},k)\Delta W_k, \qquad k=1,2,\ldots,n \qquad (8.13)$$

ここで $a(S_{k-1},k)h$ は平均的に,増分 $S_k - S_{k-1}$ が次の期間で期待される平均的挙動を決定するドリフト成分である. ΔW_k は資産価格の「予測できない変化」成分を決定するイノベーション項である. いくつかの過程のもとではイノベーション項の分散は区間の長さ h と比例する. 項 $\sigma(S_{k-1},k)^2$ が比例係数である.

「通常」および「偶発」事象をよりくわしく調べるためには,さらにいくつかの仮定をおく[*12)].

仮定 4. ΔW_k は有限個の値のみをとる. ΔW_k の可能な出力ならびに対応する確率は次のとおりである[*13)].

$$\sigma_k \Delta W_k = \begin{cases} w_1 & \text{確率 } p_1 \\ w_2 & \text{確率 } p_2 \\ \vdots & \vdots \\ w_m & \text{確率 } p_m \end{cases} \qquad (8.14)$$

「どの」事象が発生するかはあきらかではないが,とりうる事象の集合はすべての人に知られている. 1つの w_i がイノベーション項 $\sigma_k \Delta W_k$ のとりうる出力を示す. ここで p_i がその確率である. パラメーター m はとり得る出力のすべての数であり,

---

[*11)] 第7章を思い出してみると,離散区間での確率微分方程式を得るためににいくつかの近似を用いた. 短いが微小でない h に対してこれらの方程式は近似という意味でのみ成立する.
[*12)] ここでも Merton (1990) に従う.
[*13)] この仮定を導入するのには2つの理由がある. まず,もし可能性が「有限」ならば偶発・通常事象の違いが簡単になる.
2番目に金融市場での実際の資産評価では「2項モデル」あるいは「3項モデル」がよく用いられる. 2項モデルの場合では市場参加者はいかなるときでも価格は2つの動きをとりうると考える. 3項モデルではとりうる動きは3つになる. したがって実際の状況ではとりうるすべての場合の数はとにかく有限となる.

整数である[*14]．

w_i には2つの種類がある．最初の3つは「通常」の出力を示す．たとえば w_1 は資産価格が1ティック上昇，w_2 は1ティック下降，w_3 は「変化しない」ことを示す．実際の時間ではこれらは金融市場で繰り返し起こっている一定の動きである．

残りの可能性 $w_4, w_5, \ldots$ は偶然発生するかもしれないさまざまな種類の事象のためにとっておく．たとえば証券が穀物先物の派生商品だとすると，w_4 は大干ばつ，w_5 は異常な豊作予想等となるかもしれない．もしそのような可能性が極端な価格変化を及ぼし，それが偶発であるならば，これは1ティック以上の価格変化をもたらす．そうでなければ価格変化は通常事象 w_1, w_2, w_3 が原因となる．

この枠組みは次章で偶発事象の確率構造を決定するのに用いられる．

8.4　偶発・通常事象の特徴づけ

前章の仮定1－3を用いて重要な結論が証明された．それは $\sigma_k \Delta W_k$ の分散が

$$E[\sigma_k \Delta W_k]^2 = \sigma_k^2 h \tag{8.15}$$

すなわち観測期間 h に比例することである．ここで σ_k は情報集合 I_{k-1} で与えられる既知のパラメーターである．

この結果は仮定4を用いることで更に活用できる．実際このようにすることで偶発・通常事象の特徴づけを非常に明確にすることが可能であるが，読者は記法に少し不満足であるかもしれない．しかしながらこれは最終的に偶発・通常事象の特徴づけを便利にするための若干の対価である．

仮定4に従えば，ΔW_k は有限個の値のみをとると仮定している．w_i と確率 p_i を用いて分散を

$$\mathrm{Var}[\sigma_k \Delta W_k] = \sum_{i=1}^{m} p_i w_i^2 \tag{8.16}$$

と明示的に書くことができる．前章の重要な命題を用いると，これは

$$\sum_{i=1}^{m} p_i w_i^2 = \sigma_k^2 h \tag{8.17}$$

を意味する．ここでパラメーター m は可能な状態の数である．式 (8.17) の左辺は，この場合は0である平均からの差の2乗の単純な加重平均である．「重みづけ」はとり

[*14] w_i, p_i の両方とも情報集合 I_k に依存することも可能である．しかしこうすると添え字 k をこれらの変数に加えることになり，記法がもっと繁雑になる．これを避けるために w_i, p_i は k と独立にする．

得る出力の確率である[*15].

さて (8.17) の左辺は非負の値の有限な m 個の和である．これらの和が h に比例し，さらに各要素が正（または 0）であるとき，和における「それぞれ」の要素は h に比例し，あるいは 0 となるべきである．言い換えればそれぞれの $p_i w_i^2$ は

$$p_i w_i^2 = c_i h \tag{8.18}$$

となる．ここで $0 < c_i$ はある比例係数である[*16].

(8.18) 式はすべての項が h の線形関数であり，p_i と w_i の積が h に比例する，h の 2 つの「関数」とみなせることを示している．すなわち

$$p_i = p_i(h) \tag{8.19}$$
$$w_i = w_i(h) \tag{8.20}$$

であり，

$$p_i(h) w_i(h)^2 = c_i h \tag{8.21}$$

を満たす．

Merton (1990) に従い，$p_i(h), w_i(h)$ の関数として特定の指数型を仮定する．

$$w_i(h) = \bar{w}_i h^{r_i} \tag{8.22}$$
$$p_i(h) = \bar{p}_i h^{q_i} \tag{8.23}$$

ここで r_i, q_i は「非負」の定数である．$\bar{w}_i, \bar{p}_i$ は i あるいは k に依存するかもしれない定数であるが，観測期間の長さ h には独立である．

図 8.3 に h^{r_i} をいくつか示す．3 つの例を示す．(この特別な議論では許されないが) $r_i = 1, r_i = 0.5, r_i = 1/3$ である．とくに小さい h に対して $h^{r_i} > h$ が成立する．

(8.22) 式，(8.23) 式に従うと，事象の「大きさ」と「確率」はともに期間 h に依存するかもしれない．h が大きくなると，r_i あるいは q_i が 0 である場合を除き，観測される価格変化の（絶対的な）大きさと確率は大きくなる．

偶発・通常事象を特徴づけるためにパラメーター r_i, q_i を用いる．これらのパラメーターはともに非負である．r_i は観測期間が小さくなるに従い事象の「大きさ」が 0 に近づく速さを決定する．q_i は観測期間が減少するとどの程度「確率」が 0 に近づくかを決定する．もちろん同時にではないが r_i か q_i のどちらかが 0 となることも可能である[*17].

[*15] w_i, p_i を，時間が経過すると利用可能となる情報に依存する可能性を示すために添え字 k を加えて σ_k とする．

[*16] 一般に c_i も k に依存する．記法を簡単にするために添え字 k を略す．

[*17] w_i^2 と p_i の積が h に比例しなければならないことを思い出されたい．もし r_i, q_i がともに 0 であるとこれらの積は h に依存しないが，これは許されない．

図 8.3

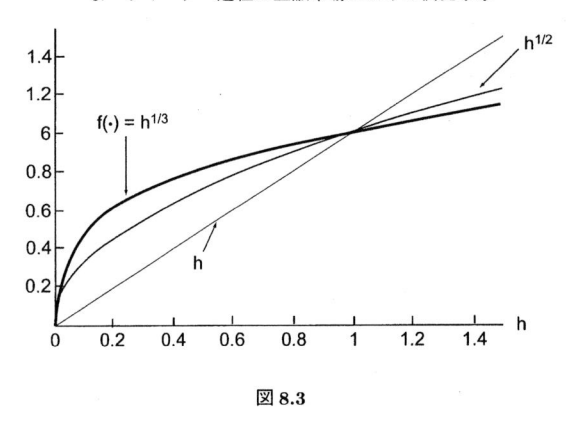

これで r_i か q_i をどのように制限すれば偶発・通常事象の違いを示すことができるか明示的に説明する.

(8.18) 式において ΔW_k の分散は

$$p_i w_i^2 = \bar{w}_i^2 \bar{p}_i h^{2r_i} h^{q_i} \tag{8.24}$$

となる. しかし「それぞれ」の $p_i w_i^2$ は h にも比例するので

$$p_i w_i^2 = c_i h \tag{8.25}$$

となる. したがって

$$\bar{w}_i^2 \bar{p}_i h^{(q_i + 2r_i)} = c_i h \tag{8.26}$$

が成立するが, これは

$$q_i + 2r_i = 1 \tag{8.27}$$

と

$$c_i = \bar{w}_i^2 \bar{p}_i \tag{8.28}$$

を意味する.

したがってパラメーター q_i, r_i は

$$0 \leq r_i \leq \frac{1}{2} \tag{8.29}$$

および

$$0 \leq q_i \leq 1 \tag{8.30}$$

なる制約を満たさなければならない. 実際 2 つの場合のみが興味深いことがわかる. すなわち

$$r_i = 1/2, \qquad q_i = 0 \tag{8.31}$$

と
$$r_i = 0, \qquad q_i = 1 \tag{8.32}$$
である.最初の場合は「通常」と呼ぶ事象に通じ,2番目は「偶発」事象の場合である.順にこれらについて議論する.

8.4.1 通常事象
「通常」事象のための条件は
$$\frac{1}{2} \geq r_i > 0 \tag{8.33}$$
である.これを理解するために $r_i = 1/2$ の時に何が起こるかを考える.

まず q_i が 0 に「ならなければならない」ことがわかる[*18).その結果,出力 w_i の大きさと確率を決定する関数はそれぞれ
$$w_i = \bar{w}_i h^{1/2} = \bar{w}_i \sqrt{h} \tag{8.35}$$
$$p_i = \bar{p}_i \tag{8.36}$$
となる.これに従うと,$r_i = 0.5$ である事象の大きさは期間 h が小さくなると小さくなる.一方これらの確率は h には依存しない.出力は「小さい」が,観測期間が小さくなっても発生確率は一定である.これが「通常」ということである.

ここで ΔW_k のとり得るすべての出力がすべてこのタイプであり,$r_i = 0.5$ だとしよう.このとき W_t 過程のサンプル経路はいくつかの興味深い性質をもつ.

a. 連続な経路

偶発事象が成立しなければすべての w_i に対して $r_i = 0.5$ になり,その大きさ
$$w_i = \bar{w}_i \sqrt{h} \tag{8.37}$$
は h が小さくなるに従い小さくなる.同時に h が 0 に近づくと w_i の値は互いに近づく.これは極限では W_k の過程が連続であることを意味する.ΔW_k による階差は 0 に近づく.
$$\lim_{h \to 0} w_i = \lim_{h \to 0} \bar{w}_i \sqrt{h} = 0 \tag{8.38}$$
これはすべての「通常」事象 w_i で真である.極限での W_t の軌跡は手を持ち上げることなくそのデータをプロットすることが「可能であろう」.それぞれの増分は無限小の大きさをもつ.

[*18)
$$2r_i + q_i = 1 \tag{8.34}$$
であり,q_i は負にならないことを思い出されたい.

一方で,「通常」事象では $q_i = 0$ であるためには $h \to 0$ となっても w_i の発生確率は 0 に近づけない. 実際これらの事象の確率は h とは独立であり, 次の式が成立する.

$$p_i = \bar{p}_i \tag{8.39}$$

この意味で通常事象は連続な時間経路を発生し得るのである.

b. サンプル経路のなめらかさ

$r_i = 1/2$ のときのイノベーション項の出力サンプル経路は連続であるが「なめらか」ではない.

まず, 決定論的な関数の意味においてなめらかさが何を意味するか思い出そう. 直感的には「突然」変化しなければ関数は「なめらか」である. 言い換えれば $f(x)$ が評価される点 x_0 を選んだとしよう. 小さな h に対して比率

$$\frac{f(x_0 + h) - f(x_0)}{h} \tag{8.40}$$

が h が小さくなっても有限であれば $f(x)$ は x_0 においてなめらかである. すなわちその点において微分が存在すればなめらかである.

W_t のような非決定論的な関数でも同じなめらかさの定義は有効であろうか.

ここで議論した例では, ΔW_k の取り得る値の数は有限な m 個であると仮定した. これらの事象の大きさはすべて $h^{1/2}$ に比例する. 言い換えれば時間が経過すると価格に影響を与える新しい事象は $\sqrt{h}$ のオーダーで変化を引き起こす.

任意の時刻 t で予期せぬ価格変化「率」はある i に対して

$$\frac{W_{t+h} - W_t}{h} = \frac{w_i}{h} \tag{8.41}$$

となる. 極限を取ると

$$\lim_{h \to 0} \frac{W_{t+h} - W_t}{h} = \lim_{h \to 0} \frac{w_i}{h} \tag{8.42}$$

あるいは w_i に代入すると

$$= \lim_{h \to 0} \bar{w}_i \frac{h^{\frac{1}{2}}}{h} \tag{8.43}$$

$$= \bar{w}_i \lim_{h \to 0} \frac{1}{h^{\frac{1}{2}}} \to \infty \tag{8.44}$$

を得る. これは h が小さくなると, W_t は無限大の「割合」で変化することを意味する. 資産価格は連続的だが, ばらばらに変動する (ここで $\bar{w}_i$ が正としても一般性を失わないと仮定した).

ここでは通常の大きさの事象により生成される軌跡についての議論を行った. 次に偶発事象により生成される経路について考える.

8.4.2 偶発事象

ある事象 w_i に対してパラメーター r_i が 0 であると仮定する.すると対応する q_i は 1 になり,この特別な出力の確率は定義から

$$p_i = \bar{p}_i h \tag{8.45}$$

と与えられる.$r_i = 0, q_i = 1$ である事象 w_i は「偶発」事象である.なぜならば,この式に従えば,$h \to 0$ になるに従いこの確率は 0 となる.

一方,この事象の大きさは

$$w_i = \bar{w}_i \tag{8.46}$$

で与えられる.すなわち期間の長さ h に依存しない.

偶発事象に関する次の観測を行う.

a. サンプル経路

偶発事象を含むイノベーション項のサンプル経路は不連続である.実際 $q_i = 1$ である w_i の大きさは h には依存しない.h が 0 に近づいても,ΔW_k の取る値は小さくならない.予測できない価格の変化は h とは独立である.このような偶発出力が発生すると W_t はジャンプする.

一方 $q_i = 1$ のときジャンプの確率は h に依存し,後者 (h) が小さくなるとジャンプを観測する確率も小さくなる.したがって軌跡はジャンプを含むがこれらのジャンプはよくあることではない.

確率変数 ΔW_k がジャンプを含む場合,あきらかにサンプル経路は連続でない.このような確率的な変化のある動きをとらえるためにはウィーナー過程以外のモデルが必要となる.

b. さらなるコメント

r_i, q_i のその他の値については何がいえるであろうか.すなわち

$$0 < r_i < \frac{1}{2} \tag{8.47}$$

および

$$0 < q_i < 1 \tag{8.48}$$

の場合を考える.r_i, q_i がこの範囲のときに,とり得る出力 W_t はどのようなサンプル経路をもつであろうか.

任意の r_i, q_i がこの範囲にあるときには,サンプル経路はちょうどウィーナー過程と同じように連続だがなめらかでないことがわかる.

これを確認するのは簡単である.$0 < r_i < 0.5$ である以上は w_i の大きさは h の関数であり,$h \to 0$ になるに従い w_i は 0 に近づく.「大きさ」に関してはこれらは偶発事象ではない.

このような出力に対しては対応する確率も0に近づくことに注意されたい．したがってこの出力は頻繁に観察されない．しかし出力の大きさが小さくなっていくことから，偶発事象とは見なされない．

8.5 偶発事象のモデル

偶発事象が存在する場合，資産価格を示すために，どのような種類のモデルを取り扱うことができるだろうか．

必要なことを考えよう．いくつかのアプローチを用いて，観測される変化を2つの成分に分解する式によって資産価格を表現する．1つはその時点で与えられた情報で予測できる部分，もう1つは予測できない部分である．長さ h の短い期間では

$$S_k - S_{k-1} = a(S_{k-1}, k)h + \sigma(S_{k-1}, k)\Delta W_k, \qquad k = 1, 2, \ldots, n \qquad (8.49)$$

と書ける．

h が小さくなると，無限小期間で有効な連続時間型を得る．

$$dS_t = a(S_t, t)\,dt + \sigma(S_t, t)\,dW_t \qquad (8.50)$$

後の章で確率微分方程式をより厳密に学び，dS_t, dW_t のような微分が本当に何を意味するかを示す．

偶発事象を説明するために違う表現を用いる必要はない．これらの発生はやはり予測不可能であるし，分散は時間間隔 h に比例する．実際，ウィーナー過程の場合との唯一の違いはサンプル経路が連続的に発生するかどうかである．したがって同じ確率微分方程式の表現を単純な修正を加えて用いることができる．必要なのはランダムな予測できない誤差項 dW_t に対する新しい「モデル」である．

偶発事象の場合，$h \to 0$ になるに従いその確率が無視できるほど小さくなるとしても，事象の大きさが無限小でないというのが決定要因である．したがって，新しいイノベーション項は偶然に発生する資産価格の（確率的な）ジャンプを表現することができなければならない．さらにモデルは，このようなジャンプが発生する確率の潜在的な変化をいかようにもとらえるような柔軟性をもたなければならない．

さらに特定化を進めよう．まず誤差項を2つに分ける．以前の議論から，資産価格の変化は連続的に発生する通常事象と突然に発生するジャンプの混合となる．最初の成分を ΔW_k で示す．2番目の成分を誤差 ΔN_k で示す．より厳密にするため，事象は資産価格のジャンプの大きさが1であると仮定する．任意の時点 $k-1$ で

$$N_k - N_{k-1} = \begin{cases} 1 & \text{確率 } \lambda h \\ 0 & \text{確率 } 1 - \lambda h \end{cases} \qquad (8.51)$$

8.5 偶発事象のモデル

となる．ここで λ は時間 $k-1$ で利用可能な情報に依存「しない」．また

$$\Delta N_k = N_k - N_{k-1} \tag{8.52}$$

とする．

このような ΔN_k は一定の割合 λ で発生する大きさ1のジャンプを表現する[19]．N_k がポアソン計数過程を用いてモデル化することができるのはあきらかである．ポアソン過程は次の性質をもつ．

1) 短い期間 h ではせいぜい1つの事象しか発生しない確率は非常に1に近い[20]．
2) 時間 t までの情報は次の期間 h の事象の発生（あるいは非発生）の予測の助けにはならない．
3) 事象は一定比率 λ で発生する．

実際ポアソン過程はこれらの条件を同時に満たす唯一の過程である．不連続ジャンプをモデル化するのによい候補のように思われる．しかしながら2つの修正が必要かもしれない．

まず，ある資産価格におけるジャンプの発生頻度は時間とともに変化するかもしれない．ポアソン過程は「一定の」発生比率をもち，このような挙動には適合しない．何らかの調整が必要である．

2番目に N_t は0でない平均をもつ．確率微分方程式によるアプローチはイノベーション項の平均が0の場合のみを取り扱う．dN_t の平均を消去するもう1つの修正が必要である．

修正係数

$$J_t = (N_t - \lambda t) \tag{8.53}$$

を考えよう．増分 ΔJ_k の平均は0であり予測できない．さらに J_t に（時間に依存する）定数，たとえば $\sigma_2(S_{k-1}, k)$ をかけるとジャンプの大きさは時間依存となる．したがって $\sigma_2(S_{k-1}, k)\Delta J_k$ は資産価格のジャンプの大きさを表現する適切な候補である．

これは，金融商品の市場が突然の偶発事象により影響を受けるときには確率微分方程式が

$$\begin{aligned}S_k - S_{k-1} = a(S_{k-1}, k)h + \sigma_1(S_{k-1}, k)\Delta W_k \\+ \sigma_2(S_{k-1}, k)\Delta J_k, \quad k=1,2,\ldots,n\end{aligned} \tag{8.54}$$

と書けることになる．

h が小さくなると

---

[19] 期間 h で発生するジャンプの割合は，対応する確率 λh を h で割ることによって計算できる．
[20] $h \to 0$ になるに従い，この確率は1になる．

$$dS_t = a(S_t, t)\,dt + \sigma_1(S_t, t)\,dW_t + \sigma_2(S_t, t)\,dJ_t \tag{8.55}$$

となる.

この確率微分方程式は「通常」および「偶発」事象を同時に取り扱うことが可能である.

最後に,ジャンプ成分 dJ_t とウィーナー成分 dW_t が統計的にすべての時点 t において独立でなければならないことに注意しよう. h が小さくなると「通常」事象の大きさは小さくならなければならないのに対して,偶発事象の大きさは同じである.この条件のもとでは,2つの種類の事象はお互いに「関係」をもち得ない.これらの瞬間の相関は0でなければならない.

8.6 関係するモーメント

「通常」と「偶発」事象の違いは別の理由でも重要である.

観測データの実務的な作業は原過程の適切な「モーメント」を直接あるいは間接的に用いて進められる.第5章で「モーメント」という言葉を原過程のさまざまな期待値を示すこととして定義した.たとえば,単純な期待値 $E[X_t]$ は1次のモーメントである.分散

$$\mathrm{Var}(X_t) = E[X_t - E[X_t]]^2 \tag{8.56}$$

は2次の(中心からの)モーメントである.より高次の(中心からの)モーメントは

$$E[X_t - E[X_t]]^k \tag{8.57}$$

で得られる.ここで $k > 2$ である.

前に述べたように,モーメントは対象とする過程の情報を与える.たとえば分散は価格がどの程度変動するかを示す測度である.3次のモーメントは価格変化の分布の歪みの測度である.4次のモーメントは端の厚さの測度である.

本節では無限小の期間の価格変化を取り扱うときに,通常事象の場合,最初の「2つの」モーメントのみが意味をもつことを示す.より高いモーメントの重要性は限定的である.しかし偶発事象の場合すべてのモーメントを考える必要がある.

ふたたび予測できない変化成分が w_i で示される m 個のとり得る事象から成立する場合を考える.

予測できない誤差項の最初の2つのモーメントは

$$E[\sigma_1 \Delta W_k + \sigma_2 \Delta J_k] = [p_1 w_1 + \cdots + p_m w_w] = 0 \tag{8.58}$$

8.6 関係するモーメント

$$\text{Var}[\sigma_1 \Delta W_k + \sigma_2 \Delta J_k] = [p_1 w_1^2 + \cdots + p_m w_m^2] \tag{8.59}$$

によって与えられる[*21]．ここで ΔW_k と ΔJ_k の独立性を暗黙のうちに用いた．

さて，すべての事象が「通常の」場合で，大きさが $h^{1/2}$ に比例するときのモーメントの大きさについて考える．すなわちすべて $q_i = 0$ の場合を考える．

1 次のモーメントは m 個の値の加重和である．その値が 0 でない場合は $h^{1/2}$ に比例する．

$$E[\sigma_1 \Delta W_k] = h^{1/2}[p_1 \bar{w}_1 + \cdots + p_m \bar{w}_m] \tag{8.60}$$

これを h で割ると価格の予測できない変化の平均「比率」がわかる．あきらかに小さい h に対しては $\sqrt{h}$ は h より「大きい」ため，表現

$$\frac{E[\Delta W_k]}{h} \tag{8.61}$$

は h が小さくなると大きくなる．1 次のモーメントが 0 と等しくない場合は，短い期間 h でさえそれは「大きく」，無視できないという結論が得られる．

同じことが 2 次のモーメントでもいえる．予測できない価格変化の分散は w_i^2 のような項を含む w_i が通常型の場合，この大きさは $h^{1/2}$ に比例する．したがって分散は h に比例する．

$$\text{Var}(\sigma_1 \Delta W_k) = h \left[\sum_{i=1}^{m} p_i \bar{w}_i^{\ 2} \right] \tag{8.62}$$

これを h で割ると分散の平均「比率」がわかる．あきらかにこの h は消去され，h が小さくなっても分散の速度は「一定」のままである．

これは分散が $h \to 0$ となっても無視できないことを意味する．「通常」事象の場合，分散は無限小期間 h でさえ，原資産の確率性に関する重要な情報を提供する．

さて，より高次のモーメントの場合どうなるかを考えよう．すなわち $n > 2$ のときの

$$E[\sigma_1 \Delta W_k]^n = [p_1 w_1^n + \cdots + p_m w_m^n] \tag{8.63}$$

である．

ここで考えている事象が通常型の場合，w_i の肩のベキ乗項 n を大きくすると

$$w_i^n = \bar{w}_i^{\ n} (h^{1/2})^n \tag{8.64}$$

となるが，$n > 2$ の場合，小さい h に対して

$$h^{n/2} < h \tag{8.65}$$

[*21] 本節のこれ以降の部分では $\sigma_i(S_t, t), i = 1, 2$ を σ_i と略す．

である．

その結果，高次のモーメントを h で割ることで，対応する比率は

$$\frac{E[\sigma_1 \Delta W_k]^n}{h} = h^{(n-2)/2} \sum_{i=1}^{m} \bar{w}_i^n \qquad (8.66)$$

となる．この比率は h に正に依存する．h が小さくなると $h^{(n-2)/2}$ は 0 に収束する[*22]．

したがって h が小さいとき，原事象がすべて「通常型」の場合，予測できない価格変化の，より高い次元のモーメントは有用な情報をもたらさない．「2つの」パラメーター（1つが1次のモーメントを，2つ目が分散を表す）のみに依存する確率モデルは小さい「h」に対して価格データの重要な情報をすべてとらえるのに「十分」である．ウィーナー過程は偶発事象がない場合の大変自然なモデルである．

偶発事象が存在する場合は状況が異なる．

すべての事象が偶発的だと仮定しよう．定義から偶発事象では値 w_i が h に依存しないと想定している．2次モーメントは

$$E\left[\sigma_2 \Delta J_k\right]^2 = h\left[\sum_{i=1}^{m} w_i^2 \bar{p}_i\right] \qquad (8.67)$$

であり，ここで「w_i は h に依存しない」．最後の式の右辺を h で割ると h とは独立になる．したがって，分散は無視できない．ここではウィーナー過程とは違いはない．

しかしより高次のモーメントは

$$E[\sigma_2 \Delta J_k]^n = h\left[\sum_{i=1}^{m} w_i^n \bar{p}_i\right] \qquad (8.68)$$

により与えられる．これは偶発事象の場合，確率は h に比例するので，後者 (h) はまとめて外に出る．$n > 2$ の場合，より高次の「モーメントも」h のオーダーになる．ΔJ_k のより高次のモーメントを h で割っても $h \to 0$ のときに小さくならない．ウィーナー過程と異なり，ΔJ_t のより高次のモーメントは無限小の時間間隔では無視することができない．これは価格が偶発事象により影響を受ける場合には，より高次のモーメントは市場参加者に有益な情報を提供することを意味する．

この議論は確率微分方程式のイノベーション項にウィーナー過程を限定することが，どのような場合に適切になるかを示す．金融市場のボラティリティの根源事象が「通常型」であると信じている場合には，最初の2つのモーメントのみに依存する分布関数がよい近似となる．短い期間ではデータはとにかく最初の1次，2次のモーメント

[*22] n が 2 より大きいとき h の指数部分は正になる．

に依存するため，dW_t に正規性を仮定することは最終的な結果にはほとんど差がないので受け入れられるであろう．しかしながら偶発事象がデータのシステマティックな部分である場合，ウィーナー過程の利用は適切でないかもしれない．

8.7 お わ り に

次の2つの章で確率微分方程式の概念を定式化する．本章と前章では確率微分方程式の基礎の準備を行った．すなわち資産価格の変化は常に以下の確率微分方程式によってとらえられることを示した．

$$dS_t = a(S_t, t)\, dt + [\sigma_1(S_t, t)\, dW_t + \sigma_2(S_t, t)\, dJ_t] \tag{8.69}$$

ここで右辺の第1項は S_t の期待される変化であり，括弧内の第2項は時間 t までに与えられた情報で予測できない変化成分である．確率微分方程式は正式には定義されず，議論は「小さな」増分 ΔS_k と ΔW_k を用いて進めた．

確率微分方程式の予測できない成分は2つの部分から構成される．dW_t は通常発生する小さな事象をとらえる．dJ_t は偶発的に発生する「大きな」事象をとらえる．

短い期間では確率変数 W_t は1次，2次モーメントにより完全に記述される．より高次のモーメントは何ら補足的な情報をもたらさない．したがって，正規性を仮定して W_t をウィーナー過程にするのはこのような事象に対するよい近似となる．

偶発事象は正規分布によりとらえることはできない．それが考えている金融市場に影響を及ぼしそうならば，予測できない成分を dJ_t 過程により補足するべきである．ポアソン過程はこのような項の性質を十分によく表現するだろう．

市場参加者が任意の $\sigma_1(S_t, t)$, $\sigma_2(S_t, t)$ を選択することで，ウィーナー過程とポアソン過程の組み合わせは金融市場に影響を及ぼすすべての種類に変化を表現することが可能である．

8.8 実務における偶発および通常事象

本節では，実務において資産価格の値動きをモデル化する際に，「偶発」事象と「通常」事象をどのように区別して取り扱うかについて述べる．とくに，この違いが単なる理論上の興味のみから発しているのか，前述の議論を考慮したより具体的な取扱いを行っているのか議論する．

最後の疑問に対する答えはイエスである．これについては第2章で取り扱った2項モデルがよい例となる．そこでは「通常」事象を示すランダム性から発した2項モデルと「偶発」事象を取り入れた2項モデルを議論した．

まず金融資産の価格を取り扱う標準的な 2 項モデルを復習しよう．原資産である株価 S_t と瞬間的な金利 r_t の確率過程を考える．

8.8.1 2 項モデル

期間 $[0, T], T < \infty$ における S_t の連続時間の挙動を離散化することを考える．同時に，離散化を「システマティック」かつ「単純」に行うことを考える．いつもと同様に，期間 T を n 個の等間隔 Δ に分割する．

$$t_0 = 0 < t_1 < \ldots < t_n = T \tag{8.70}$$

ここで

$$n\Delta = T \tag{8.71}$$

である．これにより，離散時間 $\{t_i\}$ が得られる．

次に，S_t の値を特定の時間 t_i でモデル化する．記法を簡単にするために S_i を次のように定義する．

$$S_i = S_{t_i}, \qquad i = 0, 1, \ldots, n \tag{8.72}$$

2 項モデルは，離散時点 i においてある「状態」あるいは節に達したら，S_i は u_i や d_i なる 2 つのパラメーターで示される「上昇」あるいは「下降」のみの挙動に制限されることを表現している[*23]．

これら 2 つのパラメーターを選択する方法は S_t の動きがどのように表現されると考えるかに依存する．2 つの場合を考える．

最初の場合は，u_i と d_i の「大きさ」は Δ に依存するが，その確率は Δ に依存しない．2 番目の場合はその逆である．u_i と d_i は Δ に依存しないが，上下する確率は依存する．あきらかに最初の場合が「通常」事象に該当し，ウィーナー過程によりモデル化される．2 番目の場合が「偶発」事象であり，ポアソン過程に該当する．

8.8.2 通 常 事 象

S_i がパラメーター μ で示される瞬間的な期待収益率をもち，ボラティリティが σ だとしよう．以下で考える両者の場合において，S_i は次のように変化すると考える．

$$S_{i+1} = \begin{cases} u_i S_i & \text{確率 } p_i \\ d_i S_i & \text{確率 } 1 - p_i \end{cases} \tag{8.73}$$

[*23] これらの状態は「上昇」や「下降」で識別されるが，実務では両者とも上昇や下降，あるいは変化せずかもしれない．言葉の選択は単に 2 つの状態を区別する記号上のものである．また u_i や d_i のパラメーターは各節あるいはその前の節で観察される S_i に依存するかもしれない．ただしここでは状態に依存しない上下の動きのみを示す単純な場合を取り扱う．

「通常」事象のみにより S_i が影響を受けるときには，係数 u_i と d_i は以下のようになる[*24]．

$$\text{すべての } i \text{ に対して} \quad u_i = e^{\sigma\sqrt{\Delta}} \tag{8.74}$$

$$\text{すべての } i \text{ に対して} \quad d_i = e^{-\sigma\sqrt{\Delta}} \tag{8.75}$$

また確率 p_i は次のようになる．

$$\text{すべての } i \text{ に対して} \quad p_i = \frac{1}{2}\left[1 + \frac{\mu}{\sigma}\sqrt{\Delta}\right] \tag{8.76}$$

まずいくつかコメントを述べる．パラメーター u_i, d_i, および p_i はすべての「節 i」において一定である．これは (8.74)〜(8.76) 式の右辺が $S_i, i = 1, \ldots, i$ に依存しないからである．これによると S_i の動きは，時間的に均質となるように離散化されている．こうならなければならないという理由はあきらかにない．(8.74)〜(8.76) 式において u_i, d_i, および p_i が Δ に依存するように複雑にすることも可能である．したがって，この特別な場合には u_i, d_i の添え字 i を取り除くことが可能である．

2番目に，より重要なことは Δ がゼロに近づいたときの u_i, d_i, および p_i の挙動を考えることである．

これらのパラメーターの定義により，$\Delta \to 0$ が近づいたときに u_i, d_i がゼロに近づくことがわかる．したがって (8.73) 式のパラメーター化を用いると無限小の区間では S_t の値動きは無視できる大きさになる．しかしながら，確率は 1/2 であり一定である．

$$\lim_{\Delta \to 0} \frac{1}{2}\left[1 + \frac{\mu}{\sigma}\sqrt{\Delta}\right] = \frac{1}{2} \tag{8.77}$$

このパラメーター化を用いると，2項モデルは「通常」事象における S_i の変化を記述することはあきらかである．微小期間において事象は頻繁に発生するがその大きさは小さい．

8.8.3 偶 発 事 象

ここで，同一の2項モデルの枠組みを用いて，異なる u_i, d_i, および p_i のモデル化を考える．とくに期間 Δ の依存性を考える．

したがって，(8.74)〜(8.76) 式の代わりにモデルのパラメーターを次の式で与える．

$$\text{すべての } i \text{ に対して} \quad u_i = \hat{u} \tag{8.78}$$

$$\text{すべての } i \text{ に対して} \quad d_i = e^{\alpha\Delta} \tag{8.79}$$

[*24] 「通常」事象により特徴づけられる場合の表現方法はこの方法以外にもある．

また「上昇」の確率 p_i を次の式で与える．

$$すべての\ i\ に対して \quad p_i = \lambda\Delta \tag{8.80}$$

ここで $0 < \lambda$ および $0 < \alpha$ は S_i で期待されるジャンプの「大きさ」と確率を特徴づける2つのパラメーターである．また $\hat{u} \neq 1$ は正の定数であり，S_i のジャンプの挙動を特徴づける．d_i はジャンプがない場合である．

この場合の2項モデルの挙動について考えよう．区間 Δ を小さくすればするほど，「上昇」確率 p_i はゼロに近づき，「下降」確率は1に近づく．これは時間間隔を小さくすればするほど，S_i が「上昇（$\hat{u}$）」しそうにないことを示している．$\Delta \to 0$ になると，有限の時間では S_i は滑らかな経路をたどる．しかしながら，(8.80) 式に従い，非常に微小な期間 Δ で「偶発」事象が発生する．

$$Prob(S_{i+1} = e^{\alpha\Delta} S_i) = 1 - \lambda\Delta \tag{8.81}$$

ここで Δ に依存するが，この確率は1に非常に近い．

これは，微小期間では Δ がゼロに近い場合には

$$d_i = e^{\alpha\Delta} \tag{8.82}$$
$$\cong 1 \tag{8.83}$$

となるからである．

2項モデルのパラメーターをモデル化するこの方法が本章の冒頭部分で議論した偶発事象の特徴と一致するのはあきらかである．

8.8.4 蓄積した変化の挙動

上記で取り扱った議論は，S_i の2状態の確率過程を離散時間でモデル化する際における確率と大きさを，離散時間の期間 Δ の関数とする方法であった．主として議論したのは，S_i を「1ステップ」変化させたときに，Δ を小さくするとどのようなことが発生するかである．

興味深いほかの問題もある．1ステップの以外の問題としては，「時間」が経過したときに「蓄積」した S_i の動きの挙動はどのようになるだろうか．

言い換えると，i が増大したときの S_i の「1ステップ」の変化の確率をみる代わりにある整数 $n > 1$ に対して

$$\frac{S_{i+n\Delta}}{S_i} \tag{8.84}$$

はどうなるかを考える．これは，長さ Δ の区間が n 回続くときの S_i の変化の蓄積を意味する．

8.8 実務における偶発および通常事象

まず，この乱数の挙動を考える必要性についてコメントする．

Δ が小さいときに，S_i を 2 状態の確率過程としてモデル化するのは，とくに瞬間的な将来を考える場合は十分よい近似となるのはあきらかである．しかしながら，トレーディングや投資期間が，長さ Δ で n 回の「より長い将来時点」に及ぶ場合には，市場参加者はそのモデル化に懐疑的であるかもしれないだろう．たとえば機関投資家や証券会社の興味は現在の S_t ではなく，満期における $S_T, t < T$ の価値であり，瞬間的な 1 ステップの確率をモデル化しても，これらの問題には解決にならないかもしれない．

したがって，彼らは瞬間的な挙動に興味をもつと同時に，満期時点における S_T の価値の挙動にも興味をもつことになる．しかも，蓄積された変化の挙動は S_i の瞬間的な変化を示す確率 p_i とはまったく異なるかもしれない．これは n 期においては，S_i は $u_i S_i$ や $d_i S_i$ とは異なる値をとるかもしれないからである．

したがって，2 項モデルをモデル化する主要なパラメーターに依存する以下の比率の確率的な挙動を考えることにする．

$$\frac{S_{i+n\Delta}}{S_i} \tag{8.85}$$

ここで期間 i から $i+n$ で観察される「上昇」回数を表す確率変数 Z を議論する．たとえば，当初 i, S_i であり，「上昇」のみが発生すると $Z = n$ となる．上昇の回数が半分であれば，$Z = n/2$ となる．

ここで，S_{i+n}/S_i の比率自身を調べる代わりに，その対数の挙動を調べる．それはこのことにより，Z についての u_i, d_i の確率的挙動を線形にできるからである[25]．

議論を進める前に，u_i, d_i, p_i の添え字 i を省略し，少なくとも本節では一定と仮定する．

したがって，以下のように記述することができる．

$$\log \frac{S_{i+n}}{S_i} = Z \log u + (n - Z) \log d \tag{8.86}$$

$$= Z \log \frac{u}{d} + n \log d \tag{8.87}$$

前節で議論したように，最後の式は確率変数 Z の「線形」の関数となる．

線形の式の場合，確率変数 $\log S_{i+n}/S_i$ の平均と分散を簡単に書くことができる．

$$E\left[\log \frac{S_{i+n}}{S_i}\right] = \left[\log \frac{u}{d}\right] E[Z] + n \log d \tag{8.88}$$

$$\text{Var}\left[\log \frac{S_{i+n}}{S_i}\right] = \left[\log \frac{u}{d}\right]^2 \text{Var}[Z] \tag{8.89}$$

---

[25] u_i, d_i は複数のパラメーターである．対数をとることにより，積を和にすることができるため，漸近理論を適用することが簡単になる．和については一般に，中心極限定理を適用できる．

しかし $E[Z]$ は np であり，$\text{Var}[Z]$ は $np(1-p)$ である[*26]．
これを代入すると，以下の式が得られる．

$$E\left[\frac{S_{i+n}}{S_i}\right] = \log\frac{u}{d}[np] + n\log d \tag{8.91}$$

$$\text{Var}\left[\frac{S_{i+n}}{S_i}\right] = \left[\log\frac{u}{d}\right]^2 np(1-p) \tag{8.92}$$

ここで次の関係を思い出そう．

$$n = \frac{T}{\Delta} \tag{8.93}$$

これと u, d, p を (8.91), (8.92) 式に代入すると，平均と分散についての「近似」式が得られる．言い換えると，(8.74)–(8.76) 式の u, d, p, を用いると，第1次近似は次の式で与えられる．

$$\log\frac{u}{d}[np] + n\log d \cong \mu T \tag{8.94}$$

$$\left[\log\frac{u}{d}\right]^2 np(1-p) \cong \sigma^2 T \tag{8.95}$$

これは期間 $[0, T]$ において，1回あたりの変化の大きさが $\mu\Delta$，ボラティリティの大きさが $\sigma\sqrt{\Delta}$ である確率過程と同等である．したがって，このようにモデル化した S_i の変化率の平均と分散は Δ に比例する．このような確率過程は幾何過程と呼ばれる．

また，$\log S_{i+n}/S_i$ の（漸近的な）確率分布を近似することが可能である．まず，$\log S_{i+n}/S_i$ は実際には次の確率過程の対数変化であることに注意しよう．

$$\log\frac{S_{i+n}}{S_i} = \log S_{i+n} - \log S_i \tag{8.96}$$

「通常」事象に対応する (8.74), (8.75) 式のパラメーターを適用すれば $[\log S_{i+n} - \log S_i]$ の分布は $\Delta \to 0$ になると

$$[\log S_{i+n} - \log S_i] \sim N(\mu(n\Delta), \sigma^2\Delta) \tag{8.97}$$

により近似できる．すなわち，$[\log S_{i+n} - \log S_i]$ は正規分布で近似される．

一方，「偶発」事象に対応する (8.78), (8.79) 式のパラメーターを適用すると，$[\log S_{i+n} - \log S_i]$ の分布は $\Delta \to 0$ になると

$$[\log S_{i+n} - \log S_i] \sim \text{ポアソン分布} \tag{8.98}$$

[*26] 期待値の計算は簡単である．「上昇」の確率が p である n 個の独立した試行の場合，「期待される」上昇の回数は np となる．$\text{Var}[Z]$ の場合は若干複雑である．1回の試行 Z の分散は

$$p(1-p)^2 + (1-p)(0-p)^2 = p(1-p) \tag{8.90}$$

である．n 個の試行の場合，独立な n 個の分散は n 倍であり $p(1-p)$，すなわち $np(1-p)$ となる．

で近似される.

これらは,「中心極限定理」の2つの例であるが,ここでは多くの確率変数の和が既知の分布となる.

中心極限定理の違いは何に起因するだろうか.

適当に基準化された独立した確率変数の和を正規分布にするためには,個々の要素の和は漸近的に無視されなければならない.まさにこの漸近的に無視できる条件が,通常事象と偶発事象を区別することになる.したがって,偶発事象のためにパラメーター u_i, d_i, p_i を選択すると,事象は漸近的に無視できなくなり,ポアソン分布に収斂する.

8.9 参 考 文 献

偶発事象の特徴づけに関する議論は Merton (1990) に記述されている.イノベーション項が有限個のとり得る値をもつ仮定は議論を非常に単純化する.本章の内容の正当性に関する形式的な議論に興味のある読者は Bremaud (1979) を参照されたい.Bremaud は,マーチンゲールの手法を用いてポアソン過程の一般化された形であるポイント過程の変化について議論している.

8.10 演 習 問 題

1. $n \to \infty$ になると以下の式が成立することを示せ.
   (a) $1(1-\frac{1}{n})\ldots(1-\frac{k-1}{n}) \to 1$
   (b) $(1-\frac{\lambda}{n})^n \to e^{-\lambda}$
   (c) $(1-\frac{\lambda}{n})^k \to 1$

2. 確率変数 X_n が2項分布に従うとする.
$$X_n = \sum_{i=1}^{n} B_i$$
ここで B_i は独立であり,以下の分布に従う.
$$B_i = \begin{cases} 1 & \text{確率 } p \\ 0 & \text{確率 } 1-p \end{cases}$$
X_n を一定時間までに発生した確率変数の累積和だと考える.事象は B_i である.ここでは2つのパラメーター,p および n があることに注意せよ.最初のパラメーターは,「事象」B_i が発生する確率を示す.2番目のパラメーターは事象が発生する数を示す.

問題は，事象の数が無限大に行ったときに X_n の分布はどうなるかである．2つの興味深い場合があり，以下の問題で述べる．

(a) $\lambda = np$ を保ったまま（このとき $p \to 0$ である），$n \to \infty$ となるとせよ．すなわち $B_i = 1$ となる確率は n が増大するにつれてゼロに近づく．しかし1となる「期待」頻度は一定である．これは確率に関する収束速度に一定の条件があることからあきらかである．

$\Pr(X_n = k)$ となる確率はいくらであるか．p, n, および k を式で記述せよ．

(b) $\lambda = np$ を問1で記した3つの式に代入し，$\Pr(X_n = k)$ を式で示せ．

(c) $n \to \infty$ とし，次のポアソン分布を計算せよ．

$$\Pr(X_n = k) = \frac{\lambda^k e^{-k}}{k!}.$$

(d) 極限をとるときに，$p \to 0$ の速度は一定であることに注意せよ．確率の極限をとることはどのような意味をもつか．偶発事象はどのような場合に該当するか．

9

確率環境下における積分——伊藤積分

9.1 はじめに

微積分演算における実務上の興味の1つの源は「微分方程式」を得たいということである.微分方程式は物理現象の動的変化の記述に用いられる.単純な線形の微分方程式は

$$\frac{dX_t}{dt} = AX_t + By_t, \quad t \geq 0 \tag{9.1}$$

なる形となる.ここで dX_t/dt は X_t の t に関する微分であり,y_t は外生変数である.A, B はパラメーターである[*1].

常微分方程式は実務上のモデル化に必要な道具である.たとえば X_t の過去の値とともに X_t の将来の変化を決定する,ある変数 y_t が存在するとエンジニアは考えるかもしれない.この関係は微分方程式により近似され,それはさまざまな応用で用いられる[*2].

次のような議論が,常微分方程式を得るために用いられる.まず微分の概念が定義される.関心のある X_t によって記されるほとんどの関数に微分が「存在」することが示される.存在が示されたあと,議論は dX_t/dt をテーラー級数展開を用いて近似することへ進む.考えている理論により課せられたすべての制限を考慮したのち,微分方程式を得る.

議論の最後では,「微積分の基本定理」が示され,微分と積分の概念には近い対応が存在することが示される.実際積分は増分の「和」であり,微分は「変化率」を意味する.初期値 $X_0 = 0$ のとき,変数 X_t の変分 dX_t を加えれば変数の最新の値

$$\int_0^t dX_u = X_t \tag{9.2}$$

[*1] $B = 0$ のときは方程式は同次であるといわれる.y_t が t と独立である場合,系は「自励系」となり,そうでない場合には非自励系となる.

[*2] たとえば X_t に何らかの望ましい将来の経路を考えているかもしれない.そのときには問題は X_t がこの経路に従うことを保証する適当な $\{y_t\}$ をみつけることになる.

を得るのは当然のように考えられる．これはすべての微分方程式に対して「積分方程式」を考えられることを示唆している．

確率微積分では同じ議論を適用することは「不可能」である．予測できない「ニュース」が連続的に到達し，考えている現象の動的変化を示す方程式がこのようなノイズの関数であるとすると，意味のある微分の概念は定義できない．

しかしながらいくつかの条件のもとでは「積分」を得ることに成功する．これにより「常」微分方程式を「確率」微分方程式により入れ替えることができる．

$$dX_t = a_t\, dt + \sigma_t\, dW_t, \quad t \in [0, \infty) \tag{9.3}$$

ここで将来の動きは dX_t/dt のような微係数のかわりに dX_t, dt, dW_t の微分項で表現される．これらの微分は積分の新しい概念を用いて定義される．たとえば h が小さくなると，増分

$$X_{t+h} - X_t = \int_t^{t+h} dX_u \tag{9.4}$$

は dX_t の意味を与えるために用いることができる．実際以前のさまざまな章で dS_t, dW_t のような微分を用いたが，これらに厳密な形での議論は行わなかった．伊藤積分の定義がこれを可能にする．

さて，ある資産価格 S_t の動的な挙動を示す確率微分方程式を考える．

$$dS_t = a(S_t, t)\, dt + \sigma(S_t, t)\, dW_t, \quad t \in [0, \infty) \tag{9.5}$$

両辺を積分すると，この方程式は

$$\int_0^t dS_u = \int_0^t a(S_u, u)\, du + \int_0^t \sigma(S_u, u)\, dW_u \tag{9.6}$$

を意味する．ここで右辺の最後の項はウィーナー過程 W_t の増分に関する積分である．

式 (9.6) の右辺の積分の解釈はすぐにはできない．第5章から第7章の議論を通じて W_t の増分は短い間隔 h で「変動しすぎる」ことがわかった．W_t の変化「率」は平均的に $h^{-1/2}$ と等しく，これは h が小さくなると大きくなる[*3]．これらの増分の変動が大きすぎるときに，これらの合計は無限大にならないのであろうか．この困難に思われる問題をどのようにして解くかについて，本章で示す．

[*3] 平均の変化「率」は $W_{t+h} - W_t$ の標準偏差を h で割った値を意味する．第6章で，まったく一般的な仮定のもとでは予測できない変化の標準偏差は $h^{1/2}$ に比例することを示した．

9.1.1 伊藤積分と確率微分方程式

伊藤積分のきちんとした定義を得ることによって確率微分方程式の概念がより正確になるだろう．次の積分

$$\int_0^t \sigma(S_u, u)\, dW_u \tag{9.7}$$

がある厳密な方法で定義されれば，(9.5) 式における確率微分方程式の両辺を積分することができるようになり，

$$S_{t+h} - S_t = \int_t^{t+h} a(S_u, u)\, du + \int_t^{t+h} \sigma(S_u, u)\, dW_u \tag{9.8}$$

を得る．ここで h はある有限の時間間隔である．

これから第7章，第8章で何回か用いた「有限差分近似」を得ることができる．実際 h が小さく，とくに $a(S_u, u)$ と $\sigma(S_u, u)$ が S_u と u のなめらかな関数のときには区間 $u \in [t, t+h]$ であまり変化しない．したがってこの方程式を

$$S_{t+h} - S_t \cong a(S_t, t) \int_t^{t+h} du + \sigma(S_t, t) \int_t^{t+h} dW_u \tag{9.9}$$

のように書き換えることができる．直接積分を行うことで，有限差分近似

$$S_{t+h} - S_t \cong a(S_t, t)h + \sigma(S_t, t)[W_{t+h} - W_t] \tag{9.10}$$

書き換えると

$$\Delta S_t \cong a(S_t, t)h + \sigma(S_t, t)\Delta W_t \tag{9.11}$$

を得る．

これは前章でしばしば用いた有限区間での確率微分方程式表現である．これは少なくとも2つの理由で「近似」である．まず $E_t[S_{t+h} - S_t]$ は h に関する「1次の」テーラー級数近似

$$E_t[S_{t+h} - S_t] = a(S_t, t)h$$

と等しかった．2番目に $a(S_u, u), \sigma(S_u, u), u \in [t, t+h]$ は $u = t$ の値で近似されている．これらの近似を行うためには $a(S_u, u)$ と $\sigma(S_u, u)$ になめらかさに対するある条件が必要である．こうした条件によって，われわれが

$$dS_t = a(S_t, t)\, dt + \sigma(S_t, t)\, dW_t \tag{9.12}$$

と書くときには，「積分方程式」

$$\int_t^{t+h} dS_u = \int_t^{t+h} a(S_u, u)\, du + \int_t^{t+h} \sigma(S_u, u)\, dW_u \tag{9.13}$$

において，右辺の2番目の積分が伊藤積分の意味で定義され，$h \to 0$ のときに

$$\int_t^{t+h} \sigma(S_u, u)\, dW_u \cong \sigma(S_t, t)\, dW_t \tag{9.14}$$

であることを意味する．すなわち確率微分方程式の拡散項は無限小の時間間隔で近似された伊藤積分である．

こうした近似が意味をもつためには，W_t に関する積分がまず正式に定義されなければならない．2番目に $a(S_t, t)$ と $\sigma(S_t, t)$ の時間による変化に条件を課さなければならない．とくに I_t 可測なパラメーターの変動が大きすぎることは許されない．

9.1.2 伊藤積分の実務上の重要性

実際には伊藤積分は確率微分方程式ほど多くは用いられない．実務家は派生資産価格を算出する場合に，伊藤積分を「直接」用いることはほとんどない．あとで議論するように，無裁定価格は偏微分方程式法かマーチンゲール変換のどちらかにより計算される．このどちらの場合でも伊藤積分を直接用いる必要はない．

たとえばトレーダーの観点からこの概念の実用上の重要性についてこの時点で理解するのは困難であるかもしれない．伊藤積分を定義するのは本質的には理論的な仕事であり，実用的な関連性はないことがあきらかになるかもしれない．実務家は伊藤積分が存在することを無条件に受け入れ，確率微分方程式を直接用いて議論を進めることを好むかもしれない．

しかし，本書の読者はこれに対して注意されたい．伊藤積分の定義を理解することは（少なくとも）2つの理由で重要である．まず以前に述べたように，確率微分方程式は伊藤積分の形式でのみ定義され得る．確率微分方程式に隠された本当の意味を理解するためには伊藤積分に対する何らかの理解をする必要がある．さもなければ実際の問題に確率微分方程式を適用するときに誤ちを犯すかもしれない．

このことは伊藤積分が重要である2番目の理由と関連している．確率微分方程式が無限小区間で定義されているので，有限区間で利用する場合には何らかの「近似」が必要となるかもしれない．実際 (9.14) に示された近似は h が「小さくない」ときには有効でないかもしれない．このときには伊藤積分を用いて新しい近似が定義されなければならない．

この点は金融派生資産評価の観点から重要である．なぜならば，実務では常に有限区間を用いて計算を行うからである．たとえば「1日」はあきらかに無限小の区間ではなく，確率微分方程式をそのような区間で用いるには近似が必要となる．この近似の厳密な形は伊藤積分の定義を考慮することにより得られる．

まとめると（意味のある方法で，$\int_t^{t+h} \sigma(S_u, u)\, dW_u$ を定義することによって dW_t が解釈できたとしよう．このとき），有限区間での確率微分方程式

$$\Delta S_k = a_k h + \sigma_k \Delta W_k, \quad k = 1, 2, \ldots, n \tag{9.15}$$

が

$$dS_t = a(S_t, t)\, dt + \sigma(S_t, t)\, dW_t, \quad t \in [0, \infty) \tag{9.16}$$

に変換される，あるいはその逆に変換される．これは確率積分を構築することによってのみ成しえることである．

9.2 伊藤積分

伊藤積分は非可算で予測不可能な確率変数の増分の時間にわたる和を定義する1つの方法である．このような積分はリーマン–スティルチェス積分で用いた方法では得ることができない．なぜそうなのかを理解するのは有用である．

すでにみたように，ウィーナー過程における増分 dW_t は一瞬先の将来でさえ予測不能な確率変数を表現している．このとき，時間 t におけるウィーナー過程の値は W_t と書かれ，独立な増分の不加算な数の合計である．

$$W_t = \int_0^t dW_u \tag{9.17}$$

（ここで時刻 0 ではウィーナー過程は 0 の値をもつ．したがって $W_0 = 0$ であることを思い出そう．）これは書き下せるもっとも簡単な「確率積分」である．

より重要な確率積分は確率微分方程式におけるイノベーション項を積分することにより得られる．

$$\int_0^t \sigma(S_u, u)\, dW_u \tag{9.18}$$

(9.17)，(9.18) 式における積分は「非常に」変動する確率変数の和である．なぜならば，$\epsilon > 0$ であるような互いに離れた時点における 2 つの変化 dW_t と $dW_{t+\epsilon}$ は無関係であるからである．このとき懸念される疑問はこのように変動する項の合計を意味のあるように定義することができるかどうかである．結局（数え切れないくらいに）多く変動する要素の合計は有限でなくなる可能性がある．

ふたたび標準的な微積分がどのように積分を定義するか考えてみよう．

9.2.1 リーマン–スティルチェス積分

時間に関して決定論的な変数が x_t であるような非確率関数 $F(x_t)$ を考えよう．ここで $F(\cdot)$ は連続で微積分可能であり，微分

$$\frac{dF(x_t)}{dx_t} = f(x_t) \tag{9.19}$$

をもつ．この微分 $f(\cdot)$ が存在する特別な場合，リーマン–スティルチェス積分は 2 つの方法で書くことができる．

$$\int_0^T f(x_t)\,dx_t = \int_0^T dF(x_t) \tag{9.20}$$

左辺の積分は x_t に「関して」行われている．ここで t は 0 から T まで変化する．このとき各 x_t における $f(\cdot)$ の値に無限小増分 dx_t を乗じ，これら（数え切れない多くの）値を足し合わせて積分が得られる．この記法は一般にリーマン積分のものである．

右辺の記法において積分は $F(\cdot)$ に「関して」行われる．$F(\cdot)$ の増分を用いて積分を得る．後者の記法をより複雑にすることは可能である．たとえば

$$\int_0^T g(x_t)\,dF(x_t) \tag{9.21}$$

なる積分を計算することに興味をもつかもしれない．ここで $F(\cdot)$ に関してある関数 $g(x_t)$ の積分を行う．

同様の記法は確率変数の期待値を取り扱うときに見られる．たとえば $F(\cdot)$ が確率変数 x_t の分布関数であり，「固定した」t における，ある $g(x_t)$ の期待値を計算したい場合である[*4]．

$$E[g(x_t)] = \int_{-\infty}^{\infty} g(x_t)\,dF(x_t) \tag{9.22}$$

直感的にはこの積分では x_t はマイナス無限大からプラス無限大まで変化し，対応する $g(\cdot)$ の値は増分 $dF(\cdot)$ を用いて平均化される．ここでこの場合，$dF(\cdot)$ は関連する値についての確率である．

(9.21) と (9.22) の積分の重要な違いについて注意されたい．最初の場合では 0 から T まで変化するのは t である．特定の t に対する値 x_t は特定されていない．これは確率変数ではよく起こることである．これによって積分それ自身が確率変数となる．

(9.22) の積分ではまったく異なる．t は一定であり，マイナス無限大からプラス無限大にいくのは x_t である．積分は確率変数ではない．

[*4] 関数 $g(\cdot)$ が x_t の 2 乗あるいは 3 乗の場合，この積分は単に 2 次あるいは 3 次のモーメントになる．

9.2 伊藤積分

確率変数がない場合，リーマン–スティルチェス積分はある無限和の極限として定義された．積分は極限が厳密に定義できるかぎり存在する．伊藤積分との違いをあきらかにするため，もう一度リーマン–スティルチェス積分の方法を復習する．

$$\int_0^T g(x_t)dF(x_t)$$

なる積分を計算することを考えよう．

リーマン–スティルチェス法を用いる形式的な計算は区間 $[0,T]$ を

$$t_0 = 0 < t_1 < \cdots < t_{n-1} < t_n = T \qquad (9.23)$$

なる n 個の小さな区間に分割するよく知られた構築法にもとづいている．このとき有限の「リーマン和」V_n は

$$V_n = \sum_{i=0}^{n-1} g(x_{t_{i+1}})[F(x_{t_{i+1}}) - F(x_{t_i})] \qquad (9.24)$$

で定義される．この方程式の右側は

$$g(x_{t_{i+1}})[F(x_{t_{i+1}}) - F(x_{t_i})] \qquad (9.25)$$

のような要素 $g(x_{t_{i+1}})$ と $[F(x_{t_{i+1}}) - F(x_{t_i})]$ の積の和である．第1項は時点 $x_{t_{i+1}}$ において評価した $g(\cdot)$ を示す．第2項は $dF(x_t)$ の増分と類似している．それぞれの要素 $g(x_{t_{i+1}})[F(x_{t_{i+1}}) - F(x_{t_i})]$ は右辺 $[F(x_{t_{i+1}}) - F(x_{t_i})]$，高さ $g(x_{t_{i+1}})$ の長方形としてみることができる．

V_n はこれらすべての長方形の合計である．連続する t_i, $i = 0,\ldots,n$ がお互いにあまり離れていない場合，すなわち区分 $[0,T]$ が「細かく」分割されている場合，この近似は十分うまくゆくだろう．言い換えると関数 $g(\cdot)$ が積分可能である場合，極限

$$\lim_{\sup_i |t_{i+1}-t_i| \to 0} \sum_{i=0}^{n-1} g(x_{t_{i+1}})[F(x_{t_{i+1}}) - F(x_{t_i})] = \int_0^T g(x_t)\,dF(x_t) \qquad (9.26)$$

は存在し，リーマン–スティルチェス積分と呼ばれる．読者はこの等式を定義として読むべきである．積分は左辺の和の極限として定義される[*5]．和 V_n はリーマン和と呼ばれる[*6]．

[*5] すなわちこの極限が収束するとき．

[*6] 曲線下の領域を近似できる長方形には多くの方法がある．同様に長方形の底辺を選択し，長方形の高さを $g(x_{t_i})$ あるいは $g(\frac{x_{t_{i+1}}+x_{t_i}}{2})$ に変えることもできる．

9.2.2 確率積分とリーマン和

以上より,リーマン–スティルチェス積分の値は底辺が小さく,高さが変化する長方形を用いて近似される.同様の理由づけを確率積分でも適用できるであろうか.

「等間隔」h の有限区間で書かれた確率微分方程式を考えることによって,この質問をより正確にすることができる[*7].

$$S_k - S_{k-1} = a(S_{k-1}, k)h + \sigma(S_{k-1}, k)\Delta W_k, \quad k = 1, 2, \ldots, n \quad (9.27)$$

(9.27) 式の左辺の増分 ΔS_k を足し合わせることを考えよう.

$$\sum_{k=1}^{n-1}[S_k - S_{k-1}] = \sum_{k=1}^{n-1}[a(S_{k-1}, k)h] + \sum_{k=1}^{n-1}\sigma(S_{k-1}, k)[\Delta W_k] \quad (9.28)$$

リーマン–スティルチェスのアプローチと同様な方法を用い,確率変数 S_t に関する積分をいつもどおり $T = nh$ と仮定し,(ある種の) 極限

$$\int_0^T dS_u = \lim_{n \to \infty}\left\{\sum_{k=1}^n [a(S_{k-1}, k)h] + \sum_{k=1}^n \sigma(S_{k-1}, k)[\Delta W_k]\right\} \quad (9.29)$$

として定義できるであろうか.

(9.29) 式の右辺の第 1 項は時刻 k の情報が利用可能となると確率変数を含まない.より重要なことは積分は時間 h の増分に関して行われている.定義から時間はなめらかな関数であり,「有限の変化」をもつ.これはリーマン–スティルチェスの場合で用いたのと同じ方法を適用でき

$$\int_0^T a(S_u, u)du = \lim_{n \to \infty}\sum_{k=1}^n [a(S_{k-1}, k)h] \quad (9.30)$$

のように積分が定義されることを意味する[*8].

しかしながら (9.28) の右辺の第 2 項には I_{k-1} があきらかになったあとでも確率変数を含んでいる.事実,時間 $k-1$ で項

$$[W_k - W_{k-1}] \quad (9.32)$$

[*7] 「等間隔」で考えることにより $[0, T]$ の分割は $n \to \infty$ とすることで小さくすることができる.そうでないと条件 $\sup_i |t_i - t_{i-1}| \to 0$ を用いなければならない.

[*8] 右辺の合計はより詳細な形に書くことができる.

$$\lim_{n \to \infty}\sum_{k=1}^n [a(S_{(k-1)h}, kh)][(k)h - (k-1)h] \quad (9.31)$$

ここで $kh = t_k$ である.

は確率変数であり，したがって合計

$$\sum_{k=1}^{n} \sigma(S_{k-1}, k)[W_k - W_{k-1}] \tag{9.33}$$

は「確率変数」に関する積分である．ここでいくつかの疑問がある．
- どちらの極限の概念を用いるべきであるか．(9.33) 式の合計は確率変数であり，極限では合計は確率変数に収束すべきであるので，この疑問は重要である．リーマン–スティルチェス法で用いられた決定論的な極限の概念をここで用いることはできない．
- どのような条件の下で極限は収束するのか（すなわち (9.33) 式における合計は本当に意味のある極限をもっているか）
- 確率変数の極限はどのような性質をもつか

確率微分方程式における誤差項により決定される特別な積分にのみ注意を払うことにする．いくつかの条件下では確率積分を確率和の「平均 2 乗」の極限として定義できる．

$$\sum_{k=1}^{n} \sigma(S_{k-1}, k)[W_k - W_{k-1}] \tag{9.34}$$

この積分は「確率変数」である．

「平均 2 乗収束」を利用するということは

$$\sum_{k=1}^{n} \sigma(S_{k-1}, k)[W_k - W_{k-1}] \tag{9.35}$$

の合計と「伊藤積分」と呼ばれる確率変数

$$\int_{0}^{T} \sigma(S_u, u) \, dW_u \tag{9.36}$$

の差が，n が無限大に増大すると，0 になる分散をもつことを意味する．正式には

$$\lim_{n \to \infty} E\left[\sum_{k=1}^{n} \sigma(S_{k-1}, k)\left[W_k - W_{k-1}\right] - \int_{0}^{T} \sigma(S_u, u) \, dW_u\right]^2 = 0 \tag{9.37}$$

である．

9.2.3 伊藤積分の定義

ここで確率微分方程式についての議論の流れに沿って伊藤積分の定義を与えよう．

定義 19. 次の確率微分方程式の有限区間での近似を考える．

$$S_k - S_{k-1} = a(S_{k-1}, k)h + \sigma(S_{k-1}, k)[W_k - W_{k-1}], \qquad k = 1, 2, \ldots, n \tag{9.38}$$

ここで $[W_k - W_{k-1}]$ は平均 0，分散 h なる標準ウィーナー過程である．ここで

1) $\sigma(S_t, t)$ は将来の事象と独立しているという意味で「予測できない」
2) 確率変数 $\sigma(S_t, t)$ が「発散しない」，すなわち

$$E\left[\int_0^T \sigma(S_t, t)^2 \, dt\right] < \infty \tag{9.39}$$

である．

このとき伊藤積分

$$\int_0^T \sigma(S_t, t) \, dW_t \tag{9.40}$$

式は $n \to \infty$ $(h \to 0)$ のときの

$$\sum_{k=1}^n \sigma(S_{k-1}, k)[W_k - W_{k-1}] \to \int_0^T \sigma(S_t, t) \, dW_t \tag{9.41}$$

の平均 2 乗極限である[*9]．

この定義に従うと，区間の数が無限大にゆき，それぞれの区間の長さが無限小になると有限和は伊藤積分で表現される確率変数に近づく．この確率変数の極限が存在する場合のみこの定義は意味をもつのはあきらかである．$\sigma(S_{k-1}, k)$ が予測できないという仮定は，このような極限の存在に対する基本的な条件であることがわかる[*10]．

まとめると決定論的，確率論的積分の 3 つの主要な違いについてみてきた．まず確率積分で用いた極限の概念が違う．2 番目に伊藤積分は予測できない関数に対してのみ定義される．そして 3 番目に，標準的な微積分における積分は関数で示される実際の「経路」を用いて定義されるが，確率積分は「確率同値」の意味で定義される．こうした本質的な違いによって標準的な微積分と確率微積分のいくつかのルールは異なったものになる．

次の例は伊藤積分を定義する平均 2 乗収束の利用を示す．2 番目の例では伊藤積分が「経路によって」定義できない理由を示す．

9.2.4 具体例

伊藤積分は極限である．それはある有限和の平均 2 乗極限である．したがって伊藤積分が存在するためには，ある適当な和が収束することが必要である．

[*9] $[0, T]$ は n 個の等間隔に分割され，$T = nh$ であることを思い出されたい．
[*10] 1 つの技術的な点は，確率変数の極限，すなわち伊藤積分が $[0, T]$ の区分分割のしかたに依存するかどうかである．分割の選択が伊藤積分の値に影響を与えないことを示すことは可能である．

9.2 伊藤積分

適当な条件を与えると,伊藤和が収束し対応する伊藤積分が存在することを示すことができる.しかしながら一般的には平均2乗の極限を「明示的に」計算することはできない.これはある特別の場合のみ可能である.本節では平均2乗極限が明示的に評価できる例を考える[*11].

$$\int_0^T x_t\, dx_t \qquad (9.42)$$

なる積分を評価しなければならないとしよう.ここで $x_0 = 0$ を既知とする.

もし x_t が決定論的な変数であるならば,この積分は (9.24) 式に示される有限和を用いて計算できるであろう.これを行うためには,まず区間 $[0, T]$ をすべての大きさが h である n 個の小さな区間に

$$t_0 = 0 < t_1 < \cdots < t_n = T \qquad (9.43)$$

式のように分割する.ここでいつもと同様に $T = nh$ であり,任意の i に対して $t_{i+1} - t_i = h$ である[*12].次に

$$V_n = \sum_{i=0}^{n-1} x_{t_{i+1}} [x_{t_{i+1}} - x_{t_i}] \qquad (9.44)$$

式で示される合計を定義し,n が無限大にゆくとしよう.結果はよく知られている.$x_0 = 0$ のときの (9.42) のリーマン–スティルチェス積分は

$$\int_0^T x_t\, dx_t = \frac{1}{2} x_T^2 \qquad (9.45)$$

となる.この状況は図 9.1 に容易にみることができる.ここで曲線下の領域を得るため,時間 x_t の任意の関数を考え「1 つの」長方形を用いる[*13].

x_t がウィーナー過程の場合には同じアプローチを用いることはできない.V_n は

$$V_n = \sum_{i=0}^{n-1} x_{t_i} [x_{t_{i+1}} - x_{t_i}] \qquad (9.46)$$

に修正されなければならない.言い換えると最初の x_t が時間 t_{i+1} ではなく時間 t_i で評価されなければならない.そうでなければこれらの項は「予測できなくなってしまう」.$x_{t_{i+1}}$ は時間 t_i では「知られていない」.そして増分 $[x_{t_{i+1}} - x_{t_i}]$ と相関を

[*11] これは極限が「存在する」ことが示された証明の反対である.
[*12] 同じ大きさの区間は便利である.等しくない $t_{i+1} - t_i$ でも同じ結果が得られる.
[*13] 関数を積分する際,$f(x_t)$ はちょうど 45 度線 $f(x_t) = x_t$ となるため 1 つの長方形でうまくゆく.

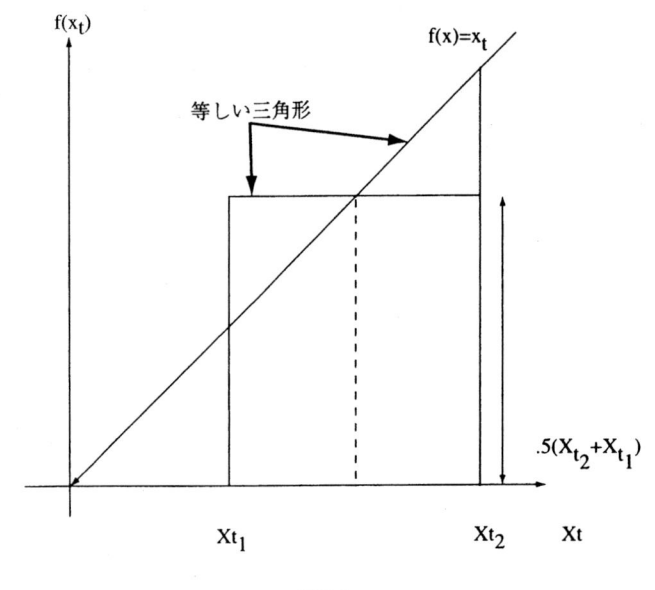

図 9.1

もつ．リーマン-スティルチェス積分の場合，どちらの和を用いても最後には同じ答えを得る．確率積分の場合，結果は $x_{t_{i+1}}$ か x_{t_i} のどちらを用いるかに依存する．あとであきらかになるように，積分の構成要素が予測できないというのは伊藤積分の基本的条件である．

2番目に，いま V_n は確率変数であり，単純な極限をとることはできない．V_n の極限をとるためには確率的なアプローチをとらなければならない．前述したように伊藤積分は平均2乗極限を用いる．

したがって

$$\lim_{n\to\infty} E\left[V_n - V\right]^2 = 0 \tag{9.47}$$

のような確率変数の極限 V を決定しなければならない．あるいは

$$\lim_{n\to\infty} E\left[\sum_{i=0}^{n-1} x_{t_i} \Delta x_{t_{i+1}} - V\right]^2 = 0 \tag{9.48}$$

である．ここでは単純化のため

$$\Delta x_{t_{i+1}} = x_{t_{i+1}} - x_{t_i} \tag{9.49}$$

としてある．以下この極限を明示的に計算する．

a. 平均2乗極限の明示的な計算

確率変数の和の平均2乗極限としての伊藤積分の意味をあきらかにするために，一歩ずつ確率変数の極限 V を計算する．最初の一歩は V_n の内の項を扱うことである．

任意の a と b に
$$(a+b)^2 = a^2 + b^2 + 2ab \tag{9.50}$$
あるいは
$$ab = \frac{1}{2}[(a+b)^2 - a^2 - b^2] \tag{9.51}$$
が成立することに着目する．(9.44) 式に $a = x_{t_i}$ および $b = \Delta x_{t_{i+1}}$ を代入すると
$$V_n = \frac{1}{2}\sum_{i=0}^{n-1}[(x_{t_i} + \Delta x_{t_{i+1}})^2 - x_{t_i}^2 - \Delta x_{t_{i+1}}^2] \tag{9.52}$$
式を得る．しかし
$$x_{t_i} + \Delta x_{t_{i+1}} = x_{t_{i+1}} \tag{9.53}$$
であるので
$$V_n = \frac{1}{2}\left[\sum_{i=0}^{n-1} x_{t_{i+1}}^2 - \sum_{i=0}^{n-1} x_{t_i}^2 - \sum_{i=0}^{n-1} \Delta x_{t_{i+1}}^2\right] \tag{9.54}$$
を得る．

さて，(9.54) 式の第1項と第2項は最初と最後の要素を除いて同じである．同じ項を消去して定義から $x_0 = 0$ であることを用いると
$$V_n = \frac{1}{2}\left[x_T^2 - \sum_{i=0}^{n-1} \Delta x_{t_{i+1}}^2\right] \tag{9.55}$$
を得る[*14]．

ここで x_T が n と独立であるので，V_n の平均2乗の極限が項 $\sum_{i=0}^{n-1} \Delta x_{t_{i+1}}^2$ の平均2乗の極限より決定されることになる．

言い換えると
$$\lim_{n\to\infty} E\left[\sum_{i=0}^{n-1} \Delta x_{t_{i+1}}^2 - Z\right]^2 = 0 \tag{9.56}$$
における Z をみつけなければならない．この表現では左辺に2つの「2乗」が存在する．1つは確率変数それ自身によるものであり，もう1つはここで用いる極限の種類によるものである．したがってこの極限は $\Delta x_{t_{i+1}}$ の4次の値を含む．

[*14] $t_n = T$ としていることに注意．

まず

$$E\left[\sum_{i=0}^{n-1}\Delta x_{t_{i+1}}^2\right] \tag{9.57}$$

の期待値を計算する．これは Z のよい候補である．直接的な方法で期待値をとると

$$E\left[\sum_{i=0}^{n-1}\Delta x_{t_{i+1}}^2\right] = \sum_{i=0}^{n-1} E[\Delta x_{t_{i+1}}^2] = \sum_{i=0}^{n-1}(t_{i+1}-t_i) \tag{9.58}$$

となるが，

$$\sum_{i=0}^{n-1}(t_{i+1}-t_i) = T \tag{9.59}$$

に簡略化される．さて Z の候補としてこれを用いると期待値を

$$\begin{aligned}
&E\left[\sum_{i=0}^{n-1}\Delta x_{t_{i+1}}^2 - T\right]^2 \\
&= E\left\{\sum_{i=0}^{n-1}\Delta x_{t_{i+1}}^4 + 2\sum_{i=0}^{n-1}\sum_{j<i}^{n-1}[\Delta x_{t_{i+1}}^2][\Delta x_{t_{j+1}}^2] + T^2 - 2T\sum_{i=0}^{n-1}\Delta x_{t_{i+1}}^2\right\}
\end{aligned} \tag{9.60}$$

のように計算できる．(9.60) 式の右辺の項を個別に計算する．ウィーナー過程の増分が独立であることに注意すると

$$E[\Delta x_{t_{i+1}}^2 \Delta x_{t_{j+1}}^2] = (t_{i+1}-t_i)(t_{j+1}-t_j) \tag{9.61}$$

$$E[\Delta x_{t_{i+1}}^4] = 3(t_{i+1}-t_i)^2 \tag{9.62}$$

となり

$$\begin{aligned}
E\left[\sum_{i=0}^{n-1}\Delta x_{t_{i+1}}^2 - T\right]^2 &= \sum_{i=0}^{n-1} 3(t_{i+1}-t_i)^2 \\
&\quad + 2\sum_{i=0}^{n-1}\sum_{j<i}^{n-1}(t_{i+1}-t_i)(t_{j+1}-t_j) \\
&\quad + T^2 - 2T\sum_{i=0}^{n-1}(t_{i+1}-t_i)
\end{aligned} \tag{9.63}$$

を得る．ここですべての区間の長さは同一であるので，$t_{i+1}-t_i = h$ が任意の i で成立することを用いると，

$$\sum_{i=0}^{n-1} 3(t_{i+1}-t_i)^2 = 3nh^2 \tag{9.64}$$

$$2\sum_{i=0}^{n-1}\sum_{j<i}^{n-1}(t_{i+1}-t_i)(t_{j+1}-t_j) = n(n-1)h^2 \tag{9.65}$$

$$T^2 - 2T\sum_{i=0}^{n-1}(t_{i+1}-t_i) = -T^2 = -n^2h^2 \tag{9.66}$$

が成立する.これらをすべて代入すると

$$E\left[\sum_{i=0}^{n-1}\Delta x_{t_{i+1}}^2 - T\right]^2 = 3nh^2 + n(n-1)h^2 - n^2h^2 \tag{9.67}$$

を得るが,これは

$$E\left[\sum_{i=0}^{n-1}\Delta x_{t_{i+1}}^2 - T\right]^2 = 2nh^2 = 2Th \tag{9.68}$$

を意味する.これは $n \to \infty$ の時,区間の大きさが 0 となり

$$\lim_{h\to 0}E\left[\sum_{i=0}^{n-1}\Delta x_{t_{i+1}}^2 - T\right]^2 = \lim_{h\to 0}2hT = 0 \tag{9.69}$$

が成立することを意味する.したがって $\sum_{i=0}^{n-1}\Delta x_{t_{i+1}}^2$ の平均 2 乗極限は T である.
V_n すなわち

$$V_n = \frac{1}{2}\left[x_T^2 - \sum_{i=0}^{n-1}\Delta x_{t_{i+1}}^2\right] \tag{9.70}$$

に戻って,V_n の平均 2 乗極限は $\sum_{i=0}^{n-1}\Delta x_{t_{i+1}}^2$ の平均 2 乗極限を用いて

$$\lim_{n\to\infty}E[V_n]^2 = \frac{1}{2}\left[x_T^2 - T\right] \tag{9.71}$$

を得る.右辺の項は

$$\int_0^T x_t\, dx_t \tag{9.72}$$

である伊藤積分である.伊藤積分の結果は,標準的な微積分の場合と異なる表現となることがわかる.伊藤積分は

$$\int_0^T x_t dx_t = \frac{1}{2}\left[x_T^2 - T\right] \tag{9.73}$$

により与えられる.リーマン積分の場合 T の項の追加はない.

これは平均 2 乗極限を用いて伊藤積分が明示的に計算できる 1 つの例である.伊藤積分は確率変数の「極限」$1/2\,[x_T^2 - T]$ であることがわかる.

b. 重要な注意

前節で

$$\lim_{n\to\infty} E\left[\sum_{i=0}^{n-1} \Delta x_{t_{i+1}}^2 - T\right]^2 = 0 \tag{9.74}$$

が成立することを示した．

これを積分の記法に転換するのは興味深い．

x_t がウィーナー過程であると仮定し，x_t の増分の2乗和と解釈できる

$$\int_0^T (dx_t)^2 \tag{9.75}$$

の積分を考える．

この積分が伊藤の意味で存在するならば，定義から

$$\lim_{n\to\infty} E\left[\sum_{i=0}^{n-1} \Delta x_{t_{i+1}}^2 - \int_0^T (dx_t)^2\right]^2 = 0 \tag{9.76}$$

が成立する．しかしわれわれは

$$\int_0^T dt = T \tag{9.77}$$

が成立することを知っている．

(9.74), (9.76), (9.77) 式を代入すると，通常用いられる標準的な微積分に慣れた人には少し「異なる」結果

$$\int_0^T (dx_t)^2 = \int_0^T dt \tag{9.78}$$

を得る．ここで等号は平均2乗の意味で成立する．W_t がウィーナー過程を示すときに無限小区間 dt に対して

$$(dW_t)^2 = dt \tag{9.79}$$

と書けるのはこの意味においてである．

実際，確率微積分を取り扱うすべての実務家において，dW_t^2 が含まれる項を dt で置き換えるのは共通の習慣である．一連の議論はこの手続きに隠された論理を追っている．この等号は平均2乗の意味において理解されるべきである．

9.3 伊藤積分の性質

次の確率微分方程式

$$dS_t = a(S_t, t)\,dt + \sigma(S_t, t)\,dW_t \tag{9.80}$$

を考える．この方程式を区間 $[0, T]$ で積分すると

$$\int_0^T dS_t = \int_0^T a(S_t, t)\, dt + \int_0^T \sigma(S_t, t)\, dW_t \tag{9.81}$$

を得る．ここで右辺の2番目の積分は伊藤の意味で定義されている．この積分の性質について何がいえるであろうか．

9.3.1 伊藤積分はマーチンゲールである

伊藤積分はマーチンゲールであることがわかる．この性質は金融理論における資産価格のイノベーション項のモデル化に便利である．この性質は資産価格の実務的な計算にも重要である．

資産価格の動的な挙動を記述するモデルは予測できないニュースを表現するイノベーション項を含む．結果的に

$$\int_t^{t+\Delta} \sigma_u\, dW_u \tag{9.82}$$

の形の積分は，長さ Δ の区間で資産価格に影響を及ぼす予測できない変化項の合計である[*15]．ここで，個々の増分が時間 t における情報集合が与えられたときに予測不可能ならば，これら増分の合計も予測不能となるべきである．このため，(9.82) 式で示される積分は「マーチンゲール差分」

$$E_t\left[\int_t^{t+\Delta} \sigma_u\, dW_u\right] = 0 \tag{9.83}$$

となる．このとき積分

$$\int_0^t \sigma_u\, dW_u \tag{9.84}$$

は

$$E_s\left[\int_0^t \sigma_u\, dW_u\right] = \int_0^s \sigma_u\, dW_u, \quad 0 < s < t \tag{9.85}$$

に示すようにマーチンゲールとなる．

したがって，資産価格の挙動を記述する方程式における予測できないイノベーション項の存在は伊藤積分のマーチンゲール性と対応する．マーチンゲール性を保証する条件は，情報集合 I_t が与えられたときに σ_t が予測不可能なことである．

興味深い2つの場合を考える．

[*15] $\sigma(S_u, u) = \sigma_u$ として記法を簡略化する．

a. 場合 1

ボラティリティのパラメーター $\sigma(S_t, t)$ が時間 t と資産価格 S_t の水準と独立で一定あると仮定する．

$$\sigma(S_t, t) = \sigma \tag{9.86}$$

このとき伊藤積分はリーマン積分と同一になり，

$$\int_t^{t+\Delta} \sigma dW_u = \sigma[W_{t+\Delta} - W_t] \tag{9.87}$$

で与えられる．この積分の予測

$$E\left\{\int_0^{t+\Delta} \sigma\, dW_u \bigg| \int_0^t \sigma\, dW_u\right\} = \int_0^t \sigma\, dW_u \tag{9.88}$$

$$= \sigma(W_t - W_0) \tag{9.89}$$

について考えよう．ここで $\Delta > 0$ である．これが成立するのはウィーナー過程の増分が平均 0 で無相関であるためである．

$$E[\sigma(W_{t+\Delta} - W_0) | (W_t - W_0)]$$
$$= E[\sigma(W_{t+\Delta} - W_t) + \sigma(W_t - W_0) | (W_t - W_0)] \tag{9.90}$$
$$= \sigma(W_t - W_0) \tag{9.91}$$

ここでも伊藤積分がマーチンゲール性をもつことが示される[*16]．

したがって σ が一定の場合，リーマン積分と伊藤積分は一致し，両者ともマーチンゲールとなる．

b. 場合 2

一方 σ が S_t に依存する場合，これは W_t に依存することになるが，伊藤積分はリーマン積分と異なり，伊藤積分ではマーチンゲールのままであるがリーマン積分ではそうならない．

たとえば原資産の価格が拡散項

$$\sigma(S_t, t) = \sigma S_t \tag{9.92}$$

を持つ幾何分布である場合には伊藤積分はリーマン積分と異なり，伊藤積分を近似するためにリーマン和を用いることは，自己矛盾となる．

これは次の例に示される．

[*16] $W_0 = 0$ であることを思い出されたい．

c. 例

資産価格が

$$dS_t = a(S_t, t)\,dt + \sigma(S_t, t)\,dW_t, \qquad 0 \leq t \tag{9.93}$$

である確率微分方程式に従うと仮定する．ここでドリフトと拡散のパラメーターは

$$a(S_t, t) = \mu S_t \tag{9.94}$$

と，

$$\sigma(S_t, t) = \sigma S_t \tag{9.95}$$

で与えられる．すなわち，両方のパラメーターが最後に観察された資産価格 S_t に比例している．

ふたたび長さ Δ の短い区間を考え，この確率微分方程式を積分する．

$$\int_t^{t+\Delta} dS_u = \int_t^{t+\Delta} \mu S_u\,du + \int_t^{t+\Delta} \sigma S_u\,dW_u \tag{9.96}$$

ここで項 $\sigma S(W_t)$ が S_t を通じて間接的に W_t に依存することに注意されたい[*17]．

さて右辺の2番目の積分をリーマン和を用いて近似を試みるとどうなるか考えてみる．

リーマン和を用いる1つの近似は区間の中点で観察されるウィーナー過程の値を用いることである．これは最初に

$$\sigma S\left(\frac{W_{t+\Delta} + W_t}{2}\right) \tag{9.97}$$

を計算し，$W_{t+\Delta} - W_t$ なる長方形の「底辺」をかけ合わせることになる．

リーマン和はこのとき

$$\sigma S\left(\frac{W_{t+\Delta} + W_t}{2}\right)[W_{t+\Delta} - W_t] \tag{9.98}$$

なる項を含むことになる．あきらかにこの項の期待値は0ではない．なぜならば，$S(\cdot)$ の引数と長方形の底辺は相関をもつ項が含まれるからである．

確率微分方程式が

$$dS_t = \sigma W_t\,dW_t$$

で与えられる単純な場合を考える．

この方程式におけるイノベーション項は

$$\int_t^{t+\Delta} \sigma W_u\,dW_u$$

[*17] ここで $S(W_t) = S_t$ の記法を用いるが，これは表示を簡単にするためである．

である形となる．リーマン和でこの積分を近似するために底辺 $W_{t+\Delta} - W_t$，高さ $\sigma\left[\frac{W_{t+\Delta}+W_t}{2}\right]$ の長方形

$$\int_t^{t+\Delta} \sigma W_u dW_u \cong \sigma\left[\frac{W_{t+\Delta}+W_t}{2}\right](W_{t+\Delta}-W_t)$$

を用いる[*18]．しかし右辺に条件付き期待値のオペレーター $E_t[\cdot]$ を適用すると，

$$E\left[\left(\frac{W_{t+\Delta}+W_t}{2}\right)(W_{t+\Delta}-W_t)|W_t\right] = E\left[\frac{1}{2}(W_{t+\Delta}^2 - W_t^2)|W_t\right] \tag{9.99}$$

$$= \frac{1}{2}\Delta \tag{9.100}$$

となるが，$\Delta \neq 0$ である．これは近似和の条件付き期待値が「0でない」ことを意味する．すなわち「予測可能」である．あきらかにこのことは左辺の積分がイノベーション項を表現するという要求に矛盾する．

もしこれらの相関が0でなければ，リーマン和を用いて伊藤積分を評価することはイノベーション変動項が0でない期待値をもつことを意味する．

$$E_t\left[\int_t^{t+\Delta} \sigma_s dW_s\right] \neq 0, \qquad 0 < \Delta \tag{9.101}$$

$\sigma(S_t, t)$ に「予測不可能な」性質をもたせるためには，伊藤積分の近似は

$$\sigma(S_t, t)(W_{t+\Delta} - W_t) \tag{9.102}$$

のような長方形を用いなければならない．ここで $\sigma(S_t, t)$ は定義から増分 ΔW_t と無相関である．

一連の議論は，リーマン積分は

$$\sigma(S_t, t) = \sigma(t) \tag{9.103}$$

が成立する非常に特別な例を除いて資産評価モデルにおいて行った仮定と一致性がないことを示した．

同じことに対してもう1つコメントがある．もし被積分関数が予測不可能でない場合，伊藤積分を構築する部分和が意味のある確率変数に平均2乗収束するかどうかの保証がない．したがってマーチンゲール性を失う以上により基本的な問題が発生する．その積分は存在しないかもしれない．

次節でこの点について簡単に議論する．

[*18] 単純化のため1つの長方形を用いる．実際区間 $[t, t+\Delta]$ をより細かく分割して用いることも可能である．

9.3.2 区分経路積分

確率微分積分において，ときどき確率積分は「区分経路」で定義できないといった記述に出会う．これはどういう意味であろうか．

区間 $[0, T]$ で長さ Δ の離散区間で測定される 2 項過程 $S_{t_{i+1}} - S_{t_i}, i = 1, 2, \ldots, n$ を考える．

$$S_{t_{i+1}} - S_{t_i} = \begin{cases} \sqrt{\Delta} & \text{確率 } p \\ -\sqrt{\Delta} & \text{確率 } 1 - p \end{cases} \quad (9.104)$$

ここでいつもと同じく，$T = n\Delta$ とする．

この過程の 1 つの典型的な「経路」は一連の $+\sqrt{\Delta}$ と $-\sqrt{\Delta}$ のどちらかの列となる．たとえばある実現値は

$$\{\sqrt{\Delta}, \sqrt{\Delta}, -\sqrt{\Delta}, \sqrt{\Delta} \ldots \} \quad (9.105)$$

のようなものであろう．

ある金融アナリストが

$$\int_0^T f(S_t) \, dS_t$$

という形の積分を

$$V_n = \sum_{i=0}^{n-1} f(S_{t_{i+1}})[S_{t_{i+1}} - S_{t_i}] \quad (9.106)$$

のような有限和を用いて近似しなければならないとしよう．

V_n が S_t の特定の「経路」を用いて計算されるとする．たとえば正と負の $\sqrt{\Delta}$ が交互に続く経路を考える．

$$\{\sqrt{\Delta}, -\sqrt{\Delta}, \sqrt{\Delta}, -\sqrt{\Delta}, \ldots, \sqrt{\Delta}\} \quad (9.107)$$

これらの観測された値を用いて V_n の $S_{t_{i+1}} - S_{t_i}$ に代入すると

$$V_n = \left[f(\sqrt{\Delta})(\sqrt{\Delta}) + f(0)(-\sqrt{\Delta}) + f(\sqrt{\Delta})(\sqrt{\Delta}) + \cdots \right] \quad (9.108)$$

を得る．あきらかに V_n の値は S_t の「特定」の軌跡に依存する．もし V_n が収束するときには，それは「区分経路」積分と呼ばれる．

確率環境下で区分経路積分が収束する保証がないことがわかる．単純な例を考える．V_n における関数 $f(\cdot)$ が

$$f(S_{t_{i+1}}) = \text{sign}(S_{t_{i+1}} - S_{t_i}) \quad (9.109)$$

で与えられるとしよう．言い換えると $f(\cdot)$ は $S_{t_{i+1}} - S_{t_i}$ の符号に依存して $+1$ か -1 の値をとると仮定する．

これは V_n のすべての要素が正であり

$$V_n = \sum_{i=0}^{n-1} \sqrt{\Delta} = n\sqrt{\Delta} \tag{9.110}$$

となることを意味する．$T = n\Delta$ を用いると

$$V_n = \frac{T}{\sqrt{\Delta}} \tag{9.111}$$

となり，あきらかに $\Delta \to 0$ となると V_n は無限大になる．

もしこのような経路が発生する確率が正である場合,「区分経路」和 V_n はどのような確率の意味でも収束できない．

この例は2つの理由で重要である．

まず区分経路積分の意味である．区分経路積分を計算するときに $\Delta S_{t_{i+1}}$ に関連する確率を用いなかった．この積分は過程の実際の実現値を用いて行われた．一方，伊藤積分は平均2乗収束を用いて計算し，この積分は確率的同値性のなかで決定される．

2番目に予測不可能な関数 $f(\cdot)$ を用いる重要性である．実際 $f(\cdot)$ は「将来をみることができる」ため，$S_{t_{i+1}} - S_{t_i}$ の符号を予測できる．このため合計を計算することにおいて，すべての要素の符号は正であり，n が増大すると V_n が発散する．

9.4 伊藤積分のほかの性質

伊藤積分にはほかにいくつかの性質がある．

9.4.1 存在

次の質問を考えてみよう．一般的な確率関数 $f(S_t, t)$ の伊藤積分

$$\int_0^t f(S_u, u)\, dS_u \tag{9.112}$$

が存在するのはどのようなときであろうか．ここで $\{S_t\}$ は (9.6) 式で与えられる．

関数 $f(\cdot)$ が連続であり「予測力をもたない」ときにこの積分は存在することがわかる．言い換えると有限和

$$\sum_{i=0}^{n-1} f(S_{t_i}, t_i)[S_{t_{i+1}} - S_{t_i}] \tag{9.113}$$

は伊藤積分と呼ばれる「ある」確率変数に平均2乗収束する[*19]．

[*19] 積分は存在するかもしれないが，極限を明示的に決定できるかどうかは保証されていない．

9.4.2 相関の性質

伊藤積分が確率変数であることを忘れるべきではない．（より厳密には確率過程である）ゆえにさまざまなモーメントをもつ．

マーチンゲール性によって予測力をもたない $f(\cdot)$ のウィーナー過程に関する積分の1次モーメントが

$$E\left[\int_0^T f(W_t, t)\, dW_t\right] = 0 \tag{9.114}$$

となる．ここで W_t はウィーナー過程である．2次モーメントは分散と共分散

$$E\left[\int_0^t f(W_u, u)\, dW_u \int_0^t g(W_u, u)\, dW_u\right]$$
$$= \int_0^t E[f(W_u, u)g(W_u, u)]\, du \tag{9.115}$$

および

$$E\left[\int_0^t f(W_u, u)\, dW_u\right]^2 = E\left[\int_0^t f(W_u, u)^2\, du\right] \tag{9.116}$$

で与えられる．前に議論した $dW_t^2 = dt$ という等式がくりかえし使用されていることに注意されたい．

9.4.3 加法性

伊藤積分はリーマン–スティルチェス積分と同様ないくつかの性質をもつ．

とくに，(9.6) 式における S_t の2つの（確率）関数の和の積分はこれらの積分の和と等しい．

$$\int_0^T [f(S_t, t) + g(S_t, t)]\, dS_t = \int_0^T f(S_t, t)\, dS_t + \int_0^T g(S_t, t)\, dS_t \tag{9.117}$$

9.5 ジャンプ過程に関する積分

確率積分の定義を複雑にしているのは連続時間のマーチンゲールとウィーナー過程の極端な非正規性であった．このため区分経路積分の定義が不可能であった．

ジャンプ過程に関する確率積分でも同じ問題が発生するであろうか．たとえばポアソン過程を取り扱うときにリーマン–スティルチェス積分を用いることができるであろうか．

驚くことにこの質問に対する答えはある条件のもとではイエスとなる．

過程 M_t が有限のジャンプのみを示し，ウィーナー成分をもたないとしよう．このような M_t の軌跡はときどきジャンプを示すが，それ以外は非常になめらかである．

このとき V_n を

$$V_n = \sum_{i=0}^{n-1} f(M_{t_i})[M_{t_{i+1}} - M_{t_i}] \tag{9.118}$$

なる区分経路で定義する.

この V_n は収束し, 過程 M_t の変化は確率1で有限である. これらの条件下では V_n は「区分経路」で収束するという.

9.6 お わ り に

本章は伊藤積分の定義を取り扱った.

実務家の観点から心にとめおくべき2つの重要な点がある. 1つは確率微分方程式の誤差項は伊藤積分の意味で定義されている. 数値計算はこの定義で決められた条件に従わなければならない. 2番目に, 資産価格評価で決まって用いられる確率微分方程式もまた伊藤積分の意味で定義されている.

とりわけ伊藤積分はある確率和の平均2乗極限であることがわかった. これらの確率和は得られる積分がマーチンゲールとなるように注意深く決められる.

また, いくつかの例を議論し, 積分の規則は決定論的な場合と比較すると確率環境下ではまったく異なっていることを示した. これは平均2乗収束を用いた結果である.

幸運なことに, 伊藤積分を評価するときに平均2乗極限を得るため直接的な方法はあまり用いられない. そのかわり伊藤積分は伊藤の補題と呼ばれる結果を用いて直接的な方法で評価される. これは次章で議論され, そこでは伊藤積分を評価する別の例も議論する.

9.7 参 考 文 献

伊藤積分の導出にはいくつかのすぐれた文献がある. Karatzas & Shreve (1991) や Revuz & Yor (1994) はすでに述べた. 読者が少し平易と考えるかもしれない2つの文献を追加すると Oksendal (1992) と Protter (1990) である. 前者は計量的な志向をもつ実務家や大学院初年度には非常によい参考書である. この本はよく書かれていて理解しやすい. 技術的な点は可能なかぎり回避されている.

9.8 演 習 問 題

1. W_t を時間 $[0, T]$ で定義されたウィーナー過程とし, 次の積分を考える.

9.8 演習問題

$$\int_0^t W_t^2 dW_s$$

$[0,t]$ を以下の方法で細分する.

$$t_0, t_1, \ldots, t_{n-1}, t_n$$

(a) 上記の積分を3つの異なるリーマン和で記述せよ.
(b) 伊藤和を用いて離散時間で積分を記述せよ.
(c) 3つのリーマン和の期待値を計算せよ.
(d) 伊藤和の期待値を計算せよ.

2. 以下の時間

$$t_0, t_1, \ldots, t_{n-1}, t_n$$

およびウィーナー過程

$$W_{t_0}, W_{t_1}, \ldots, W_{t_{n-1}}, W_{t_n}$$

を与えたときに, 以下のように記述できることを示せ.

$$\sum_{j=1}^n \left[t_j W_{t_j} - t_{j-1} W_{t_{j-1}} \right] = \sum_{j=1}^n \left[t_j (W_{t_j} - W_{t_{j-1}}) \right] + \sum_{j=1}^n \left[(t_j - t_{j-1}) W_{t_j} \right]$$

この違いは通常の標準的な積の微分とどう異なるか.

$$d(uv) = (du)v + u(dv)$$

3. この情報を用いて以下の式を示せ.

$$\int_0^t s\, dW_s = tW_t - \int_0^t W_s\, ds$$

4. 上記の式においては2つの積分がある. 伊藤の意味において定義されるのはどちらの積分か.
5. これは置換積分ということができるか.
6. これは部分積分の応用と呼ぶことができるか.

10

伊 藤 の 補 題

10.1 は じ め に

前に述べたように，確率環境下では，微分の形式的な概念は存在しない．資産価格の変化は予測できないと想定され，連続時間ではこれらは「バラツキすぎる」．結果的に資産価格は連続となるかもしれないがなめらかではない．確率微分が微分の代わりに用いられる必要がある．

伊藤のルールは，確率微分の取扱いを単純化し，明示的な計算へ導く解析式を提供する．それが本章の主要な内容である．

まずさまざまな種類の微分を議論することからはじめる．

10.2 微 分 の 種 類

「2つの変数」S_t と t に依存する関数 $F(S_t, t)$ があるとしよう．ここで S_t 自身時間 t とともに変化する．さらに S_t が確率過程と仮定する．

標準的な微積分では，すべての変数は決定論的であり，3種類の微分について述べることができる．

最初は，

$$F_s = \frac{\partial F(S_t, t)}{\partial S_t}, \qquad F_t = \frac{\partial F(S_t, t)}{\partial t} \qquad (10.1)$$

に示される $F(S_t, t)$ の「偏微分」である．2番目は

$$dF_t = F_s\, dS_t + F_t\, dt \qquad (10.2)$$

に示す微分を取り扱う「全微分」である．(10.2) では $dF(S_t, t)$ の略記として dF_t を用いている．これを $F(\cdot)$ の t に関する偏微分 F_t と混同すべきではない．

3番目は，

$$\frac{dF(S_t, t)}{dt} = F_s \frac{dS_t}{dt} + F_t \qquad (10.3)$$

に示す「連鎖ルール」である．

10.2 微分の種類

金融市場における実務家はさまざまな理由でこれらの微分に興味をもつかもしれない.

偏微分は直接的な実体はないが，リスク要因の観測された変化に対する資産価格変化の度合いを示す「係数」として用いることができる．たとえば，F_s は，S_t のみの小さな変化に対する $F(S_t, t)$ の応答を測定する．このように F_s は，仮想的な概念である．というのは，連続な確率変数 S_t が変化する唯一の方法は時間が経過するかどうかである．したがって，実際には t も変化しなければならない．偏微分はこのような問題を考慮しない．なぜならば，これらは単に係数であり，偏微分を定義する環境が確率論的か決定論的かに違いはない．

偏微分を用いる古典的な一例は「デルタヘッジ」である．ある市場参加者が $F(S_t, t)$ の関数形を知っているとしよう．このときこの数式は，偏微分 F_s を求めるために，S_t のみで微分される．この F_s は，S_t が「1単位」変化したときに派生資産価格がどの程度変化するかの尺度である．この意味において，ウィーナー過程の時間微分の定義を取り扱う困難さには直面しない．考えているのは時間とともに $F(S_t, t)$ がどの程度変化するかではなく，固定された時間で S_t が仮想的に「小さく」変化したときに $F(\cdot)$ がいくら変化するかである．

全微分はより「現実的」な概念である．時間 t と原証券価格 S_t がともに変化すると仮定され，このときの $F(S_t, t)$ の全変化が計算される．結果は（確率）微分 dF_t である．これはあきらかに市場参加者にとって有用な量である．期間 dt における派生資産の観察される価格変化を表現する．

連鎖ルールは全微分とまったく同様である．古典的な微積分では，連鎖ルールはある最初の変化の連鎖効果として変数の変化「率」を示す．確率微積分では $dF_t/dt, dS_t/dt$ のような操作は連続時間の2乗可積分マーチンゲールやブラウン運動では定義できないことを知っている．しかし，連鎖ルールの確率的同値性のため dF_t, dS_t, dt のような絶対変化の項として定義できるし，伊藤積分はこれらの項を正当化するために用いられる．したがって，確率微積分では，「連鎖ルール」の言葉は複数の「確率微分」がどのように関係づけられるかを指す．言い換えれば，全微分の確率版が展開される．

例

伊藤公式にいく前に簡単な例を議論する．例を考えることは，さまざまな微分をとる仕組みについてあきらかにする手助けとなる．$F(r_t, t)$ を時間 T で満期を迎える米国短期国債とし，r_t を固定無リスク連続複利とする．このとき

$$F(r_t, t) = e^{-r_t(T-t)} 100 \tag{10.4}$$

となる．偏微分 F_r, F_t を計算すると：

$$F_r = \frac{\partial F}{\partial r_t} = -(T-t)[e^{-r_t(T-t)}100] \qquad (10.5)$$

および

$$F_t = \frac{\partial F}{\partial t} = r_t[e^{-r_t(T-t)}100] \qquad (10.6)$$

となる．

ここでこれらの偏微分が，r_t が決定論的であれ確率論的であれ同じであることに注意しよう．これらの偏微分をとることで r_t あるいは t の仮想的な小さな変化に対する $F(\cdot)$ の変化の割合を簡単に計算できる．

一方，全微分は実際に発生する確率事象にあきらかに関連する．標準的な微積分では「確率的ではない」r_t を用いてこの特定の $F(\cdot)$ の全微分は

$$dF(r_t, t) = -(T-t)[e^{-r_t(T-t)}100]\,dr_t + r_t[e^{-r_t(T-t)}100]\,dt \qquad (10.7)$$

で与えられる．

この例は，r_t が確率変数の場合，伊藤積分を用いて意味ある確率微分 dr_t を与えれば全微分に対応する部分を定義することができるかもしれないことを示している．この直感は正しく，その結果は伊藤公式である．しかしながら r_t が確率的である場合には dr_t の変化の解釈が異なるだけではなく公式も異なる[*1)]．

10.3 伊 藤 の 補 題

連鎖ルールの確率版は伊藤の補題として知られている．S_t をウィーナー過程 W_t に依存する連続的時間過程とする．$F(S_t, t)$ で記述される S_t の関数を与え，まず経過時間 dt における $F(\cdot)$ の変化を計算したいとする．あきらかに時間が経過することによる $F(S_t, t)$ への影響には2通りある．まず変数 t を通じた $F(S_t, t)$ への「直接」の影響が存在する．次に時間が経過すると W_t に関する新しい情報が得られ，新しい増分 dS_t を観察する．これも $F(\cdot)$ を変化させる．これら2つの効果の合計が確率微分 $dF(S_t, t)$ で表現され，連鎖ルールの確率同値性として与えられる．

連続時間で確率過程 S_t を観察せよ．区間 $[0, T]$ をそれぞれの長さが h である n 個の等間隔に分割し有限差分近似を用いる．しかし，$h \to 0$ のときの左辺，右辺の平均2乗同値性を用いて

$$\Delta S_k = a_k h + \sigma_k \Delta W_k, \qquad k = 1, 2, \ldots, n \qquad (10.8)$$

[*1)] これらの量は平均2乗収束の意味で定義され，確率同値性の範囲内で定義されることを思い出すこと．

10.3 伊藤の補題

のように記す.この記法は,本章を通じて用いる.また,$a(S_{k-1}, k)$ を a_k, $\sigma(S_{k-1}, k)$ を σ_k と略して書く.

この設定で,テーラー級数を用いて伊藤公式を計算する.テーラー級数はなめらかな(すなわち無限に微分微分可能な)関数 $f(x)$ を任意の点 x_0 の周りで展開することであることを思い出そう.

$$f(x) = f(x_0) + f'(x_0)(x - x_0) + \frac{1}{2}f''(x_0)(x - x_0)^2 + R \tag{10.9}$$

ここで R は残差項である.

この公式を $F(S_t, t)$ に適用する.まず $F(\cdot)$ は S_t のなめらかな関数でなければならない[*2].しかし 2 つの面倒なことがある.第 1 に,テーラー級数公式 (10.9) は,$f(x)$ が x の 1 つの変数の場合に有効であるが,$F(S_t, t)$ は,S_t と t の「2 つの」変数に依存する.2 番目に公式 (10.9) は決定論的な変数において有効であるが,S_t は確率過程である.テーラー級数を用いる前にこの面倒な問題を解決しなければならない.

1 変数のテーラー級数公式を 2 変数へ拡張することはすぐできる.2 番目の変数に関する偏微分を加える.2 変数では両変数の偏微分も含める必要がある.

テーラー級数公式の確率環境下での適用可能性はより興味深い問題である.まずテーラー級数の項のいくつかには「偏」微分が含まれていることに注意しなければならない.また偏微分に関して,確率環境下では微分は困難ではない.2 番目に dS_t なる微分が存在する.ここでは調整が必要であるが,この調整は等号の解釈の意味であってテーラー級数展開自身ではない.テーラー級数展開公式は同じであるが,等号記号の意味が変わる.等号は平均 2 乗収束の意味で解釈されなければならない.

S_k が

$$\Delta S_k = a_k h + \sigma_k \Delta W_k \tag{10.10}$$

に従うときに $F(S_k, k), k = 1, 2$ にテーラー級数公式を適用する.

まず k を固定する.与えられた情報集合 I_{k-1} で S_{k-1} は既知の数字である.次に $F(S_k, k)$ を S_{k-1} と $k-1$ の周りでテーラー展開すると

$$F(S_k, k) = F(S_{k-1}, k-1) + F_s[S_k - S_{k-1}] + F_t[h] + \frac{1}{2}F_{ss}[S_k - S_{k-1}]^2$$
$$+ \frac{1}{2}F_{tt}[h]^2 + F_{st}[h(S_k - S_{k-1})] + R \tag{10.11}$$

となる.ここで偏微分 $F_s, F_{ss}, F_t, F_{tt}, F_{st}$ はすべて $S_{k-1}, k-1$ で評価される.R は

[*2] ところで,読者のなかにはこの「なめらかさ」が S_t の極端な不規則性と矛盾しないか疑問に考えた人もいるかもしれない.$F(\cdot)$ は S_t のなめらかな関数であるが非常に不規則な確率過程である.ここでの不規則性は「時間」とともに $F(\cdot)$ がどのように変化するかの意味であり,S_t が $F(\cdot)$ とどのように関係するかについては述べていない.

テーラー級数展開の残差を示す．ここでは，F_t, F_{st}, F_{tt} は k に関する偏微分だが利便性を考えてこの記法を用いる．

$F(S_{k-1}, k-1)$ を移項し，(10.11) における増分を

$$F(S_k, k) - F(S_{k-1}, k-1) = \Delta F(k) \tag{10.12}$$

$$S_k - S_{k-1} = \Delta S_k \tag{10.13}$$

を用いて書き直す．(10.11) 式において

$$kh - (k-1)h = h \tag{10.14}$$

で時間変数の増分をすでに用いたことに注意されたい．

これらを (10.11) 式に代入すると

$$\Delta F(k) = F_s \Delta S_k + F_t[h] + \frac{1}{2} F_{ss}[\Delta S_k]^2 \\ + \frac{1}{2} F_{tt}[h]^2 + F_{st}[h \Delta S_k] + R \tag{10.15}$$

を得る．しかし，S_t の変動は (10.10) 式で記述されている，すなわち

$$\Delta S_k = a_k h + \sigma_k \Delta W_k \tag{10.16}$$

である．テーラー級数展開 (10.11) の右辺の ΔS_k にこれを代入すると

$$\Delta F(k) = F_s[a_k h + \sigma_k \Delta W_k] + F_t[h] + \frac{1}{2} F_{ss}[a_k h + \sigma_k \Delta W_k]^2 \\ + \frac{1}{2} F_{tt}[h^2] + F_{st}[h][a_k h + \Delta W_k] + R \tag{10.17}$$

を得る．

この方程式は何を意味するであろうか．左辺の $\Delta F(k)$ は k と S_k の変化による $F(S_k, k)$ の全変化を意味する．したがって，$F(S_k, k)$ が派生証券の価格である場合，左辺は短期間における派生資産の価格変化となる．この変化は右辺の項で説明される．

「1次」の効果は $F_t[h]$ で示される時間の効果と $F_{st}[a_k h + \sigma_k \Delta W_k]$ で示される原資産価格の変化の影響である．後者を見直すと，証券価格の変化は予測可能な項と不可能な項からなることがわかる．「2次」の効果はしばらくの間，2乗および2変数の積で表現する．より高次の項は残差項 R でまとめられる．

確率環境下で連鎖ルールを得るためには，右辺の項が無視できる項と無視できない項に分類されなければならない．そして，「短い」時間間隔では無視できる項は右辺から消え去り連鎖ルールが得られることが示される．加えて $h \to 0$ のとき，極限に関す

る議論を用いることができ，平均2乗の意味で厳密な公式が得られる．この公式が伊藤の補題として知られている．

この導出の第一歩は，右辺を2つに分けることである．このためには，どの項が無視できるか明白な基準が必要となる．後ほど (10.11) 式の右辺の項の大きさを1つずつ考え，どれを消しさるべきか決定する．

10.3.1 確率微積分における「大きさ」の概念

この節はどの変数が確率微積分において「無視できる」と分類されるかを決定するための基準について論議する．

標準的な微積分では，ある関数 $f(S)$ の S_0 の周りのテーラー級数展開によって

$$f(S) - f(S_0) = \Delta f = f_s(S_0)\Delta S + \frac{1}{2}f_{ss}(S_0)(\Delta S)^2 + \frac{1}{3!}f_{sss}(S_0)(\Delta S)^3 + R \tag{10.18}$$

が与えられる．R は残差項である．しかし，全微分の公式は

$$df = f_s \, dS \tag{10.19}$$

でのみ与えられる．これは (10.18) のテーラー級数展開では，ΔS は無視することはできない小さな量であるが，$(\Delta S)^2, (\Delta S)^3, \ldots$ を含む項はより小さいので，$\Delta S \to 0$ になると無視できることを仮定しているのと同値である．したがって，極限では，ほかは消えさり $f_s \, dS$ なる項が残る．この結果が (10.19) 式の (全) 微分公式である．

この基準がなぜ意味をもつのか理解するためには，ΔS が小さくなると $(\Delta S)^2, (\Delta S)^3, \ldots$ のような項は「より早く」小さくなることに注意することが必要で

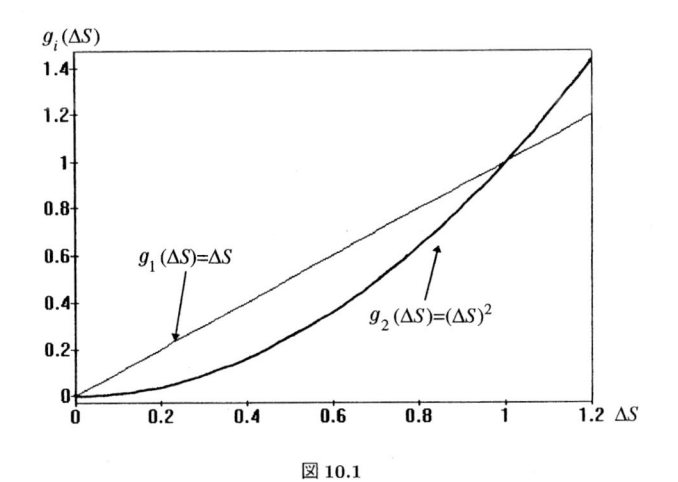

図 10.1

ある．これは図 10.1 に示されている．ここで，関数は

$$g_1(\Delta S) = \Delta S \tag{10.20}$$

$$g_2(\Delta S) = (\Delta S)^2 \tag{10.21}$$

である．ΔS が小さくなるにつれて，関数 $g_2(\Delta S)$ は，$g_1(\Delta S)$ よりずっと早く 0 に近づいている．

したがって標準的な微積分では，dS の 1 次のべきより高いすべての項は無視され，全微積分から取り除かれる．問題は，確率微積分で同じことができるかどうかである．

この重要な問題に対する答えはノーである．確率論の枠組みでは時間変数 t は，依然決定論的である．したがって「時間」変数に関しては決定論的な微積分で用いられる小ささに関する基準を適用可能である．dt の 1 次より高いべきを含む任意の項は無視されると考えてもよい．

一方 dS_t^2 のような確率微分に対しては，同様な理論を用いることはできない．第 9 章ではすでに，平均 2 乗の意味で

$$dW_t^2 = dt \tag{10.22}$$

であることを示した．したがって，dS_t^2 を含む項は dt のオーダーの大きさをもち，無視できないと考えられる．dt を含む項がテーラー近似で残るならば，同じことが確率微分の 2 乗にも適用されなければならない．

この重要な点をさらに協調しよう．もし，ΔS_t が平均ゼロの確率的な増分の場合，$E[\Delta S_t]^2$ は増分の分散となる．ΔS_t は確率変数であるので，分散は正である．しかし，分散は典型的には $(\Delta S_t)^2$ の大きさである．したがって平均的には $(\Delta S_t)^2$ が無視できると仮定することは，分散が近似的には 0 であると仮定することと同値となり，近似的には S_t が確率変数でないことになる．これは矛盾し，派生商品の市場において確率微分方程式を用いる目的がなくなってしまう．結局，目的は「リスク」の価格づけを行うことであり，リスクは予測できないニュースによってつくられるのである．

したがって決定論的な環境とは反対に $(\Delta S_k)^2$ のような項は確率微分では無視できない．

h の大きさの項を 1 次オーダーとし，これらが便宜的に小さくないとすると，次の基準を用いて無視できる項と無視できない項を区別することができる．

基準 1. ウィーナー過程 W_t の増分と時間増分に依存する関数 $g(\Delta_k, h)$ で比率

$$\frac{g(\Delta W_k, h)}{h} \tag{10.23}$$

を考える.この比率が $h \to 0$ のときに(平均2乗の意味で)0となるとき,$g(\Delta W_k, h)$ が微小期間で無視できると考える.そうでない場合 $g(\Delta W_k, h)$ は,無視できない.

この基準は,h に関するさまざまな項を比較することになる.とくに関数 $g(\Delta W_k, h)$ の平均2乗極限が $r > 1$ である h^r に比例する場合には,h より早く0に収束する.(すなわち,小さい値の2乗はそれ自身より小さい.)一方,$r < 1$ のときは,$g(\Delta W_k, h)$ の平均2乗極限は h 自身より大きく h の大きなべき乗に比例する[*3].

次の議論でこの基準を用いて,確率的なテーラー級数展開でどの項が小さいと考えられるかを決定する.

10.3.2　1　次　項

さて式 (10.11) を再び考える.

$$\Delta F(k) = F_s[a_k h + \sigma_k \Delta W_k] + F_t[h]$$
$$+ \frac{1}{2} F_{ss}[a_k h + \sigma_k \Delta W_k]^2$$
$$+ \frac{1}{2} F_{tt}[h]^2 + F_{st}[h][a_k h + \sigma_k \Delta W_k] + R \quad (10.24)$$

ここで h あるいは ΔS_k を含む項はあきらかに1次の増分であり,無視できない.$F_s[a_k h + \Delta W_k]$ あるいは $F_t[h]$ を h で除し,h を小さくしてもこれらの項は消去されない.たとえば,

$$\lim_{h \to 0} \frac{F_s a_k h}{h} = F_s a_k \quad (10.25)$$

や

$$\lim_{h \to 0} \frac{F_t h}{h} = F_t \quad (10.26)$$

は,あきらかに h とは独立であり,h が小さくなっても消去しない.

一方,比率

$$\frac{F_s \Delta W_k}{h} \quad (10.27)$$

は,(確率の意味で) h が小さくなると大きくなることがわかっている.なぜならば,ΔW_k の項が $h^{1/2}$ のオーダーをもっているからである.

したがって (10.24) 式の1次の項は無視できない.

[*3)] ここで,関数 $g(\Delta W_k, h)$ が ΔW_k のべきに依存することを忘れてはいけない.また,このことが (10.23) の比率が h が小さくなるときに無視できるかどうかを決定することも忘れてはいけない.テーラー級数展開の2変数の積の項を取り扱う場合にもこのことは成立する.

10.3.3 2 次項

さて (10.24) の右辺の 2 次項を h で割って

$$\frac{F_{tt}h^2}{2h} \tag{10.28}$$

なる比率を考えよう．この項は h に比例する．なぜならば，分子における増分は h^2 に依存し，h の 1 次のべき乗より大きく，増分は確率変数ではない．したがって，この項は無視でき

$$\lim_{h \to 0} F_{tt}h = 0 \tag{10.29}$$

が成立する．

次に $[\Delta S_k]^2$ に依存する 2 次の項を考える．

$$\frac{1}{2}F_{ss}[\Delta S_k]^2$$

ΔS_k を代入し平方を展開し h で割ると

$$\frac{1}{2}F_{ss}\left[\frac{a_k^2 h^2}{h} + \frac{(\sigma_k \Delta W_k)^2}{h} + \frac{2a_k \sigma_k h \Delta W_k}{h}\right] \tag{10.30}$$

を得る．

この式の最初の項は「小さい」．分子には h の 1 次のべき乗より大きな項があり，この項は確率変数ではない．3 番目の項も同じく「小さい」．2 変数の積 (次節参照) が含まれている．一方，2 番目の項は「確率」変数 $(\Delta W_k)^2$ を含んでいる．これは平均 0 で過去から予測できない確率変数の 2 乗である．この分散は

$$\mathrm{Var}(\sigma_k \Delta W_k) = \sigma_k^2 h \tag{10.31}$$

であることが示されている．以前に平均 2 乗の意味で

$$dW_t^2 = dt \tag{10.32}$$

であることを示した．したがって ΔW_k^2 は，無視できると考えることはできない項である．なぜならば定義から確率変数 S_k を取り扱い，ΔS_k の分散が 0 でないことは，

$$\sigma_k > 0 \tag{10.33}$$

を意味する．

したがって，無視するかどうかの基準を用いて，小さい h に対して

$$\frac{1}{2}F_{ss}\left[\frac{a_k^2 h^2}{h} + \frac{(\sigma_k \Delta W_k)^2}{h} + \frac{2a_k \sigma_k h \Delta W_k}{h}\right] \cong \frac{1}{2}F_{ss}\sigma_k^2 \tag{10.34}$$

とする．ここで再びこの近似が平均2乗の意味で解釈されるべきであることに注意せよ．すなわち，短い期間では(10.34)の等式の両辺の差の分散は$h \to 0$に従い0に近づく．

伊藤の公式を書く前に，(10.24)のテーラー級数展開の残差項について論議しなければならない．

10.3.4　2変数の積を含む項

(10.24)で2変数の積を含む項も，予測できない成分が「ジャンプ」を含まない仮定のもとでは，微小期間において無視できる．議論は，S_tのサンプル経路の連続性に依存する．

(10.24)における2変数の積の項をhで割ることを考えよう．

$$\frac{F_{st}[h][a_k h + \sigma_k \Delta W_k]}{h} = F_{st}[a_k h + \sigma_k \Delta W_k] \tag{10.35}$$

(10.35)の右辺はΔW_kに依存する．$h \to 0$となるとΔW_kは0になる．とくに$h \to 0$となるとΔW_kは無視できる．なぜならこのときこの分散$\sigma_k^2 h$は0となるからである．すなわちW_kは，$h = 0$の極限では値が変化しない．これはウィーナー過程が連続なサンプル経路をもっていることを別の方法で述べている．

考えている過程が連続であり，ジャンプがない場合，ΔW_kとhの2変数の積を含む項は，前に採用した基準に従い無視できることになる．

10.3.5　残　差　項

残差項Rには，hとΔW_kの2次のべきより「大きい」項が含まれている．前に採用した基準により，「もし」予測できない変化項が「通常型」，すなわち「偶発事象」が存在しない場合，ΔW_kの2次のべきより大きな項は無視される．実際，第8章で連続マーチンゲールとウィーナー過程は$h \to 0$のときに無視できる高次のモーメントをもつことを示した．

10.4　伊藤の公式

これで(10.24)に含まれる項について議論をまとめることができる．$h \to 0$とし，無視できるすべての項を消去することで次の結果を得る．

定理 5 (伊藤の補題) $F(S_t, t)$を2回微分可能なtと確率過程S_t

$$dS_t = a_t\,dt + \sigma_t\,dW_t, \qquad t \geq 0$$

の関数とする．ここで a_t, σ_t は性質のよいドリフトと拡散のパラメーターである[*4]．
このとき，

$$dF_t = \frac{\partial F}{\partial S_t} dS_t + \frac{\partial F}{\partial t} dt + \frac{1}{2} \frac{\partial^2 F}{\partial S_t^2} \sigma_t^2 \, dt \tag{10.36}$$

を得る．または dS_t に対する適当な確率微分方程式を代入すると

$$dF_t = \left[\frac{\partial F}{\partial S_t} a_t + \frac{\partial F}{\partial t} + \frac{1}{2} \frac{\partial^2 F}{\partial S_t^2} \sigma_t^2 \right] dt + \frac{\partial F}{\partial S_t} \sigma_t \, dW_t \tag{10.37}$$

を得る．ここで等号は平均2乗の意味で成立する．

伊藤公式が要求される状況では，一般に，過程 S_t を支配する

$$dS_t = a(S_t, t) \, dt + \sigma(S_t, t) \, dW_t \tag{10.38}$$

なる確率微分方程式が与えられる．したがって伊藤公式は，S_t に対する確率微分方程式を採用し $F(S_t, t)$ に対応する確率微分方程式を決定する道具であるとみることができる．実際 (10.37) は $F(S_t, t)$ の確率微分である．

伊藤公式はあきらかに金融派生資産を取り扱うのに便利な道具である．金融派生資産は原資産についての契約である．伊藤公式を用いることで，原資産の確率微分方程式が与えられれば，金融派生資産の確率微分方程式を決定することができる．派生資産の評価を行いたいが原資産価値の挙動を外部変数として考えたい市場参加者にとって，伊藤公式は必要なツールである．

10.5 伊藤の補題の利用

伊藤の補題の一番の利用方法についてはいま述べた通りである．この公式は確率過程の関数の確率微分を得る道具を提供する．

たとえば，原資産の価格変化が起こるときにオプションの価格に何が起こるか知りたいとしよう．$F(S_t, t)$ をオプションの価格とし，S_t を原資産の価格とすると

$$dF(S_t, t) = F_s \, dS_t + F_t dt + \frac{1}{2} F_{ss} \sigma_t^2 \, dt \tag{10.39}$$

と書くことができる．

$F(S_t, t)$ の厳密な式が存在すれば，偏微分を明示的に取り，前式に代入することで確率微分 $dF(S_t, t)$ を得る．本節の後半で伊藤の補題のこの利用法についていくつか例を与える．

伊藤の補題の2番目の利用法はまったく異なる．伊藤の補題は伊藤積分を評価する

[*4] この意味はドリフトと拡散のパラメーターが特異すぎないということである．2乗可積分はこの条件を満たす．記法を単純にするため，$a(S_t, t)$ を a_t，$\sigma(S_t, t)$ を σ_t と書く．

10.5 伊藤の補題の利用

のに便利である．伊藤公式は確率微分を取り扱う道具として導入されたため，このことは期待されていないかもしれない．通常の環境では，このような公式が伊藤積分を評価することに役立つと期待する人はいないかもしれない．しかし，確率微積分では異なる．積分と微分が別々に定義され，微積分の基本定理によって関連づけられている通常の微積分とは違う．前に指摘したように，確率微積分の微分の記法は確率積分の「省略形」である．したがって，伊藤の補題は確率積分を評価するのに便利であることは，驚くことではない．

伊藤の補題の利用法についていくつかの簡単な例を与える．後の章では派生資産評価を議論する際により重要な例を取り扱う．

10.5.1 連鎖定理としての伊藤公式

いくつかの簡単な例を議論することは，伊藤公式によって導入された用語に慣れるため便利であるかもしれない．

a. 例 1

次の「標準」ウィーナー過程 W_t の関数を考える．

$$F(W_t, t) = W_t^2 \tag{10.40}$$

W_t はドリフトのパラメーターが 0 で，拡散のパラメーターが 1 である．この関数に伊藤公式を適用すると

$$dF_t = \frac{1}{2}[2\,dt] + 2W_t\,dW_t \tag{10.41}$$

を得る．すなわち

$$dF_t = dt + 2W_t\,dW_t \tag{10.42}$$

となる．この特別な例の場合，伊藤公式は

$$a(I_t, t) = 1 \tag{10.43}$$

および

$$\sigma(I_t, t) = 2W_t \tag{10.44}$$

である確率微分方程式を導いたことに注意されたい．したがってドリフト項は一定であり，拡散項は情報集合 I_t に依存する．

b. 例 2

次に，関数

$$F(W_t, t) = 3 + t + e^{W_t} \tag{10.45}$$

に伊藤公式を適用すると

$$dF_t = dt + e^{W_t}\,dW_t + \frac{1}{2}e^{W_t}\,dt \tag{10.46}$$

を得るが，項をまとめると

$$dF_t = \left[1 + \frac{1}{2}e^{W_t}\right]dt + e^{W_t}\,dW_t \tag{10.47}$$

となる．この場合，$F(S_t, t)$ の確率微分方程式は I_t 依存のドリフトおよび拡散項

$$a(I_t, t) = \left[1 + \frac{1}{2}e^{W_t}\right] \tag{10.48}$$

$$\sigma(I_t, t) = e^{W_t} \tag{10.49}$$

をもつ．

10.5.2 積分ツールとしての伊藤公式

第 9 章で議論した次の伊藤積分を評価する必要があるとしよう．

$$\int_0^t W_s\,dW_s \tag{10.50}$$

第 9 章ではこの積分は，ある近似和の平均 2 乗の極限をとることで直接評価した．この評価は簡単であるが，計算手順が長い．ここで同じ積分の評価が伊藤積分を利用すれば少ない手順で行えることを示す．

$$F(W_t, t) = \frac{1}{2}W_t^2 \tag{10.51}$$

を定義し，$F(W_t, t)$ に伊藤の公式を適用すると

$$dF_t = 0 + W_t\,dW_t + \frac{1}{2}dt \tag{10.52}$$

となる．

これはドリフトが $1/2$，拡散が W_t なる確率微分方程式である．対応する積分を書くと

$$F(W_t, t) = \int_0^t W_s\,dW_s + \frac{1}{2}\int_0^t ds \tag{10.53}$$

となるが，右辺の 2 番目の積分を行い，$F(W_t, t)$ の定義を用いると

$$\frac{1}{2}W_t^2 = \int_0^t W_s\,dW_s + \frac{1}{2}t \tag{10.54}$$

となる．

10.5 伊藤の補題の利用

項を整理すると，望んでいる結果

$$\int_0^t W_s dW_s = \frac{1}{2}W_t^2 - \frac{1}{2}t \tag{10.55}$$

を得るが，これは第 9 章で平均 2 乗収束を用いて得たのと同じ結果である．

伊藤積分を評価するのにどのように伊藤公式が用いられるかまとめるのは重要である．
1) 関数 $F(W_t, t)$ の形を推定した．
2) $F(W_t, t)$ の確率微分方程式を得るために伊藤の補題を用いた．
3) この新しい確率微分方程式の両辺に積分演算子を用いて，積分方程式を得た[*5)]．この方程式はもとの積分を評価するよりも簡単な積分を含んでいる．
4) 積分方程式を整理して望んでいる結果が得られた．

方法は間接的であるが単純である．唯一困難なのは，関数 $F(W_t, t)$ のきちんとした形を推定することである．

積分を評価するのに伊藤の補題を用いるこの方法は，次の章で説明する．

ほかの例

$$\int_0^t s\, dW_s \tag{10.56}$$

を評価する必要があるとしよう．ここで再び W_t は，ウィーナー過程である．伊藤の補題を用いる．まず関数 $F(W_t, t)$ を定義する．

$$F(W_t, t) = tW_t \tag{10.57}$$

$F(\cdot)$ に伊藤の補題を用いて

$$dF_t = W_t\, dt + t\, dW_t + 0 \tag{10.58}$$

を得る．対応する積分方程式に dF_t の定義を用いると

$$\int_0^t d[sW_s] = \int_0^t W_s\, ds + \int_0^t s\, dW_s \tag{10.59}$$

を得る．整理すると求める積分

$$\int_0^t s\, dW_s = tW_t - \int_0^t W_s\, ds \tag{10.60}$$

を得る．ここで右辺の第 1 項は

[*5)] 実際，確率微分方程式の記法は積分方程式を単純に省略して書いたものである．したがって，この手順は詳細に確率微分方程式を書くことと同じである．

$$\int_0^t d[sW_s] = tW_t - 0 \tag{10.61}$$

より得られる．

再び伊藤の補題の利用により，求める積分が間接的であるが簡単な一連の操作で得られる．

10.6 伊藤の補題の積分形

何回も述べたように確率微分は短い期間についての伊藤積分の単純な省略形の略記である．したがって伊藤の公式を積分形で書くことができる．

(10.37) の両辺を積分すると

$$F(S_t, t) = F(S_0, 0) + \int_0^t \left[F_u + \frac{1}{2} F_{ss} \sigma_u^2 \right] du + \int_0^t F_s \, dS_u \tag{10.62}$$

を得る．ここで

$$\int_0^t dF_u = F(S_t, t) - F(S_0, 0) \tag{10.63}$$

なる等式を用いる．

(10.62) に示した伊藤公式を用いて，もう1つの特徴を得ることが可能である．(10.62) を整理すると

$$\int_0^t F_s \, dS_u = \left[F(S_t, t) - F(S_0, 0) \right] - \int_0^t \left[F_u + \frac{1}{2} F_{ss} \sigma_u^2 \right] du \tag{10.64}$$

が得られる．この等式は，ウィーナー過程やほかの連続時間の確率過程に関する積分が時間に関する積分の関数で表現されるということを示している．(10.62), (10.64) の F_s や F_{ss} が u にも依存することを覚えておかなければならない．

10.7 より複雑な設定における伊藤公式

原資産の確率過程 S_t の確率微分方程式が与えられたとき，伊藤公式は関数 $F(S_t, t)$ の確率微分方程式を得る方法の1つのようにみえる．このようなツールは $F(S_t, t)$ が金融派生資産の価格で S_t が原資産の場合には非常に便利である．しかしこのように導入された伊藤公式は実務家が金融市場で直面するかもしれない，ありうべきある環境下ではもはや十分に一般的とはいえなくなる．

ここまでの議論によって，1変数の場合で，予測できないニュースがウィーナー過

程の増分を用いて特徴づけられる仮定のもとで伊藤公式を構築した.

このモデルを適用できない2つの環境を考えることができる. ある条件のもとでは関数 $F(\cdot)$ は2つ以上の「確率」変数 S_t に依存するかもしれない. このときには伊藤公式の多変数版を用いる必要がある. 拡張は簡単であるが, これについては簡潔に論じる.

2番目の一般化はもっと複雑である. 金融市場は偶発事象に影響を受けるため, ウィーナー過程から発生する誤差項のみを考えるのは不適当であると主張されるかもしれない. 資産価格に影響を与えるジャンプ過程を確率微分方程式に加えることが望まれるかもしれない. 対応する伊藤公式はあきらかに変化する. これが本章で議論する2番目の一般化である.

10.7.1 多変数の場合

本節では伊藤公式を多変数の枠組みに拡張して例を与える. 単純化のため2変数の場合を取り上げるが, より高次の連立方程式へ公式を容易に拡張できる.

S_t が次の確率微分方程式に従う 2×1 ベクトルの確率過程だとしよう[*6].

$$\begin{pmatrix} dS_1(t) \\ dS_2(t) \end{pmatrix} = \begin{pmatrix} a_1(t) \\ a_2(t) \end{pmatrix} dt + \begin{pmatrix} \sigma_{11}(t) & \sigma_{12}(t) \\ \sigma_{21}(t) & \sigma_{22}(t) \end{pmatrix} \begin{pmatrix} dW_1(t) \\ dW_2(t) \end{pmatrix} \quad (10.65)$$

これは以下の2つの方程式であることを意味する.

$$dS_1(t) = a_1(t)\, dt + [\sigma_{11}(t)\, dW_1(t) + \sigma_{12}(t)\, dW_2(t)] \quad (10.66)$$

および

$$dS_2(t) = a_2(t)\, dt + [\sigma_{21}(t)\, dW_1(t) + \sigma_{22}(t)\, dW_2(t)] \quad (10.67)$$

である. ここで $a_i(t), \sigma_{ij}(t), i=1,2, j=1,2$ は $S_i(t)$ に関するドリフトと拡散のパラメーターであり, $W_1(t), W_2(t)$ は2つの独立なウィーナー過程である.

この2変数のフレームワークでは $S_1(t), S_2(t)$ は同じウィーナー成分に影響を受ける2つの確率過程を示す. パラメーター $\sigma_{ij}(t)$ は方程式により異なる可能性があるので, 2つの方程式に影響を及ぼす誤差項は同じでないかもしれない. しかしながら $S_1(t), S_2(t)$ は共通の誤差成分をもっているので, 任意の t に対して

$$\sigma_{12}(t) = 0, \qquad \sigma_{21}(t) = 0 \quad (10.68)$$

となる特別な場合以外は一般に相関をもつ.

ここで $F(S_1(t), S_2(t), t)$ と記述する連続で2回微分可能な $S_1(t), S_2(t)$ の関数が

[*6] 時間変数 t を取り扱う記法に若干の違いがあることに注意されたい.

あるとしよう. 確率微分 dF_t はどのように書けるだろうか.

答えは多変数の伊藤の補題により与えられる[*7)].

$$dF_t = F_t dt + F_{s_1} dS_1 + F_{s_2} dS_2$$
$$+ \frac{1}{2}[F_{s_1 s_1} dS_1^2 + F_{s_2 s_2} dS_2^2 + 2 F_{s_1 s_2} dS_1 dS_2] \qquad (10.69)$$

ここで微分の平方 $[dS_1]^2, [dS_2]^2$ と 2 変数の積の項 $dS_1 dS_2$ はそれぞれの平均 2 乗の極限と等しくなることが必要である.

すでに $(dt)^2$ や $dtdW_1(t), dtdW_2(t)$ のような 2 変数の積の項が平均 2 乗の意味で 0 と等しいことはわかっている. この点は単一変数の伊藤の補題を得る際に議論した. いま新しい唯一のことは $dW_1(t)dW_2(t)$ のようなクロス積項の存在である[*8)]. ここで 2 つの独立なウィーナー過程の増分の積が存在する. 有限区間 Δ では

$$E[\Delta W_1(t) \Delta W_2(t)] = 0 \qquad (10.70)$$

が成立する. したがって平均 2 乗の意味で

$$dW_1(t)dW_2(t) = 0 \qquad (10.71)$$

が成立するような極限の議論を構築することができる.

これにより $dS_1(t)^2, dS_2(t)^2$ に対して

$$dS_1(t)^2 = [\sigma_{11}^2(t) + \sigma_{12}^2(t)] dt \qquad (10.72)$$

および

$$dS_2(t)^2 = [\sigma_{21}^2(t) + \sigma_{22}^2(t)] dt \qquad (10.73)$$

なる平均 2 乗近似が成立する. 2 変数の積の項は

$$dS_1(t)dS_2(t) = [\sigma_{11}(t)\sigma_{21}(t) + \sigma_{12}(t)\sigma_{22}(t)] dt \qquad (10.74)$$

となる. これらの式を (10.69) の 2 変数の伊藤公式に代入することで $dS_1(t)^2, dS_2(t)^2$ および $dS_1(t)dS_2(t)$ が消去される.

a. 金融派生資産の例

債券オプションは金利派生資産のなかで最もポピュラーなものの 1 つである. この派生資産を評価するためには,「イールドカーブ」が基本的な役割を果たす. 金利オプションのモデルの 1 つのクラスではイールドカーブが短期金利を表現する r_t と長期金利を表現する R_t に依存することを想定している. このとき金利派生資産の価格は

[*7)] 次の方程式で確率微分を t の依存性を示さずに記述する.
[*8)] $dS_1(t)dS_2(t)$ のような項は $dW_1(t)dW_2(t)$ に依存する.

$F(r_t, R_t, t)$, $t \in [0, T]$ で記述される.

これらの金利が次の確率微分方程式

$$dr_t = a_1(t)\,dt + [\sigma_{11}(t)dW_1(t) + \sigma_{12}(t)dW_2(t)] \qquad (10.75)$$

および

$$dR_t = a_2(t)\,dt + [\sigma_{21}(t)\,dW_1(t) + \sigma_{22}(t)\,dW_2(t)] \qquad (10.76)$$

に従うと想定しよう. したがって短期と長期の金利は相関する誤差項をもつ. 長さ h の有限区間で, この相関は

$$\mathrm{Corr}(\Delta r_t, \Delta R_t) = [\sigma_{11}(t)\sigma_{21}(t) + \sigma_{12}(t)\sigma_{22}(t)]h \qquad (10.77)$$

で与えられる.

市場参加者はパラメーター $\sigma_{ij}(t)$ を選択することで, 観察される短期と長期の金利の相関やボラティリティの性質をとらえることが可能である.

これらの金利オプションを評価するときに, イールドカーブの小さな変化, すなわち dr_t, dR_t に対してオプション価格がどのように反応するか知りたいとしよう. 言い換えると確率微分の dF_t が必要だとしよう. ここでは多変数型の伊藤公式が用いられなければならない[*9].

$$\begin{aligned}dF_t = {} & F_t\,dt + F_r dr_t + F_R dR_t + \frac{1}{2}[F_{rr}(\sigma_{11}^2 + \sigma_{12}^2) \\ & + F_{RR}(\sigma_{21}^2 + \sigma_{22}^2) + 2F_{rR}(\sigma_{11}\sigma_{21} + \sigma_{12}\sigma_{22})]\,dt \qquad (10.78)\end{aligned}$$

確率微分 dF_t は短い期間 dt と dr_t, dR_t のイールドカーブの小さい変化に対して金利派生資産の価格がどのように変化するかを測定していることになる.

b. 富

ある投資家が i 番目の資産を価格 $P_i(t)$ で $N_i(t)$ 単位購入する. n 個の資産が存在し $N_i(t)$, $P_i(t)$ の両方が同一の確率的な変化の関数となり得る連続時間の確率過程である.

この投資の全価値は時刻 t における富 $Y(t)$ により与えられる.

$$Y(t) = \sum_{i=1}^{n} N_i(t)P_i(t) \qquad (10.79)$$

いま時間経過による富の増分を計算したいとしよう. 伊藤の補題を用いると

$$dY(t) = \sum_{i=1}^{n} N_i(t)dP_i(t) + \sum_{i=1}^{n} dN_i(t)P_i(t) + \sum_{i=1}^{n} dN_i(t)dP_i(t) \qquad (10.80)$$

が成立する. 標準的な微積分の公式を用いると, 最後の項が存在しないのはあきらか

[*9] 再び記法を簡単にするために $\sigma_{ij}(t)$ を σ_{ij} と書く.

である.

10.7.2　伊藤公式とジャンプ

これまでのところ原資産の過程 S_t は常にウィーナー過程で表現される確率的な変化の関数であると想定してきた.この仮定は制限がきつすぎる.確率的な誤差項にはジャンプ成分も存在するかもしれない.本節では伊藤公式にこの拡張を与える.

次の確率微分方程式に S_t が従うとしよう.

$$dS_t = a_t\, dt + \sigma_t\, dW_t + dJ_t, \qquad t \geq 0 \tag{10.81}$$

ここで dW_t は標準ウィーナー過程である.新しい項 dJ_t は予測できないジャンプの可能性を示す.ジャンプ成分は有限区間 h では平均 0 である.

$$E[\Delta J_t] = 0 \tag{10.82}$$

この項は予測できない変化項であるので,この仮定が必要である.任意のジャンプの予測できる項はドリフト成分 a_t に含まれるのでこの仮定は限定的ではない.

ジャンプに次の構造を仮定する.ジャンプの間では J_t は一定である.ジャンプ時 τ_j, $j=1,2,\ldots$ には,この値は離散で確率的なある値をとる.大きさ $\{a_i, i=1,\ldots,k\}$ の k 種類のジャンプを仮定する.ジャンプの発生する割合 λ_t は,直近に観察される S_t に依存するかもしれない.ひとたびジャンプが発生すると,ジャンプの種類は,確率的かつ独立に選択される.ジャンプの大きさが a_i である確率は,p_i で与えられる[*10].

したがって有限で短い期間 h では増分 ΔJ_t は(近似的に)

$$\Delta J_t = \Delta N_t - \left[\lambda_t h \left(\sum_{i=1}^{k} a_i p_i\right)\right] \tag{10.83}$$

で示される.ここで N_t は時間 t までに発生したすべてのジャンプの合計の過程である.より厳密にいうと,期間 h の間にジャンプがあり,「さらに」ジャンプの値が a_i のときに ΔN_t は a_i の値となる.項 $\left(\sum_{i=1}^{k} a_i p_i\right)$ はジャンプの大きさの期待値である.また $\lambda_t h$ は簡単にいうとジャンプが発生する確率となる.これらが ΔN_t から除去されて ΔJ_t が予測できない項となる.

これらの条件のもとでは,ドリフト係数 a_t は2つの分離したドリフト成分,1つはウィーナー過程の連続成分,もう1つは S_t における純粋なジャンプ成分の和を示す.

$$a_t = \alpha_t + \lambda_t \left(\sum_{i=1}^{k} a_i p_i\right) \tag{10.84}$$

[*10] 標準的なポアソン過程の場合,すべてのジャンプの大きさは 1 である.したがってこの手順は冗長である.

ここで α_t は S_t の連続的な動きのドリフト係数である．

ジャンプ過程の一面について再び議論するのは価値がある．過程には「2つ」の確率性の源がある．ジャンプの発生は偶発事象である．しかしひとたびジャンプが発生すればジャンプの大きさも確率的である．さらにいま仮定した構造では，これら2つの確率性の源は互いに独立している．

これらの条件のもとでは伊藤公式は

$$dF(S_t,t) = \left[F_t + \lambda_t \sum_{i=1}^{k}(F(S_t+a_i,t) - F(S_t,t))p_i + \frac{1}{2}F_{ss}\sigma^2 \right]dt + F_s dS_t + dJ_F \quad (10.85)$$

となり，ここでは dJ_F は

$$dJ_F = [F(S_t,t) - F(S_t^-,t)] - \lambda_t \left[\sum_{i=1}^{k}(F(S_t+a_i,t) - F(S_t,t))p_i\right]dt \quad (10.86)$$

で与えられる．最後に S_t^- は

$$S_t^- = \lim_{s \to t} S_s, \quad s < t \quad (10.87)$$

で定義される．すなわちこれは S の時間 t の無限小直前の値である．

実際にはどのように dJ_F を計算すればよいであろうか．まず可能性のある確率的なジャンプによる，期待される変化を計算する．これは (10.86) 式の右辺の第2項である．これを行うためには dt 中に発生する可能なジャンプの割合と S_t で起きたジャンプによって引き起こされる $F(\cdot)$ のジャンプの大きさの期待値を用いる．もし特定の期間にジャンプが観察されると，右辺の最初の項も含まれることになる．そうでない場合は，この項は0になる．

10.8 おわりに

伊藤の補題は確率微積分で中心的な微分ツールである．覚えるべきことは数個の基本的なことである．まず公式は原資産の変動が与えられたときの金融派生資産の確率微分を決定する助けとなる．2番目に公式は伊藤積分の定義に完全に依存している．これは，等号は確率的同値性の範囲内で解釈されるべきであることを意味する．

最後に実務的な観点から，読者は決定論的な微積分で用いた標準的な公式は，伊藤公式とまったく異なる結果をもたらすことを覚えておくべきである．とくに標準的な

公式を用いるならば，これは観察しているすべての過程が無限小のボラティリティを仮定していることになる．これは金融派生資産を用いてリスクを評価しようとする人にとって好ましくない仮定である．

10.9 参 考 文 献

第9章で推薦した文献はここでも適している．伊藤の補題と伊藤積分は常に同時に取り上げられている．読者がありがたく感じるであろう本を1冊追加すると，Kushner (1995) がある．Kushner はジャンプ過程があるときの伊藤の補題の例をいくつか示している．

10.10 演 習 問 題

1. 以下の関数をウィーナー過程 W_t に関して微分せよ．可能ならば，t に関しても微分せよ．
   - (a) $f(W_t) = W_t^2$
     $f(W_t) = \sqrt{W_t}$
   - (b) $f(W_t) = e^{(W_t^2)}$
   - (c) $f(W_t, t) = e^{(\sigma W_t - \frac{1}{2}\sigma^2 t)}$
     $f(W_t, t) = e^{\sigma W_t}$
   - (d) $g = \int_0^t W_s \, ds$

2. $W_{ti}, i = 1, 2$ は2つのウィーナー過程である．以下の変換に対して，伊藤の補題を用いて適当な確率微分方程式を得よ．
   - (a) $X_t = (W_{t1})^4$
   - (b) $X_t = (W_{t1} + W_{t2})^2$
   - (c) $X_t = t^2 + e^{W_{t2}}$
   - (d) $X_t = e^{t^2 + W_{t2}}$

3. W_t をウィーナー過程として，幾何プロセス S_t を再度考えよ．

$$S_t = S_0 e^{(\mu - \frac{1}{2}\sigma^2)t + \sigma W_t}$$

   - (a) dS_t を計算せよ．

(b)　S_t の「期待変化率」は何か．

(c)　もし S_t の定義で自然対数の項に $\frac{1}{2}\sigma^2 t$ の項が含まれていなかったら，dS_t はどうなるか．また，S_t の期待変化はどうなるか．

11

派生資産価格の動的挙動——確率微分方程式

11.1 はじめに

確率微分方程式の概念は，第7章で導入された．第9章では，この概念を定式化するために伊藤積分を用いた．次式，

$$dS_t = a(S_t, t)\,dt + \sigma(S_t, t)\,dW_t, \quad t \in [0, \infty) \tag{11.1}$$

は，以下の意味として与えられた．

$$\int_t^{t+h} dS_u = \int_t^{t+h} a(S_u, u)\,du + \int_t^{t+h} \sigma(S_u, u)\,dW_u \tag{11.2}$$

ここで，h は無限小である．

ここで，この導出のいくつかの点をくりかえす．第1に，金融市場や金融理論からの概念は，(11.1) 式を得るために用いられなかった．用いられた基本的なツールは，伊藤積分と，確率的な増分を予測可能な要素と予測不可能な要素に分けることであった．

このことによって，ほかのことがわかる．時刻 t において利用可能な情報集合を用いて，方程式 (11.1) の分解がなされると，異なる参加者が異なる情報集合を使用するならば，(11.1) における確率微分方程式も異なるかもしれないことがわかる．たとえば，次のような極端な場合を考えよう．市場参加者が「内部者情報」をもち，前もって，価格の変化に影響する確率的な出来事を知っていると仮定しよう．このような（非現実的な）状況のもとでは，(11.1) の拡散項は 0 となる．市場参加者はどのように dS_t が変化していくかを知っているので，この変数を完全に予測できる．そして，すべての t に対して，$dW_t = 0$ である．この参加者の確率微分方程式を記述すると，次式のようになるだろう．

$$dS_t = a^*(S_t, t)\,dt \tag{11.3}$$

すべてのほかの市場参加者に対しては，次式が成り立つ．

$$dS_t = a(S_t, t)\,dt + \sigma(S_t, t)\,dW_t \tag{11.4}$$

これらの2つの方程式において，ドリフト項と拡散項は同一とはなりえない．その確率微分方程式を成立させる誤差項は異なり，$a(S_t,t)$ は $a^*(S_t,t)$ とは違う．この例は，確率微分方程式の正確な形，つまり誤差項 dW_t の定義が，いつも，情報集合の族 $I_t, t \in [0,T]$ に依存することを示している．もし異なる情報集合族を使用したとすると，異なる予測誤差となり，誤差項の確率的な振る舞いは変わるだろう．異なる情報集合の族 I_t^* が与えられると，dW_t のかわりに，dW_t^* によって誤差を示さなければならないかもしれない．dW_t^* は dW_t より小さな分散をもつかもしれない．

確率論的な微積分では，この W_t の性質は正式には，ウィーナー過程 W_t が情報集合族 I_t に適合するということでまとめられる．

確率微分方程式は，派生資産の価格付けに用いられる．理由は，時間の経過とともに，どのように原資産価格が変化したかについて正式なモデルを与えるからである．しかし，確率微分方程式の形式的な導出がディーラーの金融市場の行動と適合していることもまた真実である．実際に，与えられた取引日で，トレーダーは連続的に資産の価格を予測し，時間の経過とともに「新しい事象」を記録している．これらの事象は，いつも dS_t がわかるまで予測不可能な部分を含んでいる．その後これらは既知になり，トレーダーが所有する新たな情報の一部となる．

本章では確率論的な微分方程式の重要な性質について考察する．

a_t と σ_t の条件

以下の確率微分方程式のドリフトと拡散のパラメーター

$$dS_t = a(S_t,t)\,dt + \sigma(S_t,t)\,dW_t, \quad t \in [0,\infty) \qquad (11.5)$$

は，S_t と t に依存することが許される．したがって，これらのパラメーターはそれ自体が確率変数である．重要なのは，時刻 t の情報を与えられたならば，これらのパラメーターが市場参加者によって観察されることである．それらは利用可能な情報による条件付きの定数となる．これは，これらのパラメーターが I_t 適合である重要な仮定の結果である．いくつかの点で，これまでの章において，これらのパラメーターの挙動がよい性質をもつことを仮定した．

確率微分方程式がモデルとして提示されるときは，これらの「正則条件」が特定されるのが常である．

$a(S_t,t)$ と $\sigma(S_t,t)$ のパラメーターは以下の条件を満足すると仮定する．

$$P\left(\int_0^t |a(S_u,u)|\,du < \infty\right) = 1$$

$$P\left(\int_0^t \sigma(S_u,u)^2\,du < \infty\right) = 1$$

これらの条件は同じ意味である.これらは,ドリフトと拡散のパラメーターは時間を通して,「非常に大きく」は変化しないことを要求している.

これらの条件の積分は,時間に関する積分であることに注意されたい.この意味で,それらは通常の文脈で定義される.これによると,条件はドリフトと拡散のパラメーターは確率的な有界変動の関数であることを意味している.

本章以降,これらの条件はいつも満足されていると仮定し,このことはもうくりかえさない.

11.2 確率微分方程式によって示される経路の幾何学的な記述

以下の確率微分方程式を考える.
$$dS_t = a(S_t, t)\,dt + \sigma(S_t, t)\,dW_t, \quad t \in [0, \infty) \tag{11.6}$$
ここで,ドリフトと拡散のパラメーターは,観測された資産価格 S_t の水準と,「おそらく」t に依存する.

そのような確率微分方程式は,S_t に対してどのような種類の幾何学的な振る舞いをするのだろうか.

1つの例を図 11.1 に示す.小さいが,h の長さをもつ離散的な間隔について考える.時間を通して S_t の振る舞いが,2つのタイプの動きに分解することができることがわかる.第1に,この区間を通じて「期待された」経路がある.これらは上向き,あるいは下向きの傾斜をもつ矢で示されている.そして,すべての $t_k = kh$ で,予測された変化に対して,直交した2番目の動きがある[*1)].これらは垂直の矢によって表される.あるときは,それらは負となり,またあるときは正となる.時間を通じて S_t の実際の動きは,これらの2つの要素の和によって決まり,太い線によって示されている.

ここで,この幾何学的な導出から,h が無限小となったとき,S_t の軌跡がとても不安定になることが再度強調される.

11.3 確率微分方程式の解

定義から,確率微分方程式は1種の「方程式」である.つまり,「未知なもの」を含んでいる.この未知なものは確率過程 S_t である.それゆえ,確率微分方程式に対する解の概念ははじめに考えるよりもより複雑である.求めるものは,数値や数値を要素とするベクトルではない.それは,軌跡や軌跡に関する確率が正確に決定されることを必要とする確率過程である.

[*1)] 「直交」とは,ここでは無相関の意味で用いられる.

11.3 確率微分方程式の解   245

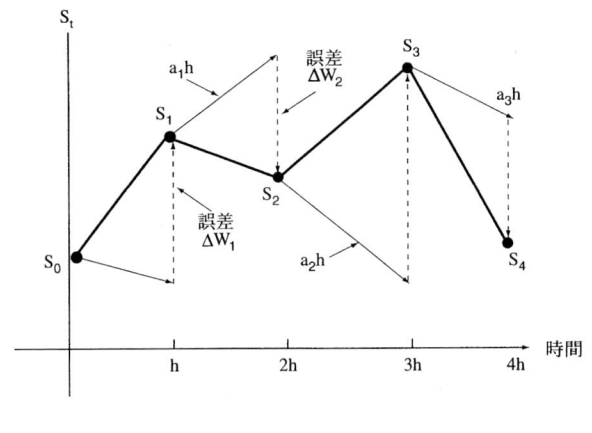

図 11.1

11.3.1 解は何を意味するのか

はじめに，以下の小さく離散的な有限差分近似を考える．

$$S_k - S_{k-1} = a(S_{k-1}, k)h + \sigma(S_{k-1}, k)\Delta W_k, \quad k = 1, 2, \ldots, n \tag{11.7}$$

この方程式の解は確率過程 S_t である．増分 ΔS_k が (11.7) を満たすような k を添え字として持つ数列を求めることに興味がある．さらに，方程式 (11.7) を満足する過程 S_t のモーメントと分布関数を求めたい．最初に，特定の $a(\cdot)$ と $\sigma(\cdot)$ が与えられたとき，軌跡がすべての k に対して (11.7) 式の等号を満足する確率変数の数列を求められるかどうかはあきらかではない．

さらに重要なのは，ここでの目的は，間隔 h が 0 に近づくとき，この解を求めることである．もし，連続時間の過程 S_t が以下の式

$$\int_0^t dS_u = \int_0^t a(S_u, u)\, du + \int_0^t \sigma(S_u, u)\, dW_u \tag{11.8}$$

をすべての $t > 0$ で満たすならば，S_t は以下の式の解であるという．

$$dS_t = a(S_t, t)\, dt + \sigma(S_t, t)\, dW_t \tag{11.9}$$

確率微分方程式の解は確率過程であるので，これらの解の性質は常微分方程式と比較してまったく異なる．実際，確率微積分では解の「2 つ」の種類がある．

11.3.2 解 の 種 類

確率微分方程式に対する第 1 の種類の解は常微分方程式の場合と同様である．ドリフトと拡散を表すパラメーターおよび確率論的イノベーション項 dW_t が与えられた

とき，以下の確率微分方程式を満足する確率過程 S_t を定める．

$$dS_t = a(S_t, t)\,dt + \sigma(S_t, t)\,dW_t, \quad t \in [0, \infty) \qquad (11.10)$$

あきらかに，そのような解 S_t は時間 t と過去および現在の確率変数 W_t の量に依存しており，積分方程式はすべての $t > 0$ に対して以下のようになる．

$$S_t = S_0 + \int_0^t a(S_u, u)\,du + \int_0^t \sigma(S_u, u)\,dW_u \qquad (11.11)$$

「解」は，前式の正確な形を表している．(11.8) 式の右辺の W_t が外生的に与えられ，S_t が定められたとき，いわゆる確率微分方程式の「強い解」を得る．これは常微分方程式の解と同様である．

第2の解の概念は，確率微分方程式に特有なことである．それは「弱い解」と呼ばれる．「弱い解」では次の過程 $\tilde{S}_t$ を決定する．

$$\tilde{S}_t = f(t, \tilde{W}_t) \qquad (11.12)$$

ここで，$\tilde{W}_t$ は分布が「同時」に $\tilde{S}_t$ で決定されるウィーナー過程である．これによると，確率微分方程式の弱い解に対して，「与えられる条件」は，それぞれのドリフトと拡散のパラメーター $a(\cdot)$ と $\sigma(\cdot)$ 「のみ」である．

弱い解の考えは次のように説明される．確率微分方程式を解くことは，方程式 (11.8) を満たす確率変数を求めることを意味するとすれば，組 $\{\tilde{S}_t, \tilde{W}_t\}$ がこの方程式を満たすような $\tilde{S}_t$ と $\tilde{W}_t$ を求めることも，また，確率微分方程式の解であると考えられる．この種の解では，ドリフトのパラメーター $a(S_t, t)$ と拡散のパラメーター $\sigma(S_t, t)$ を与えられる．そのとき，方程式 (11.8) が満たされる過程 $\tilde{S}_t$ と $\tilde{W}_t$ が求められる．これは W_t を求めるのではなく別の条件と考える「強い解」とは対照的である．

あきらかに，ここには間違えやすい問題がある．最初に，もし，dW_t と $d\tilde{W}_t$ が平均 0 と分散が dt のウィーナー過程であるならば，その違いは何であろうか．同じものではないのであろうか．

分布関数の関数形からみれば，この質問は正しい．dW_t と $d\tilde{W}_t$ の密度関数は同じ形式によって与えられる．この意味で，2つの確率的な誤差に違いはない．違いは dW_t と $d\tilde{W}_t$ を定義する情報集合列にある[*2]．もととなる密度は同じであるけれども，もし異なる情報集合に関して計測できるならば，2つの確率過程は実際に非常に異なる現実の現象を記述することができる．

これはより厳密になされなければならない．なぜなら，以前に示した重要な点，連続時間確率過程モデルの構造を理解するために読者が理解する必要のある点をふたた

[*2] 第14章にみるように，2つのウィーナー過程は dS_t に関して異なる確率測度を意味するかもしれない．

11.3 確率微分方程式の解

び強調するからである．次の確率微分方程式を考える．ここで拡散項は外生的に与えられる dW_t を含む．

$$dS_t = a(S_t, t)\,dt + \sigma(S_t, t)\,dW_t \qquad (11.13)$$

直感的には，誤差過程 dW_t は完全に予測不能な価格に影響する無限小の事象を表している．そのような無限小の出来事によって生じる「履歴」は時刻 t でわれわれがもつ情報集合である．これは I_t によって示される[*3)]．

そのとき，強い解は「与えられた」dW_t のもとで，方程式 (11.13) を満たす S_t を計算する．つまり，強い解 S_t を得るために族 I_t を知る必要がある．これは，強い解 S_t が I_t 適合であることを意味する．

それに対して，弱い解 $\tilde{S}_t$ は情報集合 I_t を生成する過程を用いて計算されない．かわりに，「ある」過程 $\tilde{W}_t$ に従って求められる．過程 $\tilde{W}_t$ は他の情報集合 H_t を生成する．対応する $\tilde{S}_t$ は I_t 適合である必要はない．しかし，$\tilde{W}_t$ はまだ時系列的な H_t に関してマーチンゲールである[*4)]．

ゆえに，弱い解は次式を満たす．

$$d\tilde{S}_t = a(\tilde{S}_t, t)\,dt + \sigma(\tilde{S}_t, t)\,d\tilde{W}_t \qquad (11.14)$$

ここで，ドリフトと拡散の要素は (11.8) 式と同様であり，$\tilde{W}_t$ は情報集合 H_t の族に適合している．

11.3.3 どちらの解が好まれるのか

強い解と弱い解は同じドリフトと拡散の要素をもつことに注意せよ．したがって，S_t と $\tilde{S}_t$ は同じ確率的な性質をもつ．ある平均と分散を与えられたとき，2つの解を区別することはできないだろう．しかし，2つの解はまた異なるかもしれない[*5)]．

強い解の使用は誤差過程 W_t が既知であることを意味する．この場合には，金融アナリストは強い解を使うかもしれない．

確率微分方程式を用いて派生商品価格を計算するとき，厳密な過程 W_t はしばしば既知ではない．ボラティリティ,（そしてあるときは）ドリフト成分のみしか用いることができないかもしれない．したがって，そのような状況での派生資産商品の価格評価では弱い解を使う．

[*3)]　以前述べたように，数学者はそのような情報集合を可算加法族または σ 代数と呼ぶ．
[*4)]　このマーチンゲールの性質のため，確率微分方程式の背景にある伊藤積分が同じ方法で定義される．
[*5)]　任意の強い解はまた弱い解でもある．しかし逆は当てはまらない．

11.3.4　強い解の議論

以前述べたように，確率微分方程式は「方程式」である．これは，解く必要のある「未知なもの」を含むことを意味する．確率微分方程式の場合，考えようとしている対象の「未知なもの」は確率過程である．確率微分方程式を解くということは，以下の積分方程式がすべての t で有効であるような過程 S_t を決定することを意味する．

$$S_t = S_0 + \int_0^t a(S_u, u)\, du + \int_0^t \sigma_u(S_u, u)\, dW_u, \quad t \in [0, \infty) \tag{11.15}$$

言い換えれば，初期値 S_0 からはじまる S_t の進展は右辺の 2 つの積分によって決定される．解の過程 S_t はこれらの積分の和が，その増分 $S_t - S_0$ となっている．これは解の「証明」となる．

このアプローチは確率微分方程式を直接用いるより，むしろ対応する積分方程式を用いることで解をたしかめている．なぜそうなのであろうか．ここまでの議論では，確率環境下では微分の理論をもたないことに注意されたい．したがって，確率微分方程式の解の候補があっても，微分をとることができず，対応する微分が確率微分方程式を満たすかを調べることができない．2 つの選択肢がある．

確率微分方程式に対する解を証明する過程は，決定論的な例ではじめるのがもっとも理解しやすい．簡単な常微分方程式を考えよう．

$$\frac{dX_t}{dt} = aX_t \tag{11.16}$$

ここで，a は定数であり，X_0 は与えられる．確率的なイノベーション項はないので，これは確率微分方程式ではない．解の候補は直接的に証明される．たとえば，以下の関数が (11.16) 式の解であるとしよう．

$$X_t = X_0 e^{at} \tag{11.17}$$

そのとき，解は「2つ」の条件を満足しなければならない．第 1 に，t に関する X_t の微分をとるならば，この微分は関数自身の a 倍と等しくならなければならない．第 2 に，$t = 0$ で評価されたとき，関数は既知と仮定される初期値 X_0 と等しい量を与える．

方程式 (11.16) に対する解を証明していく．X_t の微分を直接とる．

$$\frac{d}{dt}(X_0 e^{at}) = a[X_0 e^{at}] \tag{11.18}$$

これは実際，関数に対して a 倍になっている．第 1 の条件は満たしている．

$t = 0$ とおくと，以下を得る．

$$(X_0 e^{a0}) = X_0 \tag{11.19}$$

11.3 確率微分方程式の解

ゆえに，候補となる解は同様に初期条件を満たす．X_t は (11.16) 式の常微分方程式の解である．この方法は微分の概念を使って解を証明した[*6)]．

連続時間の確率過程の微分理論がなければ，同様のアプローチは確率微分方程式の解をたしかめるのに用いることはできない．実際，確率的環境下で同様な微分が利用できると（誤って）仮定し，微分をとることで確率微分方程式の解をたしかめようとするならば，間違った答えを得るだろう．以前にみたように，決定論的関数の微分のルールは，確率変数の関数に対して有効ではない．

この点についてのさらなるコメントは有用であろう．X_0 が与えられた常微分方程式

$$\frac{dX_t}{dt} = aX_t \tag{11.20}$$

では方程式の両辺が未知の関数 X_t の項を含むことに注意されたい．このことが常微分方程式が，「方程式」である理由である．そのとき，方程式の「解」は残っているパラメーターと，常微分方程式の既知の変数に依存する特定の関数である．パラメーターは $\{a, X_0\}$ であり，既知の変数は時刻 t である．したがって，解は既知の量の関数として未知の関数 X_t を表している．

$$X_t = X_0 e^{at} \tag{11.21}$$

解を検証するためには右辺の変数 t に関してこの関数 X_t を微分し，常微分方程式が満たされているかどうかチェックすることが必要である．

以下のような確率微分方程式の特定の場合を考えよう．

$$dS_t = a\,dt + \sigma\,dW_t, \qquad t \geq 0 \tag{11.22}$$

ここで S_0 は与えられている[*7)]．この確率微分方程式の強い解が得られたとき，それは時刻 t，パラメーター $\{a, \sigma, S_0\}$ と W_t に依存する，ある関数 $f(\cdot)$ である．

$$S_t = f(a, \sigma, S_0, t, W_t) \tag{11.23}$$

ゆえに，解は確率過程である．なぜなら，確率過程 W_t に依存するからである[*8)]．

この $f(\cdot)$ が (11.22) の確率微分方程式を満たすかどうかをチェックするために決定論的な微分方程式を用いることは，t に関して S_t と W_t の微分をとることを意味す

[*6)] もちろん，どのようにして厳密な解が最初に得られたかと思うかもしれない．この問題は微分方程式のテキストにある．ここでは，金融で日常用いられるモデルを扱うだけにする．

[*7)] ドリフトと拡散のパラメーターは定数であり，時刻 t に使える情報に依存しない．

[*8)] 上記で議論された確率微分方程式は特定の場合であることを心に留めることは重要である．一般的に，(11.23) で示された強い解 S_t は，$a(S_u, u)$, $\sigma(S_u, u)$ と dW_u の「積分」に依存するだろう．ゆえに，W_t の軌跡全体にわたって依存する．

る．しかし，t に関するこれらの微分は厳密には定義されない．そのため，この解は決定論的な場合と同様な方法を用いることで証明されない．

かわりに候補の解を考えるべきであり，伊藤の補題を用いることでこの候補が確率微分方程式，すなわち対応する積分方程式を満たすかどうかを調べるべきである．以下の例で，この点を詳細に考察する．

11.3.5 確率微分方程式に対する解の証明

再度，特定の確率微分方程式を考える．

$$dS_t = \mu S_t\, dt + \sigma S_t\, dW_t, \quad t \in [0, \infty) \tag{11.24}$$

これは，コールオプションの価格づけで Black & Scholes (1973) が用いた．ここで，S_t は配当のない証券の価格を表す．

両辺を S_t で割ると，

$$\frac{1}{S_t} dS_t = \mu\, dt + \sigma\, dW_t \tag{11.25}$$

はじめに，対応している積分方程式を計算する．

$$\int_0^t \frac{dS_u}{S_u} = \int_0^t \mu\, du + \int_0^t \sigma\, dW_u \tag{11.26}$$

右辺の最初の積分は確率的な項は含まないので，通常の方法で計算される．

$$\int_0^t \mu\, du = \mu t \tag{11.27}$$

第 2 の項は確率変数を含むが，dW_t の係数は時間に依存しない定数である．ゆえに，この積分はまた一般的な方法をとり，

$$\int_0^t \sigma\, dW_u = \sigma [W_t - W_0] \tag{11.28}$$

となる．ここで，定義により $W_0 = 0$ であり，

$$\int_0^t \frac{1}{S_u} dS_u = \mu t + \sigma W_t \tag{11.29}$$

となる．確率微分方程式の解はこの積分方程式を満たさなければならない．この特別な場合には，伊藤の補題を用いることで，簡単に示すことができる．

以下の候補を考える．

$$S_t = S_0 e^{\{(a - \frac{1}{2}\sigma^2)t + \sigma W_t\}} \tag{11.30}$$

この解の候補は実際にパラメーター a と σ, 時間 t, そして確率変数 W_t の関数であることに注意せよ. あきらかに, S_t は W_t に依存しており, I_t 適合であるので,「強い解」を扱っている.

どのようにして, この関数が解であることを確認できるのであろうか.

伊藤の補題を用いて確率微分 dS_t を計算することを考えよう.

$$dS_t = [S_0 e^{\{(a-\frac{1}{2}\sigma^2)t+\sigma W_t\}}]\left[\left(a-\frac{1}{2}\sigma^2\right)dt + \sigma\, dW_t + \frac{1}{2}\sigma^2\, dt\right] \quad (11.31)$$

ここで, 右辺の最後の項は伊藤の補題における第 2 項に対応する.

同じ項を消去し, S_t によっておき換えることで, 以下を得る.

$$dS_t = S_t[a\, dt + \sigma\, dW_t] \quad (11.32)$$

これはもとの確率微分方程式で a を μ と等しいとしたものである. 興味深いことに $\frac{1}{2}\sigma^2 dt$ の項は伊藤の補題を適用することで消去される. 決定論的な微分の法則を用いると, これらの項は方程式 (11.32) で消えることはなく, (11.30) の関数が確率微分方程式を満たすことはない.

実際, 通常の微積分を用いると, かわりに全微分は以下で与えられる.

$$dS_t = S_t\left[\left(a-\frac{1}{2}\sigma^2\right)dt + \sigma\, dW_t\right] \quad (11.33)$$

そして, これは a が μ と等しければ, もととなった確率微分方程式と等価ではない. ゆえに, もし, 通常の微積分を用いたならば, (11.30) 式の関数は (11.24) 式の確率微分方程式の解ではないという誤った結論に達したであろう.

11.3.6 重 要 な 例

S_t は適当な「確率的」な変化率の資産価格であるとしよう. すなわち, 次式を仮定する.

$$dS_t = rS_t\, dt + \sigma S_t\, dW_t, \quad t \in [0,\infty) \quad (11.34)$$

前節で, この確率微分方程式の (強い) 解に対する候補を議論した.

$$S_t = S_0 e^{\{(r-\frac{1}{2}\sigma^2)t+\sigma W_t\}} \quad (11.35)$$

いま, S_T は将来の時刻 $T > t$ の価格であるとしよう. 時刻 t でこの S_T は未知である. しかし, それは予測され, 最善の予測は以下の条件付き期待値で与えられるだろう.

$$E_t[S_T] = E[S_T|I_t] \quad (11.36)$$

資産価格理論では，以下の方程式が成り立つかどうかに興味がある．

$$S_t = e^{-r(T-t)} E_t[S_T] \tag{11.37}$$

これは割引率 r で時刻 T の期待される価格に現在の価格を等しくする．このマーチンゲールの性質は興味深い，なぜなら，それは現在の価格 S_t を計算することに利用し得るからである．

いま，$E_t[S_T]$ を計算する．最初のステップは以下を得ることである．

$$S_T = [S_0 e^{(r-\frac{1}{2}\sigma^2)T}][e^{\sigma W_T}] \tag{11.38}$$

S_T の期待値は以下の項の期待値に依存している．

$$e^{\sigma W_T} \tag{11.39}$$

将来に関していうと，式は W_T の非線形な関数である．ゆえに，S_T は同様に W_T の「非線形」な関数である．これは期待値 $E_t[S_T]$ を計算するときに，確率的な項 W_T の前に演算子 $E_t[\cdot]$ を動かすことができないことを意味する．

2つの異なる方法で期待値 $E_t[e^{\sigma W_T}]$ に対応することができる．1つめの方法はウィーナー過程 W_T の密度関数を用い，積分によって直接期待値をとることである．

$$E_t[e^{\sigma W_T}] = \int_{-\infty}^{\infty} e^{\sigma W_T} \left[f(W_T \mid W_t) \right] dW_T \tag{11.40}$$

ここで積分のなかの括弧内の項は W_T の (条件付き) 密度関数である．条件付き期待値は W_t であり，分散は $T-t$ である．

この積分を計算することは難しくはない．しかし，「確率微積分」に特有の第2の方法を用いることがむしろ好ましい．この方法は，もう一度伊藤の補題を実例で説明し，確率微積分でしばしば用いる重要な積分方程式を導く．

方程式 (11.38) に従って，S_T は以下の方程式で与えられる．

$$S_T = [S_0 e^{(r-\frac{1}{2}\sigma^2)T}][e^{\sigma W_T}] \tag{11.41}$$

第2の方法の背後にある考えは W_t の非線形の表現を「線形」の表現に変換することであり，「その後」ウィーナー過程の密度関数を用いずに直接期待値を「計算」することである．

その方法は間接的であるが，単純である．はじめに，Z_t によって方程式 (11.35) の非線形確率項を示す[9]．

$$Z_t = e^{\sigma W_t} \tag{11.42}$$

---

[9] 次のいくつかの微分は T のかわりに t の添字を用いている．これは一般性を失うことはない．そうすることによって説明を簡略化する．

11.3 確率微分方程式の解

第2に，伊藤の補題を適用して次の式を得る．

$$dZ_t = \sigma e^{\sigma W_t}\, dW_t + \frac{1}{2}\sigma^2 e^{\sigma W_t}\, dt \tag{11.43}$$

第3に，対応する積分方程式を考える．

$$Z_t = Z_0 + \sigma \int_0^t e^{\sigma W_s}\, dW_s + \int_0^t \frac{1}{2}\sigma^2 e^{\sigma W_s}\, ds \tag{11.44}$$

最後に，両辺の期待値をとり，以下のことに注意する．

$$E[Z_0] = 1 \tag{11.45}$$

なぜならば定義から $W_0 = 0$ だからである．また

$$E\left[\int_0^t e^{\sigma W_s}\, dW_s\right] = 0 \tag{11.46}$$

が，ウィーナー過程の増分が観察された過去と独立であるという性質から成立する．最終的に，

$$E[Z_t] = 1 + \int_0^t \frac{1}{2}\sigma^2 E[Z_s]\, ds \tag{11.47}$$

となる．ここで Z_s の定義から，$e^{\sigma W_s} = Z_s$ を用いた．

方程式 (11.47) のいくつかの興味深い性質に注意されたい．まず，この方程式は確率変数に関して定義された積分は含まない．第2に，方程式は $E[Z_t]$ について「線形」である．ゆえに一般的な方法で解くことができる．たとえば，$E[Z_t]$ を決定論的な変数として扱うことができ，それを x_t とすると，次式

$$x_t = 1 + \int_0^t \frac{1}{2}\sigma^2 x_s\, ds \tag{11.48}$$

は「常」微分方程式[*10)]

$$\frac{dx_t}{dt} = \frac{1}{2}\sigma^2 x_t \tag{11.49}$$

で初期条件 $x_0 = 1$ としたものと等価である．この常微分方程式の解は既知であり，

$$x_t = E[Z_t] = e^{\frac{1}{2}\sigma^2 t} \tag{11.50}$$

となり，$E[Z_0] = 1$ である．$E_t[S_t]$ に戻ると，

$$E_t[S_T] = [S_0 e^{(r-\frac{1}{2}\sigma^2)(T)}] E_t[Z_T] \tag{11.51}$$

[*10)] (11.48) 式の t に関して微分をとることによる．

となる．$E[Z_t]$ に対していま導かれた結果を用いて，

$$E_t[S_T] = [S_0 e^{(r-\frac{1}{2}\sigma^2)(T)}][e^{\sigma W_t} e^{\frac{1}{2}\sigma^2(T-t)}] \tag{11.52}$$

となる．ここで右辺の W_t の項は時刻 t での情報の条件により表れる．次式を思い出すと，

$$S_t = S_0 e^{(r-\frac{1}{2}\sigma^2)t + \sigma W_t} \tag{11.53}$$

次式を得る．

$$E_t[S_T] = [S_t e^{r(T-t)}] \tag{11.54}$$

これは，以下を意味する．

$$S_0 = e^{-rT} E_0[S_T] \tag{11.55}$$

つまり，時刻 $t = 0$ で，資産価格は割引率 r で割り引いた期待される将来の価格に等しい．任意の時刻 t で，次式が成り立つ．

$$S_t = e^{-r(T-t)} E_t[S_T] \tag{11.56}$$

　伊藤の補題を使って，これらの計算で用いられている方法をくりかえすことは，時間をかけるだけの価値のあることである．伊藤の補題を用いることで，Z_t に関して (11.47) 式の線形な積分方程式を得ることができる．Z_t の前に演算子 $E[\cdot]$ を動かすことができ，ウイーナー過程の増分が期待値 0 であることを用いることができるということである．これにより，「確率」変数に関する積分が消去できた．第 2 の積分は時間に関するものであり，標準的な微積分を用いて扱われた．

　このとき，伊藤の補題の代わりに標準的な微積分法を用いれば，(11.43) 式は

$$dZ_t = \sigma e^{\sigma W_t} dW_t \tag{11.57}$$

となり，株価の期待値は次式で表される．

$$E[S_T] = S_t e^{(r+\frac{1}{2}\sigma^2)(T-t)} \tag{11.58}$$

標準的な微積分を用いることは，現在の株価は期待される将来の価格を r で割り引いた値と等しくないことを意味し，マーチンゲールの等価性を失う．

11.4　確率微分方程式の主要なモデル

　実務に有用性のあるいくつかの特定の確率微分方程式がある．この節ではこれらの場合を議論し，それらがどのような種類の資産価格を記述し，どのように有用かをみる．

11.4.1 線形な定数係数の確率微分方程式

確率微分方程式でもっとも簡単な場合はドリフトと拡散の係数が時間の経過によって得られる情報に依存しないものである．

$$dS_t = \mu\,dt + \sigma\,dW_t, \quad t \in [0, \infty) \tag{11.59}$$

ここで，W_t は分散 t の標準的なウィーナー過程である．この確率微分方程式では，係数 μ と σ は時間 t の添え字をもたない．これは時間の経過によって係数が一定であることを意味する．したがって，これらは情報集合 I_t に依存しない．長さ h の小さな間隔での ΔS_t の平均は以下で与えられる．

$$E_t[\Delta S_t] = \mu h \tag{11.60}$$

ΔS_t の分散は以下である．

$$\mathrm{Var}(\Delta S_t) = \sigma^2 h \tag{11.61}$$

この確率微分方程式によって記述される経路の例は図 11.2 で示される．この経路を得るにはコンピューター・シミュレーションを用いた．はじめに μ と σ は以下の値とする．

$$\mu = 0.01 \tag{11.62}$$

$$\sigma = 0.03 \tag{11.63}$$

次に，小さいが有限な間隔の大きさとして次の値を与える．

$$h = 0.001 \tag{11.64}$$

これで無限小の間隔 dt に対する近似を仮定する．初期値として

$$S_0 = 100 \tag{11.65}$$

を選んだ．最後に，平均 0 で標準偏差 0.001 である独立な正規分布に従う確率変数を 1000 個用いる．(11.59) 式での W_t がマーチンゲールであるため，独立な (正規分布に従う) 確率変数を使うことができる．

方程式 (11.59) の離散近似が図 11.2 でプロットされている S_t を得るために用いられた．観測値は以下の式をくりかえし用いて決定される．

$$S_k = S_{k-1} + 0.01(0.001) + 0.03(\Delta W_k), \quad k = 1, 2, \ldots, 1000$$

初期値 S_0 が与えられ，無作為に正規乱数 ΔW_k を代入することで，連続的に S_k が得られる．

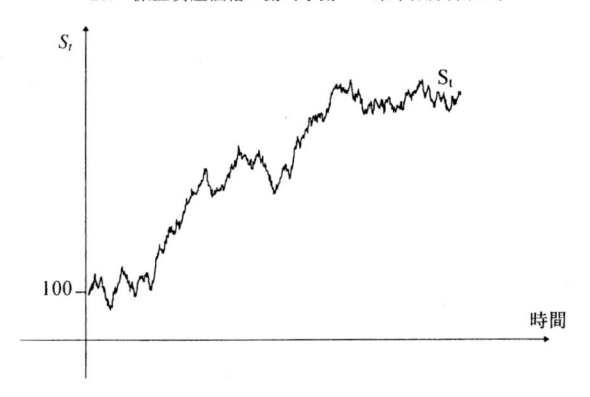

図 11.2

この図からわかることは，S_t の振る舞いが傾き μ の「直線」の周りを上下に変動することである．σ の大きさはこの線の周りの変動する大きさを決める．これらの変動が時間の経過とともにより大きくはならないことに注意せよ．

これは，現実においてこのような確率微分方程式が，どのような場合に適当であるかを示している．とくに，もし資産価格の振る舞いが時間に対して安定していて，「トレンド」が線形であり，「分散」が大きくならないならば，この確率微分方程式はよい近似となるであろう．最後に，資産価格に規則的な「ジャンプ」が現れないならば，この式はよい近似となるであろう．

11.4.2 幾何学的な確率微分方程式

原資産価格をモデル化するために用いられる標準的な確率微分方程式は，線形のモデルではなく，幾何学的な過程である．Black & Scholes によって用いられたモデルは以下のものである．

$$dS_t = \mu S_t\, dt + \sigma S_t\, dW_t, \quad t \in [0, \infty) \tag{11.66}$$

このモデルは次の係数を用いている．

$$a(S_t, t) = \mu S_t \tag{11.67}$$

$$\sigma(S_t, t) = \sigma S_t \tag{11.68}$$

ゆえに，ドリフトと拡散の係数は時刻 t で利用可能になる情報に依存している．しかし，この依存関係はかなり簡単である．ドリフトと標準偏差は S_t に比例して変化する．実際，両辺を S_t で割ると，以下を得る．

$$\frac{dS_t}{S_t} = \mu\, dt + \sigma\, dW_t \tag{11.69}$$

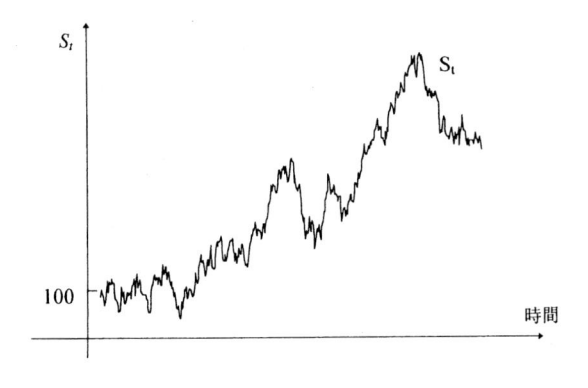

11.4 確率微分方程式の主要なモデル

[図: S_t の時系列グラフ。初期値100から始まり、指数的トレンドの周りに確率的変動を示す。]

図 11.3

これは，資産価格の増分のドリフトと拡散の部分は変化するけれども，S_t の「変化率」のドリフト拡散は時間的に不変なパラメーターであることを意味する．

図 11.3 は有限差分近似で得られた S_t の実現値を示している．

$$dS_t = 0.15 S_t\, dt + 0.30 S_t\, dW_t \tag{11.70}$$

ここで，初期値は $S_0 = 100$ である．このグラフからわかるように，S_t は2つの成分からなる．第1に成長率15%の「指数的」なトレンドがある．第2にこのトレンドの周りの確率的な変動がある．価格が高くなるので，これらの変動は時間の経過によって大きくなる．

係数が定数である確率微分方程式と比較したとき，このモデルの実用的な重要性は何であろうか．

係数が定数である確率微分方程式は線形のトレンドの周りに変動した資産価格を記述するが，このモデルは指数的なトレンドの周りの確率的な変動をする価格を与える．ほとんどの資産価格の場合，指数的なトレンドはいくらか現実的である．

しかし，これは拡散の係数に関する仮定について何も述べていない．拡散の係数が S_t に比例することは，同様により現実的であろうか．

この疑問に答えるためには，時刻 t_k と $t_k - 1$ の間の S_t の増分変化の分散が以下のように近似できることに注意しよう．

$$\mathrm{Var}(S_k - S_{k-1}) = \sigma^2 S_{k-1}^2 \tag{11.71}$$

したがって，分散は S_t の2乗に比例して増加する．実用的な場合には，これはあまりに大きい分散を S_t に与えることもあるかもしれない．

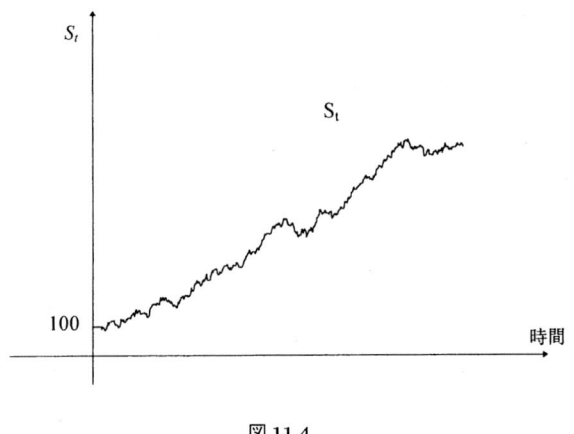

図 11.4

11.4.3 平方根過程

次に議論するモデルは平方根過程である．

$$dS_t = \mu S_t\, dt + \sigma \sqrt{S_t}\, dW_t, \quad t \in [0, \infty) \tag{11.72}$$

ここで，S_t は指数的なトレンドにしたがうが，標準偏差は S_t それ自身の関数ではなく，S_t の平方根の関数である．このため誤差項の分散は S_t に比例する．

したがって，もし，S_t が増加するときに，資産価格のボラティリティが「異常」に大きくならなければ，このモデルはより適切なものとなる．これはもちろん，$S_t > 1$ の場合である．

例として，図 11.3 を作るために用いた同じ dW_t のサンプル経路を用いて，この過程を図 11.4 に示す．以下の方程式を考える．

$$dS_t = 0.15 S_t\, dt + 0.30 \sqrt{S_t}\, dW_t \tag{11.73}$$

ここで，ドリフトと拡散の係数は図 11.3 と同じであるが，拡散は S_t に比例するかわりに $\sqrt{S_t}$ に比例する．初期値は $S_0 = 100$ を選んだ．

あきらかに，サンプル経路は「同じような」トレンドをもつが，図 11.3 の変動と比較すると図 11.4 の変動は小さい．

最後にこの過程のほかの特徴はパラメーターの意味である．拡散要素のこの仕様で，σ は S_t の%表記のボラティリティとして解釈することができないことに注意されたい．反面，市場は原資産の%表記のボラティリティを慣習により値付けしている．

11.4.4 平均回帰過程

資産価格のモデル化で用いられる確率微分方程式の1つに平均回帰モデルがある[*11]。

$$dS_t = \lambda(\mu - S_t)\,dt + \sigma S_t\,dW_t \tag{11.74}$$

S_t が平均値 μ より小さい場合, 括弧の中の項 $(\mu - S_t)$ は正になる (訳注：$\lambda > 0$ のとき). これは dS_t を正にする方向に働く. したがって, S_t はいつも μ の方向に力が働く.

関連する確率微分方程式には, ドリフトが平均回帰型であるが, 拡散は S_t の平方根に依存するものもある.

$$dS_t = \lambda(\mu - S_t)\,dt + \sigma\sqrt{S_t}\,dW_t \tag{11.75}$$

平均回帰の確率微分方程式と, すでに取り上げた2つのモデルの間には重要な違いがある.

平均回帰過程はトレンドをもつが, このトレンドの周りの標準偏差は完全にランダムであるというわけではない. 過程 S_t は長期的なトレンドからわき道に逸れることができる. また時間はかかるかもしれないが, 時間とともにトレンドに戻ろうとする. これらのトレンドから離れる長さはパラメーター $\lambda > 0$ によって調整される. このパラメーターが小さくなれば, トレンドから離れる時間は長くなる. そのため資産価格は, 予測可能なある周期性をみせる. これは通常, 市場の効率性に矛盾したモデルとなる.

平均回帰過程のサンプル経路の例を図 11.5 に示す. ここで,

$$\mu = 0.05, \quad \lambda = 0.5, \quad \sigma = 0.8 \tag{11.76}$$

とする. これは長さ1の時間間隔で, 長期的な平均が5%でボラティリティが80%であることを意味する. λ は50%の調整を意味する.

ここで, 有限な間隔を 0.001 と選ぶ. これに従うと時間間隔1で, 1000個の S_t を観察することになる.

平均0で分散0.001である乱数が得られ, 以下の増分を用いて経路が作られる.

$$\Delta S_k = 0.5(0.05 - S_{k-1})(0.001) + 0.8\Delta W_k, \quad k = 1, 2, \ldots, 1000 \tag{11.77}$$

ここで, 初期値は $S_0 = 100$ である.

軌跡は図 11.5 で示される. 拡散項は S_t に依存しないので, この特別の場合では過程は負になるかもしれない.

[*11] これはしばしば金利の動きを表すモデルで使われる.

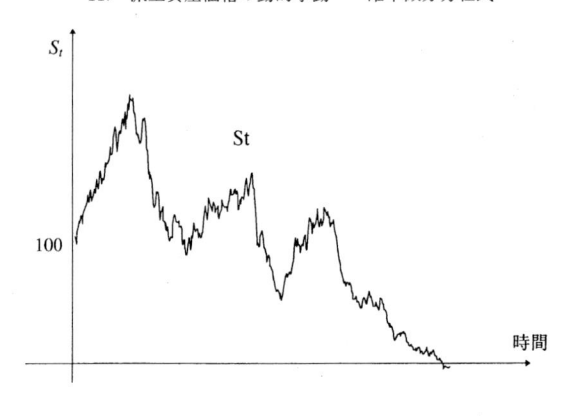

図 11.5

11.4.5 オルンスタイン–ウーレンベック過程

別の有用な確率微分方程式にはオルンスタイン–ウーレンベック過程がある．

$$dS_t = -\mu S_t\,dt + \sigma\,dW_t \tag{11.78}$$

ここで $\mu > 0$ である．ドリフトはパラメーター μ によって S_t の負の方向に依存し，拡散項は係数が定数である．これは，あきらかに「平均回帰」の確率微分方程式の特殊な場合である．

このモデルは 0 の周りを変動する資産価格を表すのに用いることができる．変動は長期的な平均 0 に戻る動きで示される．パラメーター μ は，どの位の時間，平均から離れているかを調整する．μ が大きければ大きいほど，S_t はすぐに平均に戻るようになる．

11.5 確率的ボラティリティ

すべての前章までの確率微分方程式の例はわかりやすいように，確率微分方程式のドリフトと拡散のパラメーターでモデル化していた．もっとも簡単な場合は定数のドリフトと拡散である．もっとも複雑な場合は平均回帰過程である．

さらに一般的な確率微分方程式はドリフトと拡散のパラメーターを確率変数とすることで得られる．金融派生資産の場合，このことは興味深い適用となる．なぜなら，ボラティリティは時間的に変化するだけでなく，S_t が与えられた場合でも確率変数であるからである．

たとえば，資産価格 S_t の確率微分方程式を考える．

$$dS_t = \mu\,dt + \sigma_t\,dW_{1t} \tag{11.79}$$

ここで，拡散のパラメーターは時間とともに変化すると仮定するが，ドリフトのパラメーターは定数である．さらに，σ_t はもう1つの確率微分方程式に従って変化すると仮定する．

$$d\sigma_t = \lambda(\sigma_0 - \sigma_t)\,dt + \alpha\sigma_t\,dW_{2t} \qquad (11.80)$$

ここでウィーナー過程 W_{1t}, W_{2t} は十分相関があるかもしれない．

方程式 (11.80) はボラティリティについて何を述べているか注意されたい．資産のボラティリティは長期的な平均σ_0をもつ．しかし，どの時間 t でも，実際のボラティリティはこの長期的な平均から離れていて，パラメーターλで調整される．増分 dW_{2t} はボラティリティに対する予期できない影響であり，資産価格 S_t に対する影響に依存しない．$\alpha > 0$ はパラメーターである．

市場参加者は資産価格「および」ボラティリティに対する予測を計算しなければならない．このような確率微分方程式の積み重ねを用いることで，現実の金融での事象を表すさらに複雑なモデルを得ることができる．反面，確率的なボラティリティは，追加的な拡散要素とヘッジされるおそらく新しいリスクを加える．これは「完全」ではないモデルとなるだろう．

11.6 おわりに

本章は確率微分方程式の解の記述を紹介した．2つの種類の解を区別した．「強い」解は常微分方程式の場合と同様である．「弱い」解は新たな概念である．

ここで「弱い」解についての議論を詳細には行わなかった．重要な例は後の章で議論される．

この章はまた，資産価格をモデル化するために用いられる主要な確率微分方程式を議論した．

11.7 参考文献

本章では，確率微分方程式のほかの例がいくつかある Oksendal(1992) に従った．応用に興味がある読者はまた確率微分方程式の数値解についての文献に当たることも有用である．Kloeden, Platen & Schurz (1994) の本はとても読みやすく，理解しやすい．確率微分方程式を理解するもっともよい方法は，それらの数値解を研究の対象とすることであるとよくいわれる．

11.8 演習問題

1. 次の確率微分方程式について考える．

$$d(W_t^3) = 3\left[W_t dt + W_t^2 dW_t\right]$$

   (a) 上式の積分形を示せ．
   (b) 以下の積分を計算せよ．

$$\int_0^t W_s^2 dW_s$$

2. 確率微分方程式

$$dS_t = \mu S_t dt + \sigma S_t dW_t$$

について考える．ここで，S_t は株式インデックスであるとしよう．インデックスの現在の値は

$$S_0 = 940$$

である．年率のボラティリティが 0.15 であることがわかっている．無リスク金利は一定で 5% である．また，実際にはこのインデックスの計算には配当の影響が無視されている．ここでは 8 日間に限って考える．この期間を Δ で示される 4 つの連続した 2 日間隔に分割することでどのような影響もない．

   (a) 項 dW_t の近似でランダムな誤差を発生するためにコイン投げを用いよ．

$$H = +1$$
$$T = -1$$

   (b) コイン投げで作られたランダム過程の有限の平均と分散は $\Delta \to 0$ の dW_t のものと一致することをどのようにしたら確かめることができるか．
   (c) この 8 日間で S_t の近似したランダムな経路を 3 つ作れ．

3. 証券の価格の動きを示す線形の確率微分方程式

$$dS_t = 0.01\,S_t dt + 0.05\,S_t dW_t$$

において，$S_0 = 1$ とする．
   満期 $T = 1$ で権利行使価格 $K = 1.5$ のヨーロッパ型コールオプションがこの証券を原資産として発行されているとする．無リスク金利は 3% と仮定する．

   (a) コンピュータを用いて，平均 0 で分散が $\sqrt{2}$ である正規分布に従う 5 つの乱数を発生させよ．

(b) S_t の擬似的な軌跡を 1 つ作れ．ここで $\Delta t = 0.2$ とする．
(c) 満期でのコールの価格を求めよ．
(d) 適当な平均と分散の一様分布に従う 5 つの乱数で同様な実験を繰り返せ．
(e) 同じ実験を 1000 回行ったら，2 つの場合で計算された価格は意味のある差があるか．それはなぜか．
(f) 2 つのモンテカルロの標本を結合し，2000 の経路を用いてオプション価格を計算することはできるか．

4. 確率微分方程式
$$dS_t = 0.05 dt + 0.1 dW_t$$
において，dW_t は以下の過程で近似されるとしよう．
$$\Delta W_t = \begin{cases} +\Delta & \text{確率 } 0.5 \\ -\Delta & \text{確率 } 0.5 \end{cases}$$

(a) 大きさ $\Delta = 1$ の間隔を考える．$t = 0$ から $t = 3$ の S_t の値を計算せよ．ここで $S_0 = 1$ とする．
(b) $\Delta = 0.5$ とし，同じ計算を繰り返せ．
(c) これらの 2 つの実現値をプロットせよ．
(d) $\Delta = 0.01$ でこれらのグラフはどのようになるか．
(e) S_t の分散を 3 倍し，$dt = 1$ と置き，S_t の新しい実現値を得よ．
(必要な乱数を得るためにコイン投げをすることができる)

12

派生資産商品の評価――偏微分方程式

12.1 はじめに

これまでに，連続時間における確率過程の動的振る舞いをモデル化するための主要な方法や，確率的環境下での微分積分が可能な場合と不可能な場合について学んだ．

これらの道具についてそれ自身の議論はしていない．議論したのは，金融市場での各種派生資産商品の評価において，これらの道具が有効なことである．これらの道具は，単なる理論上の展開などではなく，実務家により使われる実用的な手法となっている．実際に，派生資産商品の性質は特別なため，ほかの金融分野に比べてこの分野では抽象的な理論モデルを実務家が大いに利用している．

現代金融論では，派生資産商品の評価には主として以下の2種類の方法が用いられている．1つがこの章で扱う偏微分方程式を利用する方法で，もう1つが原資産の価格変化の過程をマーチンゲールに変換する方法である．後者では，同値マーチンゲール測度の利用が必要であり，第14章で議論する．原理的には，どちらの方法でも同じ値が求められるはずである．実際には，扱う問題によって，どちらかの方法が便利で使いやすいということはある．しかし，背後にある数学は2つの方法でまったく異なる．

本章では，偏微分方程式を用いて派生資産商品の評価を行う方法の背後にあるロジックについて簡潔に紹介する．第13章でその利用法を紹介する．

12.2 無リスクポートフォリオの構築

派生資産商品は，ほかの証券をもとにした契約であり，これらの契約には有限の満期が定められている．そのため T と表記する満期日では，派生資産商品の価格 F_T は，原証券の価格 S_T と時間 T のみに依存する．

$$F_T = F(S_T, T) \tag{12.1}$$

このことは，満期日には関数 $F(S_T, T)$ の形を正確に知ることができることを意味する．時刻 T 以外でも同じ関係が成立すると仮定し，派生資産商品の価格 F が次の

ように表されるとする.

$$F(S_t, t) \tag{12.2}$$

この価格の増分を dF_t とする.このままでは,市場参加者には満期日以前の時刻での関数 $F(S_t, t)$ の形はわからない.この形を求める必要がある.

もし S_t の過程をモデル化できる,つまり dS_t を決定する方程式がわかれば,伊藤の補題を用いて dF_t を求めることができる.このことは,dF_t と dS_t が共通の不確定性,すなわち dS_t における確率項を含む増分になることを意味する.つまり,少なくともこの例では「1つ」の確率項に依存する「2つ」の増分 dF_t と dS_t が存在する.このことから,連続時間での「無リスクポートフォリオ」の構築が可能になる.

$F(S_t, t)$ と S_t を組み合わせて P_t 投資したとする.

$$P_t = \theta_1 F(S_t, t) + \theta_2 S_t \tag{12.3}$$

ここで,θ_1, θ_2 はそれぞれ購入する派生資産商品,原資産の保有量であり,ポートフォリオの比率を示す.

このポートフォリオの価値は,$F(S_t, t)$ と S_t が時間の関数であるので時間が経過すると変動する.θ_1, θ_2 を定数とするとこの変化は次のようになる[*1)].

$$dP_t = \theta_1 \, dF_t + \theta_2 \, dS_t \tag{12.4}$$

一般には,θ_1, θ_2 は時間の関数であり,時間の添え字を加えるところであるが,ここでは省略する.この式では,dF_t と dS_t はともに,dS_t での確率項 dW_t に起因する予測不可能な成分をもつ増分である.

「記法における注意.dF_t は時間間隔 dt における派生資産商品の価格の全変化を表している.dF_t を $F(S_t, t)$ の時間に関する偏微分 F_t と混同しないように.」

ここでわれわれの興味の中心は,派生資産商品の価格やその変化である.最初に原資産 S_t の変化についてモデルを仮定し,それを用いて $F(S_t, t)$ の挙動を調べる.確率微分 dS_t が次の確率微分方程式に従うと仮定する.

$$dS_t = a(S_t, t) \, dt + \sigma(S_t, t) \, dW_t, \quad t \in [0, \infty) \tag{12.5}$$

伊藤の補題を用いると dF_t を求めることができる.

$$dF_t = F_t \, dt + \frac{1}{2} F_{ss} \sigma_t^2 \, dt + F_s \, dS_t \tag{12.6}$$

[*1)] 厳密には,この確率微分はポートフォリオの比率が S_t に依存しない場合にかぎり成り立つ.そうでない場合には,右辺の項が多くなる.このことは,後で行うブラック–ショールズのフレームワークの議論に関連がある.

(12.5) 式を代入すると，派生資産商品の価格に関する確率微分方程式が得られる．

$$dF_t = \left[F_s a_t + \frac{1}{2} F_{ss} \sigma_t^2 + F_t\right] dt + F_s \sigma_t \, dW_t \tag{12.7}$$

ドリフト，拡散のパラメーターを a_t, σ_t と単純化していることに注意されたい．もし，$F(S_t, t)$ の形が既知ならば，対応する偏微分 F_s, F_{ss}, F_t を求めることができ，派生資産商品の変動を支配する確率微分方程式を明示的に得ることができる．しかし，$F(S_t, t)$ の形はわからない．そこで次の手順で決定する．

まず，dF_t の変動を表す (12.7) の確率微分方程式が S_t を動かす同じウィーナー増分 dW_t により動くことがわかる．原理的に，これら2つの確率微分方程式から確率項を消去できる．これは無リスクポートフォリオを構築するときに実際に行っていることである．

ここで，どのようにこのことが達成されるか示す．まず，θ_1, θ_2 の値を決めるのは市場参加者であることに注意する．

次に，θ_2 は常に dP_t が確率項 dW_t とは独立，つまり「完全に予測可能」となるように定める．理由は次の通りである．dF_t と dS_t が同じ予測不可能な成分をもち，θ_1, θ_2 の値を任意に定められるとすると，(12.4) 式から dW_t を消去することができる．そうするには，

$$dP_t = \theta_1 \, dF_t + \theta_2 \, dS_t \tag{12.8}$$

これに (12.6) を用いて dF_t を置き換えると*2)

$$dP_t = \theta_1 \left[F_t \, dt + F_s \, dS_t + \frac{1}{2} F_{ss} \sigma_t^2 \, dt\right] + \theta_2 \, dS_t \tag{12.9}$$

この方程式では，θ_1, θ_2 の値を任意に決められる．F_s が S_t に依存していることを無視して，次のように定める．

$$\theta_1 = 1 \tag{12.10}$$

$$\theta_2 = -F_s \tag{12.11}$$

これにより，(12.9) の dS_t の項を消去でき次の式になる．

$$dP_t = F_t \, dt + \frac{1}{2} F_{ss} \sigma_t^2 \, dt \tag{12.12}$$

情報集合 I_t のもとでは，あきらかにこの式には確率項はない．dP_t はすべての時刻 t で完全に決定的な予測可能な増分である．これは，ポートフォリオ P_t が無リス

---

*2) これは，$\theta_1, \theta_2, \theta_t$ に依存しない場合に成立することを思い出そう．

12.2 無リスクポートフォリオの構築

クであることを意味する*3).

P_t が無リスクであるので,その増加は裁定を避けるために時間間隔 dt での無リスク資産の増加と等しくならなければならない. 無リスクの利子率を (一定) の r とすると,期待収益は S_t に「配当」がない場合

$$rP_t\,dt \tag{12.13}$$

にならなければならない. 配当があり配当率が δ である場合には

$$rP_t\,dt - \delta\,dt \tag{12.14}$$

になる. 後者の場合には, (12.14) の収益と配当とを「合わせた」収益率が, 無リスク金利と等しくなる*4).

配当がない場合を考えると, (12.12) と (12.14) より

$$rP_t\,dt = F_t\,dt + \frac{1}{2}F_{ss}\sigma_t\,dt \tag{12.15}$$

dt はすべての項に係っているので「消去」でき偏微分方程式が得られる.

$$r(F(S_t,t) - F_s S_t) = F_t + \frac{1}{2}F_{ss}\sigma_t \tag{12.16}$$

[(12.15) で $P(t)$ にその中身を代入したことに注意されたい.] (12.16) を変形すると

$$-rF + rF_s S_t + F_t + \frac{1}{2}F_{ss}\sigma_t = 0, \quad 0 \leq S_t, \quad 0 \leq t \leq T \tag{12.17}$$

派生資産価格 $F(S_t,t)$ は F と略記している.

ここで追加する情報がある. 派生資産商品には満期が存在し, 一般には満期日において原資産の価格と派生資産商品との関係は正確にわかっている. つまり, 満期日 T での派生資産商品の価格は次のようになる.

$$F(S_T,T) = G(S_T,T) \tag{12.18}$$

ここで $G(\cdot)$ は S_T と T の既知の関数である. たとえば, 権利行使価格が K のコールオプションの満期日での価格 $G(\cdot)$ は,

$$G(S_T,T) = \max[S_T - K, 0] \tag{12.19}$$

---

*3) 次の点に注意されたい. $-F_s$ のときの θ_2 の値は時間とともに変化する. オプションやオプションを含んだ仕組み商品のような非線形の商品では, F_s は S_t の関数である. 一方 S_t は時間の関数である.

*4) 期間 dt の役割に注意する. 利息, 配当収入を得るにはいくらかの無限小の時間が必要である. 時間がまったく経過しないならば, 金利水準に関係なく利息収入はない. これは配当収入でも同じである.

この式によると,満期日で株価が権利行使価格を下回ると,$S_T - K$ は負になり権利行使されない,つまり無価値である.逆の場合は株価と権利行使価格との差の価値をもつ.(12.17) は「偏微分方程式」として知られる.(12.18) はその境界条件である.

(12.4) から確率項を消去する方法が「有効」な理由は,$F(\cdot)$ が「派生資産」商品の価格であり,それゆえ原資産 S_t と同じ確率項 dW_t をもつためである.したがって,これら2つの資産をうまく組み合わせると共通の確率項を消去できる.その結果,ポートフォリオ P_t が無リスク投資となり,その動きは確定的になる.

ここでの無リスクポートフォリオの構築は直観的な方法である.厳密な方法では,「トレーディング戦略」に関する市場の完備性と考慮している資産の「合成」等価ポジションを用いて自己金融ポートフォリオを構築する.Jarrow (1996) は,この方法に関するすぐれた文献である.

12.3 精度について

前節では S_t 上の派生商品の無裁定価格 $F(S_t, t)$ が従う偏微分方程式を求めるために無リスクポートフォリオの方法を示した.原資産と派生商品,たとえばコールオプションの組合せで無リスクポートフォリオを構築したことを思い出そう.

$$P_t = \theta_1 F(S_t, t) + \theta_2 S_t \tag{12.20}$$

θ_1, θ_2 はポートフォリオのウェイトである.次に無限小の時間間隔 dt で微分をとる.

$$dP_t = \theta_1 dF(S_t, t) + \theta_2 dS_t \tag{12.21}$$

数学的にいうと,この方程式では θ_1, θ_2 を定数として扱っている.ここまで無リスクポートフォリオの方法に何も不都合な点はない.しかし,ポートフォリオのウェイトを決めるときに何が起こるか考えてみよう.ウェイトは次のように決めた.

$$\theta_1 = 1, \qquad \theta_2 = -F_s \tag{12.22}$$

このウェイトの選び方は,「予測不可能な」ランダムな成分を消去しポートフォリオを無リスクにするという点で「機能」している.しかし,このウェイトは θ_1, θ_2 が定数という仮定を破っている.実際,一般に F_s は S_t と t の関数であるために θ_2 は S_t に依存する.よって,最初に θ_1, θ_2 を上で選んだ値に置き換えて,「それから」微分をとるとまったく異なる結果が得られる.

F_s の S_t への依存を明示的に記すと

$$P_t = F(S_t, t) - F_s(S_t, t) S_t \tag{12.23}$$

これの微分をとると

12.3 精度について

$$dP_t = (F_t dt + F_s dS_t) - F_s dS_t - S_t dF_s \tag{12.24}$$

F_s が S_t に依存し，そのために時間依存で確率的となるので第3項が現れたことに注意しよう．一般に，この項は消えない．実際，伊藤の補題を用いて S_t と t の関数である dF_s を計算できる．これは派生商品のデルタの確率微分をとることと同値である．

$$dF_s(S_t, t) = F_{st} dt + F_{ss} dS_t + \frac{1}{2} F_{sss} \sigma^2 S_t^2 dt$$

F の3階微分があるのは既に S_t で微分された F に伊藤の補題を適用したからである．dS_t を置き換えて整理すると

$$dF_s(S_t, t) = F_{st} dt + F_{ss}(\mu S_t dt + \sigma S_t dW_t) + \frac{1}{2} F_{sss} \sigma^2 S_t^2 dt$$
$$= \left[F_{st} + F_{ss}\mu S_t + \frac{1}{2} F_{sss} \sigma^2 S_t^2 \right] dt + F_{ss}\sigma S_t dW_t$$

よって，θ_2 が $-F_s$ のときに

$$P_t = \theta_1 F(S_t, t) + \theta_2 S_t \tag{12.25}$$

上式の微分は次のようになる．

$$dP_t = (F_t dt + F_s dS_t) - F_s dS_t$$
$$- S_t \left[\left[F_{st} + F_{ss}\mu S_t + \frac{1}{2} F_{sss} \sigma^2 S_t^2 \right] dt + F_{ss}\sigma S_t dW_t \right] \tag{12.26}$$

あきらかに，このポートフォリオは一般に自己金融ポートフォリオではない．なぜならば，次の関係が成り立たないからである．

$$dP_t = dF(S_t, t) - F_s dS_t \tag{12.27}$$

右辺に余分な項があり，この余分な項は次の式が成り立たないとゼロにならない．

$$S_t^2 F_{ss}(\sigma dW_t + (\mu - r)dt) = 0$$

一般にこの式は成立しない．このことを確かめるために，ブラック–ショールズ偏微分方程式 (12.17) を S_t で微分すると次のように書けることに注意しよう．

$$F_{st} + F_{ss} r S_t + \frac{1}{2} F_{sss} \sigma^2 S_t^2 + \sigma^2 F_{ss} S_t = 0.$$

この方程式を用いると (12.26) 式で不要な項の多くを消去できる．しかし，まだ余分な項が残っている．

$$dP_t = (F_t dt + F_s dS_t) - F_s dS_t - S_t [F_{ss}(\mu - r)S_t dt] + F_{ss}\sigma S_t^2 dW_t \tag{12.28}$$

よって，ポートフォリオ P_t が自己金融ポートフォリオとなるには

$$S_t^2 F_{ss}(\sigma dW_t + (\mu - r)dt) = 0$$

となることが必要であるが，一般にこれは成り立たない．

12.3.1 解 釈

厳密には，無リスクポートフォリオの方法は十分ではなく，一般にポートフォリオにキャッシュを注入する，またはキャピタルゲインを差し引くなどの作業が必要である．しかし，無リスクポートフォリオの方法で正しい偏微分方程式を得ることができる．このことをどのように解釈すればよいのだろうか．答えは，余分な項 $S_t^2 F_{ss}(\sigma dW_t + (\mu - r))dt$ にある．この項は実確率 P での期待値ではゼロでない．しかし，リスク中立確率 $\tilde{P}$ のもとで新しいウィーナー過程 W_t^* を定義すると，

$$\sigma dW_t^* = (\sigma dW_t + (\mu - r)dt)$$

これより，

$$E^{\tilde{P}}\left[S_t^2 F_{ss}(\sigma \Delta W_t + (\mu - r)\Delta)\right] \cong 0$$

よって，微小時間間隔でポートフォリオ P_t の損失(利得)の期待値はゼロとなる．つまり，ポートフォリオは「平均をとると」自己金融となる．「平均」が実確率ではなくリスク中立確率に関して求められる点は興味深い．くわしくは Musiela & Rutkowski (1997) を参照のこと．

12.4 偏微分方程式

$F(S_t, t) = F$ の記法を用いて偏微分方程式 (12.17) を一般形に書き換えると，次のようになる．

$$a_0 F + a_1 F_s S_t + a_2 F_t + a_3 F_{ss} = 0, \quad 0 \leq S_t, 0 \leq t \leq T \tag{12.29}$$

境界条件は次のようになる．

$$F(S_T, T) = G(S_T, T) \tag{12.30}$$

$G(\cdot)$ は既知の関数である[*5]．

[*5] 一般の論文では，偏微分方程式の記法がこの節での記法と違う．たとえば，(12.20) は次のようになる．
$$a_0 F(x,t) + a_1 F_x(x,t)X + a_2 F_t(x,t) + a_3 F_{xx}(x,t) = 0, \quad 0 \leq x, 0 \leq t \leq T \tag{12.31}$$
境界条件は次のようになる．
$$F(x,T) = G(x,T)$$
本節では，通常行うように変数 x を用いずに，S_t を使用する．

12.4 偏微分方程式

派生資産商品の無裁定価格を得るために，このような無リスクポートフォリオを構築する方法では常に偏微分方程式が導出される．派生資産商品は常に何らかの原資産から「導出」されるので，一般に無裁定ポートフォリオを構築する方法は簡単である．一方，対応する偏微分方程式や境界条件は扱う派生資産商品によっては複雑になることもある．しかし，中心は偏微分方程式を解くことである．この概念について詳細に議論されなければならない．

数段階に分けて，偏微分方程式について説明する．

12.4.1 偏微分方程式はなぜ「方程式」か

(12.29) はどのような意味で「方程式」なのだろうか．どのような「未知」なものに関してこの方程式は解を与えるのだろうか．

代数でよくあるように，ある「変数」，「ベクトル」に関して方程式を解くのではなく，(12.29) で未知なのは「関数」の形である．言い換えると，$F(S_t, t)$ がどのような「形」となるかわからない．「実際」にわかっていることは，$F(S_t, t)$ の偏導関数と係数 a_i を乗じた結合和が 0 あることである．また，時間 $t = T$ では，関数 $F(S_t, t)$ はある (既知) 関数 $G(S_T, T)$ に等しくなる，つまり境界条件を満たさなければならない．

よって，偏微分方程式を解くことは，偏導関数が (12.29) と (12.30) を満たすような関数を求めることになる．

12.4.2 境界条件について

偏微分方程式は偏導関数の結合和を 0 とおくことで得られる．境界条件は方程式の重要な部分である．物理において境界条件は，時間とともに偏微分方程式に従って変化する物理現象の初期状態，最終状態を表す．

ファイナンスでも，境界条件は同じような意味をもつ．境界条件は派生資産商品の契約条項を表している．扱う商品によって境界条件は異なる．もっともわかりやすい境界条件は，派生資産商品の初期あるいは満期日での価格である．派生資産商品の価格が満期日で満たすべき条件は，ファイナンス理論により得られることが多い．たとえば，先物と現物の間に受渡日においてあまり価格差ができてはいけない．オプションの価格は (12.19) のような方程式を満たさなければならない．割引債では，償還日の価格は 100 にならなければならない．

境界条件がない場合には，一般に偏微分方程式を満たす関数 $F(S_t, t)$ を求めることは不可能である．派生資産商品は満期日では原資産の既知の関数であるという事実は，常に市場参加者に境界条件をもたらす．

いくつかの例を用いて，境界条件の役割や簡単な偏微分方程式について説明する．

12.5 偏微分方程式の分類

偏微分方程式には数種類の分類法がある．第1の分類法は「線形」，「非線形」による分類である．これは，方程式の偏導関数の係数による分類である．方程式が F やその偏導関数の線形結合であれば，線形偏微分方程式と呼ぶ[*6]．

第2の分類法は，微分の「次数」によるものである．もし方程式の偏導関数がすべて1次の微分であれば，1階の偏微分方程式と呼ぶ．2次の微分があれば2階の偏微分方程式である．オプションやオプションを組み込んだ商品のような非線形な派生資産商品では，偏微分方程式は常に2階になる．

以上の分類は常微分方程式の分類と似ている．第3の分類は，偏微分方程式に固有であり「楕円型」，「放物線型」，「双曲線型」に分類される．ファイナンスでの偏微分方程式は放物線型である．

まず最初に，線形1階，2階の偏微分方程式の例を取り上げる．これらの例はファイナンスに直接役には立たないが，偏微分方程式がどのようなものなのか，なぜ境界条件が重要なのかを直観的に理解するのに有効だろう．

12.5.1 例1——線形1階偏微分方程式

次のような $F(S_t, t)$ の偏微分方程式について考える．

$$F_t + F_s = 0, \quad 0 \leq S_t, \quad 0 \leq t \leq T \tag{12.32}$$

この偏微分方程式では，t に関する $F(\cdot)$ の偏微分の -1 倍が，S_t に関する偏微分に等しくなる．もし t が時間を表し S_t が原資産の価格を表しているならば，(12.32) は S_t を固定して時間を微小変化させたときの派生資産商品の価格変化の -1 倍が，t を固定して原資産価格が微小変化したときの派生資産商品の価格変化に等しいことを意味している．

あきらかに金融市場でこのような関係が存在すべき理由はない．しかし (12.32) の関係が成立し解が求められたとする．解 $F(S_t, t)$ はどのような形になるだろうか．

次の解がすぐに予想できる．

$$\text{任意の } \alpha, \beta \text{ に対して} \quad F(S_t, t) = \alpha S_t - \alpha t + \beta \tag{12.33}$$

これより，偏導関数は

$$\frac{\partial F}{\partial t} = -\alpha \tag{12.34}$$

[*6] このことは，偏導関数の係数が F の関数でないことを意味する．

12.5 偏微分方程式の分類

および

$$\frac{\partial F}{\partial S_t} = \alpha \tag{12.35}$$

である.

これらの和は 0 であり, これは (12.32) の偏微分方程式が意味していたことである. (12.33) で示された解は 3 次元空間での「平面」として表される. もし境界条件が与えられていないと, わかるのはこれだけである. (12.33) だけの情報では α, β の値を決めることができないので, どの平面が $F(S_t, t)$ を示すか決定できない. わかることは, $t = 0, S_0 = 0$ で切片の値が β になることだけである. S_t を固定すると, $F(S_t, t)$ は傾き $-\alpha$ の等高線になる. t を固定すると, $F(S_t, t)$ は傾き α の等高線となる.

図 12.1, 図 12.2 は (12.32) の解 $F(S_t, t)$ の例である. 図 12.1 は次の「平面」をプロットしたものである.

$$F(S_t, t) = 3S_t - 3t + 4, \quad -10 \leq t \leq 10, \ -10 \leq S_t \leq 10 \tag{12.36}$$

この例では, $F_s = 3$, $F_t = -3$ であり, (12.32) の偏微分方程式を満たしていることがわかる. この解は S_t に関して増加, t に関して減少する平面である.

図 12.2 は別の例である.

$$F(S_t, t) = -2S_t + 2t - 4 \tag{12.37}$$

この例でも $F(S_t, t)$ は平面であるが, この場合には S_t に関して減少, t に関して増大する平面である. この例でも, 等高線は直線となる.

ここで注意すべきことは, (12.36) と (12.37) による $F(S_t, t)$ の例では 2 つの関数はあきらかに異なるが,「両方」とも (12.32) の偏微分方程式の解であるということで

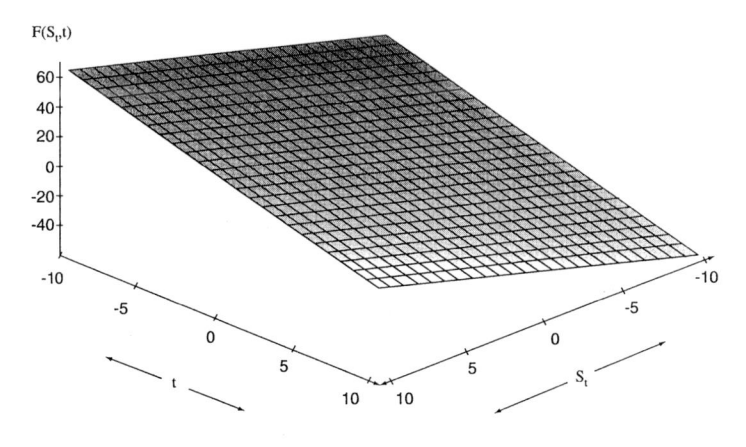

図 12.1

図 12.2

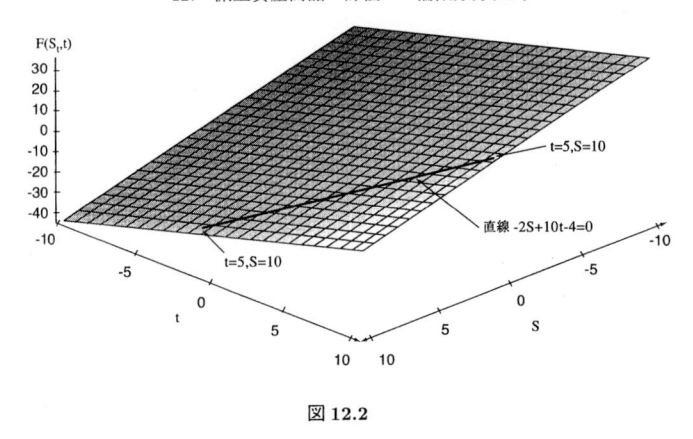

ある. その理由は, (12.32) は $F(S_t, t)$ が厳密に決まるために必要な情報をもっていないからである. S_t, t に関する 1 次偏微分を足して 0 になる $F(S_t, t)$ は無限個存在する.

ここで (12.33) に加えて, ある境界条件が存在すると $F(S_t, t)$ を厳密に決めることができる. たとえば (t の境界である) 満期日 $t = 5$ で次のようになるとしよう.

$$F(S_5, 5) = 6 - 2S_5 \tag{12.38}$$

このとき (12.33) で未知である α と β を求めることができる.

$$\alpha = 2 \tag{12.39}$$

$$\beta = 4 \tag{12.40}$$

あきらかにこれは図 12.2 で示した平面である.

一方, たとえば $S_t = 100$ で 2 番目の境界条件があるとしよう.

$$F(100, t) = 5 + 0.3t \tag{12.41}$$

これは意味がない. なぜなら (12.38), (12.41) から α と β を 2 重に決めようとしているからである.

したがって, $F(S_t, t)$ の解が平面の場合, 解を一意に決めるのに必要な境界条件の数は 1 つである.

このことは幾何学的に考えると容易である. なぜなら, 境界条件は最初に「終点」t (あるいは S_t) を選び, その点を通り時間軸に垂直な平面との交面を得ることに対応するからである. 図 12.2 では, $t = 5$ での境界条件は明示されている.

$$F(S_5, 5) = 6 - 2S_5 \tag{12.42}$$

図 12.1 で示した $F(S_t, t)$ のほかの候補は $t = 5$ で，この直線を「通らない」．したがって解にはなり得ない．

また $F(S_t, t)$ が平面であれば，t または S_t に関する終端条件は直線になる．

注　意

次の偏微分方程式の解は平面とは限らない．

$$F_t + F_s = 0 \tag{12.43}$$

実際に次の式は (12.43) を満たす．解を一意に決めるのは境界条件である．

$$F(S_t, t) = e^{\alpha S_t - \alpha t} \tag{12.44}$$

12.5.2　例 2——線形 2 階偏微分方程式

例 1 で議論した 1 階偏微分方程式の解を予想するのは簡単であった．次に，2 階の偏微分方程式を考える．

$$\frac{\partial^2 F}{\partial t^2} = 0.3 \frac{\partial^2 F}{\partial S_t^2} \tag{12.45}$$

簡潔に書くと

$$-0.3 F_{ss} + F_{tt} = 0 \tag{12.46}$$

考えている偏導関数の係数が定数であるので，ここで取り扱っているのは線形の偏微分方程式である．

しばらくの間，境界条件を考えないで議論を進める．(12.46) の解を想定しよう．関数 $F(\cdot)$ では t に関する 2 階微分と S_t に関する 2 階微分が比例関係 (比例定数 0.3) にならなければならないのはあきらかである．F_{ss} と F_{tt} との比例関係は任意の S_t, t で成立する．これはどんな関数だろうか．

次のような式を考える．

$$F(S_t, t) = \frac{1}{2}\alpha(S_t - S_0)^2 + \frac{0.3}{2}\alpha(t - t_0)^2 + \beta(S_t - S_0)(t - t_0) \tag{12.47}$$

S_0, t_0, α, β は未知の定数である．ここで $F(S_t, t)$ の 2 階微分をとる．

$$\frac{\partial^2 F}{\partial t^2} = 0.3\alpha \tag{12.48}$$

$$\frac{\partial^2 F}{\partial S^2} = 1\alpha \tag{12.49}$$

これらは，(12.45) を満たす．よって (12.47) の $F(S_t, t)$ は偏微分方程式 (12.45) の解である．

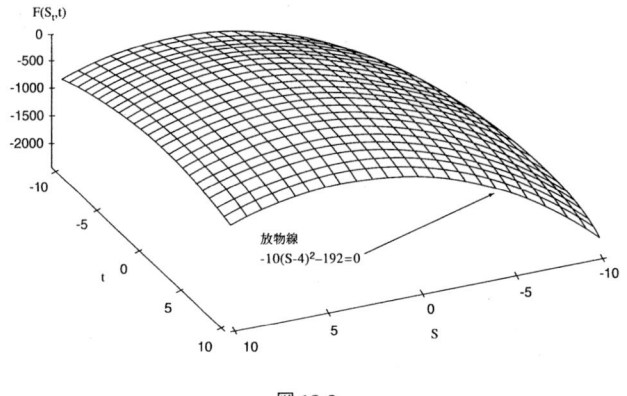

図 12.3

ここで,$F(S_t, t)$ の値を固定する.

$$F(S_t, t) = F_0 \tag{12.50}$$

この関数の等高線は楕円になることに注意せよ[*7].

(12.47) の形であれば,任意の α, β, S_0, t_0 で $F(S_t, t)$ が (12.45) の解となるので,一意に解が定まらない.解を一意に求めるためには境界条件が必要である.

1つの境界条件は $S_t = 10$ で

$$F(10, t) = 100 + t^2 \tag{12.51}$$

である.これは F, t 平面での放物線となる.

しかしながら,この境界条件だけではすべてのパラメーター α, β, S_0, t_0 を求めることはできない.第2の境界条件が必要である.たとえば $t = 0$ で

$$F(S_0, 0) = 50 + S_0^2 \tag{12.52}$$

この式は,F, S_t 平面でのもう1つの放物線となる.

図 12.3 に $F(S_t, t)$ の例を示す.この図は次の式の3次元プロットである.

$$F(S_t, t) = -10(S_t - 4)^2 - 3(t - 2)^2, \quad -10 \le t \le 10, \; -10 \le S_t \le 10 \tag{12.53}$$

この曲面の等高線は楕円形である.境界条件について述べると,ここで t の端点を $t = 10$ とすると,この点での境界条件は次のような放物線になる.

$$F(S_{10}, 10) = -10(S_{10} - 4)^2 - 192 \tag{12.54}$$

[*7] このことは次節でわかる.

$S_t = 0$ での境界条件はもう 1 つの放物線になる.

$$F(0,t) = -160 - 3(t-2)^2 \tag{12.55}$$

これら 2 つの境界条件は $\alpha = -20, \beta = 0, S_0 = 4, t_0 = 2$ を満たす.

12.6　2 変数, 2 次方程式の復習

円, 楕円, 放物線, 双曲線が頻繁に出てきたが, これらはすべて 2 次方程式で表現できる. この節では, この点について幾何学的に復習する. なぜなら, これは偏微分方程式の分類に関係しているからである.

しばらくの間, x, y を 2 つの決定論的な変数とする. 2 次方程式を次のようにおく.

$$Ax^2 + Bxy + Cy^2 + Dx + Ey + F = 0 \tag{12.56}$$

A, B, C, D, E, F は定数である. x, y の最高次の次数が 2 なので, この方程式の次数は「2」である.

A, B, C, D, E, F の値によって, 方程式は楕円, 放物線, 双曲線, 円になる. 次節以降で, このことを簡単に説明する.

12.6.1　円

次の場合を考えてみよう.

$$A = C \quad \text{かつ} \quad B = 0 \tag{12.57}$$

2 次方程式は次のようになる.

$$Ax^2 + Ay^2 + Dx + Ey + F = 0 \tag{12.58}$$

「完全平方化」を行うと, この方程式は「常に」次のようになる.

$$(x - x_0)^2 + (y - y_0)^2 = R^2 \tag{12.59}$$

これは中心 (x_0, y_0), 半径 R の円を表す方程式であることがわかる. このことをたしかめるために (12.59) を展開すると, 次のようになる.

$$(x)^2 + (y)^2 - 2x_0 x - 2y_0 y + x_0^2 + y_0^2 = R^2 \tag{12.60}$$

この式で, 次のように定数をおくことができる.

$$\frac{1}{R} = A \tag{12.61}$$

$$-\frac{2x_0}{R} = D \tag{12.62}$$

$$-\frac{2y_0}{R} = E \tag{12.63}$$

$$\frac{x_0^2 + y_0^2}{R} = F \tag{12.64}$$

よって，$A=C, B=0$ で2次方程式を満たす x,y は，x,y 平面で円を描く．

$R=0$ の特別の場合，方程式は点を表す．もう1つの退化する場合は $A=C=0$ であるが，このとき円は直線になる．しかし，方程式は2次ではない．

12.6.2 楕　　円

2番目に興味あるのは次の場合である．

$$B^2 - 4AC < 0 \tag{12.65}$$

これは円のときと似ているが，B が0でないことと x^2 と y^2 の係数が異なる点で円の場合との相違がある．2次方程式を再び書き換えると

$$\alpha(x-x_0)^2 + \beta(y-y_0)^2 + \gamma(x-x_0)(y-y_0) = R \tag{12.66}$$

これは「中心」x_0, y_0 の楕円を表す．

定数 A, B, C, D, E, F から，パラメーター $x_0, y_0, \alpha, \beta, \gamma, R$ を求めることができることに注意されたい．なぜなら，(12.66) を展開し，(12.56) の係数と比較すると未知数6の6元方程式を立てることができるからである．

例

「完全平方」の方法を用いると，楕円，円，放物線，双曲線を区別するのに有効である．このことを簡単な例で示す[8]．

次の2次方程式を考える．

$$9x^2 + 16y^2 - 54x - 64y + 3455 = 0 \tag{12.67}$$

次の式が成立することに注意されたい．

$$B^2 - 4AC = -576 \tag{12.68}$$

よって，これは楕円である．このことを「完全平方」にすることにより示す．

$$9(x^2 - 6x + ?) + 16(y^2 - 4y + ?) = 3455 \tag{12.69}$$

---

[8] 「完全平方」の方法は，幾何学的確率微分方程式を含む計算に使われることが多い．

「?」を埋めることにより，括弧でくくられた2つの項は平方にできる．最初の「?」を9にするためには右辺に81を加えることが必要であり，2番目の「?」を4で置き換えるためには右辺に64を加えることが必要である．よって，次の式が得られる．

$$9(x-3)^2 + 16(y-2)^2 = 3600 \tag{12.70}$$

変形すると次の式が得られる．

$$\frac{(x-3)^2}{400} + \frac{(y-2)^2}{225} = 1 \tag{12.71}$$

これは中心が $x=3, y=2$ の楕円を表す．

12.6.3 放物線

次の条件を満たすとき，(12.56) の2次方程式は放物線を表す．

$$B^2 - 4AC = 0 \tag{12.72}$$

このことを確かめるもっとも簡単な方法は，与えられた条件を満足するのが $B=0$ で，かつ $A=0$ または $C=0$ であることに注意することである．このとき，2次方程式は次のようになる．

$$Ax^2 + Dx + Ey + F = 0 \tag{12.73}$$

これは，放物線の一般形である．

12.6.4 双曲線

次の条件を満たすとき，(12.56) の2次方程式は双曲線を表す．

$$B^2 - 4AC > 0 \tag{12.74}$$

双曲線は限定した場合にしか用いられないので，詳細については割愛する．

12.7 偏微分方程式の種類

例2は，$F(S_t, t)$ の等高線は一般に非線形方程式になることを示している．例2の場合には楕円である．

$$a_0 + a_1 F_t + a_2 F_s + a_3 F_{ss} + a_4 F_{tt} + a_5 F_{st} = 0 \tag{12.75}$$

実際，この偏微分方程式は，次の条件が満たされるときに「楕円型偏微分方程式」と呼ばれる．

$$a_5^2 - 4a_3 a_4 < 0 \tag{12.76}$$

(12.75) の偏微分方程式は，次の条件が満たされるときに「放物線型」と呼ばれる．

$$a_5^2 - 4a_3a_4 = 0 \qquad (12.77)$$

最後に，次の条件が満たされるときに「双曲線型」と呼ばれる．

$$a_5^2 - 4a_3a_4 > 0 \qquad (12.78)$$

図12.3で示した $F(S_t, t)$ では，$a_5 = 0$ で a_3 と a_4 は同じ符号である．よって，次の関係が成立する．

$$a_5^2 - 4a_3a_4 < 0 \qquad (12.79)$$

したがって，$F(S_t, t)$ は楕円型偏微分方程式の解である．

例——放物線型偏微分方程式

図12.4は次のように定義される $F(S_t, t)$ のプロットである．

$$F(S_t, t) = -10(S_t - 4)^2 - 3(t - 2) \qquad (12.80)$$

この関数の等高線は放物線であることに注意せよ．$F(S_t, t)$ の境界条件は，t に関して放物線，S_t に関して直線になる．

このような $F(S_t, t)$ はたとえば次の偏微分方程式の解である．

$$-\frac{1}{4}F_{ss} + \frac{5}{3}F_t = 0 \qquad (12.81)$$

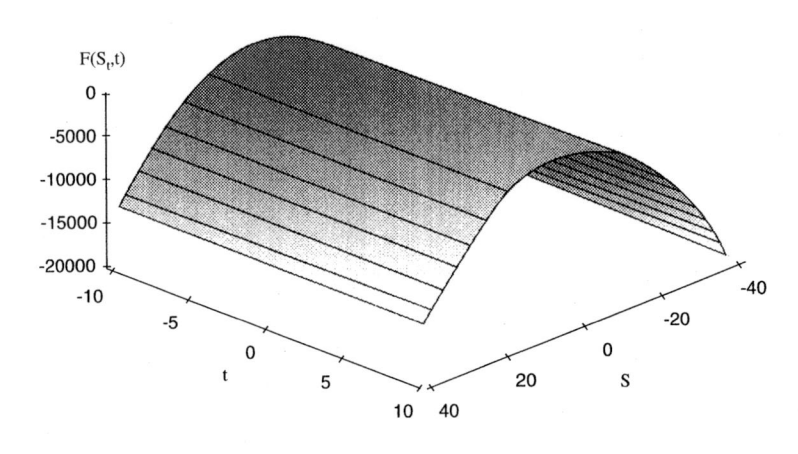

図 **12.4**

この偏微分方程式の係数は，$a_4 = 0, a_5 = 0$ であるので次の関係を満たす．

$$a_5^2 - 4a_3a_4 = 0 \tag{12.82}$$

よって，この偏微分方程式は放物線型であることがわかる．

12.8 おわりに

本章では，偏微分方程式の概念について説明した．偏微分方程式は「関数」方程式，つまりその解が原変数の関数になる方程式である．そのほかに偏微分方程式の型や関連する用語について説明した．

また派生資産商品の価格が満たさなければならない偏微分方程式を導出するために，派生資産商品と原資産の関係が利用できることを示した．

12.9 参考文献

読者の多くは実際に派生資産商品の価格評価に用いることができるという理由から，偏微分方程式に興味があるだろう．それゆえに，偏微分方程式の理論より数値解法を扱っている文献がより役に立つだろう．多くの場合，そのような文献は基礎となる理論について簡潔に解説している．ここでは Smith (1985) と Thomas (1995) を勧める．前者は読みやすく，後者は包括的で最近の話題を含んでいる．

12.10 演習問題

1. 3つの変数 x, z, y の関数である $f(x, z, y)$ が与えられている．次の偏微分方程式をラプラス方程式と呼ぶ．

   $$f_{xx} + f_{yy} + f_{zz} = 0$$

   ラプラス方程式では，各変数に関する2階微分の和がゼロになる．

   次の関数がラプラス方程式を満たすか確かめよ．
   (a) $f(x, z, y) = 4z^2y - x^2y - y^3$
   (b) $f(x, y) = x^2 - y^2$
   (c) $f(x, y) = x^3 - 3xy$
   (d) $f(x, z, y) = \frac{x}{(y+z)}$

なぜ，複数の関数がラプラス方程式を満たすのだろうか．一般に1つの方程式に対して複数の解が存在することは「よい」ことだろうか．

2. 次の偏微分方程式を満たす4変数 $x, z, y, t,$ の関数 $f(x, z, y, t)$ は「熱方程式」と呼ばれる．
$$f_t = a^2(f_{xx} + f_{yy} + f_{zz})$$
a は定数である．

熱方程式によると，t に関する1階微分は，他の変数の2階微分の和に比例する．次の関数が熱方程式を満たすか確かめよ．
(a) $f(x, z, y) = e^{[29a^2\pi^2 t + \pi(3x+2y+4z)]}$
(b) $f(x, z, y) = 3x^2 + 3y^2 - 6z^2 + x + y - 9z - 3$

3. 次の偏微分方程式について考える．
$$f_x + 0.2 f_y = 0$$
ただし，$X \in [0,1], Y \in [0,1]$ である．
(a) この方程式で未知量は何か．
(b) 平易な表現でこの方程式について説明せよ．
(c) 方程式を満たす関数 $f(x, y)$ はいくつ存在するか．
(d) 次の境界条件が与えられたとする．
$$f(0, Y) = 1$$
この境界条件のもとで偏微分方程式の解をみつけることができるか．また，その解は一意に存在するか．

4. 次の偏微分方程式について考える．
$$f_{xx} + 0.2 f_t = 0$$
境界条件は
$$f(x, 1) = \max[x - 6, 0]$$
である．また
$$0 \le x \le 12$$
$$0 \le t \le 1$$
とする．
(a) $f(x, t)$ の数値解を計算するのに1つの境界条件で十分か．

(b) $f(0,t)$ と $f(12,t)$ に境界条件を追加せよ．
(c) グリッドの大きさを $\Delta x = 3$, $\Delta t = 0.25$ として上で決めた境界条件のもとでの数値解を計算せよ．

13

ブラック–ショールズ偏微分方程式——応用例

13.1 はじめに

本章では派生資産の価格評価を通じて，偏微分方程式の例をいくつか紹介する．

本章の目的の1つは Black & Scholes (1973) によって得られた偏微分方程式を満たす関数を幾何学的側面からみることである．ブラック–ショールズ式の幾何学は偏微分方程式を理解するうえでの助けとなるだろう．とくにコールオプションの価格評価において，確率要因が1つだけである場合にそれが意味することを幾何学的に示す．

最後に偏微分方程式の解析解と数値的手法を比較し，資産価格の数値計算の例で本章を締めくくる．

13.2 ブラック–ショールズ偏微分方程式

12章では原資産 S_t に関する派生商品の価格がある条件のもとで満たすべき偏微分方程式を得た．原証券は配当を支払わず，無リスク金利は一定値 r であると仮定された．

さてここで

$$a(S_t, t) = \mu S_t \tag{13.1}$$

および，さらに重要な条件

$$\sigma(S_t, t) = \sigma S_t, \quad t \in [0, \infty) \tag{13.2}$$

であるような特別な確率微分方程式を考えよう．

本章では σS_t を表すのにしばしば σ_t と記す．これらの条件のもとで，ブラック–ショールズの基本的な偏微分方程式と，関連する境界条件は次のように与えられる．

$$-rF + rF_s S_t + F_t + \frac{1}{2}F_{ss}\sigma^2 S_t^2 = 0, \quad 0 \leq S_t, \quad 0 \leq t \leq T \tag{13.3}$$

$$F(T) = \max[S_T - K, 0] \tag{13.4}$$

(13.3) と (13.4) 式は Black & Scholes (1973) のなかではじめてファイナンスの分野で用いられた. それゆえこれらの式を「ブラック–ショールズの基本的偏微分方程式」と呼ぶことにする*1).

Black と Scholes はこの偏微分方程式を解いて, $F(S_t, t)$ についての陽関数として次式を得た.

$$F(S_t, t) = S_t N(d_1) - K e^{-r(T-t)} N(d_2) \tag{13.6}$$

ここで

$$d_1 = \frac{\ln(S_t/K) + (r + \frac{1}{2}\sigma^2)(T-t)}{\sigma\sqrt{T-t}} \tag{13.7}$$

$$d_2 = d_1 - \sigma\sqrt{T-t} \tag{13.8}$$

である. $N(d_i), i = 1, 2$ は標準正規分布の密度関数の 2 つの積分

$$N(d_i) = \int_{-\infty}^{d_i} \frac{1}{\sqrt{2\pi}} e^{-\frac{1}{2}x^2} dx \tag{13.9}$$

である.

この関数がブラック–ショールズの偏微分方程式と対応する境界条件を満たすことを示すためには, S_t について (13.6) 式の 1 階と 2 階の偏微分をとり, それらと $F(S_t, t)$ およびその t についての偏微分を (13.3) に代入する必要がある. その結果は 0 に一致しなければならない. 加えて, t が T に近づくに従い, 関数は (13.4) 式に等しくならなければならない.

ブラック–ショールズ式の幾何学的概観

12 章において, さまざまな偏微分方程式を満足する関数 $F(S_t, t)$ が 3 次元空間で表現されることをみてきた. ブラック–ショールズ偏微分方程式に対しても同様なことが可能である. この偏微分方程式の解は (13.6) 式で与えられた. パラメーター K, r, σ, T に適当な値を選んで, この式を $F \times S \times t$ の 3 次元空間で表してみよう.
ここで

$$r = 0.065, \quad K = 100, \quad \sigma = 0.80, \quad T = 1 \tag{13.10}$$

---

*1) この偏微分方程式のなかには 2 階微分の項は S_t に関するもの 1 つしか現れていないことに注意されたい. また定数項がないことにも注意が必要である. これらの条件のもとでは第 12 章で出てきた式

$$a_5^2 - 4a_3 a_4 \tag{13.5}$$

の値が 0 となることが容易にたしかめられる. 常に正の値をとる S_t と S_t^2 を除いて考えると, このことはブラック–ショールズ偏微分方程式が放物線型であることを意味している.

として，これらを式 (13.6) へ代入する．これらの数値は 6.5%の無リスク借り入れのコスト，区間 $t \in [0,1]$ におけるボラティリティが 80%であることを表している．このボラティリティはほとんどの成熟した金融市場にとっては高い値である．しかしこれによりグラフを読みやすくすることができる．コールオプションの残存期間は 1 に規格化され，$T = 1$ は 1 年を表し，初期時点は $t_0 = 0$ と設定する．最後に権利行使価格は 100 である[*2)]．

これらの特定のパラメーター値を用いてブラック–ショールズ式をプロットするために，2 つの変数 S_t と t の範囲を定めなければならない．ここでは S_t の範囲を 50 から 140 に，t の範囲を 0 から 1 の間とする．結果のグラフを図 13.1 に示す．

図 13.1 には S_t と $T-t$ でラベルづけされた軸によって定義される「水平面」があり，後者の軸は「満期までの期間」を表している．これら 2 つの軸が平面を構成している．たとえば点 A は原資産価格 130,「満期までの期間」が 0.8 であることを表している．垂直にグラフ面へ向かって進んでいくと点 B へ到達するが，実際これは点 A で評価したブラック–ショールズ式の値

$$B = F(130, 0.2) \tag{13.11}$$

である．

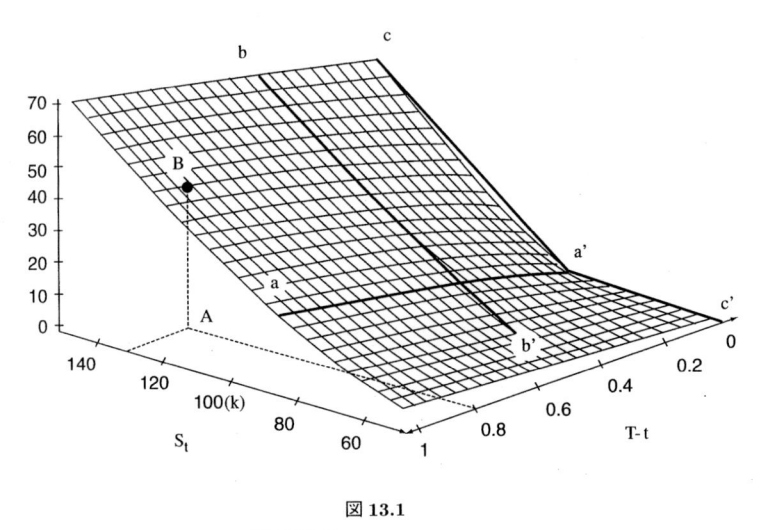

図 13.1

[*2)] $T = 1$ が「1 年」を表すならば，金利やボラティリティは年率となる．しかし $T = 1$ は 6 ヵ月，3 ヵ月，さらにはその金融商品が存在する任意の時間を表すことができる．結局のところ $T = 1$ は規格化として行っているのである．このような場合は金利やボラティリティの値は適切な期間の長さに調整されなければならない．

グラフ面には2種類の等高線が引いてある．1つは S_t をある特定の水準で固定し，t を変化させている．これは aa' のように，S_t を 100 に固定したときに，t を 0 から 1 まで変化させるときのコールの価格の変化の様子を表す線を与える．

2種類目の等高線は t を 0.4 に固定し，S_t を 60 から 140 まで動かしたときの $F(S_t,t)$ の値を表す bb' のような線である．興味深いことに，t が 1 に近づくにつれて等高線は cc' で示される極限へ向かっていく．cc' は満期時点でのオプションのペイオフを表す，K で折れ曲がったおなじみのグラフである．

このグラフを用いて誤解の恐れのある点を強調しておこう．いったん K, r, σ を固定すると，ブラック–ショールズ式によりグラフ面が1つ定められる．確率事象が発生し，dW_t の実現値がわかったとしても，この面が変化することは「ない」．ウィーナー過程の増分の実現値はグラフ面の上での確率変動を引き起こすにすぎない．図 13.6 C_0, C_T で示される軌跡はその1つの例である．ウィーナー過程は予測不可能であるため，t 軸方向に沿った株価の変動は「確率的なステップ」をとる．無限小の時間間隔においては，この変動もまた無限小となるが，なお予測は不可能である．

C_0, C_T の軌跡は別の側面からもまた興味深い．時間の経過とともに S_t は $S_t \times t$ 平面上の軌跡をたどってゆく．そこから垂直にグラフ面へ進んでいくと軌跡 C_0, C_T が得られる．これらの2つの軌跡の間には「決定論的」関係があることに注意しよう．水平面上の S_t の軌跡が与えられたならば，$F(S_t,t)$ の従う軌跡はグラフ面上でただ1つだけ存在する．これは S_t と $F(S_t,t)$ がともに同じ確率変動性をもつためである．

13.3 資産評価における偏微分方程式

Black & Scholes によって得られた偏微分方程式は，ある特定の仮定のもとで適切なものとなる．それは (1) 原資産は株式であり，(2) その株式は配当の支払いがなく，(3) 派生資産は満期日までの権利行使が不可能なヨーロッパ型であり，(4) 無リスク金利は一定であり，(5) 資産は無限に分割可能で，手数料やビッド–アスク・スプレッドなどの取引コストが存在しないというものである．

派生資産の価格評価へ適用する場合のほとんどにおいて，これらの仮定の1つまたはそれ以上が満たされないであろう．そのような場合，一般にブラック–ショールズの偏微分方程式は成立せず，新たな偏微分方程式をみつけなければならない．1つの例外は条件 (3) が満たされない場合である．オプションがアメリカ型であったとしても，偏微分方程式は変わらない．変化するのは境界条件である．

より複雑な環境下における適切な偏微分方程式を考えることは，1つの応用の分野となってしまう．次に例を挙げて議論を進めていく．

一定の配当

コールオプションの評価を試みるときに，それが単位時間あたり一定の割合 δ で配当を支払う株式の上に書かれている場合には，偏微分方程式の変化はほんのわずかにすぎない．

ブラック–ショールズの仮定を若干修正して，原資産 S_t に対して支払われる「一定の」配当率 δ を導入しよう．

ここでも原資産とその上に書かれたコールオプションを組み合わせることで，第12章と同様の無リスクポートフォリオを構築することができる．

$$P_t = \theta_1 F(S_t, t) + \theta_2 S_t \tag{13.12}$$

ポートフォリオの構成比率 θ_1, θ_2 は

$$\theta_1 = 1, \quad \theta_2 = -F_s \tag{13.13}$$

を満たすように定められ，その結果「予測不可能な」確率的要素は消去され，完全なヘッジポジションが構成される．

$$dP_t = F_t\,dt + \frac{1}{2}F_{ss}\sigma_t^2\,dt \tag{13.14}$$

ここに至るまでに，第12章で議論したオリジナルのブラック–ショールズ・アプローチとの相違はまったくない．P_t の経路はここでも完全に予測可能である．

相違が生じるのは，このポートフォリオがいくらで評価されるべきかを考えるときである．以前に示したように，(完全に予測可能な) キャピタルゲインは無リスクの投資から得られる収益に正確に一致する．しかしここでは原株式は既知の単位時間あたりの配当率 δ で，予測可能な配当を支払っている．したがってキャピタルゲインと受け取り配当の「合計」が無リスクポートフォリオからの収益と等しくなければならない．

$$dP_t + \delta\,dt = rP_t\,dt \tag{13.15}$$

すなわち

$$dP_t = -\delta\,dt + rP_t\,dt \tag{13.16}$$

これを式 (13.14) と組み合わせて，若干異なる偏微分方程式を得る．

$$rF - rF_s S_t - \delta - F_t - \frac{1}{2}F_{ss}\sigma_t^2 = 0 \tag{13.17}$$

この式で δ は定数項として含まれている．したがって一定の時間あたり配当率 δ を支払う株式は，大きな問題とはならないのである．

13.4 エキゾチックオプション

前節ではブラック–ショールズ・フレームワークを複雑化することについて議論した. 配当支払いに関する仮定が変化するとともに, 派生資産の無裁定価格が満たす偏微分方程式も変化した. 本節では別の複雑化について議論する.

満期日が「確率的」となり得るオプションを考えてみよう. たとえば「バリア型」派生資産として知られる「ダウン・アンド・アウト」オプション,「アップ・アンド・アウト」オプションなどがある[*3).「通常の」オプションと異なり, これらの商品のペイオフはオプションの満期までの間に原資産のスポット価格が, あるバリアを超えたかどうかにも依存する. もし超えたならば, オプションのペイオフは変わってしまう. このような「エキゾチック」オプションのいくつかを概観していこう.

13.4.1 ルックバックオプション

通常のブラック–ショールズの場合にはオプションがインザマネーで満期を迎えたならば, コールオプションのペイオフは $S_T - K$ となる. ここで S_T は「満期時点」での原資産価格, K は一定の権利行使価格である.

「変動」ルックバック・コールオプションの場合, オプションの満期までに観測される原資産価格の最低値を $S_{\min}$ とすると, ペイオフは $S_T - S_{\min}$ となる[*4).

一方「固定」ルックバック・コールオプションは, $S_{\max}$ から固定された権利行使価格 K を引いた差 (これが正であれば) となる. ここで $S_{\max}$ はオプションの満期までに原資産が到達した最高の価格である. これらのオプションは満期までの間のどこかでインザマネーとなれば正のペイオフが保証されるという特性をもっている. したがってその他のすべての条件が等しいとすると, これらはより高価である.

13.4.2 ラダーオプション

ラダーオプションはいくつかの「しきい値」をもっていて, 原資産価格がこれらのしきい値に到達した場合に, オプションのリターンが「固定化」されてしまう.

13.4.3 トリガー/ノックインオプション

ダウン・アンド・イン・オプションはオプション満期までの期間にスポット価格がバリアを下回った場合に, その所有者にヨーロッパ型オプションを与えるものである. もしバリアに到達しなければ, いくらかの「リベート」をペイオフとしてオプション

---

*3) これらは「ノックアウト」,「ノックイン」オプションとしても知られている.
*4) このルックバックオプションは権利行使価格が固定されていないため,「変動」である.

は満期となる[*5].

13.4.4 ノックアウトオプション

ノックアウトオプションは,たとえば満期までに原資産価格がバリアを下回った場合に,直ちに失効するヨーロッパ型オプションである.バリアに到達した場合,オプションにはいくらかのリベートが支払われる.到達しない場合には「通常の」ヨーロッパ型オプションである.このようなオプションは「ダウン・アンド・アウト」と呼ばれている[*6].

13.4.5 そのほかのエキゾチックオプション

エキゾチックオプションを構築するには,あきらかに数多くの方法が存在する.一般的なものには,次のようなものがある.

- バスケットオプションは複数の金融商品の「バスケット」を原資産とする派生商品である.このようなバスケットは個別証券のボラティリティを低減させる.したがって「エマージングマーケット」の派生商品の場合には,バスケットオプションはより安価となる.
- マルチアセットオプションは,2つ以上の原資産価格に依存するペイオフをもつ.たとえばそのようなコールオプションのペイオフは次のようなものであるかもしれない.

$$F(S_{1T}, S_{2T}, T) = \max[0, \max(S_{1T}, S_{2T}) - K] \qquad (13.18)$$

このほかに「スプレッドコール」

$$F(S_{1T}, S_{2T}, T) = \max[0, (S_{1T} - S_{2T}) - K] \qquad (13.19)$$

や,「ポートフォリオコール」

$$F(S_{1T}, S_{2T}, T) = \max[0, (\theta_1 S_{1T} + \theta_2 S_{2T}) - K] \qquad (13.20)$$

などが考えられる.ここで θ_1, θ_2 は事前に定められたポートフォリオの投資比率である.最後の例として,「デュアルストライクオプション」を示す.

$$F(S_{1T}, S_{2T}, T) = \max[0, (S_{1T} - K_1), (S_{2T} - K_2)] \qquad (13.21)$$

[*5] 同様に原資産価格があるバリアを上回った場合に有効となるアップ・アンド・イン・オプションもある.
[*6] アップ・アンド・アウト・オプションは原資産価格があるバリアを上回ったとき,直ちに失効するオプションである.

- アベレージ (アジア型) オプションは非常に一般的であり,そのペイオフはオプション満期までの期間の原資産の「平均」価格に依存する[*7]。

13.4.6 対応する偏微分方程式

このエキゾチックオプションの簡単なリストから,エキゾチックと標準的なブラック-ショールズの場合には3つの大きな違いがあることがあきらかにわかる.

第1にオプションの「満期時の価値」が満期までの期間に起こる何らかの事象に依存するかもしれない(たとえばそれが原資産価格の最大値の関数であるかもしれない)ということである.このことはあきらかにブラック-ショールズの場合よりも境界条件を複雑化する.

第2に派生資産はランダムな満期「日」をもつかもしれない.

第3に派生資産は2つ以上の資産を対象として契約されるかもしれない.これらすべてがブラック-ショールズの場合に導出した基本的偏微分方程式に変化をもたらし得る.ここではすべての例について取り上げることはしないが,「ノックアウトオプション」について考えてみよう.「ダウン・アンド・アウト」のコールについて考える.

K_t を時点 t における「バリア」とする. S_t と $F(S_t, t, K_t)$ をそれぞれ原資産の価格,ノックアウトオプションの価格とする.オプションの満期までの期間に S_t が K_t に到達したならば,オプション所有者はリベート R_t を受け取り,オプションは直ちに消滅する.さもなくば,それは通常のヨーロッパ型オプションである.

適切な偏微分方程式の導出の過程で,通常の場合との主要な相違点は境界条件にある.オプション満期までの間,$t \in [0, T]$ で原資産価格がバリア K_t を「上回って」いる限りは,通常のケースと同じ偏微分方程式が用いられる.

$$\text{もし } S_t > K_t \text{ ならば} \quad \frac{1}{2}\sigma_t^2 F_{ss} + rF_s S_t - rF + F_t = 0 \quad (13.22)$$

$$F(S_T, T, K_T) = \max[0, S_T - K_T] \quad (13.23)$$

しかしオプション満期までの期間に S_t が K_t を割り込んだ場合には

$$\text{もし } S_t \leq K_t \text{ ならば} \quad F(S_t, t, K_t) = R_t \quad (13.24)$$

となる.

偏微分方程式の形式は同一であるが,境界条件は異なっている.その結果,$F(S_t, t, K_t)$ は以前に議論したときとは異なる解法が用いられることになる.

[*7] 平均計算には算術平均がよく用いられ,日次,週次,月次ベースなどで計算される.

図 13.2

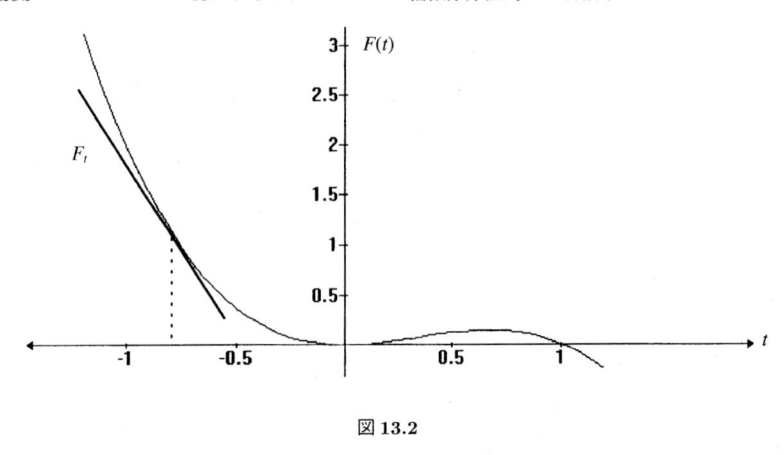

13.5 偏微分方程式の実際の解法

トレーダーが派生商品価格 $F(S_t, t)$ の時間経過に伴う振舞いを表現する偏微分方程式を得たならば，2 通りの方法でこの値を実際に計算していくことができる．

13.5.1 解　析　解

第 1 の手法はブラック–ショールズが用いたのと同様に，偏微分方程式の解析解の式を求める方法である．派生商品価格の挙動を記述する偏微分方程式は，すべての場合において解析的に解くことが必ずしも可能ではないことがわかっている．一般的にはこのような偏微分方程式は解くことが容易でないか，または解析解で表現できる解をもっていないかのいずれかである．

はじめに偏微分方程式の解析解法と数値解法の違いについて議論しておこう．関数 $F(S_t, t)$ はその偏微分が

$$-rF + F_t + rF_s S_t + \frac{1}{2} F_{ss} \sigma^2 S_t^2 = 0, \quad 0 \leq S_t, \quad 0 \leq t \leq T \qquad (13.25)$$

のような適当な等式を満足するときに偏微分方程式の解であるという．ここで偏微分が偏微分方程式を満足するような連続的な曲面を実際に求めることは可能であるかもしれない．しかしそれでもブラック–ショールズの場合のように，この曲面を「簡単」で，便利な式で表すことは不可能であるかもしれない．言い換えれば解は存在するかもしれないが，その解は S_t や t に関する扱いやすい関数としては表現できないかもしれないということである．このことを類似問題によって説明しよう．図 13.2 に示された時間の関数 $F(t)$ について考える．

13.5 偏微分方程式の実際の解法

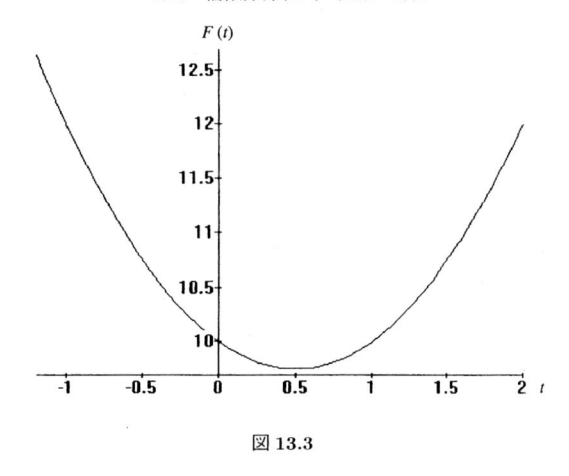

図 13.3

図によると，$F(t)$ はあきらかに連続でなめらかである．したがって図で描かれた範囲において $F(t)$ は時間に関する偏微分をもつ．しかし $F(t)$ は「適当に」引いたものであり，この曲線が t についてのいくつかの項を含む簡潔な式で表されると期待する根拠はない．たとえば

$$F(t) = a_2 e^{a_1 t} + a_3 \tag{13.26}$$

(ただし $a_i, i = 1, 2, 3$ は定数) のような指数関数はこの曲線を表現できない．実際には一般の連続でなめらかな関数に対して，このような解析解での式は一般には存在しないであろう[*8],[*9]．

単純なブラック–ショールズの場合の偏微分方程式の解は S_t, t および $F(S_t, t)$ の3次元空間上の曲面であった．$F \times t \times S_t$ の3次元空間上に連続的でなめらかな曲面が与えられたとき，その偏微分は厳密に定義され，ある偏微分方程式を満足するかもしれない．しかしその曲面は簡単な式では表現できないかもしれない．

したがって偏微分方程式の解は存在するかもしれないが，その式の解析解での表現は存在しないかもしれないのである．実際そのような関数が3次元（あるいはそれ以上の）空間のなめらかな曲線を表すにはあまりに制約されすぎていることを考えると，それが普通であるというよりむしろ例外だといえよう．

[*8)] 逆に曲線が「特殊な」タイプの場合，それを簡単な多項式の表現で同定できるといえよう．たとえば図 13.3 は放物線のようであり，$a_0 + a_1 t + a_2 t^2$ という簡単な解析解の表現をもっている．

[*9)] しかしながら，もし曲線が連続的でなめらかであれば，それは無限テーラー級数に展開することは可能であるかもしれない．その場合でもテーラー級数展開は解析解では「ない」．それはこのような $F(\cdot)$ の「表現」である．

図 13.4

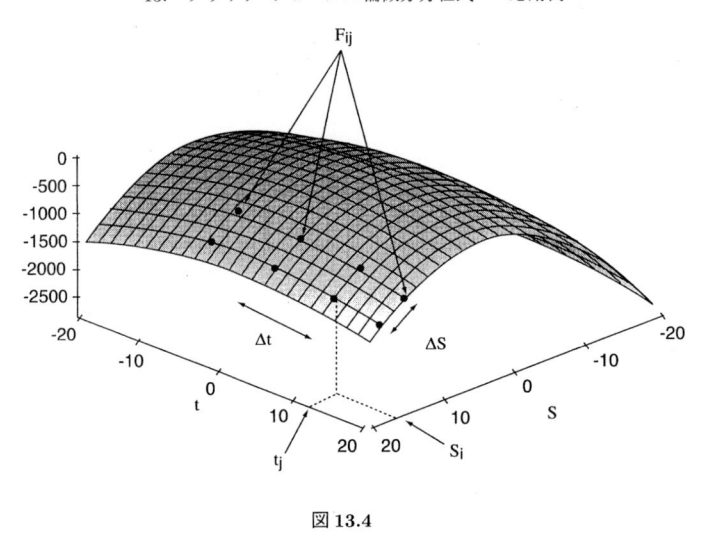

13.5.2 数　値　解

解析解が存在しないときには，市場参加者は偏微分方程式の「数値解」を求めることを余儀なくされる．数値解ははじめに $F(S_t, t)$ の解析解を求めることなく，$F(S_t, t)$ で表される曲面を「直接」計算するようなものである．ふたたびブラック–ショールズのフレームワークで得られた偏微分方程式について考えよう．

$$-rF + F_t + rF_s S_t + \frac{1}{2}F_{ss}\sigma^2 S_t^2 = 0, \quad 0 \leq S_t, \quad 0 \leq t \leq T \qquad (13.27)$$

この偏微分方程式を「数値的」に解くためには，S_t および t が有限の値増加した場合でもこの偏微分方程式が成立することを仮定しなければならない．とくに，2つの「区分け」が必要となる．

1) ΔS に対応するグリッドの大きさは原証券価格の変化の最小単位として定めなければならない．
2) 時間 t は関数 $F(S_t, t)$ の2番目の変数である．したがって Δt に対応するグリッドの大きさも定める必要がある．いうまでもなく $\Delta t, \Delta S$ は「小さく」なければならない．どの程度が「小さい」かは試行錯誤により決定されよう．
3) 次に S_t が取り得る可能な値の範囲を決定しなければならない．くわしくいえば S_t の可能な値として，最小値 $S_{\min}$ と最大値 $S_{\max}$ をあらかじめ設定しておかねばならない．これらの極端な値は，観測される価格が

$$S_{\min} \leq S_t \leq S_{\max} \qquad (13.28)$$

の範囲におさまるように選ばなければならない．

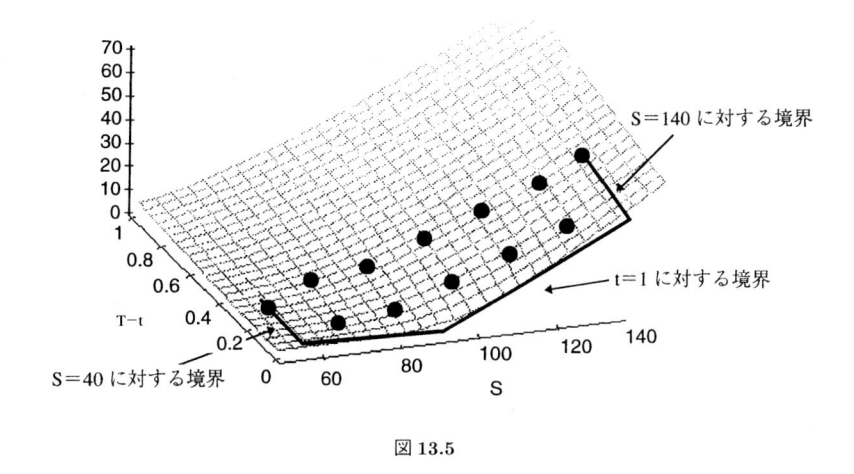

13.5 偏微分方程式の実際の解法

図 13.5

4) 境界条件を定めなければならない.
5) 小さいが無限小ではない ΔS および Δt に対しても同じ偏微分方程式が有効であると仮定して，グリッド上の $F(S_t, t)$ の値が決定される．

最後のステップを示すために，

$$F_{ij} = F(S_i, t_j) \tag{13.29}$$

としよう．ここで F_{ij} は原資産価格が S_i でのときの時刻 t_j での $F(S_t, t)$ の値である． i, j の範囲は $\Delta S, \Delta t$ および $S_{\min}, S_{\max}$ の設定によって決定する．

われわれは有限個の点において $F(S_t, t)$ を近似しようと考える．図 13.4 は適当な曲面について，そして図 13.5 はブラック–ショールズの曲面についての例を示している．どちらの場合においても，$F(S_t, t)$ を評価したい個所が点で表されている．ΔS と Δt のグリッドの大きさは，これらの点の集まりがどれだけ曲面に「近い」かを決定する．これらの点が互いに近いほど，よりよい曲面の近似となることはあきらかであろう．

F_{ij} は S_t の i 番目の値と，t の j 番目の値に対応する「点」として定められた．これらの S_t と t の値はそれぞれの軸から選択され，$F(S_t, t)$ へ「代入」される．その結果が F_{ij} と表される．

この計算を行うにあたって，偏微分方程式のすべての微分を適当な差分に置き換えることによって，差分方程式に変換しなければならない．このことを行うにはさまざまな手法が存在し，それぞれで精度が変わってくる．ここではもっとも単純な手法を

用いよう[*10]．

$$\frac{\Delta F}{\Delta t} + rS\frac{\Delta F}{\Delta S} + \frac{1}{2}\sigma^2 S^2 \frac{\Delta^2 F}{\Delta S^2} \cong rF \tag{13.30}$$

ここで1次の偏微分は対応する差分で近似されている．1次の偏微分に対しては「後退」差分

$$\frac{\Delta F}{\Delta t} \cong \frac{F_{ij} - F_{i,j-1}}{\Delta t} \tag{13.31}$$

$$rS\frac{\Delta F}{\Delta S} \cong rS_j \frac{F_{ij} - F_{i-1,j}}{\Delta S} \tag{13.32}$$

または

$$rS\frac{\Delta F}{\Delta S} \cong rS_j \frac{F_{i+1,j} - F_{ij}}{\Delta S} \tag{13.33}$$

のような「前進」差分を用いることが可能である[*11]．

2次の偏微分は

$$\frac{\Delta^2 F}{\Delta S^2} \cong \left[\frac{F_{i+1,j} - F_{ij}}{\Delta S} - \frac{F_{ij} - F_{i-1,j}}{\Delta S}\right]\frac{1}{\Delta S} \tag{13.34}$$

のような近似を用いることができる．ここで $i = 1, \ldots, n, j = 1, \ldots, N$ である．パラメーター N と n はどれだけの点について曲面 $F(S_t, t)$ の値を計算するかを決定する．

たとえば図 13.5 では $n = 5, N = 22$ としている．したがって境界上の点を除くと，合計で 80 個所の点で計算が行われる．これらの値は (13.30) の (連立) 方程式を「再帰的」に解くことにより計算される．

この問題の再帰性は境界条件の存在によるものである．次節でこの点について取り扱う．

境 界 条 件

さて F_{ij} のいくつかについては，終端条件によりあらかじめわかっている．たとえば満期時点ではオプションの価格は S_t の関数としてわかっている．同様に S_t の極端な値に対しては，極限において成立する値を近似として用いることができよう．具体的には

- 非常に大きな S_t については $S_t = S_{\max}$ とし，さらに

$$F(S_{\max}, t) \cong S_{\max} - Ke^{-r(T-t)} \tag{13.35}$$

[*10] ここでは表記を簡単にするために i, j の添え字は省略している．以下でみるように，この差分方程式の要素は i, j に依存している．それぞれの i, j について (13.30) のような方程式が存在していることになる．

[*11] 中心差分を用いることも可能である．

とする．ここで $S_{\max}$ はコールのプレミアムが満期日でのペイオフと非常に近くなるように選択された価格である．
- 非常に小さな S_t については $S_t = S_{\min}$ とし，さらに

$$F(S_{\min}, t) \cong 0 \tag{13.36}$$

とする．ここで $S_{\min}$ は非常に低い価格であり，オプションがイン・ザ・マネーで満期を迎える可能性はほとんどない．その結果コールのプレミアムは 0 に近くなる．
- $t = T$ の場合，正確に

$$F(S_T, T) = \max[S_T - K, 0] \tag{13.37}$$

であることがわかっている．

以上により F_{ij} の境界における値が与えられる．図 13.5 はこの境界領域を明示的に示している．これらの境界の値を方程式 (13.30) に用いることで，残りの未知の F_{ij} について解くことができる．

13.6 お わ り に

本章では派生資産の価格評価で現れる偏微分方程式の例のいくつかについて議論を行った．さらにエキゾチック系の派生商品と，それらに対して偏微分方程式がどのように変化するかの議論を行った．

ブラック–ショールズ曲面についての幾何学は重要な点の 1 つであった．原資産価格の確率的な軌跡は，この曲面上の確率的な軌跡に帰着することをみた．図 13.6 はこのことを示している．

13.7 参 考 文 献

Ingersoll (1987) は資産評価における偏微分方程式の例をいくつか紹介している．われわれは偏微分方程式を簡単に紹介するための例示として，このトピックを取り扱った．興味ある読者は単なる紹介以上の情報を必要とするならば，このような文献をあたるべきであろう．Betounes (1998) は PDE のよい入門書である．この本では MAPLE を用いてその基礎を示している．

図 13.6

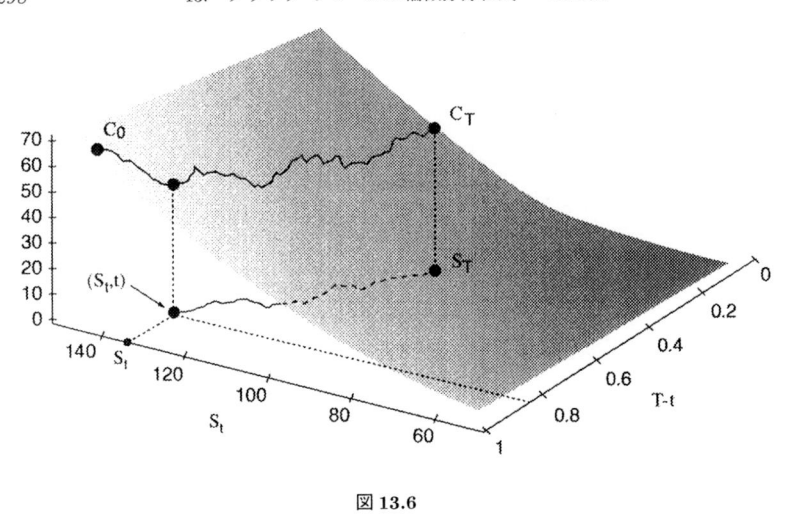

13.8 演習問題

本章の演習問題は PDE に関するものではなく，この後の 3 つの章の準備となるものである．興味のある読者は Betounes(1998) に出てくるいくつかの問題が参考となるだろう．

1. X_t が幾何ウィーナー過程であるとする．

$$X_t = e^{Y_t}$$

ここで

$$Y_t \sim N(\mu t, \sigma^2 t)$$

である．

(a)

$$E[X_t | X_s, s < t] = E[e^{Y_t} | Y_s, s < t]$$

という定義と，

$$E[e^{Y_t} | Y_s, s < t] = E[e^{(Y_t - Y_s) + Y_s} | Y_s, s < t]$$

という自明な等式を用いて，次の期待値を計算せよ．

$$E[X_t | X_s, s < t]$$

2. この問題はマーチンゲールに関するものである．X_t がドリフト μ, 拡散パラメーター σ をもつ幾何過程であると仮定する．

   (a) $e^{-rt}X_t$ がマーチンゲールとなるのはどのような場合か．すなわち次式が成立するのはどのような場合か．

   $$E^p\left[e^{-rt}X_t|X_s, s<t\right] = e^{-rs}X_s$$

   (b) さらに具体的に，以前導出した式

   $$E\left[e^{-rt}X_t|X_s, s<t\right] = X_s e^{-rt} e^{(\mu+\frac{1}{2}\sigma^2)(t-s)}$$
   $$= X_s e^{-rs} e^{-r(t-s)} e^{(\mu+\frac{1}{2}\sigma^2)(t-s)}$$

   または

   $$E\left[e^{-rt}X_t|X_s, s<t\right] = X_s e^{-rs} e^{(t-s)(\mu+\frac{1}{2}\sigma^2-r)}$$

   において，μ をどのように定めると $e^{-rt}X_t$ をマーチンゲールとすることができるか．

   $$\mu = r$$

   ではどうか．

   (c)
   $$\mu = r + \sigma^2$$

   はどうか．

   (d)
   $$\mu = r - \frac{1}{2}\sigma^2$$

   はどうか．

   これら各々の μ の選択により，$e^{-rt}X_t$ に対して異なる分布が定義されることに注意せよ．

3. 幾何ウィーナー過程

   $$X_t = e^{W_t}$$

   に対して

   $$Z(t) = e^{-rt}X_t$$

   を考える．

   (a) 増分 $dZ(t)$ の期待値を計算せよ．
   (b) Z_t はマーチンゲールであるか．

(c) $E[Z_t]$ を計算せよ. Z_t をマーチンゲールとするためには, X_t の定義をどのように変更すればよいか.

(d) その際 $E[Z_t]$ はどう変化するか.

14

派生商品の評価——同値マーチンゲール測度

14.1 確率の変換

　派生商品の評価の最近の方法は，無裁定ポートフォリオによって導かれる偏微分方程式を必ずしも利用しない．それらは派生資産価格をマーチンゲールに変換することに立脚している．これはギルサノフの定理による手法を用いる原確率分布を変換することによってなされる．

　このアプローチは偏微分方程式を用いる方法とはまったく異なる．そこで用いられる手法は無裁定ポートフォリオの存在を間接的に利用している．したがってこれをわかりやすく説明するのはさらに困難である．ファイナンスまたは経済学を専攻する者は，たとえば偏微分方程式より，この新しい手法のほうがさらに慣れていないかもしれない．

　本章ではこれらの手法について議論する．ステップ・バイ・ステップのアプローチを取ることにする．まずいくつかの簡単な概念を復習して，記法について定めることにする．それから動機づけとしてギルサノフの定理がどのように使われるか，いくつかの簡単な例を示す．完全な定理は次に述べる．その後に，ギルサノフの定理を利用したさまざまな概念の直感的な説明について取り扱う．最後にこの理論をより複雑な例に適用する．全般的には金融市場からの例はほとんど取り扱わない．次の章で金融市場の例を取り扱う．本章の目的は，原確率分布の変換の概念をあきらかにすることである．

「測度」としての確率

　平均 0 分散 1 の固定時点 t での正規分布に従う確率変数 z_t を考えてみよう．正式には次式のように表される．

$$z_t \sim N(0,1) \tag{14.1}$$

この確率変数の確率密度関数 $f(z_t)$ はよく知られた

$$f(z_t) = \frac{1}{\sqrt{2\pi}} e^{-\frac{1}{2}z_t^2} \tag{14.2}$$

という表現で与えられる．z_t が特定の値 $\bar{z}$ の「近傍」に存在する確率に興味があるとしよう．そのとき，この確率は最初に微小区間 $\Delta > 0$ を選び，次に (14.3) 式のように対象の範囲において正規密度関数を積分することによって表現される．

$$P\left(\bar{z} - \frac{1}{2}\Delta < z_t < \bar{z} + \frac{1}{2}\Delta\right) = \int_{\bar{z}-\frac{1}{2}\Delta}^{\bar{z}+\frac{1}{2}\Delta} \frac{1}{\sqrt{2\pi}} e^{-\frac{1}{2}z_t^2} dz_t \qquad (14.3)$$

いま，もし $\bar{z}$ の周りの領域が微小であれば，z_t が $\bar{z}-\frac{1}{2}\Delta$ から $\bar{z}+\frac{1}{2}\Delta$ まで変わっても $f(z_t)$ はあまり変わらないであろう．このことは，この区間における $f(z_t)$ が $f(\bar{z})$ で近似でき，(14.3) 式の右辺の積分が以下のように記述できることを意味する．

$$\int_{\bar{z}-\frac{1}{2}\Delta}^{\bar{z}+\frac{1}{2}\Delta} \frac{1}{\sqrt{2\pi}} e^{-\frac{1}{2}z_t^2} dz_t \cong \frac{1}{\sqrt{2\pi}} e^{-\frac{1}{2}\bar{z}^2} \int_{\bar{z}-\frac{1}{2}\Delta}^{\bar{z}+\frac{1}{2}\Delta} dz_t \qquad (14.4)$$

$$= \frac{1}{\sqrt{2\pi}} e^{-\frac{1}{2}\bar{z}^2} \Delta \qquad (14.5)$$

この説明は図 14.1 のように示される．(14.5) 式の確率は底辺 Δ，高さ $f(\bar{z})$ の長方形によって (近似的) に表された「面積」である．

このようにしてみると，確率は微小区間における z_t の起こりうる値に関連する「測度」と対応する．確率は「測度」と呼ばれる．なぜなら，それらは任意の集合を非負の実数 R^+ に写像するからである．dz_t で記述された無限小 Δ に対してこの測度は $dP(z_t)$，または原確率変数に関して混乱がなければ単に dP という記号で表される．

$$dP(\bar{z}) = P\left(\bar{z} - \frac{1}{2}dz_t < z_t < \bar{z} + \frac{1}{2}dz_t\right) \qquad (14.6)$$

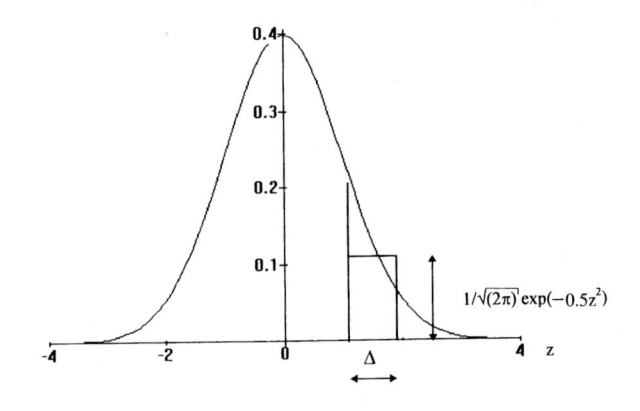

図 14.1

14.1 確率の変換

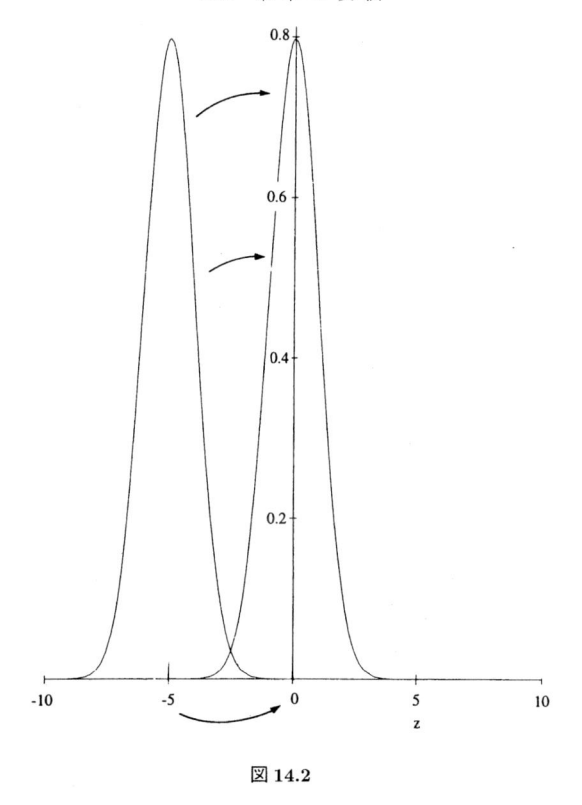

図 14.2

この式は確率変数 z_t が，中心が $\bar{z}$ で微小の長さ dz_t の区間に存在する確率であると読むことができる．すべてのそのような確率の合計は，そのとき $\bar{z}$ のさまざまな値に対するこれらの $dP(\bar{z})$ を加えることによって与えられる．正式にはこれは積分を使って

$$\int_{-\infty}^{\infty} dP(z_t) = 1 \tag{14.7}$$

と表される．同様のアプローチが，z_t の期待値を計算するのに用いられる．

$$E[z_t] = \int_{-\infty}^{+\infty} z_t\, dP(z_t) \tag{14.8}$$

ここで $E[z_t]$ は z_t の「平均」値とみることができる．幾何学的には，これは確率面積の「重心」を決定する．分散は次式のように別の加重平均であった．

$$E[z_t - E[z_t]]^2 = \int_{-\infty}^{-\infty} [z_t - E[z_t]]^2\, dP(z_t) \tag{14.9}$$

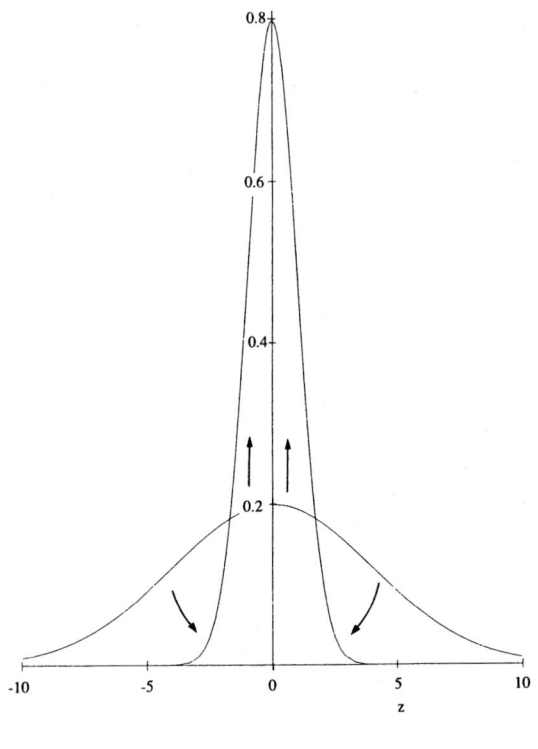

14. 派生商品の評価——同値マーチンゲール測度

図 14.3

分散はまた同様に幾何学的意味をもっている．それは確率面積が中心の周りにどの程度広がっているかを示す．

したがってわれわれがある確率測度 dP を論ずるときは，いつも確率変数の密度の「形状」と「位置」を考えていることになる[*1]．

このような条件のもとでは確率分布に対して以下の2種類の変換を行える．

- 分布の形状は変えないで，密度を異なる位置に移動させることができる．図 14.2 は平均が

$$\mu = -5 \qquad (14.10)$$

の正規密度を別の正規密度に変換した場合を示している．今回は次式のように 0 を中心とした．

$$\mu = 0 \qquad (14.11)$$

[*1] 本書において，いかなるときもこの密度が存在すると仮定している．別の設定においては，原確率変数の密度関数は存在しないかもしれない．

- また分布の形状を変換することもできる．この変換の1つの方法は分布の分散を増やしたり，減らしたりするものである．これは原確率変数のスケールを変換することによってなされる．図14.3では確率変数 z_t の分散を4から1に減少した場合を描いている．

派生資産評価の現代の方法では，確率測度 dP の変換により斬新な方法を利用し，確率過程 z_t の平均を変化させる．その変換により，正の「リスクプレミアム」をもつ資産を，あたかも無リスクのように取り扱うことが可能となる．本章ではこの複雑な考え方を取り扱う．

以下の節において，確率変数の平均の変換について2つの異なる方法を議論する．

14.2 平均の変換

いま，t を固定して z_t を1つの確率変数とする．z_t の平均を変換するのに2つの方法がある．最初の方法は，z_t がとりうる「値」を操作するものである．2つ目の方法は，反対に z_t がとりうる値は変えずに z_t に関する「確率」を動かすものである．

どちらの操作も，原確率変数のほかの性質は変えずに，原平均を変化させるものである．しかしながら，最初の方法は一般的には資産評価で使用されることはなく，2番目の方法が非常に有用な手法となっている．

これらの方法の詳細については次で議論することにする．その議論は確率過程でなく，単一の確率変数の意味のもとで続けることにする．連続時間過程のより複雑な場合は，ギルサノフの定理の節のなかで取り扱うことにする．

14.2.1 方法1——確率変数のとりうる値の操作

確率変数の平均を変える第1でかつ標準的な方法は，計量経済学や統計学でよく使われる．新しい確率変数 $\tilde{z}_t = z_t + \mu$ を得るために，z_t に定数 μ を単に加える[*2)]．この方法で定義された $\tilde{z}_t$ は新しい平均をもつようになる．

たとえば，もし原確率変数が

$$E[z_t] = 0 \tag{14.12}$$

のとき，新しい確率変数 $\tilde{z}_t$ は以下のようになる．

$$E[\tilde{z}_t] = E[z_t] + \mu = \mu \tag{14.13}$$

a. 例 1

この変換は単純であるが，のちの議論のため厳密な例をみておくことは重要である．

[*2)] μ は負となりうる．

確率変数 Z が以下のように定義されているとしよう.1 個のさいころを振って,さいころの目によって Z の値は次式に定めたルールに従う集合であるとする.

$$Z = \begin{cases} 10 & 1 \text{ または } 2 \\ -3 & 3 \text{ または } 4 \\ -1 & 5 \text{ または } 6 \end{cases} \tag{14.14}$$

それぞれの目がでる確率が 1/6 であることを仮定して,Z のとりうる値の加重平均として Z の平均を容易に計算できる.

$$E[Z] = \frac{1}{3}[10] + \frac{1}{3}[-3] + \frac{1}{3}[-1] \tag{14.15}$$
$$= 2 \tag{14.16}$$

いま,先に簡単に触れた方法を使って,Z の平均を変換したいとする.もっと厳密にいうと,同じ分散をもちながら 1 の平均をもつ新しい確率変数を計算したいとする.この新しい確率変数を $\tilde{Z}$ と呼び

$$\tilde{Z} = Z - 1 \tag{14.17}$$

であると仮定する.いま,平均の式を用いて,$E[\tilde{Z}]$ を次のように計算できる.

$$E[\tilde{Z}] = \frac{1}{3}[10-1] + \frac{1}{3}[-3-1] + \frac{1}{3}[-1-1] \tag{14.18}$$
$$= 1 \tag{14.19}$$

この変換にみられるように,Z の平均を変換するためには,Z のとりうる「値」を移動した.すなわち,それぞれのとりうる値から 1 を減じた.それぞれの発生する確率は変えなかった.

b. 例 2

ファイナンスにさらに関連のある例を用いて,確率変数の平均を変換するこの方法を説明することができる.

格付け AAA(最上位の格付け) の社債のある定められた時点 t の利回り R_t の期待値は

$$E[R_t] = r_t + E[\text{リスクプレミアム}] \tag{14.20}$$

で与えられる.ここで,r_t は社債と同様の満期をもつ国債の無リスク金利として知られている.また,ここで $E[\cdot]$ はすべての状態を考慮した期待値オペレーターを表す.α を(一定の)期待リスクプレミアムと仮定すると,

$$E[R_t] = r_t + \alpha \tag{14.21}$$

となる. そのとき, R_t は平均 $r_t + \alpha$ の確率変数である.

R_t の平均を移動する最初の方法は定数を足し, 新しい確率変数 $\tilde{R}_t = R_t + \mu$ を得るものである. この確率変数は次式で表す平均をもつ.

$$E[R_t + \mu] = r_t + \mu + \alpha \tag{14.22}$$

正規分布に従う確率変数の場合, これは密度の形状は維持する一方, 分布の中心を新しい位置に移動することと等価である. 図 14.2 がこの例である.

もし μ を $-\alpha$ とすると, そのような変換は R_t からリスクプレミアムを消去することになる. この方法を使用して平均を変化させるためには, リスクプレミアム α を「知っている」必要がある. このような状態においてのみ, R_t から「適切」な大きさを差し引くことができ, 同値無リスク利回りを得ることができる.

この例は単純であり,「どうして」, 誰もがまず第一にそのような平均の変換を行おうとしないのか説明していない. 次の例は, この点についてさらに説明するものである.

c. 例 3

まず離散時間の例について議論する. $S_t, t = 1, 2, \ldots$ を無配当の金融資産の価格とする. S_t は離散時間 $t, t+1, \ldots$ で観測される.

r_t を無リスク収益率とする. 典型的な危険資産 S_t は r_t を超えるリターン R_t を提供しなければいけない. さもないと危険資産をもつ意味がなくなる. このことは, 時点 t で顕在化している情報の条件付き期待値演算子 $E_t[\cdot]$ を使用して,

$$E_t[S_{t+1}] > (1 + r_t)S_t \tag{14.23}$$

となることを意味する. つまり平均的には危険資産は無リスク投資の収益率より価格上昇が速いということである. この不等式は次式のように書き直すことができる.

$$\frac{1}{(1+r_t)} E_t[S_{t+1}] > S_t \tag{14.24}$$

ここで左辺は, 期待される将来価格を無リスク金利で割り引いたものを表す. ある $\mu > 0$ に対して

$$\frac{1}{(1+r_t)} E_t[S_{t+1}] = S_t(1 + \mu) \tag{14.25}$$

となる. ここで, 正の定数 μ または $\mu + \mu r_t$ はリスクプレミアムと解釈できることに注意せよ. (14.25) 式を変形すると

$$\frac{E_t[S_{t+1}]}{S_t} = (1 + r_t)(1 + \mu) \tag{14.26}$$

となる。この式の左辺の項 $E_t[S_{t+1}/S_t]^{*3)}$ は、グロスの期待収益 $E_t[1+R_t]$ を表す。これは

$$E_t[1+R_t] = (1+r_t)(1+\mu) \tag{14.27}$$

を意味し、r_t と μ が十分小さくてかけ合わせた項を無視することができる場合には、危険資産の期待収益率は次式に示すように無リスク金利収益率をおよそ μ だけ超過しなければならないといえる。

$$E_t[R_t] \cong r_t + \mu \tag{14.28}$$

こういった状態のもとでは、μ は1期間資産を保有するためのリスクプレミアムであり、$1/(1+r_t)$ は「無リスク」のディスカウントファクターである。

さて、この資産の今日の適正な市場価値を得たい金融アナリストの問題について考えてみよう。すなわち、アナリストは S_t を計算したいと思っている。これを行う1つの方法は次式の関係を利用することである。

$$E_t\left[\frac{1}{(1+R_t)}S_{t+1}\right] = S_t \tag{14.29}$$

つまり左辺の期待値を計算することである*4)。

しかし、これを行うためには R_t の分布を知る必要がある。分布を知るためにはリスクプレミアム μ を知る必要がある*5)。しかし、S_t の適正な市場価値を知る前に、リスクプレミアムがどれくらいであるかいうことができるのは希である。したがって (14.29) の関係を利用して S_t を計算しようとしてもうまくいかないであろう*6)。

一方、もし μ を使用せずに R_t の平均を「変換」することができたならば、その方法は機能するかもしれない*7)。したがって、R_t の分布変換の別の方法を探すべきで

---

*3) 訳注:時間 t において S_t は決定している。すなわち $E_t[S_t'] = S_t$ だから

$$E_t\left[\frac{S'_{t+1}}{S_t}\right] = \frac{E_t[S'_{t+1}]}{S_t}$$

となる。

*4) この関係はまさに利回り R_t の定義である。もし次の期間の価格を $1+R_t$ で割り引くと、自然と現在の価値となる。

*5) なぜなら μ を知ることのみによって R_t の平均が計算可能となり、また R_t の分布を移動することができる。

*6) さらに困難な問題がある。(14.29) 式の左辺の項は R_t の「非線形」な関数である。したがって、次式に示すように、単純に期待値演算子を R_t の前にもっていくことはできない。

$$E_t\left[\frac{1}{(1+R_t)}S_{t+1}\right] \neq \left[\frac{1}{(1+E_tR_t)}S_{t+1}\right] \tag{14.30}$$

このことが計算をさらに困難にしている。

*7) なぜなら R_t の分布の平均は r_t と等しくできるかもしれないからである。

ある.

もし，異なる確率分布 $\tilde{P}$ を使った新しい期待値が，次式のような表現を与えるとすると，これは S_t を計算するのに非常に有益なものとなり得る．

$$E_t^{\tilde{P}}\left[\frac{1}{(1+r_t)}S_{t+1}\right] = S_t \tag{14.31}$$

事実，S_t の動的変化を記述するモデルを用いて，S_{t+1} の「予測」を行い，(既知の) r_t による「平均予測」を割り引くことで，この等式を用いることが可能となる．これによって S_t の推計値が導かれる．

この特殊な場合において $E_t^{\tilde{P}}[\cdot]$ と r_t は何を表すのだろうか．r_t は無リスク金利となる．期待値演算子はリスク中立確率で与えられる．これらの変換を行うことによって，次式のように R_t からリスクプレミアムを消去する．

$$R_t - \mu = r_t \tag{14.32}$$

ここにおける「トリック」は，μ の値を明示的に使わずにこの変換がなされることである．これは最初は不可能なことのように思えるかもしれないが，平均を変換するための2番目の方法ではまさにこれを行う．

14.2.2 方法 2——確率の操作

確率変数の平均を変換する2番目の方法は，確率変数には「手をつけず」に，z_t を支配する「確率測度」を変換する方法である．この方法を徐々に例を複雑にして説明する．最後に連続時間確率過程における手法への拡張となるギルサノフの定理を紹介する．その考え方は直感に反するかもしれない．しかし実際には例1に示すように極めてシンプルなものである．

a. 例 1

前節の最初の例を考えてみよう．Z は次式のように，さいころを振って決定される関数で定義される．

$$Z = \begin{cases} 10 & 1 \text{ または } 2 \\ -3 & 3 \text{ または } 4 \\ -1 & 5 \text{ または } 6 \end{cases} \tag{14.33}$$

以前計算したように平均は

$$E[Z] = 2 \tag{14.34}$$

分散は

$$\text{Var}(Z) = E[Z - EZ]^2 = \frac{1}{3}[10-2]^2 + \frac{1}{3}[-3-2]^2 + \frac{1}{3}[-1-2]^2 = \frac{98}{3} \tag{14.35}$$

である．

この確率変数を，分散は変えないで，平均を1にするために変換したいとする．

さいころを振った原確率を次のように変換することを考えよう．

$$P(1 \text{ または } 2) = \frac{1}{3} \to \tilde{P}(1 \text{ または } 2) = \frac{122}{429} \qquad (14.36)$$

$$P(3 \text{ または } 4) = \frac{1}{3} \to \tilde{P}(3 \text{ または } 4) = \frac{22}{39} \qquad (14.37)$$

$$P(5 \text{ または } 6) = \frac{1}{3} \to \tilde{P}(5 \text{ または } 6) = \frac{5}{33} \qquad (14.38)$$

新しい確率は $\tilde{P}$ で示されていることに注意せよ．

いま，これらの新しい確率のもとで平均値を計算すると

$$E^{\tilde{P}}[Z] = \left[\frac{122}{429}\right][10] + \left[\frac{22}{39}\right][-3] + \left[\frac{5}{33}\right][-1] = 1 \qquad (14.39)$$

である．

平均値は実際に1である．分散を計算すると

$$E^{\tilde{P}}[Z]^2 = \frac{122}{429}[10-1]^2 + \frac{5}{33}[-1-1]^2 + \frac{22}{39}[-3-1]^2 = \frac{98}{3} \qquad (14.40)$$

である．分散は変わっていない．(14.38) 式で示される確率の変換は確かに最初の方法でやったことを成し遂げている．しかし，この2番目の方法は Z そのものの値でなく，確率測度 $P(Z)$ を操作している．

これらの新しい確率は実験の「真の」オッズとは関係がないことを強調しておかねばならない．さいころを振ることに関する「真の」確率は，それでも元の数値 P によって与えられる．

読者はすでにわれわれが採用した記法に気づいているかもしれない．事実 $E[\cdot]$ ではなく $E^{\tilde{P}}[\cdot]$ を新しい期待値演算子として記述することが必要である．平均を計算するのに使う確率は，もはや P のそれぞれの確率と同じでない．$E[\cdot]$ を使うのは誤解を招きやすい．あきらかに，この方法を使うときには，特別な配慮をして，考えている期待値の計算に利用する確率分布を示すべきである[8]．

14.3 ギルサノフの定理

たったいま議論した例はあきらかに単純化されていた．最初に有限数の値をもつことを許された（すなわち状態空間が有限である）確率変数を取り扱った．2番目に確

---

[8] ある読者は，どうやって新しい確率 $\tilde{P}(Z)$ を発見したのだろうかと思ったかもしれない．この特定の場合ではそれは簡単であった．確率は未知であるとして，それを解くために3つの条件を使った．最初の条件は確率は合計すると1になること．2つ目は新しい平均が1であること．3つ目は分散が 98/3 であるということである．

率過程を用いる代わりに，単一の確率変数を取り扱った．

ギルサノフの定理はもっと複雑な場合において，ある確率測度を別の「同値」測度に変換する普遍的な枠組みを与える．この定理はブラウン運動の場合も取り扱う．したがって，状態空間は連続であり，変換は連続時間確率過程に拡張される．

そのように変換された確率は「同値」と呼ばれる．それは本章でのちほど詳細に触れるが，正の確率を同じ領域に割り当てるためである．このように，2つの確率は異なるけれども，適切な変換によっていつでも一方の測度から他方の測度に復元することができる．そのような復元はいつでも可能であるので，計算に「都合のよい」分布を使いたいと思うかもしれない．また，原分布に戻したいと思うかもしれない．

それゆえ，もし期待値を計算しなければならず，この期待値を同値測度で計算するほうが簡単であれば，新しい測度はもとの真の状態を支配していないかもしれないが，確率を切り替えるのは価値があるかもしれない．結局，目的は元のさまざまな状態のオッズについて何かを述べるのではなく，都合のよい方法である値を計算することである．

一般的な方法は以下のように要約できる．(1) 計算すべき期待値がある．(2) 期待値が簡単に計算できるように，原確率測度を変換する．(3) 新しい確率のもとで期待値を計算する．(4) いったん結果が計算されると，もし欲すれば，この確率はもとの分布に戻せる．

より複雑な環境下におけるそのような確率変換を次に議論する．ギルサノフの定理はさらに複雑な環境での特別な場合を用いて紹介する．そのあと，一般的な定理を紹介し，その仮定と意味について議論する．

14.3.1 正規分布に従う確率変数

t を固定して正規分布に従う確率変数 z_t

$$z_t \sim N(0,1) \tag{14.41}$$

を考えよう．z_t の密度関数を $f(z_t)$ で示し，対応する確率測度を次式のように P で示す．

$$dP(z_t) = \frac{1}{\sqrt{2\pi}} e^{-\frac{1}{2}(z_t)^2} dz_t \tag{14.42}$$

この例において，われわれはまだ確率過程でなく単一の確率変数を取り扱っているものの，状態空間は連続である．

次に関数を以下のように定義する．

$$\xi(z_t) = e^{z_t \mu - \frac{1}{2}\mu^2} \tag{14.43}$$

$\xi(z_t)$ に $dP(z_t)$ を乗ずると，新しい確率を得る．このことは次式で確認できる．

$$[dP(z_t)][\xi(z_t)] = \frac{1}{\sqrt{2\pi}} e^{-\frac{1}{2}(z_t^2) + \mu z_t - \frac{1}{2}\mu^2} dz_t \tag{14.44}$$

指数の項を整理すると，次の式を得る．

$$d\tilde{P}(z_t) = \frac{1}{\sqrt{2\pi}} e^{-\frac{1}{2}[z_t - \mu]^2} dz \tag{14.45}$$

あきらかに $d\tilde{P}(z_t)$ は「新しい」確率測度で次のように定義される．

$$d\tilde{P}(z_t) = dP(z_t)\xi(z_t) \tag{14.46}$$

(14.45) 式の密度関数から単純に読むと，$\tilde{P}(z_t)$ は平均 μ と分散が 1 である正規分布に関連する確率であることがわかる．

$dP(z_t)$ に関数 $\xi(z_t)$ を乗じて，$\tilde{P}$ に変換することによって，z_t の平均を変化させることに成功したことがわかった．この特殊な場合では $\xi(z_t)$ を乗ずることによって，確率測度の形状が維持されていることに注意されたい．事実，(14.45) 式は依然として同じ分散をもつ釣鐘状のガウス型の曲線である．しかし $P(z_t)$ と $\tilde{P}(z_t)$ は「異なる測度である」．それらは異なる「平均」値をもち，z 軸上の間隔に「異なる」重みを割り当てている．

測度 $P(z_t)$ のもとで確率変数 z_t は平均 $E^P[z_t] = 0$，分散 $E^P[z_t^2] = 1$ である．しかしながら，新しい確率測度 $\tilde{P}(z_t)$ のもとで，z_t は平均 $E^{\tilde{P}}[z_t] = \mu$ である．分散は変わらない．

確率測度にある関数を乗ずることによって，新しい確率を得るような，関数 $\xi(z_t)$ が存在するということをいま示した．その結果，得られる確率変数は依然正規分布であるが，異なる平均値をもつ．

最後に，確率変数 z_t の平均を変える測度の変換

$$d\tilde{P}(z_t) = \xi(z_t) dP(z_t) \tag{14.47}$$

は，次式のように逆に行うこともできる．

$$\xi(z_t)^{-1} d\tilde{P}(z_t) = dP(z_t) \tag{14.48}$$

この変換は z_t の分散は変えず，μ と σ を与えると一意に決まる．

ここで，2 つの方法を要約する[*9)．

---

*9) 記法を少し平易にする．

14.3 ギルサノフの定理

- 方法1：平均の引算．確率変数が次式のように与えられたとする．

$$Z \sim N(\mu, 1) \tag{14.49}$$

次式のように Z を変換することによって新しい確率変数 $\tilde{Z}$ が定義される．

$$\tilde{Z} = \frac{Z - \mu}{1} \sim N(0, 1) \tag{14.50}$$

そのとき，$\tilde{Z}$ の平均はゼロである．

- 方法2：同値測度の利用．次式のように確率 P のもとで確率変数 Z が与えられたとする．

$$Z \sim P = N(\mu, 1) \tag{14.51}$$

確率 dP に $\xi(Z)$ を乗じて変換すると，次式の新しい確率 $\tilde{P}$ を得る．

$$Z \sim \tilde{P} = N(0, 1) \tag{14.52}$$

次の疑問は，もし正規分布に従う確率変数の「数列」，$z_1, z_2, \ldots, z_t$ を得たとき，同じ変換ができるだろうかということである．

14.3.2 正規分布に従う変数のベクトル

先の例では正規分布に従う確率変数の平均を，対応する確率測度に関数 $\xi(z_t)$ を乗ずることによって変換できることを示した．変換された測度は z_t に異なる平均を割り当て，しかしながら分散は同じ状態の別の確率となることを示した．

もし，正規分布の変数の「ベクトル」が与えられたとして，同様の方法がとれるのだろうか．

答えはイエスである．簡単のため2変量の場合を示す．n 変量のガウス型ベクトルへの拡張も同様である．

t を固定して「同時」正規分布に従う確率変数 z_{1t}, z_{2t} が与えられたとしよう．対応する密度関数は

$$f(z_{1t}, z_{2t}) = \frac{1}{2\pi\sqrt{|\Omega|}} e^{-\frac{1}{2}\begin{bmatrix}(z_{1t}-\mu_1) & (z_{2t}-\mu_2)\end{bmatrix}\begin{bmatrix}\sigma_1^2 & \sigma_{12} \\ \sigma_{12} & \sigma_2^2\end{bmatrix}^{-1}\begin{bmatrix}(z_{1t}-\mu_1) \\ (z_{2t}-\mu_2)\end{bmatrix}} \tag{14.53}$$

となる．ここで Ω は次式で表される $[z_{1t}, z_{2t}]$ の分散共分散行列である．

$$\Omega = \begin{bmatrix} \sigma_1^2 & \sigma_{12} \\ \sigma_{12} & \sigma_2^2 \end{bmatrix} \tag{14.54}$$

ここで σ_i^2, $i=1,2$ は分散を示し, σ_{12} は z_{1t}, z_{2t} 間の共分散を示す. $|\Omega|$ は次式のように行列式を示す.

$$|\Omega| = \sigma_1^2 \sigma_2^2 - \sigma_{12}^2 \tag{14.55}$$

最後に μ_1, μ_2 は z_{1t} と z_{2t} に対応する平均を示す.

次式を用いて同時確率測度が定義できる.

$$dP(z_{1t}, z_{2t}) = f(z_{1t}, z_{2t}) \, dz_{1t} \, dz_{2t} \tag{14.56}$$

この式は, z_{1t}, z_{2t} の組に対する特定の値を中心とした小さい「長方形」$dz_{1t} dz_{2t}$ に対応する確率面積を表す. それは z_{1t}, z_{2t} がその特定の長方形に「同時に」入る確率を与える. したがって同時密度関数と呼ばれる.

分散は変えないで, z_{1t}, z_{2t} の平均を μ_1, μ_2 から 0 に変換したいとしよう. これは先の例でやったように, 確率 $dP(z_{1t}, z_{2t})$ に関数 $\xi(z_{1t}, z_{2t})$ を乗ずることによって変換できるのだろうか.

答えはイエスである. 次式で定義される関数を考えてみよう.

$$\begin{aligned}&\xi(z_{1t}, z_{2t}) \\ &= e^{-[z_{1t} \; z_{2t}] \begin{bmatrix} \sigma_1^2 & \sigma_{12} \\ \sigma_{12} & \sigma_2^2 \end{bmatrix}^{-1} \begin{bmatrix} \mu_1 \\ \mu_2 \end{bmatrix} + \frac{1}{2}[\mu_1 \; \mu_2] \begin{bmatrix} \sigma_1^2 & \sigma_{12} \\ \sigma_{12} & \sigma_2^2 \end{bmatrix}^{-1} \begin{bmatrix} \mu_1 \\ \mu_2 \end{bmatrix}}\end{aligned}$$
$$\tag{14.57}$$

これを用いて新しい確率測度 $\tilde{P}(z_{1t}, z_{2t})$ を次式のように定義できる.

$$d\tilde{P}(z_{1t}, z_{2t}) = \xi(z_{1t}, z_{2t}) \, dP(z_{1t}, z_{2t}) \tag{14.58}$$

$\tilde{P}(z_{1t}, z_{2t})$ は (14.53) 式に (14.57) 式で示される $\xi(z_{1t}, z_{2t})$ を乗ずることによって得ることができる. これら 2 つの式をかけ合わせた結果は次式のようになる.

$$d\tilde{P}(z_{1t}, z_{2t}) = \left[\frac{1}{2\pi\sqrt{|\Omega|}} e^{-\frac{1}{2}[z_{1t} \; z_{2t}] \begin{bmatrix} \sigma_1^2 & \sigma_{12} \\ \sigma_{12} & \sigma_2^2 \end{bmatrix}^{-1} \begin{bmatrix} z_{1t} \\ z_{2t} \end{bmatrix}} \right] dz_{1t} \, dz_{2t}$$
$$\tag{14.59}$$

これは, 平均が 0 で分散共分散行列が Ω の確率ベクトル $[z_{1t} z_{2t}]$ に対する 2 変量正規確率分布であることがわかる. $\xi(z_{1t}, z_{2t})$ を乗ずることによって前述の目的が達成された. 2 変量のゼロでない平均値はもとの確率の変換を通して消去された.

この例では 2 変量確率ベクトルを取り扱った. もし k 個の正規分布の確率変数の数列 $[z_{1t}, z_{2t}, \dots, z_{kt}]$ があったとしても, 実際に同様の変換を適用できる. (14.53) 式

における対応するベクトルと行列の次元を変えて，(14.57) 式と同様の調整を加えて変えるだけでよい．

注　意

のちの議論のために心にとめておいてほしいのであるが，読者がすでに気づいているかもしれない 1 つの規則を強調したい．

z_t は長さ k のベクトル，または単に単一の確率変数を表すとしよう．確率測度 $P(z_t)$ を $\tilde{P}(z_t)$ へ変換するときに，関数 $\xi(z_t)$ が利用された．この関数は次の形をもつ．

$$\xi(z_t) = e^{-z_t' \Omega^{-1} \mu + \frac{1}{2} \mu' \Omega^{-1} \mu} \tag{14.60}$$

ここでスカラーの場合は次式で表される．

$$\xi(z_t) = e^{-\frac{z_t \mu}{\sigma^2} + \frac{1}{2} \frac{\mu^2}{\sigma^2}} \tag{14.61}$$

ここで，この関数形はどこからきたのか議論しよう．正規分布において，平均を表すパラメーター μ は，e の指数にのみ現れる．さらに，この指数は次式のように 2 乗の形である．

$$-\frac{1}{2} \frac{(z_t - \mu)^2}{\sigma^2} \tag{14.62}$$

この式を

$$-\frac{1}{2} \frac{(z_t)^2}{\sigma^2} \tag{14.63}$$

のように変換するためには，次式を加算する必要がある．

$$\frac{-z_t \mu + 1/2 \mu^2}{\sigma^2} \tag{14.64}$$

これが $\xi(z_t)$ の関数形を決定するのである．もとの確率測度に $\xi(z_t)$ を乗ずることによって e の指数におけるこの変換がなされる．

この説明を受けて，読者の方は $\xi(z_t)$ が本当に何を表すのか，さらに深く理解したくなるかもしれない．次の節でこの点を議論することにする．

14.3.3　ラドン–ニコディム微分

$\sigma = 1$ のときの関数 $\xi(z_t)$ を再び考えてみよう[*10]．

$$\xi(z_t) = e^{-\mu z_t + \frac{1}{2} \mu^2} \tag{14.67}$$

[*10] ところで，関数

$$\xi(z_t) = e^{-\mu z_t + \frac{1}{2} \mu^2} \tag{14.65}$$

は z_t から平均を「差し引く」，これに対して関数

$$\xi(z_t)^{-1} = e^{\mu z_t - \frac{1}{2} \mu^2} \tag{14.66}$$

はもとの平均がゼロである z に平均 μ を「加算する」．

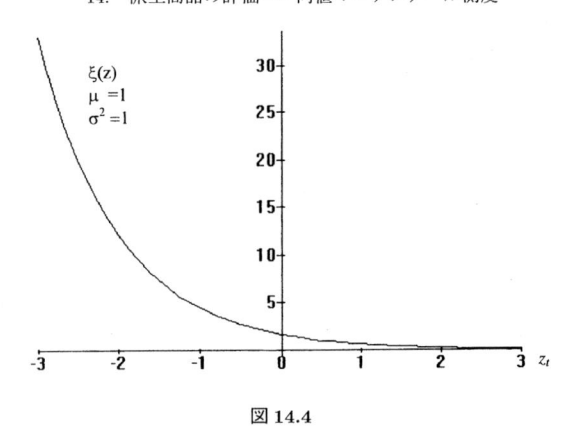

[図 14.4: $\xi(z)$, $\mu=1$, $\sigma^2=1$]

図 14.4

次式のように $dP(z_t)$ から新しい確率測度 $\tilde{P}(z_t)$ を得るのに $\xi(z_t)$ を用いた．

$$d\tilde{P}(z_t) = \xi(z_t)dP(z_t) \tag{14.68}$$

または両辺を $dP(z_t)$ で割って次式のように表す．

$$\frac{d\tilde{P}(z_t)}{dP(z_t)} = \xi(z_t) \tag{14.69}$$

この表現は微分とみなすことができる．あたかも測度 $\tilde{P}$ の P に関する「微分」が $\xi(z_t)$ で与えられるかのように読める．このような微分はラドン–ニコディム微分と呼ばれ，$\xi(z_t)$ は確率測度 $\tilde{P}$ の測度 P に関する「密度」とみなすことができる．

これに従うと，もし $\tilde{P}$ の P に関するラドン–ニコディム微分が存在するならば，そのとき，その分散構造を変えないで z_t の平均を変換する結果となる密度 $\xi(z_t)$ を用いることができる．

あきらかに，そのような変換は金融市場関係者に非常に有益なものである．なぜならば，資産価格のリスクプレミアムをボラティリティ構造に手をつけずに「消去」できるからである．オプションについていえば，たとえばオプションの価格は原資産価格の平均成長に依存しない．一方原資産のボラティリティは重要な決定要素である．そのような状況では，$\xi(z_t)$ を用いて原確率分布を変換することは非常に便利である．

図 14.4 において，この関数 $\xi(z_t)$ の 1 つの例を示す．

14.3.4 同値測度

ラドン–ニコディム微分

$$\frac{d\tilde{P}(z_t)}{dP(z_t)} = \xi(z_t) \tag{14.70}$$

はどのようなときに存在するのだろうか．すなわち，次式のような変換はいつ行えるであろうか．

$$d\tilde{P}(z_t) = \xi(z_t) dP(z_t) \tag{14.71}$$

直感的にいえば，次式の比率を意味があるように記述するためには，分母がゼロと異なる確率面積であることが必要であることに注意されたい．

$$\frac{d\tilde{P}(z_t)}{dP(z_t)} \tag{14.72}$$

逆の変換をするためには，分子がゼロと異なる必要がある．しかし，分子と分母は無限小 dz に割り当てられる確率である．よって，ラドン–ニコディム微分が存在するためには，$\tilde{P}$ が dz に対してゼロでない確率を割り当てるとき，P もゼロでない確率を割り当てなければならない．逆もまた同様に成立しなければならない．別のいい方をすると，次の条件となる．

条件 1. 間隔 dz_t が与えられた場合，確率 P と $\tilde{P}$ が次式を満たす．

$$P(dz) > 0 \qquad \text{のときに限って} \qquad \tilde{P}(dz) > 0 \tag{14.73}$$

もし，上記の条件が満たされるとき，$\xi(z_t)$ が存在し，いつでも以下の関係式を使って，2つの測度 $\tilde{P}$ と P の間を行き来できる．

$$d\tilde{P}(z_t) = \xi(z_t)\, dP(z_t) \tag{14.74}$$

$$dP(z_t) = \xi(z_t)^{-1}\, d\tilde{P}(z_t) \tag{14.75}$$

このことは実務上は，その2つの測度が「同値」であることを意味する．したがって，これらは「同値確率測度」といわれる．

14.4　ギルサノフの定理の記述

連続時間金融の適用において，ここまでは限られた用途の例だけを示してきた．連続時間ファイナンスは連続または右連続確率過程を取り扱う．一方，ここまでは確率変数の「有限」数列の変換のみを取り扱ってきた．ギルサノフの定理は z_t が連続確率過程の場合にラドン–ニコディム微分 $\xi(z_t)$ が存在するための条件を与える．連続時間ファイナンスにおける確率測度の変換ではこの定理を用いる．

まず正式な形のギルサノフの定理について述べる．この定理を用いる動機づけについては後述する．

ギルサノフの定理の準備立ては次の通りである．区間 $[0,T]$ における情報集合 $\{I_t\}$ の族が得られている．T は有限である[11]．

この間隔において，ある確率過程 ξ_t を次式のように定義する．

$$\xi_t = e^{(\int_0^t X_u\, dW_u - \frac{1}{2}\int_0^t X_u^2\, du)}, \qquad t \in [0,T] \tag{14.76}$$

ここで X_t は I_t 可測な過程である[12]．W_t は確率分布 P のウィーナー過程である．

X_t にもう1つの条件を課す．X_t は「極端」に変化してはいけない．すなわち

$$E\left[e^{\int_0^t X_u^2\, du}\right] < \infty, \quad t \in [0,T] \tag{14.77}$$

である．このことは，X_t は時間とともに「急速に」増加（または減少）しないことを意味する．(14.77) 式はノビコフ条件として知られている．

連続時間では，密度 ξ_t は「新しい」性質をもち，そのことが非常に重要であることがわかる．それはもし，ノビコフ条件が満たされれば，ξ_t は2乗可積分マーチンゲールとなることである．まずこれを明示的に示す．

伊藤の補題を使って，次式の微分を計算する．

$$d\xi_t = \left[e^{(\int_0^t X_u\, dW_u - \frac{1}{2}\int_0^t X_u^2\, du)}\right][X_t\, dW_t] \tag{14.78}$$

この式は次式に変形される．

$$d\xi_t = \xi_t X_t\, dW_t \tag{14.79}$$

また，(14.76) 式において単に $t=0$ を代入すると

$$\xi_0 = 1 \tag{14.80}$$

となる．したがって，(14.79) 式の確率積分を取ると

$$\xi_t = 1 + \int_0^t \xi_s X_s\, dW_s \tag{14.81}$$

となる．しかし，次式で表される項はウィーナー過程に関する確率積分である．

$$\int_0^t \xi_s X_s\, dW_s \tag{14.82}$$

また，$\xi_s X_s$ の項は I_t 適合でそれほど変化しない．第6章で示したように，これらはすべて，その積分が，次式で示されるように（2乗可積分）マーチンゲールであるこ

---

[11] 金融派生商品の場合において，これはあまり重大な制約ではないことに注意されたい．ほとんどすべての金融派生商品は有限の満期日がある．派生商品の満期は1年未満である場合が多い．
[12] すなわち情報集合 I_t が与えられると，X_t の値が正確に求まることを意味する．

とを意味している.

$$E\left[\int_0^t \xi_s X_s \, dW_s | I_u\right] = \int_0^u \xi_s X_s \, dW_s \tag{14.83}$$

ここで $u < t$ である. (14.81) 式によると，このことは ξ_t は（2 乗可積分）マーチンゲールであることを意味する.

これでギルサノフの定理を記述する準備ができた.

定理 6. もし (14.76) 式で定義された過程 ξ_t が情報集合 I_t に関してマーチンゲールであるとすると，そのとき (14.84) 式で定義される $\tilde{W}_t$ は I_t と (14.85) 式で与えられる確率測度 $\tilde{P}_T$ に関するウィーナー過程である.

$$\tilde{W}_t = W_t - \int_0^t X_u \, du, \quad t \in [0, T] \tag{14.84}$$

$$\tilde{P}_T(A) = E^P[1_A \xi_T] \tag{14.85}$$

ここで A は I_T における 1 つの事象を表し，1_A はその事象の指標関数を表す.

直感的にいうとこの定理は以下のことを述べている. もしウィーナー過程 W_t が与えられて，この過程の確率分布に ξ_t を乗じると，確率分布 $\tilde{P}$ の「新しい」ウィーナー過程 $\tilde{W}_t$ が得られる. これらの 2 つの過程は次式で関係づけられている.

$$d\tilde{W}_t = dW_t - X_t \, dt \tag{14.86}$$

すなわち，$\tilde{W}_t$ は W_t から I_t 適合したドリフトを差し引くことによって，得られる.

そのような変換を成し遂げる主要な条件は，ξ_t が $E[\xi_T] = 1$ なるマーチンゲールであることである.

ここでギルサノフの定理の記法と仮定をくわしく議論する. 理論の証明は Liptser & Shiryayev (1977) にみることができる.

14.5 ギルサノフの定理の議論

本節において，ギルサノフの定理で使われる記法と仮定を系統的に検討する. そして，それらを先に議論した例と関連させる. また，それらと金融モデルにおける概念の関連を示す.

まず，関数 ξ_t からはじめる.

$$\xi_t = e^{\frac{1}{\sigma^2}[\int_0^t X_u \, dW_u - \frac{1}{2} \int_0^t X_u^2 \, du]} \tag{14.87}$$

ここで，明示的に積分から（定数）σ^2 の項をくくり出している．あるいは，この項は X_u に取り入れることができる．

X_u は定数で μ と等しいと仮定せよ．

$$X_u = \mu \tag{14.88}$$

このとき，単純に指数部分の積分を行い，$W_0 = 0$ であることを思い出すと，

$$\xi_t = e^{\frac{1}{\sigma^2}[\mu W_t - \frac{1}{2}\mu^2 t]} \tag{14.89}$$

となる．これは前に議論した $\xi(z_t)$ と同様である．これは次の重要なポイントを示す．
1) ギルサノフの定理で使われる記号 X_t はもっと簡単な設定のもとでの μ と同じ役割をはたしている．それはもとの「平均」がどの程度変えられるかを表す．
2) 前述の例では，μ は時間に対して独立であった．ここで，X_t が時間 t で既知であるかぎりは，この確率変数はどんな確率変数に依存してもかまわない．これは X_t を I_t 適合させることを意味する．したがって，さらにもっと複雑なドリフト変換を考えることができる．
3) ξ_t は $E[\xi_t] = 1$ なるマーチンゲールである．

次に，ウィーナー過程 $\tilde{W}_t$ について考えよう．この過程は直感に反するところがある．$\tilde{W}_t$ と W_t の「いずれも」標準ウィーナー過程であることがわかる．したがって，それらはいかなるドリフトももたない．しかしそれらは互いに次式のような関連がある．

$$d\tilde{W}_t = dW_t - X_t dt \tag{14.90}$$

この式はもし X_t が 0 でないかぎり，これらの過程のうち少なくとも「1つ」はゼロでないドリフトをもたなければならないことを意味する．この表面上の矛盾点をどのように説明できるだろうか．

重要なのは，$\tilde{W}_t$ が $\tilde{P}$ のもとでゼロのドリフトをもち，一方 W_t は確率 P のもとでゼロのドリフトをもつということである．したがって，$\tilde{W}_t$ は確率測度を P から $\tilde{P}$ に変換した場合の動的なシステムにおける予測不能な誤差表現するために用いることができる．

また，$\tilde{W}_t$ は $-X_t dt$ の項を含んでいるので，W_t の代わりに $\tilde{W}_t$ を誤差項として使うことによって，考えている確率微分方程式のドリフトを $-X_t dt$ だけ削除できる．もしその X_t が時間依存のリスクプレミアムと解釈されるなら，その変換はすべての危険資産の成長を無リスク金利とすることができる．

最後に，以下の関係式を考えてみよう．

$$\tilde{P}_T(A) = E^P[1_A \xi_T] \tag{14.91}$$

1_A の意味は何であろうか．この関係式の意味をどのように与えられるであろうか．

1_A は，単にもし A が起こったときに 1 の価値をもつ関数である．実際に，前述の式を次式のように書き換えることができる．

$$\tilde{P}_T(A) = E^P[1_A \xi_T] = \int_A \xi_T\, dP \tag{14.92}$$

A が極小区間であるとき，この式は次式を意味する．

$$d\tilde{P}_T = \xi_T\, dP \tag{14.93}$$

この式は，前にずっと簡単な仮定のもとで行った確率変換と同様である．

確率微分方程式への適用

直感的にわかる例を示す．

dS_t を株価の増分変化とする．これらの変化は正規分布に従う微小な変化で与えられると仮定しよう．したがって S_t はウィーナー過程 W_t によって記述される確率微分方程式を使って表すことができる．

$$dS_t = \mu\, dt + \sigma\, dW_t, \qquad t \in [0, \infty) \tag{14.94}$$

ここで $W_0 = 0$ である[13]．W_t は次式の確率分布 P をもつと仮定する．

$$dP(W_t) = \frac{1}{\sqrt{2\pi t}} e^{-\frac{1}{2t}(W_t)^2} dW_t \tag{14.95}$$

あきらかに，S_t はドリフト項 $\mu\, dt$ がゼロでないかぎりマーチンゲールとはなり得ない．ここで

$$S_t = \mu \int_0^t ds + \sigma \int_0^t dW_s, \qquad t \in [0, \infty) \tag{14.96}$$

なお $S_0 = 0$．すなわち

$$S_t = \mu t + \sigma W_t \tag{14.97}$$

であることを思い出そう．このとき

$$E[S_{t+s} | S_t] = \mu(t+s) + \sigma E[W_{t+s} - W_t | S_t] + \sigma W_t \tag{14.98}$$
$$= S_t + \mu s \tag{14.99}$$

と書くことができる．なぜなら $[W_{t+s} - W_t]$ は S_t が与えられたもとで予測不能だからである．したがって，$\mu > 0, s > 0$ であるなら，

$$E[S_{t+s} | S_t] > S_t \tag{14.100}$$

---

[13] この式は再び正の確率で負の価格を許す．ここでは表記上便利であるので使用する．いずれにせよ幾何確率微分方程式は次の章で取り扱う．

となり S_t はマーチンゲールでない.

しかし,そのドリフトを差し引くことにより S_t は簡単にマーチンゲールに「変換」できる.前述した1つの方法は S_t から適切な平均を差し引くことであり,次式のように定義できる.

$$\tilde{S}_t = S_t - \mu t \tag{14.101}$$

このとき $\tilde{S}_t$ はマーチンゲールとなる.

この変換の不利な点は,$\tilde{S}_t$ を得るために μ を知る必要があることである.しかし,μ はリスクのある株式がもっている,あらゆるリスクプレミアムを取り込んでいる.一般的にそのようなリスクプレミアムは資産の公正な市場価格を知る「前」にはわからない.

S_t をマーチンゲールに変換する2つめの方法はさらに有望なものである.ギルサノフの定理を使うと,簡単に同値測度 $\tilde{P}$ に変換でき,S_t のドリフトはゼロとなる.

これを行うためには,関数 $\xi(S_t)$ を考えつかなければならない.そして S_t に関連するもとの確率にそれを乗じなければならない.次式のように S_t は P のもとで「劣」マーチンゲールであるかもしれない.

$$E^P[S_{t+s}|S_t] > S_t \tag{14.102}$$

しかしそれは $\tilde{P}$ のもとでマーチンゲールとなる.

$$E^{\tilde{P}}[S_{t+s}|S_t] = S_t \tag{14.103}$$

通常,$E[\cdot|\cdot]$ 演算子の上付き文字は期待値を評価する確率測度を表す.

この変換をするために,関数 $\xi(S_t)$ を計算する必要がある.まず,次式で表される S_t の密度を思い出してみよう.

$$f_s = \frac{1}{\sqrt{2\pi\sigma^2 t}} e^{-\frac{1}{2\sigma^2 t}(S_t - \mu t)^2} \tag{14.104}$$

これは確率測度 P を定義する.

そのような確率 P のもとで S_t をマーチンゲールにする新しい確率 $\tilde{P}$ に変換したい.

$$\xi(S_t) = e^{-\frac{1}{\sigma^2}[\mu S_t - \frac{1}{2}\mu^2 t]} \tag{14.105}$$

を定義し,f_s に $\xi(S_t)$ を乗ずることによって

$$\begin{aligned} d\tilde{P}(S_t) &= \xi(S_t)\,dP(S_t) \\ &= e^{-\frac{1}{\sigma^2}[\mu S_t - \frac{1}{2}\mu^2 t]} \frac{1}{\sqrt{2\pi\sigma^2 t}} e^{-\frac{1}{2\sigma^2 t}(S_t - \mu t)^2}\,dS_t \end{aligned} \tag{14.106}$$

を得る．または指数を再整理すると

$$= \frac{1}{\sqrt{2\pi\sigma^2 t}} e^{-\frac{1}{2\sigma^2 t}(S_t)^2} dS_t \tag{14.107}$$

となる．しかしこれはドリフトがゼロで拡散（標準偏差）が σ の正規分布の確率測度である．それは，次式のように「新たな」変動項 $\tilde{W}_t$ によって S_t の増分が書けることを意味する．

$$dS_t = \sigma d\tilde{W}_t \tag{14.108}$$

そのような過程 S_t はマーチンゲールであることを示した．ウィーナー過程 $\tilde{W}_t$ は確率 $\tilde{P}$ に関して定義される．

14.6 どの確率か

この水準の議論においてでさえ，合成確率 $\tilde{P}$ が金融証券の価格評価における中心的役割を果たす．第2章の議論によると，無裁定状態で離散時間の設定のもとで，流動性のある市場で取引されているどんな証券の「適正」価格も，以下のようなマーチンゲール式で与えられる．

$$S_t = E^{\tilde{P}}[D_t S_T] \tag{14.109}$$

ここで，$t < T$ であり，D_t は正規化が施された未知または確率的な割引関数である．外貨でなく，途中の支払いがなく，預金口座による正規化が用いられた場合，D_t は無リスク金利 r_t の関数となる．もし $r_s = r$ が一定の場合，D_t は既知となり，期待値演算子の対象外となる．

D_t と確率 $\tilde{P}$ が既知であるという事実により，(14.109) 式が非常に有益な解析ツールとなる．なぜならば，すべての派生資産に対して，満期時点 T が存在し，それは，派生資産価格 C_T は S_T により決定されることが，契約で決められているからである．よって，$C_t = F(S_t, t)$ であることを用いると，既知の $F(\cdot)$ を用いて，

$$C_t = E^{\tilde{P}}[D_t C_T]$$
$$= E^{\tilde{P}}[D_t F(S_T, T)]$$

と記述できる．次に，市場の実務家は派生資産の評価を行うために，以下の直接的なステップを踏むことになる．

1) 第1に，確率分布 $\tilde{P}$ を選択する必要がある．これは，一般的には，金融の基礎理論に基づいて，もとの過程の1次や2次のモーメントを選択することにより間接的に行われる．たとえば，どんな途中支払や，外貨の支払もない場合，微

となる。これは、仮定した確率微分方程式の無裁定関係を定義するものである。

$$\frac{E^{\tilde{P}}[S_{t+\Delta}]}{S_t} \cong r_t\Delta \tag{14.110}$$

2) 第2に、市場実務者は確率微分方程式のパラメーターを推計する必要がある。この重要な作業はしばしば、ボラティリティが直接価格付けされている流動性のあるオプション、キャップ／フロアー市場のデータに基づいて行われる。しかし、その場合もパラメータ推計は注意深く行う必要がある。

3) 一度もとの合成確率と過程を決定すると、その作業は、(14.109) 式において期待値そのものの計算の一部を省略することになる。これは解析解の計算や期待値の数値解析のいずれでも行える。解析解の場合、積分を行うと、$E^{\tilde{P}}[F(S_T,T)]$ の期待値が求まる。

$$\int_{S_{\min}}^{S_{\max}} F(S_T,T) d\tilde{P}(S_T) \tag{14.111}$$

ここで、$d\tilde{P}(S_T)$ は、S_T における特定の無限小変量に関するマーチンゲール確率である。$S_{\min}, S_{\max}$ は、S_T における移動可能範囲である。

モンテカルロによる評価の場合、以下のような近似を用いるかもしれない。

$$E^{\tilde{P}}[F(S_T,T)] \cong \frac{1}{N}\sum_{j=1}^{N}[F(S_T^j,T)] \tag{14.112}$$

ここで、$j=1,\ldots,N$ は無裁定確率 $\tilde{P}$ から無作為に選ばれた S_T の軌道のインデックスである。これと似たような手続きをモンテカルロ法と呼ぶ。大量の回数を実施し、もし、無作為性が S_T^j の選択を正確にモデル化し、軌道の数 N が無限大となるなら、上記の平均は真の期待値に収束するであろうことが保証される。よって、近似は任意のよいものとなりうる[*14]。

4) 最後の手続きは簡単である。割引関数 D_t が既知のとき、現在価値を表現するために D_t で除する。もし、D_t そのものがランダムであるとき、そのランダムな動きを期待値演算子のうちの S_T に同時に考慮する必要がある。

これらの計算における $\tilde{P}$ の果たす役割はあきらかに非常に重要である。マーチンゲール確率を使うことによって、確率過程 S_t の真の確率分布をモデル化しなくとも、またはリスクプレミアムのモデル化を行わなくとも評価できる。その両方とも、困難であり、主観的なモデル選択となる[*15]。

[*14] しかしながら、必要な回数のシミュレーションを行うことは時間的に技術的に多大な努力を要するかもしれない。

[*15] 対照的に、$\tilde{P}$ は唯一のものであり主観的である。すべての実務家はそれに同意するであろう。

これにより，われわれが議論したい主題があきらかとなった．マーチンゲール確率 $\tilde{P}$ は市場の実務家にとって重要なツールであることがあきらかとなってきた．またそれは計量経済学者と呼ばれる人にとっても重要である．

すべてにあてはまるわけではないが，一般的に，計量経済学者の目的は，最良の S_T の予測値を得ることであると考えられる．そのとき，$\tilde{P}$ を用いても，さんざんな結果しか得られないだろう．これを理解するために，時点 T の世界において M の可能な状態が存在すると仮定する．S_T の最良の予測は $\hat{S}_t$ で表され，次式が与えられる．

$$\hat{S}_t = p^1 S_T^1 + \cdots + p^M S_T^M \tag{14.113}$$

$$= \sum_{j=1}^{M} p^j S_T^j \tag{14.114}$$

このように，$\hat{S}_t$ はとりうる値 S_T^j に対応する真の確率 p^j を乗ずることによって得られるであろう[*16]．あきらかに，もし，p^j の代わりに $\tilde{p}^j$ を使ったならば，予測結果は以下のようになる．

$$\hat{S}_t = \tilde{p}^1 S_T^1 + \cdots + \tilde{p}^M S_T^M \tag{14.115}$$

$$= \sum_{j=1}^{M} \tilde{p}^j S_T^j \tag{14.116}$$

これは，S_t が間隔 Δ の間にあるとき，まったく不正確なものとなる．なぜならば，$\tilde{P}$ のもとで，S_t はリスクプレミアム μ を取り入れた真の期待成長率 $((r_t+\mu)\Delta)$ よりも，不正確な比率 $r_t \Delta$ で成長すると考えられるからである．S_t の起こりうる成長を誤って表すと，マーチンゲール確率 $\tilde{P}$ は確かに満足のいく予測を生成しないかもしれない．しかし，$\tilde{P}$ は価格評価の過程で有益である．予測を行うためには，意思決定者はあきらかに実世界の確率を使って $E^P[\cdot]$ 演算子に適用しなければならない．

14.7 同値確率生成のための手法

ギルサノフの定理で触れたように，確率を生成するのにマーチンゲールを用いることができる興味深い方法がある．たとえば，非負の値だけとみなせる確率過程 Z_t を定義してみよう．たとえば，以下の性質をもつ確率過程 Z_t を選択することを考えてみよう．確率 P のもとで，すべての t に対して，

$$E^P[Z_t] = 1 \tag{14.117}$$

[*16] さらに正確にいうならば，ここで p^j は条件付き確率であろう．

$$0 \leq Z_t \tag{14.118}$$

新たな確率を生成する際に,このような Z は非常に有益であることを示す.

実線 R における集合 A を考えてみよう.そしてその指標関数(indicator function)を 1_A と定義する.

$$1_A = \begin{cases} 1 & Z_t \in A \text{ のとき} \\ 0 & \text{その他} \end{cases} \tag{14.119}$$

これは,もし Z_t の値が A に含まれる場合,1_A は 1,それ以外は 0 であることを示す.われわれは以下の表現の意味するところを調べたい.

$$E^P[Z_t 1_A] \tag{14.120}$$

ここで,A は Z_t がとりうる値の集合を表す.とくに,この表現が Z_t に対する新たな確率 $\tilde{P}$ をどのように定義するかを示したい.

まず,いくつかのわかりやすい例を示す.Z_t の期待値は 1 である.この確率過程に指標関数 1_A を乗ずると,Z_t が集合 A に含まれる場合のほかはゼロとなる.また Z_t が負となり得ないことを思い出してみよう.このことにより,

$$0 \leq E^P[Z_t 1_A] \tag{14.121}$$

となる.第 2 に,Ω が Z_t[*17] のすべてのとりうる値を表すとしよう.そして,この集合を以下のように n の排他的な集合 A_i に分けるとする.

$$A_1 + \cdots + A_n = \Omega \tag{14.122}$$

そのとき,Z_t の値にかかわらず,

$$1_{A_1} + \cdots + 1_{A_n} = 1 = 1_\Omega \tag{14.123}$$

となる.したがって,

$$E^P[Z_t] = E^P[Z_t 1_\Omega] \tag{14.124}$$

と記述でき,または以下のように表現することもできる.

$$E^P[Z_t] = E^P[Z_t 1_{A_1}] + E^P[Z_t 1_{A_2}] + \cdots + E^P[Z_t 1_{A_n}] \tag{14.125}$$
$$= 1 \tag{14.126}$$

したがって,各々の $E^P[Z_t 1_{A_i}]$ は正であり,合計すると 1 となる.

[*17] もし Z_t が金融資産の価格を表し,そのとき Ω がすべて正の実数であるとする.最小の呼び値がある場合,Ω は可算な正の有理の数の集合となる.

14.7 同値確率生成のための手法

もし，これらの項を

$$E^P[Z_t 1_{A_i}] = \tilde{P}(A_i) \tag{14.127}$$

とおくと，集合 A_i のための Z_t に関する新しい確率を得ることが必要であるといえる．よって，

$$\tilde{P}(A_i) \geq 0 \tag{14.128}$$

$$\sum_{i=1}^{n} \tilde{P}(A_i) = 1 \tag{14.129}$$

となる．$\tilde{P}(A_i)$ の値は，以下のように Z_t に関するもとの真の確率 $P(A_i)$ とまったく異なるかもしれないということに注意されたい．

$$Prob(Z_t \in A_i) = P(A_i) \tag{14.130}$$

このように，この特別な場合において，まず真の確率 P から始めると，期待値は

$$E^P[Z_t 1_A] \tag{14.131}$$

となり，もし，

$$E^P[Z_t] = 1 \tag{14.132}$$

でかつ

$$Z_t \geq 0 \tag{14.133}$$

であれば，真の確率分布を生成できる．

もし，さらに Z_t の確率過程がマーチンゲールであれば，異なる時点間の確率の新しい集合のための整合的な状態が満たされるであろう．

これらの技術的要件を議論せずに，これらの概念の表現における別の方法についてみることにする．真の確率 P が確率密度関数 $f(z)$ をもつとする．

$$Prob(Z_t \in A_i) = \int_{A_i} f(z)\,dz \tag{14.134}$$

そのとき，定義により，

$$E^P[Z_t] = \int_{\Omega} z f(z)\,dz = 1 \tag{14.135}$$

となり，前述したように，

$$E^P[Z_t 1_{A_i}] = \int_{\Omega} 1_{A_i} z f(z)\,dz \tag{14.136}$$

$$= \int_{A_i} z f(z)\,dz \tag{14.137}$$

$$= \tilde{P}(A_i)$$

となる.

ここで，確率 P のもとでのいくつかの関数 $g(X_t)$ の期待値を計算する必要があるとする.

$$E^P[g(X_t)] = \int_\Omega g(x)f(x)\,dx \tag{14.138}$$

同様に，X_t の関数である Z_t を用いて，この $g(x)$ を記述する方法を発見できたとすると，

$$g(X_t) = Z_t h(X_t)$$

となる.次に，以下の有益な変換に注目されたい.

$$E^P[g(X_t)] = \int_\Omega g(x)f(x)\,dx \tag{14.139}$$

$$= \int_\Omega zh(x)f(x)\,dx \tag{14.140}$$

$$= \int_\Omega h(x)\tilde{f}(x)\,dx = E^{\tilde{P}}[h(x)]$$

この最後の積分は，もとの (14.139) 式よりも取扱いが容易であることがわかる.これらの概念の応用に移ることにする.

14.7.1 例

以下のように定義される確率変数 Z_t について考えてみよう.

$$Z_t = e^{[\sigma W_t - \frac{1}{2}\sigma^2 t]} \tag{14.141}$$

ここで W_t は平均 0 分散 t の確率 P のもとでウィーナー過程である.$0 < \sigma$ は既知で一定である.

定義により $0 \leq Z_t$ であることに注意されたい.今その 1 次のモーメントについて考える.直接的に期待値をとると，

$$E^P[Z_t] = \int_{-\infty}^{\infty} e^{\sigma W_t - \frac{1}{2}\sigma^2 t} \frac{1}{\sqrt{2t}} e^{-\frac{1}{2t}W_t^2}\,dW_t \tag{14.142}$$

となる.これは，

$$E^P[Z_t] = \int_{-\infty}^{\infty} \frac{1}{\sqrt{2t}} e^{-\frac{1}{2t}(W_t^2 - 2\sigma t W_t + \sigma^2 t^2)}\,dW_t \tag{14.143}$$

$$= \int_{-\infty}^{\infty} \left[\frac{1}{\sqrt{2t}} e^{-\frac{1}{2t}(W_t - \sigma t)^2}\right] dW_t \tag{14.144}$$

と簡略化できる．しかし積分される関数は，平均 σt，分散 t の正規確率密度関数である．したがって，マイナス無限大からプラス無限大まで積分すると，

$$\int_{-\infty}^{\infty}\left[\frac{1}{\sqrt{2t}}e^{-\frac{1}{2t}(W_t-\sigma t)^2}\right]dW_t = 1 \quad (14.145)$$

を得る．これは

$$E^P[Z_t] = 1 \quad (14.146)$$

を意味する．よって，$e^{[\sigma W_t - \frac{1}{2}\sigma^2 t]}$ は，前節で議論した非負の確率過程 Z_t の都合のよい候補となる．それが正でその期待値は1であるため，同値確率を生成するのに用いられる．

実際，集合 $A \in R$ が与えられた場合，以下のようにもとの確率 P から期待値を計算して新たな確率 $\tilde{P}(A)$ を定義できる．

$$\tilde{P}(A) = E^P\left[e^{[\sigma W_t - \frac{1}{2}\sigma^2 t]}1_A\right] \quad (14.147)$$

この関数を用いて金融証券をどのように価格評価できるのであろうか．

ブラック–ショールズの仮定のもとで記述された権利行使価格 K のコールオプション C_t の無裁定価格について考えてみよう．

$$C_t = e^{-r(T-t)}E^{\tilde{P}}[\max\{S_T - K, 0\}] \quad (14.148)$$

ここで，ブラック–ショールズのフレームワークによると，S_t はリスク中立確率 $\tilde{P}$ のもとでの以下のような確率微分方程式に従う幾何的過程となる．

$$dS_t = rS_t dt + \sigma S_t dW_t \quad (14.149)$$

いま，確率微分方程式の解は以下のような S_t で与えられることがわかる．

$$S_t = S_0 e^{(rt + \sigma W_t - \frac{1}{2}\sigma^2 t)} \quad (14.150)$$

したがって，(14.148) 式における S_T を置き換えると次式を得る．

$$C_t = e^{-r(T-t)}E_t^{\tilde{P}}\left[\max\left[S_t e^{r(T-t) + \sigma(W_T - W_t) - \frac{1}{2}\sigma^2(T-t)} - K, 0\right]\right] \quad (14.151)$$

興味深いことに注目されたい．(14.141) 式によって導かれる変数 Z_t の意味は，この表現に含まれている．事実，指数項を2つに分けると，

$$E_t^{\tilde{P}}\left[\max\left[S_t e^{r(T-t) + \sigma(W_T - W_t) - \frac{1}{2}\sigma^2(T-t)} - K, 0\right]\right] \quad (14.152)$$

$$= E_t^{\tilde{P}}\left[\max\left[S_t e^{\sigma(W_T - W_t) - \frac{1}{2}\sigma^2(T-t)} e^{r(T-t)} - K, 0\right]\right] \quad (14.153)$$

と記述できる．または，以下のように因数分解できる．

$$= E_t^{\tilde{P}}\left[e^{\sigma(W_T-W_t)-\frac{1}{2}\sigma^2(T-t)}\max\left[S_t e^{r(T-t)} - \left(e^{-\sigma(W_T-W_t)+\frac{1}{2}\sigma^2(T-t)}\right)K, 0\right]\right] \tag{14.154}$$

ここで，前述したように，

$$Z_T = e^{\sigma(W_T-W_t)-\frac{1}{2}\sigma^2(T-t)}$$

とすると，

$$\tilde{P}(A) = E^{\tilde{P}}[Z 1_A]$$

と定義されるいくつかの確率 $\tilde{P}$ に対して，

$$E_t^{\tilde{P}}\left[e^{\sigma(W_T-W_t)-\frac{1}{2}\sigma^2(T-t)}\max\left[S_t e^{r(T-t)} - \left(e^{-\sigma(W_T-W_t)+\frac{1}{2}\sigma^2(T-t)}\right)K, 0\right]\right]$$
$$= E_t^{\tilde{P}}\left[Z_T \max\left[S_T e^{r(T-t)} - \left(e^{-\sigma(W_T-W_t)+\frac{1}{2}\sigma^2(T-t)}\right)K, 0\right]\right] \tag{14.155}$$
$$= E_t^{\tilde{P}}\left[\max\left[S_t e^{r(T-t)} - \left(e^{-\sigma(W_T-W_t)+\frac{1}{2}\sigma^2(T-t)}\right)K, 0\right]\right] \tag{14.156}$$

と記述できる．確率 $\tilde{P}$ に置き換えることで，Z_T で表される項は簡単に消去され，その式は計算しやすいものとなることに注目されたい．エキゾチックオプションの評価の場合，この方法を用いた変換は価格評価式を得る便利な方法であることがわかる．本質的には，幾何的過程の期待値に Z_T のようなもので表すことができる暗黙の項を含んでいることは，わかっている．それは本節で議論した方法を用いて，直接的に測度変換することが可能である．得られた期待値は価格評価することがより簡単になるかもしれない．

14.8 お わ り に

結論として，S_t をマーチンゲール過程に変換する重要なステップのいくつかを再確認する．

- 変換は S_t の分布を P から $\tilde{P}$ に変換することによってなされる．この変換は新しい誤差項 $\tilde{W}_t$ を用いることによって成し遂げられる．
- この新しい誤差項 $\tilde{W}_t$ は，同じ分散をもっていた．
- (14.108) 式と (14.94) 式の違いは，S_t の平均が変わる「一方」，誤差項の平均ゼロの性質を維持していることである．これは原確率変数から「定数を差し引く」のではなく，分布を変えることによって成し遂げられる．
- この例でさらに重要なことは，変換が S_t をマーチンゲールに変換することに用いられたことである．金融モデルでは，S_t よりも $e^{-rt}S_t$ へこの変換を適用した

いかもしれない．$e^{-rt}S_t$ は資産価値の割引価値を表し，その割り引きは(無リスク)金利 r に関してなされる．これを成し遂げるためには関数 $\xi(S_t)$ は再定義しなければならないのはあきらかである．

14.9 参 考 文 献

ギルサノフの定義を使用した確率過程のマーチンゲールへの変換は確率微積分における奥の深いトピックである．したがって，この方法の技術的な背景の文献は上級レベルのものである．Karatzas & Shreve (1991) はより直感的な議論の1つである．Liptser & Shiryayev (1977) は包括的な文献である．

14.10 演 習 問 題

1. 以下の値と対応する確率をもつ確率変数 Δx について考える．

$$\{\Delta x = 1, p(\Delta x = 1) = 0.3\}$$
$$\{\Delta x = -0.5, p(\Delta x = -0.5) = 0.2\}$$
$$\{\Delta x = 0.2, p(\Delta x = 0.2) = 0.5\}$$

   (a) 確率変数の平均と分散を計算せよ．
   (b) 確率変数の平均を Δx から適切な定数を減じて 0.05 に変換せよ．たとえば，以下のように平均値 0.05 である Δy を用いて計算せよ．

$$\Delta y = \Delta x - \mu$$

   (c) 分散を変換することは可能か．
   (d) 再度，分散を一定とするために，確率変換によって同様の変換を行ってみよ．
   (e) Δx の値は変化したか．

2. 定数 t に対して以下の対数正規分布をもつ株価の収益率 R_t を仮定する．

$$\log(R_t) \sim N(\mu, \sigma^2)$$

$\log(R_t)$ の確率密度が $f(R_t)$ によって記述され，$\mu = 0.17$ と仮定する．さらに分散は $\sigma^2 = 0.09$ とする．

   (a) $\xi(R_t)f(R_t)$, R_t が無リスク金利 $r = 0.05$ と同じ平均をもつ確率密度のもとでの関数 $\xi(R_t)$ を求めよ．
   (b) R_t の平均がゼロであるような $\xi(R_t)$ を求めよ．

(c)
$$E[R_t^2]$$
を計算するのには，いずれの確率のほうが簡単であるか．

(d) これらの確率のもとで分散は異なるか．

3. 長期金利 R と短期金利 r は既知で，分散共分散行列 Σ，平均値 μ に従う合成正規分布であるとする．これらの分散共分散は

$$\Sigma = \begin{bmatrix} 0.5 & 0.1 \\ 0.1 & 0.9 \end{bmatrix}$$

で与えられ，平均は，

$$\mu = \begin{bmatrix} 0.07 \\ 0.05 \end{bmatrix}$$

である．対応する合成確率密度関数は $f(R,r)$ と表されるとする．

(a) Mathematica または Maple plot を用いて合成確率密度関数をプロットせよ．

(b) 以下の確率のもとで平均がゼロである金利の関数 $\xi(R,r)$ を求めよ．

$$d\tilde{P} = \xi(R,r)f(R,r)dRdr$$

(c) $\xi(R,r)$ と新しい確率密度関数をプロットせよ．

(d) 金利ベクトルの分散共分散行列は変化したか．

15

同値マーチンゲール測度の適用

15.1 はじめに

本章では，同値なマーチンゲール測度の手法がどのように適用されるかを示す．このためにオプションの価格評価を用いる．無配当の株式 S_t を原資産とするヨーロッパ型コールオプション C_t の無裁定価格を算出する方法には2通りあることが知られている．

1) ブラック–ショールズの元々のアプローチでは，(1) 無リスクポートフォリオを作成し，(2) $F(S_t, t)$ の偏微分方程式を得て，(3) 直接的あるいは数値的にその偏微分方程式を解く．

2) マーチンゲール手法では，S_t がマーチンゲールとなる「合成的な」確率 $\tilde{P}$ を探す．そうして，

$$C_t = E^{\tilde{P}} e^{-r(T-t)} [\max(S_T - K, 0)] \tag{15.1}$$

を解析的あるいは数値的に計算する．

本章の最初の主要なトピックは，マーチンゲール・アプローチを一段階ずつ取り扱うことである．ここでは，ブラック–ショールズでおかれた仮定からはじめて，どのように（割り引かれた）資産価格がマーチンゲールに変換されるかを示す．それは，同値マーチンゲール測度 $\tilde{P}$ をみつけることでなされる．この適用においては，直接的にギルサノフの定理を用いない．

ギルサノフの定理は章の後半で明示的に適用され，資産の価格評価における2つのアプローチの対応も論じられる．とくに（割り引かれた）コール価格をマーチンゲールに変換することは，$F(S_t, t)$ がある特定の偏微分方程式を満たすことと同値であるが，その偏微分方程式は以前の章で紹介されたブラック–ショールズの偏微分方程式と同じであることがわかる．偏微分方程式アプローチとマーチンゲール・アプローチが密接に関係していることが結論づけられる．

15.2 マーチンゲール測度

無リスクポートフォリオを作成し,導出される偏微分方程式を用いる手法は第 12 章で論じられたが,そこではブラック–ショールズ式を段階的に導出することは行わなかった.

同値マーチンゲール測度の手法は,同じ式を得るのに異なった方法を採用する.その導出はいくつかの点で手間であるが,直接的な数式の計算であり,結果的には考え方が非常に簡単である.このアプローチを用いて,ブラック–ショールズ式を段階的に導出していく.

最初にいくつかの途中結果について議論しておく必要がある.それらの結果は,資産価格式において繰り返し現れるので,それ自身重要である.

15.2.1 積率母関数

いま,Y_t を Y_0 を所与とした連続時間過程

$$Y_t \sim N(\mu t, \sigma^2 t) \tag{15.2}$$

とする[*1].

S_t を幾何過程

$$S_t = S_0 e^{Y_t} \tag{15.3}$$

と定義する.S_0 は S_t の最初の点であり,外生的に与えられる[*2].Y_t の積率母関数を計算しよう.

$M(\lambda)$ で記述される積率母関数は Y_t を含む特性関数の期待値である.

$$M(\lambda) = E[e^{Y_t \lambda}] \tag{15.4}$$

ここで λ は任意のパラメーターである.この積率母関数の直接的な定式は,資産評価の公式において有用である.より重要な点としては,積率母関数を得るために行わなければならない計算は,確率微積分における標準的な操作を説明することになる.次項は,この点においても有用である.

[*1)] Y_t は一般化ウィーナー過程と呼ばれることもある.なぜなら,それは 0 でない期待値をもち,分散は必ずしも 1 でないからである.

[*2)] Y_t と独立であるかぎり,S_0 は確率変数であってもよい.

計　算

(15.2) 式における分布を用いて，$E[e^{Y_t\lambda}]$ は明示的に算出される．(15.4) 式の定義から，

$$E[e^{Y_t\lambda}] = \int_{-\infty}^{\infty} e^{Y_t\lambda} \frac{1}{\sqrt{2\pi\sigma^2 t}} e^{-\frac{1}{2}\frac{(Y_t-\mu t)^2}{\sigma^2 t}} dY_t \qquad (15.5)$$

と書ける．積分内の式は指数部分をまとめることで簡単になる．

$$E[e^{\lambda Y_t}] = \int_{-\infty}^{\infty} \frac{1}{\sqrt{2\pi\sigma^2 t}} e^{-\frac{1}{2}\frac{(Y_t-\mu t)^2}{\sigma^2 t}+\lambda Y_t} dY_t \qquad (15.6)$$

この式では，指数は完全平方ではない．しかし，右辺に

$$e^{-(\lambda\mu t+\frac{1}{2}\sigma^2 t\lambda^2)} e^{(\lambda\mu t+\frac{1}{2}\sigma^2 t\lambda^2)} = 1 \qquad (15.7)$$

を乗じることによって，完全平方にできる．こうして，(15.6) 式は

$$E[e^{Y_t\lambda}] = \int_{-\infty}^{\infty} \frac{1}{\sqrt{2\pi\sigma^2 t}} e^{(\lambda\mu t+\frac{1}{2}\sigma^2 t\lambda^2)} e^{-\frac{1}{2}\frac{(Y_t-\mu t)^2}{\sigma^2 t}+Y_t\lambda-(\lambda\mu t+\frac{1}{2}\sigma^2 t\lambda^2)} dY_t \qquad (15.8)$$

となる．

2 つ目の指数関数の指数部分は，2 乗の形式となっている．Y_t と独立な項は外に出せる．こうして，

$$E[e^{Y_t\lambda}] = e^{(\lambda\mu t+\frac{1}{2}\sigma^2\lambda^2 t)} \int_{-\infty}^{\infty} \frac{1}{\sqrt{2\pi\sigma^2 t}} e^{-\frac{1}{2}\frac{(Y_t-(\mu t+\sigma^2 t\lambda))^2}{\sigma^2 t}} dY_t \qquad (15.9)$$

が得られる．

しかし，この式の右側の積分は，正規分布に従う確率変数の密度関数の面積である．ゆえに積分すると 1 になる．これにより次式が得られた．

$$M(\lambda) = e^{\lambda\mu t+\frac{1}{2}\sigma^2 t\lambda^2} \qquad (15.10)$$

積率母関数は統計における有用なツールである．もし，λ に関する k 次の微分が計算され，$\lambda = 0$ で評価されたなら，その確率変数の k 次のモーメントが得られる．

たとえば，λ に対する (15.10) 式の 1 次微分をとることで，Y_t の 1 次モーメントが計算される．

$$\frac{\partial M}{\partial \lambda} = (\mu t+\sigma^2 t\lambda) e^{\lambda\mu t+\frac{1}{2}\sigma^2 t\lambda^2} \qquad (15.11)$$

この式の λ に 0 を代入することで，

$$\left.\frac{\partial M}{\partial \lambda}\right|_{\lambda=0} = \mu t \qquad (15.12)$$

となる. 2次モーメント*3)を得るには, 2次微分をとって λ を 0 とする.

$$\left.\frac{\partial^2 M}{\partial \lambda^2}\right|_{\lambda=0} = \sigma^2 t \tag{15.13}$$

これらは有用な性質である. しかし, それは資産の価格評価においては二義的に重要であるにすぎない. 価格評価における積率母関数の有用性が, (15.10) 式に関連している

$$E[e^{\lambda Y_t}] = e^{\lambda \mu t + \frac{1}{2}\sigma^2 t \lambda^2} \tag{15.14}$$

の関係を, 結果そのものとして用いるのである. この後, いく度か幾何過程の期待値を取る必要がある. 先の結果は, 幾何過程を含む期待値の明示的な公式を与える点で非常に便利である.

15.2.2 幾何過程の条件付き期待値

マーチンゲール手法を用いる金融派生資産の価格評価において, 評価しなければならない1つの式が条件付き期待値 $E[S_t|S_u, u<t]$ である. ここで S_t は前に述べた幾何過程である. これは, マーチンゲール手法を進める前に必要な第2の中間結果である.

前項と同じ仮定を用いて,

$$S_t = S_0 e^{Y_t}, \qquad t \in [0, \infty) \tag{15.15}$$

と仮定する. Y_t の分布は, ここでも

$$Y_t \sim N(\mu t, \sigma^2 t) \tag{15.16}$$

である.

定義により,

$$Y_t = Y_s + \int_s^t dY_u \tag{15.17}$$

は常に真である. ΔY_t を

$$\Delta Y_t = \int_s^t dY_u \tag{15.18}$$

と定義する. 一般化ウィーナー過程の定義から,

$$\Delta Y_t \sim N(\mu(t-s), \sigma^2(t-s)) \tag{15.19}$$

---

*3) 訳注:原点の周りの.

となる．したがって，ΔY_t も同様に正規分布する確率変数である．前節の計算に従えば，積率母関数は

$$M(\lambda) = e^{\lambda\mu(t-s)+\frac{1}{2}\sigma^2\lambda^2(t-s)} \tag{15.20}$$

で与えられる．これらを使えば，幾何ブラウン運動の条件付き期待値を計算することができる．S_u は非確率変数として扱えるので，

$$E\left[\frac{S_t}{S_u}\bigg|S_u, u<t\right] = E[e^{\Delta Y_t}|S_u] \tag{15.21}$$

からはじめる．ΔY_t が $u<t$ で Y_u と独立であることを思い出せば，

$$E[e^{\Delta Y_t}|S_u] = E[e^{\Delta Y_t}] \tag{15.22}$$

となる．しかし，$E[e^{\Delta Y_t}]$ は (15.10) 式の積率母関数を $\lambda=1$ で評価したものである．この λ の値を (15.10) 式に代入して，

$$E[e^{\Delta Y_t}] = e^{\mu(t-u)+\frac{1}{2}\sigma^2(t-u)} \tag{15.23}$$

$$= E\left[\frac{S_t}{S_u}\bigg|S_u\right] \tag{15.24}$$

が得られる．あるいは，両辺に S_u をかけて

$$E[S_t|S_u, u<t] = S_u e^{\mu(t-u)+\frac{1}{2}\sigma^2(t-u)} \tag{15.25}$$

である．この式により，幾何過程の条件付き期待値が与えられる．それは，資産評価理論に通常用いられるし，この後の議論においても用いられる．

15.3 資産価格のマーチンゲールへの変換

ここまでと同様に，

$$S_t = S_0 e^{Y_t}, \quad t \in [0,\infty) \tag{15.26}$$

を仮定せよ．ここで Y_t は分布が P で記述されるウィーナー過程である．ここで P は，資産価格 S_t に影響を与える無限小の変化を与える「真の」確率測度である．

観察される S_t の値は，P によって与えられる確率に従って生じる．しかしこのことは，金融アナリストがこの分布を最も便利と考えていることを意味するわけではない．実際第 14 章で述べたように，資産価格評価をずっと容易にする同値の確率測度 $\tilde{P}$ が得られるかもしれない．資産価格をマーチンゲールに変換する確率測度を用いるのは，まさにこのためである．

本節では，そのような確率測度をどのようにしてみつけるかの一例を議論する．
S_t の「真の」分布が Y_t の分布で決定されることを思い出せば，確率 P は

$$Y_t \sim N(\mu t, \sigma^2 t), \qquad t \in [0, \infty) \tag{15.27}$$

によって与えられることとなる．

いま，S_t が時刻 t における原資産の価格を表し，$S_u, u < t$ が t より前の時刻 u での価格を表すと仮定する．

まず第1に，無リスク金利で割り引かれた資産 S_t はリスクがあるので，マーチンゲールではありえない．違ういい方をすれば，真の確率測度 P のもとでは，

$$E^P[e^{-rt}S_t|S_u, u < t] = e^{-ru}S_u \tag{15.28}$$

とは「なりえない」．

実際，リスクプレミアムが存在するので，一般には

$$E^P[e^{-rt}S_t|S_u, u < t] > e^{-ru}S_u \tag{15.29}$$

である．「真の」確率測度 P のもとでは，

$$Z_t = e^{-rt}S_t \tag{15.30}$$

で定義される割り引かれた過程 Z_t はマーチンゲールではありえない．

しかし，第14章で導入された考えを用いて，Z_t のドリフトを変化させ，マーチンゲールに変換することができる．いくつかの条件のもとでは，等式

$$E^{\tilde{P}}\left[e^{-rt}S_t|S_u, u < t\right] = e^{-ru}S_u \tag{15.31}$$

を満足するような同値確率測度 $\tilde{P}$ をみつけることが可能である．これは Z_t を用いて表現すれば，

$$E^{\tilde{P}}[Z_t|Z_u, u < t] = Z_u \tag{15.32}$$

とも書ける．変動を支配する誤差項を，ウィーナー過程 W_t から確率 $\tilde{P}$ のもとでの新しい過程 $\tilde{W}_t$ へと変換することにより，dZ_t のドリフトはゼロとなる．問題は，そのような確率測度 $\tilde{P}$ をみつける方法である．次項ではそれを明示する．

15.3.1 $\tilde{P}$ の決定

問題はこうである．算出される期待値が

$$E^{\tilde{P}}[e^{-rt}S_t|S_u, u < t] = e^{-ru}S_u \tag{15.33}$$

15.3 資産価格のマーチンゲールへの変換

となる確率測度 $\tilde{P}$ をみつける必要がある.すなわち,S_t がマーチンゲールとなるような確率測度 $\tilde{P}$ である[*4].

そのような $\tilde{P}$ はどのようにしてみつけられるだろうか.それはどのような形式であろうか.

この問題に答えるために順を追って説明する.われわれは

$$S_t = S_0 e^{Y_t} \tag{15.34}$$

であることを知っている.ここで Y_t は P で表される分布

$$Y_t \sim N(\mu t, \sigma^2 t) \tag{15.35}$$

を有している.さて「新しい」確率 $\tilde{P}$ を

$$N(\rho t, \sigma^2 t) \tag{15.36}$$

で定義する.ここで,ドリフトのパラメーター ρ は任意であり,2つの測度,P と $\tilde{P}$ との唯一の違いである.2つの確率は同一の分散パラメーターをもつ.(15.36)式で与えられる確率を用いて,条件付き期待値

$$E^{\tilde{P}}[e^{-r(t-u)}S_t | S_u, u < t] \tag{15.37}$$

を評価することができる.実際,そのような条件付き期待値は (15.25) 式ですでに導出された.すなわち,

$$E^{\tilde{P}}[e^{-r(t-u)}S_t | S_u, u < t] = S_u e^{-r(t-u)} e^{\rho(t-u) + \frac{1}{2}\sigma^2(t-u)} \tag{15.38}$$

となる.この期待値は確率 $\tilde{P}$ に対してとられているので,式の右辺は μ ではなく ρ に依存していることに注意せよ.

(15.36) 式におけるパラメーター ρ は「任意」である.$\tilde{P}$ のもとでマーチンゲール条件が満たされるかぎりにおいて,そのパラメーターを望むように選ぶことができるわけである.とくに,ρ を

$$\rho = r - \frac{1}{2}\sigma^2 \tag{15.39}$$

と定義する.いまや,パラメーター ρ は,ボラティリティ σ と無リスク金利 r により固定されている.この ρ の選択に対する重要な観点は,(15.38) 式の右辺における指数が1となることである.なぜなら,ρ がその値であれば,

$$-r(t-u) + \rho(t-u) + \frac{1}{2}\sigma^2(t-u) = 0 \tag{15.40}$$

[*4] 通常通り,S_t がマーチンゲールであるためのほかの正則条件を満たしていると仮定する.

となるからである．これを (15.38) 式に代入すると

$$E^{\tilde{P}}[e^{-r(t-u)}S_t|S_u, u<t] = S_u \tag{15.41}$$

である．e^{ru} を右辺に移項して

$$E^{\tilde{P}}[e^{-rt}S_t|S_u, u<t] = e^{-ru}S_u \tag{15.42}$$

これはマーチンゲールの条件である．これは，$e^{-rt}S_t$ が $\tilde{P}$ のもとでマーチンゲールになっていることを意味している．

ρ に対して特定の値を決めることによって，資産価格の期待値がマーチンゲール性を有する確率分布をみつけることができた．この特定の場合にはこの分布は正規であり，その形状は

$$N\left(\left(r-\frac{1}{2}\sigma^2\right)t, \sigma^2 t\right) \tag{15.43}$$

で与えられる．あきらかに，この確率は (15.35) 式における「真の」確率測度 P とは異なっている．違いは平均である．

15.3.2 同値マーチンゲール確率測度が意味する確率微分方程式

前項の議論で，資産価格の「真の」分布が確率測度 P によって支配されている場合に，いかに同値マーチンゲール測度 $\tilde{P}$ を決定するかが述べられた．2 つの確率測度のもとでそれらが意味する確率微分方程式を比較することは有益である．

S_t は

$$S_t = S_0 e^{Y_t}, \qquad t \in [0, \infty) \tag{15.44}$$

で与えられる．ここで Y_t は平均 μt，分散 $\sigma^2 t$ で正規分布する．ほかのいい方をすれば，増分 dY_t は

$$dY_t = \mu\,dt + \sigma\,dW_t, \qquad t \in [0, \infty) \tag{15.45}$$

と表現される．

S_t が満足する確率微分方程式を得るために，確率微分 dS_t の表現を得る必要がある．S_t は Y_t の関数であり，Y_t に関しては確率微分方程式がわかっているので，伊藤の補題を用いることができて，

$$dS_t = [S_0 e^{Y_t}][\mu\,dt + \sigma\,dW_t] + [S_0 e^{Y_t}]\frac{1}{2}\sigma^2\,dt \tag{15.46}$$

となる．また S_t を代入してまとめることで，

$$dS_t = \left[\mu S_t + \frac{1}{2}\sigma^2 S_t\right]dt + \sigma S_t\,dW_t \tag{15.47}$$

15.3 資産価格のマーチンゲールへの変換

となる.「真の」確率 P のもとで,資産価格 S_t は以下のような確率微分方程式を満たす.それは以下の通りである.

1) ドリフト係数 $(\mu + (1/2)\sigma^2)S_t$
2) 拡散係数 σS_t
3) ウィーナー過程 W_t を伴う確率微分方程式である.

マーチンゲール測度 $\tilde{P}$ のもとでの確率微分方程式は同様な方法で計算されるが,ここではドリフト係数が異なっている.その確率微分方程式を得るためには,単に (15.47) 式の μ を ρ に,W_t を $\tilde{W}_t$ に置き換えればよい.同じ手順を追って,

$$dS_t = \left[\rho S_t + \frac{1}{2}\sigma^2 S_t\right]dt + \sigma S_t\, d\tilde{W}_t \tag{15.48}$$

を得る.

ここで注意されずに通り過ぎた重要なステップを強調しておく.W_t を $\tilde{W}_t$ に置き換えることによって,暗黙に確率測度を P から $\tilde{P}$ に変換している.これは,$\tilde{P}$ のもとでのみ (15.48) 式の誤差項が「標準」ウィーナー過程になるからである.もし P を続けて用いるならば,誤差項 $d\tilde{W}_t$ はゼロでないドリフトをもつ.

(15.48) 式において,ρ はその値

$$\rho = r - \frac{1}{2}\sigma^2 \tag{15.49}$$

で置き換えられる.それを (15.48) 式に代入すると,

$$dS_t = \left[\left(r - \frac{1}{2}\sigma^2\right)S_t + \frac{1}{2}\sigma^2 S_t\right]dt + \sigma S_t\, d\tilde{W}_t \tag{15.50}$$

である.$(1/2)\sigma^2$ を含む項は消去され,確率微分方程式

$$dS_t = rS_t\, dt + \sigma S_t\, d\tilde{W}_t \tag{15.51}$$

を得る.これは興味深い結果である.「(割り引かれた) S_t をマーチンゲールとする確率は,もとの確率微分方程式のドリフトのパラメーターを無リスク金利 r に変換する」.S_t が算出される前には通常未知であるリスクプレミアムを μ は含んでいた.一方,r は無リスク金利であるから,仮定により既知である.

2 つの確率微分方程式の 2 つ目の違いを述べておく.(15.51) 式の確率微分方程式は $\tilde{P}$ に従う新しいウィーナー過程 $\tilde{W}_t$ により変化する.この $\tilde{P}$ は世界のさまざまな状態が実際に生じることとは関係がない.それを決定するのは確率測度 P である.一方で $\tilde{P}$ は活用するには非常に便利な測度である.この測度のもとで (割り引かれた) 資産価格はマーチンゲールとなり,このことは派生資産の価格づけにおいて非常に有用な性質である.さらに,適当な条件のもとでは,裁定が存在しないなら資産価格が

マーチンゲールである「人工の」確率 $\tilde{P}$ が存在することが,ファイナンス理論によって保証されているのである.

15.4 適用——ブラック–ショールズ式

以下の条件が適用されるときに,ブラック–ショールズ式はコールオプション価格 $F(S_t, t)$ を与える.

1) オプションの満期まで無リスク金利は一定である.
2) オプションの満期まで原資産からの配当支払いはない.
3) コールオプションはヨーロッパ型であり,行使期限日までは行使されない.
4) 原資産の価格 S_t は,S_t に比例するドリフト項と拡散項をもつ幾何ブラウン運動をする.
5) 最後に,取引コストはなく,資産は無限に分割可能である.

これらの条件のもとで,次の偏微分方程式を解析的に解くことによって,ブラック–ショールズ式を得ることができる.

$$0 = -rF + F_t + rS_t F_s + \frac{1}{2}\sigma^2 S_t^2 F_{ss}, \quad 0 \leq S_t, \quad 0 \leq t \leq T \quad (15.52)$$

境界条件は $F(S_T, T) = \max[S_T - K, 0]$ である.

最終的な式は,

$$F(S_t, t) = S_t N(d_1) - K e^{-r(T-t)} N(d_1 - \sigma\sqrt{T-t}) \quad (15.53)$$

で与えられ,

$$d_1 = \frac{\ln(S_t/K) + r(T-t) + \frac{1}{2}\sigma^2(T-t)}{\sigma\sqrt{T-t}} \quad (15.54)$$

である.この式において,T はコールオプションの行使期限日,r は無リスク金利,K は行使価格で,σ はボラティリティである.関数 $N(x)$ は,標準正規分布に従う確率変数が x を下回る確率である.たとえば,$N(d_1)$ は

$$N(d_1) = \int_{-\infty}^{d_1} \frac{1}{\sqrt{2\pi}} e^{-\frac{1}{2}x^2} dx \quad (15.55)$$

で与えられる.

S_t を原資産,C_t をその資産に依存するヨーロッパ型コールオプションの価格としよう.そして無配当で,無リスク金利が一定で,取引コストが存在しない標準的なブラック–ショールズの枠組みを仮定しよう.本節でのわれわれの目的は,同値マーチンゲール測度 $\tilde{P}$ を用いて直接的にブラック–ショールズ式を導出することである.

15.4 適用──ブラック-ショールズ式

基本的な関係は，確率 $\tilde{P}$ のもとで $e^{-rt}C_t$ が

$$C_t = E_t^{\tilde{P}}[e^{-r(T-t)}C_T] \qquad (15.56)$$

を満たされなければならないというマーチンゲール性である．ここで T はコールオプションの期限日で，$T > t$ である．

期限日において，オプションの収益は $S_T > K$ ならば $S_T - K$ であり，さもなければコールオプションは価値 0 で消滅することはわかっている．このことによって，境界条件を

$$C_T = \max[S_T - K, 0] \qquad (15.57)$$

と書け，$e^{-rt}C_t$ のマーチンゲール性によって，

$$C_t = E_t^{\tilde{P}}[e^{-r(T-t)}\max\{S_T - K, 0\}] \qquad (15.58)$$

と表せる．ブラック-ショールズ式を導出するためには，この期待値が明示的に計算されなければならない．導出は難しくないが，長い式を含むことになる．そのため，表記を簡潔にすることが最良である．次のように簡潔化することとする．

- $t = 0$ として，0 時点のオプション価格を計算する．
- したがって，現在の情報集合 I_t が I_0 となる．こうして，条件付き期待値の代わりに無条件期待演算子 $E^{\tilde{P}}[\cdot]$ を用いることができる．

ここから，確率測度 $\tilde{P}$ を用いて

$$C_0 = E^{\tilde{P}}[e^{-rT}\max\{S_T - K, 0\}] \qquad (15.59)$$

を直接的に計算することで，ブラック-ショールズ式を段階ごとに導出していく．

確率 $\tilde{P}$ は同値マーチンゲール測度であり，前節で導出したように，

$$d\tilde{P} = \frac{1}{\sqrt{2\pi\sigma^2 T}} e^{-\frac{1}{2\sigma^2 T}(Y_T - (r - \frac{1}{2}\sigma^2)T)^2} dY_T \qquad (15.60)$$

となる．ここで

$$S_T = S_0 e^{Y_T} \qquad (15.61)$$

である．この密度を使えば，

$$C_0 = E^{\tilde{P}}[e^{-rT}\max\{S_T - K, 0\}] \qquad (15.62)$$

を直接的に計算できて，

$$C_0 = \int_{-\infty}^{\infty} e^{-rT}\max[S_T - K, 0]\, d\tilde{P} \qquad (15.63)$$

と書ける．ここで，
$$S_T = S_0 e^{Y_T} \tag{15.64}$$
である．それらを (15.63) 式に代入すれば，
$$C_0 = \int_{-\infty}^{\infty} e^{-rT} \max[S_0 e^{Y_T} - K, 0] \frac{1}{\sqrt{2\pi\sigma^2 T}} e^{-\frac{1}{2\sigma^2 T}(Y_T - (r - \frac{1}{2}\sigma^2)T)^2} dY_T \tag{15.65}$$
となる．被積分関数から「max」関数を消去するために，積分区間を変化させる．条件
$$S_0 e^{Y_T} \geq K \tag{15.66}$$
は，対数をとったあと，
$$Y_T \geq \ln\left(\frac{K}{S_0}\right) \tag{15.67}$$
に同値であることに注意せよ．(15.65) 式にこれを用いると
$$C_0 = \int_{\ln(\frac{K}{S_0})}^{\infty} e^{-rT}(S_0 e^{Y_T} - K) \frac{1}{\sqrt{2\pi\sigma^2 T}} e^{-\frac{1}{2\sigma^2 T}(Y_T - (r - \frac{1}{2}\sigma^2)T)^2} dY_T \tag{15.68}$$
である．この積分は 2 つの部分に分割できて，
$$\begin{aligned} C_0 = & S_0 \int_{\ln(\frac{K}{S_0})}^{\infty} e^{-rT} e^{Y_T} \frac{1}{\sqrt{2\pi\sigma^2 T}} e^{-\frac{1}{2\sigma^2 T}(Y_T - (r - \frac{1}{2}\sigma^2)T)^2} dY_T \\ & - K e^{-rT} \int_{\ln(\frac{K}{S_0})}^{\infty} \frac{1}{\sqrt{2\pi\sigma^2 T}} e^{-\frac{1}{2\sigma^2 T}(Y_T - (r - \frac{1}{2}\sigma^2)T)^2} dY_T \end{aligned} \tag{15.69}$$
である．これで上式の右辺にある 2 つの積分を別々に計算することができる．

計　算

最初に，さらに記法を簡単化する変数変換を行う．新しい変数 Z を
$$Z = \frac{Y_T - (r - \frac{1}{2}\sigma^2)T}{\sigma\sqrt{T}} \tag{15.70}$$
と定義する．これにより積分の下限を調整する必要があり，(15.69) 式の右辺の 2 番目の積分は
$$K e^{-rT} \int_{\ln(\frac{K}{S_0})}^{\infty} \frac{1}{\sqrt{2\pi\sigma^2 T}} e^{-\frac{1}{2\sigma^2 T}(Y_T - (r - \frac{1}{2}\sigma^2)T)^2} dY_T$$
$$= K e^{-rT} \int_{\frac{\ln(\frac{K}{S_0}) - (r - \frac{1}{2}\sigma^2)T}{\sigma\sqrt{T}}}^{\infty} \frac{1}{\sqrt{2\pi}} e^{-\frac{1}{2}Z^2} dZ \tag{15.71}$$

15.4 適用——ブラック–ショールズ式

となる.

ここで，積分の下限は，ブラック–ショールズ式のパラメーター d_2 と密接に関連している[*5].

$$-\ln(K/S_0) = \ln(S_0/K) \tag{15.73}$$

と書くと，ブラック–ショールズ式の d_2 パラメーターを得ることができ，

$$-\frac{\ln(\frac{S_0}{K}) + (r - \frac{1}{2}\sigma^2)T}{\sigma\sqrt{T}} = -d_2 \tag{15.74}$$

となる．最後に，正規分布のさまざまな対称性を思い起こせば，その1つから，$f(x)$ を「標準」正規密度関数とすれば，

$$\int_L^\infty f(x)\,dx = \int_{-\infty}^{-L} f(x)\,dx \tag{15.75}$$

と書ける．(15.74) 式と (15.75) 式の変換を用いれば，

$$Ke^{-rT}\int_{-d_2}^\infty \frac{1}{\sqrt{2\pi}} e^{-\frac{1}{2}Z^2}\,dZ = Ke^{-rT}\int_{-\infty}^{d_2} \frac{1}{\sqrt{2\pi}} e^{-\frac{1}{2}Z^2}\,dZ \tag{15.76}$$

$$= Ke^{-rT} N(d_2) \tag{15.77}$$

となる．こうして，パラメーター d_2 と同時にブラック–ショールズ式の2番目の項が導出された．

残されたのは，最初の項 $S_0 N(d_1)$ を導出し，d_1 と d_2 の関連を示すことである．そのためには，(15.69) 式の右辺の最初の積分を操作することが求められる．最初の一歩として，再び (15.70) 式で定義した変数 Z を用いる．

$$\int_{\ln(\frac{K}{S_0})}^\infty e^{-rT} S_0 e^{Y_T} \frac{1}{\sqrt{2\pi\sigma^2 T}} e^{-\frac{1}{2\sigma^2 T}(Y_T - (r-\frac{1}{2}\sigma^2)T)^2}\,dY_T$$

$$= e^{(r-\frac{1}{2}\sigma^2)T} e^{-rT} S_0 \int_{-d_2}^\infty e^{\sigma Z\sqrt{T}} \frac{1}{\sqrt{2\pi}} e^{-\frac{1}{2}Z^2}\,dZ \tag{15.78}$$

正規密度関数の性質を使って，右辺の積分を変換する．

$$= e^{-rT} e^{(r-\frac{1}{2}\sigma^2)T} S_0 \int_{-\infty}^{d_2} \frac{1}{\sqrt{2\pi}} e^{-\frac{1}{2}(Z^2 + 2\sigma Z\sqrt{T})}\,dZ \tag{15.79}$$

[*5) なぜ積分区間が変わるかを理解するためには，Y_T が $\ln(\frac{K}{S_0})$ から ∞ までの範囲をとるとき，(15.70) 式で定義された Z は

$$\frac{\ln(\frac{K}{S_0}) - (r - \frac{1}{2}\sigma^2)T}{\sigma\sqrt{T}} \tag{15.72}$$

から無限大の範囲をとることに注意すればよい．

次に，
$$\frac{\sigma^2 T}{2} \tag{15.80}$$
を加減して，指数部分を 2 乗の形式に完成させる．こうして，
$$= e^{-rT} S_0 e^{\frac{T\sigma^2}{2}} e^{(r-\frac{1}{2}\sigma^2)T} \int_{-\infty}^{d_2} \frac{1}{\sqrt{2\pi}} e^{-\frac{1}{2}(Z+\sigma\sqrt{T})^2} dZ \tag{15.81}$$
が与えられる．積分の前の項は S_0 を残して相殺できる．

最後に，
$$H = Z + \sigma\sqrt{T} \tag{15.82}$$
を代入すれば
$$= S_0 \int_{-\infty}^{d_2+\sigma\sqrt{T}} \frac{1}{\sqrt{2\pi}} e^{-\frac{1}{2}H^2} dH = S_0 N(d_1) \tag{15.83}$$
が得られる．ここで，
$$d_1 = d_2 + \sigma\sqrt{T} \tag{15.84}$$
である．こうしてブラック–ショールズ式の最初の部分が与えられ，導出は完成である．強調したいことは，この導出を通じて偏微分方程式はいっさい解かれていないことである．

15.5 マーチンゲール・アプローチと偏微分方程式アプローチの比較

派生資産価格の適正な市場価値の算出に用いることのできる，対照的な 2 つのアプローチをここまでみてきた．最初のアプローチでは，無リスクポートフォリオを構築することによってデリバティブの価格が得られた．原資産 S_t の予期できぬ変動を複製するために，ポートフォリオ比率の無限小の調整とオプション価格の無限小の変化が利用された．同時に $F(S_t, t)$, S_t および無リスク資産がともに変化していくあり方を制約することで，ポートフォリオからすべてのリスクが除去された．ここでは，ポジションを無限小に変化させることができるという仮定が重要な役割を担ったし，その仮定によって連続時間の資産価格モデル利用の便利さが示された．

派生資産を価格づけする第 2 の手段は，$e^{-rt}F(S_t, t)$ がマーチンゲールとなる確率測度 $\tilde{P}$ をみつけられることに依存していた．これは，
$$e^{-rt}F(S_t, t) = E^{\tilde{P}}[e^{-rT}F(S_T, T)|I_t], \qquad t < T \tag{15.85}$$
であること，あるいは直感的には確率微分
$$d[e^{-rt}F(S_t, t)], \qquad 0 \leq t \tag{15.86}$$

のドリフトがゼロであることが意味される．

ブラック–ショールズ式はどちらのアプローチからでも得ることができる．ブラック–ショールズの基本的な偏微分方程式を解くこともできるし，前項で行ったように，同値測度 $\tilde{P}$ を用いて期待値 $E^{\tilde{P}}[e^{-rT}F(S_T,T)|I_t]$ を明示的に計算することもできるわけである．ブラック–ショールズの原論文は最初のアプローチを選んだ．前節では，同じ公式をマーチンゲール・アプローチを用いて導出した．そこではいくらか飽き飽きする操作を含んでいたが，関係する数学的操作に関してはわかりやすかった．

あきらかに，これら2つの方法は何らかの形で関連しているはずである．この節では，これら2つのアプローチの対応関係を示す．

以下の議論は，ここまでに導入された，いくつかの進んだ数学的手段を適用するにはよい機会である．議論はとくに，以下のほかの例についてである．

- 伊藤の補題の微分および積分形式の適用
- 伊藤積分のマーチンゲール性
- ギルサノフの定理の重要な利用法

偏微分方程式とマーチンゲール・アプローチの対応関係を2段階で示す．第1段階では，伊藤の補題の形式的な形態を利用する．それは簡潔で直感的だが，多くの重要な数学的問題が明示的には取り扱われない．とくにギルサノフの定理の適用について説明する．第2段階では，伊藤の補題の積分形式を用いる．

以下では，式 $e^{-rt}F(S_t,t)$ の過程に伊藤の補題を適用する．ここでは，$F(\cdot)$ が S_t に関して2階，t に関して1階微分可能であることが要求される．この仮定は以下の議論では繰り返されない．

15.5.1 2つのアプローチの同値性

2つのアプローチがどのように関係しているかを示すために，段階を踏んで進めることとする．最初の段階で，どのように過程を支配するウィーナー過程およびその確率測度を変換することによって，$e^{-rt}S_t$ がマーチンゲールに変換されるかを示す．第2段階で，派生資産 $e^{-rt}F(S_t,t)$ に対して同じことを行う．

これらの変換は，ギルサノフの定理を直接適用することでなされる．(ブラック–ショールズ式の導出における P から $\tilde{P}$ への確率の変換は，ギルサノフの定理を明示的には用いなかった．)

a. $e^{-rt}S_t$ のマーチンゲールへの変換

原資産価格 S_t の動的変化を決定する基本的モデルからはじめる．原資産価格が確率微分方程式

$$dS_t = \mu(S_t)\,dt + \sigma(S_t)\,dW_t, \quad t \in [0,\infty) \tag{15.87}$$

に従うと仮定する．ここでは，ドリフト項と拡散項は観察される原資産価格 S_t のみ
に依存する．これらの係数が通常の正則条件を満たすことも仮定する．W_t は確率測
度 P をもつ通常のウィーナー過程である．

この確率微分方程式を記法を簡単にすることで簡易化する．そうして，

$$dS_t = \mu_t \, dt + \sigma_t \, dW_t \tag{15.88}$$

のように書く．

本章の第1節で，$e^{-rt}S_t$ は確率測度 $\tilde{P}$ を直接みつけることでマーチンゲールに変換された．次に，同じことをギルサノフの定理を使って行う．

無リスク金利で割り引かれた価格 $e^{-rt}S_t$ が従う確率微分方程式を計算することができる．$e^{-rt}S_t$ に伊藤の補題を適用して，

$$d[e^{-rt}S_t] = S_t d[e^{-rt}] + e^{-rt} \, dS_t \tag{15.89}$$

を得る．dS_t へ代入し，同類項をまとめる．

$$d[e^{-rt}S_t] = e^{-rt}[\mu_t - rS_t] \, dt + e^{-rt}\sigma_t \, dW_t \tag{15.90}$$

一般に，この式はドリフトがゼロでなく，$e^{-rt}S_t$ はマーチンゲールとならない．なぜ
ならば S_t がリスク資産であるので

$$[\mu_t - rS_t] > 0 \tag{15.91}$$

だからである[*6]．

しかし，$e^{-rt}S_t$ をマーチンゲールに変換するためにギルサノフの定理を用いること
ができる．詳述には多くの段階を追って進める．なぜならばこれはファイナンスにお
けるギルサノフの定理の基礎的な適用だからである．

ギルサノフの定理によると，

$$d\tilde{W}_t = dX_t + dW_t \tag{15.92}$$

なる I_t 適合な過程 X_t と新しいウィーナー過程 $\tilde{W}_t$ をみつけることができる．$\tilde{W}_t$ に
関連する確率測度は

$$dP = \xi_t d\tilde{P}_t \tag{15.93}$$

で与えられる．ここで ξ_t は

$$\xi_t = e^{\int_0^t X_u \, dW_u - \frac{1}{2}\int_0^t X_u^2 \, du} \tag{15.94}$$

[*6] ここで $rS_t \, dt$ は，もし S_t ドルが無リスク資産へ投入されていたならば増加した利益であり，
$\mu_t dt$ は微小時間 dt での資産の実際に期待される利益である．

15.5 マーチンゲール・アプローチと偏微分方程式アプローチの比較

と定義される.過程 X_t は,積分可能というギルサノフの定理の残りの条件を満たしていると仮定する[*7].

われわれの目的にとって重要な式は (15.92) 式である.これを用いて,(15.90) 式における dW_t を消去する.$d\tilde{W}_t$ を代入した後で書き直すと

$$d[e^{-rt}S_t] = e^{-rt}[\mu_t - rS_t]\,dt + e^{-rt}\sigma_t[d\tilde{W}_t - dX_t] \tag{15.95}$$

となる.項をまとめると,

$$d[e^{-rt}S_t] = e^{-rt}[\mu_t - rS_t]\,dt - e^{-rt}\sigma_t\,dX_t + e^{-rt}\sigma_t\,d\tilde{W}_t \tag{15.96}$$

である.ギルサノフの定理によると,この確率微分方程式を新しい確率 $\tilde{P}$ のもとで定義すれば,$\tilde{W}_t$ は「標準」ウィーナー過程となる.加えて,ドリフト項をゼロに等しくすれば,$\tilde{P}$ は「マーチンゲール測度」である.これは,dX_t の値を以下のように選ぶことで達成される.

$$dX_t = \left[\frac{\mu_t - rS_t}{\sigma_t}\right]dt \tag{15.97}$$

この等式を満たすように定めた X は,ギルサノフの定理で必要とされる積分可能条件を満たしていると仮定する.

このことによって,導出の第一段階が結論づけられる.マーチンゲール測度 $\tilde{P}$,新しいウィーナー過程 $\tilde{W}_t$,そして $e^{-rt}S_t$ がマーチンゲールであり,確率微分方程式

$$d[e^{-rt}S_t] = e^{-rt}\sigma_t\,d\tilde{W}_t \tag{15.98}$$

に従うことに対応するようにドリフト項を調整する X_t がわかる.

これらを用いることで $[e^{-rt}F(S_t,t)]$ をマーチンゲールに変換する.

b. $e^{-rt}F(S_t,t)$ のマーチンゲールへの変換

前項の導出によって,ギルサノフの定理を派生資産に適用するために必要な過程 X_t の厳密な式が与えられた.派生資産を価格づけするには,$e^{-rt}F(S_t,t)$ が $\tilde{P}$ のもとでマーチンゲール性を有することを示す必要がある.本項では,このためにギルサノフの定理が用いられる.

同様な手順を踏んでいく.最初に,$e^{-rt}F(S_t,t)$ の確率微分方程式を得るために,微分形式の伊藤の補題を用いる.次に,ギルサノフの変換をウィーナー過程に適用する.

直接的な方法で微分をとって

$$d[e^{-rt}F(S_t,t)] = d[e^{-rt}]F + e^{-rt}\,dF \tag{15.99}$$

[*7] とりわけこのことは,もとのシステムのドリフトパラメーターと拡散パラメーターが性質のよいことを意味する.

を得る．右辺において，$F(S_t, t)$ を F と省略したことに注意せよ．伊藤の補題を用いて dF に代入することで，微分 $d[e^{-rt}F(S_t, t)]$ を支配する確率微分方程式

$$d[e^{-rt}F(S_t, t)] = e^{-rt}[-rF\,dt]$$
$$+e^{-rt}\left[F_t\,dt + F_s\,dS_t + \frac{1}{2}F_{ss}\sigma_t^2\,dt\right] \quad (15.100)$$

が与えられる．

ここで，重要な問題は dS_t に何を代入すべきかということである．2つの選択がある．$\tilde{W}_t$ と $\tilde{P}$ のもとで，$e^{-rt}S_t$ はマーチンゲールである．それで，

$$d[e^{-rt}S_t] = e^{-rt}\sigma_t\,d\tilde{W}_t \quad (15.101)$$

を用いることができる．あるいは，(15.87) 式の本来の確率微分方程式

$$dS_t = \mu_t\,dt + \sigma_t\,dW_t \quad (15.102)$$

を用いることもできる．どの段階でギルサノフの定理が利用されるかをもう一度示すために，第2の手段を選ぶこととする．(15.100) 式から (15.102) 式を用いて dS_t を消去することで，

$$d[e^{-rt}F(S_t, t)]$$
$$= e^{-rt}[-rF\,dt] + e^{-rt}\left[F_t\,dt + F_s[\mu_t\,dt + \sigma_t\,dW_t] + \frac{1}{2}F_{ss}\sigma_t^2\,dt\right]$$
$$(15.103)$$

となる．整理すると次の式が得られる．

$$d[e^{-rt}F(S_t, t)] = e^{-rt}\left[-rF + F_t + F_s\mu_t + \frac{1}{2}F_{ss}\sigma_t^2\right]dt$$
$$+e^{-rt}\sigma_t F_s\,dW_t \quad (15.104)$$

ここで，2度目のギルサノフの定理の適用を行う．再び，

$$d\tilde{W}_t = dW_t + dX_t \quad (15.105)$$

で定義されるウィーナー過程 $\tilde{W}_t$ を考え，ギルサノフの変換によって (15.104) 式の確率微分方程式を変換する．

$$d[e^{-rt}F(S_t, t)] = e^{-rt}\left[-rF + F_t + F_s\mu_t + \frac{1}{2}F_{ss}\sigma_t^2\right]dt$$
$$-e^{-rt}\sigma_t F_s\,dX_t + e^{-rt}\sigma_t F_s\,d\tilde{W}_t \quad (15.106)$$

再度, 重要な論点を注意しておく. (15.106) 式を確率変動させる誤差項 $d\tilde{W}_t$ は確率測度 $\tilde{P}$ のもとでのみ標準ウィーナー過程である. したがって, $\tilde{P}$ が適当な確率となる.

dX_t の値は, すでに (15.97) 式で導出されている.

$$dX_t = \frac{\mu_t - rS_t}{\sigma_t} dt \qquad (15.107)$$

これを (15.106) 式に代入する.

$$d[e^{-rt}F(S_t, t)]$$
$$= e^{-rt}\left[-rF + F_t + F_s\mu_t + \frac{1}{2}F_{ss}\sigma_t^2 - \sigma_t F_s\left(\frac{\mu_t - rS_t}{\sigma_t}\right)\right] dt$$
$$+ F_s e^{-rt}\sigma_t d\tilde{W}_t \qquad (15.108)$$

簡単にして,

$$d[e^{-rt}F(S_t, t)]$$
$$= e^{-rt}\left[-rF + F_t + \frac{1}{2}F_{ss}\sigma_t^2 + F_s rS_t\right] dt + e^{-rt}\sigma_t F_s d\tilde{W}_t$$
$$\qquad (15.109)$$

しかし, $e^{-rt}F(S_t, t)$ が $\tilde{W}_t, \tilde{P}$ の組合せのもとでマーチンゲールとなるためには, この確率微分方程式のドリフト項が 0 でなければならない[*8]. これが求められた結果である.

$$-rF + F_t + \frac{1}{2}F_{ss}\sigma_t^2 + F_s rS_t = 0 \qquad (15.110)$$

この式は, ブラック–ショールズによる基本的な偏微分方程式と同一である. dX_t をこのように選択することで, 無リスク金利で割り引かれた派生資産価格は

$$d[e^{-rt}F(S_t, t)] = e^{-rt}\sigma_t F_s d\tilde{W}_t \qquad (15.111)$$

の確率微分方程式に従う. ドリフトのパラメータは 0 である.

15.5.2 導出の重要な段階

導出には, さらに議論するに値するいくつかの重要な段階があった.

最初に, ギルサノフの定理の用いられ方である. 無リスク金利で割り引かれた金融資産価格の, ウィーナー過程で変化する確率微分方程式が与えられる. 第 1 段階では, この過程はマーチンゲールではなかった. 目的は, それをマーチンゲールに変換する

[*8] 裁定可能性がないならば, 同じ $\tilde{P}$ によって割り引かれるすべての資産価格がマーチンゲールに変換されることがわかっている.

ことにある.

それを行うために，ギルサノフの定理が用いられ，割り引かれた資産価格がマーチンゲールになる新しいウィーナー過程と「同様に」新しい確率 $\tilde{P}$ が見いだされる．確率測度 $\tilde{P}$ は「同値マーチンゲール測度」と呼ばれる．この操作によって，ギルサノフの定理に求められるドリフト調整項 X_t が与えられる．前出の導出においては，これが2度，(15.95) 式と (15.106) 式で用いられた．

これによって，導出の2番目の重要な点がもたらされる．(15.106) 式に戻る.

$$d[e^{-rt}F(S_t,t)] = e^{-rt}\left[-rF + F_t + F_s\mu_t + \frac{1}{2}F_{ss}\sigma_t^2\right]dt$$
$$-e^{-rt}\sigma_t F_s\,dX_t + e^{-rt}\sigma_t F_s\,d\tilde{W}_t \qquad (15.112)$$

ここで，dX_t の値を代入することは，ドリフト項に

$$dX_t = \frac{\mu_t - rS_t}{\sigma_t}dt \qquad (15.113)$$

を加えることを意味している．この変換が重要な役割をはたしていることを注意しておく．dX_t は，(15.104) 式における項 $F_s\mu_t\,dt$ が消去され，$F_s r\,dt$ にとって代わられるように定義されている．

違ういい方をすれば，ギルサノフの定理を適用することで，ドリフト項 μ_t を無リスク金利 r に変換することに到達する．しばしば，派生資産のテキストではこれを機械的に行い，すべてのドリフトパラメーターを無リスク金利に置き換える．この変換の基礎としてギルサノフの定理が与えられている．ここでは，それが明示的に理解できる．

最後に，3つ目の点である．$e^{-rt}S_t$ をマーチンゲールにする $\tilde{W}_t, \tilde{P}$ の組合せが，$e^{-rt}F(S_t,t)$ もまたマーチンゲールに変換することが，どうしてわかっているのか．これは重要な疑問である．なぜならばマーチンゲールの関数もまたマーチンゲールであるとは限らないからである．

この点は，金融資産の均衡と裁定の価格評価に関連している．内容は動的な資産価格理論の領域である．短く理論的根拠に言及する．第2章で直感的に議論したように，適当な条件のもとで資産価格間の裁定関係によって，無リスク金利で割り引かれたすべての資産価格をマーチンゲールに変換する「唯一の」マーチンゲール測度が生み出される．

それゆえ，ギルサノフの変換で「同一の」$\tilde{W}_t, \tilde{P}$ の組合せを用いることは，資産価格理論の結果なのである．もし裁定機会が存在するならば，そうはできない．

15.5.3 伊藤公式の積分形

偏微分方程式アプローチとマーチンゲール・アプローチとの関係が，確率微分を取り扱う伊藤の補題の形象的な形式を使って議論された．

ここまでに何回か強調されたように，考えている確率微分は形象的な形式であり，背景には積分方程式を意味している．すべての確率微分方程式の基本概念は伊藤積分である．確率微分を用いたのは，便利でありすでにその計算が面倒な等式を含んでいるからである．

同じ分析は，伊藤の補題の積分形式を用いて行うことができる．詳細すべては検討しないが，基本的な段階をくり返すこととする．

無リスク金利で割り引かれたコールオプションの価値は，通常 $e^{-rt}F(S_t,t)$ と表される．積分形式の伊藤の補題を適用する．

$$e^{-rt}F(S_t,t)$$
$$= F(S_0,0) + \int_0^t e^{-ru}\left[-rF + F_t + \frac{1}{2}F_{ss}\sigma_u^2 + F_s rS_u\right]du$$
$$+ \int_0^t e^{-ru}\sigma_u F_s\, d\tilde{W}_u \qquad (15.114)$$

W_t の代わりに $\tilde{W}_t$ を使い，その結果として μ_t を無リスク金利 r に「置き換えている」．

$$E^{\tilde{P}}[e^{\int_0^t (F_s e^{-ru}\sigma_u)^2\, du}] < \infty \qquad (15.115)$$

で，ある σ_t が仮定されている．これはギルサノフの定理のノビコフ条件であり，積分

$$\int_0^t e^{-ru}\sigma_u F_s\, d\tilde{W}_u \qquad (15.116)$$

が $\tilde{P}$ のもとでマーチンゲールであることが内在されている．

しかし e^{-rt} で割り引かれた派生資産価格もまたマーチンゲールである．これによって，(15.114) 式の右辺の最初の積分

$$\int_0^t e^{-ru}\left[-rF + F_t + \frac{1}{2}F_{ss}\sigma_u^2 + F_s rS_u\right]du \qquad (15.117)$$

も同様に（明白に）マーチンゲールとなる．しかし，これは時間に関する積分であり，マーチンゲールはゼロでないドリフト係数を有することは仮定されていない．こうして，積分はゼロにならなければならない．こうして，偏微分方程式

$$-rF + F_t + \frac{1}{2}F_{ss}\sigma_t^2 + F_s rS_t = 0, \qquad t \geq 0,\ S_t \geq 0 \qquad (15.118)$$

が与えられる．

これは，またもやブラック–ショールズの基礎的な偏微分方程式である．

15.6 おわりに

本章では，ギルサノフの定理の適用が取り扱われた．いくつかの重要な技術的な点を議論した．大体の結論は以下の通りである．

派生資産評価に対するマーチンゲール・アプローチと偏微分方程式を用いたアプローチにはある同値性がある．

マーチンゲール・アプローチにおいては，無リスク金利で割り引いたすべての資産をマーチンゲールに変換する同値マーチンゲール測度についての条件付き期待値が利用される．一度ギルサノフの定理に含まれる深い考え方が理解されれば，その期待値を概念化するのは非常にたやすい．さらに，派生資産がヨーロッパ型である場合には，これらの期待値は無裁定資産価格を数値的に得る簡便な方法を提供することになる．マーチンゲール・アプローチが偏微分方程式手法によって利用されるものと同じ偏微分方程式を内在していることが示された．違いは，マーチンゲール・アプローチにおいては偏微分方程式がリスク中立の資産価格プライシングの「結果」であるのに対し，偏微分方程式手法では無リスク価格を得るために偏微分方程式からはじめることである．

15.7 参考文献

ブラック-ショールズ式を導出した節は，Ross (1993) の取扱いに従っている．Cox & Huang (1989) は，マーチンゲールのおもな結果に関するすぐれた概説である．もちろん，Duffie (1996) の扱いもすぐれたものである．

15.8 演習問題

1. この演習問題では，「チューザーオプション」のプライシングにギルサノフの定理を用いる．チューザーオプションは，オプションの保有者に，同じ原資産に対するコールかプットかをある将来の時点に選ぶ権利を与えるエキゾチックオプションである．T を満期日，S_t を株価，K を行使価格とする．もし時点 t でチューザーオプションを購入するなら，S_t に対する行使価格 K のコールかプットかを選択することができる．時点 t でのコールの価値は，

$$C(S_t, t) = e^{-r(T-t)} E\left[\max(S_T - K, 0) \mid I_t\right]$$

であり，一方プットの価値は

$$P(S_t, t) = e^{-r(T-t)} E\left[\max(K - S_T, 0) \mid I_t\right]$$

である．こうして，時点 t でのチューザーオプションは以下の価値となる．

$$H(S_t, t) = \max\left[C(S_t, t),\ P(S_t, t)\right]$$

(a) これらを用いて次式を示せ．

$$C(t, S_t) - P(t, S_t) = S_t - e^{-r(T-t)}K$$

これによってよく知られたパリティ条件が思い起こされるか．

(b) 次に，t 時点でのチューザーオプションの価値が次式で与えられることを示せ．

$$H(t, S_t) = \max\left[C(t, S_t), C(t, S_t) + e^{-r(T-t)}K - S_t\right]$$

(c) その結果，時点 0 でのオプション価格が次式で与えられることを示せ．S は時点 0 での原資産価格である．

$$H(0, S) = C(0, S) + e^{-rT}E\left[\max\left[K - Se^{rT}e^{\sigma W_t - \frac{1}{2}\sigma^2 t}, 0\right]\right]$$

(d) ここでギルサノフの定理を用いる．どのようにギルサノフの定理を用いて，上式の期待値を「簡単に」評価するか．

(e) チューザーオプションの最終的な定式を書け．

2. この演習問題では，ブラック–ショールズの設定を外国為替建て資産に適用していく．ギルサノフの定理の別の利用法をみる．(より詳細には Musiela & Rutkowski(1997) を参照のこと)

r, f を国内と海外の無リスク金利とする．S_t は為替レートであり，国内通貨に対して外国通貨 1 単位の価格を示している．S_t の変動過程を幾何プロセス

$$dS_t = (r - f)S_t dt + \sigma S_t dW_t$$

と仮定せよ．

(a)

$$S_t = S_o e^{(r-f-\frac{1}{2}\sigma^2)t + \sigma W_t}$$

を示せ．W_t は確率 P のもとでのウィーナー過程である．

(b) 以下の過程は，測度 P のもとでマーチンゲールであるか．

$$\frac{S_t e^{ft}}{S_o e^{rt}} = e^{\sigma W_t - \frac{1}{2}\sigma^2 t}$$

(c) $\tilde{P}$ は確率
$$\tilde{P}(A) = \int_A e^{\sigma W_T - \frac{1}{2}\sigma^2 T} dP$$
とする．ギルサノフの定理は，$\tilde{P}$ のもとで $W_t - \sigma t$ の過程について何を示しているか．

(d) 伊藤の公式を用いて
$$dZ_t = Z_t \left[(f - r + \sigma^2)dt - \sigma dW_t\right]$$
を示せ．$Z_t = 1/S_t$ である．

(e) どの確率のもとで，過程 $Z_t e^{rt}/e^{ft}$ はマーチンゲールとなるか．

(f) $\tilde{P}$ は外国経済に関して無裁定の測度だといえるか．

16

金利に依存する証券の新しい成果と道具

16.1 はじめに

本書の第1部では「古典的なブラック–ショールズの方法論」に有用な定量的な道具を紹介した．そこでは，原資産 S_t は配当のない株式であり，無リスクの金利 r と原資産のボラティリティ σ は定数であり，オプションはヨーロッパ型であった．そして，取引コストはなく，証券は分割可能であるものであった．

金融市場で取引される代表的な派生証券は十分論理的に単純な枠組みに合う「プレーンバニラ」のコールオプション，プットオプションよりもずっと複雑である．実際，確かに頑健であることが多いが，ブラック–ショールズに用いられている仮定は金利に依存する証券の場合に十分ではないものがある[*1]．代わりに導入される新しい仮定はより複雑な道具を必要とする．

これらの新しい証券はすでに議論したプレーンバニラの派生資産にいくつかの点で似ているかもしれない．それでもなお，重要な複雑さがある．さらに重要なこととして，新しい成果は近年金利に依存する証券や金利の期間構造を扱うことで得られている．これらの強力な成果はそれらの固有の点で異なる定量的な道具を必要とする．

以前の章で議論した例は全体としてみれば，基本的なブラック–ショールズの仮定であったことを思い出そう．とくに，ブラック–ショールズの枠組みには常に以下の2つの面があった．

1. アメリカ型の派生証券が満期前に行使されることが考慮されていなかった．
2. 無リスク金利 r はいつも一定であった．

これらは多くの金融派生資産の価格評価では厳しい制限である[*2]．

[*1] ブラック–ショールズの仮定の強味はその数式が市場に参加する専門家にとても親しまれ続けていることである．たとえば，ボラティリティが確率的であったり，金利がランダムに変動したりしたときでも，合理的に精緻な価格が得られる．ブラック–ショールズ式のこの観点でわかりやすい文献には El Karoui et al. (1998) がある．

[*2] Merton (1973) は確率的な金利を導入することを早くから試みた．しかし，これは原資産を株式としたものであった．まだ，全体的に複雑な事柄は古典的な道具によって取り扱われた．ペイオフが金利の値や経路によって決まるという意味で派生資産が「金利に依存する」とき新しい道具立てがさらに実用的なものとなってくる．

第1に，多くの金融派生資産は満期前の権利行使の条項がついているアメリカ型のものである．金融派生資産の買い手は自分が買ったオプションを行使するために権利行使日まで待つ必要はない．このことは派生資産の価格評価を非常に複雑にする．新しい数学的な道具が必要となる．

第2に，無リスク金利が定数でないことはあきらかである．それらは他の証券の価格と同様に予想できない，微小な変動をしている．株式オプションのような金融派生資産では，無リスク金利が一定であるという仮定は正確ではないかもしれないが，それでもなお適当な近似である．

しかし，とくに金利派生資産に対して，そのような仮定はもち続けることはできない．それはまさにこれらの派生資産を広めた金利変動に関するリスクである．無リスク金利モデルに予測不能なウィーナー項を導入することは数学的な道具に関してさらなる複雑さをもたらす．

最後に，派生資産の満期までの期間が短いかぎり，ブラック–ショールズの仮定は維持されるのに対して，より期間の長い証券を考えること自体が金利とボラティリティを定数とする仮定を緩めるのに十分な理由となることに注意されたい．

第2部ではそのような変更に必要な新しい道具立てを議論し，金利の期間構造に適用できる重要な新しい成果を紹介する．

16.2 概要

本章では新しい道具の背景にある基本的な考えを簡潔に概説する．以降の章で議論される問題は幾分高等であるが，それらは高い流動性をもつ派生資産の価格評価の観点から実用的な意味をもつものばかりである．

第17章ではこの本の第1部で取り上げられた単純な2つの状態による枠組みを再度紹介する．しかし，第2章で用いたモデルの新しいバージョンでは，確率的な短期金利を考慮に入れ，金利に依存する証券を考えることによって単純な構成を複雑にする．このようにして，「正規化」のような重要な概念と「フォワード測度」のような道具を導入する．

第18章の主題は金利の期間構造モデルの基礎である．ここでフォワードレート，スポットレートと期間構造の定義を正式に与える．さらに重要なこととして，第18章では「古典的な」方法と「ヒース–ジャロー–モートンの方法」と呼ばれる金利の期間構造をモデル化する2つの主要な方法を紹介する．それぞれの場合に採用できる仮定，基本的な原理，そして実用的な意味の違いを学ぶことは金利に依存する証券の評価を理解するための重要な一歩となる．

第19章は金利に依存する証券に対する古典的な偏微分方程式の分析を議論する．こ

16.2 概要

の方法はブラック–ショールズ偏微分方程式で用いられた分析と同様にして信用リスクのない割引債の債券価格や，そのような債券を原資産とする派生資産を満たす偏微分方程式を得る分析とみなすことができる．短期金利の確率過程のドリフト項を調整することが最も難しい点である．短期金利は「資産」ではないため，このドリフト項はブラック–ショールズの場合のように無リスクのスポットレート r と置き換えることができない．さらに複雑な演算が必要になる．このため，「金利リスクの市場価格」の概念を導入する．対応する偏微分方程式は追加の（観測されない）変数を取り入れる．

第20章では固定利付債に対するいわゆる古典的な偏微分方程式の方法を議論する．第21章は金利に依存する証券の価格評価，ヘッジ取引，裁定取引に使われる最近の道具について扱う．ここでの最初の話題は確率過程の条件付き期待値と偏微分方程式の間にある基本的な関係についてである．いったんこの対応が確立されれば，市場参加者は実用的な意味をもつ非常に重要な道具を得ることになる．この道具はファインマン–カッツの公式に関係し，本章で扱われる．この「対応」を用いると，マーチンゲール測度に関して条件付き期待値を得ることや対応する偏微分方程式の両方を扱うことができる．分析者はより単純な（コストのかからない）数値計算の見込みがある方へ進むことができる．

第21章で紹介するいくつかの他の概念は確率過程の「ジェネレーター」，コロモゴロフの後退方程式といわゆるマルコフ性の意味づけである．短期金利のモデルに後者はとくに重要である．なぜならば，マルコフ性をもたないため，ファインマン–カッツ型の方程式の利用が複雑になるからである．

最後に第22章ではアメリカ型の派生資産を扱う上で重要な「停止時間」を議論する．この概念は本来非常に重要な「動的計画法」と呼ばれるある種のアルゴリズムとともに紹介される．この章ではまたアメリカ型の証券に対して2項ツリーを用いることと停止時間の間の対応を示す．価格評価は動的計画法の応用を基盤とすることがわかる．

停止時間はランダムな変数であり，その結果はある過程が「停止される」ときのある特定の点である．たとえば，アメリカ型コールオプションは満期日の前に権利行使されることがある．あらかじめ行使される時間はわからない．そのため，オプションの「行使日」はランダムな変数としてみなされる．停止時間はそのようなランダムな変数の影響を価格評価に取り入れた数学的な道具を与える．

これらの数学的な道具は金利に依存する派生資産の場合にはとくに有用である．そのため道具についての議論に進む前に，これらの証券について手短かに議論しなければならない．これは次節において行う．

16.3 金利派生資産

ブラック–ショールズの環境のもとでの仮定が成り立たなくなる派生資産の中で，最も重要なものの1つが金利に依存する証券を原資産とする派生資産である．
よく知られた金利の派生資産には以下のものがある[*3]．

1) **金利に関する先物取引，先渡し取引**：L_{t_i} は時刻 t_i に始まり，時刻 t_{i+1} に終わるローンの年率の単利を表しているとしよう．ビットアスクスプレッドや信用リスクはないことと仮定しよう．そのとき，$t < t_i < t_{i+1}$ を満たす時刻 t に，これらの「LIBOR 金利」L_{t_i} の条件で先物や先渡しの契約を行うことができる[*4]．

    たとえば，期間 $[t_i, t_{i+1}]$ の「先渡しローン」は金利 F_t で時刻 t に契約される．先渡し取引の買い手はローンとして時点 t_i である金額 N を受け取り，時点 t_{i+1} での金額 $N(1 + F_t \delta)$ を返済する．ここで δ は日次調整ファクターと呼ばれる[*5]．

2) **金利先渡し契約 (FRA)**：既に第1章で論じたように，これらの証券は金利リスクをヘッジする便利な方法である．$F_t > L_{t_i}$，または $F_t < L_{t_i}$ の結果によって，「清算日決済」のFRAの買い手は時点 t_{i+1} にもし正であれば，

$$N[F_t - L_{t_i}]\delta$$

の金額を受け取る．もし，負であれば，

$$N[F_t - L_{t_i}]\delta$$

の金額を支払う．FRA の金利 F_t は FRA の約定時点 t の価値が0になるように選ばれる．この状況は図 16.1 で示される．実際の市場で取引される FRA では，多くの場合，L_{t_i} になると同時に支払いがなされる．その結果，$(1 + L_{t_i}\delta)$ によって割り引かれる必要がある．これはまた図 16.1 で示される．

3) **キャップとフロア**：キャップとフロアは最も取引が行われている金利派生資産である．キャップは金利が上昇するリスクをヘッジするために用いることができ

[*3] 以下では，記法が少し変更されることに注意されたい．とくに，時間の添え字は t_i で表記される．これは新しい証券を扱うことで必要となる．

[*4] LIBOR は London Interbank Offered Rate の略である．それは資金の出し手が提示する銀行間の金利のことを指す．それはロンドンで選り抜きの銀行が提示し，レートを平均することで得られる．銀行によって，同一の満期で複数の LIBOR が存在するかもしれない．英国銀行協会はこれらの LIBOR を集計して「公式な」LIBOR を計算する．

[*5] たとえば，それは $[t_i, t_{i+1}]$ の日数を 365 で割ったものに等しい．

16.3 金利派生資産

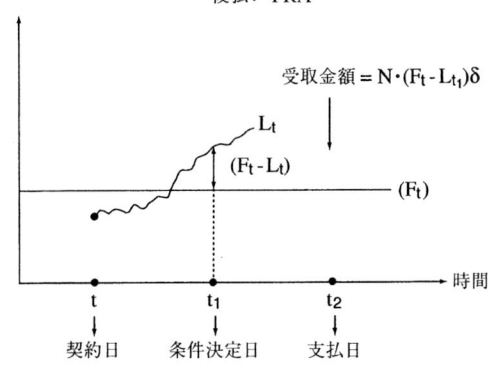

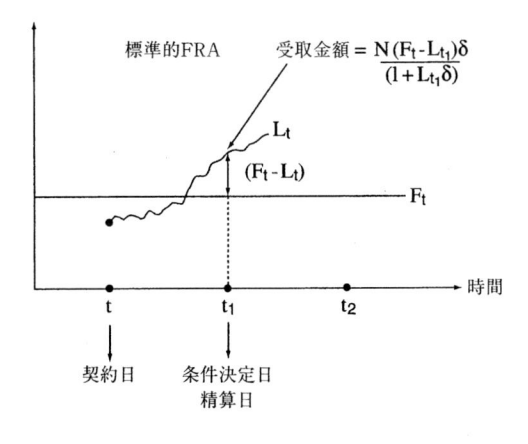

後払い FRA

受取金額 = $N \cdot (F_t - L_{t_1})\delta$

契約日 t → 条件決定日 t_1 → 支払日 t_2

標準的FRA

受取金額 = $\dfrac{N(F_t - L_{t_1})\delta}{(1 + L_{t_1}\delta)}$

契約日 t → 条件決定日・精算日 t_1 → t_2

図 16.1

る．フロアは金利が低下するリスクのヘッジに用いることができる．それらは LIBOR レートを対象とするオプションの重要な商品である．

「現在」を t とし，$t \leq t_0$ である t_0 が金利キャップの「開始日」であるとしよう．ある n に対してキャップの満期日 t_n を与え $t < t_0 < t_n$ とする．$t_1, t_2, \ldots, t_{n-1}$ は契約「更新」日であるとする．そのとき期間 t_i, t_{i+1} に適用する「キャップレット」に対して，買い手は時刻 t_{i+1} に以下の金額を受け取る．

$$N \max \left[\delta(L_{t_i} - R_{cap}), 0\right]$$

ここで L_{t_i} は時刻 t_i に観測された原資産である LIBOR レートであり，δ は日次調整であり，N は時刻 t に決められた想定元本である．R_{cap} は権利行使価

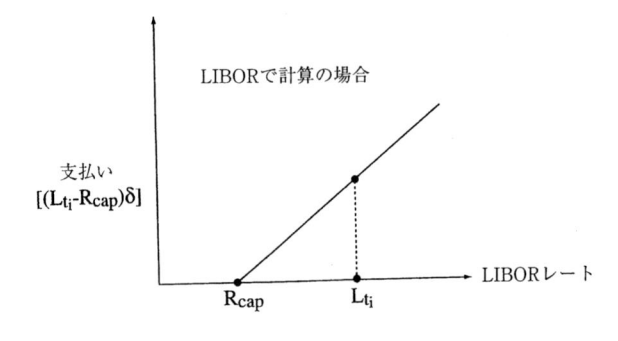

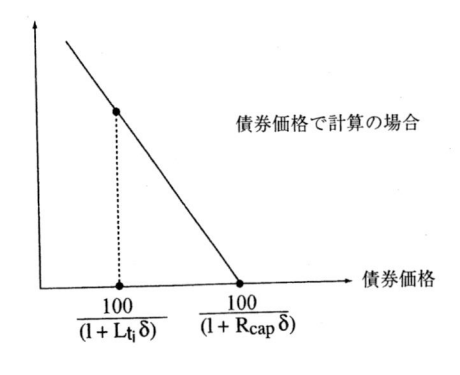

格と同様の役割を果たすキャップレートである.

ある意味で,キャップレットは R_{cap} を超える将来の LIBOR レートの増加分であり,買い手は利益となる.したがって,それは満期日 t_{i+1}, R_{cap} から得られる権利行使価格をもつ信用リスクのない割引債を原資産とする権利行使日 t_i のプットオプションと等価である.とくに,R_{cap} がキャップレートであり,例のごとく,δ は日次調整として,このオプションに適用する権利行使価格は $100/(1+R_{cap}\delta)$ である.

この定式化は図 16.2 で示される.時刻 t_i でオプションは満了する.もし債券の価格が $100/(1+R_{cap}\delta)$ より安ければ,保有者は以下の差を受け取る.

$$\text{ペイオフ} = \frac{100}{(1+R_{cap}\delta)} - \frac{100}{(1+L_{t_i}\delta)}$$

もしそうでなければ,保有者は何も受け取ることができない.また,図 16.2 ではキャップレットは権利行使価格が R_{cap} である L_{t_i} のコールオプションと等価であることを示している.ここで,もし LIBOR レート L_{t_i} を原資産とする

満期日 t_{i+1} のコールとしてキャップレットをみなすと，決済は時刻 t_i よりむしろ t_{i+1} になされることを覚えておくべきである．

金利フロアレットは同様に満期日が t_{i+1} の割引債に対する権利行使日が t_i のコールオプションと等価であることを示すことができる．同様に，満期日が t_{i+1} の LIBOR レート L_{t_i} に対するプットオプションとしてみなすことができる．

4) **金利スワップ**：これらの証券は第1章でも議論した．プレーンバニラの金利スワップは LIBOR レート L_{t_i} の変動金利によって生じるキャッシュに対してあらかじめ固定された「スワップレート」κ によって生じる固定金利の交換による支払いを行う．キャッシュフローは想定元本 N を元にして，時刻 t_{i+1} に清算される．あきらかにスワップは一続きの FRA のより複雑な形態である．「スワップレート」κ は時刻 t でのスワップ契約の価値が 0 となるように決められる．

5) **債券オプション**：債券を原資産とするコールオプションは価格 B_t の債券を権利行使価格 K で買う権利をオプションの買い手に与える．債券の価格は現在と将来のスポットレートに依存しているので，債券オプションは r_t の動きや LIBOR レート L_{t_i} の動きによって変動する．

6) **スワップション**：スワップションはスワップ契約を原資産とするオプションである．満期によるが，非常に流動性がある．時刻 t に権利行使価格 κ，想定元本 N で金利の交換を行うスワップ契約を原資産とするオプションを買うとする．オプションは時刻 T で満了し，スワップは時刻 $T \leq T_1$ である T_1 で始まり，$T_1 < T_2$ である T_2 で終了する．スワップション契約の買い手は満期日でスワップレート κ，想定元本 N，開始日 T_1，終了日 T_2 である固定支払いスワップ契約を得る権利をもつ．もし，実際の時刻 T_1 でのスワップ金利が R_{T_1} となり，κ を超えていれば，スワップションの価値は正になる．

これらは基本的な金利派生資産である．本書の意図からさらに複雑なものは扱わない．その代わり，これらの証券の重要な要素をまとめ，どのような新しい道具が必要とされるのかをみていくことにしよう．

16.4 複雑な事柄

金利派生資産を紹介するにあたりいくつかの複雑な事柄がある．これには債券オプションについて考察し，ブラック–ショールズの枠組みと比較することが一番である．

債券価格 B_t は経済環境の中で現在と将来のスポットレートの確率的な振る舞いに依存している．そのため，最初に2つの新しい仮定が要求される．(1) 債券価格 B_t は現在と将来のスポットレートの関数でなければならない．(2) スポットレート r_t は定数であると仮定することはできない．なぜなら，このことは B_t が完全に予測可能で

あることと同じであり，原証券のボラティリティは0であることを意味するからである．そうであれば，債券を原資産とするどのようなコールオプションやプットオプションも必要なくなるであろう．

したがって，まさに最初に必要なことは確率的な金利を対象とすることである．しかしそのとき，ディスカウントファクター「や」ペイオフは金利に依存する．あきらかに無裁定価格を求めることはさらに複雑になる．

2番目に複雑な事柄はほとんどの金利派生資産はアメリカ型であり，どのようなオプションであっても保有者がしたければ，それらの満期日の前に権利行使されるかもしれない．

3番目として，原資産の支払いは金利派生資産とは異なるかもしれない．たとえば，値洗いを行う場合，スポットレートが確率的であるということにより先渡し価格と比較して無裁定の先物価格の評価は一般に異なったものとなる．このことは問題となる．なぜなら値洗いで契約の保有者は金利変動に伴って上下する定期的な金額の受払いをするからである．しかしこれらの値洗いしたキャッシュフローはまた同じ金利変動によって影響される確率的なディスカウントファクターによって割り引かれる．その結果生じる先物価格は値洗いがなされない先渡し契約の価格とは異なったものとなる．

同様に，もし債券がクーポンの支払いをするのであれば，原証券 B_t はまた配当支払のない株式 S_t とも異なるだろう．

これらは金利の派生資産を扱うために必要とされるあきらかな修正点である．また始めからはあきらかでないさらに技術的なこともある．上記の事柄はこれらのうちの1つである．

16.4.1　ドリフト項の調整

金利は資産ではなく，資産の「収益率」のようなものである．方程式

$$dS_t = \mu S_t dt + \sigma S_t dW_t$$

において，資産価格 S_t の未知のドリフト μ を取り除くことで成り立っている無裁定の制約と無リスク金利 r を置き換えることは正当な手続きではない．r_t の方程式は

$$dr_t = a(r_t, t)dt + \sigma(r_t, t)dW_t$$

と表せ，ドリフト $a(r_t, t)$ は他の平均値でリスク調整されなければならない．このことはギルサノフの定理の応用をさらに複雑にする．実際，W_t から無リスクの測度 $\tilde{P}$ の元で定義された新しいウィーナー過程 $\tilde{W}_t$ に置き換えることは簡単な方法ではできない．2つのウィーナー過程は次式のギルサノフの対応づけがなされている．

$$dW_t = d\tilde{W}_t - \lambda_t dt$$

以下の金利の方程式の修正が必要となる．

$$dr_t = (a(r_t,t) - \lambda_t \sigma(r_t,t))dt + \sigma(r_t,t)d\tilde{W}_t$$

そして，λ_t がどのように決定されるかは当初あきらかではない．

これは S_t が売買される資産であるとき可能「である」ブラック–ショールズの代入と比較して非常に複雑である．

$$r = (a\mu - \lambda_t \sigma)$$

金融の基本的な理論はこの等式に含まれる．しかしまだ，r_t は資産ではなく，同様の代入は有効ではない．

16.4.2 期間構造

その他の複雑な点は多くの金利が同時に存在していることである．単純なブラック–ショールズの世界では唯一の原資産 S_t が存在していることに注意されたい．しかし，利付債券では異なる満期をもつ多くの金利が存在する．さらにこれらの金利は互いにまったく異なる動きをすることはできない．なぜなら，結局それらは同じ証券に関連しているからである．

したがって，金利に対するブラック–ショールズの状況と比較して，裁定機会による複雑な相互作用に従わなければならないランダムな過程のベクトルを扱うことになるだろう．その結果生じる k 次元の方程式はさらに複雑になるに違いない．

古典的なブラック–ショールズの環境では，原資産の無リスクの方程式を定式化することは 1 変数の時間に対する裁定の制約が考慮される必要がある 1 つの偏微分方程式を定式化することを意味した．しかし，金利の場合，同様な時間に対する制約は k 変数で定式化される必要がある．さらに，すべての変数「を通して」裁定の制約が同様に定められることが必要である．

最後にそれだけではなく，ボラティリティの定式化がある．債券のボラティリティは時間とともに変動しなければならない．結局，債券はある特定日に満期となる．したがって，これらのボラティリティは株式の場合のように定数であると仮定することはできない．

あきらかに，金利の派生資産のこの広範な点はブラック–ショールズの環境の仮定を用いて扱うことができない．

これらの複雑さの中には仮定を少し修正することや表面的な方法で「技巧」を用いることによってブラック–ショールズの枠組みの中で扱うことができるものもある．しかし，金利派生資産において確率的な金利を取り扱うことと期前行使ができることに

対しては新しい数学的な道具を用いる修正が必要となる．次章でこのことに触れようと思う．

16.5 お わ り に

本章は簡単に短い概要を示し，金利に依存する証券の紹介を熟考することはできなかった．しかし，残りの章で議論される道具を理解するための最小限必要なものを紹介した．

16.6 参 考 文 献

リスク出版社から出された *Vasicek and Beyond* (1996) を読むことは金利派生資産とその価格評価に関する重要な論文集としてとくに推奨される．読者はまた，Hull (2000) や Rebonato (1998) で広範囲に扱っている内容を参考にするべきである．

16.7 演 習 問 題

1. 以下の証券のペイオフ図をプロットせよ．
    (a) 満期が近い3ヵ月 LIBOR L_t を原資産とするキャップレート $R_{cap} = 6.75\%$ のキャップレット．
    (b) デフォルトすることがない2年物の割引債を原資産とする先渡し契約．先渡し契約は3ヵ月で満了する．契約の価格は89.5．
    (c) LIBOR に対して固定の3ヵ月金利 F, 3/6 の FRA．
    (d) スワップレート $\kappa = 7.5\%$ の金利スワップの固定支払い．スワップは2年の満期で，6ヵ月 LIBOR を受け取る．開始日はちょうど6ヵ月前であった．
    (e) スワップレート $\kappa = 0.6\%$, 2年物固定金利支払いのスワップの6ヵ月満期のスワップション．
2. 以下のもので金融市場で「取引」されているものはどれであるか．
    (a) 6ヵ月 LIBOR
    (b) 5年米国債
    (c) FRA
    (d) キャップレット
    (e) 30年ドイツ債の収益率
    (f) フェデラルファンドレートのボラティリティ
    (g) 金利スワップ

17

新しい設定における裁定理論
——正規化と確率的変動をする金利

17.1 はじめに

　派生商品の価格理論における主なツールがなぜ必要であるかについては第2章で紹介した．そこでは本書の最初の部分で本質的な役割を果たす合成（マーチンゲール）確率のある簡単な構築方法について議論した．その設定が非常に単純であったため，リスク中立確率であるとかマーチンゲール理論における重要な役割といった複雑な概念を導入するのに都合がよかった．

　第2章で考察した設定では，「ある一定の」無リスク金利で貸借できる現金が3種の投資可能資産の1つであり，それ以外には株式と株式を原証券とするオプションであった．第2章を通じて金利は一定であるとされ，金利の変動に応じて価格が変動するような金融派生商品の議論は故意に省略されていた．しかしながら，金融市場で取引されている派生商品の大部分は金利商品である．こうした商品は金利変動リスクのヘッジや裁定取引を目的としていたり，あるいは金利のスペキュレーションのために取引されている．したがって，金利が一定であるという仮定を緩める必要は充分にある．第16章で指摘したように，金利一定の仮定を緩めて複雑な金利派生商品を導入するためにはいくつかの新しい数学的な道具が必要になり，それらはつい最近発見されたものである．

　本章では第2章で用いたのと同様な単純化した時間離散的アプローチを用いてこうした概念や新しい数学的道具が「なぜ必要とされているのか」をあきらかにする．しかしながら，第2章で用いたモデルは，こうした新しい道具や概念を理解しやすいように新しい方向性に拡張されている．第2章で用いた単純化したフレームワークを拡張することによって，少なくとも3つの重要な結果について議論することができるだろう．

　問題の最初の設定は「正規化」という概念のもとに分類することができる．これは価格自体ではなく資産価格の「比」に対する価格方程式を得る技術である．この比には1つの分子と1つの分母がある．動的な価格変動の設定のもとではこうした量が変動する．こうした要素はそれぞれの変動率の期待値がわからないかもしれないが，あ

る条件のもとでは，こうした要素の「比」の期待変化率がある「既知の」値となっているかもしれない．たとえば，ある決定論的関数で表される比の分子と分母はそれぞれある不明の率で成長しているとする．しかし，その比自体は常に一定値となっているような場合である．このように，価格方程式における分子と分母を注意深く選択し，さらにギルサノフの定理を巧みに適用することによって，動的な資産価格変動のモデルを著しく単純化することが可能である．

正規化の問題を議論し始めるために，まずは短期金利がある期間から別の期間にランダムに変動するとしたときに，第 2 章で得られた基本的な結果が同じように得られることを確かめる．あきらかに，これは金利派生商品に直接的に適用できる議論であり，そうした証券の価格評価に確率的変化をする金利を仮定する必要がある．しかしこれは本質的なことではない．

金利に確率的変動を認めると，われわれは合成確率を求めるための新しい方法が必要になる．とくに金利派生商品を扱うときに必要になる．第 2 章で導入したアプローチと一般的な考え方は同じであるが，その手法は大きく異なったものになる．事実，「異なった」種類の金融派生商品に対して異なった合成確率を用いることがより実務的であるということを示すことができる．あきらかに，最終的に得られる無裁定価格はどの場合でも同じである．結局のところ，合成確率が重要なのではなく，原証券の状態価格ベクトルが一意であるということが重要となる．

この単純な段階では，最初は見当違いのことのようにみえるが，金融商品の価格評価ツールにおいて合成確率あるいは「確率測度」を実務的に適用するためにたいへん重要であることを示すことになる．事実，ある測度を別の等価な「正しい」確率に対して選択することによって価格評価を行う努力を劇的に軽減することができるのである．本章の 2 番目の目的はこの複雑なアイデアをある単純な設定のもとで説明することにある[*1]．

前の章で扱った派生商品の種類がかなり限られていたというのも問題である．ほとんどの議論がブラック–ショールズモデルの環境下におけるプレーンバニラ・オプションに集中していた．ある場合にはいくつかのフォワード契約について議論がなされた．本章はこうした関心においても新しいステップになる．フォワード契約や LIBOR 金利を原証券とするオプションはすべての派生商品の中で最も流動性のあるものであるが，第 2 章で用いた単純な設定のもとでは金利が一定であったために取り扱うことができなかった．本章ではこうした重要な派生商品をファイナンスにおける基本理論の中に取り込んで，それらの取扱いに追加的な数学的道具が必要であることを示す．

[*1] 読者の中には次のような質問をする者もいるかもしれない．真の確率分布を変形させることによって資産価格をマーチンゲールに変換したいとした場合に，合成確率を選択する「最もよい」方法があるのだろうか？

17.2 新しい派生商品のためのモデル

われわれは最初に第2章で用いた単純な設定について思い出す必要がある．そこでは，ある配当金の支払のない株式 S_t，ヨーロッパ型コールオプション C_t，そして貸借可能な無リスク資産がある1期間に2つの状態をとるとした設定を考えた．ファイナンスの基本原理では，将来とりうる価値と今考えている3資産の現在の無裁定価格の間に次のような線形の関係が与えられる．

$$\begin{bmatrix} 1 \\ S_t \\ C_t \end{bmatrix} = \begin{bmatrix} (1+r\Delta) & (1+r\Delta) \\ S_{t+\Delta}^u & S_{t+\Delta}^d \\ C_{t+\Delta}^u & C_{t+\Delta}^d \end{bmatrix} \begin{bmatrix} \psi^u \\ \psi^d \end{bmatrix} \qquad (17.1)$$

ここで，Δ は2時点の間に経過する時間，u と d はそれぞれ今考えている2つの状態，そして $\{\psi^u > 0, \psi^d > 0\}$ はその状態価格を示している．最初の列は無リスク資産のペイオフ，次の列は株式 S_t のペイオフ，そして3列目はオプション C_t のペイオフを示している[*2)]．

ファイナンスの基本原理に従うと，$\{r, S_t, C_t\}$ が与えられたもとで裁定の可能性がない場合には $\{\psi^u, \psi^d\}$ が存在しかつ「正の」値をとる．逆もまた正しい．もし $\{\psi^u, \psi^d\}$ が存在し正の値をとるならば，左辺に示された価格においては裁定機会が存在しない．

この行列の最初の列からリスク中立確率 $\tilde{P}$ が得られ，

$$1 = (1+r\Delta)\psi^u + (1+r\Delta)\psi^d$$

ここで

$$\tilde{P}^u = (1+r\Delta)\psi^u$$
$$\tilde{P}^d = (1+r\Delta)\psi^d$$

を定義することによって

$$1 = \tilde{P}^u + \tilde{P}^d$$

が得られる．状態価格 ψ^u, ψ^d が正であるとすると条件 $0 < \tilde{P}^u, 0 < \tilde{P}^d$ が満たされる．

このように得られた2つの数字 $\tilde{P}^u, \tilde{P}^d$ は正でかつその和が1であった．これらの数字はこの単純な設定のもとである確率分布の要件を満たしているので，われわれは

[*2)] ここでわれわれは第2章で用いた単純なモデルと比較して概念的に若干の修正を行っている．とくにここでは u と d を2つの状態を示すとした．

これら $\tilde{P}^u, \tilde{P}^d$ を合成，より正確にはリスク中立確率と呼んだ．これらの確率は状態 u, d が実際に起きる確率については何も語っていないが，次のような理由でリスク中立と呼ばれた．

このシステムにおける第 2，第 3 の列をそれぞれ考えてみよう．

$$S_t = S_{t+\Delta}^u \psi^u + S_{t+\Delta}^d \psi^d \tag{17.2}$$

$$C_t = C_{t+\Delta}^u \psi^u + C_{t+\Delta}^d \psi^d \tag{17.3}$$

ここで ψ^u, ψ^d に $(1+r\Delta)/(1+r\Delta)$ を乗じ $\tilde{P}^u, \tilde{P}^u$ を代入することによって，価格評価式が得られる．

$$\begin{aligned} S_t &= S_{t+\Delta}^u \frac{1}{(1+r\Delta)} \tilde{P}^u + S_{t+\Delta}^d \frac{1}{(1+r\Delta)} \tilde{P}^d \\ &= \frac{1}{(1+r\Delta)} E^{\tilde{P}}[S_{t+\Delta}] \end{aligned} \tag{17.4}$$

$$\begin{aligned} C_t &= C_{t+\Delta}^u \frac{1}{(1+r\Delta)} \tilde{P}^u + C_{t+\Delta}^d \frac{1}{(1+r\Delta)} \tilde{P}^d \\ &= \frac{1}{(1+r\Delta)} E^{\tilde{P}}[C_{t+\Delta}], \end{aligned} \tag{17.5}$$

ここで，$E^{\tilde{P}}[\cdot]$ はいつものように確率 $\tilde{P}^u, \tilde{P}^d$ を用いた（条件付き）期待値オペレーターである．この章では時間の概念を単純化するために $E_t^{\tilde{P}}[\cdot]$ の t を省略していることに注意されたい．

これらの価格評価方程式に従うと，「無リスク」金利で割り引かれたリスク資産の将来の期待ペイオフは現在の無裁定価格を与えることがわかる．この意味で $\tilde{P}^u, \tilde{P}^d$ は「リスク中立」である．市場価格 S_t, C_t にリスクプレミアムが含まれていたとしても，$\tilde{P}^u, \tilde{P}^d$ を用いることによって，リスク中立の世界の価格であるかのように，これらの価格を得ることができるのである．

こうした価格評価方程式から得られる 2 番目に重要な結果があった．(17.4) 式と (17.5) 式を書き直すことによって，

$$1 + r\Delta = E^{\tilde{P}}\left[\frac{S_{t+\Delta}}{S_t}\right]$$

$$1 + r\Delta = E^{\tilde{P}}\left[\frac{C_{t+\Delta}}{C_t}\right]$$

が得られる．このように確率 $\tilde{P}$ はすべての期待リターンが無リスク金利 r になるようにリスク資産の期待収益率を「修正」した．だから，リスク中立測度あるいは確率と呼ばれるのである．

本節では，このフレームワークを 2 つの意味で拡張する．最初に，時間間隔を追加しスポットレートのランダムな変動の効果を考慮に入れられるようにする．次に派生商品の種類を変えて金利派生商品を導入する．

17.2.1 新しい環境

$t_1 < t_2 < t_3$ で示される日付で表現される 2 つの期間について考える.ただし「それぞれ」の時間間隔では 2 つの可能な状態しか起こり得ないという仮定は維持する.一期間を追加することによって可能な状態は増加する.このように時間 $t_1 = 1$ から時間 $t_3 = 1 + 2\Delta$ となった場合には「4 つの」可能な状態 $\{\omega_i, i = 1, \ldots, 4\}$ が存在し,これら状態はそれぞれの時間 $\{t_1, t_2, t_3\}$ における価格がとりうる経路を表現することになる.

$$\{\omega_1 = down, down \quad \omega_2 = down, up \quad \omega_3 = up, up \quad \omega_4 = up, down\}$$

スポットレート確率変数 r_t の効果を要素に入れるために少なくとも 2 期間必要であることがあきらかになる.その状況が図 17.1 と図 17.2 に示されている.ある投資家が現金を t_1 から t_2 の期間に貸出したいと考え,これを時間 t_1 に無リスク金利で行うとする.すると直後にはどの状態が起きようともこの投資家の収益率にはリスクはない.なぜならそのペイオフが既知のものであるからである[*3)]. 時点 t_2 における状態が「上昇」あるいは「下降」のいずれの場合においても,投資家は同じ収入 $(1 + r_{t_1}\Delta)$ を得ることになる.時間のノードが t_1, t_2 という 2 つのモデルでは「まるで」スポットレートが変化していないように,リスクのない現金貸借は状態が上昇と下降のいずれになったとしても同じ収益を生む.だから r_t にどんなランダムな変動があったとし

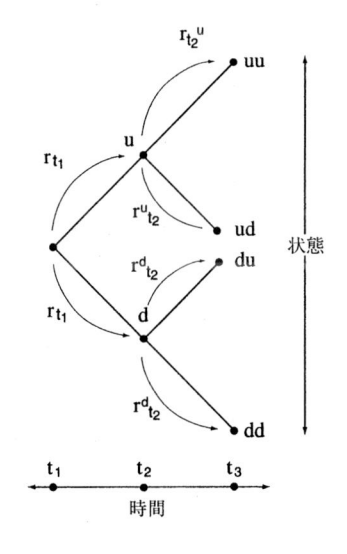

図 17.1

[*3)] この設定ではデフォルトリスクがないものと仮定している.

LIBORとスポットレート

$r_{t_1}=$ 時点t_1で観察される確率変数

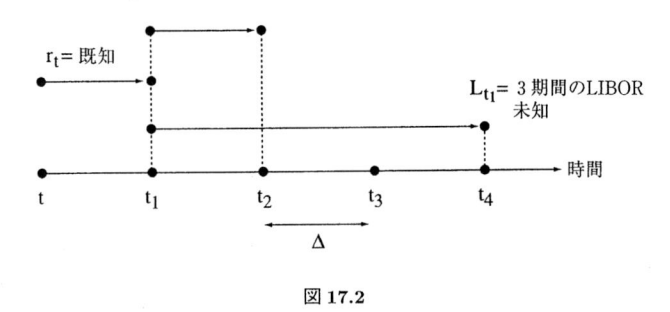

$r_t=$ 既知

$L_{t_1}=$ 3期間のLIBOR
未知

時間

t　　　t_1　　　t_2　　　t_3　　　t_4

Δ

図 17.2

ても，その影響を分析することはできない．

　しかし，もう1期間加えることによってこれが変化する．時点 $t_1=1$ でみると，時点 $t_2=1+\Delta$ で投資家が受け取るスポットレートにはリスクが「ある」．こうした種類の投資をすることによって，投資家は「高い」金利 $r_{t_2}^d$ あるいは「低い」金利 $r_{t_2}^u$ で貸すことになったりする．t_2 時点でとりうるこれらのスポットレートは t_1 時点で既知では「ない」．このように3時点 t_1, t_2, t_3[*4] を用いることによって，第2章での1期間フレームワークでは重要ではなかった「無リスク」金利のランダムな変動が1つの重要なファクターとなる．この状況が図17.1に示されていた．時点 t_2 では「2つの」可能なスポットレート，$r_{t_2}^u$ と $r_{t_2}^d$，があるため r_{t_2} の値はランダムである[*5]．

　第2章で導入した設定への2つ目の修正は派生商品の選択である．株式と株式を原証券とするオプションの代わりに金利派生証券とフォワードを考える．これは裁定価格理論をより興味のある資産へ拡張し，同時に，金融市場参加者にとってなぜ修正した正規化を用いることが有益なのかを示す簡単な方法になっている．とくに，こうしたフレームワークを用いるといわゆる「フォワード」測度を紹介することができ，その特性を前にみた「リスク中立」測度と比較することができるのである．

　だから，次のような金融商品について流動性の高い市場を想定することにする[*6]．

[*4] つまり2期間を意味する．

[*5] これは「無リスク」という用語が意味する投資が貯蓄やマネー市場にとって常に適切であるとは限らないことを示している．契約の最後に受け取る対象が既知であるという意味でその投資は「無リスク」である．その契約には「市場」リスクがない．その価格が契約期間の間は変化しない．なぜなら r_t が一定であるからである．加えて，デフォルトリスクもないものとしている．だから契約期間の最後におけるペイオフは一定である．しかし，ある投資家が預貯金口座に資金を繰り返し預け続けた場合にはペイオフがランダムに変化することを「経験する」であろう．

[*6] ここで市場の流動性とは示された価格で瞬間的に売却および購入が可能であることを意味するものとする．

1) デフォルトリスクのない「預貯金口座」：時刻 t で金利 r_t の契約をすることができ，時間間隔 Δ の後に $(1+r_t\Delta)$ 支払われる．もし，その投資家がこの短期間の投資を継続したければ，「新しい」スポットレート $r_{t+\Delta}$ で時点 $t+\Delta$ に契約することができる．

2) 金利 L_t に対する「フォワード契約」：この金利はデフォルトしないものとする．また一期間よりは多くの期間に対して契約することができるスポットレートであるとする．たとえば，6ヵ月間 LIBOR のような6ヵ月間借り入れするような「単純な」金利を示すかもしれない．だから，シンボルとして L_t を選択した[*7)]．

3) $t < t_3$ である時点 t に価格 $B(t, t_3)$ となるデフォルトのない「短期の」割引債：この債券は満期 t_3 で1ドルを支払い，それ以外の時点における支払はない．

4) 時点 t に価格 $B(t, T)$ となるデフォルトのない「長期の」割引債：この債券は満期 T で1の支払である．この債券の満期をより長くするために $t < t_3 < T$ とする．われわれのモデルにおいては T にある数値を選ぶ必要はない．

5) L_{t_2} へのフォワードレート契約（FRA）で時点 t_3 においてペイオフが $N(F_{t_1} - L_{t_2})\Delta$ である．ここで F_{t_1} は時点 t_1 におけるフォワード契約である．もし $F_{t_1} > L_{t_2}$ である場合，FRA(Forward Rate Agreement)の買手はそのネットの金額を「支払う」．もし $F_{t_1} < L_{t_2}$ の場合には買手はネット金額を「受け取る」．この金額は時点 t_2 であきらかになるレート L_{t_2} に依存しているが FRA から得られる金額の支払（あるいは受取り）は時点 t_3 になされることに注意しよう．こうした意味で FRA は「後ろに遅れた」支払をもつものである．Δ はその日数調整を表す．

6) 最後に，$B(t_1, t_3)$ を原証券とするあるコールオプションや L_{t_2} を含むキャッププレットといった金利「派生商品」について考えよう．この派生商品の満期は $t = t_3$ であり，現在価格 C_{t_1} をもつ．

われわれはここで第2章で行ったような1つの行列方程式の中にこうした資産と対応するペイオフを組み立てる必要がある．しかし，最初にいくつかの表記上の単純化を行う．

時間間隔 t_1 と t_2 の「グロスの」無リスク収益率を次のように定義する．

$$R_{t_1} = (1 + r_{t_1}\Delta)$$
$$R_{t_2} = (1 + r_{t_2}\Delta)$$

[*7)] 前の章で定義したように，LIBOR はロンドン銀行間オファーレート（London Interbank Offered Rate）であり，銀行がロンドンで資金を調達することができる金利である．LIBOR 金利はベンチマークとして用いられ，銀行の貸借対照表にある資産の重要な部分は LIBOR ベースの金融資産で占められる．

後の章でもとの表記法に戻すことになるが，下で示すことになる行列を簡単にするために，債券の表記法も単純化する．

$$B_{t_1}^s = B(t_1, t_3)$$

は現在の時点 t_1 における「短期の」債券の価格を示し，

$$B_{t_1} = B(t_1, T)$$
$$B_{t_3} = B(t_3, T)$$

はそれぞれ時点 t_1 と t_3 における「長期の」債券の価格を示す．途中の時点 t_2 における長期債の価格を考える必要はない．

次に，N で表される FRA 契約の想定元本を 1 と等しくする．なぜならばこの変数はわれわれのモデルにおいてあまり重要な役割をしないからである．

最後に，すべての金利は時間間隔 Δ にわたる金利として表現されると仮定する．こうすることによって，対応するリターンを得るために「年率の」レート r_t に時間間隔 Δ を乗じる必要がないようにする．これはまた表記法を単純化するためでもある．同時に $\Delta = 1$ は 1 年間を表すものとする．

ここでファイナンスの基本原理によって行列方程式を書くことができる．上記の 5 つの商品の現在の価格を左辺の (5×1) ベクトルに表し，この方程式を得る．

$$\begin{bmatrix} 1 \\ 0 \\ B_{t_1}^s \\ B_{t_1} \\ C_{t_1} \end{bmatrix} = \begin{bmatrix} R_{t_1} R_{t_2}^u & R_{t_1} R_{t_2}^u & R_{t_1} R_{t_2}^d & R_{t_1} R_{t_2}^d \\ (F_{t_1} - L_{t_2}^u) & (F_{t_1} - L_{t_2}^u) & (F_{t_1} - L_{t_2}^d) & (F_{t_1} - L_{t_2}^d) \\ 1 & 1 & 1 & 1 \\ B_{t_3}^{uu} & B_{t_3}^{ud} & B_{t_3}^{du} & B_{t_3}^{dd} \\ C_{t_3}^{uu} & C_{t_3}^{ud} & C_{t_3}^{du} & C_{t_3}^{dd} \end{bmatrix} \begin{bmatrix} \psi^{uu} \\ \psi^{ud} \\ \psi^{du} \\ \psi^{dd} \end{bmatrix}$$

(17.6)

ここで，右辺は時点 t_3 において起きうるペイオフに状態価格 ψ^{ij} を乗じたものである．この行列方程式は第 2 章で用いたものと同じであるが，いくつか新しい複雑な点があるので，順にコメントをする．

このシステムにおける最初の列は「無リスク」な預金口座における投資に何が起きるのかを表している．もしここで 1 ドル投資したとすると，時点 t_2 で「既知の」リターン $R_{t_1} = (1 + r_{t_1})$ を得るが，時点 t_3 では「未知の」リターン $R_{t_2} = (1 + r_{t_2})$ を得ることになる．時点 t_3 におけるリターンはランダムである．なぜなら，R_{t_1} と異なり，時点 t_1 において R_{t_2} が未知であるからである．時点 t_2 では 2 つの可能性があり，これは $R_{t_2}^d, R_{t_2}^u$ における u, d で示されている．この列は (17.1) 式における最初の列と同じだが，ここではその要素が一定でない．

次に，この行列方程式の第2列について考える．F_{t_1} は時点 t_1 におけるランダムな LIBOR レート L_{t_2} へのフォワードレート契約である．LIBOR レート L_{t_2} は時点 t_2 に観測される．だから，ここにフォワードレート契約が含まれている．FRA は「契約」時点において無裁定価値が「ゼロ」であることがわかる．なぜなら，こうした契約においてはアップフロントな支払がないからである．これは左辺のベクトルにおける第2番目の要素を説明する．また，この FRA 契約に従うと，既知の F_{t_1} と未知の L_{t_3} の差は時点 t_3 で支払われる（受け取る），これは行列の第2列を説明する．あきらかにここでは4つの可能性がある[*8]．

この行列方程式の第3，第4列はこのシステムにわれわれが導入した2つの債券を扱う．$B_{t_1}^s$ と B_{t_1} は時点 t_3 で満期となるものと時点 T で満期となる2つの割引債の時点 t_1 における無裁定価格をそれぞれ示している．短期債の価値は満期である時点 t_3 で一定で，1となることに注意されたい．逆に長期債の価格にはこうした特徴がない．B_{t_3} が想定することができるのは4つの値である．

この行列方程式の最後の列は1つあるいはそれ以上のこうした資産を原資産とする派生証券の価格 C_{t_1} を示している．

最後に，$\{\psi^{ij}, i,j = u,d\}$ は時点 t_3 における4つの状態である．裁定機会が存在しなければこれらは存在しまた正の値となる．第2章の例と同じように，すべての i,j に対して

$$\psi^{ud} > 0$$

であることは重要である．ここで今回の設定が第2章の場合とどのように違うのかを考えてみよう．最初に，この行列方程式では「無リスク」な預金口座における投資のリスクが明示的に示されていることである．この投資は1期間だけ無リスクである．ある投資家は直後の将来時点である $t_2 = t + \Delta$ におけるペイオフについて確信しているかもしれない．しかし，1期間経つと，状態空間 $\omega_{i,j}$ の状態に応じたスポットレートによって収益率は高く，あるいは低くなる．だから，現在のスポットレート r_t は既知であるが，$r_{t+\Delta}$ は依然としてランダムである．それは「低い」（up の状態）か「高い」（down の状態）かもしれない．その結果として $R_{t_2}^j, j = u,d$ は時点 t_2 における

[*8] いくつかの条件のもとでは，このフォワード契約には時点 t_2 ですぐに決済されるものが含まれている．すると，支払（あるいは受取）はその差の現在価値と等しく，

$$\frac{F_t - L_{t_2}}{1 + L_{t_2}}.$$

で与えられる．たとえば，市場で取引されているほとんどのフォワードレート契約がこの場合にあてはまる．しかし，その決済は2つの確率変数の比が含まれているため，FRA 調節と呼ばれるさらに複雑な変数を導入することになる．この契約が時点 t_3 で決済されると仮定したことによって，この最初の段階においてそうした非線形性を避けることにする．さらにほとんどの金利派生商品の決済は「事後的に」行われる．

実現した状態への依存性を指し示す添え字をもっているのである．

次に，このモデルに含まれている証券は第2章におけるものとまったく異なっていることに注意されたい．ここで考えているフォワード契約と債券は金利変化に応じて価格変動する商品であり，それらの価格評価は第2章で扱った単純なモデルで選択された資産よりデリケートに行うことが適切である．これはオプション C_t についてもあてはまる．このオプションは金利に応じて価格が決まる証券を原証券とする．

最後に，このモデルの直感的な面に注意しよう．時点 t_3 で債券のうちの1つが満期となるので，そのペイオフが既知となり，その時点では「一定の」値である．この単純な点はここで導入した新しい資産を価格評価する際に合成確率（マーチンゲール測度）を「選択」する上で重要な意味をもつ．

ここで，現在考えている商品に対する測度の選択を決定する正規化の重要な問題について考えることができる．しかし，まずは次の注意を必要とする．

1つの注意点

本章では R_t と L_t は短期金利と LIBOR 過程をそれぞれ示している．これら2つは異なる過程であって，L_t はスポットレートと異なる満期をもち，最も短い可能な期間のレートに応じて決定される．しかし，この商品とこのモデルをあまり難しいものにしないようにするために，L_t を1期間の LIBOR であると仮定する．これによって R_t と L_t は同じものになるが，こうした仮定を置いたとしても本章における結果を変えるものではない．本章はこれらをまるで概念的に異なるもののように扱う．なぜならより長い満期をもつ LIBOR レートにおいてはこの等価性がなくなってしまうからである．L_t と R_t に対して異なった概念を用いることによって，こうした一般的な場合において LIBOR 商品とそのスポットレートとの関係をわれわれがよりよく理解できるようになるであろう．

代替方法として「2」期間の LIBOR を考えることができる．しかし，これは「3」期間のモデルが必要になるので，ここで考えているより複雑な行列方程式を考えなくてはいけない．この意味で，2期間と4つの状態空間という妥協案は正規化の問題を考える上で最も小さな系である．

17.2.2 正規化

再びここで第2章におけるフレームワークを見直すことから始める．ファイナンスの基本原理によってどのようにリスク中立確率が与えられたか考えてみよう．より正確には，(17.1) 式と第2章の前の方で考えた S_t の方程式を考える．

$$S_t = S_{t+\Delta}^u \psi^u + S_{t+\Delta}^d \psi^d \tag{17.7}$$

17.2 新しい派生商品のためのモデル

この方程式においてリスク中立確率 $\tilde{P}$ を導入するために，ψ^i のそれぞれに比 $(1+r\Delta)/(1+r\Delta)$ を乗じた．

$$S_t = S_{t+\Delta}^u \psi^u \frac{(1+r\Delta)}{(1+r\Delta)} + S_{t+\Delta}^d \psi^d \frac{(1+r\Delta)}{(1+r\Delta)} \tag{17.8}$$

すると $\psi^i(1+r\Delta)$ が実は $\tilde{P}^i$ となっていることがわかる．こうして次の式が得られる．

$$S_t = \frac{S_{t+\Delta}^u}{(1+r\Delta)} \tilde{P}^u + \frac{S_{t+\Delta}^d}{(1+r\Delta)} \tilde{P}^d \tag{17.9}$$

いまこの式の変形では $\tilde{P}^i$ が $\psi^i(1+r\Delta)$ と置き換えられる際に，$S_{t+\Delta}^i$ の項の分母に1つの追加的な要素が残されている．この要素は $(1+r\Delta)$ であり，ある特定の状態となった場合の無リスク投資の収益率を表している．しかし，1期間先の無リスク収益率が一定となることを思い出すと，この項はくくり出すことができ，

$$S_t = \frac{1}{(1+r\Delta)} \left[S_{t+\Delta}^u \tilde{P}^u + S_{t+\Delta}^d \tilde{P}^d \right] \tag{17.10}$$

が得られた．しかしながら，2期間ある新しいモデルになると，このリターンが確率変数となり，ここで用いた方法によって式の変形を行うことは「できなくなる」．

それにもかかわらず，ここで覚えておくべき点は，価格評価方程式においてリスク中立確率を導入する過程とは無リスクの貸出の金利によってそれぞれの状態空間がもたらす収益率を「正規化」するということである．実際に，ψ^i に $\tilde{P}^u$ を置き換えたということは，(17.1) 式のそれぞれの項を無リスク投資のペイオフを表す第一列で除すことに等しい．

先に指摘したように，リスク中立確率 $\tilde{P}$ のもとでは資産価格はトレンドをもっている．たしかに $\tilde{P}$ のもとですべての期待収益率は r に変換され，これはすべての期待収益率が正にドリフトすることを意味している．このように価格「自体」は $\tilde{P}$ のもとではマーチンゲールではない．しかし，無リスクの貸出しを用いた「正規化」によってその「比」の期待収益率（つまりトレンド）がゼロになる．別のいい方をすれば，その分子と分母は「同一」の期待ドリフト r によって正のトレンドをもっており，正規化された変数がマーチンゲールになる．これは観測可能なトレンドではない．

この正規化にはもう1つの特徴があることに注意しよう．$(1+r\Delta)$ によって除すことによって将来のキャッシュフローを現在の値に割り引いている．しかし，無リスクの貸出しによって正規化すると「最初に」割り引いておいて，「次に」確率 $\tilde{P}$ を用いて平均をとり，

$$S_t = E^{\tilde{P}} \left[\frac{S_{t+\Delta}}{(1+r\Delta)} \right] \tag{17.11}$$

を得る．ここで r が定数であるとすると，この式は

$$S_t = \frac{1}{(1+r\Delta)} E^{\tilde{P}} [S_{t+\Delta}] \qquad (17.12)$$

と簡略化される．これは本書の前半の部分で何回も用いられた価格評価方程式である．本章におけるすべての期待値オペレーターと同様に，$E^{\tilde{P}}$ はとくに示されていなければ時点 t における情報に関する条件付き期待値を表す．

金利派生商品を含む 2 期間にモデルにおいても同様の手法を用いることができるのであろうか？ 答えはノーである．

(17.6) 式で示された新しいモデルにおいて同じ手法を適用することを考えてみよう．最初に預金口座に対応するこの連立方程式の最初の列を用いてリスク中立確率 $\tilde{P}^{ij}$ を決定することから始めよう．

$$1 = R_{t_1} R_{t_2}^u \psi^{uu} + R_{t_1} R_{t_2}^u \psi^{ud} + R_{t_1} R_{t_2}^d \psi^{du} + R_{t_1} R_{t_2}^d \psi^{dd} \qquad (17.13)$$

ここで，状態を示す肩文字は R_{t_2} にだけ適用される．なぜならば時点 t_1 においては R_{t_1} はあきらかに既知であるからである．

同じ手法によって 4 つのリスク中立確率を定義することができる．

$$\tilde{P}^{ij} = (1+r_{t_1})(1+r_{t_2}^i)\psi^{ij} \qquad (17.14)$$

ここで $i,j = u,d$ である．すると (17.13) 式は

$$1 = \tilde{P}^{uu} + \tilde{P}^{ud} + \tilde{P}^{du} + \tilde{P}^{dd} \qquad (17.15)$$

となる．もし，裁定機会が存在しないとすると状態価格 $\{\psi^{ij}\}$ は正になり

$$\tilde{P}^{ij} > 0 \qquad (17.16)$$

である．第 2 章でみたように，あきらかに $\tilde{P}^{ij}$ を状態空間に関連した確率「のように」みなすことができる．しかしこの確率は 4 つの状態が実際に生じることとは確率的な意味においてまったく関係がない．対応するマーチンゲール方程式を得るためには，このように第 2 章と同じ方法によって連立方程式 (17.6) の残りの方程式を展開することができる．

たとえば，このシステムの第 3 列は確率測度 $\tilde{P}$ のもとでの短期債券の無裁定価格を与える．

$$B_{t_1}^s = \frac{1}{(1+r_{t_1})(1+r_{t_2}^u)}\tilde{P}^{uu} + \frac{1}{(1+r_{t_1})(1+r_{t_2}^u)}\tilde{P}^{ud} + \frac{1}{(1+r_{t_1})(1+r_{t_2}^d)}\tilde{P}^{du}$$
$$+ \frac{1}{(1+r_{t_1})(1+r_{t_2}^d)}\tilde{P}^{dd} \qquad (17.17)$$

または
$$B_{t_1}^s = E^{\tilde{P}}\left[\frac{1}{(1+r_{t_1})(1+r_{t_2})}\right] \qquad (17.18)$$

ここで，r_{t_2} は確率変数であるために（条件付き）期待値の外に出すことはできない．

連続時間に移行し，そして状態空間を連続と仮定することによって任意の満期 $T, t < T$ におけるこの公式を一般化することができる．デフォルトのない割引債の無裁定価格は次の式によって与えられる．

$$B(t,T) = E_t^{\tilde{P}}\left[e^{-\int_t^T r_u du}\right] \qquad (17.19)$$

この方程式は後の章で何度も用いられることになる．

いま，同じ方法によってシステム (17.6) 式における長期債券に対して同様の価格評価公式を得ることにする．(17.6) 式の第4列から

$$B_{t_1} = \frac{B_{t_3}^{uu}}{(1+r_{t_1})(1+r_{t_2}^u)}\tilde{P}^{uu} + \frac{B_{t_3}^{ud}}{(1+r_{t_1})(1+r_{t_2}^u)}\tilde{P}^{ud} + \frac{B_{t_3}^{du}}{(1+r_{t_1})(1+r_{t_2}^d)}\tilde{P}^{du}$$
$$+ \frac{B_{t_3}^{dd}}{(1+r_{t_1})(1+r_{t_2}^d)}\tilde{P}^{dd} \qquad (17.20)$$

あるいは次の形で記述される．

$$B_{t_1} = E^{\tilde{P}}\left[\frac{B_{t_3}}{(1+r_{t_1})(1+r_{t_2})}\right] \qquad (17.21)$$

ここで r_{t_2} は再び確率変数である．そして B_{t_3} も確率変数である．なぜなら時点 t_3 はこの債券にとっては満期ではないからである．この理由によってこの形式の方程式は価格評価を行う上ではあまり有用なものではなくなってしまう．

最後に (17.6) 式の2番目と5番目の列を用いて2つの LIBOR 商品，FRA とキャップレット派生商品 C_t それぞれの価格評価方程式を得る．

$$0 = E^{\tilde{P}}\left[\frac{1}{(1+r_{t_1})(1+r_{t_2})}[F_{t_1} - L_{t_2}]\right] \qquad (17.22)$$

$$C_{t_1} = E^{\tilde{P}}\left[\frac{1}{(1+r_{t_1})(1+r_{t_2})}C_{t_3}\right] \qquad (17.23)$$

このように，第2章で用いたものと似た方法を実施することによって，さらに $\tilde{P}$ を決定するために預金口座を用いることによって (17.18) 式や (17.19) 式にあるのと似た価格評価公式を「導く」ことになる．しかし，ここで考えている商品においてはリスク中立確率 $\tilde{P}$ の利用はあまり便利なものでなく，ときには不適切でさえあるということがあきらかになった．つまり市場参加者に不必要で複雑な取扱いを強いることになる．次のセクションではこれらのいくつかをあきらかにする．

17.2.3 いくつかの魅力的でない特性

確率 $\tilde{P}^{ij}$ は預金口座方程式：

$$1 = R_{t_1}R_{t_2}^u\psi^{uu} + R_{t_1}R_{t_2}^u\psi^{ud} + R_{t_1}R_{t_2}^d\psi^{du} + R_{t_1}R_{t_2}^d\psi^{dd} \tag{17.24}$$

を置き換えることによって

$$1 = \tilde{P}^{uu} + \tilde{P}^{ud} + \tilde{P}^{du} + \tilde{P}^{dd} \tag{17.25}$$

として定義された．

ここでこうした確率がどのように FRA 契約を価格評価するのかを詳細にみてみることにしよう．最初に FRA を価格評価するということはこの契約の時点 t_1 における値がゼロとなるような1つの F_{t_1} を決定することである．すべての FRA はゼロの価格で取引され無裁定価格として考えているからである．この価格によって意味する無裁定な F_{t_1} を決定することが目的となる．(17.6) 式のシステムの第2列から，

$$0 = (F_{t_1} - L_{t_2}^u)\psi^{uu} + (F_{t_1} - L_{t_2}^u)\psi^{ud} + (F_{t_1} - L_{t_2}^d)\psi^{du} + (F_{t_1} - L_{t_2}^d)\psi^{dd} \tag{17.26}$$

を得る．

右辺をそれぞれの項に対応する $(1 + r_{t_1})(1 + r_{t_2}^i)$ で乗除し，

$$(1 + r_{t_1})(1 + r_{t_2}^i)\psi^{ij} = \tilde{P}^{ij} \tag{17.27}$$

と書き直すことによって

$$0 = \frac{(F_{t_1} - L_{t_2}^u)}{(1 + r_{t_1})(1 + r_{t_2}^u)}\tilde{P}^{uu} + \frac{(F_{t_1} - L_{t_2}^u)}{(1 + r_{t_1})(1 + r_{t_2}^u)}\tilde{P}^{ud} + \frac{(F_{t_1} - L_{t_2}^d)}{(1 + r_{t_1})(1 + r_{t_2}^d)}\tilde{P}^{du}$$

$$+ \frac{(F_{t_1} - L_{t_2}^d)}{(1 + r_{t_1})(1 + r_{t_2}^d)}\tilde{P}^{dd} \tag{17.28}$$

を得る．将来のどんな実現値とも独立な F_{t_1} を括弧の外に出す．

$$F_{t_1}\left[\frac{1}{(1+r_{t_1})(1+r_{t_2}^u)}\tilde{P}^{uu} + \frac{1}{(1+r_{t_1})(1+r_{t_2}^u)}\tilde{P}^{ud} + \frac{1}{(1+r_{t_1})(1+r_{t_2}^d)}\tilde{P}^{du}\right.$$

$$\left. + \frac{1}{(1+r_{t_1})(1+r_{t_2}^d)}\tilde{P}^{dd}\right]$$

$$= \left[\frac{L_{t_2}^u}{(1+r_{t_1})(1+r_{t_2}^u)}\tilde{P}^{uu} + \frac{L_{t_2}^u}{(1+r_{t_1})(1+r_{t_2}^u)}\tilde{P}^{ud} + \frac{L_{t_2}^d}{(1+r_{t_1})(1+r_{t_2}^d)}\tilde{P}^{du}\right.$$

$$\left. + \frac{L_{t_2}^d}{(1+r_{t_1})(1+r_{t_2}^d)}\tilde{P}^{dd}\right] \tag{17.29}$$

17.2 新しい派生商品のためのモデル

これは

$$F_{t_1} E^{\tilde{P}}\left[\frac{1}{(1+r_{t_1})(1+r_{t_2})}\right] = E^{\tilde{P}}\left[\frac{1}{(1+r_t)(1+r_{t_2})}L_{t_2}\right] \quad (17.30)$$

と書くことができる．さらに整理すると無裁定 FRA レート F_{t_1} を与える価格評価方程式を得る．

$$F_{t_1} = \frac{1}{E^{\tilde{P}}\left[\frac{1}{(1+r_{t_1})(1+r_{t_2})}\right]} E^{\tilde{P}}\left[\frac{1}{(1+r_t)(1+r_{t_2})}L_{t_2}\right] \quad (17.31)$$

この表現はリスク中立確率 $\tilde{P}$ を用いた契約レート F_t を決定する公式となっている．しかし，金利が「一定」としたオプション価格評価の場合と違って，この表現式のいくつかのあまり魅力的でない特性をこの後にみることになる．

最初は，一般に F_t は L_{t_2} の不偏推定量では「ない」．

$$F_{t_1} \neq E^{\tilde{P}}[L_{t_2}] \quad (17.32)$$

r_t と L_t が「統計的に独立である」場合に限ってこれがあてはまる．つまり，その期待値は別々にとることができ，

$$F_{t_1} = \frac{1}{E^{\tilde{P}}\left[\frac{1}{(1+r_{t_1})(1+r_{t_2})}\right]} E^{\tilde{P}}\left[\frac{1}{(1+r_t)(1+r_{t_2})}\right] E^{\tilde{P}}[L_{t_2}] \quad (17.33)$$

消去することによって

$$F_{t_1} = E^{\tilde{P}}[L_{t_2}] \quad (17.34)$$

を得る．この極端な仮定の下ではフォワードレートが対応する LIBOR 過程の不偏推定量になる．しかし，実務的には短期レートとより長い期間の満期をもつ LIBOR レートと「統計的に独立である」と本当にいってよいのだろうか？ そのような仮定を維持することは難しいであろう．

リスク中立確率 $\tilde{P}$ を用いることによる次の欠点を考えてみることにしよう．前に指摘したように $\tilde{P}$ に関する期待値の中にある短期レートの項は外に出すことができない．状態すべてにわたって r が定数であった第 2 章の簡単なモデルと違って，ここにおける r_{t_2} は状態 u, d に依存している．だから方程式 (17.31) の分母の項は確率過程であり，そしてその期待値の「中に」留まる．

3 番目には，(17.31) 式における FRA の価格評価方程式が線形でないということがあげられる．この特徴は，一見何の害もないようだが，リスク中立確率測度の利用の際に大きなダメージを与えることになる．それは市場参加者にとって主要な不便利さとなる．実際に，FRA レート F_{t_1} や派生商品 C_t の価格を決めようとしたときに，L_t

の「1つ」ではなく r_t と L_t の「2つ」の確率過程をモデル化する必要が生じる。さらに悪いことにこれら2つの確率過程は複雑な方法で相関をもっている。これに対応した期待値を評価することは非線形の表現を用いて骨の折れる作業になるはずである。

最後のコメントであるが、定義によって F_{t_1} は時点 t_3 で決済される金額で表現されている。ここでどのように価格方程式 (17.31) においてリスク中立確率 $\tilde{P}$ が作用するか考えてみよう。$\tilde{P}$ のある価格評価公式は時点 t_3 にもたらされる価値を最初に現在価値に割り引くことによって機能する。次に期待値オペレーターによって平均を取り、この公式は時点 t_3 におけるドル表示でこの割り引かれた項を再表現しようとしている。なぜならこの契約がどのように決済されるかを示しているからである。

あきらかに、これは無裁定のフォワードレートを計算する効率的な方法ではない。事実、F_{t_1} と L_{t_2} が時点 t_3 の価値で表現されているために両方を割り引く方法をとることができるからである。

LIBOR を原証券とする派生商品 C_t に対しても同様の方法をとることによって、同じ議論をすることができる。その価格評価式は次のように与えられる。

$$C_{t_1} = E^{\tilde{P}}\left[\frac{1}{(1+r_{t_1})(1+r_{t_2})}C_{t_3}\right] \tag{17.35}$$

再び、もし C_t が金利派生商品であるならば $\tilde{P}$ に関して同じ問題が存在する。その確率的割引率は表現式の外に出すことができないし、スポットレートは原証券が金利関連商品であるオプションのペイオフ C_{t_3} とすべて似たように相関している。

あきらかに、(17.24) 式で行ったように確率 $\tilde{P}_i$ を定義するためのマネーマーケット口座を用いると第2章ではなかった困難さが生じる。以下で合成確率を思慮深く選択することによってこうした問題に対して非常に便利かつエレガントに対応できることをみてみよう。

17.2.4 新しい正規化

ここではマーチンゲール確率を別の方法で得ることを考えよう。(17.6) 式と同じ設定に同じ ψ^{ij} を用いて「3番目の」方程式を有用なものにすることができる。

$$B_{t_1}^s = \psi^{uu} + \psi^{ud} + \psi^{du} + \psi^{dd} \tag{17.36}$$

両辺を $B_{t_1}^s$ で除すことによって

$$1 = \frac{1}{B_{t_1}^s}\psi^{uu} + \frac{1}{B_{t_1}^s}\psi^{ud} + \frac{1}{B_{t_1}^s}\psi^{du} + \frac{1}{B_{t_1}^s}\psi^{dd} \tag{17.37}$$

さらに

$$\pi^{ij} = \frac{1}{B_{t_1}^s}\psi^{ij} \tag{17.38}$$

と置き換えることによって，最初の方程式が

$$1 = \pi^{uu} + \pi^{ud} + \pi^{du} + \pi^{dd} \tag{17.39}$$

となる．ψ^{ij} は無裁定の条件のもとで正の値をとるので，

$$\pi^{ij} > 0, \qquad i,j = u,d \tag{17.40}$$

である．

　これは π^{ij} を新しい合成マーチンゲール確率として用いることができることを示している．これらは新しいマーチンゲール関係の集合となる．これら π^{ij} を「フォワード」測度と呼ぶことにする．このフォワード測度 π^{ij}，つまりリスク中立確率測度 $\tilde{P}$ の長所について考える前に，新しい正規化についていくつかコメントをしておく．

　最初に状態価格 ψ^{ij} で書かれた方程式から π で表現された式へ移るためにすべての状態依存する値に時点 t_1 で評価された値である $B_{t_1}^s$ を乗じる必要がある．だからこの項は将来時点の状態に「依存しない」し，状態を示す添え字をもっていない．これは π のもとの期待値の外に「出る」ことを意味する．

　次に，さまざまな満期をもつデフォルトのない割引債に対して新しいフォワード測度を定義することができることに注意しよう．このような場合には，特定の債券に関連する満期 T を付した π_T のようにフォワード測度に時間の添え字をつけることがより適切であるかもしれない．金利関連商品を原証券とする派生商品が与えられた場合には，その派生商品と同じ満期をもつ債券から得られるフォワード測度を用いることがより適切であることがあきらかである．

　最後にここでどのように正規化が行われるか注意しよう．価格評価方程式における確率を導入するために，それぞれの ψ^{ij} に $B_{t_1}^s$ を乗除する．$\psi^{ij}/B_{t_1}^s$ を π^{ij} と書き直すと，(17.6)式における各資産に短期債券 $B_{t_1}^s$ の対応する項を乗じる．だから，$B_{t_1}^s$ によって「正規化」している．

　これらやこれに関連した問題は以下でより詳細に議論される．

正規化の特性

　ここで，$\tilde{P}$ の代わりに新しい確率測度 π を用いたいくつかの重要な結果について議論しよう．

　段階的に考える．最初に，本章における設定の中でリスク中立確率 $\tilde{P}$ を用いることによって F_t が LIBOR 過程 L_t の「バイアスのある」推定量となるような1つの方程式が得られることに注意しよう．実際には，

$$F_{t_1} \neq E^{\tilde{P}}[L_{t_2}] \tag{17.41}$$

となっていた．ここで確率測度 π のもとで似た期待値を評価することを考えよう．これをするためには，連立方程式 (17.6) における第2列をとり，それぞれの要素に比 $B_{t_1}^s/B_{t_1}^s$ を乗じる．これは

$$0 = (F_{t_1} - L_{t_2}^u)\frac{B_{t_1}^s}{B_{t_1}^s}\psi^{uu} + (F_{t_1} - L_{t_2}^u)\frac{B_{t_1}^s}{B_{t_1}^s}\psi^{ud} + (F_{t_1} - L_{t_2}^d)\frac{B_{t_1}^s}{B_{t_1}^s}\psi^{du}$$

$$+ (F_{t_1} - L_{t_2}^d)\frac{B_{t_1}^s}{B_{t_1}^s}\psi^{dd} \tag{17.42}$$

と等しい．次の比

$$\frac{\psi^{ij}}{B_{t_1}^s} \tag{17.43}$$

が実は π^{ij} の対応する要素になっており，そしてそれらの和は1である．F_{t_1} を括弧の外に出して次の式を得る．

$$0 = B_{t_1}^s \left[F_{t_1} - [L_{t_2}^u \pi^{uu} + L_{t_2}^u \pi^{ud} + L_{t_2}^d \pi^{du} + L_{t_2}^d \pi^{dd}] \right] \tag{17.44}$$

ここで $B_{t_1}^s$ が好都合なことに括弧の外に出ているのは，無裁定価格 $B_{t_1}^s$ が観測されるとそれが定数になっているからである．この式を整理すると

$$F_{t_1} = \left[L_{t_2}^u \pi^{uu} + L_{t_2}^u \pi^{ud} + L_{t_2}^d \pi^{dd} + L_{t_2}^d \pi^{du} \right] \tag{17.45}$$

となり，ここで右辺はあきらかにLIBOR過程 L_{t_2} の新しいマーチンゲール確率 π^{ij} で評価した期待値となっている．つまり，これは

$$F_{t_1} = E^\pi [L_{t_2}] \tag{17.46}$$

ということである．

このようにすることによって1つの重要な結論を得た．一般に F_{t_1} は古典的な「リスク中立」測度のもとでは L_{t_2} のバイアスのある推定量であるが，これが新しい「フォワード」測度 π のもとでは不偏推定量となるのである．

なぜこれが重要なのであろうか？ 実務的にはどのように用いることができるのだろうか？

次のような一般的な場合を考え，表記法を t_i の代わりに Δ に戻して考えてみよう．時点 $t+2\Delta$ におけるLIBORレートを $L_{t+2\Delta}$，現在のフォワードレートを F_t として，$\Delta > 0$ の場合の将来価値 $F_{t+\Delta}$ を考えてみる[*9]．確率測度 π を用いることによって次のように書くことができる．

$$F_{t+\Delta} = E_{t+\Delta}^\pi [L_{t+2\Delta}] \tag{17.47}$$

[*9] このように F_t は「現在」のFRAレートであるが，$F_{t+\Delta}$ は短い時間間隔 Δ 後に観測されるFRAレートである．

ここで $E_t^\pi[\cdot]$ オペレーターの添え字は,その期待値が時点 $t+\Delta$ において利用可能な情報に関してとられていることを示している.つまり,

$$E_t^\pi[\cdot] = E^\pi[\cdot|I_t]$$

である.ここで I_t は時点 t で利用可能な情報集合を意味している.この特別な場合では現在考えているすべての資産の現在と過去の価格から構成されている.

次に前に用いた条件付き期待値オペレーターを繰り返し適用できたことを思い出すと

$$E_t^\pi\left[E_{t+\Delta}^\pi[\cdot]\right] = E_t^\pi[\cdot] \tag{17.48}$$

であり,これは将来予測の「最適な」予測は単純に現在の予測であるということを意味している[*10].

ここで π のもとで F_t は $L_{t+2\Delta}$ の不偏推定量であるので

$$F_t = E_t^\pi[L_{t+2\Delta}] \tag{17.49}$$

と書くことができ,右辺に $E_{t+\Delta}^\pi$ オペレーターを代入するために条件付き期待値を繰り返し適用をすると

$$F_{t+\Delta} = E_t^\pi\left[E_{t+\Delta}^\pi[L_{t+2\Delta}]\right] \tag{17.50}$$

となる.これに (17.47) 式を代入すると

$$F_t = E_t^\pi[F_{t+\Delta}] \tag{17.51}$$

となる.つまり,この確率過程 $\{F_t\}$ は「フォワード」測度 π のもとで「マーチンゲール」になっているのである.後の章でみるように,フォワード価格のこうした特徴は金利関連商品の価格評価の際にたいへん便利である.この予備的な例はすでに派生商品 C_t に対する同様の条件付き期待値としてみることができる.

「キャップレット」の価格を C_t とする.満期においてキャップレットはその合計として

$$C_{t_3} = N\max[L_{t_2} - K, 0] \tag{17.52}$$

を支払う.ここで N は想定元本であり,ここではそれを1とする.K は時点 t_1 における「キャップレット」,L_{t_2} は時点 t_2 で実現するLIBORレートである.その支払は時点 t_3 に遅れて行われるので,このキャップレットの購入者に K の水準を越えて借入れコストが増加することに対し,ある種の保険を与えることになる.

[*10] 再び「最適」とは平方平均誤差の意味で用いている.

こうした商品をどのように価格評価すべきなのだろうか？ 古典的なリスク中立確率測度 $\tilde{P}$ を用いることを考えよう．標準的な議論とリスク中立確率 $\tilde{P}$ を用いて

$$C_{t_1} = E^{\tilde{P}}\left[\frac{1}{(1+r_{t_1})(1+r_{t_2})}\max[L_{t_2}-K,0]\right] \quad (17.53)$$

を得る．前に議論したようにこの価格評価方程式においては（ランダムな）スポットレート r_{t_2} は（ランダムな）LIBOR レート L_{t_2} とおそらく相関している．だから，市場参加者はキャップレットを価格評価するために二項過程 r_t, L_t をモデル化し「さらに」推定しなければならない．

しかしながら，システム (17.6) 式の最後の方程式にある「フォワード」測度を用いることによって

$$C_{t_1} = B_{t_1}^s E^\pi [C_{t_3}] \quad (17.54)$$

が得られる．これは

$$C_{t_1} = B_{t_1}^s E^\pi \max[L_{t_2}-K,0] \quad (17.55)$$

を意味する．この最後の方程式によると，L_{t_2} の関数の条件付き期待値は短期債の無裁定価格を乗じられている．つまり，ある二項過程のモデル化とその推定の問題が完全になくなってしまっている．その期待値の中は1つの確率変数 L_{t_2} しかない．

ここで，この新しい確率測度には次のような便利な特性があることがわかる．フォワード測度 π は最初に時点 t_2（つまりフォワードの）の価値の期待値を計算し，「次に」観測された無裁定価格 $B_{t_1}^s$ を用いて割り引く．逆にリスク中立確率測度は最初に確率変数のディスカウントファクターを適用して確率変数のペイオフを求め，次にそれを平均化する．この方法では価格評価の際に市場が意味するディスカウントファクターつまり $B_{t_1}^s$ を用いる機会を失っている．逆にリスク中立確率測度はまるで価格評価問題の部分であるかのようにディスカウントファクターをその部分だけ再計算しようとして，複雑な二項過程を導いてしまう．これの別の例を次項でみることにする．

17.2.5 いくつかの適用事例

前の項で用いた方法はマーチンゲール方程式が価格評価の際により便利であるような合成確率（測度）を得るために時点 $t=t_3$ で満期となる1つの債券を選択した．正規化の要素として $B_{t_1}^s$ の選択は部分的には便利さという要望によって記述された．

事実，ほかのどんな資産も正規化変数として選択することができる．しかし，時点 t_3 で $B_{t_1}^s$ が満期となるためにこの債券の時点 t_3 の価値を「定数」とした．π のもとで得られる条件付き期待値の便利さはこの簡単な事実の結果である．この最後の特性によって (17.28) 式のような方程式における時点 t_1 に利用可能な情報集合に関して $L_{t_2}^{ij}$ または $C_{t_3}^{ij}$ に依存する項 u,d の係数が定数となった．それらが定数であるため

に，これらの係数を期待値オペレーターの外に出すことができた．これによってスポットレートと金利依存する価格との間の複雑な相関を計算する必要がなくなるため，このことは重要な結果である．また，これがあるがゆえに確率変数であるようなディスカウントファクターを取り扱う必要がなくなった．

しかし，正規化の選択は別の理由でも重要である．注意深く選択された正規化の下で F_{t_1} のようなフォワードレートがマーチンゲールとなり，これが L_{t_2} のようなスポットレートの将来価値に対する「不偏」推定量となった．直感的にいえばこうした方法は，さまざまな金利に依存する証券の現在の無裁定価格をみつけるために，あるスポットレートの将来価値を対応するフォワードレートで置き換えることができることを意味しているのである．

本章で述べたことを連続時間の設定を用いて 2 つの価格評価に適用することによって本章を終えることにする．

a. FRA 契約

将来のある時点 $T+\delta, t < T$ で支払が合計 $(F_t - L_T)N$ となるある FRA 契約があるとしよう．ここで N は想定元本で F_t は確率変数 L_T のフォワード価格である．その F_t は契約時点 t で観測される．

これが将来時点 $T+\delta$ に依存するキャッシュフローであるので，V_t で表されるそのキャッシュフローの現在価値は「通常」のマーチンゲール方程式によって与えられる．ここで将来のキャッシュフローは無リスク金利 $r_s, t \leq s \leq T+\delta$ で割り引かれる．リスク中立確率測度のもとでは

$$V_t = E_t^{\tilde{P}}\left[e^{-\int_t^{T+\delta} r_u du}(F_t - L_T)N\delta\right] \tag{17.56}$$

と書き表すことができる．

ここで，フォワード契約には当初にキャッシュの交換が含まれていない[*11)]．また，契約開始時点では

$$V_t = 0 \tag{17.57}$$

である．

この価格が (17.56) 式でどのようにゼロと与えられるのだろうか？ 右辺の期待値がなくなるように F_t が選ばれるため，もしスポットレートが決定論的であるとするならば，これは簡単に行える．F_t の値はディスカウントファクターを括弧の外に出すことによって簡単に得られる．

$$V_t = \left[e^{-\int_t^{T+\delta} r_u du}\right] E_t^{\tilde{P}}[F_t - L_T] N\delta \tag{17.58}$$

[*11)] 必要となる現金担保はキャッシュの交換ではなく，将来に行われる決済を保証するために行われる．

次に V_t をゼロと置いて消去する．

$$0 = E_t^{\tilde{P}}[F_t - L_T] \tag{17.59}$$

フォワード契約の現在価格をゼロとするような F_{t_1} は

$$F_t = E_t^{\tilde{P}}[L_T] \tag{17.60}$$

となっている．つまり，スポットレートが決定論的であるときにフォワード価格はリスク中立確率測度 $\tilde{P}$ のもとで将来の L_T の最適な予測値と等しくなっている．ブラック–ショールズのフレームワークは株価オプションの価格評価を行う際にさまざまな時点における金利が一定の仮定を必要とする．しかし，金利派生商品を取り扱う際には同じ仮定を用いることができない．こうした証券が取引される最も重要な理由は金利リスクをヘッジする必要があることである．あきらかに決定論的なスポットレートを仮定するのは適切であるとはいえない．しかし，決定論的な r_t の仮定をなくしたならばディスカウントファクターは括弧の外に出ず $\tilde{P}$ のもとで (17.59) 式を用いることができない．

フォワード測度は便利な解法を与えることができる．割引債 $B(t, T+\delta)$ の無裁定価格を用いることで，「フォワード」測度のもとで次のような価格評価方程式を書くことができる．

$$V_t = E_t^{\pi}[B(t, T+\delta)(F_t - L_T)N\delta] \tag{17.61}$$

ここで $\delta > 0$ は L_T のテナーである．ここで $B(t,T)$ は時点 t で観測される値である．したがって，期待値オペレーターの外に出る．

$$V_t = B(t, T+\delta)E_t^{\pi}[(F_t - L_T)N\delta] \tag{17.62}$$

いま $V_t = 0$ という事実を用いると

$$F_t = E_t^{\pi}[L_T] \tag{17.63}$$

となる．この方程式は F_t の無裁定価格をみつけるために便利に用いることができる．その重要な点は平均を計算するときにフォワード測度 π を用いることであって，リスク中立確率 $\tilde{P}$ では「ない」事実を確かめることである．

b. キャップレット

これまで議論してきたフォワード測度の力をみる 2 つ目の例としてキャップレットを含む商品の価格評価を考える．C_t をテナーが δ である LIBOR レート L_t を原証券とし，キャップレートが K であるようなキャップレットの現在価格とする．想定元本が $N=1$ で，このキャップレットは時点 T で満期となると仮定しよう．L_t に関する表記を除いて $\delta = 1$ とする．

17.2 新しい派生商品のためのモデル

これに従うと，キャップレットの購入者は時点 T に次のペイオフを受け取る．

$$C_T = \max\left[L_{T-\delta} - K, 0\right]$$

前に述べたようにこの商品は購入者にとって $L_{T-\delta}$ が K の水準を超えた部分を保証している．通常 $0 < \delta < 1$ でこの例では右辺は δ に比例する．

このキャップレットをどのように価格評価するのだろうか？ リスク中立確率 $\tilde{P}$ を用いると決めたとしよう．この無裁定価格が次のように与えられることがわかる．

$$C_t = E_t^{\tilde{P}}\left[e^{-\int_t^T r_s\, ds} \max[L_{T-\delta} - K, 0]\right] \quad (17.64)$$

また時点 $T-\delta$ では $F_{T-\delta}$ が $L_{T-\delta}$ と一致する[*12]．そこで，「原資産」として F_t を用いる．結局，時間が経過するとこの変数は将来のスポットレート $L_{T-\delta}$ と一致する．この確率過程はフォワード LIBOR 過程と呼ばれる．

これは，フォワードレートの対数の確率過程が，もとの確率 $\tilde{P}$ のもとで，ウィーナー過程 W_t を用いて次下の式で記述できたと考える．

$$dF_t = \mu F_t\, dt + \sigma F_t\, dW_t$$

ブラック–ショールズ環境下と同じように，その論理展開を用いて C_t を決定する．

このように行うとした場合には，最初にリスク中立確率 $\tilde{P}$ に変換することから始める．しかし，これは問題を生ずる．F_t は $\tilde{P}$ のもとでマーチンゲールで「ない」．だから，確率を変換するときに $\tilde{P}$ のもとでのウィーナー過程 $\tilde{W}_t$ を用いて，フォワードレートの変動過程を

$$dF_t = \mu^* F_t\, dt + \sigma F_t\, d\tilde{W}_t$$

とする．ここで μ^* はギルサノフの定理によって得られる新たなリスク調整ドリフトである．$\tilde{P}$ のもとではこのドリフト項が最初は既知ではない．だから原証券となる株価のドリフト項を「既知」の（そして定数の）スポットレート r で置き換えるようなブラック–ショールズの場合と違って，決定することが難しい「未知」の値に直面してしまう．

これの代わりにフォワード測度 π を用いたとしたら，フォワードレート過程がどのようになるか考えてみよう．$B(t,T)$ で正規化することによって得られるフォワード測度のもとでは，時点 $T-\delta$ で定義されるフォワードレート F_t はマーチンゲールに

[*12] どの時点においてもテナー δ の瞬時のローンに対するフォワードレートはその期間のスポットレートと等しい．

なる*13)．だから

$$dF_t = \sigma F_t dW_t^\pi$$

と書くことができる．ここで W_t^π は π のもとでのウィーナー過程である．この確率微分方程式の非常に便利な性質はドリフト項がゼロであって F_t が $L_{T-\delta}$ の不偏推定量となっていることである．

$$F_t = E_t^\pi [L_{T-\delta}].$$

この場合には未知のドリフトを決定するという追加的な複雑さはない．ブラック–ショールズ式の際と同様な議論を用いてこのキャプレットの価格評価を直接行うことができる*14)．

c. ツールとしての正規化

これまで資産価格評価の観点から，特定の金利関連証券に焦点をあてて，正規化の適用と確率測度の選択の重要性について議論してきた．これ以外で金融派生資産の数学上にどんな適用法があるのだろうか？

これまでの議論から基本的な変数は実は状態価格 $\{\psi^{ij}\}$ であることを知っている．裁定機会が存在しないときには，こうした価格が存在し固有の正の値となる．これが決定されると，金融アナリストは選択することができるマーチンゲール測度に関して非常に大きな自由度を与えられる．取り扱う商品に依存して合成確率は古典的なリスク中立確率測度 $\tilde{P}$ か，フォワード測度 π によって選択されることができる．だから，どの測度を用いて行うかによって，アナリストにとって別のツールになる．

事実，ギルサノフの定理によって示唆されるように，価格評価問題の要件に依存して様々な確率の間を行ったり来たりすることができる．実際に，B_t^s に関する1つの正規化を考え，そして今用いたような対応する確率測度 π を考えてみよう．あきらかに，より期間の長い債券 B_t に対して正規化を行うことができたかもしれない．こうした場合には新しい確率，たとえば $\tilde{\pi}$ が

$$\tilde{\pi}^{ij} = \frac{1}{B_t}\psi^{ij} \tag{17.65}$$

と与えられる．時点 T で満期となるすべての価格は B_t で正規化することによってマーチンゲールになる．

次の比

$$\frac{\pi^{ij}}{\tilde{\pi}^{ij}} = \left[\frac{\frac{1}{B_t^s}}{\frac{1}{B_t}}\right] \tag{17.66}$$

---

*13) ある異なった正規化のもとでは「この」特定のフォワードレートがマーチンゲールにならないことを認識することは重要である．

*14) ここで用いた単位に違いが残されている．もしフォワードレート変動過程を用いた場合にはキャプレットのペイオフを現在価値に割り引く必要がない．これは株価変動過程 dS_t が時点 t のドル表示であったブラック–ショールズ環境と同じではない．

が
$$\pi^{ij} = \tilde{\pi}^{ij} \left[\frac{B_t}{B_t^s} \right] \tag{17.67}$$
と書くことができることに注意しよう．これは1つの測度から別の測度に行くことができる例となっている．

こうした調節は金利派生証券の価格評価に利用できるだろうか？ 答えは再びイエスである．異なったテナー T をもつ2つ「以上」の L_T に依存する証券を取り扱う場合には，最初に1つのフォワード測度から始めることができるが，別の測度に関して微分をとることによって，導入する必要がある適切な「修正項」を得ることができるのである．

17.3 おわりに

本章では正規化とフォワード測度の概念を紹介した．こうしたツールは派生証券の価格評価において便利な形で重要な役割をすることになる．理論的な概念以上に，実際の市場における資産価格評価において重要なツールとみなされるべきである．それらは将来時点に将来の金額で決済が行われるような派生証券に対してとくに有用である．

主な結果のいくつかは次のようであった．デフォルトのない割引債 $B(t,T)$ から得られるフォワード測度 π_T を用いるときには，3つのことが起きる．
1) ここで考えているすべての資産価格は，割引債 $B(t,T)$ の無裁定価格によって正規化されると π_T のもとでマーチンゲールとなる．
2) 「満期が一致する」フォワード価格は正規化する必要なしにそれ自体がマーチンゲールとなる[*15]．
3) ディスカウントファクターが決定論的変数となり，満期が T の派生証券の価格評価方程式においては期待値計算の「外に」出すことができる．

17.4 参考文献

Musiela & Rutkowski (1997) による本は深い統計の知識をもつ読者にとってすばらしい情報源となる．本書よりも数学的な要求に応えるものになっているが，そこで得られる結果は努力する価値のあるものである．別の情報源としては Pliska(1997) の最後の章である．Pliska は離散時間におけるこうした概念について取り扱っているが，われわれの取扱いもまた離散時間について行った．

[*15] 時点 t での価格で評価された C_t と異なり，フォワード価格 F_t が同じフォワード時点に属している場合がこれにあてはまる．

17.5 演習問題

1. スポットレート r_t に関して次の情報が与えられているとする．
   - r_t は次の式に従う
   $$dr_t = \mu r_t + \sigma r_t\, dW_t$$
   - 年率のドリフトは
   $$\mu = 0.01$$
   である．
   - 年率のボラティリティは
   $$\sigma = 12\%$$
   である．現在のスポットレートを 6% と仮定する．
   (a) 商品は 1 年間に渡って価格評価されるとする．5 期間である二項ツリーの適性な時間間隔 Δ を決定せよ．
   (b) この場合に含まれる u と d は何か？
   (c) スポットレート r_t に対するツリーを決定せよ．
   (d) このツリーが示す「上昇」と「下降」の確率は何か？

2. 時点 $t=0$ で 1 年から 4 年の 4 つのデフォルトのないゼロ・クーポン債券価格 $P(t,T)$ が与えられているとする．
   $$P(0,1)=0.94, P(0,2)=0.92, P(0,3)=0.87, P(0,4)=0.80$$
   (a) こうした債券価格にスポットレートのツリーを「あてはめる」にはどうしたらよいか．議論せよ．
   (b) 上記で与えられたタームストラクチャーと一致するツリーを得よ．
   (c) 質問 (a) と (b) におけるツリー・アプローチの間の違いは何か．

3. Mathmatica, Maple や Matlab を使って 10 個の標準正規分布乱数を選べ．金利レートが次の確率微分方程式に従うとする．
   $$dr_t = 0.02 r_t\, dt + 0.06 r_t\, dW_t$$
   現在のスポットレートは 6 % とする．
   (a) 上記の確率微分方程式を離散時間化せよ．
   (b) 時間間隔を $\Delta = 0.04$ として選んだ乱数を用いて次の期待値の推定量を計算せよ．
   $$E\left[e^{-\int_0^1 r_s ds} \max[r_1 - 0.06, 0]\right]$$

ここで期待値は「真の」確率に関してとられると仮定せよ.
(c) 次の標本平均を計算し
$$E\left[e^{-\int_0^1 r_s ds}\right]$$
「次」にこれに次の標本平均を乗じると
$$E\left[\max[r_t - 0.06, 0]\right]$$
同じ結果が得られるか.
(d) どちらのアプローチが正しいか.
(e) この結果を債券価格の計算に用いることができるか.
(f) とくに, 上記の確率微分方程式で示されている金利レートの変動過程が無裁定となっていることがどのようにわかるのか.
(g) もしリスク中立確率 $\tilde{P}$ に変えたとしたら上記の金利変動過程に何が生じるか.
(h) 債券の無裁定価格のシリーズが与えられたとする. r_t の無裁定価格変動過程を得るために上記のフレームワークの中でこれらをどのように利用することができるか.

18

期間構造モデルと関連する概念

18.1 はじめに

　前章は，金利感応証券に関する金融の基礎理論を議論したという意味において重要であった．LIBOR 関連商品にフォワードの概念を用いることや，満期の異なる債券を同様に取り扱う方法など，簡単なモデルを使うことで，正規化できることを紹介した．前章で得た結果を利用する前に，もう少し前の段階に戻って基本的な概念を議論したほうがよいであろう．とくに2つのことを行う必要がある．金利商品から生まれた新たな概念は，標準的なブラック–ショールズの世界における簡単な概念よりも，さらに壊れやすく直感的でない．これらの金利の概念は第1に定義づけなければならず，第2に注意深く取り扱わなければならない．さもないとよく知られた債券評価の公式の背後にある論証のいくつかは把握することが困難であるかもしれない．

　次に，債券評価の公式を理解するため，金利感応証券の評価において何度も用いたいくつかの裁定関係を紹介する必要がある．次章では金利感応証券の評価において用いられる2つの根本的に異なる方法論を考える．それらは，それぞれ「古典的アプローチ」と「ヒース–ジャロー–モートン・アプローチ」と呼ばれている．主目的はこれらの根本的に異なる方法論の背後の基本的な論証を示すことと類似点と相違点を強調することである．そうするために，スポットレートと債券価格，フォワードレートの間に存在するいくつかの新たな裁定関係を最初に紹介しなければならない．

　最初に学ばなければならない裁定関係は超短期間の預金口座と債券の裁定関係である．いずれもデフォルトがないと考える．長期債の価格は短期預金にお金を預け，継続的に預け続けることとどのように関係するのだろうか[*1)]．長期の債券を購入するということは，一晩や1ヵ月よりも長い期間の契約であることはあきらかである．この長い期間にいくつかの危険な事象が起こるかもしれない．また，不幸にもそれが債券の価格に影響を及ぼすかもしれない．しかし，オーバーナイトへの投資は，ほとんどの場合危険な事象から隔離されている．なぜならば投資家の資金は翌日帰ってくるし，

[*1)] 実際には短期の投資ではオーバーナイト金利が得られる．

さらに高利なオーバーナイト金利で再投資できるからである．このように，長期債は，リスクを負いたくない投資家に保有されるためには，オーバーナイト金利よりもプレミアムを支払わなければならないことがわかる．ブラック–ショールズの世界においては，リスク中立測度への変換がこれらのリスクプレミアムを消去し，われわれに価格評価式を与えてきた．金利感応証券とランダムなスポットレートに対しても同様のことが行えるのであろうか．その答えがイエスであることはわかるだろう．事実，金利感応証券の評価における古典的アプローチは，この特殊な裁定関係を拡大して採用している．

 2番目の裁定関係は金利商品に特有のものである．金利市場ではその満期の違いを除けば多くの流動性のある商品が提供されている．たとえば，満期だけが異なる様々な割引債がある．同様に，様々な期間のフォワードレートが存在する．金利感応商品は様々な角度からみることによって，割引債と様々な期間のフォワードレートの間の複雑な裁定関係の存在を許すことになることがわかる．事実，もし債券価格が k 次元「ベクトル」とすると，裁定理論を使ってフォワードレートの1次元ベクトルと関連づけられる．これらの裁定関係は，金利感応商品の評価におけるヒース–ジャロー–モートン・アプローチの基本となっている．

 このように，本章の目的は，いくつかの方法で金利関連商品の評価を議論するために必要な背景を修得することにある．

18.2 おもな概念

 いくつかの定義から始めることにしよう，そのうちのいくつかは既に紹介したものである．時点 T で満期となる割引債の $t<T$ 時点に観測される価格を，$B(t,T)$ で表す．r_t を，再び無リスク借入の瞬間スポットレートを示すことにする．そのスポットレートが瞬間というのは，借入が時点 t で行われ，無限小の期間 dt 経過直後に払い戻されるという意味である．また，そのスポットレートが無リスクというのは，債務不履行のリスクがなく，この瞬間的な投資のリターンが確実にわかっていることを意味する[*2]．これら2つの定義は既に触れた．

 ここで定義する最初の概念は，割引債 $B(t,T)$ の連続複利回り $R(t,T)$ である．現在の債券価格 $B(t,T)$ と額面価格 \$1 が与えられれば，$R(t,T)$ は次式で定義される．

$$B(t,T) = e^{-R(t,T)(T-t)} \qquad (18.1)$$

それは，$B(t,T)$ ドルで $[T-t]$ 経過後に1ドルが得られる投資に対応した収益率であ

[*2] しかし，以前に触れたように，スポットレートそのものは確率変数となりえて，もしロールオーバーすれば，その投資に市場リスクが存在するかもしれない．

る．ここで指数関数を用いて,「連続複利」に修正する．債券価格と利回りに 1 対 1 の関係が存在することを注意せよ．一方が得られれば他方もわかることになる．それらはまた，同じ変数 T と t の関数である．

次に，連続複利「フォワードレート」$F(t, T, U)$ を定義づける必要がある．この概念は，時点 T における満期が $U > T$ の借入における瞬間利率を表す．この利率は時点 t で契約され，しかし実際の取引は将来の時点 T と U で行われる．その利率が連続複利であるという事実は，実際の金利計算は指数関数を使って計算されることを意味している．実際，時点 T で 1 ドルを借り入れた場合，その借金の時点 U の利回りは次式で与えられる．

$$e^{F(t,T,U)(U-T)} \qquad (18.2)$$

$F(t, T, U)$ は 3 つの時点の変数をもち，一方割引債は 2 つの変数をもつことに注意していただきたい．このことは，フォワードレートと債券価格の間の関係を把握するためには，満期がそれぞれ異なる 2 つの債券（満期 T の債券 $B(t, T)$ と満期 U の債券 $B(t, U)$）を使う必要があるかもしれないことを示唆している．これら 2 つの債券の間では，同じ時間の変数 (t, T, U) が存在することがわかる．

18.2.1 3つのカーブ

市場関係者が日常的に用いる 3 つのカーブを定義することによって，前章において定義した基本的概念を使うことができる．それは，イールドカーブ，ディスカウントカーブ，クレジットスプレッドカーブである．金利市場において最も広く使われていると思われるスワップカーブは省略する．これは，本書の限定的領域のためである．われわれは商品について考えない．われわれは商品を研究するための数学的ツールを取り扱うだけである．将来の様々な日付におけるローンの一連の金利で構成される「フォワードカーブ」は本章の中でのちほど議論することにしよう．

a. イールドカーブ

イールドカーブは，次式のように利回り $R(t, T)$ と割引債価格 $B(t, T)$ の関係から得られる．

$$B(t, T) = e^{-R(t,T)(T-t)}, \qquad t < T \qquad (18.3)$$

ここで $B(t, T)$ は，T で満期を迎える割引債の無裁定価格である．このように，債券の利回り $R(t, T)$ を得るためには，まずその価格を得なければならない．ついで，連続複利は，(18.3) 式を用いて，次式で求まる．

$$\begin{aligned} R(t, T) &= \frac{\log(1) - \log B(t, T)}{T - t} \\ &= \frac{-\log B(t, T)}{T - t} \end{aligned} \qquad (18.4)$$

ここで, $t < T$ であるかぎり $0 < B(t,T) < 1$ である. このように $\log[B(t,T)]$ は負となる. よって $R(t,T)$ は正となるであろう.

いま, 時点 t において, $T \in [t, T^{\max}]$ を満たす様々な満期 T の割引債が存在するとしよう. ここで, $T^{\max}$ は市場に存在する最長の満期を示す. これらの債券の価格は, $\{B(t,T), T \in [t, T^{\max}]\}$ の集合で与えられる. この集合における各々の $B(t,T)$ に対して, (18.4) 式を適用でき, 対応する利回り $R(t,T)$ を得ることができる. ついで下記の定義を行う.

定義 20. 一連の利回り $\{R(t,T), T \in [t, T^{\max}]\}$ をイールドカーブと呼ぶ.

イールドカーブは, ある一定のリスククラスに属する債券の利回りと, 対応する満期で一致する.

上記で得られたイールドカーブの定義は, 実務者が使うイールドカーブの表記の拡張である. 観測されるイールドカーブは, 無限数の満期における国債の一連の利回りから得られる. ここで, 時間は連続というだけでなく, 任意の時点 t を仮定し, 純粋な割引債が連続で存在するとしよう. 投資家は, $T < T^{\max}$ を満たす「任意の」 T 時点で償還する流動性のある債券を, いつでも売買できる. これらの満期は, 次式のように微小区間から, 存在しうる最長の満期 $T = T^{\max}$ まで拡張し, 連続の利回り曲線を与える.

$$T = t + dt \tag{18.5}$$

この仮定によると, 任意の $T < T^{\max}$ が所与であれば, 対応する利回りを補完する必要がなくなる. なぜならば, それは市場から直接観測できるからである.

b. ディスカウントカーブ

イールドカーブという用語が一般的であるが, 市場で最も利用されるのは,「ディスカウントカーブ」である.

定義 21. 同じリスククラスに属し, 満期が連続しており, 債務不履行のない, 割引債の一連の価格 $\{B(t,T), T \in [t,T]\}$ がディスカウントカーブと呼ばれる.

ディスカウントカーブは, 一般的なキャッシュフローを評価するのに非常に使い勝手がよい. 実際, $\{cf_{T_1}, \ldots, cf_{T_N}\}$ が, 任意の時点 $T_1 < T_2 < \ldots < T_n = T$ で受け取る一般的なキャッシュフローを表すとしよう. この一般的なキャッシュフローの現在価値 CF_t は, 時点 T_i で得るキャッシュフローに, 対応する $B(t, T_i)$ を単純にかけ合わせるだけで求まる. 実際, 割引価値は, T_i に対応する満期の無裁定割引債の価格を

使って容易に求めることができる．この現在価値は次式の通りである．

$$CF_t = \sum_{i=1}^{n} B(t, T_i) cf_{T_i} \tag{18.6}$$

この操作が簡単である理由は以下の通りである．価格 $B(t, T_i)$ は，単に時点 T_i で支払われた$1 の無裁定の現在価値である．その割引率は市場で直接値付けされている．よって，ディスカウントカーブは市場の実務者の日常業務において，基本的な役割をはたすであろう．

c. クレジットスプレッドカーブ

イールドカーブとディスカウントカーブはリスククラスが与えられた債券においてはあきらかに有効である．一連の債券 $\{B(t,T), T \in [t, T^{\max}]\}$ についてみたとき，われわれは暗にこれらの債券の債務不履行リスクは同じであるとみなしている．さもないと，利回りの違いは，対応する満期の違いだけに依存しないことになってしまうかもしれない．

よって，それぞれのリスククラスに対して，異なるディスカウントカーブを得ることになる．これらのイールドカーブ（またはディスカウントカーブ）の間の違いは，「クレジットスプレッド」を示し，信用リスクが高い借り手は，同じ満期で金を借りる際においても，追加の支払をする必要がある．イールドカーブの違いの存在は，異なるリスククラスが，いわゆる「クレジットスプレッド」を作り出すことを示している．

定義 22. 債務不履行のない債券に対応する $\{R(t,T), T \in [t, T^{\max}]\}$ というイールドカーブと，債務不履行の確率が既知の債券に対応する $\{\tilde{R}_t^T, T \in [t, T^{\max}]\}$ というイールドカーブの2つのイールドカーブが与えられたとき，一連のスプレッド $\{s(t,T) = (\tilde{R}_t^T - R(t,T)), T \in [t, T^{\max}]\}$ は，クレジットスプレッドカーブと呼ばれる．

事実，実務家においても，イールドカーブそのものより，クレジットスプレッドと満期の関連について研究することを好む者もいる．

もし取引されている商品が，ベースになっている金利よりもスプレッドによって変動する場合，クレジットスプレッドカーブを使用することは非常に実用的である．本書においては，クレジット関連商品に関する議論は省略し，債務不履行はないものとする．よって，リスククラスは1つだけであり，債務不履行のリスクはないものとする．

18.2.2 イールドカーブの動き

さらに重要な内容に踏み込む前に，イールドカーブのシフトとイールドカーブのシフトにそった動きの間の比較について議論したい．時点 t において，連続時間 T にお

18.2 おもな概念

けるイールドカーブ $\{R(t,T), T \in [t, T^{\max}]\}$ が与えられたとすると，2つの異なる増分を考えることができる．第1に，任意の瞬間 t において，T が微小区間 dT だけ変化したとき，特定の $R(t,T)$ に何が起こるであろうか．つまり，現在考えている特定の債券の満期を T から dT だけ修正してみよう．違う言葉でいうと，同じイールドカーブにそって変化させてみよう．このようにすると，そのイールドカーブが連続で滑らかであれば，次式の微分が得られる．

$$\frac{dR(t,T)}{dT} = g(T) \tag{18.7}$$

上式は単に，イールドカーブ $\{R(t,T), T \in [t, T^{\max}]\}$ の傾きである．これらの関係については図 18.1 に示す．$g(T)$ は満期 T の連続イールドカーブに対する接線の傾きである．図 18.2 はディスカウントカーブの場合を示している．

イールドカーブは一般的に負の傾き，正の傾き，フラットに分類される．それらはまた瘤(こぶ)を示す．

カーブの形状の変化によって，傾きもまた変化する．T の増分変化はどんな未知のランダムな変化も含まないということを理解することは重要である．

同じ微小区間 t，時点 T において，すべての $R(t,T)$ が既知で満期が異なる債券が存在すると仮定する．

また，この動きにウィーナー過程が存在しないから，微分は伊藤の補題を用いず標準的な方法で行うことができる．予測可能な2番目のタイプの増分変化は時間変数 t の変化である．時間 t の変化による一連の利回り $R(t,T)$ の増分変化はランダム変動

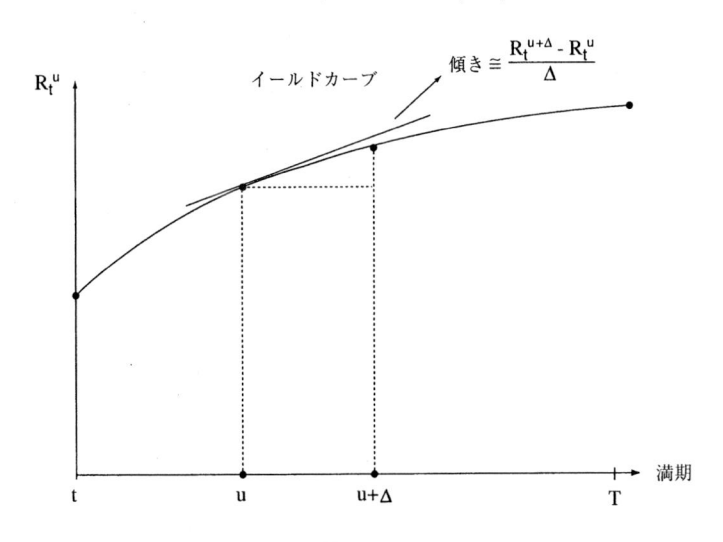

図 18.1

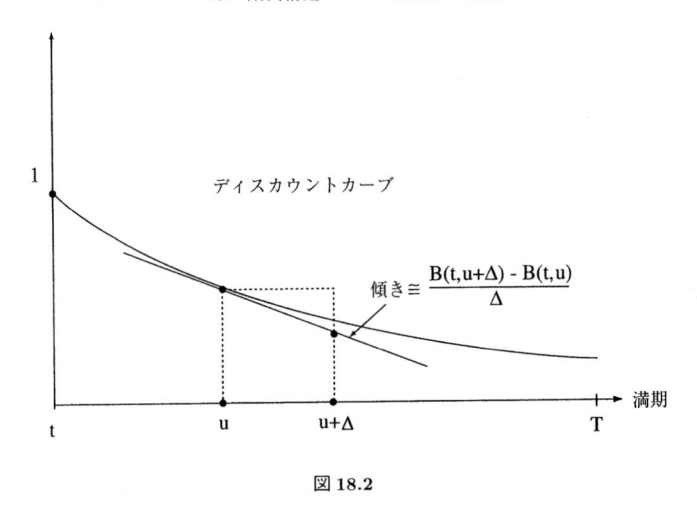

図 18.2 のグラフ:
縦軸に 1、横軸に満期 T、曲線「ディスカウントカーブ」が描かれており、点 u と u+Δ における接線の傾きが

$$\text{傾き} \cong \frac{B(t,u+\Delta) - B(t,u)}{\Delta}$$

と示されている。横軸には t, u, u+Δ, T がマークされている。

図 18.2

を含む．t が変化し，時間が経過すると，新しいウィーナー増分が描かれ，ランダム変動がスポットレートとイールドカーブのシフトに影響を与えるであろう．時点 t が dt だけ経過すると，すべての一連の利回りが一般的に変化するということを理解することは重要である．このように，金利関連商品のダイナミクスは，本来1つの確率過程というよりもカーブのダイナミクスである．内包する裁定上の制約は，ブラック–ショールズの世界よりもさらに複雑なものになろう．結局，裁定を排除した方法で，すべてのカーブの動きが起こることを確信する必要がある．また，$dR(t,T)$ といった確率微分のために，ウィーナー成分を含む場合は伊藤の補題を使う必要があったことに注意されたい．これで，次節で用いられる重要な価格評価式（一般には債券価格評価式といわれる）を紹介する準備ができた．

18.3 債券価格評価式

本節において，本章の最初の重要な内容についての議論をはじめよう．時点 T で償還するデフォルトがない割引債 $B(t,T)$ の無裁定価格を与える式を導く．まず，瞬間スポットレートが一定である単純なケースから考えてみよう．ついで確率的な無リスク金利に進むことにする．このように進めることによって，基礎になる裁定理論の理解が簡単になる．

18.3.1 スポットレートが一定の場合

まず，次式のようにスポットレート r_t が一定の場合からはじめる．

18.3 債券価格評価式

$$r_t = r \tag{18.8}$$

ついで，時点 T で\$1 が支払われるデフォルトがない割引債の価格は次式で与えられる．

$$B(t,T) = e^{-r(T-t)} \tag{18.9}$$

これらの式の理論的背景を考えてみよう．r は連続複利の瞬間的金利である．関数 $e^{-r(T-t)}$ は時点 t における割引関数の役割をはたす．$t = T$ のとき，指数関数は 1 となる．それは債券の償還価格と同じである．$t < T$ の場合はいつでも，指数関数は 1 未満である．よって，(18.9) 式の右辺は，時点 T の 1 ドルを，一定の連続複利 r で t 時点に割り引いた現在価値を示している．いま，これらの商品に接している投資家に，以下のような選択肢があるとする．投資家は現時点で無リスクの預金に $e^{-r(T-t)}$ ドル投資でき，時点 T で 1 ドルの価値を得ることができる．または，投資家は現時点において，時点 T で償還する割引債を購入でき，$B(t,T)$ を払うことができる．この投資はいずれも時点 T で 1 ドルのリターンとなるであろう．あきらかに，債務不履行のリスクがなく，時点 T で同じ現金支払がある 2 種類の商品がある．両方ともに途中での支払はない．もし金利が一定で，債務不履行がないのであれば，時点 T で 1 ドルを支払う契約となっているどんな債券も，$e_t^{-r(T-t)}$ の初期投資と無リスク貸出は同じ価格でなければならない．よって，次式が成り立つ．

$$B(t,T) = e^{-r(T-t)} \tag{18.10}$$

さもないと，裁定機会が存在することになる．この設定で基礎となる裁定の議論を再確認することは，有益である．まず，$B(t,T) > e^{-r(T-t)}$ であると考えてみよう．次に，期間 $[t,T]$ の間で債券を空売りし，無リスク貸出に $e^{-r(T-t)}$ だけ投資することができるとする．時点 T において，債券の空売りポジションは $-\$1$ の価値である．一方，無リスク貸出のリターンは $+\$1$ となる．よって，時点 T におけるキャッシュフローはゼロである．しかし，時点 t の投資はいくらかキャッシュが残ることになる．なぜならば，

$$B(t,T) - e^{-r(T-t)} > 0$$

であるからである．今度は，$B(t,T) < e^{-r(T-t)}$ である場合を考える．そのとき，時点 t において，$e^{-r(T-t)}$ ドルを借りて，価格 $B(t,T)$ で債券を購入するとしてみよう．償還日が訪れると，ネット・キャッシュフローは再びゼロとなる．債券の償還で得た $+\$1$ は，ローンの支払いに消えるからである．しかし，次式のように，時点 t においてネットで利益を得ることになる．

$$e^{-r(T-t)} - B(t,T) > 0$$

上記のような裁定機会が存在しない唯一の状態は,「債券価格評価式」が次式のようになるときだけである.

$$B(t,T) = e^{-r(T-t)} \tag{18.11}$$

よって,この関係は定義でも仮定でもない.それは無裁定機会を満たすために債券価格と預金の間に課された制約である.この式を得るために,ファイナンスの基本的な理論は使っていない.しかし,無裁定機会を考えることによって,まったく同じ結果を得ることができることに注意されたい[*3].

18.3.2 確率的スポットレート

瞬間的なスポットレート r_t が確率的であるとすると,(18.9) 式の価格評価式を変えなければならない.r_t は無限小の間隔 $[t, t+dt]$ の間の無リスク金利を表すとする.r_t は t 時点において既知であるが,時間の経過とともにその将来価値はランダムに変動する.$B(t,T)$ と確率的スポットレート $r_t, t \in [t,T]$ の間の裁定関係に,ファイナンスの基本的な理論が適用できる.

第 17 章で紹介した方法が利用できる.現在の債券価格 $B(t,T)$ を取り上げ,預金口座の現在価値 ($1) により正規化する.次に,債券の償還価値 ($1) を取り上げ,預金口座の価値により正規化する.この価値は $e^{\int_t^T r_s ds}$ となる.なぜならば,T 時点のリターンはすべての期間 $s \in [t,T]$ の瞬間スポットレート r_s でロールオーバーされ $1 となるからである.$1 を預金口座の価値で割ると,$e^{-\int_t^T r_s ds}$ を得る.

第 17 章によると,この正規化された債券の価格はリスク中立測度 $\tilde{P}$ のもとで,マーチンゲールでなければならない.このようにして,次式を得る.

$$B(t,T) = E_t^{\tilde{P}}\left[e^{-\int_t^T r_s ds}\right] \tag{18.12}$$

ここで,期間 $e^{-\int_t^T r_s ds}$ は,額面$1 となるために適用される確率割引関数と解釈することができる.

この式について,さらにくわしく解説する.まず,(18.12) 式で与えられる債券価格は,重要な別の意味をもつ.債券価格は,すべての一連の将来の短期金利 $r_s, t<s<T$ に依存している.別のいい方をすると,t 時点のイールドカーブは,関連する将来の短期金利の情報をすべて含んでいる[*4].

2 番目に,確率測度が,これらの期待値計算に用いられている問題がある.国債は無リスク資産に属し,リスクプレミアムは存在しない.よって,同値マーチンゲール

[*3] 本章のおわりの演習問題 2 参照.
[*4] 条件付き期待値は,情報集合 I_t から得られる最小二乗誤差による最適予測となることを思い出すこと.

18.3 債券価格評価式

測度を使う必要はないと考える方もいるかもしれない．これは，一般的に間違っている．金利が確率的になると，国債の価格は市場リスクをもつことになる．国債の価格はスポットレートの将来の動きに依存することとなる．そして，その動きは確率的なのである．そのようなリスクに関するリスクプレミアムを取り去るために，(18.12) 式で評価した同値マーチンゲール測度を使う必要がある．

ここで，この式を離散間隔 $0 < \Delta$ に適用した場合について議論する．このことは，連続時間の経過を表し，債券価格評価式の構造をよりよく説明することになる．

離散時間

離散時間における 3 期間後の債券という特別な場合を考えてみよう．もし，Δ が 1 年より短い期間を表し，t が現時点であるとする．そのとき 3 期間後の割引債の価格は次式で表される．

$$B(t, t+3\Delta) = E_t^{\tilde{P}}\left[\frac{1}{(1+r_t\Delta)(1+r_{t+\Delta}\Delta)(1+r_{t+2\Delta}\Delta)}\right] \tag{18.13}$$

ここで，r_t は時点 t に始まり時点 $t+\Delta$ で終了する貸付けの，現時点で既知のスポットレートである．そして，$r_{t+\Delta}, r_{t+2\Delta}$ は将来の 2 期間の未知のスポットレートである．連続時間とは異なり，市場の習慣による単純な金利で Δ を乗ずる．

(18.13) 式によると，その債券価格は満期時のペイオフの価値を，現在価値に割り引いたものと同じである．割引関数は確率的で，条件付き期待値演算子を使用する必要がある．その期待値は，リスク中立確率 $\tilde{P}$ のもとで計算される．時点 t と $t+3\Delta$ における債券価値は無リスク預金や借入れを用いて正規化される．前述したように，時点 t において債券価格を 1 で割る．それは，無リスク貸付けや借入に投資した金額である．時点 $t+3\Delta$ においては，満期時点の債券価値 (\$1) を将来スポットレート $r_{t+\Delta}, r_{t+2\Delta}$ で再投資した価値で割る．その期待値は時点 t で既知の情報集合の条件付きである．この情報集合は，r_t の現在価値を含んでいる．

18.3.3 連続時間への適用

次に，現在の設定を連続時間に適用した場合を直感的に示す．3 時点から n 時点に設定を変えると，(18.13) 式は次式のようになる．

$$B(t, T) = E_t^{\tilde{P}}\left[\frac{1}{(1+r_t\Delta)(1+r_{t+\Delta}\Delta)\ldots(1+r_{t+n\Delta}\Delta)}\right] \tag{18.14}$$

この設定において，Δ は一定であるから，$T = t + n\Delta$ となる．ここで，r_j が微少のときの近似を思い出せば，次式のように表せる．

$$\frac{1}{(1+r_j\Delta)} \cong e^{-r_j\Delta} \tag{18.15}$$

次に，上式を (18.14) 式の右辺のそれぞれの比率に対し個々に適用すると，次の近似を得る．

$$E_t^\pi \left[\frac{1}{(1+r_t\Delta)(1+r_{t+\Delta}\Delta)\ldots(1+r_{t+n\Delta}\Delta)} \right]$$
$$\cong e^{-r_t\Delta} e^{-r_{t+\Delta}\Delta} \ldots e^{-r_{t+n\Delta}\Delta} \tag{18.16}$$
$$= e^{[-r_t - r_{t+\Delta}\cdots - r_{t+n\Delta}]\Delta} \tag{18.17}$$

また，すべての技術的要件が満たされているとしよう．このとき，$\Delta \to 0$ とすると，

$$e^{-\sum_{i=1}^{n}(r_{t+i\Delta})\Delta} \to e^{-\int_t^T r_s ds} \tag{18.18}$$

を得る．このように，$\Delta \to 0$ とすることによって，スポットレートの変数による離散時間の割引を，連続時間の割引に適用することができる．結果として，離散時間の割引関数が指数関数によって置き換えられた．金利は連続的に変化するため，指数関数には積分を利用すべきである．よって，次式のように，連続時間の債券価格評価式を得る．

$$B(t,T) = E_t^{\tilde{P}} \left[e^{-\int_t^T r_s ds} \right]$$

18.3.4 利回りとスポットレート

利回り $R(t,T)$ と短期金利 r_t の関係を導くこともできる．(18.12) 式と (18.3) 式を使って，将来の短期金利と時点 t の利回り曲線（イールドカーブ）を関連づけることもできる．それぞれの右辺は等しくなるため，

$$e^{-R(t,T)(T-t)} = E_t^{\tilde{P}} \left[e^{-\int_t^T r_s ds} \right] \tag{18.19}$$

となる．対数をとると，

$$R(t,T) = \frac{-\log E_t^{\tilde{P}} \left[e^{-\int_t^T r_s ds} \right]}{T-t} \tag{18.20}$$

となる．債券の利回りは，簡単にいうと，債券の残存期間において実現されると期待される一連の平均スポットレートで表されると理解されている．実際，スポットレートが一定であるような特殊なケースを想定すると，次式のような結果を得る．

$$r_s = r, \quad t \leq s \leq T \tag{18.21}$$

$$R(t,T) = -\frac{\log E_t^{\tilde{P}}\left[e^{-\int_t^T r_s ds}\right]}{T-t} = -\frac{\log e^{-r(T-t)}}{T-t} \tag{18.22}$$

$$= r \tag{18.23}$$

よって，もし，スポットレートが本当に一定であれば，利回りはスポットレートと等しくなる．

18.4　フォワードレートと債券価格

本節において，フォワードレートと債券価格のもう1つの裁定関係を学ぶ．この関係は金利商品における現代理論において重大な役割をはたしていることがあきらかになるであろう．T 時点から始まり，満期 $U > T$ で償還する時点 t で契約された貸付けを，現時点のフォワードレート $F(t,T,U)$ と定義する．

前述したように，$B(t,T)$ と $F(t,T,U)$ の関連を導くために，時点 U で観測されたもう1つの債券 $B(t,U)$ が必要である．これを理解するのは簡単である．$F(t,T,U)$ は，市場価格である．市場価格は，時点 t において，将来時点 T と U の間の将来期間のおける情報を表している．われわれは，債券 $B(t,T)$ が，時点 T までのすべての関連する情報を取り込んでいると期待する．さらに満期の長い債券 $B(t,U)$ は，時点 U までのすべての情報を取り込んでいることになろう．よって，原則的には $B(t,T)$ と $B(t,U)$ から $F(t,T,U)$ に関するすべての必要な情報を取り出すことができる．前述のように，この関係は長さ Δ の間隔を使って得て，次にその間隔を無限小にして，連続時間の場合の関係を得る．

18.4.1　離　散　時　間

まず最初に，2時点について議論を始める．もし Δ が無限小ではないが短い時間を表すとする．そして，t が現時点を表すとすると，2期間経過後の債券価格は $B(t,t+2\Delta)$ で表される．この債券は満期日 $t+2\Delta$ において\$1のキャッシュフローとなるような利回りとなるであろう．このように，t 時点において $B(t,t+2\Delta)$ を支払うと，その投資は $t+2\Delta$ 時点において\$1を受け取ることになる．

いま，フォワードローンの流動性のある市場が存在し，t 時点において以下のような代替的な投資先があるとする．$t+\Delta$ 時点に始まり，$F(t,t+\Delta,t+2\Delta)\Delta$ の利息が $t+2\Delta$ 時点で支払われるフォワードローンを考える．そのような全額を貸すと，$t+2\Delta$ 時点で\$1を受け取ることになる．このように，貸出の全額を時点 $t+\Delta$ にお

いて契約すると，$B^*_{t+\Delta}$ は以下のように表せる*5)．

$$B^*_{t+\Delta} = \frac{1}{[1+F(t,t+\Delta,t+2\Delta)\Delta]} \quad (18.24)$$

ここで，これは時点 $t+\Delta$ における金額である．$B^*_{t+\Delta}$ を現在のスポットレートを用いて時点 t に割り引く必要がある．これはフォワードローンの時点 t の価値を意味し，それを B^*_t と呼ぶ．

$$B^*_t = \frac{1}{(1+r_t\Delta)}\left[\frac{1}{[1+F(t,t+\Delta,t+2\Delta)\Delta]}\right] \quad (18.25)$$

最後に，時点 t において，r_t は当然のことながらフォワードレート $F(t,t,t+\Delta)\Delta$ と定義できることを認識すると，B^*_t は以下のように表せる*6)．

$$B^*_t = \frac{1}{[1+F(t,t,t+\Delta)\Delta]}\frac{1}{[1+F(t,t+\Delta,t+2\Delta)\Delta]} \quad (18.26)$$

上式によると，仮に時点 t において利回り r_t の B^*_t に投資したとすると，$t+\Delta$ 時点にこの投資は事前に決定された利回り $F(t,t+\Delta,t+2\Delta)$ で再投資される．そして，時点 $t+2\Delta$ において\$1 の支払いを受ける．しかし，これは $B(t,t+2\Delta)$ の債券を購入する戦略によって得られるペイオフとまったく同じである．このように，もし 2 つの戦略における信用リスクが同じであれば，次式のようになる．

$$B(t,t+2\Delta) = B^*_t$$

または

$$B(t,t+2\Delta) = \frac{1}{[1+F(t,t,t+\Delta)\Delta]}\frac{1}{[1+F(t,t+\Delta,t+2\Delta)\Delta]} \quad (18.27)$$

この式の右辺のすべての変数の値は時点 t において既知であるから，この式において期待値演算子は必要ないことに注意していただきたい．債券価格と現在のフォワードレートの関係は厳密である．

この裁定関係が保持されないとき，何が起こるのだろうか．単に割高なものを空売りし，割安なものを購入する者が現れるであろう．2 つのポジションの支払いと受取りは，時点 $t+2\Delta$ で相殺されるであろうが，時点 t における利益のいくらかは残ることになる．よって裁定機会が存在することになる．

---

*5) 以下の表現において，読者はフォワードレート $F(t,T,T+\Delta)$ は Δ を乗じていることに気がつくかもしれない．$F(\cdot)$ は年率とみなされ，一方，Δ は短い任意の期間とみなされることから，このような処理が必要となる．市場の慣習では，Δ 期間のフォワード利息は $F(t,T,T+\Delta)$ ではなく，$F(t,T,T+\Delta)$ に Δ を乗じたものである．たとえば，年率のフォワードレートが 6%で，1 年が 360 日とすると，3ヵ月のローンは 6 × 1/4 パーセントの利息となる．

*6) 現時点からはじまるどんなローンも通常のフォワードローンと呼ばれる．

18.4.2 連続時間

いま，それぞれの長さが Δ の n の離散時点を考える．よって $T = t + n\Delta$ となる．この式を使うと，

$$B(t,T) = \frac{1}{[1+F(t,t,t+\Delta)\Delta]\ldots[1+F(t,t+(n-1)\Delta,t+n\Delta)\Delta]} \quad (18.28)$$

となる．ここで，$F(t,T,U)$ で Δ が短いとすると，近似を用いて，

$$\frac{1}{[1+F(t,T,U)\Delta]} \cong e^{-F(t,T,U)\Delta} \quad (18.29)$$

となり，$B(t,T)$ は以下のようになる．

$$B(t,T) \cong [e^{-F(t,t,t+\Delta)\Delta}][e^{-F(t,t+\Delta,t+2\Delta)\Delta}]\ldots[e^{-F(t,t+(n-1)\Delta,t+n\Delta)\Delta}] \quad (18.30)$$

しかし指数項の積は指数を足し合わせることで簡略化できる．よって，

$$B(t,t+n\Delta) \cong e^{-F(t,t,t+\Delta)\Delta - F(t,t+\Delta,t+2\Delta)\Delta \ldots - F(t,t+(n-1)\Delta,t+n\Delta)\Delta}$$
$$= e^{-\sum_{i=1}^{n} F(t,t+(i-1)\Delta,t+i\Delta)\Delta} \quad (18.31)$$

上式において，$\Delta \to 0$ とし極限をとることによって，再帰的方法の要件を満たし，連続時間における瞬間フォワードレートと債券価格の関係を得ることができる．

$$B(t,T) = e^{-\int_t^T F(t,s)ds} \quad (18.32)$$

ここで，$F(t,s)$ は時点 t において契約された時点 s からはじまり無限小の時間 ds 後に終了する瞬間フォワードレートである．このように，$\Delta \to 0$ とすることによって，離散時間から連続時間の割引に移行できる．結果として2つの事柄が起こる．第1に，離散時間の割引関数は指数関数に置き換える必要がある．第2に離散時間のフォワードレートに代えて，瞬間フォワードレートを使う必要がある．なぜならば，指数において積分を用いなければならず，瞬間フォワードレートと離散フォワードレートとは異なるからである．再度の確認となるが，この式において期待値演算子は存在しない．なぜならば，すべての $F(t,s)$ の変数は時点 t において既知だからである．

公式：

$$B(t,T) = e^{-\int_t^T F(t,s)ds} \quad (18.33)$$

上記の公式は，瞬間フォワードレートの関数による，デフォルトのない割引債の価格を表す．

また，逆に，$F(t,T,U)$ を債券価格の関数として表すこともできる．満期を T，$U = T + \Delta$ の場合に対して，よくこの表現を用いる[7]．満期が微小な間隔 $\Delta > 0$ だ

---

[7] これは後述する HJM (ヒース–ジャロー–モートン) 裁定状態における微分を容易にする．

け異なる2つの債券 $B(t,T)$ と $B(t,T+\Delta)$ を考えてみよう．次に (18.32) 式に代入すると，

$$B(t,T) = e^{-\int_t^T F(t,s)ds} \tag{18.34}$$

$$B(t,T+\Delta) = e^{-\int_t^{T+\Delta} F(t,s)ds} \tag{18.35}$$

となる．これらの式の対数をとり，減ずると，

$$\log B(t,T) - \log B(t,T+\Delta) = -\int_t^T F(t,s)ds + \int_t^{T+\Delta} F(t,s)ds \tag{18.36}$$

$$= \int_T^{T+\Delta} F(t,s)ds \tag{18.37}$$

となる．ここで，Δ が微小時間であるため，短期間 $[T,T+\Delta]$ の間は，$F(t,T)$ を一定とみなせると仮定すると，

$$\log B(t,T) - \log B(t,T+\Delta) \cong F(t,T)\Delta \tag{18.38}$$

となる．この式の極限をとると，厳密なものとなる．

$$F(t,T) = \lim_{\Delta \to 0} \frac{\log B(t,T) - \log B(t,T+\Delta)}{\Delta} \tag{18.39}$$

このように，瞬間フォワードレート $F(t,T)$ は，割引曲線の対数の微分と密接に関連している．

同様の議論によって，瞬間的ではないが，連続複利フォワードレート $F(t,T,U)$ に対する同様の表現を導き出すことができる[8]．

$$F(t,T,U) = \frac{\log B(t,T) - \log B(t,U)}{U - T} \tag{18.40}$$

ここで，$F(t,T,U)$ は，時点 $T<U$ にはじまり時点 U に終了する貸出の連続複利フォワードレートである．その契約は時点 t にかわされる．

$T \to U$ とすることによって，瞬間フォワードレート $F(t,T)$ を得ることはあきらかである．

$$F(t,T) = \lim_{T \to U} F(t,T,U) \tag{18.41}$$

---

[8] 本節の最初において，離散時間の場合について議論したとき，$F(t,T,U)$ は単利ベースのフォワードレートを表すシンボルとした．連続時間の議論に進むにつれ，指数関数を使うようになったことにより，同シンボルは連続複利回りを表している．より適切な方法としては，おそらく2つの概念に対して異なるシンボルを用いるべきであろう．しかし，本章の表記はすでに複雑になりすぎている．

これらの議論から，$F(t,T)$ の実態が，連続した債券価格を満期日 T に関して微分した割引曲線であるということは明白である．(18.39) 式を用いて，いくつかの技術的条件を満たしていると仮定すると，次式を得る．

$$F(t,t) = r_t \qquad (18.42)$$

これは，現時点 t にはじまる貸出の瞬間フォワードレートは，単にスポットレート r_t であることを表す．

18.5 おわりに：関連の意味

いままでに学んだことを復習してみよう．債券価格 $B(t,T)$，債券利回り $R(t,T)$，フォワードレート $F(t,T,U)$，スポットレート r_t の間の 3 つの関連について，根本的に導いてきた．最初の関連は単に定義的なものであった．債券価格が所与であれば，満期までの連続複利 $R(t,T)$ は，

$$R(t,T) = \frac{-\log B(t,T)}{T-t} \qquad (18.43)$$

となる．2 番目の関連は，本書の最初の部分で用いられたものと同じ概念を，債券価格に適用した結果である．すなわち，金融派生商品のペイオフのリスク中立測度 $\tilde{P}$ のもとでの期待値は，いったん瞬間金利 r_t で割り引かれた商品の現在の無裁定価格と同値になる．満期において\$1 が支払われる債券 $B(t,T)$ の割引価値は，

$$[e^{-\int_t^T r_s ds}]$$

となる．スポットレート r_t がランダムであると，関連を求めるために，リスク中立測度 $\tilde{P}$ のもとでの条件付き期待値演算子を適用する．

$$B(t,T) = E_t^{\tilde{P}}\left[e^{-\int_t^T r_s ds}\right] \qquad (18.44)$$

このように，2 番目の関連は無裁定条件に基づいており，これは価格評価式となる．r_t のための厳密なモデルが与えられれば，債券の適正な市場価格 $B(t,T)$ を求めることに使える．

3 番目の関連は前節で導かれた．再び裁定理論を用いることによって，$U > T$ の場合の債券 $B(t,T), B(t,U)$ の無裁定価格がわかる．そして，連続複利フォワードレート $F(t,T,U)$ とは以下のような関連になる．

$$F(t,T,U) = \frac{\log B(t,T) - \log B(t,U)}{U-T}, \qquad t < T < U \qquad (18.45)$$

上式は，また価格評価式として用いられる．$F(t,T,U)$ が所与である場合を除いて，1つの等式に対して，$B(t,T), B(t,U)$ の2つの未知数が存在する．このように，上式を価格評価式として用いる場合には，少なくとも $B(t,T), B(t,U)$ のいずれか1つを知っている必要がある．ほかのフォワードレートがわかってもあまり役に立たない．なぜなら，それぞれのフォワードレート等式は，さらに未知の債券価格を必要とするからである[*9]．

要約すると，第1の関連は単に定義である．それは価格評価には使われない．しかし，ほかの2つは裁定の概念に基づいており，流動性があり，機能している市場において意味のあるものであろう．これらは，金利感応商品の評価における，2つの一般的な手法の基礎を成すものである．古典的手法と呼ばれるものが2番目の関連性を用い，一方で最近のヒース−ジャロー−モートン (HJM) アプローチでは3番目の関連性を用いる．これらについては次章で学ぶことにする．

18.6 参 考 文 献

読者の方は，離散時間の債券モデルの優れた文献を参照することができる．Jarrow (1996)，Rebonato (1998) は金利モデルの良書で包括的にまとめられたものの1つである．他の優れた文献としては Risk(1996) の出版物がある．最近の研究をまとめたものとしては，Jegadeesh & Tuckman (2000) を参照されたい．

18.7 演 習 問 題

1. スポットレート r_t の確率微分方程式（SDE）を考えてみよう．

$$dr_t = \alpha(\mu - r_t)dt + \sigma dW_t \tag{18.47}$$

変数 α, μ, σ が既知であるとすると，いつもと同様に W_t はウィーナー過程に従う．
(a) 次式を説明せよ．

$$E[r_s|r_t] = \mu + (r_t - \mu)e^{-\alpha(s-t)}, \qquad t < s \tag{18.48}$$

$$Var[r_s|r_t] = \frac{\sigma^2}{2\alpha}\left(1 - e^{-2\alpha(s-t)}\right), \qquad t < s \tag{18.49}$$

[*9] $B(t,U)$ を含む別の等式を用いると，

$$F(t,U,S) = \frac{\log B(t,U) - \log B(t,S)}{S-U}, \qquad t < U < S \tag{18.46}$$

2つの等式に対して，3つの未知数 $B(t,T), B(t,U), B(t,S)$ が存在する．再び，さらなる情報が必要となる．

(b) $s \to \infty$ の場合，上記 2 式によると，スポットレートの条件付き平均と分散はどのようになるであろうか．

(c) 金利リスクの市場価格は λ で一定であると仮定する．(すなわち，ギルサノフ変換が $\sigma\lambda$ のドリフト項を調整する．) 本書における債券価格関数を用いて，時点 s で満期を迎える債券のドリフト項と拡散項は次式で与えられることを示せ．

$$\mu^B = r_t + \frac{\sigma\lambda}{\alpha}\left(1 - e^{-\alpha(s-t)}\right) \tag{18.50}$$

$$\sigma^B = \frac{\lambda}{\alpha}\left(1 - e^{-\alpha(s-t)}\right) \tag{18.51}$$

(d) 満期が近づくと債券価格のボラティリティに何が起こるだろうか．これは予測できるであろうか．

(e) 満期が近づくとドリフト係数に何が起こるだろうか．これは予測できるであろうか．

(f) 最後に，満期までの期間が非常に長い ($s \to \infty$) 債券のドリフト項と拡散項はどうなるか．

2. それぞれ時間 $t = 0, 1, 2$ について，2 期間における 2 つの可能な状態の世界を考えてみよう．投資対象資産は 2 つしか存在しない．1 つは無リスク金利 ($r_i, i = 0, 1$) での無リスク借入と貸付である．もう一方は現在の価格が B_0 である 2 期間の債券を購入することである．その債券は時点 $t = 2$ で満期を迎え \$1 が支払われる．

(a) 預金口座と債券 B の無裁定価格を与える状態価格 $\psi^{ij}, i, j = u, d$ をもつ 2 × 4 の系を設定する．

(b) この設定において，リスク中立確率 $\tilde{P}$ は，どのように得られるか説明せよ．

(c) もし，預金口座の正規化を行った場合，債券の無裁定価格が次式で与えられることを示せ．

$$B = E_0^{\tilde{P}}\left[\frac{1}{(1+r_0)(1+r_1)}\right]$$

19

金利商品に対する古典的アプローチと HJM アプローチ

19.1 はじめに

　金利商品の実務的なプライシングにおいては，前章で取り扱った2つの無裁定条件のいずれを用いるかにより，2つの異なる方法をとることができる．実際第18章でくわしく議論した債券価格評価式

$$B(t,T) = E_t^{\tilde{P}}\left[e^{-\int_t^T r_s ds}\right]$$

はリスク中立測度 $\tilde{P}$ のもとでデフォルトのない割引債の無裁定価格 $B(t,T)$ を与えていた．これは裁定のない場合にのみスポットレート r_t と債券価格 $B(t,T)$ との間に成り立つ関係式であった．
　第18章でのもう1つの裁定関係は瞬間のフォワードレート $F(t,T)$ と債券価格の間の

$$B(t,T) = e^{-\int_t^T F(t,s)ds}$$

であった．あきらかにいずれの関係式も金利関連証券の無裁定価格を計算するために用いることができる．
　これらを市場に適用するためには，まず十分に無裁定とみなされる債券価格の組 $\{B(t,T)\}$ からスタートする．2つの関係式のどちらでも，それを「逆向きに」用いることにより r_t やフォワードレートの組 $\{F(t,s), s \in [t,T]\}$ のモデルを決定することができる．両者は無裁定条件のもとで成立するため，r_t や瞬間のフォワードレートのモデルもまた「リスク調整後」のものとなる．すなわちそれらはリスク中立測度 $\tilde{P}$ のもとで成立する．
　いわゆる古典的アプローチは第1の無裁定の関係式を用いて $\{B(t,T)\}$ からスポットレート r_t のリスク調整後のモデルを導き出す．この中では観測されるボラティリティへのキャリブレーションが行われるのに加え，スポットレート変動のドリフト項のモデリングが行われる．そこでは r_t のマルコフ性が仮定される．
　一方ヒース–ジャロー–モートン (HJM) アプローチは第2の無裁定条件を用い，k

次元の瞬間のフォワードレート $f(t,T)$ の無裁定での挙動を得る．そこではドリフトのモデル化は行われないが，ボラティリティのキャリブレーションは必要である．これはより汎用的であるが，一般には実用性で劣っている．HJM アプローチではスポットレートのモデル化は必要とされない．さらにスポットレートは一般に非マルコフとなる．

本章では金利関連証券の価格評価の実務で用いられるこれらの手法について議論を進めていく．数学的な問題や，価格評価の計算の詳細はわれわれの目的を超えるため，省略する．興味ある読者はそれらの点に関する優れたテキストを読まれたい．われわれはこれら 2 つの基本的に異なるアプローチの理解に焦点を当てていく．

19.2 古典的アプローチ

債券価格と瞬間のスポットレートとの間の関係式

$$B(t,T) = E_t^{\tilde{P}}\left[e^{-\int_t^T r_s ds}\right] \tag{19.1}$$

は市場参加者にとって（少なくとも）2 通りの利用法がある．

第 1 に，もし正確な無裁定の割引債価格のカーブ $\{B(t,T)\}$ が存在するならば，(19.1) 式を逆に解くことによりスポットレート r_t の無裁定モデルを得ようと試みることが考えられる．そのスポットレートのモデルの無裁定という性質を利用して，債券以外の金利派生商品の価格評価に利用することができる．

次にその逆も考えられる．もし信頼できる無裁定の割引債価格のカーブ $\{B(t,T)\}$ が得られない場合，はじめに過去の金利データを用いてスポットレート r_t の適当な無裁定モデルを推定し，それから (19.1) 式を利用して流動性のない債券やその他の金利派生商品の「公正な」価格を計算することができる．これらのいずれもが，金利派生商品の価格評価の「古典的アプローチ」と呼ばれる．古典的アプローチは，第 1 の場合では「信頼できる」無裁定の割引債価格のカーブ $\{B(t,T)\}$ から，第 2 の場合では r_t 自身のデータからスタートして，瞬間のスポットレート r_t をモデル化することが基本となっていることをみていく．

そのどちらも簡単ではないため，まず単純な例をみることから始めていく．

19.2.1 例 1

はじめに直接 r_t をモデル化する方法を考えよう．

割引債が活発に取引されていない経済を仮定した場合，r_s が一定値 r であると考え

るのは合理的であろう．すなわち

$$r_s = r, \quad s \geq t$$

である．(19.1) 式を用いて，

$$B(t,T) = E_t^{\tilde{P}} \left[e^{-\int_t^T r ds} \right]$$

と書くことができる．r が定数であるので，単純に期待値をとって次式を得る．

$$B(r,T) = e^{-r(T-t)ds}$$

このように仮定した r_t のモデルからスタートして，「債券価格評価式」，すなわち既知の値 T, t, r で表されるクローズドフォームの式を得ることができた．

この式を流動性のない債券の価格評価に利用することができる．例として $r = 0.05$ と仮定しよう．すると 1, 2, 3, 4 年満期の割引債価格はそれぞれ次のようになる．

$$B(t, t+1) = 0.95$$
$$B(t, t+2) = 0.90$$
$$B(t, t+3) = 0.86$$
$$B(t, t+4) = 0.82$$

r_t が一定であるという当初の仮定が正しければ，これらの債券価格は無裁定である．

しかし一旦 r_t に確率モデルを仮定すると，同様の計算は難しい問題となってくる．実際には「リスク中立」測度 $\tilde{P}$ のもとでのスポットレートのドリフトがわかっていることが必要となる．先の例では r_t は定数であり，$\tilde{P}$ のもとでのドリフトはゼロであった．

19.2.2 例 2

さて，実際の r_t がどのような確率過程に従っているのかわからないとしよう．そして市場で取引される流動性の高い債券価格の観測値から，その過程を決定することがわれわれの目的であるとしよう．具体的に次のような割引債価格のカーブが観測されたとする．

$$B(t, t+1) = 0.95$$
$$B(t, t+2) = 0.90$$
$$B(t, t+3) = 0.86$$
$$B(t, t+4) = 0.82$$

するとこれらの価格から，r_t の仮定が次の SDE を満たすことを導くことができる．

$$dr_t = a(r_t, t)dt + b(r_t, t)dW_t$$

ただし

$$a(r_t, t) = 0, \quad b(r_t, t) = 0$$

すなわち r_t の仮定は実際には定数 r である[*1)]．

この情報を用いることで，r_t や $B(t,T)$ を原資産とする金利派生証券を評価することができる．たとえば債券オプションの無裁定価格は r_t が定数であるためゼロとなる．

19.2.3 一般の場合

十分に正確で，無裁定とみなせる割引債価格のカーブ $\{B(t,u), t < u \leq T\}$ が得られたと仮定する．(19.1) 式は「同一の」スポットレート r_s が以下の式の組を満足しなければならないことを意味している[*2)]．

$$B(t, T_0) = E_t^{\tilde{P}} \left[e^{-\int_t^{T_0} r_s ds} \right] \tag{19.2}$$

$$B(t, T_1) = E_t^{\tilde{P}} \left[e^{-\int_t^{T_1} r_s ds} \right] \tag{19.3}$$

$$\ldots = \ldots \tag{19.4}$$

$$B(t, T_n) = E_t^{\tilde{P}} \left[e^{-\int_t^{T_n} r_s ds} \right] \tag{19.5}$$

ただし

$$T_0 < T_1 < \ldots < T_n \tag{19.6}$$

は十分に正確な無裁定価格が得られる $n+1$ 個の債券の満期である．

これらの式について考察してみよう．期待値オペレーター $E_t^{\tilde{P}}[\cdot]$ を定義するマーチンゲール測度が与えられたならば，「すべて」の等式の右辺は異なる満期 t_i をもっているが，「同じ」スポットレート r_s に依存する．$n+1$ 個の等式の左辺は「市場」によって決められる．ここで直面する実務上の問題は，これらすべての等式を同時に満足させるような金利の過程 r_t の「1つの」モデルを決定するということである．選択した特定の r_t のモデルが $n+1$ 個の等式と整合的であることが，どのようにして保証されるのだろうか．これは決して容易なことではない．その困難さを例をあげて示してみよう．

[*1)] これらの債券価格は例 1 と同じであった．
[*2)] ここでは債券の額面が 1 であると仮定した．

実際には何が求められるのだろうか. はじめに「スポットレートのモデル」を仮定しなければならない.

$$dr_t = a(r_t, t)dt + b(r_t, t)dV_t \tag{19.7}$$

次にこのシステムが (19.5) 式を満足するように, $a(r_t, t)$, $b(r_t, t)$ および V_t の確率的な挙動を定める必要がある[*3]. 以下に例を 2 つ示す.

a. 幾何 SDE

(19.2)～(19.5) 式に「潜在する」複雑さをみるために, スポットレート r_t のモデルとして $\tilde{P}$ のもとでウィーナー過程によって記述される幾何 SDE を「選択」したと仮定する.

$$dr_t = \mu r_t dt + \sigma r_t dW_t \tag{19.8}$$

すなわち (19.7) 式で仮定した中で, ドリフトと拡散係数は次のように与えられる.

$$a(r_t, t) = \mu r_t, b(r_t, t) = \sigma r_t, V_t = W_t \tag{19.9}$$

ここでただちに悩ましい問題が生じる. このモデルに従うスポットレートは $t \to \infty$ となるに従い, 最終的には μ の符号によりプラスまたはマイナス無限大に向かってしまう. 加えて r_t の変化率のボラティリティは一定である. これらが現実に観測されるオーバーナイト金利の特性を表すには不適当であることはあきらかであろう. 第 1 に金利は「トレンド」をもっていない. 第 2 に金利の変化率のボラティリティは現実には単に定数であるというよりは, スポットレートの水準 r_t の複雑な非線形関数であると思われる.

この 2 つの難問は別にして, その前の問題, すなわちどのようにして (19.5) 式の連立方程式を同時に満たす μ と σ をみつけられるかという問題を考えよう[*4].

これは簡単な作業ではない. 実際十分に正確な債券価格の観測値 $\{B(t, T_i), i = 0, \ldots, n\}$ が得られたとして, (19.2)～(19.5) 式は左辺が既知である $n+1$ 本の方程式である. しかし金利モデルでわれわれが自由に選択できるパラメーターは μ と σ だけである. つまり 2 つの未知数を選ぶことにより, $n+1$ 本の方程式を満たさなければならないのである. これは観測された $\{B(t, T_i), i = 0, \ldots, n\}$ の間に強い従属関係があり, 実は $n-1$ 本の方程式が冗長であるような場合でないかぎり不可能である. そのような場合には連立方程式は 2 つの未知数を含む 2 本に集約され, 観測された無

[*3] ここには暗黙の仮定がある. スポットレートの増分は r_t の現在の値のみに依存する, すなわちスポットレートはマルコフ性をもっている. 後にみるように, これは無裁定条件が成り立つ金利市場における特殊ケースである.

[*4] V_t をウィーナー過程とする選択はすでに行っているが, 現実のスポットレートにはジャンプが認められることもあるだろうから, これもまた不適当であるかもしれない.

19.2 古典的アプローチ

裁定の債券価格のカーブ $\{B(t,T)\}$ にフィットする μ と σ をみつけることが可能であろう．

しかしこのように従属性の強い $n+1$ 個の債券価格が，流動性のある市場で観測されると仮定することにどれだけの意義があるだろう．あきらかに (19.8) 式で仮定したスポットレートのモデルは実務の目的には不適切であり，別のモデルを検討する必要がある．

b. 平均回帰モデル

幾何 SDE はスポットレートの動的特性を記述するには不適当であったかもしれないが，これまでの議論から学ぶべきことはあった．まず r_t の適切な SDE を選択しなければならない．次に流動性のある市場から与えられる割引債価格のカーブ $\{B(t,T_i)\}$ にスポットレートのモデルが「フィット」するようにパラメーターを決定（キャリブレート）する必要がある．これが完了し，また観測された割引債価格 $\{B(t,T_i), i=0,\ldots,n\}$ が無裁定であれば，得られるスポットレートの過程 r_t もまた無裁定となり，金利デリバティブの価格評価に用いることも可能となる．

そこで第 1 の例で議論した幾何 SDE よりも現実的なモデルを仮定することはできないだろうか．具体的には次に示す「平均」θ_t と，平方根の拡散項をもつスポットレートの平均回帰過程を考えてみよう．

$$dr_t = \lambda(\theta_t - r_t)dt + \sigma\sqrt{r_t}dW_t \qquad (19.10)$$

ここでは各々の時点 t においてパラメーター θ は任意の既知の値をとることが許される．これにより (19.5) 式には多数の自由なパラメーターが加わることになる．たとえば離散時間

$$t_0 < t_1 < \ldots < t_m \qquad (19.11)$$

の設定のもとでは，モデルは

$$\{\theta_{t_0}, \theta_{t_1}, \ldots, \theta_{t_m}, \lambda, \sigma\} \qquad (19.12)$$

という $m+3$ 個の自由パラメーターをもつ．これにより金利の過程は観測される割引債価格のカーブ $\{B(t,T_i), i=0,\ldots,n\}$ に「フィット」する際に，より柔軟的となる[5]．実際には r_t を価格にフィットさせるだけでなく，債券のボラティリティにもフィットさせることが可能である[6]．例は Hull & White(1990) を参照されたい．

---

[5] m と n は必ずしも等しくなくてもよい．
[6] すなわち (19.1) 式から得られるボラティリティが流動性のある債券オプション市場から観測される値と整合的になるように，(19.10) 式で示される SDE の中の自由度のあるパラメーターをキャリブレートすることが可能である．

さらに平均回帰過程は適当な仮定のもとでは幾何過程と異なり，$t \to \infty$ で発散しないということが知られている．またここで採用した拡散項を用いる場合，時間間隔の幅を無限小にすると平均回帰過程により生成される r_t は負にならない．

19.2.4 スポットレートモデルの利用

次の価格評価式から，スポットレート r_t の無裁定「モデル」を抽出できたとしよう．

$$B(t,T) = E_t^{\tilde{P}}\left[e^{-\int_t^T r_s ds}\right]$$

このモデルはどのように利用できるだろうか．この問いに対する答えは本章の冒頭部分で簡単に言及していた．タームストラクチャー(金利期間構造)から債券価格評価式を利用してスポットレートの無裁定モデルを導き出した理由の1つは，その他の金利派生証券についてこのモデルを用いて価格を評価し，それらの市場を観察することなく無裁定価格を得ることができる点である[*7]．スポットレートモデルの利用法をみるために，以下の設定を行う．信頼できるタームストラクチャー $\{B(t,T)\}$ が与えられ，次の r_t の無裁定モデルを得るために用いられたとする．

$$dr_t = \tilde{a}(r,t)dt + b(r_t,t)dW_t$$

ここでドリフト $\tilde{a}(r,t)$ に「ティルダ」がついているのは，それが金利リスク「調整後」と仮定しているからである．したがって W_t はリスク中立測度 $\tilde{P}$ のもとでのウィーナー過程である．次に2つの例をみていく．

a. 1ファクターモデル

価格評価したい派生商品が，r_t のみに依存していると仮定しよう．その価格を $C(r_t,t)$ と記す．満期日は T で，満期時点のペイオフは既知の関数 $G(r_T,T)$ であるとする．

$$C(r_T,T) = G(r_T,T)$$

価格評価式はただちに適用可能である．

$$C(r_t,t) = E_t^{\tilde{P}}\left[e^{-\int_t^T r_s ds}G(r_T,T)\right]$$

[*7] ここでわれわれは少なくとも3通りの利用法をあげることができる．実際にはもっと多数の利用法があるが，本書のテーマが限られているため言及はしない．(1)$C(r_t,t)$ が取引されている債券 $B(r_t,t)$ から合成され，それ自身も取引されている商品の場合，(2)$C(r_t,t)$ がまだ取引されていない，新しい商品の場合，(3)$C(r_t,t)$ が市場でミスプライスされている可能性がある場合である．r_t の無裁定モデルを用いてその商品の「公正」価格を計算し，適当なヘッジ，裁定あるいは投機的ポジションをとることができる．またはその価格を単に投資銀行業務に用いることも可能である．

この期待値はモンテカルロ法で計算可能であり,また解析解が存在するならばそれを用いることもできる.さらに第21章に示すように PDE に変換することや,「ツリー」モデルで評価することも可能である.これらが可能であるのは $\tilde{P}$ のもとでの r_t の動的特性

$$dr_t = \tilde{a}(r,t)dt + b(r_t,t)dW_t$$

がわかっているからである.この後は単に計算だけである.

b. 2つ目のファクター

評価する派生商品が r_t だけでなく,たとえば r_t とは完全には相関をもたない長期金利 R_t にも依存する場合には,話はいささか複雑になってくる.その価格を $C(r_t, R_t, t)$ と記そう.ここでも満期を T,満期時のペイオフを既知の関数 $G(r_T, R_T, T)$ とする.

$$C(r_T, T) = G(r_T, R_T, T)$$

価格評価式は次のように書けるだろう.

$$C(r_t, t) = E_t^{\tilde{P}}\left[e^{-\int_t^T r_s ds} G(r_T, R_T, T)\right]$$

しかしこのモデルで完成というわけではない.実際まだ「第2のファクター」R_t の無裁定モデルをわれわれは得ていない.価格計算を進める前に,R_t のリスク調整後の SDE を得なければならないのである.これらの問題については Brennan & Schwartz(1979) や関連の文献を参照されたい.理解しておかなければならないのは,2つの過程 r_t と R_t は時間に依存する複雑な相関をもっているかもしれないし,計算もシングルファクターの場合よりもずっと複雑になるかもしれないということである.

c. キャリブレーションの重要性

19.2.4a. で得られたスポットレートモデルの過程を理解しておくことは重要である.もし計量経済の手法のみを用いて連続時間でのドリフト $a(r_t,t)$ と拡散項 $\sigma(r,t)$ を推定したならば,モデル

$$dr_t = a(r_t,t)dt + \sigma(r_t,t)dW_t^*$$

は無裁定とはいえないだろう.計量経済の手法は「実世界」のパラメーターを導き出し,モデルは実世界での確率 P のもとで有効となるだろう.ウィーナー過程 W_t^* は連続時間での回帰誤差としてデータから直接推定される.無裁定モデルを導くためには,確率 $\tilde{P}$ を使った

$$B(t,T) = E_t^{\tilde{P}}\left[e^{-\int_t^T r_s ds}\right]$$

を逆に r_t について解かねばならない．したがって無裁定スポットレートのモデリングは単に推定やキャリブレーションという問題だけでなく，価格評価モデルの思慮深い選択にも関わっているのである[*8]．

19.2.5 ブラック–ショールズとの比較

われわれは金利派生証券の価格評価が，本質的にはスポットレートのモデリングに帰着することをみた．またキャリブレーションは，とくに満期の異なる割引債価格が完全には相関をもっていない場合には，些細なことではないこともわかった．さらに重要なことには，古典的アプローチを進めていくにあたり，無裁定条件はイールドカーブへのフィッティングを通じて「間接的」に組み込まれていった．割引債の価格の組または対応する利回りから出発し，

$$B(t,T) = E_t^{\tilde{P}}\left[e^{-\int_t^T r_s ds}\right]$$

が「すべての」T で満たされるように r_t を観測されるタームストラクチャーに「フィット」させる．これは第1部で議論したブラック–ショールズの世界の哲学とは極めて異なっている．そこでは無裁定の制約は原証券過程の未知のドリフトを既知のスポットレートに置き換えることにより，「直接的」，明示的に行われた．株価の過程のドリフトをモデル化する必要はなく，単に（定数の）スポットレート r に置き換えるだけである．その結果ブラック–ショールズ・アプローチは問題をボラティリティのモデリングの問題へと帰着させた．原証券価格に幾何過程という仮定を置くことで問題はさらに単純になり，ボラティリティを定数と考えることができた．この観点から，「古典的アプローチ」の基礎をなすスポットレートのモデリングは，これまでみてきた無裁定価格評価とは「基本的に」異なる手法であると思われる．ここで新たな疑問が生まれる．ブラック–ショールズの哲学にそったもっと他のアプローチはないのだろうか？その答えはイエスであり，それはヒース–ジャロー–モートン (HJM) モデルである．

19.3 タームストラクチャーに対するHJMアプローチ

ここまでみてきた無裁定条件は満期のみが異なる割引債券に影響を与える共通のランダムな過程の結果であった．もしタームストラクチャー $\{B(t,T)\}$ を決定する，流動性のある債券のすべてが予測不可能な同じウィーナー過程の影響を受けるならば，そ

[*8] 以後の章ではリスク調整後のドリフトについて別の表記を用いることにする．新しい概念を導入することにより，リスク調整後のドリフトは $a(r_t,t) - \lambda_t b(r_t,t)$ と表すことが可能となる．ここで λ_t はギルサノフのドリフト調整項で，この場合は金利リスクの市場価格である．

19.3 タームストラクチャーに対する HJM アプローチ

れぞれの価格は

$$B(t,T) = E_t^{\bar{P}}\left[e^{-\int_t^T r_s ds}\right]$$

の価格評価式に従って関連づけられなければならない．金利派生証券評価の古典的アプローチは，$B(t,T)$ から無裁定条件を抽出し，それを無裁定スポットレートのモデル

$$dr_t = \tilde{a}(r,t)dt + b(r_t,t)dW_t$$

に集約させるものであった．これは市場価格の間の複雑な無裁定条件の組を間接的に説明しようとする，とても込み入った作業である．市場では HJM として知られているヒース–ジャロー–モートン・アプローチは「フォワード」レートを前面に持ち出すことにより，これらの無裁定条件を直接的に取り扱おうとする試みである．そのアイディアは第 18 章でページを割いて展開した第 2 の無裁定条件に基づいている．そこで述べたように，満期のみが異なる割引債価格とフォワードレートとの間には直接的な関係が存在する．簡単な例をあげて振り返ってみよう．$B(t,T)$ と $B(t,U)$ を満期のみが T,U $(T<U)$ と異なるデフォルトのない割引債価格であるとしよう．T から U までのデフォルトのないフォワード貸付契約の t 時点での金利を $F(t,T,U)$ とする．ここで $F(\cdot)$ は U–T 期間のレートであり，年率化などの調整は行わない．第 18 章での議論から，無裁定条件は次のように書くことができる[*9]．

$$[1 + F(t,T,U)] = \frac{B(t,T)}{B(t,U)}$$

この $F(t,T,U)$ の入った「単一」の式には，満期の異なる 2 つの債券が含まれている．ここでこれら変数の同時の挙動を考えてみよう．債券は取引される資産であるため，対応する SDE のドリフトは無リスク金利 r_t で置き換えることが可能である．したがってここまではブラック–ショールズの導出と同じである．しかし注意すべきは，この無裁定の関係式において単一のフォワードレート $F(t,T,U)$ の変動によりとらえられるのが 2 つの債券のリスク中立での挙動の「比率」であるという点である．言い換

[*9] 無裁定条件を少々異なった表現で表してみよう．将来の時点 U で確実に受け取れる 1 ドルの現在価値を $B(t,U)$ とする．その逆数は，現在の 1 ドルの U 時点での価値である．それを $1+F(t,T,U)$ で割ると，U 時点から T 時点の価値へと変換される．

$$\frac{1}{[1+F(t,T,U)]B(t,U)}$$

さらに $B(t,T)$ をかければ，元の 1 ドルに戻るはずである．

$$B(t,T)\frac{1}{[1+F(t,T,U)]B(t,U)} = 1$$

これは $B(t,T)$ が T 時点で受け取れる 1 ドルの現在価値であるためである．

えると，債券のリスク中立での挙動を記述することができたならば，フォワードレート $F(t,T,U)$ のSDEは「決定」する．そこにはドリフトの推定，キャリブレーションさらにはリスクに対する調整の必要はない．これらはすべて「自動的に」フォワードレートの挙動に組み入れられていく．

別の表現をすれば，スポットレート r_t の代わりにフォワードレート $F(t,T,U)$ をモデル化することを採用したならば，裁定条件はブラック–ショールズの場合と同様に，フォワードレートの挙動に直接組み込まれることになる．HJMアプローチの展開は，まさにこの考えに基づいている．もちろんこのフレームワークでもボラティリティのキャリブレーションは必要である．さらに用いるフォワードレートを選択する必要があり，価格評価は選択したレートに基づいて行われていく．

19.3.1 フォワードレートの選択

この無裁定関係式は様々な異なった形で表すことができるため，フォワードレートには選択の余地がある．

HJMのオリジナルのアプローチは連続複利の瞬間のフォワードレート $F(t,T)$ を用いるものであった．すなわち第18章で説明した関係式

$$B(t,T) = e^{-\int_t^T F(t,s)ds}$$

が用いられる．ここで $F(t,s)$ は時点 s から始まり，無限小の時間間隔 ds のフォワード貸付の金利である．

無裁定条件を

$$\frac{B(t,T)}{B(t,U)} = e^{\int_T^U F(t,s)ds}$$

と書くと，これは次節で示すように連続複利の瞬間のフォワードレート $F(t,T)$ の挙動に対する無裁定の制約条件となる．

しかしこれはHJMモデルの1つの展開例に過ぎない．次の選択肢は離散的で無限小ではない時間のフォワードレートである．すなわち $F(t,T,U)$ に基づくモデルである．$U = T + \Delta$ とすると，次式を用いて無裁定の動的特性をモデル化できる．

$$[1 + F(t,T,T+\Delta)\Delta] = \frac{B(t,T)}{B(t,T+\Delta)}$$

ここでは $\Delta > 0$ を固定して，t が変化するときの $B(t,T)$ と $B(t,T+\Delta)$ の同時の挙動を考えることができる．この挙動はリスク中立測度や，第17章で導入したフォワード測度を用いてモデル化することが可能である．このような展開は，Brace, Gatarek & Musiela(1996)の論文にちなんで名づけられたいわゆるBGMモデルに帰着する．本章の以降ではHJMのオリジナル・アプローチである瞬間のフォワードレート $F(t,T)$ を用いる方法にそって議論を進めていく．

19.3.2 HJMにおける無裁定条件下の動的特性

満期 T_i のデフォルトのない割引債の価格 $B(t,T_i)$, $T_i < T^{\max}$ と，第18章で導入したフォワードレート $F(t,T)$ の間の関係から，次式が得られていた．

$$B(t,T) = e^{-\int_t^T F(t,u)du} \tag{19.13}$$

$F(t,u)$ はすべて t 時点で観測可能なフォワードレートであるため，この式には期待値オペレータが含まれない点に注意されたい．それらは将来時点 $u > t$ から始まる無限小の時間 du のフォワード貸付のレートである．

次節では $B(t,T)$ を B_t と記し，また特定の満期 T をもつ割引債価格について次の確率微分方程式が与えられていると仮定する．

$$dB_t = \mu(t,T,B_t)B_t dt + \sigma(t,T,B_t)B_t dV_t^T \tag{19.14}$$

ただし V_t^T は実世界での確率 P のもとでのウィーナー過程である．このSDEを考える上で，次の3つの点を強調しておきたい．第1に拡散項は債券価格の変化率に対するボラティリティとして書かれているが，必ずしも幾何SDEの形式である必要はない[*10]．第2にSDEは T の添え字のついたウィーナー過程によって動いていく．このことは満期の異なる債券が原理的にはそれぞれ異なるショックの影響を受けることが可能であることを意味する．後にすべての V_t^T が同じであるとするシングルファクターの例をみていく．第3は拡散項の記法である．$\sigma(t,T,B_t)$ は明示的に満期 T の関数となっている．これは導出の仮定で必要とされるが，後の章では省略する．さて債券は取引される資産である．リスク中立の世界ではギルサノフの定理を用いることにより，ドリフトの係数をブラック–ショールズのフレームワークと同様に変更できる．

$$dB_t = r_t B_t dt + \sigma(t,T,B_t)B_t dW_t^T \tag{19.15}$$

ここで r_t は瞬間の無リスク金利で，W_t^T はリスク中立測度 $\tilde{P}$ のもとでの新しいウィーナー過程である．すなわち，P から $\tilde{P}$ へ変更することにより，債券の挙動に含まれる未知のドリフトを消去したのである．

これら債券のSDEが与えられたならば，(19.13)式から $F(t,T)$ の動的特性を得ることができる．第18章で導入した無裁定の関係式と，ここまでの議論からスタートしよう．

$$F(t,T,T+\Delta)\Delta = \frac{\log B(t,T) - \log B(t,T+\Delta)}{(T+\Delta) - T} \tag{19.16}$$

[*10] 幾何SDEでは拡散項は σ を定数として，σB_t と記述される．しかしここでは $\sigma(t,T,B_t)$ は B_t にも依存しうる．したがって債券価格の変化率のボラティリティは一定とはならない．

ここでは無限小でない時間間隔 $\Delta > 0$ により,時点 T から $T+\Delta$ までの貸付金利を表す(瞬間でない)フォワードレート $F(t,T,T+\Delta)$ が定義される.これは満期のみが Δ だけ異なり,ほかの条件がまったく同じ2つの債券を考えることで実現される.

フォワードレートの無裁定での挙動を得るために,ここで (19.16) 式の右辺に伊藤の補題を適用し,さらに必要に応じてリスク調整後のドリフトを用いる[*11].まず $\log B(t,T)$ に伊藤の補題を適用する.

$$d[\log B(t,T)] = \frac{1}{B(t,T)}dB(t,T) - \frac{1}{2B(t,T)^2}\sigma(t,T,B_t)^2 B(t,T)^2 dt \quad (19.17)$$

式を整理して債券の「リスク調整後」の挙動を表す SDE(19.15) 式を代入する.

$$d[\log B(t,T)] = \left(r_t dt - \frac{1}{2}\sigma(t,T,B_t)^2\right) dt + \sigma(t,T,B_t)dW_t \quad (19.18)$$

次に $d[\log B(t,T+\Delta)]$ に伊藤の補題を適用し,T を $T+\Delta$ で置き換えた式を得る[*12].

$$d[\log B(t,T+\Delta)] = \left(r_t dt - \frac{1}{2}\sigma(t,T+\Delta,B_t)^2\right) dt + \sigma(t,T+\Delta,B_t)dW_t \quad (19.19)$$

ここで重要なのは対象としているのが無裁定での挙動であるため,$B(t,T)$ と $B(t,T+\Delta)$ の SDE のドリフトの第1項が同一である点である.$\tilde{P}$ のもとでは,満期の異なる割引債もみな無リスク金利 r_t に等しい期待リターンをもつことになる.これはブラック–ショールズの導出で株価 S_t の SDE のドリフトを(定数である)無リスク金利 r で置き換えたときと本質的に同じ議論である.

さて (19.16) 式の $F(t,T,T+\Delta)$ の定義に (19.18) 式と (19.19) 式の確率微分を代入して,「共通の」r_t 項を消去する.

$$\begin{aligned}dF(t,T,T+\Delta) &= \frac{1}{2\Delta}\left[\sigma(t,T+\Delta,B(t,T+\Delta))^2 - \sigma(t,T,B(t,T))^2\right] dt \\ &\quad + \frac{1}{\Delta}\left[\sigma(t,T+\Delta),B(t,T+\Delta)) - \sigma(t,T,B(t,T))\right] dW_t \quad (19.20)\end{aligned}$$

これが (19.16) 式に伊藤の補題を適用した最終結果である.この式は時点 T に始まる期間 Δ のフォワード貸付金利の無裁定での動的特性を与えている.

次に $\Delta \to 0$ の極限を考えてみる.これにより「瞬間の」フォワードレートの動的特性を得ることができる.(19.20) 式に注意してみると,右辺には次の形の項が2つあ

[*11) ここで伊藤の補題を適用することは,パラメーター t を変動させることを意味する.読者は $\Delta \to 0$ という極限をとろうとしていると思われるかもしれない.それはこの後で行うが,ここでは Δ は一定に保たれている.

[*12) 結局2つの債券は満期以外はまったく同じである.

ることがわかる.
$$\frac{g(x+\Delta)-g(x)}{\Delta}$$
このような表現で $\Delta \to 0$ とすることは, $g(\cdot)$ の x についての (通常の) 微分をとることを意味する. 右辺の括弧の中の項をそれぞれ抜き出して $\Delta \to 0$ とすることは, その2つの項を T について微分することに相当する. これにより次式が得られる.

$$\lim_{\Delta \to 0} \frac{1}{2\Delta}\left[\sigma(t,T+\Delta,B(t,T+\Delta))^2 - \sigma(t,T,B(t,T))^2\right]$$
$$= \sigma(t,T,B(t,T))\left[\frac{\partial \sigma(t,T,B(t,T))}{\partial T}\right]$$
$$\lim_{\Delta \to 0} \frac{1}{\Delta}\left[\sigma(t,T+\Delta,B(t,T+\Delta)) - \sigma(t,T,B(t,T))\right]$$
$$= \left[\frac{\partial \sigma(t,T,B(t,T))}{\partial T}\right]$$

これらを (19.20) 式に代入すると,「瞬間の」フォワードレートに対応する SDE が得られる.

$$\lim_{\Delta \to 0} dF(t,T,T+\Delta)$$
$$= dF(t,T)dF(t,T)$$
$$= \sigma(t,T,B(t,T))\left[\frac{\partial \sigma(t,T,B(t,T))}{\partial T}\right]dt + \left[\frac{\partial \sigma(t,T,B(t,T))}{\partial T}\right]dW_t \quad (19.21)$$

ここで $\sigma(\cdot)$ は「債券価格」のボラティリティである.
この結果についていくつかコメントしておこう.

19.3.3 解 釈

HJM アプローチは無裁定条件をフォワードレートに直接適用するという考えに基づいている. まず裁定の議論を用いることでフォワードレートと債券価格の間の関係が得られた. 次に $B(t,T)$ の無裁定での動的特性を記述した. 債券価格に対する SDE が与えられると, 瞬間のフォワードレートが満たすべき SDE が得られる. このことの真の意味を理解するために, フォワードレート $F(t,T)$ について次に示す一般的な SDE を仮定したとしよう.

$$df(t,T) = a(F(t,T),t)dt + b(F(t,T),t)dW_t \quad (19.22)$$

ここで $a(F(t,T),t)$ および $b(F(t,T),t)$ はリスク調整後のドリフトと拡散パラメーターで, W_t はリスク中立確率下でのウィーナー過程である. 無裁定条件のもとでのリスク調整後パラメーターがどのようにして得られるのか不思議に思われるかもしれないが, 前節でまさに無裁定条件のもとでリスク調整後のドリフトが次に示すように

「置き換えられる」ことを示したのである.

$$a(F(t,T),t) \to \sigma(t,T,B(t,T)) \left[\frac{\partial \sigma(t,T,B(t,T))}{\partial T} \right] \quad (19.23)$$

拡散項のパラメーターは次のように与えられる.

$$b(F(t,T),t) = \left[\frac{\partial \sigma(t,T,B(t,T))}{\partial T} \right] \quad (19.24)$$

つまり前節では瞬間的なフォワードレートの動的特性のドリフト係数について,「厳密な」無裁定条件を導いていたのである.これは第1部で何度か取り上げたブラック–ショールズ・アプローチと同様である.そこでは裁定が起こらないという条件のもとで,株価 S_t の SDE のドリフト項 μ が無リスク金利 r で置き換えられた.HJM ではドリフトは r ではなく,債券のボラティリティに依存する,より複雑な項で置き換えられる.しかし基本的にはドリフトは無裁定の議論で決定し,それはフォワード貸付の市場と,債券価格の間で裁定可能性がないという条件のもとでのみ成り立つものである.ここまでの過程で「フォワードレートのモデリング」は一切行われていない.瞬間的なフォワードレートのリスク調整後のドリフトが,「ボラティリティ」パラメーターのみに依存していることをここで強調しておく必要があるだろう.これはブラック–ショールズ環境で原資産株式の期待収益率をモデル化する必要はなく,ボラティリティのモデリング(キャリブレーション)のみが必要であったという点とも共通している.HJM アプローチがブラック–ショールズ手法の金利分野への自然な拡張とみなされるのは,このような理由からである.

19.3.4　HJM アプローチにおける r_t

HJM アプローチでは短期金利をモデル化する必要がないことにも注意しておこう.とくに瞬間的な短期金利 r_t の正確なモデルも不要である.それでも市場には瞬間的な短期金利があるとしよう.$F(t,T)$ の SDE が短期金利に対してどのような意味をもっているだろうか.瞬間的な短期金利は時点 t からはじまり,最も近い将来の無限小期間のフォワード貸付金利に対応するという観点から,この質問は重要である.すべての t について

$$r_t = F(t,t) \quad (19.25)$$

であることを用いれば,フォワードレートの SDE から出発し,瞬間的な短期金利についての式を実際に導くことができるのである.議論を進める前に,ここで (19.24) 式の中の $b(F(s,T),t)$ を $b(s,t)$ と簡潔に表記しておこう.その $b(\cdot)$ の表記を用い,(19.23) 式, (19.24) 式を (19.21) 式に代入して $F(t,T)$ の積分方程式を書くと

19.3 タームストラクチャーに対する HJM アプローチ

$$f(t,T) = F(0,T) + \int_0^t b(s,t)\left[\int_s^T b(s,u)du\right]ds + \int_0^t b(s,T)dW_s$$

が得られる。次に $T=t$ として瞬間的な短期金利 r_t に対する式を得る。

$$r_t = F(0,t) + \int_0^t b(s,t)\left[\int_s^t b(s,u)du\right]ds + \int_0^t b(s,t)dW_s \qquad (19.26)$$

ここで $b(s,t)$ は $F(s,t)$ のボラティリティである。

この式から得られる第1の重要な点はフォワードレートは無リスク測度のもとでは将来の短期金利の「バイアス」をもった推定値であることである。実際，初期時点 t から将来時点 τ の瞬間の短期金利 r_τ の条件付き期待値をとると，

$$\begin{aligned} E_t^{\tilde{P}}[r_\tau] &= E_t^{\tilde{P}}[F(t,\tau)] \\ &\quad + E_t^{\tilde{P}}\left[\int_t^\tau b(s,\tau)\left[\int_s^\tau b(s,u)du\right]ds\right] \\ &\quad + E_t^{\tilde{P}}\left[\int_t^\tau b(s,\tau)dW_s\right] \end{aligned} \qquad (19.27)$$

この式で最初の期待値の中のフォワードレートは時点 t において既知であるため，外に出すことができる。右辺の3番目の期待値はウィーナー過程に関してとられたものであり，ゼロである。しかし2番目の項は一般に正であり，消えずに残る。したがって次式を得る。

$$F(t,\tau) \neq E_t^{\tilde{P}}[r_\tau] \qquad (19.28)$$

r_t の SDE が示唆する2番目の重要な点は，短期金利の非マルコフ性に関するものである。この点を考えるにあたり，(19.26) 式の中の r_t が次の項に依存していることに注意しよう。

$$\int_0^t b(s,t)\left[\int_s^t b(s,u)du\right]ds \qquad (19.29)$$

一般にこれは過去の「すべての」フォワードレート・ボラティリティの関数となる。この項は典型的なドリフトや拡散項によくある

$$\int_0^t \mu(r_s,s)ds \qquad (19.30)$$

や

$$\int_0^t b(r_s,s)dW_s \qquad (19.31)$$

といった過去の変化の単純な「累積」の形ではない。実際 r_t の式の中のその項はむしろクロス積に近いものである。したがって t の直前の Δ 期間に観測される同様の項

$$\int_0^{t-\Delta} b(s, t-\Delta) \left[\int_s^{t-\Delta} b(s,u) du \right] ds \tag{19.32}$$

は状態変数で記述することができない．(19.29) 式と (19.32) 式の差は，$t-\Delta$ 時点より以前に観測された金利に依存するのである．このため金利は一般に非マルコフとなる．次に具体例をみてみる．

フォワード・ボラティリティー定の場合

すべてのフォワードレート $F(t,T)$ のボラティリティが一定値 b であると仮定する．すると無裁定条件下での各々のフォワードレートの式は次式で与えられる．

$$dF(t,T) = b^2(T-t)dt + bdW_t \tag{19.33}$$

債券価格の動的特性は次のようになる．

$$dB(t,T) = r_t B(t,T) dt + b(T-t) B(t,T) dW_t \tag{19.34}$$

短期金利の式は (19.26) 式の積分を計算して得られる．

$$r_t = F(0,t) + \frac{1}{2} b^2 t^2 + bW_t \tag{19.35}$$

対応する SDE は

$$dr_t = (F_t(0,t) + b^2 t)dt + bdW_t \tag{19.36}$$

ここで $F(0,t)$ は

$$F_t(0,t) = \frac{\partial F(0,t)}{\partial t} \tag{19.37}$$

で与えられる．このモデルでは短期金利のドリフトは時間に依存し，ボラティリティは定数となっていることに注意しよう．

19.3.5 HJM アプローチのさらなる優位性

HJM アプローチは瞬間のフォワードレートの動的特性に課せられる条件を導くために，フォワードレートと債券価格の間の裁定関係を直接利用する．これにより瞬間の短期金利の期待変化率をモデル化することが不要となる．

しかしこのアプローチにはさらなる優位性が存在する．以前の章でみたように，k 次元のマルコフ過程の組合せによる 1 変数は一般に非マルコフとなる．HJM フレームワークの中ではフォワードレートの「組」の挙動にマルコフ性を仮定できるが，多変量の意味でそれは合理的な近似である．それでも短期金利をモデル化する際の 1 変量の場合では，非マルコフの挙動を示すであろう．

最近の実証分析では実際の短期金利のマルコフ性がしばしば棄却されるため，この点は重要である．以上の観点から，HJM アプローチは市場の実務家に重要な柔軟性を提供してくれるといえる．

19.3.6 市場の慣習

HJM アプローチは無裁定の価格評価という観点からすれば,あきらかに好ましい哲学に基づいている.それは裁定条件を直接モデルに適用し,さらに柔軟性をもっている.

ところが市場の実践現場では依然として古典的アプローチが好まれ,何とかして短期金利のモデル化を続けていこうとしているようである.なぜこのようなギャップが存在するのだろうか.

Musiela & Rutkowski(1997) でも議論されているように,瞬間的なフォワードレートのモデル化は独自の困難を伴う.$dF(t,T)$ の挙動を記述する SDE に正規性を仮定し,さらに変化率のボラティリティが一定であると仮定すると,「有限の」時間のうちに過程は発散してしまう.あきらかにこれは動的特性を表すモデルとしてはあまり望ましい特性とはいえず,価格評価の安定性が損なわれかねない.

短期金利モデルには,金銭的にも時間的にも多くの資源が費やされてきたのも事実である.加えて短期金利モデルにはなじみがあることや,いずれにせよ無裁定価格のよい近似を与えてくれるのかもしれない.

「フォワード測度」を用いる最近のモデルは,瞬間フォワードレートのモデル化の問題点に対する解答であると考えられ,代替モデルとして期待できよう.

19.4 タームストラクチャーへの r_t のフィット

本章ではしばしば無裁定のタームストラクチャーへどのようにして r_t を「フィット」させるかについて議論してきた.しかしそれが実際にどのように行われるかを示してはこなかった.本書では数学的な議論をできるだけ最小にするよう努めているが,ときには実践的な価格評価の手法が概念の理解の助けとなる場合もある.短期金利の無裁定モデルがどのように得られるかについての簡単な例は,そのようなケースであろう.この例について手短に触れて,本章を締めくくろう.

n 個の債券の無裁定価格 $B(t,T_i), i=1,\ldots,n$ が与えられているとする.また金利関連証券の価格評価に古典的アプローチを採用しているとする.1 ファクターモデルを仮定し,まずはリスク調整後の短期金利モデル

$$dr_t = a(r_t,t)dt + b(r_t,t)dW_t$$

をこのタームストラクチャーにフィットさせなければならないが,実際にはどうすればいいだろうか.

手法はいくつか考えられる.それらはすべて現実的な短期金利のモデルからスター

トし，それを離散化していく．ここでは r_t がバシチェックモデル

$$dr_t = \alpha(\kappa - r_t)dt + \sigma dW_t$$

に従うと仮定する．オイラー公式を用いて離散化すると[*13)]

$$r_t = r_{t-\Delta} + \alpha(\kappa - r_{t-\Delta})\Delta + \sigma[W_t - W_{t-\Delta}] \qquad (19.38)$$

ここで Δ は離散化した時間間隔である．ここからのキャリブレーションは手法によって変わってくる．これからいくつかの例について説明していく．

19.4.1 モンテカルロ法

増分 $[W_t - W_{t-\Delta}]$ が独立な平均 0，分散 Δ の正規分布に従うことがわかっていると仮定しよう．さらにボラティリティのパラメーター σ と平均回帰のスピード α についてはキャリブレーションが完了しているものとする．つまり未知パラメーターは κ のみである．最後に期初の短期金利 r_0 もわかっているものとする．

乱数発生器により標準正規分布に従う変数を M 個取り出す実験を考えよう．それぞれの変数に $\sqrt{\Delta}$ をかける．過去データからの κ の推定値を用い，r_0 から始めて (19.38) 式を再帰的に使うことで最初のモンテカルロの軌跡 r_t^1 を得る．

これを N 回繰り返し，N 個の短期金利の軌跡

$$\left[\{r_t^1\}, \{r_t^2\}, \ldots, \{r_t^N\}\right]$$

を得る．

次に標本値を用いた債券価格評価式の等価な式

$$\hat{B}(t, T_i) = \frac{1}{N}\sum_{j=1}^{N}\left[e^{-\sum_{i=1}^{M} r_i^j \Delta}\right]$$

を用いて価格を計算する．ここで M はそれぞれの債券の満期に応じて変化する．κ は任意に選んでいるため，この $\hat{B}(t, T_i)$ は無裁定とはなっていない．

その一方で無裁定とわかっているタームストラクチャーをわれわれは知っているので，その距離

$$\sum_{i=1}^{T^{\max}} |\hat{B}(t, T_i) - B(t, T_i)|^2$$

を最小化するように κ を調整することができる．

[*13)] オイラーの手法は微分を一階の階差で置き換える．これは1次の近似であり，ときには無視できない累積誤差をもたらすことがある．

以上のようにして，計算されるタームストラクチャーを観測値に可能な限り近づけるような κ をみつけるのである．そのような κ が決定すれば，観測されるタームストラクチャーに「近い」債券価格が他のパラメーターとこの新しい κ により得られるという意味において，r_t の動的特性は（近似的に）無裁定となる．

19.4.2 ツリーモデル

先のアプローチでは債券価格を観測されるタームストラクチャーにできるだけ近づけるために，パラメーター κ 1つだけを用いた．2つのタームストラクチャーの距離は最小化されるもののゼロとはならず，フィットは完全ではなかった．一般的なツリーモデルを用いることで，フィッティングの「改善」は可能である．

r_t の変動をバイノミアルモデルで表すならば，その軌跡が無裁定のタームストラクチャーおよび対応するボラティリティに「フィット」するように適切なパラメーターを定めることができる．例として N 個の債券の無裁定価格が得られている場合を考えよう．さらに債券 $B(t, T_k)$ それぞれのボラティリティ σ_i もわかっているとする．i 番目の時点での r_t の上昇，下降をそれぞれ u_i, d_i と記し，

$$u_i d_i = 1$$

であるとする．

以上の制約のもとで，ツリーはすべての時点で再結合し，i 個の未知パラメーターを含むことになる．次に行うことは，次式を用いて u_i, d_i を決定することである．

$$B(0, T_k) = \frac{1}{N_k} \sum_{j=1}^{N_k} e^{-\sum_{i=1}^{T_k} r_i^j \Delta}$$

ここで r_i^j は j 番目の軌跡の i 番目の要素で，N_k は T_k ステップの時点で満期を迎える債券に対する軌跡の数である．軌跡は u_i, d_i に依存しているため，それらを求めるためにこれらの方程式を用いることができる．そのためには未知パラメーターの個数が方程式の数と等しくなるように十分な制約条件を課す必要がある．するとツリーのパラメーターを計算することが可能となり，ツリーは与えられたタームストラクチャーに完全にフィットする．Black, Derman & Toy(1984)はこの手法の一例を与えている．

19.4.3 解析解

次章で取り上げるように，解析式により期待値

$$B(t, T) = E_t^{\tilde{P}} \left[e^{-\int_t^T r_s ds} \right]$$

が計算できて，$B(t,T)$ の解析解が得られているような場合を考えよう．その式が

$$B(t,T) = G(r_t, T, \kappa)$$

であるとする．

このとき最適な κ を選ぶことにより，解析式と観測される無裁定のイールドカーブとの間の距離を最小化することができる．

$$\min_{\kappa} \sum_{i=1}^{T^{\max}} |B(t,T_i) - G(r_t, T_i, \kappa)|$$

これもまた（近似的に）無裁定の r_t のモデルを得る一例である．

19.5 お わ り に

本章では金利派生証券の価格評価を行うための2つの主要なアプローチを簡単にまとめた．古典的アプローチは瞬間の短期金利をモデル化する試みであった．無裁定条件は「与えられたイールドカーブにフィットさせる」という過程の中で間接的に用いられる．一方HJMアプローチはブラック–ショールズの金利への拡張と考えられる．

19.6 参 考 文 献

これまでの議論について最も優れた文献は Musiela & Rutkowski(1988) である．もちろんこれはかなり高度な内容であるが，金利分野に強い興味をもつ読者には必要な努力を惜しまず，理解を深めてもらいたい．離散時間での取扱いについては Jarrow(1996) を最良の文献として紹介しておこう．

19.7 演 習 問 題

1. 長さ Δ で n 個に分割された時間軸 $[0,T]$ において，次式で表される金利の動的特性を考える．

$$r_{t+\Delta} = r_t + \alpha r_t + \sigma_1(W_{t+\Delta} - W_t) + \sigma_2(W_t - W_{t-\Delta})$$

ここで誤差項

$$\Delta W_t = (W_{t+\Delta} - W_t)$$

は次の正規分布に従っている．

$$\Delta W_t \sim N\left(0, \sqrt{(\Delta)}\right)$$

(a) この誤差項の構成について説明せよ．とくに観測される金利の動的特性を表すのに $\Delta W_{t-\Delta}$ が含まれることは適当であるか．

(b) 連続時間の中で，この式に対応する確率微分方程式を書くことは可能であるか．その際に難しい点は何か．

(c) さらに長期金利 R_t が次式に従って変動することがわかっているとする．

$$R_{t+\Delta} = R_t + \beta r_t + \theta_1(\tilde{W}_{t+\Delta} - \tilde{W}_t) + \theta_2(\tilde{W}_t - \tilde{W}_{t-\Delta})$$

ここで共分散は

$$E[\Delta W \Delta \tilde{W}] = \rho \Delta$$

である．このとき次の確率過程のベクトル X_t は1階のマルコフ過程で表されるか．

$$X_t = \begin{bmatrix} r_t \\ R_t \end{bmatrix}$$

(d) これに対応する連続時間での連立 SDE を記述することができるか．

(e) 短期金利，長期金利がそれぞれ非マルコフであるとする．両者の同時過程もまた非マルコフとなりうるか．

2. 次の（ベクトル）マルコフ過程 X_t

$$X_t = \begin{bmatrix} r_t \\ R_t \end{bmatrix}$$

が，以下の動的特性をもつと仮定する．

$$\begin{bmatrix} r_{t+\Delta} \\ R_{t+\Delta} \end{bmatrix} = \begin{bmatrix} \alpha_{11} & \alpha_{12} \\ \alpha_{21} & \alpha_{22} \end{bmatrix} \begin{bmatrix} r_t \\ R_t \end{bmatrix} + \begin{bmatrix} \Delta W^1_{t+\Delta} \\ \Delta W^2_{t+\Delta} \end{bmatrix}$$

ここで誤差項は同時正規分布に従い，系列相関もないものとする．また r_t は短期金利，R_t は長期金利である．

(a) 短期金利 r_t の1変数の表現を導け．

(b) その表現から，r_t はマルコフであるといえるか．

(c) 1変数での r_t がマルコフとなる条件が存在するならば，それは何か．

3. 時点 $t = 0$ において満期がそれぞれ $t = 1, 2, 3, 4$ である4つの割引債の価格を $\{B_1, B_2, B_3, B_4\}$ とし，これらでタームストラクチャーを構成する．

さらに $t = 0$ 時点において $t = i$ から $t = i+1$ までの貸付金利に相当する1期間のフォワードレート $\{f_0, f_1, f_2, f_3\}$ がわかっているとする．つまり借り手が $t = i$ に N ドル借りたならば，$t = i+1$ 時点には $N(1 + f_i)$ ドルを返済するこ

とになる．短期金利は r_t と記す．定義から

$$r_0 = f_0$$

である．債券 $\{B_1, B_2, B_3, B_4\}$ およびフォワード貸付にデフォルトは起こらないとする．

各々の時点において，「2通り」の状態が起こりうると仮定し，それを $\{u_i, d_i := 1, 2, 3, 4\}$ と記す．

(a) 時点 $i = 0$ からスタートし，$i = 3$ では何通りの状態が考えられるか．

(b) さらに
$$\{B_1 = 0.9, B_2 = 0.87, B_3 = 0.82, B_4 = 0.75\}$$
$$\{f_0 = 8\%, f_1 = 9\%, f_2 = 10\%, f_3 = 18\%\}$$

を仮定する．このときネットでプラスの収益を無リスクで保証するポートフォリオを $i = 1, 2, 3$ の3時点においてそれぞれ3つずつ作成せよ．

(c) ネットでプラスの収益を無リスクで保証するポートフォリオを $i = 0$ の時点において3つ作成せよ．

(d) $t = n$ で満期となるデフォルトのない割引債 B_n と，フォワードレート $\{f_0, \ldots, f_{n-1}\}$ が与えられたときに，B_n を f_i の関数として表せ．

(e) 次の連立方程式で与えられるファイナンスの基本原理を考える．

$$\begin{bmatrix} B_1 \\ B_2 \\ B_3 \\ B_4 \end{bmatrix} = \begin{bmatrix} 1 & 1 \\ B_2^u & B_2^d \\ B_3^u & B_3^d \\ B_4^u & B_4^d \end{bmatrix} \begin{bmatrix} \psi_1 \\ \psi_2 \end{bmatrix}$$

B_i はそれぞれ独立に定めることができるか．

(f) 同じ設定で，$\{f_i\}$ は独立して定めることができるか．

(g) すべての f_i が正規分布に従っているといえるか．その答えを証明せよ．

4. 問1と同じ設定を考える．1期間の（スポット）LIBORレート $L_i, i = 0, 1, 2, 3$ を原資産とするヨーロッパ型コールオプションの価格評価を行いたいとする．これらのオプション価格を C_i とし，それぞれのペイオフが

$$C^i = N \max[L_i - K, 0]$$

であるとする．ここで N は想定元本であるが，一般性を失うことなくこれを1とする．

(a) このオプション価格をどのように評価すればよいか．

(b) さらに以下の仮定を置く.
   i. 現時点で未知である将来の L_i に対応するフォワードレートの観測値を f_i とする.
   ii. f_i はそれぞれ平均 0, 標準偏差 σ_i の正規分布に従う.
   iii. コールオプションの価格評価にはブラックの公式が使えるとする.
(c) マネーマーケットで標準化されたリスク中立測度のもとで, これらの仮定は適切であるか説明せよ.
(d) それぞれの L_i に対応する「フォワード」測度を用いるならば, どのように状況を改善することができるか.
(e) 時点 $t = 1, 2$ において実際にフォワード測度を得ることができるか.
(f) $t = 2$ におけるコールオプション価格をフォワード測度を用いて求めよ.

20

金利デリバティブに対する従来のPDE分析

20.1 はじめに

　ここまでの議論で読者はブラック–ショールズ方程式の様々な導出に通じていることになるが，その１つが偏微分方程式 (PDE) による手法である．とくに第12章において，無リスクポートフォリオを得るためにどのようにリスクフリー貸借，原資産および対応するオプションを組み合わせるかが示された．時間の経過に対してこれらのポートフォリオではポジション内に生じる小さなランダムな変動がお互いに打ち消し合って，ポートフォリオのリターンは「決定論的」となった．結果的に，デフォルトリスクがなければ，ポートフォリオは不変と仮定された無リスクスポットレート r と同率のリターンを生まなければならなかった．さもなければ裁定機会が生じた．この内容に伊藤の補題を適用することで，基本的なブラック–ショールズ PDE が導かれた．ブラック–ショールズ PDE は

$$-rF + F_t + rS_tF_t + \frac{1}{2}\sigma^2 S_t^2 F_{ss} = 0 \tag{20.1}$$

の形式であり，境界条件は

$$F(S_T, T) = \max(S_T - K, 0) \tag{20.2}$$

であった．r は一定の瞬間的無リスクスポットレート，S_t は無配当の株式価格，F はその株式を原資産とするヨーロッパ型コールオプションの時間 t での価格である．K と T はそれぞれコールの行使価格と満期である．第15章においてこの PDE の解法がリスクニュートラル確率 $\tilde{P}$ で計算された条件付き期待値

$$F(S_T, T) = E_t^{\tilde{P}}[e^{-r(T-t)}F(S_T, T)] \tag{20.3}$$

に対応していることにも触れた．金利証券を原資産とするデリバティブを取り扱っているもとでは，(少なくとも)２つの質問がここで行える．

- 金利デリバティブの場合でも同様な PDE を得るのか？　たとえば，最も単純な場合を考えれば，デフォルトフリーの割引債価格はどのタイプの PDE を満足す

20.1 はじめに

るだろうか？
- 金利デリバティブに関する PDE では，(20.3) 式と同様な条件付き期待値として解法が得られるか？

これらの質問には「2つの」方法で答えることができる．第1に，第12章と同じアプローチに従い，ブラック–ショールズ PDE の導出と同様な方法で割引債価格に対する PDE を得ることができる．とくに，「無リスク」ポートフォリオを形成し，その決定論的なリターンを貯蓄口座への無リスクで瞬間的な投資によるリターンと等しくすることができる．伊藤の補題を適用すれば望まれる PDE が生み出される[*1)]．

金利証券に対する PDE を得る2つ目の方法は，マーチンゲール式といわゆるファインマン–カッツの結果を直接に用いることである．実際，ある期待値のクラスと PDE との関係を調べるとき，興味深い数学的規則にいきつく．

$$B(t,T) = E_t^{\tilde{P}}\left[e^{-\int_t^T r_s ds} B(T,T)\right] \quad (20.4)$$

のような表現とある偏微分方程式のクラスとに非常に密接な関連があることが判明する．確率微積分では，これらのトピックに「伊藤拡散のジェネレーター」，「コロモゴロフの後退方程式」，より重要なものとして「ファインマン–カッツの公式」の項目がつけられている．これらの手法を用いて，(20.4) 式のような条件付き期待値のもとでそれに対応した PDE を直接得ることができるし，その逆もそうである．もちろん，この対応は基礎となる確率変数に関するいくつかの付加的な条件によるのであるが，金融市場の実務家にとってはあきらかに非常に便利なツールである．しかしながら，これら「最近の」手法の議論は次章に譲るべきであろう．

本章では，金利デリバティブの価格が基本的なブラック–ショールズ PDE と同様な PDE を満たすことが，「従来のステップ」に従って示される．しかし基礎となる変数が今やスポットレート r_t なのだから，この導出は基本的に第12章で従ったものとは異なる．ブラック–ショールズの世界で取引される資産の価格を表していた S_t とは対照的に，スポットレートは資産価格では「ない」[*2)]．あきらかに，スポットレートのモデル化に関連した難題がここにも存在する．

金利感応証券に対する基本的な PDE の導出は，Vasicek (1977) による論文と同様なステップに従う．基本的アイデアは，複数の資産にみられる確率変動を決定してい

[*1)] 読者には無リスクポートフォリオは自己ファイナンスでないことを思い起こしてもらいたい．結果として，この手法は連続時間では数学的に厳格ではない．しかし，それでも「正確な」PDE が得られる．というのは，時間の経過によって新たに投資されたり引き出されるキャッシュフローは期待値がゼロであるからである．この問題は第12章でより詳細に議論された．この重要な点を読者が頭に置き続けることを条件に，この発見的方法を用い続ける．

[*2)] r_t はパーセント表示リターン，純粋な数のようなものである．

る1つのウィーナー過程*3)が指し示す裁定条件を，リターンのダイナミクスに導入することである．ブラック–ショールズの方法の場合には，原株式とそのコールオプションの2資産がとられた．株式価格の微小の確率変動がオプション価格にも影響した．それゆえ，ランダム性のもととなる1つの根源によって本質的に変動する「2つの」価格がとられた．これらの証券を無リスクの借入れと貸出しとを注意深く組み合わせることで，予測できない確率変動をお互いに打ち消して，そのポートフォリオを結果的に「無リスク」とすることができた．金利感応証券にこのアイデアを広げることができる．たとえば，満期を除けば債券は「同様な」ものである．債券は，同じ微小の確率変化に影響されていると考えられる．それゆえ，ある条件のもとで，2つ（あるいはそれ以上の）債券を組み合わせたポートフォリオは，ポートフォリオ・ウェイトを注意深く選べば無リスクにすることができる．

しかし，株式の場合と比較したときには違いがある．従来のブラック–ショールズの導出ではスポットレートは一定だと仮定されていた．この仮定はさほど厳しいものにはみえなかった．金利感応証券の場合には一定の金利を仮定することは保たれない．対照的に，全体を動かす確率変動は瞬間的なスポットレート r_t に影響を与える微小なウィーナー増分から生じている．しかし，瞬間的スポットレートはここまで述べられてきた資産価格ではない．金利変動の未知ドリフト項を，裁定議論に頼ることで簡単には無リスクレートと等しくできない．これによって，金利デリバティブに対するPDEの導出と数値推計に主要な複雑な点が入り込んでくる．実際，以後の導出ステップは数学的に簡単であるが，株式を原資産とする単純なコールオプションの場合よりも複雑で入り組んでいる．

最後に，ここで採用される「従来の」手法は，ブラック–ショールズのPDEの導出と同様に教条的であると繰り返さねばならない．技術的に正確な導出では，無リスクポートフォリオが自己ファイナンスであるという条件が議論に組み込まれる．

20.2 フレームワーク

最初のステップはフレームワークを設定することである．デフォルトのない2つの割引債価格，$B(t,T_1)$ と $B(t,T_2)$ の変動を記述する2つのSDEが示されていることを仮定する．T_1 と T_2 は $T_1 < T_2$ となる満期を表している．債券価格は同じウィーナー過程 W_t によって変動する．記述を簡単にするために，本章では時間を表す t を無視することとし，

$$B^1 = B(t, T_1) \tag{20.5}$$

---

*3) あるいは，2ファクターモデルの場合には2つの独立のウィーナー過程によって．

$$B^2 = B(t, T_2) \tag{20.6}$$

と書く.

これらの債券価格は以下の変動過程をもつと仮定される.

$$dB^1 = \mu(B^1, t)B^1 dt + \sigma_1(B^1, t)B^1 dW_t \tag{20.7}$$

$$dB^2 = \mu(B^2, t)B^2 dt + \sigma_2(B^2, t)B^2 dW_t \tag{20.8}$$

2点に注意が必要である. 1つは, 拡散項は同じ W_t の関数であるが異なった拡散パラメーター $\sigma_i, i=1,2$ に依存する. 2つ目は, そのボラティリティパラメーターは比率にしたボラティリティで書かれていたが, 債券変動は幾何プロセスで与えられる必要はない. なぜなら, ドリフトパラメーターと拡散パラメーターは $B^i, i=1,2$ に依存することも許されており, 幾何 SDE ならば要求される定数ではないからである.

「従来の」方法を採用しているので, ここで金利モデルを仮定する必要がある. r_t の変動過程は次のように与えられるとしよう.

$$dr_t = a(r_t, t)dt + b(r_t, t)dW_t \tag{20.9}$$

ここで, ドリフトパラメーター $a(r_t, t)$ と拡散パラメーター $b(r_t, t)$ は「既知」だと仮定されている. それらはヒストリカルデータから推計されるか, 実用的な方法としてなされるように市場価格から測定される. ここでの W_t は「現実の世界での」確率 P に関するウィーナー仮定であることを強調しておくことも価値がある.

このスポットレートの変動過程に課された決定的な制約に注意すべきである. それは, パラメーター $a(r_t, t)$ と $b(r_t, t)$ が直近の観察値 r_t にのみ依存することが仮定されている. その結果, それ以前の, $s < t$ となる r_s はドリフトとボラティリティのパラメーターには影響を与えない. 前章で既にわかっているが, r_t のこのマルコフ性は一般的な期間構造モデルでは破られている. しかしながら, それは合理的な近似だとして従来の方法を進めていこう.

20.3 金利リスクの市場価格

割引債価格の PDE を導出するためには, 最初に時間 t [*4)]で2つの債券, B^1 と B^2 からなる無リスクポートフォリオ $\mathscr{P}$ を形成することが必要である. とくに一般性を失わずに, B^1 を θ_1 単位購入し, B^2 を θ_2 単位空売りすると仮定すると, 合計のポートフォリオ価値は

$$\mathscr{P} = \theta_1 B^1 - \theta_2 B^2 \tag{20.10}$$

[*4)] 時間の表記は, 表記を簡単にするため無視されている.

となる．ポートフォリオ・ウェイトは次のように選ぶとする．

$$\theta_1 = \frac{\sigma_2}{B^1(\sigma_2 - \sigma_1)}\mathscr{P} \tag{20.11}$$

$$\theta_2 = \frac{\sigma_1}{B^2(\sigma_2 - \sigma_1)}\mathscr{P} \tag{20.12}$$

ここで，$\sigma_i, i = 1, 2$ は (20.7) 式と (20.8) 式のところで述べられた 2 債券のボラティリティパラメーター $\sigma_1(B^1, t)$ と $\sigma_2(B^2, t)$ である．時間が経過するに従ってこのポートフォリオ価値は変化する．ポートフォリオ・ウェイトが一定であるかのようにとらえれば，伴って起こる微小な変化は

$$d\mathscr{P} = \theta_1 dB^1 - \theta_2 dB^2 \tag{20.13}$$

で与えられる．あるいは，dB^1, dB^2 の変動過程をもたらす SDE から代入すると，

$$\begin{aligned}d\mathscr{P} = {} & \theta_1[\mu(B^1, t)B^1 dt + \sigma_1(B^1, t)B^1 dW_t]\\ & - \theta_2[\mu(B^2, t)B^2 dt + \sigma_2(B^2, t)B^2 dW_t]\end{aligned} \tag{20.14}$$

ウィーナー増分 dW_t をまとめ，θ_1, θ_2 の値を代入した後，その係数をゼロにとって，

$$\begin{aligned}(\theta_1 \sigma_1 B^1 - \theta_2 \sigma_2 B^2) &= \left(\frac{\sigma_2}{B^1(\sigma_2 - \sigma_1)}\sigma_1 B^1 - \frac{\sigma_1}{B^2(\sigma_2 - \sigma_1)}\right)\mathscr{P}\\ &= 0\end{aligned} \tag{20.15}$$

これによりポートフォリオ価値での増分変化が与えられ，

$$d\mathscr{P} = (\theta_1 \mu_1 B^1 - \theta_2 \mu_2 B^2)dt \tag{20.16}$$

これらの増分にはウィーナー要因はなく，完全に予測可能である．

これらのステップによって，ポートフォリオ・ウェイト θ_1, θ_2 に対して選択された値が正当化される．これらのウェイトは dW_t 項がポートフォリオ $\mathscr{P}$ の SDE から落ちるように選ばれている．これは，ブラック–ショールズの PDE 導出と同様である．実際，θ_i を代入し $\mathscr{P}$ を乗除して整理すると，$d\mathscr{P}$ は次のように書ける．

$$d\mathscr{P} = \frac{(\sigma_2 \mu_1 - \sigma_1 \mu_2)}{(\sigma_2 - \sigma_1)}\mathscr{P}dt \tag{20.17}$$

この SDE は拡散項を含まないので，$\mathscr{P}$ の変動は無リスクである．それゆえ，ここで一般的議論を用いて，このポートフォリオには裁定機会が存在するはずがなく，その決定論的リターンは $r_t \mathscr{P} dt$ に等しいと主張できる．

$$\frac{(\sigma_2 \mu_1 - \sigma_1 \mu_2)}{(\sigma_2 - \sigma_1)}\mathscr{P}dt = r_t \mathscr{P}dt \tag{20.18}$$

$\mathscr{P}, dt$ を簡潔にし整理し直すと,

$$\frac{(\mu_1 - r_t)}{\sigma_1} = \frac{(\mu_2 - r_t)}{\sigma_2} \tag{20.19}$$

を得る．すなわち，満期が異なる債券に与えられるリスクプレミアムは，それに応じたボラティリティパラメーターで正規化されると等しくなる．ボラティリティあたりのリスクプレミアムは債券をまたがって同じである．ボラティリティの高い債券はそれに応じた高いリスクプレミアムに見合っている[*5)]．この結果はあまり予想されたものではない．なぜなら，これらの債券は共通の dW_t 要因で与えられた同じリスクの源泉を保有しているからである．ある債券が付加的で異なったウィーナー過程，たとえば W_t^* の関数であるならば，無裁定条件のもとでさえボラティリティあたりのリスクプレミアムは債券間で異なることはあきらかである．ちなみに，このリスクプレミアムはマイナスに十分なりうることを注意しておく．

この導出の間，債券の満期は任意に選択されていた．こうして，すべての割引債に対して，その変動過程が同じウィーナー過程 W_t によって形成されるかぎり同様な等式が成立する．これによって，すべての債券価格 $B(t,T_i)$ に適用される $\lambda(r_t,t)$ 項が与えられる．

$$\frac{(\mu_i - r_t)}{\sigma_i} = \lambda(r_t, t) \tag{20.20}$$

この項はいわゆる「金利リスクの市場価格」である．導出からわかるように，それは一般に r_t と t の関数である．しかし，以後の章ではその依存関係を心に留めておくことにして，単純に λ_t と記述する．λ_t は債券の満期に依存しないことをもう一度注意しておく．

ブラック–ショールズのフレームワークには同様な「株式リスクの市場価格」が存在したが，明示的に用いられることはなかったことに触れておくのも価値があろう．ブラック–ショールズの PDE の場合とは対照的に，金利感応証券においては PDE 導出に際して λ_t を明示的に用いなければならない．

20.4 PDE の導出

債券価格の PDE 導出の第 3 段階は，$B(t,T)$ に対する伊藤展開の結果を用いることである．$B(t,T)$ も r_t の関数であることを思い起こして，伊藤の結果を適用すると，

$$dB(t,T) = B_r dr_t + B_t dt + \frac{1}{2} B_{rr} b(r_t,t)^2 dt \tag{20.21}$$

$$dr_t = a(r_t,t)dt + b(r_t,t)dW_t \tag{20.22}$$

[*5)] 違ったいい方をすれば，債券のシャープレシオが等しいということである．

から dr_t を代入すると,

$$dB(r_t,t) = \left(B_r a(r_t,t) + B_t + \frac{1}{2}B_{rr}b(r_t,t)^2\right)dt + b(r_t,t)B_r dW_t \quad (20.23)$$

を得る．ここでも W_t は「現実世界の」確率 P に対するウィーナー過程である．この SDE は債券価格変動を規定するもとの式と同一でなければならない．表記を簡潔にすると，この SDE は確率 P のもとで，

$$dB = \mu(B,t)Bdt + \sigma(B,t)BdW_t \quad (20.24)$$

である．これによって，ドリフトと拡散係数が等しくなることを示している．(20.23)式と (20.24) 式での 2 つの拡散係数を等号で結ぶと，

$$b(r_t,t)B_r = \sigma B \quad (20.25)$$

を得る．$\sigma(B,t)$ は σ と省略されている．(20.23) 式と (20.24) 式のドリフト係数を等しくすると，

$$\mu(B,t)B = B_r a(r_t,t) + B_t + \frac{1}{2}B_{rr}b(r_t,t)^2 \quad (20.26)$$

となる．ここに到って，債券価格に対する PDE を得る際に利用可能な 2 つの等式，(20.25) 式と (20.26) 式を得た．実際，後者の (20.26) 式は未知の $\mu(B,t)$ を含んでいることを除き，すでに PDE である．このフレームワークに組み込まねばならない裁定に関する制約を[*6]，ここまで何も入れていないことにも注意しておくべきである．

(20.26) 式から「未知の」ドリフト $\mu(B,t)$ を消去することは，裁定論を用いることで達成される．ブラック–ショールズの PDE の場合には，$\mu(B,t)$ を単に一定のスポットレートで「置き換える」だけだった．しかし，今の場合，(20.26) 式でスポットレートのドリフト $a(r_t,t)$ を使い続けているためそれはできない．$\mu(B,t)$ を r_t で置き換えるなら，(20.26) 式のスポットレート・ドリフト $a(r_t,t)$ も同様に，リスク中立に等価となるよう調整することが求められる．しかし，r_t は資産価格ではないので，この調整がどのようになされるか明確ではない．この問題は，金利リスクの市場価格 λ_t を用いることで解決される．

実際，(20.20) 式によってリスクの市場価格 λ_t は，

$$\frac{\mu(B,t) - r_t}{\sigma} = \lambda_t \quad (20.27)$$

あるいは，(20.25) 式で示されている拡散パラメーターが等価であることを用いて，

$$\frac{B(\mu(B,t) - r_t)}{b(r_t,t)B_r} = \lambda_t \quad (20.28)$$

[*6] すべての債券価格が同じウィーナー過程によって変動することを仮定しているので，裁定制約が後に入ってくる．

として与えられる。これによって、

$$\mu(B,t)B = r_t B + b(r_t,t)B_r \lambda_t \tag{20.29}$$

である。ここで、この右辺に (20.26) 式の $B\mu(B,t)$ を代入して整理する。

$$B_r a(r_t,t) + B_t + \frac{1}{2}B_{rr}b(r_t,t)^2 - r_t B - b(r_t,t)B_r \lambda_t = 0 \tag{20.30}$$

「未知の」ドリフト $\mu(B,t)$ がここでは消去されている。こうして最終的に

$$B_r(a(r_t,t) - b(r_t,t)\lambda_t) + B_t + \frac{1}{2}B_{rr}b(r_t,t)^2 - r_t B = 0 \tag{20.31}$$

と書ける。

これは、デフォルトのない割引債価格 $B(t,T)$ に対する PDE である。この境界条件はブラック-ショールズの場合よりも単純である。債券はデフォルトフリーであり、満期にはそのときのスポットレートの水準にかかわらず 1 の価値となることが保証されている。

$$B(T,T) = 1 \tag{20.32}$$

たとえドリフト $a(r_t,t)$ と拡散係数 $b(r_t,t)$ が既知である金利モデルを有していたとしても、実際にこの PDE を用いるためには、「さらに」λ_t の推計が必要となる。さもなければこの式は利用できない。この PDE では B_r の係数はスポットレート変動過程のリスク調整されたドリフトと等しいことも知っておく価値がある。

実際、リスク中立測度 $\tilde{P}$ のもとで記述されたスポットレート変動過程のドリフトを用いているかのようである。ギルサノフの定理を (20.9) 式に用いて、P のもとでのウィーナー過程 W_t から $\tilde{P}$ のもとでのウィーナー過程 $\tilde{W}_t$ に変換すると、以下の r_t に対する新しい SDE を得る。

$$dr_t = (a(r_t,t) - b(r_t,t)\lambda_t)dt + b(r_t,t)d\tilde{W}_t \tag{20.33}$$

この SDE のドリフトは「金利リスク」が調整されている。債券価格のドリフトを $\mu(\cdot)$ から r_t に変換するときはいつでも、スポットレート変動過程を $a(r_t,t)$ から $(a(r_t,t) - b(r_t,t)\lambda_t)$ に変更する必要がある。

ここで、この導出の主要な観点を要約して、ブラック-ショールズの PDE の手法と比較しよう。

20.4.1 比　　　較

PDE の導出における全般的な戦略は、ブラック-ショールズの場合と同様であった。主な違いは、ここでの場合には基礎となる過程が資産価格 S_t ではなく、純粋な数字

であるスポットレート r_t であることから生じる．それゆえ，未知のドリフト係数を無リスクレートに単に等しくすることと異なる方法で無裁定条件が導入されなければならない．その方法では，債券変動のドリフトを r_t に対するリスクの市場価格を用いて修正されなければならなかった．(20.29) 式で行ったように，

$$\mu(B,t)B = r_t B + (b(r_t,t)B_r)\lambda_t \tag{20.34}$$

とすることで，暗黙のうちに無裁定条件が導入されていることを理解すべきである．

しかしながら，注目すべき非常に重要な違いがある．ブラック–ショールズの導出の場合には，無裁定条件によって株価過程 S_t のドリフトをモデル化し，推計する必要性を「完全に」消去できた．実際，ブラック–ショールズの導出では S_t の期待変化はまったく問題でなかった．オプション価格は適切な「ボラティリティ」のみに依存した．

金利感応証券をプライシングするスポットレートの手法では，無裁定条件を用いると PDE に再びスポットレート r_t が導入される．また，r_t と一緒に「2つの」新しいパラメーター，スポットレートのドリフト $a(r_t,t)$ と金利リスクの市場価格 λ が入ってくる．もし PDE が現実世界のプライシングに用いられるなら，これらのパラメーターは推定なり推計なりがなされる必要がある．前章で述べたように，これはボラティリティのモデル化のみが求められるブラック–ショールズ手法の実践性とはかけ離れている．しかし，これは哲学の変化でもある．というのも，ある意味で，r_t 過程の完全なモデル化が必要とされているからである．前述の導出における第 2 の根本的な点は，ただ 1 つの確率変動過程 r_t という仮定である．すべての債券価格の確率変動は「同一の」ウィーナー過程 W_t によって変動していると仮定されていた．同じウィーナー過程がスポットレート r_t の SDE に存在することになるので，この仮定によって，「唯一の」リスクの市場価格 λ の関数として有益な無裁定条件を得ることができた．あきらかにこれは事実とは異なろう．「ただ 1 つの」株価を 1 つの確率過程 W_t の関数とすることは許容できる近似であろう．しかし，非常に短期から非常に長期の満期に到るまでの割引債の「集合」に対して同じことを行うことは，もっと疑問があろう．

そうはいっても，本書の目的は，実際の市場に対して満足できるようなプライシング手法を得ることでなく，むしろ適切な手段を示すことである．1 ファクターの仮定はこの目的には有用である[*7)]．

[*7)] この仮定は実際のプライシングにおいてもしばしば同様になされていることを思い起こしてほしい．

20.5 PDEの解析解

債券価格の基本 PDE は，ときには解析解として解かれうる．このようにして，$B(t,T)$ を満期 T,「現在の」スポットレート r_t, 適当なパラメーター $a(r_t,t), b(r_t,t), \lambda$ に結びつける明示的な式が得られる．ブラック–ショールズの基本 PDE とブラック–ショールズ式との類似である．S_t 過程と金利の一定性に対する十分な仮定のもとで，PDE を解いてブラック–ショールズ式を得ることができた．ここでのフレームワークでは，金利過程 r_t に対する十分な仮定のもとで債券価格 PDE に対して同様なことができる．いくつかの簡単な例を議論する．

20.5.1 ケース 1: 決定論的な r_t

極端な場合からはじめる．スポットレートがすべての t に対して $r_t = r$ で一定と仮定する．そのとき，r_t に対する SDE

$$dr_t = a(r_t, t)dt + b(r_t, t)dW_t$$

は次の (自明な) パラメーターを有する．

$$a(r_t, t) = b(r_t, t) = 0$$

さらに，金利リスクが存在しないため，何らのリスクプレミアムも支払われない，すなわち，

$$\lambda = 0$$

こうして，

$$B_r(a - b\lambda) + B_t + \frac{1}{2}B_{rr}b(r_t, t)^2 - r_t B = 0 \qquad (20.35)$$

によって最初に得られた一般的な $B(t,T)$ に対する基本 PDE は，

$$B_t + rB = 0$$

に縮められ，境界条件は

$$B(T,T) = 1$$

である．

しかし，これは終点条件が $B(t,T) = 1$ の常微分方程式,

$$\frac{dB(t,T)}{dt} + rB(t,T) = 0$$

以外の何物でもない．この解は，

$$B(t,T) = e^{-r(T-t)}$$

で与えられる．この債券価格関数は境界条件と基本 PDE を満たす．これは，一定の瞬間的レート r での通常の割引である．

20.5.2　ケース 2: 平均回帰的 r_t

いま，リスクの市場価格が一定である，すなわち，

$$\lambda(r_t, t) = \lambda \qquad (20.36)$$

と仮定する．そして，スポットレートは以下の平均回帰的な SDE に従うとする．

$$dr_t = \alpha(\kappa - r_t)dt + bdW_t \qquad (20.37)$$

ここで W_t は現実世界の確率でのウィーナー過程である．ボラティリティ構造は b で示されているように一定の「絶対」ボラティリティに限定されていることに注意すべきである．さらに，パラメーター $\alpha, \kappa, b, \lambda$ は正確にわかっていると仮定する．そのとき，典型的な $B(t,T)$ に対する基本 PDE は，

$$B_r(\alpha(\kappa - r_t) - b\lambda) + B_t + \frac{1}{2}B_{rr}b^2 - r_t B = 0 \qquad (20.38)$$

に縮められる．この構成は，Vasicek(1977) の画期的論文以後，バシチェックモデルとして知られている．

この PDE の解は，時間 $t = 0$ に対する債券価格式 $B(t,T)$ によって与えられる解析表現である．

$$B(0,T) = e^{\frac{1}{\alpha}(1-e^{-\alpha T})(R-r) - TR - \frac{b^2}{4\alpha^3}(1-e^{-\alpha T})^2} \qquad (20.39)$$

ここで

$$R = \kappa - \frac{b\lambda}{\alpha} - \frac{b^2}{\alpha^2} \qquad (20.40)$$

であり，r はスポットレートの現在値である．未知のパラメーターに対する適切な推定値のもとで，この関数を決めることができる．

例

たとえば，スポットレートの長期平均が 5%，その長期平均に 0.25 の率でスポットレートが引っ張られる経済を考える．すると，

$$\alpha = 0.25 \qquad \text{および} \qquad \kappa = 0.05 \qquad (20.41)$$

20.5 PDEの解析解

さらに，絶対金利のボラティリティが1年間で0.15と仮定する．

$$b = 0.015 \tag{20.42}$$

定式を適用をするためには，金利リスクの市場価格が必要である．そこで

$$\mu - r_t = -0.1\sigma \tag{20.43}$$

と仮定するが，μ と σ は未知の債券ドリフトとボラティリティのパラメーターである．すると，

$$\lambda = -0.10 \tag{20.44}$$

となる．

これらのパラメーターを使って，当初の金利 r と満期パラメーター T に依存する債券価格関数 $B(t,T)$ を計算しうる．これが，すでに論じたいわゆる「割引曲線」である．

$\{\lambda = -0.10, b = 0.015, \alpha = 0.25, \kappa = 0.05\}$ での $\{B(t,T), T \in [0, T^{max}]\}$ のグラフをスポットレートの異なった3つの水準，$r = 0.5\%, r = 5\%, r = 15\%$ で図 20.1 に示している．これらは割引債価格であるので，短期債は1に近い値であり，一方長期債は漸進的に安くなっていく．対応する「イールドカーブ」は割引曲線の対数をとって（マイナスをつけて）満期で割ると得られる．そのイールドカーブを同じ当初のスポットレートに対して図 20.2 で示している．

金利 SDE の平均回帰の特性によって，イールドカーブが上方に傾斜したカーブか下方に傾斜したカーブになりうるかが，平坦になる場合も含めて決定されることに注

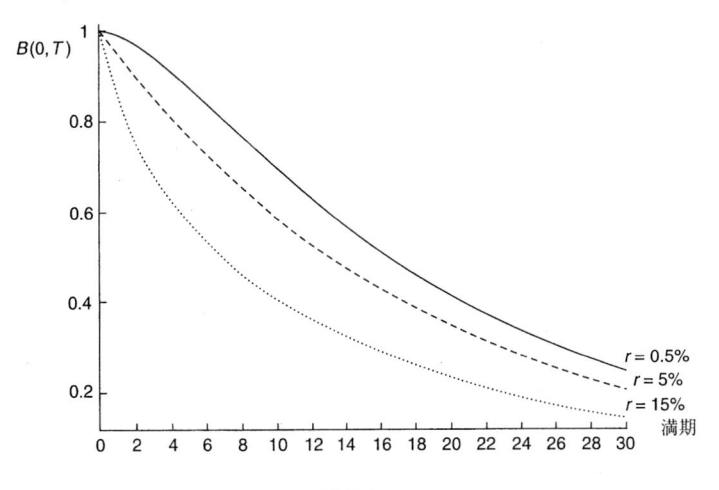

図 20.1

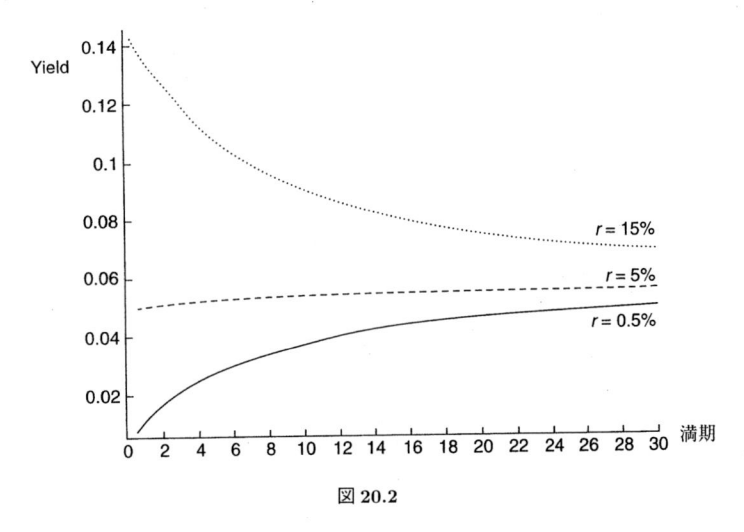

図 20.2

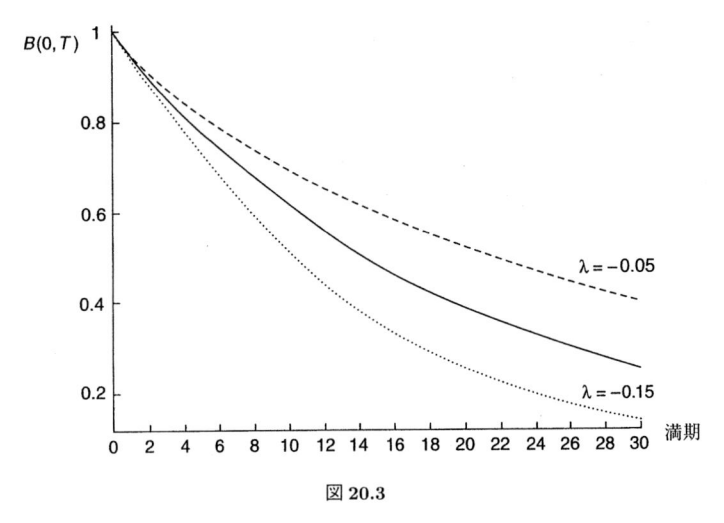

(Yield 対 満期のグラフ：$r=15\%$, $r=5\%$, $r=0.5\%$ の3曲線)

図 20.3

($B(0,T)$ 対 満期のグラフ：$\lambda=-0.05$, $\lambda=-0.15$ の曲線)

意すべきである．なぜなら，スポットレートが現在 15% であるなら，長期債を考えるときにはスポットレートが平均である 5% に引き下げられると，このモデルでは仮定されているためである．こうして，長期債は自動的に平均である 5% 近辺の金利で価格づけられる一方，短期債はもっと 15% に近い短期金利で価格づけられる．長期平均を下回る現在の短期金利の場合はその逆であり，上方に傾斜したイールドカーブが得られる．

図 20.3 には，$r=5\%$ と仮定してリスクの市場価格 λ の値の変化が割引曲線に与え

る影響が示されている.

20.5.3　ケース 3: より複雑な形式

債券価格の解析解が得られるいくつかのほかのモデルが存在する.

たとえば，コックス–インガーソル–ロスの場合には基本的なスポットレート r_t が少し異なった SDE に従うことが仮定される．

$$dr_t = \alpha(\kappa - r_t)dt + br^{\frac{1}{2}}dW_t \tag{20.45}$$

これは金利ボラティリティの平方根過程として知られている.

この場合に対応する PDE は

$$(\alpha(\kappa - r_t) - b^2 r \lambda)B_r + B_t + \frac{1}{2}B_{rr}b^2 r - rB = 0 \tag{20.46}$$

で与えられ，その境界条件は

$$B(T,T) = 1 \tag{20.47}$$

この PDE も解析的な債券価格式として解ける．結果となる表現はバシチェックの場合よりいくらか複雑である．

$$B(t,T) = A(t,T)e^{-C(t,T)r} \tag{20.48}$$

で与えられ，関数 $A(t,T), C(t,T)$ は

$$A(t,T) = \left(2\frac{\gamma e^{1/2(\alpha+\lambda+\gamma)T}}{(\alpha+\lambda+\gamma)(e^{\gamma T}-1)+2\gamma}\right)^{2\frac{\alpha\kappa}{b^2}} \tag{20.49}$$

$$C(t,T) = 2\frac{e^{\gamma T}-1}{(\alpha+\lambda+\gamma)(e^{\gamma T}-1)+2\gamma} \tag{20.50}$$

で与えられる．γ は以下の式である．

$$\gamma = \sqrt{(\alpha+\lambda)^2 + 2b^2} \tag{20.51}$$

同様な方法で，この場合にもイールドカーブを図示できる．

20.6　お わ り に

本章では，金利感応証券に対する PDE の導出に関して従来の方法を取り扱った．大半のステップはブラック–ショールズの場合と同様であるにもかかわらず，これら 2 つには，実用への適用や根本的な原理に関していくつかの大きな差異があることをみた．金利感応証券の従来の方法は，基本的な確率過程のドリフトをモデル化することに依存している．一方，ブラック–ショールズの方法ではボラティリティのみがモデル化され，推計される必要があった．

20.7 参考文献

債券価格に対するPDEの解は参照対象の大半でみうけることができる．しかし，読者は *Vasicek and Beyond*(1996) でみつけられるバシチェックによる原論文を最初に読むのもよい．ほかに2つのすぐれた参照としては，Cox, Ingersoll & Ross(1985) と Hull & White(1990) である．

20.8 演習問題

1. 瞬間的なスポットレートが以下のSDEで与えられていると仮定する．

$$dr_t = \sigma r_t dW_t \tag{20.52}$$

ここで W_t は現実世界の確率のもとでのウィーナー過程であり，σ は一定のボラティリティである．当初のスポットレート r_0 は 5% であることがわかっている．

(a) このスポットレートの確率変動によって何が意味されているか．
(b) これらの条件のもとで，デフォルトのない割引債価格 $B(t,T)$ のPDEを求めよ．
(c) このPDEの解がみつけられるか．
(d) 金利リスクの市場価格はどうなるか．その符号は解釈できるか．

2. スポットレートのモデルが以下のように与えられている．

$$dr_t = \alpha(\kappa - r_t)dt + bdW_t \tag{20.53}$$

ここで，W_t は現実世界の確率のもとでのウィーナー過程である．

このスポットレート・モデルのもとでは，デフォルトのない割引債 $B(t,T)$ に対するPDEの解によって解析的な債券価格式 $B(t,T)$ が与えられる．

$$B(t,T) = e^{\frac{1}{\alpha}(1-e^{-\alpha(T-t)})(R-r)-(T-t)R-\frac{b^2}{4\alpha^3}(1-e^{-\alpha(T-r)})^2} \tag{20.54}$$

ここで

$$R = \kappa - \frac{b\lambda}{\alpha} - \frac{b^2}{\alpha^2} \tag{20.55}$$

である．この式で価格が表現される割引債の属性に関する以下の問いを考えよ．

(a) 伊藤の補題を上述の $B(t,T)$ で与えられる債券価格式に適用して，債券の確率変動を与えるSDEを求めよ．

(b) 債券の確率変動のドリフトと拡散項は何であるか．それらの表現を明示的に導出し，ドリフト μ が

$$\mu = r_t - \frac{b\lambda}{\alpha}(1 - e^{-\alpha(T-t)})$$

で与えられることと，拡散パラメーターが

$$\frac{b}{\alpha}(1 - e^{-\alpha(T-t)})$$

に等しいことを示せ．

(c) 拡散パラメーターはリスクの市場価格 λ と独立であることが期待されるか．

(d) 割引債の満期とボラティリティの関係はどのようなものか．

(e) リスクプレミアム，すなわち無リスクレートを越えるリターンはボラティリティに比例するか．リスクの市場価格にはどうか．このことは重要なことであるか．

(f) $T \to \infty$ の場合には，ドリフトと拡散パラメーターには何が生じるか．

(g) R は何を表しているか．

21

条件付き期待値と偏微分方程式との関係

21.1 はじめに

本書では，2種類の異なる数学的手法を用いて価格評価を行っている．1つは無リスクの短期金利で正規化しファイナンスの基本原理を用いて満期でのペイオフが $F(S_T,T)$ である証券 S_t 上の派生商品の価格を次のように表す．

$$F(S_t,t) = E_t^{\tilde{P}}\left[e^{-\int_t^T r_s ds} F(S_T,T)\right] \qquad (21.1)$$

この式によると，リスク中立確率 $\tilde{P}$ のもとで確率的割引関数 $e^{-\int_t^T r_s ds}$ で割り引いた将来のペイオフの条件付き期待値は現在の無裁定価格 $F(S_t,t)$ に等しくなる．ブラック–ショールズの仮定である r_t が一定とすると，この式は次のように簡単になる．

$$F(S_t,t) = e^{-r(T-t)} E_t^{\tilde{P}}[F(S_T,T)] \qquad (21.2)$$

これとは別に，偏微分方程式を用いた価格評価について議論した．たとえば，前章では無リスクポートフォリオの手法を用いて，無リスクの割引債価格 $B(t,T)$ が無裁定条件のもとで満たすべき偏微分方程式を導出した．

$$B_r\left(a(r_t,t) - \lambda_t b(r_t,t)\right) + B_t + \frac{1}{2}B_{rr}b(r_t,t)^2 - r_t B = 0 \qquad (21.3)$$

境界条件は，

$$B(T,T) = 1 \qquad (21.4)$$

である．

同様にブラック–ショールズの仮定である，一定の r のもとで証券 S_t 上の満期 T，権利行使価格 K のコールオプション価格が従うブラック–ショールズの偏微分方程式を導出した．

$$S_t F_s r + F_t + \frac{1}{2}F_{ss}\sigma^2 S_t^2 - rF = 0 \qquad (21.5)$$

境界条件は

$$F(S_T,T) = \max\left[(S_T - K), 0\right] \qquad (21.6)$$

である.

価格評価について,偏微分方程式による方法と条件付き期待値による方法との2種類を別々に考えていた.しかし,これら2つの方法は「同じ」無裁定価格 $F(S_t,t)$ を与えるはずである.このことは (21.1) および (21.2) 式の条件付き期待値と (21.3) および (21.5) 式の偏微分方程式との間に何らかの関係があることを示唆している.

実際,2階微分可能な関数 $F(S_t,t)$ が次のように与えられると

$$F(S_t,t) = E_t^{\tilde{P}}\left[e^{-\int_t^T r_s ds} F(S_T,T)\right] \qquad (21.7)$$

同じ $F(S_t,t)$ は自動的にある特定の偏微分方程式を満たす.もし,この偏微分方程式の一般形を導出できれば大変便利である.いくつかの例をみてみよう.

すべての金利派生商品では瞬間的スポットレートは確率的であると仮定される.同時に,ファイナンスの基本原理ではリスク中立確率のもとで派生商品価格 $F(S_t,t)$ を常に次のように書くことができる.

$$F(S_t,t) = E_t^{\tilde{P}}\left[e^{-\int_t^T r_s ds} F(S_T,T)\right] \qquad (21.8)$$

よって,派生商品の価格評価でこのような条件付き期待値が現れることは自然である.このことは,スポットレートを一定と仮定できない,つまり割引関数が確率的にならざるを得ない金利派生商品においてとくにあてはまる.

しかし,これら条件付き期待値はいつも簡単に評価できるとは限らない.r_t の確率的振舞いにより条件付き期待値の評価が複雑な計算となる場合もある.しばしば,解析解が存在せず数値計算が必要となる.期待値計算が数値的に可能な場合でも,計算速度や精度を考慮すると別の方法が必要になるかもしれない.

したがって,無裁定価格 $F(S_t,t)$ の計算における(直接的な)条件付き期待値の評価を避ける別の方法があれば大変便利だろう.とくにもし条件付き期待値 (21.1),(21.2) 式に対応する偏微分方程式を得ることができれば,$F(S_t,t)$ を計算するための数値的手法を用いることができる.もし条件付き期待値に対応する偏微分方程式が確立されると,証券 S_t 上の派生商品の適正な市場価格 $F(S_t,t)$ を得るためにより速く正確なまたはより実用的な数値解析手法が使えることになる[1].

他方,実務家には解き方のわからない偏微分方程式が与えられる可能性がある.もし条件付き期待値 (21.8) 式がこの偏微分方程式の解として示されると,$F(S_t,t)$ を解く便利な方法を思いつくかもしれない.

---

[1] たとえば,アメリカ型の派生商品を扱うときには,一般にモンテカルロによる条件付き期待値の評価よりも偏微分方程式を数値的に解くほうが便利である.

本章では偏微分方程式と条件付き期待値との対応関係の導出と関連する数学的手法について議論する．

21.2 条件付き期待値から偏微分方程式へ

本節では，ある種の条件付き期待値と偏微分方程式との対応関係を確立する．簡単な例を用いて，ある種の条件付き期待値で定義される関数があり自明でない条件を満たしていれば，この関数が満たすべき偏微分方程式を常に得ることができることを示す．そのような対応関係が存在するのに必要な主たる条件は評価対象の確率過程のマルコフ性である．

議論はまず実務家に直接には役に立たない簡単な例から始める．しかし，この簡単な例により導出方法の理解は進むだろう．徐々に例を複雑にしていき，ここで議論する方法がどのように実際の派生商品の価格評価に利用されるか示す．

21.2.1 ケース1: 一定の割引関数

確率過程 $x_t \in [0, \infty)$ の関数 $F(x_t)$ が次の条件付き期待値で定義されているとする．

$$F(x_t) = E_t^P \left[\int_t^\infty e^{-\beta s} g(x_s) ds \right] \tag{21.9}$$

$\beta > 0$ は一定の瞬間的な割引レートを表している．$g(\cdot)$ は確率過程 x_t の値に依存する連続な支払い関数である．$E_t^P[\cdot]$ は確率測度 P のもとでの，情報集合 I_t の条件付きでの期待値である．この時点では，確率測度 P と情報集合 I_t についてはとくに指定しない．確率過程 x_t は次の確率微分方程式に従う．

$$dx_t = \mu dt + \sigma dW_t \tag{21.10}$$

μ, σ は定数である．

この $F(x_t)$ は I_s-可測な確率変数 x_s に依存する将来のキャッシュフロー $g(x_s)$ を割り引いた期待値とみなすことができる．割引レート $\beta > 0$ は確定的である．

あきらかに，金融市場においてキャッシュフローは一般に「確率的な」割引関数で割引かれる．とくに金利派生商品の場合はそうである．しかし，しばらくの間このことは脇に置いておく．ここでの目的は期待値 (21.9) 式に「対応」する偏微分方程式を得ることである．この偏微分方程式を得るための手順をくわしく学習していく．この手順を学べば，確率的な割引関数の導入は容易である．

数段階の手順を踏んで期待値 (21.9) 式に対応する偏微分方程式を求めよう．これらの手順は一般的であり期待値 (21.9) 式よりも複雑な期待値に適用できる．

21.2 条件付き期待値から偏微分方程式へ

導出の過程を示そう. 表記を簡略にするために $t = 0$ を始点とする. 第 1 段階では微小時間間隔 $0 < \Delta$ を考え区間 $[0, \infty)$ を 2 分割する. 区間の一方は極近未来で区間 $[0, \Delta]$ であり, 他方は区間 $[\Delta, \infty)$ である.

$$F(x_0) = E_0^P \left[\int_0^\Delta e^{-\beta s} g(x_s) ds + \int_\Delta^\infty e^{-\beta s} g(x_s) ds \right] \quad (21.11)$$

第 2 段階では, $F(\cdot)$ の将来の値を (21.11) 式の右辺に対応させるために基本的な式変形を行う. (21.11) 式の右辺の括弧の中の第 2 項は $e^{-\beta\Delta} \times e^{\beta\Delta} = 1$ を乗じることで次のように書き換えることができることに注意しよう.

$$E_0^P \left[\int_\Delta^\infty e^{-\beta s} g(x_s) ds \right] = E_0^P \left[e^{-\beta\Delta} \int_\Delta^\infty e^{-\beta(s-\Delta)} g(x_s) ds \right] \quad (21.12)$$

第 3 段階では, 条件付き期待値の再帰的性質を用いる. 既にみたように, 条件付き期待値が入れ子構造になっているときは,「より小さな」情報集合に関する期待値となる. したがって, $I_t \subseteq I_s$ であれば次のようになる.

$$E_t^P \left[E_s^P [\cdot] \right] = E_t^P [\cdot] \quad (21.13)$$

このことより (21.12) 式での期待値オペレーター $E_0^P[\cdot]$ を $E_0^P \left[E_\Delta^P [\cdot] \right]$ に置き換えることができる[*2)].

$$E_0^P \left[\int_\Delta^\infty e^{-\beta s} g(x_s) ds \right] = E_0^P \left[e^{-\beta\Delta} E_\Delta^P \left[\int_\Delta^\infty e^{-\beta(s-\Delta)} g(x_s) ds \right] \right] \quad (21.14)$$

右辺の内側の括弧の中の項を $F(x_\Delta)$ とおけるので[*3)]

$$E_0^P \left[\int_\Delta^\infty e^{-\beta s} g(x_s) ds \right] = E_0^P \left[e^{-\beta\Delta} F(x_\Delta) \right]. \quad (21.15)$$

これを (21.11) 式に代入すると,

$$F(x_0) = E_0^P \left[\int_0^\Delta e^{-\beta s} g(x_s) ds + e^{-\beta\Delta} F(x_\Delta) \right] \quad (21.16)$$

右辺にすべての項を集めて期待値オペレーターの中に入れると次のようになる.

$$E_0^P \left[\int_0^\Delta e^{-\beta s} g(x_s) ds + e^{-\beta\Delta} F(x_\Delta) - F(x_0) \right] = 0 \quad (21.17)$$

[*2)] 時刻 $t = \Delta$ では時刻 $t = 0$ よりも多くの情報が手に入ることを思い出そう.

[*3)] ここで $F(x_0)$ は時刻 $t = 0$ で観測される $F(\cdot)$ の値である. これは x_0 の制約を受ける. 他方, $F(x_\Delta)$ は時刻 $t = \Delta$ で時間間隔 Δ 後に観測される値である. これは x_Δ の制約を受ける.

第4段階として，$F(x_\Delta) - F(x_\Delta) = 0$ を加えてすべての項を Δ で除すると，

$$\frac{1}{\Delta} E_0^P \left[\int_0^\Delta e^{-\beta s} g(x_s) ds + (e^{-\beta \Delta} - 1) F(x_\Delta) + [F(x_\Delta) - F(x_0)] \right] = 0 \quad (21.18)$$

最後の段階として，左辺の $\Delta \to 0$ の極限をとる．第2項は $x = 0$ での標準的な $e^{\beta x}$ の微分である．

$$\lim_{\Delta \to 0} \frac{1}{\Delta} (e^{-\beta \Delta} - 1) = -\beta \quad (21.19)$$

第1項はリーマン積分の上限に関する微分である．

$$\lim_{\Delta \to 0} \frac{1}{\Delta} \int_0^\Delta e^{-\beta s} g(x_s) ds = g(x_0) \quad (21.20)$$

一方，第3項は確率微分の期待値を含んでいるので伊藤の補題を適用する．まず，テイラー展開を用いて近似すると，

$$\frac{1}{\Delta} E_0^P [F(x_\Delta) - F(x_0)] \cong \frac{1}{\Delta} E_0^P \left[F_x [x_\Delta - x_0] + \frac{1}{2} F_{xx} \sigma_x^2 \Delta \right] \quad (21.21)$$

次に $\Delta \to 0$ としてから期待値をとると，

$$\lim_{\Delta \to 0} \frac{1}{\Delta} E_0^P [F(x_\Delta) - F(x_0)] = F_x \mu + \frac{1}{2} F_{xx} \sigma^2 \quad (21.22)$$

μ は確率変数 x のドリフトであり $(x_\Delta - x_0)$ の期待値である．(21.18)式の極限を(21.19)～(21.22)式で得られた極限で置き換えると，求めていた偏微分方程式が得られる．

$$F_x \mu + \frac{1}{2} F_{xx} \sigma^2 - \beta F + g = 0 \quad (21.23)$$

F_x, F_{xx}, F, g はすべて x の関数である．

何が条件付き期待値(21.9)式とこの偏微分方程式とを対応させているのか疑問に思う読者がいるかもしれない．これら2つの概念は一見まったく関係ないように思える．この質問に対する直感的な説明をしよう．

偏微分方程式はキャッシュフロー列 $\{g(x_s)\}$ の「現在価値」の期待値に対応している．この現在価値 $F(\cdot)$ が上で示した条件付き期待値で与えられるとすると，$F(\cdot)$ は x_0 の任意の関数ではあり得ないし，その時間発展は x の将来の振舞いの期待値による制約を受ける．これらの制約により偏微分方程式が得られる．

より厳密には，関数 $F(x_0)$ は「最適な」予測の結果である．この最適予測には $F(x_t)$ が時間に関する変化の振舞いを知る必要がある．確率変数 x_t の期待変化，時間変数 t の確定的変化，支払い関数 $g(x_t)$，2次の伊藤補正，これらすべてが $F(\cdot)$ の様々な予想される変化を引き起こす．最適予測はこれらの変化を考慮しなければならない．条

件付き期待値オペレーターに対応する偏微分方程式は，予測誤差の期待値がゼロになるようにし予測誤差の分散を最小にすることで求められる[*4]．

21.2.2 ケース 2: 債券価格評価

ある種の条件付き期待値と偏微分方程式との間の対応関係についてよりファイナンスに関連のある例をみてみよう．ここではデフォルトがない割引債の価格を表す偏微分方程式の導出を行う．無裁定条件下での満期 T の割引債の価格 $B(t,T)$ を考えよう．瞬間的スポットレート r_t はマルコフ過程であると仮定し割引債の額面を\$1とすると，よく知られた式を用いて

$$B(t,T) = E_t^{\tilde{P}}\left[e^{-\int_t^T r_s ds}\right] \quad (21.24)$$

また，

$$B(T,T) = 1$$

となる．ここで，期待値はリスク中立測度 $\tilde{P}$，時刻 t での情報集合 I_t でとる．このことは，スポットレート r_t の現在の観測値を含むと仮定していることになる．もし r_t がマルコフ過程であれば，$B(t,T)$ は r_t の直前の観測値のみに依存する．$\tilde{P}$ で表しているようにリスク中立な世界を考えているので，r_t は次の確率微分方程式で与えられるダイナミクスに従う．

$$dr_t = [a(r_t,t) - \lambda_t b(r_t,t)]\,dt + b(r_t,t)dW_t \quad (21.25)$$

W_t はリスク中立測度 $\tilde{P}$ でのウィーナー過程である．λ_t は金利リスクの市場価格であり次のように定義される．

$$\lambda_t = \frac{\mu - r_t}{\sigma} \quad (21.26)$$

μ, σ は下に示す債券価格のダイナミクスのドリフト項と拡散項を簡略して表記している．

$$dB = \mu(B,t)Bdt + \sigma(B,t)BdW_t$$

ケース1と同様に条件付き期待値とそのダイナミクスである確率過程が存在している．このことは，ケース1と同じ手順で $B(t,T)$ が従う偏微分方程式を求めることができることを意味している．しかし，ここで求める偏微分方程式は債券価格評価で実務的な有用性をもつかもしれない．この偏微分方程式は数値的に解くことができ，解析解が存在する場合もある．

[*4] 実際，偏微分方程式を求めるときに x_t のウィーナー項をゼロに置き換えていることに注意しよう．

ケース1と手順が同じであるので詳細な説明は省いて導出を行う．第1に時間間隔 $[t, T]$ を2つに分割する．

$$B(t,T) = E_t^{\tilde{P}} \left[\left(e^{-\int_t^{t+\Delta} r_s ds} \right) \left(e^{-\int_{t+\Delta}^T r_s ds} \right) \right] \quad (21.27)$$

第2に，債券の将来価値 $B(t+\Delta, T)$ を求める．実際，条件付き期待値の再帰特性を用いれば右辺の2番目の指数関数が $B(t+\Delta, T)$ であることは容易にわかる．

$$E_t^{\tilde{P}}[\cdot] = E_t^{\tilde{P}}\left[E_{t+\Delta}^{\tilde{P}}[\cdot]\right] \quad (21.28)$$

この関係を用いると次のようになる．

$$B(t,T) = E_t^{\tilde{P}} \left[\left(e^{-\int_t^{t+\Delta} r_s ds} \right) B(t+\Delta, T) \right] \quad (21.29)$$

なぜならば次の関係があるからである．

$$B(t+\Delta, T) = E_{t+\Delta}^{\tilde{P}} \left[e^{-\int_{t+\Delta}^T r_s ds} \right] \quad (21.30)$$

第3に，$B(t+\Delta,T) - B(t+\Delta,T) = 0$ を両辺に加えて期待値の中にすべての項を入れて Δ で除すると，

$$\frac{1}{\Delta} E_t^{\tilde{P}} \left[\left(e^{-\int_t^{t+\Delta} r_s ds} - 1 \right) B(t+\Delta, T) + [B(t+\Delta, T) - B(t,T)] \right] = 0 \quad (21.31)$$

増分 $[B(t+\Delta,T) - B(t,T)]$ が左辺にあることに注意しよう．この項は伊藤の補題を適用するときに使われる．第4に第1項の $\Delta \to 0$ としたときの極限をとる[*5]．

$$\lim_{\Delta \to 0} \frac{1}{\Delta} \left[\left(e^{-\int_t^{t+\Delta} r_s ds} - 1 \right) B(t+\Delta, T) \right] = -r_t B(t,T) \quad (21.32)$$

伊藤の補題を (21.31) 式の第2項に適用し期待値をとる．

$$\lim_{\Delta \to 0} \frac{1}{\Delta} E_t^{\tilde{P}} [B(t+\Delta, T) - B(t,T)]$$
$$= B_t + B_r[a(r_t, t) - \lambda_t b(r_t, t)] + \frac{1}{2} B_{rr} b(r_t, t)^2 \quad (21.33)$$

スポットレート過程のドリフトと拡散はそれぞれ $a(r_t, t), b(r_t, t)$ である[*6]．最後に，(21.31) 式の極限を置き換えて条件付き期待値 (21.24) 式に対応する偏微分方程式を求めることができる．

$$-r_t B + B_t + B_r[a(r_t, t) - \lambda_t b(r_t, t)] + \frac{1}{2} B_{rr} b(r_t, t)^2 = 0 \quad (21.34)$$

[*5] ここでは極限と期待値の順序を交換するための条件は満たされていると仮定する．
[*6] ケース1の例とは違い，ここでは関数 $B(t,T)$ が r_t と t に依存する．よってケース1では存在しなかった B_t が加わっている．

境界条件は
$$B(T,T) = 1 \tag{21.35}$$

これはデフォルトのない割引債の無裁定価格が満たすべき偏微分方程式である．第20章では，同じ偏微分方程式が無リスクポートフォリオの方法で求められた．

21.2.3　ケース 3: 一般化

ある種の条件付き期待値から対応する偏微分方程式を導出する2つの例についてくわしく調べた．最初の例では，割引レートは定数であるが確率過程 x_t に依存する確率的キャッシュフロー列を考えた．2番目の例では，キャッシュフローは固定で満期の1回だけ発生し割引関数が確率的であった．

あきらかに，これら2つの基本的な例を組み合わせてスポットレートに依存する支払い関数 $g(r_t)$ をもち確率的割引関数で割り引く必要のある商品に対応する偏微分方程式を求めることができる．

$$F(r_t, t) = E_t^{\tilde{P}} \left[\int_t^T \left(e^{-\int_t^u r_s ds} \right) g(r_u) du \right] \tag{21.36}$$

この $F(\cdot)$ は，時刻 $u \in [t,T]$ で金利に依存した支払いを行う商品の価格を表し，確率的割引関数 D_u で評価する必要がある．

$$D_u = e^{-\int_t^u r_s ds} \tag{21.37}$$

この D_u の期待値は，時刻 u で\$1 支払うデフォルトのない割引債の時刻 t での価格以外の何物でもない[7]．

様々な金融商品，利付債や金融先物などの金利派生商品，指数連動派生商品は無裁定価格が (21.36) 式のような条件付き期待値で与えられるものとして分類される．これら条件付き期待値のダイナミクスである確率過程がマルコフ過程であれば，直前の2つの例で議論したことを用いて偏微分方程式を求めることができる．この対応する偏微分方程式は複雑な商品の価格評価において実務で使われることもある．

---

[7] ここでは期待値オペレーター $E_t^{\tilde{P}}[\cdot]$ を直接 D_u に適用できない．なぜなら，$g(r_u)$ は D_u と相関があるからである．もし相関がなく，$g(\cdot)$ が「独立な」確率変数，たとえば x_u だけに依存するならば，別々に期待値をとって支払いにそのときの割引債価格を乗じるだけである．

$$E_t^{\tilde{P}} \left[\int_t^T e^{-\int_t^u r_s ds} g(x_u) du \right] = \int_t^T B_u E_t^{\tilde{P}} [g(x_u) du], \tag{21.38}$$

このときに，必要なオペレーターの交換は許されていると仮定している．一方 (21.38) 式は，第17章で議論したフォワード測度を用いるといつでも適用できる．

21.2.4 初学者向け解説

ここでは初学者が混乱しやすい問題について説明しよう.

マルコフ過程の重要性について

条件付き期待値に対応する偏微分方程式を求めるときに用いた導出方法は, もととなる確率過程がマルコフであるときにのみ有効である. これまでの議論でマルコフ性の仮定が使われた正確な状況を調べることは有益と思われる.

偏微分方程式の導出において, 条件付き期待値オペレーター $E_t^{\tilde{P}}[\cdot]$ を用いた. ここでは情報集合を明示的に示している.

$$E^{\tilde{P}}\left[\int_t^T e^{-\int_t^u r_s ds} g(x_u) du \,|\, I_t\right] = E^{\tilde{P}}\left[\int_t^T e^{-\int_t^u r_s ds} g(x_u) du \,|\, r_t\right] \quad (21.39)$$
$$= F(t, r_t) \quad (21.40)$$

これらのオペレーターは r_t がマルコフ過程であるときに限り有効である. もし, この仮定が違っていると, 条件付き期待値は r_t 「以外」にも依存することになる. 実際, 「過去」のスポットレート $\{r_s, s < t\}$ も商品の価格を決める要素となる. つまり, 価格はもはや r_t と t だけに依存する関数 $F(t, r_t)$ と表すことができない. この場合には一般に, 21.2.1〜21.2.3項で調べた偏微分方程式の導出方法は使えない. したがって, マルコフ性の仮定が金利派生商品の評価方法の選択において重要な役割を担っていることがわかる.

21.2.5 ドリフト項について

偏微分方程式を導出するときに, どのパラメーターを確率過程のドリフト項にすべきか疑問に思う読者がいるかもしれない. その答えは簡単であるが調べる価値はあるかもしれない. 条件付き期待値はある (条件付き) 確率分布に関して求められる. たとえば, 債券の無裁定価格が

$$B(t, T) = E_t^{\tilde{P}}\left[e^{-\int_t^T r_s ds}\right] \quad (21.41)$$

と表されるとき, リスク中立確率 $\tilde{P}$ に関する期待値を計算することになる. 考えている確率過程を r_t とすると, リスク中立確率を選択するには, r_t のリスク調整済みドリフトを用いる必要があり, 対応する確率微分方程式は次のようになる.

$$dr_t = (a(r_t, t) - \lambda_t b(r_t, t)) dt + b(r_t, t) dW_t \quad (21.42)$$

一方, 実確率の世界での確率微分方程式は

$$dr_t = a(r_t, t) dt + b(r_t, t) dW_t^* \quad (21.43)$$

である.W_t^* は実確率 P に関するウィーナー過程である.

よって,ここでの文脈においては,伊藤の補題を用いると同時に,dr_t のドリフトが必要なときはいつも $a(r_t,t)$ ではなく $(a(r_t,t) - \lambda_t b(r_t,t))$ を用いなければならない.これについては,(21.33) 式で極限を求めたときがその一例である.

調整しないドリフト項が使われることはあるのだろうか.この質問はリスク中立確率以外の価格評価について示唆を与えるという点で興味深い.原則として,リスク中立確率以外の確率を用いても同じ答えが得られるが,あまり現実的ではない.つまり,この質問はマーチンゲール法の便利さを示すことになる.

実際,偏微分方程式の導出において,リスク中立でのドリフトの代わりに本来のスポットレート過程のドリフトを使うことができる.しかし,そうするためには条件付き期待値をリスク中立確率ではなく,実確率 P を用いて評価しなければならない.しかし,$B(t,T)$ が無裁定であり,期待値を実確率 P で求めるときには,一般に次の式は成り立たない.

$$B(t,T) = E_t^P \left[e^{-\int_t^T r_s ds} \right] \tag{21.44}$$

もし,実確率を用いるならば,無裁定価格の公式は次のようになる.

$$B(t,T) = E_t^P \left[e^{-\int_t^T r_s ds} e^{\int_t^T [\lambda(r_s,s) dW_s^* - \frac{1}{2}\lambda(r_s,s)^2 ds]} \right] \tag{21.45}$$

記号の意味は (21.42),(21.43) 式と同じである.この条件付き期待値から出発してリスク中立のときとまったく同じ手順により (21.34) 式と同じ偏微分方程式を求めることができる.唯一の大きな違いは (21.33) 式の極限の計算である.リスク調整後のドリフトの代わりに実確率でのドリフト $a(r_t,t)$ を代入することになる.

21.2.6 債券価格のその他の公式

本章の主目的は偏微分方程式と条件付き確率の対応関係を調べることである.しかし,債券価格評価における同値マーチンゲール測度の適用について議論することも的外れではない.

ここまでで 2 種類の債券価格を表す公式について調べた.一方では,マーチンゲール測度 $\tilde{P}$ を用いて簡潔な価格式を得た.

$$B(t,T) = E_t^{\tilde{P}} \left[e^{-\int_t^T r_s ds} \right] \tag{21.46}$$

他方では,実確率 P を用いて次の式を得た.

$$B(t,T) = E_t^P \left[e^{-\int_t^T r_s ds} e^{\int_t^T [\lambda(r_s,s) dW_s^* - \frac{1}{2}\lambda(r_s,s)^2 ds]} \right] \tag{21.47}$$

もちろん，それぞれの式での $B(t,T)$ は，表現方法や計算方法は異なるが，同じ価格である．

ここで簡単に議論するのは，どのように一方の債券価格式から他方の債券価格式に変換するかという問題である．これは，ギルサノフの定理の利用のよい例である．まず，第15章で説明したように，2つの確率 $\tilde{P}$ と P は次の関係が成立するときに同値であるということを思い出そう．

$$d\tilde{P}_t = \xi_t dP_t \tag{21.48}$$

「ラドン-ニコディム」微分 ξ_t は次のように与えられる．

$$\xi_t = e^{\int_o^t [\lambda_u dW_u^* - \frac{1}{2}\lambda_u^2 du]} \tag{21.49}$$

ただし，λ_t は I_t-可測である[*8]．

ここで，ギルサノフの定理が成り立つ条件がすべて満たされていると仮定して (21.46) 式から (21.47) 式の導出を行う．

債券価格を

$$B(t,T) = E_t^{\tilde{P}}\left[e^{-\int_t^T r_s ds}\right] \tag{21.50}$$

とする．条件付き期待値オペレーター $E_t^{\tilde{P}}$ の定義より

$$E_t^{\tilde{P}}\left[e^{-\int_t^T r_s ds}\right] = \int_\Omega \left(e^{-\int_t^T r_s ds}\right) d\tilde{P} \tag{21.51}$$

Ω は 将来の r_t の値の領域を表す．ここで，(21.48) 式で示された $\tilde{P}$ と P の同値性を用いて $d\tilde{P}$ に代入すると

$$E_t^{\tilde{P}}\left[e^{-\int_t^T r_s ds}\right] = \int_\Omega \left(e^{-\int_t^T r_s ds}\right) \xi_T dP \tag{21.52}$$

ξ_T を置き換えると，求めるべき同値性が得られる．

$$E_t^{\tilde{P}}\left[e^{-\int_t^T r_s ds}\right] = \int_\Omega \left(e^{-\int_t^T r_s ds}\right) e^{\int_t^T [\lambda_s dW_s^* - \frac{1}{2}\lambda_s^2 ds]} dP \tag{21.53}$$

$$= E_t^P\left[e^{-\int_t^T r_s ds} e^{\int_t^T [\lambda(r_s,s)dW_s^* - \frac{1}{2}\lambda(r_s,s)^2 ds]}\right] \tag{21.54}$$

これは，先に求めた実確率での債券価格公式である．よって，ギルサノフの定理を用いると，デフォルトのない割引債価格の2種類の表現方法の関係はとても簡単になる．上の導出では，λ_t が金利リスクの市場価格であることを示さなかった．しかし，それはあきらかに金利の確率微分方程式に対するドリフトの修正である．

[*8] この場合には，λ_t はスポットレートのリスクの市場価格である．

21.2.7 どちらの公式を用いるか

(21.46) 式と (21.54) 式は $B(t,T)$ の 2 種類の異なる表現方法である．しかし，実確率により導出された価格式はより複雑にみえる．なぜなら，実確率による価格式は λ_t の関数であるが，(21.50) 式は λ_t を含んでいないからである．よって，モンテカルロで債券価格や関連する派生商品の価格を求めるときには (21.50) 式の公式を使うべきとの結論になりがちである．この場合には λ_t の値を知る必要がない．

残念ながら，この結論は正しくないことがわかる．

(21.46) 式，(21.54) 式のどちらにおいても，古典的な方法を用いるかぎりモンテカルロによる債券や金利派生商品の価格評価では λ_t の推定が必要となる．このことは (21.54) の場合では，λ_t が価格式の中に現れているので当然である．(21.50) 式の場合には，マーチンゲール測度 $\tilde{P}$ のもとでの確率微分方程式により r_t のサンプルパスを発生させるために λ_t の推定が必要となる．

$$dr_t = (a(r_t, t) - \lambda_t b(r_t, t))\,dt + b(r_t, t)dW_t \qquad (21.55)$$

あきらかに，この式は λ_t が推定されないかぎり使用することはできない．よって，一方では，積分に λ_t が含まれるが確率微分方程式には含まれない．他方では，λ_t が確率微分方程式には含まれるが，積分には含まれない．モンテカルロによる価格評価では，市場参加者は積分と確率微分方程式の「両方」を使わなければならない．このことがここで示した方法が古典的であることの理由であり，ドリフトのモデルを必要とする理由である．HJM モデルでは，この困難さは回避されている．

21.3 偏微分方程式から条件付き期待値へ

ここまで，確率過程がマルコフであり，その他のテクニカルな条件が満たされるならば，適切な測度での条件付き期待値で表される無裁定価格が従うべき偏微分方程式を示した．つまり，ある種の条件付き期待値に対応する偏微分方程式を求めた．

本節では，この逆について調べる．資産価格 $F(S_t, t)$ が満たす偏微分方程式が与えられたとする．この偏微分方程式から解となる条件付き期待値を導出できるだろうか．

ここでは特殊な例で議論する．$F(W_t, t)$ をウィーナー過程 W_t を原資産とする派生商品の価格とする．W_t を原資産とすることはあまり現実的ではないかもしれないがこれは容易に一般化できる．さらに，W_t を原資産とすることでエンジニアリングの世界で熱拡散方程式と呼ばれるよく知られた偏微分方程式を用いることができる．この派生商品価格 $F(W_t, t)$ が次の偏微分方程式を満たすとしよう．

$$F_t + \frac{1}{2}F_{WW} = 0 \qquad (21.56)$$

満期 $t = T$ での境界条件は既知の関数 $G(\cdot)$ で与えられる．

$$F(W_T, T) = G(W_T)$$

偏微分方程式の解が条件付き期待値で表されることを示そう．まず最初にすべてのテクニカルな条件は満たされていると仮定し，伊藤の補題を $F(W_t, t)$ に適用しよう．

$$dF = \left[\frac{\partial F}{\partial t} + \frac{1}{2}\frac{\partial^2 F}{\partial W^2}\right]dt + \frac{\partial F}{\partial W}dW_t \qquad (21.57)$$

$$= \left[F_t + \frac{1}{2}F_{WW}\right]dt + F_W dW_t \qquad (21.58)$$

ここでは，ウィーナー過程のドリフトはゼロであり，拡散パラメーターは 1 であることを用いている．

この確率微分方程式は $F(W_t, t)$ の時間発展を表している．次に両辺を t から T まで積分する．

$$F(W_T, T) - F(W_t, t) = \int_t^T \frac{\partial F}{\partial W}dW_s + \int_t^T \left[F_t + \frac{1}{2}F_{WW}\right]ds \qquad (21.59)$$

偏微分 F_t と F_{WW} は，それぞれ W_s と s の関数であることを思い出そう．

右辺の積分について考える．偏微分方程式 (21.56) を用いると 2 番目の積分はゼロになる．

$$\int_t^T \left[F_t + \frac{1}{2}F_{WW}\right]ds = 0 \qquad (21.60)$$

これより (21.59) 式の $\tilde{P}$ での期待値は次のようになる．

$$E_t^{\tilde{P}}\left[F(W_T, T)\right] = F(W_t, t) + E_t^{\tilde{P}}\left[\int_t^T \frac{\partial F}{\partial W}dW_s\right] \qquad (21.61)$$

$F(W_T, T)$ は境界 $t = T$ での $F(\cdot)$ の値である．既知の関数 $G(W_T)$ を用いて整理すると

$$F(W_t, t) = E_t^{\tilde{P}}\left[G(W_T)\right] - E_t^{\tilde{P}}\left[\int_t^T \frac{\partial F}{\partial W}dW_s\right] \qquad (21.62)$$

よって，もし右辺の 2 番目の期待値がゼロであることを示すことができると，(未知の) 関数 $F(\cdot)$ は「既知の」関数 $G(\cdot)$ の期待値により求めることができる．しかし，そうなるためには次の式が満たされていなければならない．

$$E_t^{\tilde{P}}\left[\int_t^T \frac{\partial F}{\partial W}dW_s\right] = 0 \qquad (21.63)$$

この式が成り立つことを示すために，ウィーナー過程に関する伊藤積分の重要な性質の 1 つを用いる．第 10 章で学んだように $h(W_t)$ が情報集合 I_t，確率 P に関して

予測できない関数であるならば, W_t に関する積分の期待値はゼロである.

$$E_0^P\left[\int_o^t h(W_s)dW_s\right] = 0 \tag{21.64}$$

なぜ, このようになるのか復習しよう. W_t はウィーナー過程である. その増分 dW_t は過去に依存しない. もし $h(W_t)$ が予測不可であれば, $h(W_t)$ は「未来」に依存しない. よって (21.56) 式で各項が互いに独立である積の期待値を得る. 項の1つ, dW_t の平均はゼロである.

(21.62) 式に戻ると, ゼロとした項はまさにこのタイプの式である.

$$E_t^{\tilde{P}}\left[\int_t^T \frac{\partial F}{\partial W}dW_s\right] \tag{21.65}$$

これは, ウィーナー過程に関して予測不可な関数の積分である. これより, $F(\cdot)$ がテクニカルな条件を満たすと仮定すると期待値はゼロであることを意味する.

$$E_t^{\tilde{P}}\left[\int_t^T \frac{\partial F}{\partial W}dW_s\right] = 0 \tag{21.66}$$

よって,

$$F(W_t, t) = E_t^{\tilde{P}}[G(W_T)] \tag{21.67}$$

となる. これは境界条件 $G(W_T)$ の確率 $\tilde{P}$ での条件付き期待値として価格 $F(W_t, t)$ を表現している. この関数は熱拡散方程式の解でもある. 実際, 未知の関数 $F(t, W_t)$ を含む偏微分方程式から, W_t がウィーナー過程となる確率での既知関数の期待値として解を求めた.

21.4 ジェネレーター, ファインマン–カッツ の公式, その他の手法

これまで議論したことの重要性を考えると, 確率過程の理論により体系的な計算手法や同種の問題の扱いを容易にする概念が得られたことはとくに驚くべきことではない. これら手法の多くにより記述が簡略化され導出が機械的になる. これはまさに (21.33) 式のような極限を求める厳密な方法である「ジェネレーター」の概念やファインマン–カッツの公式が当てはまる. ファインマン–カッツの公式では偏微分方程式に対して確率論的な解を与える. これまでの議論で暗黙のうちに用いてきた概念を定式化することでこの節を締めくくる.

21.4.1 伊藤拡散

有限な1次, 2次のモーメントをもつ連続な確率過程 S_t は一般的な確率微分方程式に従うことを示した.

$$dS_t = a(S_t, t)dt + \sigma(S_t, t)dW_t, \qquad t \in [0, \infty) \qquad (21.68)$$

ここで, ドリフトおよび拡散のパラメーターは S_t だけに依存すると仮定している[*9]. 確率微分方程式は次のように表すことができる.

$$dS_t = a(S_t)dt + \sigma(S_t)dW_t, \qquad t \in [0, \infty) \qquad (21.69)$$

$a(\cdot)$, $\sigma(\cdot)$ は, それぞれドリフト, 拡散のパラメーターである. このような特徴をもつ確率過程を時間均質な「伊藤拡散」と呼ぶ. 以下の結果は瞬間的なドリフトおよび拡散が t に直接依存しない確率過程に適用される. 一般に $a(\cdot)$ と $\sigma(\cdot)$ は, あまり「激しく」変化しないとの条件がある.

伊藤拡散の2つの性質について議論する.

21.4.2 マルコフ性

この性質は既に確認している. S_t を伊藤拡散であるとし次の確率微分方程式を満たしているとする.

$$dS_t = a(S_t)dt + \sigma(S_t)dW_t, \qquad t \in [0, \infty) \qquad (21.70)$$

$f(\cdot)$ を有界な関数とし, 情報集合 I_t は時刻 t までのすべての $S_u, u \leq t$ を含んでいるとする. このとき, 次の関係が成り立つならば S_t は「マルコフ性」を満たすといえる.

$$E[f(S_{t+h}) \mid I_t] = E[f(S_{t+h}) \mid S_t], \qquad h > 0 \qquad (21.71)$$

これによると, 時刻 t まで観測した S_t の将来の変動は, 時刻 t で始まる確率過程の変動と同じである. つまり, 過去からの S_t の観測は S_t の予測の向上に役立たないのである.

21.4.3 伊藤拡散のジェネレーター

S_t を (21.70) 式で与えられる伊藤拡散とする. $f(S_t)$ を2階微分可能な S_t の関数とする. 時刻 t での S_t の値を s_t とする.

[*9] ジャンプが含まれない大抵の場合, 実務で使われる確率微分方程式は幾何または中心回帰タイプである. 中心回帰はとくに金利派生商品でよく使われる. なぜなら, 短期金利が中心回帰性をもつと広く信じられているからである. これらの条件のもとでは, ドリフトおよび拡散のパラメーターは S_t だけの関数となる. しかし, 観測される期間構造にフィットさせるためにしばしば時間依存を許す.

$f(S_t)$ が現在の状態 s_t からどのように変動するのかに注目する.「オペレーター」がこの動きを表すと定義する. オペレーター A を $f(S_t)$ の「期待変化率」として定義する.

$$Af(s_t) = \lim_{\Delta \to 0} \frac{E[f(S_{t+\Delta})|f(s_t)] - f(s_t)}{\Delta} \qquad (21.72)$$

ここで小文字の s_t は既に観測された S_t の値を表している. 右辺の分子は $f(S_t)$ の変化の期待値である. これを Δ で除するとオペレーター A は変化「率」となる. 確率過程の理論では, A は伊藤拡散 S_t の「ジェネレーター」と呼ばれる. 間接的にウィーナー過程の関数となっている $f(S_t)$ の変化「率」をどのように定義するのか疑問に思う読者がいるかもしれない. 変化率は微分と似ており, ウィーナー過程は微分できないことを既に示した. よって, どのように A のようなオペレーターの存在を正当化できるのかが問題となる.

この問いに対する答えは簡単である. A は $f(S_t)$ の「実際の」変化率を扱っていない. A は「期待」変化率を表している. ウィーナー過程は突飛で微分不可であるが, $f(S_t)$ の期待変化は滑らかな関数である条件のもとでは極限を「定義することができる」[*10].

21.4.4 A の表現

まず, A は「極限」での期待変化率であることに注意しよう. つまり, 無限小の時間変化での未来を考えるのである. そのような変化は伊藤の補題に直接関係することはあきらかである. S_t が 1 変数の確率過程の場合,

$$dS_t = a(S_t)dt + \sigma(S_t)dW_t, \qquad t \in [0, \infty) \qquad (21.73)$$

のとき, オペレーター A は次のように与えられる.

$$Af = a_t \frac{\partial f}{\partial S} + \frac{1}{2}\sigma_t^2 \frac{\partial^2 f}{\partial S^2} \qquad (21.74)$$

これと伊藤の補題とを比較する価値はある. 伊藤の補題を S_t が (21.73) 式で与えられる $f(S_t)$ に適用すると,

$$df(S_t) = \left[a_t \frac{\partial f}{\partial S} + \frac{1}{2}\sigma_t^2 \frac{\partial^2 f}{\partial S^2} \right] dt + \sigma_t \frac{\partial f}{\partial S} dW_t \qquad (21.75)$$

よって, オペレーター A と伊藤の補題の適用との違いは 2 つある.

1) 伊藤の公式での dW_t は, そのドリフトであるゼロに置き換えられる.
2) 伊藤の公式の残りの部分は, dt で除される.

これら 2 つの違いは A の定義と一致する. 既に述べたように, A は状態 s_t からの「期待変化率」を計算している.

[*10] すべての期待値は平均を表している. 定義により, 平均は特定の値よりも滑らかである.

多変数の場合

最後に，多変数での A を与える．

X_t を（ベクトル）確率微分方程式で与えられる k 次元伊藤拡散とする．

$$\begin{bmatrix} dX_{1t} \\ \vdots \\ dX_{kt} \end{bmatrix} = \begin{bmatrix} a_{1t} \\ \vdots \\ a_{kt} \end{bmatrix} dt + \begin{bmatrix} \sigma_t^{11} & \vdots & \sigma_t^{1k} \\ \dots & \dots & \dots \\ \sigma_t^{k1} & \vdots & \sigma_t^{kk} \end{bmatrix} \begin{bmatrix} dW_{1t} \\ \vdots \\ dW_{kt} \end{bmatrix} \quad (21.76)$$

a_{it} は X_t に依存するドリフト係数，σ_t^{ij} は X_t に依存する拡散係数である．この方程式は形式的に次のようになる．

$$dX_t = a_t dt + \sigma_t dW_t, \qquad t \in [0, \infty) \quad (21.77)$$

$a(\cdot)$ は $k \times 1$ のベクトルであり，σ_t は $k \times k$ の行列である．

対応するオペレーター A は次のようになる．

$$Af = \sum_{i=1}^{k} a_{it} \frac{\partial f}{\partial X_i} + \sum_{i=1}^{k} \sum_{j=1}^{k} \frac{1}{2} (\sigma_t \sigma_t^T)^{ij} \frac{\partial^2 f}{\partial X_i \partial X_j} \quad (21.78)$$

$(\sigma_t \sigma_t^T)^{ij}$ は行列 $(\sigma_t \sigma_t^T)$ の ij 番目の要素を表している．

1変数と多変数との違いはクロスプロダクト項の存在である．それ以外では，1変数と多変数は同じ形式である．

確率積分の多くの上級の本で，この多変数での A が紹介されている．(21.78) 式は $f(\cdot)$ のジェネレーターとして知られている．

21.4.5 コロモゴロフの後退方程式

S_t を伊藤拡散とし，S_t の関数を $f(S_t)$ とする．次の期待値について考える．

$$\hat{f}(S^-, t) = E\left[f(S_t) \mid S^-\right] \quad (21.79)$$

$\hat{f}(S^-, t)$ は予測値を表し，S^- は時刻 t より前に観測された最後の値である．直感的には，S^- は一瞬前の過去である．よって，オペレーター A を用いると，$\hat{f}(S^-, t)$ がどのように時間変化するか記述できる．この予測の時間発展は「コロモゴロフの後退方程式」により与えられる．

$$\frac{\partial \hat{f}}{\partial t} = A\hat{f} \quad (21.80)$$

A の定義を思い出すと，

$$A\hat{f} = a_t \frac{\partial \hat{f}}{\partial S} + \frac{1}{2} \sigma_t^2 \frac{\partial^2 \hat{f}}{\partial S^2} \quad (21.81)$$

(21.81) 式が偏微分方程式以外の何物でもないことを容易に確認できる.

$$\hat{f}_t = a_t \hat{f}_s + \frac{1}{2}\sigma_t^2 \hat{f}_{ss} \tag{21.82}$$

よって，次のような条件付き期待値と偏微分方程式 (21.81) との重要な対応関係を再び確認したことになる.

$$\hat{f}(S^-, t) = E\left[f(S_t) \mid S^-\right] \tag{21.83}$$

前と同じように，この対応関係を次のように表現することができる.
- $\hat{f}(S^-, t)$ は偏微分方程式 (21.81) を満たす.
- 偏微分方程式 (21.81) が与えられたとき，その偏微分方程式が満たされるように $\hat{f}(S^-, t)$ をみつけることができる.

この結果は $\hat{f}(S^-, t)$ が偏微分方程式 (21.81) の解であることを意味している．よって，コロモゴロフの後退方程式は確率過程の期待値と偏微分方程式との対応関係の例である.

例

次の関数について考える.

$$p(S_t, S_0, t) = \frac{1}{\sqrt{2\pi t}} e^{-\frac{(S_t - S_0)^2}{2t}} \tag{21.84}$$

これは時刻 $t = 0$ で S_0 から出発したドリフトがゼロで分散が t のウィーナー過程の条件付き密度関数である.

ドリフトパラメーターがゼロ，拡散パラメーターを 1 として，この過程の確率微分方程式を書き下すと，dS_t は次のようになる.

$$dS_t = dW_t \tag{21.85}$$

コロモゴロフの公式をこの密度関数に適用する．2 階微分可能な S_t の関数 $\hat{f}(\cdot)$ はコロモゴロフの後退方程式を満たす.

$$\hat{f}_t = a_t \hat{f}_s + \frac{1}{2}\sigma_t^2 \hat{f}_{ss} \tag{21.86}$$

(21.85) 式の特殊な場合では,

$$a_t = 0 \tag{21.87}$$

$$\sigma_t = 1 \tag{21.88}$$

であるので，これらを代入するとコロモゴロフの後退方程式は次のようになる.

$$\hat{f}_t = \frac{1}{2}\hat{f}_{ss} \tag{21.89}$$

これより，条件付き密度 $p(S_t, S_0, t)$ は関数 $\hat{f}$ であるといえる．このことを確認するには，時間 t に関する1階微分と S_t に関する2階微分をとり (21.89) 式に代入する．この式が成立していることがわかる．この結果より，(一般化された) ウィーナー過程の条件付き密度関数はコロモゴロフの後退方程式を満たすことがわかる．この偏微分方程式から初期値 S_0 が与えられたときに，S_t の特定の値に関する確率がどのように時間変化するのかわかる．

ファインマン–カッツの公式は本章で議論した問題の公式化でありコロモゴロフの後退方程式の拡張である．この公式はある偏微分方程式に対する確率的な解 $\hat{f}$ を与える．

ファインマン–カッツの公式:

$$\hat{f}(t, r_t) = E_t^P \left[e^{-\int_t^u q(r_s) ds} f(r_u) \right] \qquad (21.90)$$

とすると，

$$\frac{\partial \hat{f}}{\partial t} = A\hat{f} - q(r_t)\hat{f} \qquad (21.91)$$

オペレーター A は，

$$A\hat{f} = a_t \frac{\partial \hat{f}}{\partial r_t} + \frac{1}{2}\sigma_t^2 \frac{\partial^2 \hat{f}}{\partial r_t^2} \qquad (21.92)$$

よって，ファインマン–カッツの公式はある種の偏微分方程式に対応する解として条件付き期待値を与える．

21.5 お わ り に

偏微分方程式と条件付き期待値との対応関係は資産価格評価において大変有益である．特別な性質をもつ商品では，実務家はこの対応関係を用いて偏微分方程式を導出することができる．導出された偏微分方程式は数値的に評価できる．

21.6 参 考 文 献

偏微分方程式と条件付き期待値との対応関係を用いる面白い例が Kushner (1995) にある．この文献には条件付き期待値から偏微分方程式を導出する実際的な方法が示されている．

21.7 演 習 問 題

1. 債券価格 $B(t,T)$ が次の偏微分方程式を満たすとする.

$$-r_t B + B_t + B_r(\mu - \lambda \sigma^B) + \frac{1}{2} B_{rr} \sigma^2 = 0 \qquad (21.93)$$

$$B(T,T) = 1. \qquad (21.94)$$

変数 $V(u)$ を次のように定義する.

$$V(u) = e^{-\int_t^u r_s ds} e^{\int_t^u [\lambda(r_r,s)dW_s - \frac{1}{2}\lambda(r_s,s)^2 ds]} \qquad (21.95)$$

λ_s は金利リスクの市場価格である.
  (a) $B(t,T)$ を債券価格とし $d(BV)$ を計算せよ.
  (b) 偏微分方程式 (21.93) を用いて $dB(t,T)$ を求めよ.
  (c) 以下の式を t から T まで積分し期待値を計算することで債券価格を求めよ.

$$B(t,T) = E_t^P \left[e^{-\int_t^T r_s ds} e^{\int_t^T [\lambda(r_r,s)dW_s - \frac{1}{2}\lambda(r_s,s)^2 ds]} \right] \qquad (21.96)$$

ここでの期待値は, r_t に関する条件付き期待値である. ただし, r_t は既知と仮定している.

22

停止時間とアメリカ型証券

22.1 はじめに

本書で考えているオプションは2つのタイプに分かれる．最初のグループは，原資産価格 S_t と時間 t に依存する式で表現される．たとえば時間 t におけるプレーンバニラなコールオプションは次の式で表現される．

$$C_t = F(S_t, t) \tag{22.1}$$

観察される値 S_t と時間 t を用いてオプション価格は関数 $F(\cdot)$ となる．S_t が幾何ブラウン運動である，プレーンバニラなヨーロッパ型オプションはこのカテゴリーに区分される[*1]．

2番目のカテゴリーのオプションは，本書ではくわしく述べていないが，「経路依存型」に区分されるオプションである．時間 t におけるオプションの価格は，現在の原資産価格 S_t に依存するだけではなく，時間 t の前に観察される S_t 以外の価格にも依存する．たとえばアジア型オプションの場合，満期時 T オプションのペイオフは離散時間の直近に観察される N 時点

$$t < t_1 < t_2 < \ldots < t_N = T \tag{22.2}$$

の株価平均に依存し，コールオプションの保有者の支払いは次の式で示される．

$$C_T = \max\left[\frac{S_{t_1} + S_{t_2} + \cdots + S_{t_N}}{N} - K, 0\right] \tag{22.3}$$

ここで K は権利行使価格である．

これらの条件のもとでは，コールオプションの時間 T における価格は

$$C_T = F(S_{t_1}, S_{t_2}, \ldots, S_{t_N}, T) \tag{22.4}$$

のように示される．あきらかにこの式は時間 t，$t < T$ においていささか複雑であ

[*1] 解析解 $F(\cdot)$ を得るためには，無配当であり金利が一定であるという仮定を加えることが必要である．

22.1 はじめに

る*2). しかしながらこの種のエキゾチックオプション評価は，プレーンバニラなエキゾチックオプションよりも必ずしも困難とは限らない．実際このオプションの支払いは満期日 T であり，この意味ではヨーロッパ型である．式の中で現れる唯一複雑な項は新たに加わった S_{t_i} である．したがって，オプションは経路依存型であるものの，ペイオフは原資産の権利行使価格を「どうやって」求めるかという問題となる．S_t の動きを正しく記述することで，モンテカルロ型のアプローチを用いて十分 C_t を近似することが可能となる．

ここで，これら2つのカテゴリーのオプションにおいては，投資家はオプションを購入後には新たな意思決定を行う必要がない点に注意されたい．両オプションにおいては，満期まで待ち，収益を上げることができるならば権利を行使することになる．あるいは，オプション保有者はポジションを閉じ，ほかの誰かにオプションを転売することも可能である．しかし，それ以外の決定を行うことはできない．したがって，数式の中にほかの変数が入ってくることはない*3)．

さて「アメリカ型の」オプションを考えてみよう．この証券は満期日 T あるいはそれより「前に」権利行使することが可能である．アメリカ型のオプションを購入した場合には，彼あるいは彼女は「追加的な」意志決定を行うことになる．オプションを「権利行使する時間」を選択しなければならない．投資家はじっと座って満期まで待つことはできない．満期まで待って得られる利益

$$\max[S_T - K, 0] \quad (22.5)$$

よりも高い利益

$$S_\theta - K \quad (22.6)$$

を，$\theta \in [0, T]$ で示される特定の時間で（コール）オプションを権利行使することにより得ることが可能である．

実際，ある重要な時間 θ では，マーチンゲール測度 $\tilde{P}$ のもとにおける将来の満期時点の $\max[S_T - K, 0]$ の期待値は，権利行使して受け取る $S_\theta - K$ より小さくなる．すなわち金利が一定であると次の式が成立する．

$$[S_\theta - K] > E^{\tilde{P}}\left[e^{(T-\theta)r} \max[S_T - K0] \mid I_\theta\right] \quad (22.7)$$

これは，期待されるペイオフの割引価格が，時間 θ でオプションを単に権利行使したときの収益よりも「小さい」ことを示している．

以上のことから，アメリカ型の証券の場合，オプションの権利行使を行うことは特定の時間 θ をみつけることと同等であることがわかる．これらの条件のもとでは，オ

---

*2) 実際，解析解は存在しないかもしれない．
*3) ここで金利とボラティリティは一定であると仮定する．

プションの評価式は前に議論した変数に加えて，θ を選択する「手続き」に依存することに注意されたい．

この θ は「停止時間」と呼ばれる．ある最適な方法で権利行使時期を選択するときには，この時間は「最適停止時間」と呼ばれアメリカ型の証券を評価するときの重要な役割を示す．

22.2 なぜ停止時間を学ぶのか

停止時間の概念がアメリカ型証券に限定されたとしても停止時間を学ぶことは必要である．ほとんどの金融デリバティブがアメリカ型であり，停止時間はそれらを評価するのに必要である．しかし停止時間はアメリカ型のデリバティブ評価以上のものをもたらす．停止時間を学ぶ必要性があるのは，理論的な公式に便利な理論的な概念だからというだけではなく，期限前の行使日を決定するのに用いられる特異な数値アルゴリズムが存在するからである．すなわち停止時間を学ぶのは，「数値的な」考察のためでもある．

価格評価を行う場合には最適停止時間の性質を用いると便利なことがある．この性質を学ぶことにより，ある時間 t^* でオプションを権利行使したほうがよいかどうかといった計算時間を減らすことが可能となる．すなわち，θ において

$$\theta = t^* \tag{22.8}$$

は「権利行使の実行」を意味し，

$$\theta > t^* \tag{22.9}$$

は「権利行使しない」ことを意味する．この計算を早く，あるいは正確に行うためには，計算コストを下げ裁定の性質をうまく利用することが必要である．したがって停止時間を決定するときに用いられるアルゴリズムの性質は価格評価に重要な役割を果たす．

停止時間を学ぶその他の理由も存在する．「最適」停止時間は一般にいわゆる「動的プログラミング」のアプローチを用いて得られる．動的プログラミングはそれ自身便利なツールであり，デリバティブ評価に興味があろうがなかろうが学ぶべきである．停止時間は動的プログラミングの考えの紹介として非常に自然な内容である．

22.2.1 アメリカ型証券

アメリカ型のデリバティブは，希望すれば権利行使日前に権利行使することが可能であるが，明示的なものと内包されているものがある．このため証券の公平な市場価

格を特徴づけるという理論的なレベルの問題と，実際に価格を算出しなければならないという実務的なレベルの問題がある．

バーミューダ型のオプションはアメリカ型とヨーロッパ型の両方のオプションが混在している．このオプションは事前に決められた満期日前の時点で権利行使することが可能である．しかし，$[0,T]$ の任意の時点で権利行使することが可能というわけではない．証券発行時に，保有者が権利行使可能な時期 $t_1 < t_2 < \cdots < t_n = T$ を特定しておく．

「最適停止」の点から考えるとバーミューダ型オプションによる複雑さはアメリカ型の証券と非常に似通っている．停止時間についての導入的な議論と関連するツールはアメリカ型オプションとバーミューダ型オプションともに共通である．したがって，本章の残りでは停止時間を取り扱う場合にはアメリカ型オプションのみを議論する．

22.3 停止時間

停止時間は，時間 t が出力となる特殊な確率変数である．たとえば τ を停止時間としよう．これは 2 つのことを意味する．まず τ はランダムであり，次にとりうる値はある $T > 0$ に対して，$[0,T]$ である．出力が観察されるときは次の式で表現される．

$$\tau = t \tag{22.10}$$

すなわち確率変数の出力は，ある時間間隔である．

ここで債券のアメリカ型オプションを考える．オプションは，時刻 $t=0$ から T により示される満期の任意の時間で権利行使可能である．オプション保有者は満期より前の権利行使するのが好ましいと考えるときに権利行使を行う．

したがって「確率的な日付」を取り扱うことになり，資産評価の観点から非常に重要である．実際早めに権利行使を行う権利は価値を増大させることがあるため，アメリカ型証券の評価はこの点が考慮されなければならない．

したがって，τ は早めの権利行使日になる．情報 I_t を与えるとオプションがすでに権利行使されたかどうか知ることができるのはあきらかである．言い換えると I_t を与えると 2 つの可能性，

$$\tau \leq t \tag{22.11}$$

すなわちオプションが権利行使されたか

$$\tau > t \tag{22.12}$$

あるいは期限前権利行使がまだ行われていないか区別することができる．

この τ の性質はまさに「停止時間」そのものである．

定義 23. 停止時間は I_t-可測な非負の確率変数であり，
1） I_t が与えられると次の式が成立するかどうかわかる．

$$\tau \leq t \tag{22.13}$$

2）また次の性質をもつ．

$$P(\tau < \infty) = 1 \tag{22.14}$$

派生証券の場合一般に有限の権利行使期間をもつ．したがってオプションは有限時間で権利行使されるか権利行使されないかのどちらかである．これは τ が確率 1 で有限であるという 2 番目の性質が常に満たされていることを意味する．

22.4 停止時間の利用

実際にはどのように停止時間 τ は用いられるのであろうか．

τ の最も明白な利用方法はこれをオプションの権利行使日とすることである．ヨーロッパ型の証券では権利行使日が確率的にはならない．証券が権利行使されるのは権利行使日のみである．これを式に記すと，

$$P(\tau = T) = 1 \tag{22.15}$$

となる．アメリカ型証券の場合には τ は一般に確率変数である[*4)]．

原証券 S_t で契約されたアメリカ型コールオプション $F(S_t, t)$ を考えよう．ここで S_t は確率微分方程式（SDE）

$$dS_t = a(S_t, t)dt + \sigma(S_t, t)dW_t, \quad t \in [0, \infty) \tag{22.16}$$

に従う．ここでドリフトと拡散の係数は通常の正規条件を満たすとする．

派生証券の価格は同値マーチンゲール測度 $\tilde{P}$ を用いて表現される．しかしこの場合にはもう 1 つ複雑な要因がある．証券の保有者は権利行使を行う場合に時間 T まで待つ必要はない．投資家は権利行使を待つよりも収益性が高くなるやいなや権利行使を行う．

言い換えると権利行使を待たなければならないためには，資産価値は時間 t において

$$F(S_t, t) = E_t^{\tilde{P}}\left[e^{-r(T-t)} \max\{S_T - K, 0\}\right] \tag{22.17}$$

[*4)] ある特別な場合にはアメリカ型オプションを権利行使する価値はないため，τ は T と等しくなる．

となる．もしオプションがその前に権利行使されるならば，この値をたとえば，

$$F(S_t, t^*) = \sup_{\tau \in \Phi_{t,T}} \left[E_t^{\tilde{P}} \left[e^{-r(\tau-t)} F(S_\tau, t, \tau) \right] \right] \quad (22.18)$$

と比較することになる．ここで $\Phi_{t,T}$ は可能性のあるすべての停止時間の集合であり[*5]，t^* は最適な τ の選択である．ここで τ はオプション保有者がコールオプションを権利行使する可能性のある日付を示す．

したがって時間 t では，停止時間 τ の値を用いて指標づけられた可能性のある価格 $F(S_\tau, t, \tau)$ の集まりを計算することができる．正しい価格をみつけるためにはすべての $F(S_\tau, t, \tau)$ の集まりの中から探すことになる．

22.5 簡単な場合

プレーンバニラのアメリカ型コールオプション評価を，単純化した 2 項モデルを用いることにより，停止時間と最適停止問題の議論を続ける．問題の設定は「単純」であるが，主要な目的は停止時間に関するツールを理解することであり，またアメリカ型オプションの実際の評価はここで考えるフレームワークと同様な考えでしばしば進められる．したがって以下の議論はいくつかの単純な数値計算例と同様に利便性がある．

22.5.1 モデル

ここでは原資産価格 S_t の 2 項モデルを用いるが，連続時間では幾何ウィーナー過程である．

$$dS_t = (r - \delta)S_t dt + \sigma S_t dW_t, \quad t \in [0, \infty) \quad (22.19)$$

ここで r は一定の瞬間的なスポットレートであり，配当率 $\delta (\geq 0)$ は既知である．W_t はリスク中立測度 $\tilde{P}$ のもとではウィーナー過程である．

ここで C_t は S_t で契約された権利行使価格 K，満期 $T, T < t$ である「アメリカ型」コールオプションの価格を示すとしよう．このコールオプションの価格を 2 項ツリーモデルアプローチで決定しよう．

方法については既に述べた．しかしここで簡単にまとめよう．まずグリッドパラメー

[*5] すなわち τ の出力の可能性のある集合である．

ターである Δ を選択し，S_t を標準的な方法で離散化する[*6]．

$$S_i^u = S_{i-1} e^{\sigma\sqrt{\Delta}} \tag{22.22}$$

$$S_i^d = S_{i-1} e^{-\sigma\sqrt{\Delta}} \tag{22.23}$$

ここで上下の確率は n および「状態」にわたって一定であると仮定し，確率は以下の式で与えられる．

$$P(u) = \frac{1}{2} + \frac{(r-\delta) - \frac{1}{2}\sigma^2}{2\sigma}\sqrt{\Delta} \tag{22.24}$$

$$P(d) = 1 - P(u) \tag{22.25}$$

すなわち，プロセスがひとたび S_{i-1} に達すると次のステージは「上」(S_i^u)，あるいは「下」(S_i^d) のどちらかでありその確率は $P(u)$ あるいは $P(d)$ となる[*7]．

この離散化パラメーターの選択では，離散化したシステムは $\Delta \to 0$ になると幾何過程に収束する．すなわちドリフトと拡散のパラメーターは同じであり，S_i は SDE(22.19) で示される S_t の軌跡に従う．

ここで上下のパラメーター u, d は一定であり，

$$u = e^{\sigma\sqrt{\Delta}} \tag{22.27}$$

$$d = e^{-\sigma\sqrt{\Delta}} \tag{22.28}$$

となる．また通常と同様に

$$ud = 1 \tag{22.29}$$

となることに注意せよ．すなわちツリーは再結合する．

離散化した S_t の通過する経路は図 22.1 に示しているが，ツリーの構造をみるのに役に立つだろう．水平の動きは「時間」とともに変化する S_i による経路の動きを示す．過程は初期点 S_0 から始まり，6 つの満期時状態のどこかにたどり着く．時間 $i = 1, \ldots, 5$ で S_i はいくつかの軌跡に従う．「ステージ」の数を n とし，$n = T/\Delta$ と

[*6] これは離散化のための 1 つの方法である．ほかの方法もある．たとえば次の方法である．

$$S_i^u = S_{i-1} e^{((r-\delta) - \frac{1}{2}\sigma^2)\Delta + \sigma\sqrt{\Delta}} \tag{22.20}$$

$$S_i^d = S_{i-1} e^{((r-\delta) - \frac{1}{2}\sigma^2)\Delta - \sigma\sqrt{\Delta}} \tag{22.21}$$

[*7] $\Delta \to 0$ のとき，上下の確率は等しくなり

$$P(u) = P(d) = \frac{1}{2} \tag{22.26}$$

となる．

22.5 簡単な場合

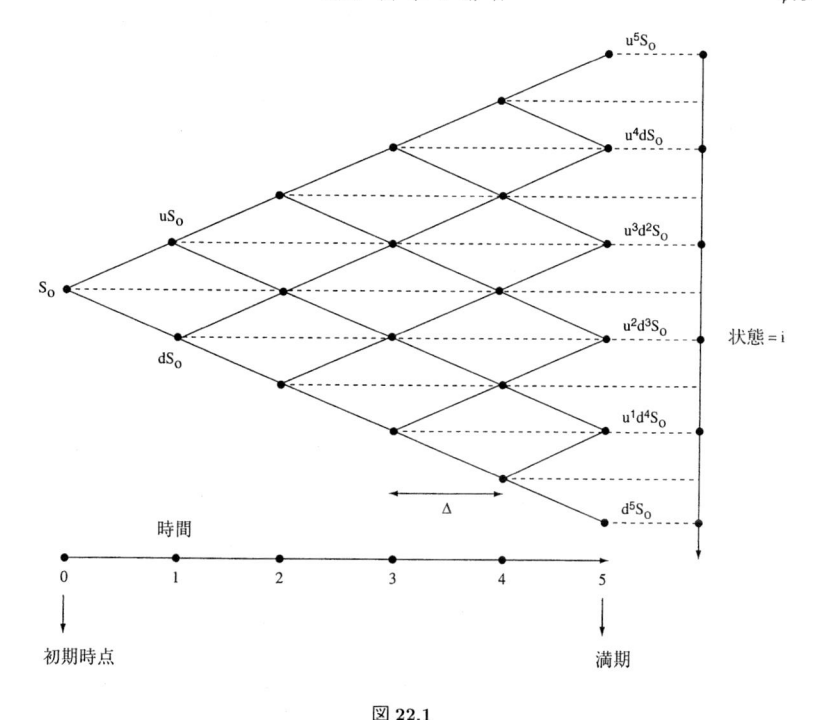

```
                                    u⁵S_o
                                 ·
                              ·     ·------
                           ·     ·
                        ·     ·     u⁴dS_o
                     ·     ·     ·------
                  ·     ·     ·
      uS_o     ·     ·     ·
            ·     ·     ·     u³d²S_o
         ·     ·     ·     ·------
      ·     ·     ·     ·
  S_o     ·     ·     ·
      ·     ·     ·     u²d³S_o      状態 = i
         ·     ·     ·     ·------
      dS_o  ·     ·     ·
         ·     ·     ·
            ·     ·     u¹d⁴S_o
               ·     ·------
                  ·
                        d⁵S_o
                     ·------
          ←Δ→
  時間
  ·----·----·----·----·----·
  0    1    2    3    4    5
  ↓                      ↓
  初期時点                満期
```

図 22.1

したときに,実際可能な軌跡は 2^n 通りある.この特別な場合には S_i が従う軌跡の数は 32 となる.

コールオプションの価格は S_i が従う軌跡に依存する.ヨーロッパ型オプションの場合は前の章で議論した.アメリカ型オプションの場合には同じツリーをまったく別の方法でみることになり,S_i とコールオプション価格 C_n の関係も異なることがわかる.

2 項モデルを観察する標準的な方法は図 22.1 に示されている.ここで水平方向は「時間」と共に変化する S_i を示している.停止時間を分析・理解する,すなわち,「停止」や「継続」の決定の複雑さを知るためには,同じツリーを別の角度からみることに価値がある.これは最初は不便かもしれないが停止時間に関連した数学ツールを理解するためには重要なこととなる.

図 22.1 に示された「時間経過」のツリーをみる代わりに,図 22.2 について考える.ここで水平軸は時間 $n = 0$ から $n = 5$ に変化するときのとりうるすべての値 S_i を示す.この期間では S_i は 11 通りの値をとる可能性がある.この集合を E とし,$ud = 1$ を仮定すると,

$$E = \{u^5 S_o, u^4 S_o, u^3 S_o, u^2 S_o, u S_o, S_o, d S_o, d^2 S_o, d^3 S_o, d^4 S_o, d^5 S_o\} \quad (22.30)$$

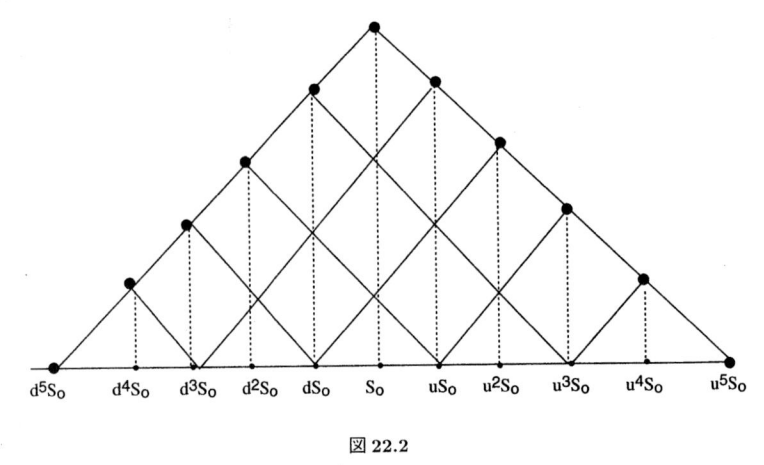

図 22.2 に、水平軸の値として $d^5S_o, d^4S_o, d^3S_o, d^2S_o, dS_o, S_o, uS_o, u^2S_o, u^3S_o, u^4S_o, u^5S_o$ が示されている二項ツリーの図。

図 22.2

が得られる．

ここで2項ツリーは通常時間経過とともに図 22.1 に示されるが，停止時間の問題を取り扱うため，別の図で S_i の関数として考える．この値は図 22.2 において水平軸の値として示されている．この線は集合 E を示している．図は図 22.1 と同じであるがこの図を右から左に「横から」みている点が異なる．

アメリカ型オプションの場合には早期権利行使する権利があり，その権利はオプション保有者が各時点で観察する値 S_i に依存する．ここで図 22.2 の水平線に示される集合 E の過程を考えよう．

最初は中間点 S_o にいる．次に時間 $n=1$ では確率 0.5 で S_1 は S_o の左に行くか確率 0.5 で S_o の右 (uS_o) に行く．その後は S_o に戻るか更に右あるいは左に行くかのどちらかである．したがって各点では過程はすぐ横の点に動くのみである．主な例外は2つの端点である．時間5でそこに達するとオプションの失効日になるため停止することになる[*8]．これは S_i は状態 i における「マルコフ連鎖」の位置を示すことも意味する．

ここで希望すれば「停止」することができることを思い出そう．停止することで受け取る支払いは

$$S_i - K \tag{22.31}$$

となる．反対に停止せず継続する場合には，保有している証券は $C(S_i)$ なる価格で評価される．

ここで最適な停止決定がなされる方法を考えよう．τ を満期前にオプションを権利

[*8] マルコフ連鎖の言葉を用いれば，2つの端点は「吸収壁」と呼ばれる．そこに達すれば確率1でそこに滞在するからである．

行使する時期を決定するランダムな時間とする．最初の点 $i=0$ では，停止するかどうかは S_i の軌跡に依存するので τ はランダムである．

状態 i で停止すると考えるとしよう．すなわち

$$\tau = i \tag{22.32}$$

とする．このとき，この決定は状態 i までの軌跡 S_i を観察することで行われる．すなわち次の観察，

$$\{S_o, S_1, \ldots, S_i\} \tag{22.33}$$

を行い，停止決定はこの履歴の関数になる．このことを考えると，早期権利行使の決定は状態 i の「後の」状態の知識に依存しないことがわかる．i 以降の「将来」についてはわからない．このことが τ は I_i-可測であるということである．

ここで τ を選択する「戦略」を決定できるならば，τ の確率も同様に選択できる．しかしこのような戦略が定義できないならば τ の性質もわからず $C(\cdot)$ は厳密に定義できない確率変数となる．したがって最初の仕事は，τ を選択する戦略を選ぶことになる．このことをどのようにして行えばよいであろうか．

次の基準を考えよう．ここでは条件付き期待値オペレーターが次の展開式で書かれていると考える．

$$F(S_o) = \max_{\tau} E^{\tilde{P}}\left[C(S_\tau)\,\big|\,S_o\right] = \max_{\tau} E^{\tilde{P}}\left[e^{-r\tau}\max[S_\tau - K, 0]\,\big|\,S_o\right] \tag{22.34}$$

これによると τ を選択するときは停止するときであり，このときのオプションの価値を最大化するという意味で最適に停止を行う[*9]．

したがって2つのことを行うことが必要となる．まず変数

$$\max_{\tau} E^{\tilde{P}}[C(S_\tau)] \tag{22.35}$$

を得ることが必要となる．

次に次式で示される最適な停止時間 τ^* を決定するルールをみつけることが必要となる．

$$E^{\tilde{P}}[C(S_t)] \leq C(S_{\tau^*}), \quad t > \tau^* \tag{22.36}$$

このことが行われると，最適な戦略は次の式で記述される．

$$\tau^* = \min_{k}[k : S_k > B(k, S_k)] \tag{22.37}$$

[*9] この枠組みでは $F(\cdot)$ が目的関数である．もし $F(\cdot)$ が有界であれば，以下の手順で用いるすべての技術的な条件は満たされている．実務上では，価格評価のアルゴリズムにおいてこの有界性は暗黙のうちに仮定されている．

ここで $B(k, S_k)$ は k と現在の（および場合により過去の）値 S_k に依存する「最適権利行使境界」であり，この境界は決定されなければならない[*10]．

22.6 簡単な例

ここで停止時間に関する理解をより深めるために，単純だが重要な例題を議論する．アメリカ型オプションを保有している人が直面する次の問題を思い出そう．オプションの権利行使可能期間中，オプション保有者は早期権利行使する権利を保有している．したがって，$t \in [0, T]$ 中の任意の時間に早期権利行使するかどうかを決定しなければならない．しかしこの意思決定は，見た目よりも「ずっと」複雑である．

この選択を行う場合には，彼あるいは彼女は「将来」に早期権利行使することも考慮しなければならない．これは，本日の意思決定を行う際には「将来」の意思決定も行わなければならないことを意味する．これはオプションを権利行使しなかった場合に得られる「将来」のオプション利益を考えてのみ可能となる．しかしながら，将来の早期権利行使の可能性はさらに将来の同じ評価に依存する．最終的には，アメリカ型オプションの保有者は満期に至るまでのすべての時間における，複雑な意思決定問題が残されている．

この意思決定問題はどのようにして解決されるのであろうか．早期権利行使を行うかどうかの意思決定を手助けするなんらかの規則はあるのであろうか．最後に，この入れ子になっている複雑な意思決定問題からどのような洞察が得られるのであろうか．

下記の具体例はこの疑問を解決するのに役立つと考えられる．読者はこの例で取り上げた方法が前の節で議論した 2 項ツリーモデルと同様であることに気づくであろう．実際ここでは同じ記法を用いる．

連続した確率変数 $S_i, i = 1, \ldots, n$ を考える．$n = 5$ とすると S_i は 11 個の値をとりうる．これらは順番づけられて，集合 E で示される．

$$E = \{a_1, a_2, a_3, a_4, a_5, a, a_6, a_7, a_8, a_9, a_{10}\} \qquad (22.38)$$

最初の値 S_0 は既知の a である．$i = 1$ で始まるプロセスはマルコフであり次の仮定に従い変化する．

1) 時間 i で E の中にある値は，次の時間にはすぐ隣の値になる．他の値をとる確率はゼロである．たとえば $i = 3$ のとき $S_3 = a_6$ とすると，S_4 は a か a_7 で

[*10] 期待値 $E^{\tilde{P}}[S_\tau]$ をどのように解釈するか考える．ここで確率変数は τ 1 つである．したがってまず，$\tau = k$ なる確率を S_τ の関数に乗じることが必要となる．次に考えなければならないことは，τ を固定したとしても S_τ は依然確率変数となることである．一方，期待値 $E^{\tilde{P}}[S_t]$ の計算では，とりうる値 S_t が S_t になる確率をかけることが必要となる．

ある.
2) 次に, a_1 と a_{10} は「吸収壁である」. プロセスがこれらの状態に達すると, 確率1でその値に滞在する. これらの状態は「失効時」のみに達する.

これらのモデルを記述する次のステージは, 関連する推移確率を明示的に記述することである.

上の記述に従うと, 推移確率は次の式で与えられる.

$$P(S_{i+1} = a_{j+1} \mid S_i = a_j) = \frac{1}{2} \tag{22.39}$$

$$P(S_{i+1} = a_{j-1} \mid S_i = a_j) = \frac{1}{2} \tag{22.40}$$

$$P(S_{i+1} = a_1 \mid S_i = a_1) = P(S_{i+1} = a_{10} \mid S_i = a_{10}) = 1 \tag{22.41}$$

他の推移確率はゼロである.

$$P(S_{i+1} = a_m \mid S_i = a_j) = 0, \qquad |m - j| > 1 \tag{22.42}$$

これはプロセス S_i が「ジャンプして」状態を飛び越すことはできず, 隣の状態に移動しなければならないことを意味する. 最後に, 最初のステージでは, 次の式を与える.

$$P(S_1 = a_5 \mid S_o = a) = \frac{1}{2} \tag{22.43}$$

$$P(S_1 = a_6 \mid S_o = a) = \frac{1}{2} \tag{22.44}$$

この状態は図 22.3 に示される. 水平軸は集合 E を示す. 矢印は可能な動きと対応する確率を記述している. ここでプロセスが 2 つの端点に達するとそこに滞在することに注意せよ.

この議論では最適停止意思決定問題を議論するため, もう1つ内容を追加する必要がある. S_i が集合 E の中のたとえば a_j に到達したとき, 意思決定者は支払い $F(a_j)$ を受け取る権利を保有している. もしも意思決定者がこの支払いを受け取ればゲームは終了する. もしも支払いを受け取らない場合にはゲームは続き, S_i は隣の値に動く. 図 22.3 では状態 $a_j \in E$ に関連する支払いは対応する点に対して垂直線で示している.

意思決定者が直面しているのは次の問題である. 連続した値 S_i が観察され, 対応する値 $F(a_j)$ が出てくる. 意思決定者はただちに停止した場合の支払いと, 継続した場合の「期待される」将来の「よりよい」支払い $F(a_j)$ を評価する. この意思決定者はどのように行動すべきであろうか. 図 22.3 を用いて最適決定問題を議論する.

それぞれのステージでは自分がどこにいるかは知っていることに注意せよ. 言い換えれば現在の値 S_i を観察する. しかし, 確率を知っていても将来の値を知ることはできない. これらの確率を考えよう.

あるステージで2つの端点に達するとしよう．ここでは停止する以外の選択肢はない．この状態は吸収であり，他の状態を訪れることはできない．

次に状態 a_8 を考える．$S_i = a_8$ のときには支払い $F(a_8)$ を受け入れるべきであろうか．その答えはあきらかにノーである（ただし $n = 5$ で，停止せざるを得ない場合を除く）．次の時点では S_i は a_7 か a_9 のどちらかには動く．図22.3でみてきた通り，これらの状態では支払いは $F(a_8)$ より大きい．継続することにより「よりよい」支払いを受けることが保証されるため，停止すべきではない．

もう1つのあきらかな意思決定は状態 a_7 である．この状態では支払いは最も高く，そこに達するときにはあきらかに停止すべきである．継続することにより，より高い支払いを受けることはない．

以上のところでは停止の意思決定はまったく複雑ではない．しかしここで，状態 a_3 や a_5 を考えてみよう．ここでは意思決定は，複雑さを増している．これら2つの状態は次の性質をもつ．支払いは「局所最大である」．これらの点に達すると，そこはその隣の状態よりも大きい．意思決定者は少なくとも瞬間的な将来よりも悪いことはない．しかしながら，停止をしないことにより，$F(a_7)$ や $F(a_5)$ の支払いを受ける可能性は残されている．どちらが好ましいのであろうか．$F(a_3)$ や $F(a_5)$ のような局所最大点に達したら停止したほうがよいのか，それともこの点に達しても継続し，将来の日において停止することで高い支払いを受けることを期待すればよいのであろうか．

答えは見た目ほど簡単ではなく，将来の確率を注意深く評価することが必要とされる．実際2つの状態 a_3, a_5 では異なる答えが得られる．a_3 では継続し，a_5 では停

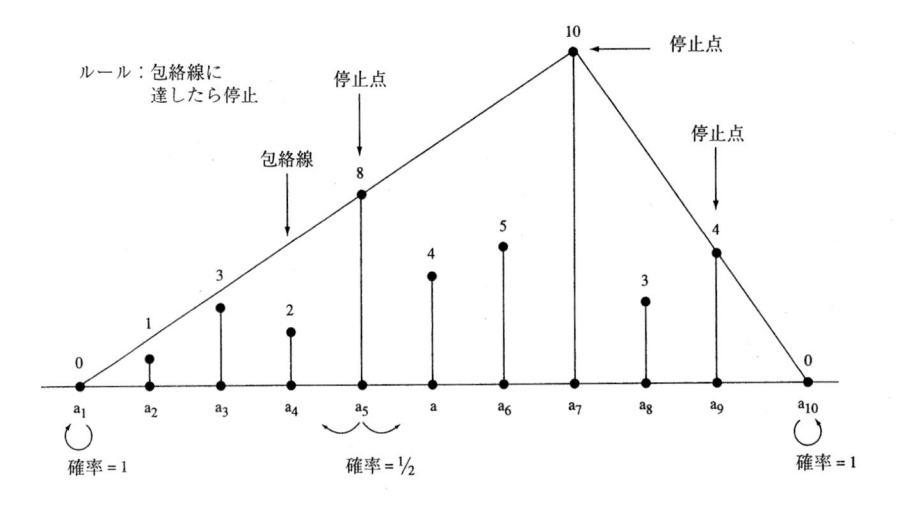

図 **22.3**

22.6 簡単な例

止するのが最適である.

最初に状態 a_5 から始めよう. ある i において $S_i = a_5$ だとする. もし「停止」すれば, $F(a_5) = 8$ を得る.「継続」すればいくらを期待することができるであろうか. 瞬間的な将来を期待することは簡単である.

$$E\left[F(S_{i+1})\,\big|\,S_i = a_5\right] = \frac{1}{2}F(a_4) + \frac{1}{2}F(a) \qquad (22.45)$$

$$= 3 \qquad (22.46)$$

この値はあきらかに, 現在停止することで得られることが保証される 8 より小さい. しかしながらさらに大事な点がある. ゲームは次のステージで「終了せず」, 瞬間的な将来のみをみることは, 状態 a_7 に達するときに得られる支払いを無視していることになる.

われわれが行いたいのは, 最適な支払い関数, たとえば $V(a_5)$ を得ることである. ここでこの関数は, 現在の支払いと「最適な方法で継続することを仮定して」継続した場合に期待される支払いのうちの高いほうを選択しなければならない. すなわちわれわれがほしいのは,

$$V(a_5) = \max\left[E\,[\text{支払い}\mid\text{停止}],\,E\,[\text{支払い}\mid\text{継続}]\right] \qquad (22.47)$$

である. ここで停止時に期待される支払いはわかっていて, $F(a_5)$ である. 一方, 継続した場合の期待される支払いはわかっていない. 最適な方法で将来の期間を計算した $V(a_5)$ と「同一の」考え方で計算されなければならない. 言い換えると次の式で記述される.

$$V(a_5) = \max\left[F(a_5),\,\left[\frac{1}{2}V(a_4) + \frac{1}{2}V(a)\right]\right] \qquad (22.48)$$

この仮定では割引は考えられていないことに注意されたい.

したがって, $V(a_5)$ を計算するには $V(a_4)$ と $V(a)$ を決定しなければならない. しかしここでも同じ問題が発生する. 将来の状態に対応する $V(\cdot)$ は不明である.

堂々巡りのようだが, 実際にはそうではない. いくつかのステージでは $V(a_i)$ の計算が即座にできるように問題が設定されている. たとえば, a_1 や a_7 に達したら停止することは既知である.

$$V(a_7) = F(a_7) = 8 \qquad (22.49)$$

また次のことも知っている.

$$V(a_1) = F(a_1) = 0 \qquad (22.50)$$

したがって, (22.48) 式における「将来」の $V(\cdot)$ に代入することで, 最終的にわからない $V(\cdot)$ を計算することができる. したがって $V(a_5)$ を評価することができる.

(22.48) 式をどうやって説明すればよいであろうか. (22.46) 式で行った, 瞬間的な将来「のみ」を考慮した代わりに, 次のように記述して説明する.

$$E\left[F(S_{i+1}) \mid S_i = a_7, かつ最適停止\right] = \frac{1}{2}V(a_4) + \frac{1}{2}V(a) \quad (22.51)$$

言い換えると, (22.46) 式の $F(a_4)$ と $F(a)$ の代わりに $V(a_4)$ と $V(a)$ を代入する. これが可能なのは, 後者 $(F(a_4), F(a))$ がより高い将来の支払いと, そのときに停止することを考えていないのに対して, $V(a_4), V(a)$ は考えているからである. この考え方は, 2項ツリーモデルで「後ろから前にさかのぼって」評価するデリバティブの手法と非常に似ている. この方法を行うことで, a_3 では継続するが a_5 では停止することがあきらかとなる. 最適に停止する事実の上で条件付けられていることから, (22.51) 式の左辺は (22.46) 式のとは違うことに注意せよ. したがって, 実際に $V(a_5)$ となる.

この例に関する最後のコメントは次の通りである. 図22.3において興味深い点を指摘する. 停止する点は, 図22.3の包絡線として示される「境界上」に存在する「時間」である. したがって, もし市場参加者がこの包絡線を与えられたならば最適停止時間を決定する「規則は」非常に簡単になる. すべての人がしなければならないことは支払いがこの包絡線の下かどうかを確認することである. 現在の支払いが包絡線の値と等しくなるときには停止し, そうでなければ継続する. 必要とされることは, (22.37) 式で示されることであり, これが最適停止のルールを決定する.

22.7 停止時間とマーチンゲール

停止時間の果たす役割とマーチンゲールの理論を紹介して本章をおしまいにする. 本書で議論されたほとんどの結果は停止時間を拡張することで得られることがわかる. 以下では, くわしく説明は行わないが2つの結果を示す.

22.7.1 マーチンゲール

M_t は確率 P に関する連続時間マーチンゲールであるとする.

$$E[M_{t+u} \mid I_t] = M_t, \quad u > 0 \quad (22.52)$$

このマーチンゲールの性質は「無作為に」選んだ時間でも同様に保存されるであろうか. これに対する答えは, ある条件のもとではイエスである. τ_1 と τ_2 を I_t 可測な2つの独立な停止時間とし, 次の条件を満たすとする.

$$P(\tau_1 < \tau_2) = 1 \quad (22.53)$$

このときマーチンゲールの性質は保存される．

$$E[M_{\tau_2} \mid I_{\tau_1}] = M_{\tau_1} \tag{22.54}$$

この性質は同値マーチンゲール測度を用いて資産評価を行う場合には非常に重要である．デリバティブの権利行使日がランダムであるという事実は，同値マーチンゲール測度の使用を除外するものではない．確率変数 τ を用いて，確率的に停止する資産価格は，ある確率 $\tilde{P}$ のもとでもマーチンゲールである．

22.7.2 ディンキンの公式

B_t を次の条件を満たす確率過程であるとする．

$$dB_t = a(B_t)dt + \sigma(B_t)dW_t, \qquad t > 0 \tag{22.55}$$

また $f(B_t)$ を，2階微分可能で有界な確率過程の関数とせよ．

ここで停止時間 τ

$$E^{\tilde{P}}[\tau] < \infty \tag{22.56}$$

を考える．ここで次の式が成立する．

$$E^{\tilde{P}}[f(B_\tau) \mid B_0] = f(B_0) + E^{\tilde{P}}\left[\int_0^\tau Af(B_s)ds \mid B_0\right] \tag{22.57}$$

この式はディンキンの公式と呼ばれる．これは停止時間に関する関数の期待値の便利な表現である．オペレーター A は通常のジェネレーターである．

22.8　お わ り に

本章は停止時間の概念の紹介である．この概念はアメリカ型デリバティブ評価や動的プログラミングに便利である．また2項ツリーモデルとあるクラスのマルコフ連鎖との密接な関係も示した．

22.9　参 考 文 献

本章には3つの重要なトピックが含まれている．最初の問題は停止時間である．早期権利行使は最適な停止時間の問題である．これに関しては Dynkin et al. (1999) を薦める．この取扱いは古典的であるが，非常に直感的である．古典的な停止時間の問題をもっと知りたい読者は Shiryayev (1978) を読むことを薦める．2番目の重要なト

ピックは動的プログラミングであるが,この問題は副題として取り扱った.動的プログラミングを取り扱った優秀な書籍は多くある.

最後は停止時間の数値的解法の問題である.読者は Broadie & Glasserman (1998) で与えられている参考文献を読めばよいであろう.

22.10 演習問題

1. あるプレーヤーが次の状況に置かれている.コインを毎回 $t\,(t=1,2,3,\ldots,T)$ 投げ,最終的に賞金 W_t を得る.彼あるいは彼女はゲームを止めるか継続するか決定できる.もし継続する場合には新たに,時間 $t+1$ でコインを投げる.

 問題は,いつ停止するのが最適であるかである.いくつかの場合を考えよう.最初にダブル・オア・ナッシングゲームを考える.時間 $t=T$ における賞金総額は次の式で与えられる.
$$W_T = \prod_{t=1}^{T}(z_t + 1)$$
ここで z_t は2項確率変数であり,次の式で示される.
$$z_t = \begin{cases} 1 & \text{確率 } \frac{1}{2} \\ -1 & \text{確率 } \frac{1}{2} \end{cases}$$
したがって,これによると賞金は毎回倍になるかゼロになるかのどちらかである.

 (a) これらの情報が与えられたときに,時間 T における賞金の期待値 $E[W_T]$ は計算できるか.

 (b) いつがゲームを止める最もよいときか.

 (c) 毎回の賞金を魅力化し1より大きい増大する数字を W_T に掛ける.実際賞金が次の式で与えられるとする.
$$\tilde{W}_T = \frac{2n}{(n+1)}\prod_{t=1}^{T}(z_t + 1)$$
ここで $T=1,2,3,\ldots$ である.

 時間 T_k で停止するときの賞金が次の式となることを示せ.
$$\frac{2k}{k+1}$$
(ここで,T_k は k 回目のコイン投げの後で停止するときの停止時間である.)

 (d) この賞金の最大値はいくらであるか.

 (e) 最適な停止ルールは存在するか.

2. 上の問題を再び考える．コインを T 回投げ，その結果 z_t は「すべて」$+1$ であるとする．賞金は

$$W_T = \frac{T(2^{T+1})}{(T+1)}$$
$$= w_T^*$$

となる．

(a) もう一度プレーした場合の，賞金の条件付き期待値が次の式で与えられることを示せ．
$$E[W_{T+1} \mid W_T = w_T^*] = 2^{T+1}\frac{T+1}{T+2}$$
(b) これを W_T と比較せよ．プレーヤーは「停止」すべきであるか．
(c) プレーヤーが完勝するまでゲームを停止しない場合には，どの程度ゲームを続けると考えられるか．
(d) ある点で，$z_t = -1$ となる確率はどの程度あるか．
(e) この問題をどのように説明するか．

3. 次のデータが与えられたとしよう．
 - 無リスク金利は 6%
 - 株価は次の確率過程に従う:

$$dS_t = \mu S_t + \sigma S_t dW_t$$

 - ボラティリティは年率 12%
 - 株式は無配当であり，現在の株価は 100

このデータを用いて，現在のアメリカ型コールオプションの近似価格を求めよ．オプションの権利行使価格は 100，満期は 200 日である．

(a) たとえば 2 項ツリーを 4 ステップのように時間間隔 Δ を近似せよ．このとき，U および D はどうなるか．
(b) 想定される「上昇」確率はどうなるか．
(c) ツリーにおける株価 S_t を決定せよ．
(d) ツリーにおけるコールのプレミアム C_t を決定せよ．
(e) 次は重要な問題である．このオプションは早期権利行使されるであろうか．

4. 上記の例で株式が配当を支払うとする．すべてのパラメーターは同じであるとする．企業が支払う，配当の支払い方法が次の 3 通りであるとしよう．
(a) 時間あたり 4% の割合で配当を連続的に支払う場合
(b) 3 番目の節のみで株式が 5% の配当を支払う場合
(c) 3 番目の節で $5 の配当を支払う場合

それぞれの場合でオプションが早期権利行使されるかどうか考えよ.

5. 政策決定者が, ある目標とする変数 Y_t による経路をコントロールするため k_t を用いるとする. 政策決定者は次の目的関数をもっている.

$$U = \sum_{t=1}^{4}[2(k_t - k_{t-1})^2 + 100(Y_t)^2]$$

政策決定者には, 周りの状況から次の制約が課されている.

$$Y_t = 0.2k_t + 0.6Y_{t-1}$$

最初の Y_0 は 60 である.
  (a) 時間 $t = 4$ のときの最もよい選択 k_t はいくらか.
  (b) 時間 $t = 3$ のときの最もよい選択 k_t はいくらか.
  (c) これらの繰り返しを考えた場合, $t = 1$ のときの k_t を決定することはできるか.
  (d) $t = 1, 2, 3, 4$ に対する最適な支払いを与える関数 V_t を決定せよ.
  (e) 関数 V_t をプロットし解釈せよ.

文 献

Bhattacharya, S., and Constantinides, G. *Theory of Valuation*. Rowmand and Littlefield, 1989.
Bjork, T. *Arbitrage Theory in Continuous Time*. Oxford University Press, 1999.
Black, F., and Scholes, M. "The Pricing of Options and Corporate Liabilities," *Journal of Political Economy*, **81**, 637–654, 1973.
Black, F., Derman, E., and Troy, W. "A One-Factor Model of Interest Rates and Its Application to Treasury Bond Options," *Financial Analysts Journal*, **46**, 33–39, 1990.
Brace, A., Gatarek, D. and Musiela, M. "The Market Model of Interest Rate Dynamics," *Mathematical Finance*, **7**, 1998.
Bremaud, P. Bremaud (1979) p. 181. *Point Processes and Queues, Martingale Dynamics*, Springer-Verlag, New York, 1981.
Brennan, M. J., and Schwarz, E. S. "A Continous Time Approach to Pricing of Bonds," *Journal of Banking and Finance*, **3**, 135–155, 1979.
Broadie, M., and Glasserman, P. "Pricing American-style Securities Using Simulation," *Journal of Economic Dynamics and Control*, **21**, 1323–1352, 1998.
Brzezniak, Z., and Zastawniak, T. *Basic Stochastic Processes*. Springer, UK, 1999.
Cinlar, E. *Stochastic Processes*. Prentice-Hall, New York, 1978.
Cox, J. C., and Huang, C. "Option Pricing and Its Applications," in *Theory of Valuation*: (Bhattacharya, S. and Constantinides, G., eds.). Rowman and Littlefield, 1989.
Cox, J., and Rubinstein, M. *Options Markets*. Prentice-Hall, New York, 1985.
Cox, J. C., Ingersoll, J. E., and Ross, S. "An Intertemporal Asset Pricing Model with Rational Expectations," *Econometrica* **53**, 363–384, 1985.
Das, S. *Swap and Derivative Financing*, Revised Edition. Probus, 1994.
Dattatreya, R. E., Venkatesh, R. S., and Venkatesh, V. E. *Interest Rate and Currency Swops*. Probus, Chicago, 1994.
Dellacherie, C., and Meyer, P. *Theorie des Martingales*. Hermann, Paris, 1980.
Duffie, D. *Dynamic Asset Pricing*, Second Edition. Princeton University Press, 1996.
Dynkin, E. G., Yushkevich, A. P., Seitz, G. M., and Onishchik, A. L. *Selected Papers by Dynkin*, American Mathematical Society, 1999.
El Karoui, N., Jeanblanc-Pique, M. and Shreve, S. "Robustness of Black and Scholes Formula," *Mathematical Finance*, **8**, 93–126, 1998.
Gihman, I., and Skorohod, A. *Stochastic Differential Equations*. Springer-Verlag, Berlin, 1972.

Gihman, I., and Skorohod, A. *The Theory of Stochastic Processes*, Vol. I., Springer-Verlag, Berlin, 1974.

Gihman, I., and Skorohod, A. *The Theory of Stochastic Processes*, Vol. II., Springer-Verlag, Berlin, 1975.

Harrison, J. M. *Brownian Motion and Stochastic Flow Systems*, Wiley, New York, 1985.

Harrison, M., and Kreps, D. "Martingales and Multiperiod Securities Markets," *Journal of Economic Theory*, 1979.

Harrison, M., and Pliska, S. "Martingales and Stochastic Integrals in Theory of Continuous Trading," *Stochastic Processes and their Applications*. **11**, 313–316, 1981.

Hull, J. *Options, Futures and Other Derivative Securities*, Prentice Hall, 1993.

Hull, J. *Futures, Options and Other Derivatives*, Fourth Edition. Prentice Hall, 2000.

Hull, J., and White, A. "Pricing Interest Rate Derivative Securities," *Review of Financial Studies* **3**, 573–592, 1990.

Ingersoll, J. *Theory of Financial Decision Making*. Rosman and Littlefield, 1987.

Jarrow, R. J. *Modelling Fixed Income Securities and Interest Rate Options*. McGraw Hill, New York, 1996.

Jarrow, R. J. and Turnbull, S. *Derivative Securities*. South Western, Cincinnati, 1996.

Jegadeesh, N., and Tuckman, B. *Advanced Fixed-Income Valuation Tools*. Wiley, 2000.

Kapner, K., and Marshall, J. F. *The Swops Handbook*. NYIF, New York, 1992.

Karatzas, I., and Shreve, S. E. *Brownian Motion and Stochastic Calculus*. Springer-Verlag, New York, 1991.

Klein, R. A., and Lederman, J. *Derivatives and Synthetics*. Probus, Chicago, 1994.

Kloeden, P. E., and Platen, E. *Numerical Solution of Stochastic Differential Equations*. Springer-Verlag, Berlin, 1992.

Kloeden, P. E., Platen, E., and Schurz, H. *Numerical Solution of SDE Through Computer Experiments*. Springer-Verlag, Berlin, 1994.

Kushner, A. J. *Numerical Methods for Stochastic Control Problems in Continuous Time*. Springer-Verlag, New York, 1995.

Kwok, Y.-K. *Mathematical Models of Financial Derivatives*. Springer-Verlag, 1998.

Liptser, R., and Shiryayev, A. *Statistics of Random Processes I: General Theory*. Springer-Verlag, New York, 1977.

Liptser, R., and Shiryayev, A. *Statistics of Random Processes II: Applications*, Springer-Verlag, New York, 1978.

Lucas, R. "Asset Prices in an Exchange Economy," *Econometrica* **46**, 1429-1445, 1978.

Malliaris, A. G. "Ito Calculus in Financial Decision Making," *SIAM Review* **25**, 481–496, 1983.

Merton, R. "An Intermporal Capital Asset Pricing Model," *Econometrica*, **41**, 867–888, 1973.

Merton, R. *Continuous Time Finance*. Blackwell, Cambridge, 1990.

Merton, R. "On the Mathematics and Economic Assumptions of the Continuous Time Models," in *Financial Economics: Essays in Honor of Paul Cootner*, (William

Sharpe and Cathryn Cootner, eds.). Prentice-Hall, 1982.
Milne, F. A General Equilibrium Asset Economy with Transaction Costs, Unpublished, 1999.
Milstein, G. N. *Weak Approximation of Solutions of Systems of Stochastic Differential Equations, Theory of Probability and Applications*, 1985.
Musiela, M., and Rutkowski, M. *Martingale Methods in Financial Modelling.* Springer, 1997.
Nielsen, L. T. *Pricing and Hedging of Derivative Securities.* Oxford University Press, 1999.
Oksendal, B. *Stochastic Differential Equations*, Third Edition. Springer-Verlag, Berlin, 1992.
Pliska, S. R. *Introduction to Mathematical Finance: Discrete Time Models.* Blackwell, 1997.
Protter, P. *Stochastic Integration and Differential Equations.* Springer-Verlag, Berlin, 1990.
Rebonato, R. *Interest Rate Models*, Second Edition, Wiley, 1998.
Rebonato, R. *Volatility and Correlation.* Wiley, 2000.
Revuz, D., and Yor, M. *Continuous Martingales and Brownian Motion*, Second Edition. Springer-Verlag, Berlin, 1994.
Rogers, C., and Williams, D. *Diffusions, Markov Processes and Martingales: Ito Calculus.* Wiley, New York, 1987.
Ross, S. "A Simple Approach to Valuation of Risky Streams," *Journal of Business*, 1978.
Ross, S. *Probability Models.* Academic Press, San Diego, 1993.
Ross, S. *An Introduction to Mathematical Finance.* Cambridge, 1999.
Shiryayev, A. Optimal Stopping Rules, Springer-Verlag, New York, 1978.
Shiryayev, A. "Theory of Martingales," *International Statistical Review*, 1983.
Shiryayev, A. *Probability Theory.* Springer-Verlag, New York, 1984.
Smith, G. D. *Numerical Solution of Partial Differential Equations: Finite Difference Methods*, Third Edition. Oxford University Press, 1985.
Sussman, H. J. "On the Gap between Deterministic and Stochastic Ordinary Differential Equations," *Annals of Probability*, 1978.
Thomas, J. W. *Numerical Partial Differential Equations: Finite Difference Methods.* Springer-Verlag, New York, 1995.
Vasicek, O. "An Equilibrium Characterization of the Term Structure," *Journal of Financial Economics*, 5, 177–188, 1977.
Vasicek and Beyond. Risk publications, London, December 1996.
Williams, D. *Probability with Martingales*, Cambridge University Press, 1991.
Wilmott, P. *Derivatives: The Theory and Practice of Financial Engineering.* Wiley, 1998.

索　引

1単位の下落　15
1単位の上昇　15
2項過程　95
　極限での性質　97
　定義　96
　分散　98
　モーメント　98
2項ツリー　28
2項分布　134
2項モデル　187, 188, 477
2次の変量　123
BGMモデル　422
HJMアプローチ　412, 420, 423, 425, 426
LIBOR (London Interbank Offered Rate)
　360, 361
PDEの解析解　445
PDEの導出　441
SDE　425

ア　行

アジア型オプション　291
アップ・アンド・アウト・オプション　289
アベレージオプション　291
アメリカ型オプション　364, 473
アメリカ型の証券　474
伊藤拡散　437, 466
　とブラック–ショールズ方程式　353
　ジェネレーター　466, 467
伊藤積分　204, 464
　重要性　198
　性質　210
　定義　203

評価　231
伊藤の公式　229
　ジャンプ過程　239
　積分形　234
　多変数　235
　評価　230
伊藤の補題　222, 424
イールドカーブ　236, 447
イン・ザ・マネー　7
ウィーナー過程　168, 174, 188, 364, 438,
　441–444
　一般化　334, 336
　マーチンゲール　169
英国銀行協会　360
エキゾチックタイプ
　スプレッド　290
　デュアルストライク　290
　バリア　289
　ポートフォリオ　290
円の方程式　277
オプション　7
　アウト・オブ・ザ・マネー　7
　アメリカ型とヨーロッパ型　287
　イン・ザ・マネー　7
　エキゾチック　289
　行使価格　6
　定義　6
　デルタヘッジ　79
　バスケット　290
　バリア型　289, 291
　プレミアム　6, 63
　マルチアセット　290
　満期日　6

索引

オプションの価格 472
オペレーター 44
オルンスタイン–ウーレンベック過程 260

カ 行

外貨 31
カウンターパーティー 9
価格
　現在価格の計算 252
　行使 6
　先渡し 4
　無裁定 13
価格探索市場
　定義 4
価格評価関数
　先渡し契約 76
価格評価式 409, 410
価格評価法
　均衡 13
　格子モデル 28
　裁定 13
　裁定定理 27
　同値マーチンゲール測度 74, 333
　ブラック–ショールズ 284, 292
　偏微分方程式 74, 264, 284
　例 7, 17
拡散係数 151, 244, 442, 443
確率
　合成 20
　条件付き 93
　測度としての 301
　分布関数 89
　変換 301
　密度関数 89
　リスク調整済み 20, 23
　理論 87
確率過程 45, 103
　ウィーナー過程 334
　と決定論的微積分 83
　変量 152
　ポアソン計数過程 102
確率関数 44

確率空間
　定義 88
　例 132
確率性
　確率変動項 151
確率積分 199
確率測度
　定義 301
　同時 313
　同値 317, 337
　変換 309
確率的
　金利 364
　決定論的微積分 85
　スポットレート 402
　ボラティリティ 260
　割引関数 454
確率微積分 35, 196
　極限 97, 107
　区分経路 218
　決定論との比較 42
　収束 218
　弱収束 109
　平均2乗収束 107
　ほとんど確かに収束 108
　積分 196
　微分 150, 196
　連鎖ルール 222
確率微分方程式 34, 35, 184, 242, 423
　伊藤公式 340
　伊藤積分 197
　オルンスタイン–ウーレンベック過程 260
　解の検証 248
　幾何学的 256
　ギルサノフの定理 321
　資産価格評価のための 340
　線形な定数係数 255
　強い解 248
　平均回帰 259
　平方根 258
　弱い解 247
確率変数 204, 226
　2項 96

索引

収束　100, 107
　弱収束　109
　ほとんど確かに収束　108
　平均2乗収束　107
　スケール変換　305
　すその厚い分布　91
　正規分布に従う確率測度変換　311
　定義　89
　平均　90
　平均の変換　305
　モーメント　90
確率変動項　151
確率密度関数
　正規分布に従う確率変数　301
　同時　313
確率論的微分方程式　155
下降　96
仮定　357
株式リスクの市場価格　441
関数　44
　確率　45
　合成関数　54
　定義　44
　変動　47
幾何SDE　416
幾何学的過程　256
幾何過程　192, 334
期間構造　365
軌跡
　2次の変量，定義　123
　確率微分方程式　244
　関連した確率　133
　高次の変量　124
　変量　123
キャッシュ・アンド・キャリー
　定義　3
キャッシュ・アンド・キャリー商品
　保有コスト　76
キャップ　360
　ドゥーブ–メイヤー分解　136
キャップレット　361, 373, 379, 385, 386, 388–390
キャップレート　362, 385

境界条件　436, 452
　格子モデル　30
　数値的手法　296
　通常の方程式　77
　偏微分方程式　82, 270
共分散　313
極限　204
　通常の　49
　平均2乗　227
ギルサノフの定理　144, 368, 389, 390, 462
　記述　317
　議論　310, 321
　の応用　321, 347
近似
　第1次テーラー級数　65
　第2次テーラー級数　66
金融先物　459
金利先渡し契約 (FRA)　360
金利証券に対するPDE　437
金利スワップ　9, 363
金利に依存する証券　357
金利に関する先物取引　360
金利派生資産　360
金利ボラティリティ　449
金利リスクの市場価格　359, 439, 441, 444
偶発事象　166, 189
　ウィーナー過程を用いた特徴　174
　通常事象との対比　176, 187
　不連続な経路　181
　リスク管理　167
クーポンの支払い　364
クレジットスプレッドカーブ　398
計量経済　325
経路依存型　472
原資産
　価格探索市場　4
　キャッシュ・アンド・キャリー　3
　種類　2
現物市場　1
行使価格　6
格子モデル　28
合成確率　20, 323, 324, 368
　マーチンゲール測度　376

索　引

合成関数　54
コスト
　保有　76
コックス–インガーソル–ロス　449
古典的アプローチ　413
コールオプション
　行使価格　6
　定義　6
　プレミアム　6, 63
　満期日　6
コロモゴロフの後退方程式　437, 468
コンベクシティ(債券の)　68

サ　行

債券
　オプション　236, 363
債券価格評価式　400
債券価格評価における同値マーチンゲール測
　度　461
裁定　13
裁定機会　13, 26
裁定定理
　一般化　36
　簡略化した　18
　派生資産評価　20, 26, 35
裁定ポートフォリオ　37
裁定理論
　定義　13
最適権利行使境界　482
最適停止問題　477
債務不履行　398
先物
　価格評価関数　75
　商品　3
　満期日の価格　4
先渡し
　価格評価関数　75
先渡し価格　4
先渡し契約
　オプションとの比較　6
　先物との比較　6
　定義　4

先渡しローン　360
ジェネレーター　437, 465
時間
　離散と連続　34, 42, 114
シグマ族　93
資産価格のモデル
　確率微分方程式　340
　マーチンゲールへの変換　337
市場の状態
　定義　15
　連続時間　34
指数(金融市場の)　3
指数関数
　幾何学的過程　256
　幾何過程　334
　定義　46
　微分　50
指数連動派生商品　459
支払い　364, 483
支払金　16
収益率　16
　マーチンゲールを用いた等価性　24
収束
　弱　109
　通常の　49
　平均2乗　108, 203
　ほとんど確かに　108
重要性(マルコフ過程の)　104
瞬間フォワードレート　407
条件付き期待値　92, 359, 436
　オペレーター　370
　確率変数　95
　幾何過程の　336
　再帰的　95
　対応する偏微分方程式　453, 463
　偏微分方程式　453
　偏微分方程式との対応関係　454
条件付き請求権　1
上昇　96
状態空間　45
　確率空間　88
消費財　4
商品

索引

種類 3
派生商品 3
情報集合
　シグマ族 93
　定義 93
　適合 243
数値的手法 294
すそが厚い 91
スティルチェス積分 59
スプレッド
　キャッシュ・アンド・キャリー 3
スプレッド・コール 290
スポットレート 363, 400, 403, 437–439, 442–449
　一定の場合 400
　モデルの利用 418
スワップ
　金利 9
　定義 9
　分解 10
スワップション 363
正規化 144, 358, 367, 376
正規分布 90, 99, 301
　確率測度変換 311
　すその厚い分布との比較 91
　対2項分布 134
積分
　確率論的 204
　スティルチェス 59, 62
　部分 62
　リーマン 56, 60
積分方程式 70
積率母関数 334
線形商品 76
全微分 64, 220
双曲線 279
損益図 5

タ行

対数関数 46
ダウン・アンド・アウト・オプション 290, 291

ダウン・アンド・イン・オプション 289
楕円 278
多変量の場合(マルコフ過程の) 105
タームストラクチャー 429
短期金利 402, 427
蓄積した変化の挙動 190, 191
中心極限定理 101
長期債 394
通貨 2
通常事象 179, 188, 192
　高次のモーメント 185
　連続な経路 179
ツリーモデル 431
停止時間 359, 474–477, 482, 486, 487
ディスカウントカーブ 396–398
ディンキンの公式 487
適合 115
デュアルストライクコール 290
デュレーション
　修正 68
テーラー級数近似 64, 84
テーラー級数展開 64, 223
　多変数 223
　無視できる項 224
デルタ 79
デルタ・ニュートラル・ポジション 79
デルタヘッジ 79, 221
同値マーチンゲール測度 333
　定義 352
　ブラック–ショールズ公式との比較 346
　ブラック–ショールズ公式の導出 342
動的計画法 359
動的プログラミング 474
ドゥーブ–メイヤー定理 136
ドゥーブ–メイヤー分解 135
トリガーオプション 289
ドリフト 442, 443
ドリフト係数 442
　定義 151
　無リスク金利への変換 341
ドリフト項 359
　条件 243
ドリフト項の調整 364

ドリフトと拡散係数　442
トレーディングの収益　139

ナ 行

値洗い　6, 364
ノックアウトオプション　290, 291
ノックインオプション　289
ノビコフ条件　318, 353

ハ 行

配当　16, 267, 288
配当がある場合　31
配当と外貨　31
バシチェックモデル　430, 446
バスケットオプション　290
バーミューダ型　475
バリア型派生資産　289
比較　443
非線形商品　76
微分
　確率的　150
　確率微分　221
　近似　51
　決定論的　59, 63
　定義　50, 55
　全　63
微分方程式
　確率微分方程式　242
　常　69
表現
　定義　19
　連続時間過程の変換　132
標準偏差　90
標本空間　133
ファイナンスの基本原理　369, 374, 376, 452, 453
ファインマン–カッツの公式　437, 465
フィルトレーション　93
フォワード測度　372, 383–386, 388–391, 429
フォワードレート　395, 396, 408, 409, 421, 422, 426
　と債券価格　405
複雑な事柄　363
複製ポートフォリオ　142, 143
プット　6
ブラウン運動　170
　定義　170
　マーチンゲールへの変換　125
ブラック–ショールズ偏微分方程式 (PDE)　284, 436, 437
　一定の配当　288
　一般式と解　284
　伊藤の補題からの導出　353
　幾何学的概観　285
　適用　292
　同値マーチンゲール測度　346
　同値マーチンゲール測度からの導出　342
　配当無し　284
　必要条件　284, 342
プレミアム　6
フレームワーク　438
不連続な軌跡　171
フロア　360
フロアレット　363
分散　226
　2項過程　98
　確率分布　90
　累積誤差　158, 159
分布関数　89
ペイオフ　15, 21
ペイオフ行列　16, 18, 37
平均
　確率変数　90
　の変換　305
平均2乗極限　205
平均回帰過程　259
平均回帰モデル　417
米国短期国債　221
平方根過程　258, 449
ベクトル
　資産価格　14
　資産評価　18
　資産ポジション　36

市場の状態　15
ヘッジ
　オプション　79
変化率　467
変動
　全　47
　有界　47
偏微分　63, 220
偏微分方程式
　エキゾチックオプション　291
　解析解　292
　価格評価法　74, 81, 264, 284
　境界条件　82, 271, 274, 276
　金利デリバティブ　436
　数値解　294
　線形1階　272
　線形2階　275
　双曲線型　280
　楕円型　279
　定義　270
　ブラック–ショールズ　284
　分類　272
　放物線型　280
　無リスクポートフォリオ　264, 270
　割引債の価格　457
偏微分方程式の次数　272
変量
　2次　123
　確率過程　152, 161
ポアソン過程　174, 188
ポアソン計数過程　171
　強度　103
　消費補償　129
　定義　102
　マーチンゲールの構築　121
ポアソン分布　102
放物線の式　279
ポートフォリオ　16, 37, 79
　ウェイト　268
　構築　264
　裁定　37
　定義　16
　デルタ・ニュートラル　79

ポートフォリオ・コール　290
ポートフォリオベクトル　36
保有コスト　76
ボラティリティ　365
　確率的ボラティリティ　260
　下限　158
　上限　158
　定義　28
　と連続時間　43
　標準偏差として　90

マ 行

マーチンゲール　114, 377, 385, 387, 389–391
　軌跡　122
　ギルサノフの定理　319
　資産評価　117, 333
　収益率　24
　定義　23
　分散　121
　ポアソン過程　121
　右連続　119, 129
　最も単純な　129
　理論　118
　連続2乗可積分　121
　連続的　119
マーチンゲール確率　382–384
マーチンゲール差分　119
マーチンゲール測度　390
マーチンゲール方程式　378, 386, 387
マルコフ過程　103, 428
マルコフ性　359, 454, 466
満期日　68
　境界条件　82
　コールプレミアム　63
　定義　1
　派生資産評価　4
密度関数
　条件付き　93
　定義　89
無裁定価格　14, 370
　解析解　7

確率変換　309, 352
裁定定理　27
無裁定条件下の動的特性　423
無リスク　438
無リスク金利
　とドリフト係数　341, 351
　による割引　38, 308
無リスクポートフォリオ　264, 268, 270, 436
　構築　264, 268
　定義　17
名目元本
　分解　10
名目上資産　2
モーメント
　1次　90
　2項過程　98
　2次　90
　3次　91
　4次　91
モンテカルロ法　430, 463, 473

ヤ　行

優マーチンゲール　114
予測　456

ラ　行

ラダーオプション　289
ラドン–ニコディム微分　315, 462
ランダム
　連続時間　43
　離散時間　403
リスク中立　370
リスク中立確率　144, 369, 370, 377, 378, 381–383, 389
リスク中立確率測度　370, 372, 381, 384, 386–388, 390
リスク調整後のドリフト　461
リスク調整済み確率　20, 23
リスク調整済みドリフト　460
リスクの市場価格　446
リスクプレミアム　441
　消去　306, 309, 316, 338
利付債　459
利回り　395, 404
リーマン–スティルチェス積分　60, 200
　伊藤積分との対比　217
　ポアソン過程　217
リーマン積分　56
劣マーチンゲール　23
　過程に関する確率　122
　定義　114
　ドゥーブ–メイヤー分解　135
　マーチンゲールへの変換　118
連鎖定理
　決定論的　54
連鎖ルール　220
連続時間　34, 42, 114, 403
連続複利フォワードレート　408, 409
ロングポジション　5

ワ　行

割引　35
　無リスク金利　21
割引曲線　447, 448
割引債　436, 438, 443
　価格に影響を与える年限　68
　現在価値　66
　評価関数　70
　利回り　66
割引債価格　437, 439

ファイナンスへの数学 【第2版】
―金融デリバティブの基礎―

定価はカバーに表示

1999 年 7 月 10 日　初　版第 1 刷
2001 年 7 月 25 日　第 2 版第 1 刷
2012 年 6 月 25 日　　　第 6 刷

訳　者　投 資 工 学 研 究 会
発 行 者　朝　倉　邦　造
発 行 所　株式会社 朝 倉 書 店
東京都新宿区新小川町6-29
郵便番号　162-8707
電　話　03 (3260) 0141
FAX　03 (3260) 0180
http://www.asakura.co.jp

〈検印省略〉

© 2001〈無断複写・転載を禁ず〉

三美印刷・渡辺製本

ISBN 978-4-254-29001-1　C3050　　Printed in Japan

JCOPY ＜(社)出版者著作権管理機構 委託出版物＞

本書の無断複写は著作権法上での例外を除き禁じられています。複写される場合は、そのつど事前に、(社) 出版者著作権管理機構（電話 03-3513-6969、FAX 03-3513-6979, e-mail: info@jcopy.or.jp）の許諾を得てください。

好評の事典・辞典・ハンドブック

数学オリンピック事典	野口　廣 監修	B5判 864頁
コンピュータ代数ハンドブック	山本　慎ほか 訳	A5判 1040頁
和算の事典	山司勝則ほか 編	A5判 544頁
朝倉　数学ハンドブック［基礎編］	飯高　茂ほか 編	A5判 816頁
数学定数事典	一松　信 監訳	A5判 608頁
素数全書	和田秀男 監訳	A5判 640頁
数論<未解決問題>の事典	金光　滋 訳	A5判 448頁
数理統計学ハンドブック	豊田秀樹 監訳	A5判 784頁
統計データ科学事典	杉山高一ほか 編	B5判 788頁
統計分布ハンドブック（増補版）	蓑谷千凰彦 著	A5判 864頁
複雑系の事典	複雑系の事典編集委員会 編	A5判 448頁
医学統計学ハンドブック	宮原英夫ほか 編	A5判 720頁
応用数理計画ハンドブック	久保幹雄ほか 編	A5判 1376頁
医学統計学の事典	丹後俊郎ほか 編	A5判 472頁
現代物理数学ハンドブック	新井朝雄 著	A5判 736頁
図説ウェーブレット変換ハンドブック	新　誠一ほか 監訳	A5判 408頁
生産管理の事典	圓川隆夫ほか 編	B5判 752頁
サプライ・チェイン最適化ハンドブック	久保幹雄 著	B5判 520頁
計量経済学ハンドブック	蓑谷千凰彦ほか 編	A5判 1048頁
金融工学事典	木島正明ほか 編	A5判 1028頁
応用計量経済学ハンドブック	蓑谷千凰彦ほか 編	A5判 672頁

価格・概要等は小社ホームページをご覧ください．